KB111978

덕윤리의
현대적 의의

이 저서는 2007년도 정부재원(교육인적자원부 학술연구조성사업비)으로
한국학술진흥재단의 지원을 받아 연구되었음(KRF-2007-342-A00007).

한국의 석학 1

덕윤리의
현대적 의의

의무윤리와 덕윤리가 상보하는 제3윤리의 모색

황경식 지음

아카넷

머리말

이 책에 묶은 글들은 필자가 정년을 5년여 앞두고 한국학술진흥재단(지금의 한국연구재단)에서 국가석학으로 지정된 프로젝트(뒤에 '우수교수 지원 프로젝트'로 개칭) 덕분에 쓴 것들이 바탕이 되었다. 그동안 국가가 지원해준 장학금으로 필자는 다른 것에 기웃거리지 않고 비교적 단일 주제에 집중할 수 있는 마음의 여유를 누릴 수 있었다.

가장 오래된 논문이 1988년 서울올림픽 기념 국제학술대회에서 발표한 「덕윤리에 대한 찬반 논변: 의무윤리와 덕윤리 간의 상보성(Virtue Ethics, For and Against)」이고 보면, 덕윤리에 대한 필자의 관심은 이미 20여 년 전에 싹이 텄다고 할 수 있다. 그간 '정의론(正義論)'이라는 중심 테마에 밀리어 물밑에서 뜸이 들다가 20여 년 숙성의 기간을 거쳐 비로소 근래에 이르러 햇빛을 보게 된 것이라 하겠다.

2011년 서울대에서 개최된 국제학술대회(마크 시더리츠〔Mark Siderits〕

교수가 주관)에서 영어로 발표된 「Moral Luck, Self-Cultivation and Responsibility(도덕운, 자기개발과 책임)」가 2013년 국제학술지 《*Philosophy East and West*(동서철학)》에 실리게 된다면 내 인생에 더없이 큰 행운이라 할 만하다.

사실상 필자의 철학적 심성에 덕(德)이라는 주제의 씨앗이 떨어진 것은 대학 시절 사서삼경을 읽던 중 덕이라는 개념에 필이 꽂히어 멋모르고 내 호를 수덕(修德)이라 부르기로 작심하고는 가까운 친구 몇에게 그렇게 알린 것에서 시발되었으니, 필자에게 덕윤리와 관련된 생각을 키워온 세월은 40여 년 이상이 되었다 해도 과언이 아니다.

대학원 박사과정 시절부터 우연히 정의론과 인연이 맺어져 그간 사회구조의 도덕성과 관련된 사회윤리의 중심 주제로서 정의 문제에 골몰하였다. 그러나 구조적 정의 여부도 결국은 사람의 도덕성에서 해결되어야 할 과제라면 정의의 문제는 정의감을 가지고 정의로운 행위에 맛들인 정의로운 사람 만들기로 귀결된다는 생각이 들었다. 정의의 실현에서 보다 중요한 것은 정의가 무엇인지 아는 데서 끝나는 것이 아니라 알아도 행하지 못하는 실천의 문제에 있기 때문이다. 그래서 정의로운 유덕(有德)한 시민들이 늘어나는 그만큼 우리 사회는 정의롭고 따라서 안정된 사회가 된다 할 것이다.

그간 덕의 윤리를 천착하는 가운데 관련된 동서 고전을 뒤적이면서 보낸 세월이 즐거웠고 행복했다. 정의론을 주제로 한 원론적 논문들은 학회지를 통해 그리고 학회들을 통해 발표되었지만, 필자의 본격적인 전공 분야기 이닌 주제들은 학회지 등의 공론장에 올리기에는 다소 미흡한 시사나 착상 수준의 글이라 생각되어 이 책에 처음으로 선보이게 되었다.

이 책은 한국학술진흥재단(지금의 한국연구재단) 국가석학 연구지원 프로젝트에 의해 간행된 것으로, 여기에 실린 논문 대부분이 이 책을 위해 쓰인 것이다. 제1부의 제1장 '왜 다시 덕윤리가 문제되는가?'는 이 프로젝트와 관련한 최초의 논문으로서 《철학》(제95집, 한국철학회, 2008. 5)에 발표된 논문이며, 제2장 '도덕체계와 사회구조의 상관성'은 서울대학교 철학사상연구소에서 간행하는 《철학사상》(제32호, 2009. 5), 제3장 '도덕행위의 동기화와 수양론의 문제'는 《철학》(제102집, 한국철학회, 2010. 2)에 실린 논문이며, 제4장 '유덕한 행위와 행복한 인생'은 최근 이 책을 위해 집필한 것이다. 제5장 '덕의 윤리에 대한 찬반 논변'은 덕윤리에 대한 저자의 관심이 시작된 최초의 논문으로서 1988년 서울올림픽 기념 국제학술대회에 발표한 「Dialogue Between Eastern Morality and Western Morality」(부록에 수록)를 한국어로 옮긴 뒤 대폭 수정·증보하여 『철학·종교사상의 제문제』(한국정신문화연구원, 1990)에 게재한 글이다. 제6장 '정감 어린 여행: 덕윤리학자 마이클 슬로트와의 대담'은 국가석학 프로젝트의 지원으로 이루어진, 최근의 대표적인 덕윤리학자인 미국 마이애미대학 철학과 마이클 슬로트(Michael Slote) 교수와의 대담으로 철학문화연구소에서 간행하는 『철학과 현실』(제82호, 2009. 9)에 발표된 글이다.

제2부 제1장 '유교윤리는 덕과 규칙의 통합윤리인가?'는 국가석학 프로젝트의 지원에 의해, 중국 공무원대학 윤리 교수인 류유리(Liu Yuli, 劉余莉)가 유교윤리와 관련해 저술한 『The Unity of Rule and Virtue』와 더불어 중국 베이징에서 저자가 직접 류 교수를 대담한 내용을 바탕으로 하여 이루어진 논문이다. 제2장 '인간의 본성과 자기수양론의 유형'과 제3장 '덕의 습득으로 생기는 도덕적 힘'은 이 책을 위해 작년에 쓰인 논문이다. 제4장 '도덕운, 자기수양과 책임의 문제'는 서울대학교 철

학과 시더리츠 교수가 주관한 동서비교철학 국제대회인 '자유의지와 결정론' 심포지엄에서 영어로 발표한 논문 「Moral Luck, Self-Cultivation and Responsibility」(International Symposium on "Determinism, Moral Responsibility and Asian Philosophy", 2010. 10. 15. 부록에 수록)를 한국어로 옮긴 글이다. 영어 논문은 2013년 봄 《Philosophy East and West》에 게재될 예정이다. 제5장 '충효사상의 현대적 의의'는 『철학사상』(제12호, 서울대학교 철학사상연구소, 2001. 6)에 발표된 논문이며, 제6장 '유교윤리의 현대화를 위한 과제'는 이 책을 위해 최근에 쓴 글이다.

제3부 제1장 '덕윤리의 현대적 의의'는 그간에 발표한 덕윤리 관련 논문들의 요지를 전반적으로 정리한 글로서, 인제대학교 덕윤리 심포지엄에서 발표되고 같은 대학 연구소가 간행하는 잡지인 《인간·환경·미래》(제5호, 인간환경미래연구원, 2010. 10)에 게재되었다. 제2장 '군자와 시민의 만남은 가능한가?'는 철학연구회가 시행한 동서철학 융합 프로젝트의 일환으로서 유교철학자인 정인재 교수와 파트너가 되어 저자가 정리한 논문으로 『윤리질서의 융합』(철학연구회편, 철학과 현실사, 1995)에 실린 글이다. 제3장 '덕윤리에서 습관화와 궁도(弓道)의 비유'와 제4장 '도덕적 실패: 인지(認知)의 부족 대 의지(意志)의 나약'은 최근 이 책을 위해 쓴 논문이다. 제5장 '현대사회와 중층적 도덕교육'은 중국 푸단대학에서 개최된 국제철학회에서 발표한 논문 「Modern Society and Moral Education in South Korea」(Pudan University on 50th Anniversary of the Department of Philosophy, 2006. 10. 부록에 수록)를 수정·보완하고 한국어로 옮겨 한국철학회 주최 아시아철학대회에서 발표한 글이다. 제6장 '아시아적 가치의 지양'은 러시아 블라디보스토크에서 열린 한·러국제철학회에서 발표한 「Sublation(Aufheben) of Asian Values」(International Symposium in

Vladivostok on the Philosophical Model-building for the Peace and Co-development in the Far East, 2003. 12)를 우리말로 옮긴 논문이다.

끝으로 한 가지 첨언할 것이 있다. 덕윤리라는 주제는 단지 이론의 문제가 아니라 실천과 실행에 직결된 문제인 까닭에, 필자는 이 책에 실린 주제들을 일반 대중의 관점에서 이해시키고 그들의 삶에 도움이 될 수 있도록 하고 싶다. 이를 위해 보다 일반적이고 실용적인, 그래서 비전문적인 시각에서 이 책에 함축된 메시지를 추려 자매편이 될 만한 교양도서도 준비 중에 있다는 변명을 부언하고 싶다. 그 책은 넓은 의미에서 인문학적 소양에 바탕을 둔 자기개발서로 읽히기를 소망해본다. 가제는 '덕(德), 바르고 즐거운 삶의 기술'로, 부제는 '도(道)를 닦고 덕(德)을 쌓자'는 것으로 생각하면서 구상하고 있다.

그간 필자에게 도움을 준 한국연구재단 및 철학계의 동학들에게 진심으로 감사드리고 아카넷 출판사의 후원에도 고마움을 전하며 머리말을 맺고자 한다.

2012년 7월
꽃마을에서 황경식

차례

머리말 | 005

제1부 현대사회와 덕윤리

제1장 왜 다시 덕윤리가 문제되는가?
　　　의무윤리와 덕의 윤리가 상보하는 제3윤리의 모색 | 015

제2장 도덕체계와 사회구조의 상관성
　　　덕의 윤리와 의무윤리의 사회적 기반 | 045

제3장 도덕행위의 동기화와 수양론의 문제
　　　의무와 덕이 상보하는 통합윤리의 모색 | 089

제4장 유덕한 행위와 행복한 인생 | 119

제5장 덕의 윤리에 대한 찬반 논변
　　　동서 윤리관 비교연구 서설 | 143

제6장 정감 어린 여행(Sentimental Journey)
　　　덕윤리학자 마이클 슬로트와의 대담 | 203

제2부 유교윤리의 현대화

제1장 유교윤리는 덕과 규칙의 통합윤리인가? | 245

제2장 인간의 본성과 자기수양론의 유형 | 283

제3장 덕의 습득으로 생기는 도덕적 힘 | 315

제4장 도덕운, 자기수양과 책임의 문제
　　　자유의지와 결정론에 대한 유학의 입상 | 339

제5장 충효사상의 현대적 의의 | 361

제6장 유교윤리의 현대화를 위한 과제 | 393

제3부 동서 덕윤리의 만남

제1장 덕윤리의 현대적 의의 | 413

제2장 군자와 시민의 만남은 가능한가? | 435

제3장 덕윤리에서 습관화와 궁도(弓道)의 비유 | 459

제4장 도덕적 실패
　　　　인지(認知)의 부족 대 의지(意志)의 나약 | 491

제5장 현대사회와 중층적 도덕교육
　　　　그 정당화 과제와 동기화 과제 | 519

제6장 아시아적 가치의 지양
　　　　전근대와 근대의 변증법 | 541

부록 국제학술대회 발표논문

1. Virtue Ethics, For and Against
　　Complimentarity of Duty Ethics and Virtue Ethics | 569

2. Modern Society and Moral Education
　　On the Tasks of Justification and Motivation | 587

3. Moral Luck, Self-Cultivation and Responsibility
　　The Confucian Conception of Free Will and Determinism | 609

1

현대사회와 덕윤리

제1장

왜 다시 덕윤리가 문제되는가?
: 의무윤리와 덕의 윤리가 상보하는 제3윤리의 모색

1. 도덕의 정당화와 동기화: 의무윤리와 덕윤리의 상보

동서를 막론하고 전통사회에서는 덕(德)의 윤리가 강조되었고 근세 이후 현대사회에서는 그것이 의무(義務)의 윤리로 대체되었다 해도 과언이 아니다. 또한 윤리설에서는 도덕규칙이나 의무체계의 정당화 (justification) 문제에 주력하는 입장이 있는가 하면 도덕적 실천이나 행위의 동기화(motivation)에 집중하는 입장도 있다. 대체로 덕의 윤리(ethics of virtue)가 도덕의 동기화를 중시했다면 의무의 윤리(ethics of duty)는 그 정당화에 진력했다 해도 큰 무리는 없을 듯하다. 나아가 도덕의 동기화

* 이 논문은 아시아철학대회(한국철학회 주최, 2007)에서 발표하고 다시 한국윤리학회 (2007. 12)에서 재독한 후 부분 수정한 원고이다. 그동안 논평 및 조언을 해준 김민철, 장동익, 문석윤, 전헌상 교수님에게 깊이 감사드린다.

를 중요시하는 덕의 윤리에서 도덕의 정당화에 주목하는 의무의 윤리로 대체되는 윤리설의 변화도 해당 사회의 구조가 그러한 변화를 요청하는 바, 윤리설의 유형과 공동체의 구조 사이에 긴밀한 상관성이 있으리라는 생각도 음미해볼 만한 논점으로 보인다.[1]

전통사회와 같이 외부세계와의 교섭이 적고 변화의 속도가 더딘, 다소 폐쇄적이고 정태적인 사회는 그 나름의 사회 관습이나 관행 등 규범체계가 대체로 고정되고 안정된 사회로서 이 같은 체계가 성원들 간에 숙지·공유되어 있는 까닭에 더 이상의 심각한 정당화 문제는 제기되지 않으며, 오직 사회 구성원들이 그러한 규범체계를 실행하는 성향과 실천하는 품성을 함양하고 동기화하는 데 집중하는 것은 지극히 당연하다 하겠다. 이 점은 서양의 아리스토텔레스(Aristoteles)나 동양의 공맹(孔孟)이 주목했던 덕윤리가 전형적으로 예시하고 있는 것으로 보인다. 물론 그들의 윤리설에 정당화의 측면이 없는 바는 아니나 대체로 그들의 덕윤리는 동기화의 문제에 골몰했다고 해도 과언이 아니라 생각된다.

그런데 이 같은 전통사회가 해체되고 시민들이나 사회 간의 교류가 빈번해지고 변화가 가속화하면서 이해관계를 달리하는 낯선 사람들(strangers)이 이합집산 하는바, 근세 이후의 시민사회에서는 이들 성원의 행동을 결속하고 유대를 공고히 해줄 행위규범의 존재근거 자체가 흔들리고 그에 대한 인식근거 또한 불확실성을 면할 수 없게 된다. 이처럼 불투명한 사회구조에서는 행위규범의 정당근거와 적용 범위, 인식근거 등 이른바 도덕의 정당화 문제가 윤리학의 전경에 떠오르게 되고 규범체

∴

1) 황경식, 「덕의 윤리에 대한 찬반 논변: 동서윤리관의 비교연구 서설」, 『개방사회의 사회윤리』(철학과 현실사, 1995) 참조.

계에 대한 최소주의적(minimalistic) 접근으로 귀결되며, 이로 인해 동기화의 문제가 비교적 부차적인 배경으로 밀려나게 된다. 특히 도덕의 준법적(準法的) 모형이 이 같은 실행의 문제를 이차적인 문제로 이행하게 하는 것이다.

이처럼 도덕의 유형과 공동체 구조의 상관성을 기반으로 한 필자 나름의 관찰을 확대 해석하거나 무조건적으로 고집할 생각은 없다. 다시 말해, 덕의 윤리에는 도덕의 정당화 문제가 전적으로 무시되고 있다거나, 의무의 윤리에는 동기화의 문제가 완전히 소홀히 되고 있다는 식으로 주장하고자 하지는 않는다. 앞으로 살피겠지만 아리스토텔레스나 공맹의 덕윤리에도 지성적인 도덕적 추론의 문제가 결코 소홀히 되지 않고 있으며, 칸트주의나 공리주의적 의무의 윤리가 행위의 동기 문제에 관해서도 깊이 고심하고 있음 또한 사실이다. 단지 필자가 주목하려는 바는 특정 유형의 윤리설이 채택되는 배후에는 그것을 요청하는 사회구조적 근거가 강하게 지지하고 있어 때로는 동기화가 또 때로는 정당화가 보다 우선적 고려사항이 되게 한다는 가설은 나름의 설득적 근거가 있다는 점이다.

여하튼 이상과 같은 가설이 다소간 설득력을 갖는다고 전제할 경우, 특정 유형의 윤리는 그에 적합한 사회구조와 상관된 것으로 그러한 구조 속에서 적절한 규범체계로서 효율적으로 작동할 수 있으리라 생각된다. 그런데 문제는 오늘날 대부분의 덕윤리학자들과 같이 현대적 사회구조 속에서 고전적인 덕의 윤리를 재활시키려는 프로젝트를 시도할 경우에 생겨난다. 특정 유형의 윤리가 그에 적합한 사회구조 내에서 나름의 적실성과 자립성(autonomy)을 갖는 것은 당연하다 하겠다. 그러나 고전 윤리를 현대사회에서 재현하고자 할 경우 현대사회 구조를 전폭적으로 개편하지 않는 한 그것을 그대로 현대사회에 접목시키는 일은 무리라 하겠다. 사회형태를 개혁하든 윤리체계를 개조하든 상호 조정은 효율적 규범체계 구상을 위해 불가결한 과제가 아닐 수 없기 때문이다.[2]

사회구조와 공동체의 형태를 조정하고자 할 경우 알래스데어 매킨타이어(Alasdair MacIntyre)와 같이 덕윤리의 기반으로 마을공동체나 지역공동체(local community)를 염두에 둘 수 있다.[3] 그러나 현대사회를 모두 이같은 공동체로 재편성할 수 없는 한, 이러한 기도의 현실성 있는 대안으로서 대체로 전체 사회는 어떤 형태의 자유주의적 체제를 그대로 둔 채 그 속에서 특정한 이념이나 공동선을 함께하는 다양한 소규모 공동체들을 상정해볼 수 있다. 그러나 이는 결국 의무윤리를 기반으로 한 자유주의적 사회구도 속에서 덕윤리를 공유하는 부분 공동체들을 구성하는 셈이다. 여하튼 우리는 새로운 공동체를 상정하든 아니든 간에 의무윤리와 덕윤리가 상보(相補)하는 가운데 양자가 조정된 제3의 윤리를 구상해볼 수 있다.[4]

의무윤리와 덕윤리의 상보 내지 상호 조정을 통하여 제3의 윤리를 구상할 경우, 사회구조의 재편 없이 그러한 윤리를 현실에 구현할 수 있는 한 가지 방도는 의무윤리에 기반을 둔 시민윤리에 더하여 유덕(有德)한 시민(virtuous citizen)의 윤리를 생각해볼 수 있다. 그러나 조정된 제3의 윤리는 유덕한 시민에서 끝나지 않고 이를 최저점으로 하며 그에 더하여 군자의 윤리를 거쳐 성현의 윤리를 최고점으로 하는 다양한 도덕적 스펙트럼으로 확대될 수도 있을 것으로 보인다. 그러나 이 확대된 스펙트럼은

∴

2) 같은 논문 참조.
3) A. MacIntyre, *After Virtue: A Study in Moral Theory*, 2nd ed.(Indiana: University of Notre Dame Press, 1984) 참조.
4) 황경식, 「왜 '자유주의와 공동체주의'인가: 개인권과 공동선의 갈등과 화합」, 『자유주의는 진화하는가: 열린 자유주의를 위하여』(철학과 현실사, 2006).

최소한의 윤리인 유덕한 시민상을 반드시 충족시킨 다음에야 문제될 수 있으며 기본이 충족되는 한에서 우리의 도덕적 열망(aspiration)은 무한히 확대 가능하고 다양할 수 있고, 유사한 열망을 공유하는 사람들 간의 소규모 공동체 또한 구상해볼 수 있을 것이다.[5)]

결국 우리가 도덕의 정당화와 동기화 모두 도덕에서 필수 불가결한 요인이라 생각할 때 의무윤리나 덕윤리는 그 어느 하나도 자립적이거나 자족적일 수 없고 양자가 상보적인 지지를 통해 온전한 윤리체계를 구성할 수 있다는 결론에 이르게 된다. 근세 이후 윤리학사의 주류를 이루어온 의무윤리는 도덕의 정당화에 주목한 나머지 최소주의적, 결과주의적 경향으로 기울게 된다. 이 같은 경향은 도덕체계의 결정성(determinacy), 공평성(impartiality), 공공적 정당화(public justification) 등을 위해서는 불가피한 일이긴 하나 도덕경험의 다양성 및 내면적 가치(internal worth)나 동기적 측면에서는 다소간 희생이 따를 수밖에 없었다.

이에 비해 덕의 윤리는 성원들이 대체로 규범체계를 공유하는 정태적 소규모 공동체의 작용 원리였던 까닭에 더 이상 그 정당화를 묻기보다는 정당화는 이미 전제되어 있어서 단지 그 동기화 문제에만 주력하게 된다. 그러나 근세 이후 현대사회와 같이 급변하는 동태적 대규모 사회상황에서는 그 같은 규범체계의 객관적이고 공공적인 정당화라는 심각한 난관에 봉착하게 된다. 결국 덕윤리의 미결정성(indeterminacy)이 문제되고 공공성, 객관성으로부터 도전을 받는 국면에 이르게 된다.[6)]

..

5) 황경식, 「군자와 시민」, 『이론과 실천: 도덕철학적 탐구』(철학과 현실사, 1998) 참조.
6) 황경식, 앞의 논문(1995) 참조.

2. 무엇이 덕윤리이며 덕 윤리는 왜 필요한가
: 유덕한 성품과 행복의 기술

왜 덕의 윤리를 말하는가? 오늘날 많은 윤리학도들이 덕의 윤리라 불리는 것으로 관심이 기울고 있다는 것은 부인할 수 없는 대세이다. 이 같은 관심의 전환은 도덕적 삶에 대한 지금까지의 이해에 불만이 광범위하게 확산되어 있음을 의미한다. 지금까지의 도덕관은 일차적으로 의무·책무 등을 중심 개념으로 하고 도덕적 딜레마와 같이 해결이 쉽지 않은 경우들에 초점을 두고 있었다. 그러나 덕의 윤리는 그 같은 문제에 당면하는 불확실한 상황뿐만 아니라 우리의 인격을 구성하는 행위습관이나 지속적 성향에도 주목하고자 한다. 덕의 윤리에서는 행위(doing)가 아니라 존재(being)가 전경으로 부상한다. 왜냐하면 우리가 행위 해야 할 바는 우리의 존재 방식에 의존하는 것일 수 있기 때문이다.

덕에 대해 생각할 경우 덕의 정의(definition)에서 시작하는 게 유용할 것으로 보인다. 요제프 피퍼(Josef Pieper)는 『4주덕(*The Four Cardinal Virtues*)』의 서문에서 서구의 전통에서 유래하는바, 덕이란 사람들로 하여금 "그 본성의 잠재가능성을 최대로 성취하게" 하는 탁월성이라 했다.[7] 따라서 덕은 우리가 서로에 대해 지고 있는 특정한 기본적 의무에만 주목하는 게 아니라 우리 존재의 완성을 향한 부단한 추구를 요청하는 것이다. 아리스토텔레스에 따르면, 우리가 덕성을 함양하고 성품을 연마할 때 영원히 고정된 어떤 구조물을 창출하는 게 아니고 일생 지속하게 될

••

7) J. Pieper, *The Four Cardinal Virtues*(Indiana: University of Notre Dame Press, 1966), p. xii.

추구 활동을 시작하게 된다는 것이다.

이상과 같은 일반적 고찰은 나름으로 시사적인 의미를 갖기는 하나 덕이라는 말을 통해 우리가 의미하려는 바에 대해 자상한 서술을 제시하지는 못한다. 상세한 부분에 이르는 이해를 시도하기 위해서는 덕과 관련해서 지금까지 논의해온 세 가지 가능한 이해 방식을 차례로 살펴보는 일이 도움이 되리라 생각한다. 우선 덕이란 특정한 방식으로 행위 하게 될 성향 혹은 경향성(disposition)이라는 견해가 있다. 다음 아주 오래된 이해 방식의 하나로서, 덕은 일종의 인간적 기술(skills)이라는 해석이 있다. 끝으로 덕은 성격의 특성 혹은 성품(traits of character)이라는 입장이 제시되기도 한다.

자주 존재와 행위 간의 관계를 통해 특징짓기도 하는 첫 번째 가능성은, 덕이 특정한 방식으로 행위 하려는 성향으로 분석되어야 한다는 주장이다. 이와 같이 덕을 특정 행위를 하게 될 성향으로 이해하는 입장은 일반적으로 타당하다 할 수 있으나 반론의 여지가 없는 바도 아니다. 용기가 반드시 전투에서 용맹하게 전진하는 행위만을 함축하지는 않으며, 위험을 피하려 도망한다고 해서 이를 비겁하다고만 규정하기도 어렵다. 대체로 유덕함과 외적(外的) 행위 범주 간에 상관성을 예견하는 것이 합당하긴 하나 이들 간에 완벽하거나 확고한 대응관계가 존재하지 않는 것 또한 사실이다. '덕의 길은 사전에 닦여 있는 것이 아니다(The path of virtue is never laid out in advance)'라는 말은 일리 있는 지적이라 생각된다. 유덕한 상태가 특정 행위 성향과 완벽하게 연관되는 것은 아니며 또한 덕스러운 행위가 덕성이 없이도 행해질 수 있는 것이다.[8]

· ·
·

8) G. H. Von Wright, *The Varieties of Goodness*(London: Routledge & Kegan Paul, 1970), 148쪽.

만일 덕이 단지 특정한 방식으로 행위 하려는 성향이 아니라면 우리는 덕을 기술(skills)로 이해하는 편이 더 합당할지도 모른다. 우선 덕이 기술의 일종이라는 아리스토텔레스의 입장도 조심스럽게 이해할 필요가 있다. 기술이 단지 특정 행위를 유능하게 수행하는 능력에 불과하다면, 그 것은 이미 우리가 앞서 주목한바 덕이 갖는 열린 구조를 간과할 가능성이 있다. 중요한 점은 덕은 단지 특정 행위에만 적용되는 기능(technique)이 아니라 삶 일반에 해당되는 개방적 개념이며, 이런 의미에서 덕은 타율적으로 가르쳐지는 게 아니라 자율적으로 배우고 터득하는 것이라 할 수 있다. 기능인과 달리 유덕한 인격은 새로운 상황이나 예견하지 못한 어려움에도 창의적으로 대응할 수 있는 기술을 습득한 자이다.[9]

이상과 같은 의미에서 사실상 유덕한 존재가 되기 어려운 까닭은 유덕한 행위 그 자체의 어려움이 아니라 우리 자신의 상반된 성향 때문이다. 바로 이 점에서 필리파 푸트(Philippa Foot)는 기술은 단지 능력일 뿐이지만 덕은 실제로 의지(will)와 관련된다고 지적한다.[10] 유덕한 성향도 그러하지만 그에 대립하는 성향 또한 의지의 단련을 통해 서서히 점진적으로 습득된다. 이처럼 덕이 의지와 관련되어 서서히 체득된다고 할 경우, 덕은 단지 기술이 아니라 성품(traits of character)으로 생각할 때 가장 잘 이해될 수 있다. 덕을 성품으로 이해할 때, 우리는 단지 어떠한 기술로 무장하고 인생에 나아가는 것이 아니라 유덕한 성품을 통해 인생을 이해하고 주어진 상황을 해석하는 비전을 가지고 인생에 나아가며, 때로는 우

..

9) G. C. Meilaender, *The Theory and Practice of Virtue*(Indiana: University of Notre Dame Press, 1984), 9쪽.
10) P. Foot, *Virtues and Vices and Other Essays in Moral Philosophy*(Berkeley: University of California Press, 1978), 7쪽 이하 참조.

리의 삶의 방식까지도 바꾸게 될 본성이 지닌 최대의 잠재적 가능성까지도 성취하려는 탁월성을 향한 탐구활동을 시작하게 되는 셈이다.

그런데 왜 우리는 이러한 덕들이 필요하게 되는가. 두 가지 일반적 대답을 구분할 수 있다. 혹자는, 덕이 우리의 감정을 통제하고 인도하는 일을 돕는 일종의 시정적(corrective) 기능이 있음을 강조한다. 다른 이들은, 첫 번째 입장과 반드시 양립 불가능한 것은 아니나, 덕은 우리가 행복한 인생을 영위하는 것을 적합하게 한다는 사실을 강조한다. 우리가 생각하기에 덕이 단지 첫 번째 방식으로만 즉 유혹에 직면하여 우리에게 자제하는 힘이 되게끔 마련된 성품으로만 생각하는 것으로는 충분하지 않다는 말이다. 왜냐하면 덕이 강화될수록 우리는 유혹에 약하지 않을 것으로 보이며 온전한 덕을 갖출 경우 더 이상의 노력 없이도 저절로 유혹을 이겨낼 수 있게 될 터인데, 그렇다면 덕(full virtue)의 기능을 시정적인 것으로 보기 어렵게 되기 때문이다.[11]

그래서 덕의 일차적 기능이 통제나 자제(continent)에 있기는 하나 언제나 그렇다고 할 수만은 없게 된다. 순결의 덕이 한편 유혹에 맞서 힘겨운 자기통제나 자제력을 의미하기도 하지만, 다른 한편 순결의 덕을 온전히 체득한 자는 정결을 힘을 들이지 않고서도 기꺼이 지키는 사람이라 할 수 있다.[12] 이는 우리의 감정이 단지 다스려지고 자제되었음을 의미할 뿐만 아니라 우리가 행복한 인생을 살고 있는바, 우리의 본성을 최대치로 실현한 상태에 근접하는 것이기도 하다. 결국 덕이 필요한 이유는, 덕이 인간다운 삶을 잘 사는 데 필요하기 때문이며 인간본성의 잠재능력을

∵

11) G. H. Von Wright, 앞의 책, 147쪽; P. Foot, 같은 책, 8쪽.
12) J. Pieper, 앞의 책, 162쪽 이하 참조.

최대한 실현하고 인간의 자기실현을 통한 행복을 성취하는 데서 필수 불가결한 기술이기 때문이라 하겠다.

결국 덕이 필요하게 되는 이유는 크게 두 가지로 요약된다. 첫 번째 이유는, 비록 우리가 올바른 것이 무엇인지를 안다 할지라도 그것을 실행하리라는 보장이 없기 때문이다. 이는 의지 나약의 문제로 설명할 수 있는데, 비록 우리가 도덕적 지식을 갖는다 할지라도 나약한 의지 때문에 쉽게 유혹에 굴복하거나 무심한 나태로 인해 지식을 행동으로 옮기는 데 실패하는 경우이다. 덕이 필요하게 되는 또 하나의 이유는, 비록 우리가 아는 것을 실행한다 할지라도 조율된 적절한 감정을 동반하지 않을 경우 우리의 도덕적 실천은 일종의 강제에 의거한 행위와도 같이 마지못해 행하는 내키지 않는 행위가 되고 말기 때문이다. 이는 감정의 불화로 설명할 수 있는데 조율되지 못한 부적절한 감정으로 인해 도덕적 삶의 질이 행복한 삶으로 연결되지 못한 것이라 할 수 있다.

3. 성품의 삼분(三分)구조와 지성의 선도
   : 아리스토텔레스의 주지주의적 덕윤리

'알면 곧 행한다'는 소크라테스(Socrates)의 지행합일론(知行合一論)에 대해 아리스토텔레스는 알아도 행하지 못하는 인간의 경험적 사정을 들어 자제심의 결여 혹은 의지 나약(akrasia)의 문제를 제기했다. 그런데 비록 우리가 지식과 행위 간의 관계에 대한 아리스토텔레스의 입장을 경험적으로 좀 더 합당한 것이라고 받아들인다 할지라도 소크라테스의 입장을 변명할 여지가 전혀 없는 바는 아니며, 또한 이 점을 아리스토텔레스 역시 인정하고 있는 듯이 보인다.[13] 따라서 우리가 의지 나약의 문제를 제대로 이해하기에 앞서 지식과 행위 간의 관계와 관련해 소크라테스와 아리스토텔레스의 차이점에 대한 좀 더 면밀한 논의가 전제되어야 할 것이다. 알아도 행하지 못하는 경우라 해도 의지 나약의 문제와 무관한 예가 얼마든지 있을 수 있기 때문이다.

우선 알아도 행하지 못한다는 입론을 고수하기 위해서는 행위와 관련된 지식이 충분하고 완벽한(full and complete) 지식이라는 점을 전제해야 할 것이다. 그런데 우리가 안다고 말할 경우 두 종류의 지식이 있을 수 있는데, 하나는 실행을 동반하는 지식이고 다른 하나는 실행을 동반하지 않는 지식이다. 이를테면 지식에는 명제적(proposition-like) 지식도 있고 우리의 성품에 충분히 통합된 실천적(practical) 지식도 있을 수 있다. 나아가서 실천적 지식과 관련된다 할지라도 실천적 삼단논법 중 보편적 전제인 일반적 지식만 갖춘 경우와, 그 같은 전제를 개별 상황에 적용하는 특수한 지식까지 겸비한 경우도 있을 수 있다. 일반 원칙에 대한 지식은 개별 상황과 관련된 지식에 의해 매개되지 못하면 실행력이 상당히 떨어지는 경우라 할 수 있을 것이다.[14]

또한 설사 지식을 갖추고 있다 해도 실행이 어려운 또 다른 경우가 있는데, 아리스토텔레스는 이를 '어떤 의미에서는 지식이 있으나 다른 의

..

13) Aristotle, *Nicomachean Ethics*, Bk. Ⅶ 참조. 사실상 아리스토텔레스의 윤리학에서 아크라시아(akrasia)를 의지 나약으로 번역하는 데에는 반론의 여지가 있다. 오히려 자제심의 결여로 옮기는 것이 합당하다는 제안이 있다. 이러한 점에서 그리스철학은 토마스 아퀴나스(Thomas Aquinas)로 대변되는바, 의지의 기능을 강조하는 기독교사상의 주의주의적 경향과 대조를 이룬다.

14) N. O. Dahl, *Practical Reason, Aristotle and Weakness of the Will*(Minneapolis: University of Minnesota Press, 1984), 140쪽.

미에서는 지식이 없는' 경우로 기술하고 있다. 이를테면 정신 나간 사람이나 수면 중에 있는 사람 혹은 취중에 있는 사람이 바로 이런 예라 할 수 있다. 아리스토텔레스에 따르면, 이들은 정념(passion)의 영향권에 있다고 할 수 있으며 자제력이 없는(incontinent) 사람도 이와 비슷한 여건에 있다고 한다.[15] 아리스토텔레스는 여기에서 의지 나약의 문제를 제기한다. 즉 자제력이 없는 사람은 당면 상황에서 그 상황과 관련된 일반 원칙을 알고 있다는 의미에서 어떻게 행해야 할지를 알고 있는 사람이다. 그러나 욕구나 욕심이 그가 일반 지식을 실행하는 것을 방해하는 까닭에 그는 그런 원칙에 따른 행위에 실패하게 되며 욕망이 지시하는 대로 흔들리게 되는 것이다.

아리스토텔레스는 의지 나약의 문제를 언급하고 있기는 하나 의지를 연마·단련하여 의지를 강화하는 과정 즉 수양의 문제를 주제적으로 다루고 있지는 않다. 아리스토텔레스는 덕이 안정된 성향(stable disposition)이라고 주장하는데, 이는 인간이 도덕적으로 복잡한 상황을 다루는 것을 배우는 교육과 발달 과정을 통해 성취한 산물이다.[16] 따라서 그는 도덕적 성숙 과정보다도 그 결과로서 주어진 안정된 성향으로서의 덕을 기술하고 있는 듯이 보인다. 사실상 아리스토텔레스는 덕을 선택과 연관된 상태로 규정하는 데 주력하고 있다. 따라서 덕이 반복적 훈련과 습관의 산물이기는 하나 그것은 단지 숙고된 선택과 무관한 단순 반복적 경험을

..

15) 같은 책, 141쪽.

16) J. Annas, *The Morality of Happiness*(New York: Oxford University Press, 1993), 50쪽. 그러나 이 점에 관한 아리스토텔레스와 칸트의 관계에 대해서는 그 둘이 보다 근사한 입장이라는 해석도 있어 좀 더 정밀한 논의를 요한다. M. Baron, Kantian Ethics, *Three Method of Ethics*(Oxford: Blackwell Publishers Inc., 1997) 참조.

통해 형성되는 것은 아니다. 나의 과거 선택들이 유덕한 성향을 형성할 뿐만 아니라 나의 현재 의사결정도 그러한 성향에 대한 단순한 반영이 아니라 그에 대한 나의 동의의 결과로서 이루어진다. 그래서 아리스토텔레스에 따르면 덕은 이성에 의거해서 행동하는 습관인 까닭에 이성적 상태라 할 수 있는 것이다.

여기에서 아리스토텔레스의 덕 이론이 지극히 주지주의적(主知主義的) 경향성을 띤다는 점을 간파할 수 있다. 그는 덕이 일정한 행위의 안정된 성향으로서 반복적 습관에 의해 형성되는 과정을 설명하는 경우에도 덕이 의지의 연마나 단련 과정에 의존하는 측면보다도 지성적 사고와 숙고된 선택 과정에 의해 인도되고 있음을 보이고자 한다. 주의주의자들과 대조적으로 아리스토텔레스에 있어 덕의 형성 과정은 의지의 역할보다는 지성의 역할이 주도적이다. 이 점에서 아리스토텔레스는 지적인 각성과 더불어 의지의 단련을 강조하는 동양의 수양론자들과 다소 대조를 이루는 듯 보인다. 유불도(儒佛道)에서 수양(修養)이나 수행(修行) 혹은 도를 닦는 과정에는 비록 우선순위에 대한 논란이 있기는 하나 돈오(頓悟)와 점수(漸修)가 동시에 요구되어 지적인 각성과 의지의 연마가 상보적 관계에 있다고 할 수 있다.

덕이 올바른 행위의 안정된 성향임을 전제할 때 감정(emotion)은 어떤 방식으로 개입되는가? 이마누엘 칸트(Immanuel Kant)로부터 유래하는바, 현대의 일반적 생각은 덕이란 우리 감정의 교정자(corrective)이며 본질적으로 감정을 제어하는 의지의 힘(strength of will)이라 할 수 있다. 감정은 우리를 올바른 방향뿐만 아니라 그릇된 방향으로도 인도할 수 있는 까닭에 감정이 올바른 결과에로 나아가리라는 점을 보증할 수가 없다. 그런데 고전적인 윤리학설은 이 같은 현대적 견해를 공유하지 않는다. 고전적 윤리학자들은 암암리에 혹은 명시적으로 그러한 입장을 배제하는 다양한 입론들을 받아들이는 것으로 보인다.[17]

이 중 한 가지 입론은 윤리설에서 비중 있게 다루어야 할 중요한 문제라고 생각한다. 우리는 일상적으로 두 유형의 사람들을 대비하는 일에 친숙해 있다. 한 사람은 올바른 행동을 하면서도 감정의 갈등을 느끼면서 주저하거나 고통 또는 상실감을 느끼며, 다른 한 사람은 흔쾌히 그리고 기쁜 마음으로 올바른 행동을 수행한다. 우리는 이들 간에 억지로 자제하는(self-controlled) 자와 더 이상 자제할 필요가 없는 자 간의 차이를 간파할 수 있으며, 행위에서 즐거운 감정을 갖거나 그렇지 못한 면이 이러한 차이의 핵심임을 알 수 있다.

또 한 가지 논점은 이상과 같은 차이를 도덕발달의 차이로 생각될 수 있다는 점이다. 자기분열과 갈등을 느끼면서 옳은 일을 행하는 일이 내키지 않거나 고통스러운 사람은, 갈등이 없이 옳은 일을 기쁘게 행하는 사람이 갖는 바람직한 특성을 결여하고 있으며, 이렇게 볼 때 자제(self-control)는 유덕함(virtue)보다 도덕발달에서 낮은 단계에 있다는 것이다. 그런데 근세 이후의 철학자들은 가끔 이 점에 반론을 제기하는데, 그 근거는 갈등을 느끼면서도 자신의 감정을 억제할 수 있는 사람은 자연스럽게 감정이 올바른 행위에 따르는 사람보다 도덕적으로 더 가치 있고 존경을 받아 마땅하기 때문이라는 것이다.[18]

고대의 학자들은 모두가 이 같은 입론들과 그 함축을 받아들여 유덕한 인격이 된다는 것은 올바른 행위로부터 우리의 감정이 어긋날 경우 그것

17) J. Annas, 같은 책, 53쪽.
18) 같은 책, 53~54쪽 참조. 위 16) M. Baron의 책 참조.

을 조정해줄 의지의 힘이 필요 없는 상태에 있게 된다고 본다. 오히려 유덕한 인격이 된다는 것은 올바른 행위가 무엇인지를 파악할 뿐 아니라 그 행위로 즐거움을 누리는 방식으로 성품이 발달한 상태를 의미한다.[19] 그래서 유덕자는 올바른 행위를 하지 못하게 하는 유혹을 심각하게 받지도 않으며 옳은 행위와 그른 행위 사이에서 갈등하지도 않는다. 그래서 덕은 단지 특정한 방식으로 행위 하고자 하는 성향이 아니라 행위자의 성품과 감정의 상태이다. 유덕한 인격은 단지 올바른 행위를 할 뿐만 아니라 자신의 행위에 대한 올바른 감정과 정서를 갖는 자라 할 수 있다는 것이다.[20]

이상에서 알 수 있듯, 고전 철학자들 특히 아리스토텔레스의 덕론에서는 이미 도덕발달 단계에서 유덕한 인격에 이른 행위자가 어떤 행위 성향과 성품을 갖추고 그에 적절한 감정과 성향을 소유한 경우를 다루고 있다. 그래서 옳은 행위와 그른 행위를 두고 갈등하는 가운데 도를 닦고 덕을 쌓으면서 덕성을 함양하는 과정은 다루지 않는다. 그럼으로써 결과되는 한 가지 특성은 의지의 갈등 상황에서 의지의 나약을 극복하고 의지를 연마·단련함으로써 의지의 힘을 강화하는 수양이나 수행의 과정은 소홀히 다루는 경향이 있다는 점이다. 사실상 수양의 과정에서 보다 중요한 것은 온갖 유혹을 극복하고 불혹(不惑)에 이르며 천명(天命)을 알아 이순(耳順) 할 수 있는 수양의 방법과 기술이지 욕구에 따르더라도 법도(法道)에 어긋남이 없는 덕의 경지 자체가 문제는 아니며, 이는 수양의 결과로서 얻어지는바 수양의 목표일 따름이다.

아리스토텔레스는 덕을 습득하는 일과 집짓기나 악기 다루기 같은 기

··
19) 같은 책, 54쪽.
20) Aristotle, 앞의 책, 1104b 3~8 참조.

술(skill)을 배우는 일을 비교한다. 양자 모두 훈련을 통해 배울 일이 있고 결국 그 일을 잘하거나 못하게 되며 그래서 선생도 필요하게 된다. 아리스토텔레스에 따르면, 기술에서 중요한 점은 모든 개별적인 사례들이 공유라는 보편적인 어떤 것을 행위자가 지성을 통해 지적으로 파악하게 된다는 점이다. 단지 경험만을 가진 자는 상황이 달라지면 헤매게 되고 주먹구구식으로 행하게 되지만, 기술을 습득한 자는 자신이 행한 바와 그 이유를 알며 이를 타인에게도 설명할 수 있는데 이는 그 핵심을 이해하고 있기 때문이다. 바로 이 점이 덕을 습득하는 데서 기술이 훌륭한 모델이 될 수 있는 까닭이다.[21] 주로 젊은이들인 배우는 자들은 개별적인 상황에서 어떻게 할지를 익히고 선배들을 모방하고 그들의 조언을 따르게 된다. 그러나 그가 지성적인 사람이라면 각 경우마다 모방하고 기계적으로 암기하는 데 머물지 않고 그 핵심을 인지함으로써 새로운 상황에 응용할 수 있는 능력을 갖추게 된다.

덕이 기술과 유사한 구조를 공유하고 실제로 숙련을 통해 완성되는 일종의 기술이라는 관념은 고대의 윤리설에서 지극히 중요하다. 이 점에서 고대학자나 현대학자 사이에도 유사점이 있다. 즉 윤리에서는 행위자가 옳고 그름에 대해 합당한 개별판단을 내리는 것으로 충분하지 않고 그런 판단들을 비판적으로 반성하고 그들의 체계적 기초를 이해할 필요가 있다. 기술과의 유비(類比)는 덕이 지성적 반성과 이해를 요구한다는 점뿐만 아니라 이러한 이해가 실천, 시행착오, 실험 그리고 행위판단의 확대를 통해 형성된다는 점을 강조한다.[22]

∴

21) 같은 책, Ⅱ. 1 참조.
22) J. Annas, 앞의 책, 67~68쪽.

결국 우리는 아리스토텔레스의 덕론에서 행위자의 도덕적 추론(moral reasoning)이 얼마나 중요한지를 알게 된 셈이다.[23] 그 이유는 개별 덕목이 올바른 추론을 요구함으로써 덕이 기계적 습관이 아니라 이유를 대고 그에 따라 행동하는바 실천이성의 결과이기 때문이다. 아리스토텔레스는 이 같은 추론을 숙고(deliberation)라 불렀다. 숙고는 실천적 추론으로서 행위가 요구되는 상황에서 어떤 행위를 해야 할지에 대해 깊이 생각하는 일이다. 아리스토텔레스의 주장에 따르면, 유덕한 인격에서 추론을 하는 능력과 유덕한 성품을 갖추는 능력은 서로 불가분의 관계에 있다. 지성(phronesis)은 행위자에게 덕의 정서적·감정적 측면과 지성적·인지적 측면이 상호 강화해가는 방식으로 함께 발전해갈 것을 요청한다고 할 수 있다.[24]

이상에서 본 대로, 아리스토텔레스는 이미 완성된 도덕적 인격에서 지성과 감성의 관계 및 상태를 논의하고 있어 의지의 연마와 단련·강화의 과정이 생략되고 있다는 아쉬움을 남긴다. 그러나 사실상 덕성 함양 즉 수양의 과정에서는 이 점이 더 없이 중요한 의의를 가질 것으로 판단된다. 나아가 아리스토텔레스가 덕에서 의지작용을 간과한 요인 중 하나는 지성적 측면이나 감정적 측면은 구체적이고 실질적인(substantive) 내용을 갖는 데 비해 의지의 작용은 단순한 성향이나 지향성(intentionality)일 뿐 그 자체로서 적극적 내용을 갖지 못한다는 이유도 있으리라 생각된다.

∵

23) 같은 책, 84쪽.
24) Aristotle, 앞의 책, Bk. Ⅲ, Ch. 3 참조.

4. 도를 닦고 덕을 쌓자: 공맹의 수양론적(修養論的) 덕윤리

"하늘이 명(命)한 것을 성(性)이라 하고, 본성(本性)에 따르는[率] 것을 도(道)라 하며, 도를 닦는[修] 것을 교(敎)라 한다"라고 『중용(中庸)』은 말한다.[25] 그런데 본성에 따르기 위해서는 본성이 무엇인지를 알아야 하고 그 본성에 따르는 길(道, The Way)이 어떤 것인지도 알아야 한다. 우리가 통상적으로 '도를 닦는다[修道]', '도를 통한다[道通]'고 하는 말들에는 본성이 무엇인지, 그에 따르는 길이 무엇인가가 이미 전제되어 있다. 그래서 도를 닦는 것은 일차적으로 지적인 작업, 즉 도가 무엇인지를 인식하는 일로 생각된다. 진리가 무엇인지 깨닫고 그에 이르는 길을 알면 우리는 무명(無明)의 무지에서 벗어날 수 있는 것이다.

그런데 도를 닦고 도를 통한다는 우리의 관행적 어법에는 이것이 단순히 지적인 작업에 그치는 게 아니라 의지의 단련과 정서의 조율 작업도 함축되어 있는 것으로 보인다. 즉 도를 닦고 통한다는 것은 단지 지적으로 어떤 깨달음을 얻는 일을 넘어 의지의 연마와 정서의 조율을 통해 원만구족(圓滿具足)한 인격의 성취를 의미하는 것으로 생각된다. 진리를 인지하고 깨닫는다 할지라도 우리가 그것을 체득(體得)하고 구현(具現)하기 위해서는 의지와 정서가 그를 수용하기에 적절한 상태와 구조를 갖추어야 한다. 그래서 도통(道通)한 사람은 의지와 감정을 자율적으로 관리하고 통어(統御)할 뿐만 아니라 그 단계를 넘어서 자유와 자재, 자족의 경지에 이른 존재라 할 수 있다.

지금까지 살핀 대로, 도를 닦고 통한다는 것은 지정의(知情意) 모두와

••
25)『中庸』四書集註 서두에서 인용.

관련된 총체적이고 전인격적인 작업이라 할 수 있다. 물론 이러한 작업에서 가장 선도적 기능을 하는 것은 당연히 지적인 작업일 것으로 보인다. 진리에 대한 지적인 각성이 선행해야 그에 적합한 정서가 조율되고 의지가 연마될 수 있을 것이다. 지적으로 미망(迷妄)이나 무명이 지배적일 경우, 정서와 의지는 그 겨냥할 목표가 명확하지 않을 것이며 따라서 조율과 단련이 방향성을 잃고 제대로 이루어질 수 없다. 그러나 수행의 방법에서 깨침과 닦음(돈오와 점수) 사이의 우선순위 논쟁은 도통하는 과정이 단선적일 수만은 없고 매우 복합적인 과정을 거쳐 이루어질 수 있음을 말해주기도 하는 듯하다.[26]

유교는 유구한 역사를 통해 유덕한 성품의 형성이나 인격의 도야를 강조해왔다. 그래서 우리는 공맹의 윤리를 덕의 윤리로 특징짓는 것이 적절할 것으로 보인다. 공맹의 덕(德, Te) 개념은 도(道, Tao)의 이념에 부합하는 군자(君子, Chün-tzu)와 같이 윤리적으로 잘 함양된 인격의 성취 요건이라 할 수 있다. 예(禮, Li)가 의례적 규칙으로서 일차적 덕이라면, 의(義, I)는 양심 바름이라 할 수 있는 이차적 덕이라 할 수 있다. 윌리엄 프랑케나(William Frankena)가 지적했듯, 일차적 덕(예컨대 정직, 신의, 자비, 정의) 이외에 행위자가 계발해야 할 또 한 가지 도덕적 성품이 있는데, 이는 어떤 점에서 다소 추상적이고 일반적이어서 이차적 덕으로 불릴 수 있다.[27] 의(義) 즉 양심적임과 같은 것은 전형적인 이차적 덕으로서, 이는 감사나 정직과 같이 도덕적 삶의 특정 국면에만 제한되지 않고 도덕적 삶의 전반에 걸친 덕목이다. 물론 공맹은 의의 궁극적 의의는 그것이 세

..

26) 불교의 돈점(頓漸) 담론과의 관련에 대한 상론은 생략하기로 한다.
27) W. Frankena, *Ethics*, 2nd ed.(Englewood Cliffs: Prentice-Hall, 1973), 46쪽.

상의 모든 존재에 대한 광범위한 사랑의 이념으로서 도나 인(仁)과 같은 것과의 관련 속에 존재한다는 사실에도 주목해야 할 것이다.[28]

우리는 공맹 유학의 기본 개념들에서 그 상호 관계를 다음과 같이 설명할 수가 있다. 훌륭한 인간적 삶의 전반적 이상으로서 도가 있으며, 이른바 오상(五常) 즉 인의예지신(仁義禮智信) 등과 같이 상호 관련을 맺고 있는 기본적인 덕들은 이상적 목표인 도의 성취에서 단지 수단이기보다는 본질적 구성요소라 하겠다. 달리 말하면, 도의 실현은 기본 덕목에 표현된 기준이 함께 충족되기를 요구한다. 이상과 같은 핵심적 개념들은 윤리적 관심사의 상이한 초점들과 관련된 까닭에 도의 실천은 동등하게 중요한 덕들 사이의 조정이나 조화로운 상호작용을 요구한다. 이런 점에서 기본 덕목들은 상호작용적 지지를 통해 도의 이념 속에 함유되어 있다고 할 수 있다.

사실상 다섯 가지 기본 덕목인 오상에서 본질적인 덕은 인간사랑인 인(仁)과 도덕심성인 의(義)라 할 수 있다. 예(禮)는 이같이 본질적인 인의가 당면한 시간과 장소[時所]에 적절하게 표현되는 형식이라 할 수 있으며, 한편에서는 인의예와 다른 한편에서는 상황의 현실적 변항 간에 적절한 조화를 찾고 조정하는 지혜를 지(智)라 할 수 있다. 오상 중 신(信)은 사회 전반을 지탱해주는 믿음이라는 기본 덕목으로서, 백성들 사이에 믿음이 없으면 나라가 설수 없다[民無信, 不立]고 하였다.

그런데 예에 대한 공맹의 강조점은 자주 도덕적 행위에서 모범적 인격으로서 군자의 개념과 관련된다.[29] 군자는 예를 위시한 유교의 덕목들을

28) A. S. Cua, *Moral Vision and Tradition, Essays in Chinese Ethics*(Washington, D.C.: The Catholic University of America Press, 1988), 279쪽.

일상의 행위에서 체현하는, 모범이 되는 도덕적 행위자(moral agent)일 뿐만 아니라 실제 행위에 앞서 도덕판단에 대한 중립적 태도를 예시하는 존재이기도 하다. 이 점과 관련하여 우리는 군자에 있어 합리성의 두 가지 측면에 주목할 필요가 있다. 그중 하나는 오랜 전통을 통해 전승된 예 (및 다른 도덕 개념들의 용례)의 존중이며, 다른 하나는 당면한 현실적 상황들의 성격에 대한 존중이다. 따라서 행위의 합리성과 그 합당한 정당화는 예의 제 규정들과 개별 상황의 요구들에 부합하고 양자를 조정·조화시키는 행위에 달려 있다.

이상의 두 가지 측면으로 인해 개별 상황에 직면하기에 앞서서는 합당한 지침을 제시할 수 없게 된다. 왜냐하면 예절이나 기존 관행은 이들의 규율 범위를 넘어서 있는 경우들에까지 구체적 지침을 제공할 수는 없기 때문이다. 나아가 기존의 예는 당면 상황이 적절한 행위로서 요구하는 바와 갈등할 수도 있다. 따라서 지혜의 덕을 갖춘 반성적 행위자로서 군자는 기존의 예를 현재 상황에는 합당하지 않는 것으로 배제할 수도 있다. 그렇다고 해서 예 일반과 도덕 개념들이 갖는 규범적 힘이 감소되는 것은 아니다. 핵심이 되는 논점은 예가 그 자체로서 모든 인간문제에 대한 결정적 해결책을 제시할 수는 없다는 점이다. 물론 인간관계의 일반적 여건에서는 기존의 예나 덕목들이 상당한 정도로 지침을 제시할 수 있음은 분명하다.[30]

그렇다면 탁월한 행위자로서 군자는 상황인식과 그 적실성을 어떻게 인지할 수 있는가. 정상적 상황(normal situation)이라면 행위자는 적절한

••
29) 같은 책, 3쪽.
30) 같은 책, 4쪽.

기존의 예를 인용함으로써 당면한 문제상황에 제대로 응답할 수가 있다. 그러나 비상상황(emergent situation)에서는 기존의 예로부터 손쉬운 응답을 할 수가 없으며 기존의 예와 새로운 상황 전반에 대한 숙고를 통해서만 응답을 할 수 있다. 행위자는 새로이 도전해오는 비상상황에 적합한 예를 모색하고 이를 정당화하기 위해 모든 의혹을 명료히 하고, 그릇되고 자의적인 행위라는 부담에서 벗어나기 위해 그 스스로 탐구의 노력을 계속할 수밖에 없다.[31]

행위자는 행위의 적합성을 스스로 검증하고자 자신의 행위가 현재 상황이 적절한 행위로 요구하는 바임을 입증할 책임(burden of proof)을 지게 된다. 상황의 성격에 대한 숙고된 검토가 다른 대안적 선택의 여지가 없음을 보인다는 의미에서 그 행위가 주어진 상황의 맥락에서 허용 가능한 최선의 유일한 방도임을 보여야 하는 것이다.[32] 물론 행위자는 이러한 과정을 그르칠 수가 있다. 왜냐하면 숙고와 관련된 사항들에 대한 그의 검토가 불완전할 수도 있고 상황의 성격에 대한 그릇된 인식이 개재될 수도 있기 때문이다. 검증의 과정은 자기 자신과의 대화적 과정이라 할 수 있으며, 기존의 방식으로 쉽게 포착하기 어려운 것까지 망라하는 광범위한 대화와 숙고 과정이 전개될 수도 있다.

이상과 같이 도덕적으로 복잡한 문제들의 해결 과정을 통해 도덕적 능력의 발달이 이루어지게 된다. 다시 말해, 도를 닦게 되면 그 결과로서 덕을 쌓게 되는 것이다. 지적으로 깨달음이 있고 그에 따라 의지가 단련되고 감정이 조율되어 통합적 인격이 성취되면 그것이 곧바로 유덕한 인

:.
31) 같은 책, 5쪽.
32) 같은 책.

격이라 할 수 있다. 따라서 도를 닦는 일과 덕을 쌓는 일은 두 가지 일이 아니며 하나로 결합되어 이른바 도덕(道德)을 이루게 되는 것이다. 덕이 상당한 정도로 쌓여 공고히 되면 그것이 바로 도덕적으로 탁월한 능력이 되고 도덕적 주체의 내용을 형성하게 된다. 그래서 유덕한 인격은 옳은 일이 무엇인지를 알아차리는 도덕적 식견뿐 아니라 그 옳은 일을 일관되게 실행할 수 있는 도덕적 용기도 갖추게 된다. 도덕적 용기는 옳은 일의 수행을 방해하는 갖가지 유혹과 장애를 극복해줄 굳센 의지력이라 할 수 있다. 나아가 도덕적 인격은 강한 의지력을 갖출 뿐만 아니라 적절히 조율된 정서로 말미암아 옳은 행위를 억지가 아니라 즐거이 수행함으로써 행복한 도덕생활을 영위하게 된다. 이런 의미에서 덕은 인간적 기술인 동시에 행복의 기술이 된다 할 것이다.

5. 동서양 덕윤리의 비교분석: 덕의 역설과 내재적 동기

아리스토텔레스는 덕윤리에서 의지적 측면을 주제적으로 다루지는 않고 있으나 옳은 것이 무엇인지를 알면서도 그를 실행하지 못하는 아크라시아(akrasia) 즉 자제력의 부족 혹은 의지 나약의 문제를 다룸으로써 간접적으로 의지 문제에 대해 언급하고 있는 셈이다. 일부 철학자들은 여기서 더 나아가 도덕적 인식을 갖고서도 그에 의거해서 행동하지 못하는 것에도 아크라시아와 어시디아(acedia) 두 종류로 구분해서 다루기도 한다. 그중 아크라시아가 행위자가 자신이 지닌 도덕적 앎과 상충하는 이를테면 성(性)이나 돈 등의 유혹에 굴복함으로써 생기는 것이라면, 어시디아는 구체적인 특정 욕구의 유혹이 없더라도 나태나 방심 등으로 자신

이 옳다고 알고 있는 행위를 할 만한 충분한 동기부여를 갖지 못할 때 생겨난다.[33]

데이비드 S. 니비슨(David S. Nivison)이 『유학의 갈림길(*The Ways of Confucianism*)』에서 의도하는 기본 주제 중 하나는 유가의 전통에서 나타난 의지 나약의 문제다. 특히 니비슨은 공맹이, 그 제자들이나 정치지도자들이 직면했던 의지 나약의 문제로서 고심했던 가장 전형적인 형태는 아크라시아보다는 어시디아로 생각된다고 지적한다. 이같이 의지 나약의 존재를 인정하고 고민한 공맹과는 달리 주지주의적 입장을 취한 순자(荀子)는 앎이 곧 올바른 행동을 보장해준다고 생각했고, 왕양명(王陽明) 역시 지행합일의 입장에 서서 아크라시아의 가능성을 부인했다.[34]

일반적으로 유학자들의 공통점이자 대부분 서구 철학자들과 구분되는 점은 윤리적 수양에 관심이 깊다는 사실이다. 앞서와 같이 의지 나약의 가능성을 인정했던 공맹의 주된 관심사는 그런 문제가 어떻게 생겨나서 어떻게 극복될 수 있는가이다. 이는 타인뿐 아니라 일차적으로 자기 자신에게도 해당된다. 결국 유학자들은 초기이건 후기이건 간에 인간이 성인(成人)이 된 후에는 모두가 "자신의 도덕적 동기부여 문제를 관리할" 책임이 있다고 보며, 이 점에서 그들은 서구적 전통의 주요 학자들과 크게 구분된다.[35] 예를 들어 아리스토텔레스는 진정한 덕을 지니기 위해서는 적절한 감정이 필수적이라 생각하지만 적절한 감정을 습득하는 유일한 방도는 어린 시절과 청소년기에 좋은 습관의 반복적 주입을 통해서만 가

---

33) D. S. Nivison, *The Ways of Confucianism: Investigations in Chinese Philosophy* (Chicago: Open Court, 1996), 김민철 옮김, 『유학의 갈림길』(철학과 현실사, 2006), 26쪽.
34) 같은 책, 28쪽.
35) 같은 책, 110쪽.

능하다고 주장한다.

동양의 성현들에게 자기수양이란 내적인 도덕적 완성과 자기이해라는 목표를 향해 부단한 자기감시〔愼獨〕의 훈련 속에서 자신의 내적인 삶을 점검하는 것이었다. 예를 들면, 마음속에 드러나는 모든 이기적 충동〔私意〕에 주목해서 그것을 거부하는 일이다. 이러한 도덕적 노력(moral effort)이 바로 공부(工夫)요 수양이며, 이는 절실하면서도 묵묵히 기도 같은 삶을 부단히 살아가는 것과 비슷하다. 물론 도덕적 순화를 통해 궁극적으로 이르게 되는 목표인 자기이해는 일반적 의미의 공부 즉 경전이나 역사서 같은 독서를 통해서도 증진될 수 있는 것이다.[36]

니비슨이 정리하고 있듯, 니코마코스 윤리학에서 아리스토텔레스의 덕이론이 보여주는 특이한 점은 두 가지로 요약된다. 첫째, 우리는 날 때부터 유덕한 것은 아니나, 자연이 우리에게 그렇게 될 수 있는 능력을 부여했으며 이러한 능력은 습관(habit)에 의해 실현된다는 점이다. 결국 우리는 유덕한 행위를 반복함으로써 유덕하게 된다는 것이다. 둘째, 우리는 어린 시절부터 유덕한 습관을 통해 훈련되어야 한다는 점이다. 아리스토텔레스는 이 점을 거듭 강조하며 이는 매우 중요할 뿐 아니라 "진정 오직 이것만이 중요하다"라고 말한다.

결국 맹자는 우리의 선한 본성〔性善說〕이 덕에 대한 능력을 보장해준다고 분명히 밝히고 있는 데 비해, 아리스토텔레스는 덕은 본성에 의해 생겨나는 것도 그에 반해 생겨나는 것도 아니며 우리의 본성상 획득할 수 있고 습관을 통해 자신을 완성하는 데 이를 수 있다고 한다. 즉 반복적 훈련에 의해 애초에 결여된 동기(missing motive)를 새로이 부여할 수 있

∴
36) 같은 책, 83쪽.

다는 말이다. 맹자와 아리스토텔레스는 유덕한 행동을 함으로써 유덕한 사람이 된다는 데에는 의견을 같이한다. 그러나 둘은 인간의 본성과 유덕한 행위의 내재성(internality) 여부에서 견해가 서로 다른 만큼 유덕한 행위와 도덕적 수양의 관계에 대해서는 좀 더 큰 차이가 생겨나게 된다.[37]

그런데 유덕해지기(정의로워지기) 위해서는 유덕한 행동을 해야 하며 유덕한 행동을 하기 위해서는 유덕한 인격을 가져야 한다는 이른바 덕의 역설(paradox of virtue)에 대해서도 아리스토텔레스는 나름의 해법을 제시한다. 그에 따르면, 정의롭고 절제하는 인격은 정의롭고 절제하는 행위를 행하며 그러한 행위가 습관화됨으로써 갖추게 된다. 그러나 이미 정의롭고 절제하는 인격이 아니라면 강요되지 않는 한 그렇게 행위 하기가 어려우리라 생각된다. 따라서 우리에게는 반드시 강제적 계기가 있어야 하며 그것은 반드시 인격이 형성되기 시작하는 어린 시절에 이루어져야만 한다. 어릴 때 제대로 된 덕성교육을 받지 못할 경우 유덕한 인격을 성취하는 일은 어려워진다.[38]

그러나 이와 대조적으로 맹자에서는 아리스토텔레스와 같은 조치를 취하는 것은 가능하지도 바람직하지도 않다. 마음속에 만족스럽지 못한 앙금을 남길 일을 억지로 강제하는 일은 비생산적일 것이기 때문이다. 맹자는 아리스토텔레스와 달리 인간의 본성 속에 이미 덕을 향한 자연적 성향이나 맹아가 내재해 있다는 뜻에서 인간의 본성이 선하다고 주장함으로써 전혀 다른 해법을 제시한다. 그 이유로서 첫째는 유덕한 행위에는 실제로 유덕한 동기부여가 있어야 하기 때문이고, 둘째는 덕이 올

∴

37) 같은 책, 244쪽.
38) 같은 책, 245쪽.

바른 행위를 통해 발전된다는 전제를 받아들인다면 실제로 이미 유덕한 사람만이 자기 안에 있는 덕을 발전시키거나 강화시키려는 마음을 갖게 될 것이기 때문이다. 그러므로 맹자는 이 같은 자연적 성향이 없다면 유덕해지는 것은 불가능하다고 본다. 따라서 맹자는 도덕적 정서란 잠재된 것이 발휘되고 행위 속에서 실현될 때 적절하게 성장한다고 생각한 것이다.[39]

여기에서 맹자와 아리스토텔레스 간에 또 한 가지 차이점이 나타난다. 맹자는 젊은이들의 도덕교육에 진지한 관심을 기울이지 않았으며 실제 도덕적인 성인(成人)들에게 도덕적 발전과 도덕적 지속의 책임을 전적으로 지우고자 한다. 아리스토텔레스는 도덕적으로 중립적인(neutral) 우리의 본성이 습관에 의해 도덕적으로 형성된다고 생각하며 성년이 되기 이전에 습관이 거의 완성된다고 보았다. 따라서 아이들에게 반드시 적절한 훈련을 행하는 것이 지극히 중요한 일이 된다. 반대로 맹자에 따르면, 우리는 도덕적으로 선한 본성을 지니고 있어서 누구에게나 도덕적 성장을 위한 잠재적 재원이 내장되어 있다. 따라서 성숙한 성인들에 있어 도덕적 정진을 위한 성인교육에 지대한 관심을 갖게 된다.[40]

이상에서 알 수 있듯, 희랍인들은 자신의 감정을 억지로 자제하면서 올바른 행위를 할 수 있는 도덕발달의 낮은 단계에 있는 초보자가 아니라 이미 자제가 불필요할 정도로 감정 조율이 된 유덕한 인격이 어떤 것인지에 관심이 있었다. 따라서 그들에게는 감정을 자제하는 의지력이 그다지 중요하지 않았던 것으로 보인다. 이 점에서 칸트를 중심으로 한 근

∙∙

39) 같은 책, 246쪽.
40) 같은 책, 247쪽.

세의 윤리학자들이 의지의 힘으로 선악의 갈등을 이겨내어 올바른 행위를 쟁취하는 도덕적 인격을 존중한 것과는 대조를 이룬다. 고대가 유덕한 인격의 이상형에 관심을 가졌다면 근세는 감정과 갈등하는 현실인에 관심을 기울이고 있는 듯하다.

그러나 고대 윤리학자와 근세 윤리학자가 이런 점에서 대조를 이룸에도 불구하고 그들은 모두 의지 나약으로부터 의지를 연마·단련하여 강화하는 방법에 대한 실질적 연구에는 별다른 관심을 보이지 않는다는 점에서 공통된 특징이 있다. 이러한 측면에서 서구 윤리학자들이 덕에 대한 이론적 접근에 우세를 보이는 반면 동양 윤리학자들은 보다 실천적·실질적 접근에 강점을 보인다. 불교이건 유교이건 도교이건 간에 동양사상에서는 의지의 나약을 극복하고 의지력을 강화함으로써 유덕한 인격으로 발달하는 과정, 즉 수양론에서 상당한 성과를 보여주고 있다.

물론 수양론에서 유불도가 그 세목(細目)에서 일치하고 있는 것은 아니나 특히 이들이 한국인의 의식구조에 영향을 미친 흔적을 종합하면 "도를 닦고 덕을 쌓자(cultivate tao and inculcate virtue)"라는 말로 요약할 수 있을 것이다. 도를 닦는다는 것이 수양의 과정에 주목하는 것이라면 덕을 쌓는다는 것은 수양의 결과를 지칭한다 할 수 있다. 따라서 이 두 가지는 결국 하나로 종합되어 유덕한 인격이 되는 것 즉 도덕의 실현이라 할 수 있다. 우리가 흔히 도덕이라 부르는 말도 사실상 좀 더 세분해서 도와 덕으로 설명할 수 있으며, 이는 다시 '도를 닦고 덕을 쌓자'는 명법으로 부연 설명할 수 있을 것으로 보인다.

도를 닦는다는 일은 사실상 그 속에 지정의 세 가지 모두를 연마하고 도야하는 것을 내포한다. 도를 닦아서 도를 통하는 일이 보다 인지적인 측면을 말한다면 도를 닦음으로써 덕을 쌓는 일은 정서를 순화·조율하고 의지를 단련·강화하는 과정 모두를 내포한다고 할 수 있다. 우리의 경우 대부분의 운동에서(유도, 태권도, 검도 등) 기(技)라는 말보다 도(道)라는 말을 즐겨 붙인 것을 보면 심신의 수련이 둘이 아니라 하나로 통합되고 있는 것으로 보인다. 도를 닦아 성취되는 것은 결국 내공의 힘이요 그것이 바로 신체적 역량은 물론 정신력의 성숙도 의미하는 것이다.

도를 닦고 덕을 쌓아 우리가 궁극적으로 겨냥하는 목적은 결국 인간다운 삶 그리고 즐겁고 행복한 삶이 아닐까 생각해본다. 굳이 도를 닦아야 할 이유가 현실의 고통에서 해방되기 위함에 있다면 그 목표는 자유로운 삶, 스스럼없는 삶, 자율적 삶, 당당한 삶, 마음의 평화가 깃든 삶, 그래서 즐겁고 행복한 삶이라 할 수 있다. 마음이 하고 싶은 대로 해도 법도에 어긋나지 않고 올바른 삶, 그러한 유덕한 삶은 서양과 동양을 막론하고 모든 철학자가 희구한 삶이라 생각된다. 이런 의미에서 덕은 아리스토텔레스의 말처럼 인간적 기술인 동시에 행복의 기술이라 할 만하다.

제2장

도덕체계와 사회구조의 상관성
: 덕의 윤리와 의무윤리의 사회적 기반

1. 도덕의 사회적 기반과 근대사회

우리는 어떤 윤리관이나 도덕체계가 사회적·역사적 조건과 무관하게 자의적으로 선정되거나 채택될 수 없다는 데 대체로 동의할 수 있을 것이다. 윤리관이나 도덕체계는 이런 의미에서 역사적 요청에 부응하고 사회적 여건에 의거해서 등장한다고도 할 수 있다. 사회구조와 윤리유형 간에 어떤 상관성(co-relation)을 상정할 경우 크게 세 가지 입장이 가능할 것으로 보인다. 첫째는 사회경제적 하부구조가 윤리유형과 같은 상부구조를 일방적으로 결정한다(determine)는 입장이다. 둘째는 사회구조와 윤리유형이 상호작용(interact) 내지는 상호 결정하는 관계에 있다는 입장

* 이 논문은 한국학술진흥재단(지금의 한국연구재단) 우수교수 연구지원금에 의한 것이다.

이다. 끝으로 윤리체계가 사회구조에 의존하되 일단 생겨난 윤리체계는 나름의 부분적 자립성을 갖는다는 수반(supervene)의 입장을 생각해볼 수 있을 것이다.[1]

　앞으로 우리는 사회구조가 윤리유형을 일방적으로 결정한다는 입장에는 비판적 거리를 두고자 한다. 우리는 사회구조가 윤리유형의 선택을 좌우하는 상당한 영향력을 미친다고 할지라도 동일한 사회구조 내에서도 부분적으로 상이한 윤리유형이 등장할 수 있으며(복수실현가능성) 또한 일단 성립된 윤리체계는 그 나름의 발전가능성과 부분적 자립성(partial autonomy)을 갖고서 때로는 사회구조의 개혁에도 영향을 미칠 수 있다는 입장을 취하고자 한다. 그러나 사회구조와 윤리체계 간의 일반적인 상호작용설에 합의하기 어려운 이유는, 이 양자 간의 연관에서 사회구조가 상대적 우선성을 지니며 설사 윤리체계가 사회구조를 개혁하는 영향력을 갖는다 할지라도 일정한 범위에 국한해서만 가능하리라고 생각하기 때문이다.

　『덕 이후(*After Virtue*)』를 통해 덕윤리의 현대적 재활에 점화한 알레스데어 매킨타이어는 근세의 출현에 일방적 비판을 전개하고 전통사회에 대한 동경과 낭만적 회귀를 꿈꾼다.[2] 그러나 새 시대의 출현은 잃는 것과 더불어 얻는 것을 동시에 갖는 양면적 특성을 보이며 어떤 점에서 우리의 주관적 선호를 넘어 그 출현이 현실적 불가피성 내지 필연성(practical necessity)을 지닌다. 근대사회는 나름의 약점을 지니겠지만 그럼에도 도

∵

1) 이는 심리철학의 심신수반이론(Supervenience Theory)을 원용한 입장으로서 정신적 사건은 신체적 사건에 의존하되 나름의 자립성을 갖는다는 이론이다.
2) A. MacIntyre, *After Virtue: A Study in Moral Theory*, 2nd ed.(Indiana: University of Notre Dame Press, 1984) 참조.

래할 수밖에 없는 불가피한 현상으로서 근세를 감당할 의무-규칙의 윤리와 정치적으로는 자유주의가 시대적 요청에 의해 등장하게 된다. 덕의 윤리와 그에 걸맞은 정치체제가 좀 더 이상적일지라도 그것만으로 근대사회를 전통사회로 되돌릴 명분이 될 수는 없으며 새 술은 그것을 담지할 새 부대를 요구한다 할 것이다.

전통사회를 규율하던 덕의 윤리가 근세 이후 의무윤리 혹은 규칙윤리로 전환하게 될 경우 우리는 그런 전환을 추동한 사회적 기제를 탐색할 필요가 있다. 인간 삶의 모든 측면을 포괄하는 덕의 윤리가 최소한의 윤리인 의무윤리로 전환될 경우, 이는 그런 윤리를 요청하는 사회가 구조적으로 더 이상 덕의 윤리를 수용하기 어려운 사회형태로 변화되었음을 의미한다. 달리 표현하면, 최소윤리인 의무윤리만이 도덕적 구속력을 갖는 유형으로 사회가 변화되었음을 말하는 것이다. 이와 더불어 덕의 윤리가 갖는 도덕적 미결정성(indeterminacy)이 더 이상 성원들의 사회적 행위결정의 유효한 방도가 될 수 없어 규범의 정식화(formalize) 내지 규칙화를 통해 공적 의사결정 절차가 보다 확정적이고 명시화될 것이 요구되고 있음을 함축한다.[3]

이러한 사정을 전제할 경우, 다시 말하면 도덕체계와 사회구조 간에 상관관계가 존재하고 사회구조가 더 이상 덕의 윤리가 아니라 의무-규칙의 윤리를 요구할 정도로 변화되었다고 할 경우 우리에게 열려 있는 선택지는 다음과 같을 수 있다. 우선 덕의 윤리가 대안이 필요 없는 최상의 도덕체계라고 상정할 경우, 의무-규칙 윤리를 요청하는 근대사회를

3) A. Gewirth, Rights and Virtues, *Review of Metaphysics*, Vol. 38.(June, 1985), 739~762쪽 참조

개혁해서 다시 전통사회로 회귀하는 꿈을 꾸든가, 아니면 근대 이후 변화된 사회구조를 대체로 용인하고 그와 연관된 의무-규칙의 윤리를 수용하면서 덕윤리에 의한 부분적 보완을 모색하는 길을 탐색해보는 일이다. 이 같은 사회철학적 성찰은 현실성 있는 대안을 찾는 데 필수적인 선결 요건이 아닐 수 없는 것이다.

어떤 도덕체계를 제안하거나 평가할 때 일반적으로 우리는 두 가지 기준을 가지고 검증하게 된다. 하나는 그 도덕체계가 인간다운 삶을 표현 또는 실현하는 데 바람직하거나 합당한 것(desirability, acceptability)인지의 여부이다. 물론 이 같은 기준은 다시 더 구체화될 경우, 어떤 도덕체계가 좋음이나 옳음을 결정하는 성질(good or right-making property)에서 만족할 만한 해답을 제시하는지 또는 어떤 다른 도덕체계가 우리의 건전한 상식이나 숙고된 도덕판단(considered moral judgment)에 부합하며 반대 사례를 허용하지 않는지 등이 검토될 수 있다. 제러미 벤담(Jeremy Bentham)의 양적 쾌락 공리주의에 대해 존 스튜어트 밀(John Stuart Mill)이 질적 쾌락 공리주의를 대체하고자 했을 때 또는 칸트의 의무주의에 대해 윌리엄 데이비드 로스(William David Ross)가 조건부 의무론(theory of prima facie obligation)을 제시하고자 했을 때 고려된 기준 중의 하나는 바로 이러한 경우의 대표적 사례들로 간주될 수 있을 것이다.

그러나 도덕체계는 그 자체로서 아무리 정합적이고 바람직해 보일지라도 실천적 지침으로서 제대로 작동하고 기능을 수행할 수 있을 경우, 다시 말하면 그 체계의 현실적 적용가능성이나 실현가능성(applicability, workability)에서 하자가 있을 경우 사회윤리로서 무력하고 무의미한 게 아닐 수 없다.[4] 이를테면 제시된 도덕체계가 구체적인 현실 상황에서 합리적 선택이나 의사결정 절차(decision-making procedure)로서 역할이 부실하거나 인간의 일반적 조건으로부터 거리가 멀 때 그 체계는 의미 있는 윤리체계로서는 결격인 셈이다. 예를 들어 행위-공리주의에서 규칙-공리주의로의 이행은 바로 이러한 고려에서 나오며 또한 고전적 덕의 윤리가 근대 이후 시민사회적 여건에서 퇴조할 수밖에 없었던 것도 이 같은 정황을 전형적으로 보여주는 한 사례가 될 수 있을 것이다.

이상의 관점에 비추어볼 때, 근세 이후 주도적이었던 의무-규칙의 윤리에 대해 근래의 성품-덕의 윤리에 의거한 반론은 특히 전자의 기준, 다시 말하면 그것이 인간의 도덕적 삶을 제대로 표현하고 실현하는지 즉 합당성의 관점에서 볼 때 다소간 의미 있는 비판일 수 있다. 의무의 윤리가 인간의 도덕적 삶이나 경험을 지나치게 단순화함으로써 의무 이외의 영역을 경시하게 되고 도덕의 본질을 훼손할 뿐만 아니라 개인의 도덕적 창의성을 위축시킨다는 것도 나름으로 일리 있는 지적이다. 이런 의미에서 의무-규칙의 윤리는 성품-덕의 윤리에 의해 보완되어야 할 여지가 있음을 부인하기 어렵다. 이 점에서 근래의 덕윤리학자들은 윤리학사에서 지분의 온당한 기여를 했다고 할 수 있을 것이다.

그러나 윤리체계를 평가하는 또 하나의 기준인 현실적 작동가능성 혹은 실현성의 관점에서 볼 때 근래의 덕윤리학자들은 지극히 이상적이고 낭만적인 소박성을 보인다. 설사 덕의 윤리가 나름으로 바람직한 합당성을 지니고 있다 할지라도 전통사회를 이끌었던 윤리체계를 현대사회에 재현시키기 위해서는 현대사회의 제반 여건에 대한 사회철학적 숙고가 필수 전제이다. 그러나 매킨타이어 등 일부 소수를 제외한다면 덕윤리학

4) 존 롤스는 『정의론(*A Theory of Justice*)』에서 이론 구성에 있어 이 두 가지 기준에 의거하고 있으며 특히 사회윤리적 관점에서 두 번째 기준을 강조하고 있다.

자들의 진영에서는 이 같은 사회철학적 반성이 결여되어 있다. 매킨타이어조차 고대의 덕윤리가 근세 이후 퇴조하고 의무-규칙의 윤리로 대체될 수밖에 없게 한 역사적·사회적 기반에 대해 면밀한 주의를 하지 않은 채 무조건 근세 이후의 사회상황과 그에 의거한 근대적 프로젝트에 대해 대안도 없이 일방적 비판에만 열을 올리고 있는 듯하다.

물론 성품-덕 윤리학으로부터 도덕체계의 현실화가능성에 대해서도 시사 받는 바가 전무하다는 것은 아니다. 무릇 윤리이론이 해결해야 할 두 가지 과제는 윤리체계의 정당화(justification)와 더불어 동기화(motivation)의 문제이며 윤리체계의 제안이나 수용에서 이들 중 그 어느 것도 소홀히 다룰 수 없다. 대체로 말해 의무-규칙의 윤리가 도덕적 정당화에 주력한 데 비해 동기화에 대해서는 다소 소홀하다면, 성품-덕의 윤리는 도덕적 동기화 문제를 특히 중요시하는 것으로 보인다. 이는 도덕체계의 적용과 작동에서 중대한 측면 중 하나이며 이 점에서 근세 이후의 의무-규칙 윤리를 보완할 수 있을 것으로 보인다. 정당한 것인 줄 알더라도 행하지 않는다면 무슨 소용이 있겠는가?

2. 공동체의 유형과 적절한 도덕체계

사회학자 페르디난트 퇴니에스(Ferdinand Tönnies)는 사회의 이념에 따른 유형을 공동사회(Gemeinschaft)와 이익사회(Gesellschaft)로 분류했다.[5] 비록 현실적으로 존재하는 사회는 이들 유형 중 어느 하나로 명쾌히 구

5) F. Tönnies, *Gemeinschaft und Gesellschaft*(Leipzig: Fues's Verlag, 1887) 참조.

분되기는 어렵겠지만, 그러한 분류는 현실사회를 이해하는 데 유용한 도구가 될 수 있다. 사회가 어떤 방식으로 조직되고 어떤 성원들로 구성되며 성원들의 의식형태가 어떠한지는 그러한 사회를 효과적으로 규율할 수 있는 도덕체계가 어떠한 것인지와 밀접한 관련을 갖는다고 할 수 있다. 또한 어떤 사회는 최대도덕을 쉽사리 수용할 수 있고, 어떤 사회는 오직 최소도덕에 의해서만 기초질서를 유지할 수 있을 것으로 보인다.

퇴니에스에 따르면, 공동사회 유형의 전형은 가족·부족·민족 등과 같이 혈연관계에 의해 구성된 자연발생적이고 생물학적인 공동체(community)라 할 수 있다. 따라서 개인들은 의도적으로 이런 공동체를 조직한 것이 아니고 그러한 공동체에서 태어나서 거주함으로써 자연적으로 성원 자격을 얻게 된다. 그러나 취득된 성원 자격은 단지 그 조직을 개인적 이해관심의 추구를 위한 수단으로 이용하게 하는 것은 아니다. 개인이 자신의 이해관심으로 생각하는 것조차 대체로 집단에 의해 자신에게 부과된 요구에 의존한다. 성원들은 자신이 선택하지 않은 공동체에 유대의식과 책임감을 느끼지 않을 수 없게 된다. 이러한 공동체는 한 개인의 일생을 넘어 세대에서 세대로 전승·지속됨으로써 공동의 역사와 집단의식, 그래서 공동의 전통을 이루어냄으로써 더욱 공고한 유대와 행위규범의 원천을 제공한다.

그러나 중세가 지나 근대에 이르자 교통과 통신의 발달과 그로 말미암은 빈번한 사회이동과 정보의 교류는 이러한 지역적 공동사회를 그대로 두지 않았다. 공동체들은 상호 충돌함으로써 해체되거나 병합이 일어나고 성원들은 자주 혈연이나 지연을 공유하지 않는 이방인들(strangers)을 만나게 된다. 근세 시민사회(civil society)는 이같이 낯선 사람들이 자신의 이해관심을 실현하기 위해 상호 이합집산 하는 가운데 새로운 사회질서를 모색하면서 생겨나게 된다. 이들은 서로 연고와 역사 및 전통을 달리하는 까닭에 각자 습관화된 기존의 규범을 타인에게 강요할 수 없으며 서로 부대끼거나 갈등하면서 혹은 서로 대화·토론하면서 중첩적 합의를 도모하는 가운데 새로운 규범체계를 모색하게 된다. 이 같은 새로운 규범은 결코 최대도덕일 수는 없으며 상호 용납하고 공유할 수 있는, 그런 의미에서 최소도덕(minimum morality)으로 귀결될 수밖에 없는 것이다.

근세 이후 나타난 이러한 새로운 사회는 공동사회와 대비해 이익사회 (association)라 할 수 있다. 이는 자연발생적인 생물학적 공동체가 아니라 자신의 이해관심을 도모하고자 인위적으로 구성한, 그런 의미에서 추상적 사회라 할 수 있다. 카를 포퍼(Karl Popper)에 따르면, 이익사회는 폐쇄적 공동사회와는 달리 여러 측면에서 열린 개방사회(open society)라 할 수 있다. 그러나 폐쇄사회로부터 해방되어 무한한 개방성을 향유할 수 있는 추상적 사회는 그 빛에 못지않게 그늘도 무시하기 어렵다. 자유를 감당하지 못한 사람들이 자유로부터의 도피 현상이 나타나고 이와 더불어 인간상실 내지 인간소외 현상이 개방성의 대가로서 치르게 되는 사회적 비용이라 할 수 있다.[6]

개방적 이익사회의 갖가지 비인간적 측면을 비판하고 새로운 인간관계 내지 인간적 도덕을 추구하는 가운데 덕의 윤리도 그 대안의 하나로 제안되고 있다. 덕윤리학자 대부분이 덕윤리의 현실적 실현을 위한 공동체의 유형에 무관심한 데 비해, 아리스토텔레스의 전통 위에 서 있고 또한 사회철학적 선행 공부를 거친 매킨타이어는 덕의 윤리가 현실화될 수

. .

6) K. Popper, *The Open Society and It's Enemies*(London: Routeledge and Kegan Paul, 1973), Vol. I, 174~178쪽.

있는 공동체 유형의 제시에 고심했는데 그의 결론은 소규모의 지역공동체(local community) 유형이다. 매킨타이어는 이러한 공동체의 특성이나 구성에 대해 상론을 하고 있지 않아 구체적인 내용에 대해서는 조심스러운 추정만이 가능할 뿐이다. 만일 우리가 매킨타이어를 오랜 옛 시절에 대한 노스탤지어를 노래하는 낭만주의자로 간주하지 않으려면 그가 말한 지역공동체에 대한 현실성 있는 해석을 제안할 수 있어야 할 것이다.

우선 매킨타이어가 현대와 같이 도시화한 산업사회를 소규모 지역공동체로 재편성하고자 하는 혁명론자가 아니라면 기존의 사회적 틀을 크게 변혁하지 않은 채 그의 지역공동체를 찾을 길은 어디에 존재하는가? 이 점과 관련해 우리의 추정에 대한 그의 언급 중 하나는 "오늘날 주변문화(marginal culture)"가 활성화되어 중심문화가 되기를 희망하는 듯한 암시를 하고 있다는 점이다.[7] 오늘날 우리는 복잡한 도시적 산업사회에서도 지역공동체의 맹아를 발견하게 된다. 각종 종교공동체, 문화공동체, 종족공동체들이 남아 있고 또한 곳곳에서 실험되고 있는 소규모 자급자족공동체(commune)들도 좋은 모형이 될 수 있을 것이다. 이렇게 볼 때 매킨타이어의 지역공동체를 단순히 전통적인 공동사회라기보다는 이익사회적 해체를 통해 발전적으로 재구성된 공동사회로 해석해보면 어떨까?

위의 논의와 관련하여 또 한 가지 주목할 만한 사실은 전통적 지역공동체에서 근대적 시민사회로 발전해가는 과정에서 관찰되는바, 사회 성원 간에 커지는 익명성(anonymity)과 그것이 도덕적 구속력에 미치는 영향이다.[8] 일반적으로 익명성이란 성원 간에 신원이 가려져 있어 서로 이

••
7) A. MacIntyre, 앞의 책, 263쪽 참조.
8) R. M. Baird, R. Ramsower, S. E. Rosenbaum(eds), *Cyberethics, Social and Moral Issues in the Computer Age*(New York: Promethens Books, 2000) 참조.

름도 성도 모르는 상태를 말하지만 이와 관련해서 서로 얼굴을 잘 모르는 낯선 사람들 간의 익면성(匿面性, facelessness)을 의미하기도 한다. 대체로 전통적 지역공동체에서는 그 규모에서 정도의 차이가 있겠지만 성원들은 서로의 가문과 이름을 알고 있으며 서로 안면이 있는 다소간 친한 사람들이라 할 수 있다. 아리스토텔레스에게서 그러하듯, 이같이 친한 사람들은 대체로 가치관이나 그에 의거한 도덕관을 공유하며 이러한 도덕의 구속력은 연고나 우정에 기반을 두고 있다 해도 과언이 아니다. 이상과 같은 특성들을 종합해볼 때, 전통적 공동체는 카를 마르크스(Karl Marx)의 이른바 어느 정도 투명한 사회(transparent society)라 할 수 있을 것이다.

그러나 전통적 공동체의 해체 과정에서 생겨난 근세 시민사회는 낯선 사람들이 자신의 이해관계를 위해 이합집산 하는 이익사회라 할 수 있다. 인위적으로 구성되는 이 같은 사회에서 성원들은 대체로 서로의 이름도 성도 모른 채, 또 서로의 얼굴조차 알지 못하는 낯선 사람들로서 부딪치거나 스쳐 지나가는 것이 통상적이다. 또한 이 같은 사회에서 개인들은 자신의 전부를(total self) 타인에게 노출하기를 꺼리며 자칫 방심할 경우 언제든지 타인에 의해 피해를 보거나 이용당할 위험에 봉착할 우려가 있다. 따라서 개인들은 공적 공간에서 최소한의 부분적 자아(partial self)로서만 교류하고 비(非)공적이거나 사적인 부문과 관련된 정체성이나 신원은 숨길 필요가 있으며, 그런 의미에서 시민사회는 반투명한 사회 혹은 부분적으로 익명적인 공간이라 할 수 있다. 이의 연장선에서 최근에는 사이버공간에서의 익명성 혹은 익면성과 도덕적 퇴락의 관계가 심각하게 문제되고 있다.[9]

∙∙
9) 같은 책 참조.

그런데 여기에서 우리의 관심사는 익명성의 정도가 도덕적 구속력과 대체로 반비례 관계에 있다는 사실이다. 비교적 익명성이 낮고 투명성이 높은 전통적 공동체에서는 성원 간에 도덕적 구속력이 강할 뿐만 아니라 도덕의 적용 범위 또한 넓으리라 생각된다. 또한 성원들은 서로 안면이 있거나 친숙한 까닭에 이 같은 연고관계가 도덕적 구속력을 더욱 강화하는 요인이 된다 하겠다. 그러나 근세 시민사회에서는 개인들이 자신의 이름을 숨길 수 있는 여지가 많으며 서로 안면도 없는 낯선 사람들인 까닭에 도덕의 행위구속력은 그만큼 약화되지 않을 수 없다. 이로 인해 도덕의 적용 범위는 가능한 한 최소화될 필요가 있으며 거의 준(準)법적 규범만이 도덕적 구속력을 갖게 된다 할 것이다.

전통적 지역공동체와 같이 성원들이 상호 친밀함과 유대감으로 결속되어 있는 비교적 투명한 사회는 도덕의 구속력이 높아 덕의 윤리와 같은 최대도덕이 번성할 수 있는 좋은 환경적 여건이 된다. 그러나 이러한 유형의 공동체를 규율하는 도덕은 동시에 그 질서 정연한 집단성 속에 지극히 독선적이고 권위주의적인 요소도 감추게 된다. 그뿐만 아니라 이 같은 도덕은 혈연이나 지연 등 연고관계를 기반으로 해서 구속력을 갖는 까닭에 연고에 의한 친밀성이 없는 이방인들에게는 배타적일 수 있고 심지어는 적대적 경향을 보이기도 한다. 따라서 도덕발달 단계를 논하는 도덕심리학자들은 도덕체계가 이러한 권위주의적 도덕(morality of authority)이나 연고주의적 도덕(morality of association), 즉 관습적 도덕의 단계를 넘어 관습 이후(post-conventional)의 단계에서 이성적 합의에 근거한 원리적 도덕(morality of principle)으로 발전해갈 것으로 예상한다. 이같이 도덕발달 단계설을 염두에 둘 때 덕의 윤리로부터 의무-규칙 윤리로 나아가는 것은 어떤 점에서 윤리의 발전으로 간주할 수 있을 것이다.

3. 다원주의적 사회와 도덕의 최소화

사회의 성원들이 대체로 동일한 가치관을 공유했던 전통적 지역공동체에서는 성원 대부분이 그곳에서 태어나 성장하면서 공동체의 규범을 습득하고 관행에 적응해가는 까닭에 도덕규범의 인식과 실행에서 별다른 갈등이 생길 리 없다. 물론 이 같은 공동체에서도 세대가 바뀜에 따라 도덕규범에 다소 변화가 있기는 하겠지만 공동체의 관념체계나 규율체계가 대체로 성원들에 의해 공유되고 다음 세대로 전승된다 할 수 있다. 이런 사회도 그 질서유지를 위해 일정한 법규범이 기본적으로 존재하겠지만, 이를 기반으로 인간다운 삶과 행복한 인생을 위한 덕의 윤리는 유효적절한 도덕체계가 될 수 있으리라 추정된다.

그러나 교통의 발달을 위시한 정보통신 기술의 발전은 공동체 상호 간에 개방화를 촉진하고 낯선 사람 간의 접촉과 거래를 빈번하게 했으며, 낯선 사람 간의 이합집산은 근세 이후 시민사회 구성의 기반이 되었다. 낯선 사람들이 이합집산 하는 근세 시민사회는 그로부터 비롯하는 가치관의 갈등과 다원화에 봉착하지 않을 수 없었으며, 근세사회의 규범 문제는 일차적으로 이러한 다원성을 관리·조정하는 가운데 갈등을 최소화하고 사회 질서와 안녕을 유지하는 일이었다. 정치적으로 자유주의 프로젝트에서는 바로 이 같은 다원성의 관리·조정이 주제였으며 근세에서 시작된 의무윤리 역시 동일한 과제에 골몰한 결과로 생각된다.

물론 자유주의와 의무윤리는 내밀한 상관관계에 있기는 하나 여기서 우리는 우선 의무윤리에만 주목하고자 한다. 의무윤리는 근세와 같은 다원주의 사회에서 유래된 자연발생적 현상인 동시에 또한 많은 근세 윤리학자들이 주제적으로 논의한 과제이기도 하다. 우선 인생관, 세계관, 가치관 등에서 다원주의를 관리·조정하기 위해 전통적 지역공동체에서 제대로 기능하던 덕의 윤리는 더 이상 작동하기 어렵게 되어 윤리나 도덕은 우선 적용 영역을 최소화할 필요가 있었으며, 그 결과 등장한 것이 바로 의무윤리라 생각된다. 의무윤리는 각자 인생관이나 가치관이 어떻게 다르건 모든 시민들이 반드시 행해야 하거나(도덕적 요구사항) 절대로 해서는 안 되는(도덕적 금지사항) 사항들을 규정하는 최소한의 도덕(minimum morality)이라 할 수 있다.

모든 시민이 지켜야 할 최소도덕으로서 시민윤리를 규정하기 위해서는 우선 인간생활에서 소중하기는 하나 상호 합의하기 어려운, 그래서 갈등의 소지가 될 사적인 삶의 양식이나 스타일은 도덕의 영역에서 배제될 것이며 의무의 영역 가운데서도 그 수행 여부가 사회적 영향력이 큰 부분은 법규로 규정될 수가 있다. 이렇게 해서 의무윤리는 법규범을 기반으로 하고 이를 보완하는 규범체계로서 법으로 제정하기는 어려우나 시민생활에서 지켜야 할 최소한의 도덕체계를 가리킨다고 할 수 있다. 최소윤리로서의 의무윤리는 이렇게 하여 다원주의 사회에서 다원성으로부터 생기는 갈등의 소지를 최소화하고 한편에서는 덕의 윤리가 가진 불확실성과 미결정성을 배제하고 공지성(公知性)과 공평성을 최대한 확보하고자 한 근세적 프로젝트(modern project)의 하나라 할 수 있을 것이다.

지금까지 전개한 우리의 추정이 타당하다면 근세 이후 등장한 의무의 윤리는 인간다운 삶을 위한 최선의 규범체계라 할 수는 없어도 근세 이후 전개된 다원주의 사회에서 구상된 차선적 윤리체계라고는 할 수 있다. 나아가서 만일 이 같은 다원주의가 어떤 점에서 불가피한 사회적 사실임을 전제할 경우 의무의 윤리 또한 현실적으로 피하기 어려운 현상(practical necessity)이라 함직하다. 혹자는 '덕 이후(After Virtue)' 우리가 얻은 것보다 잃은 게 훨씬 많으며 그런 의미에서 의무윤리는 방향이 크게 잘못 잡힌 현상이라 매도하면서 다시 덕의 복권을 말하고자 하나, 그러한 진단과 처방이 타당하기 위해서는 근세 이후 다원주의라는 사회적 사실에 대한 올바른 진단과 현실적 처방이 전제되어야 할 것이다.

윤리학자 존 레슬리 매키(John Leslie Mackie)에 따르면, 프로타고라스(Protagoras), 토머스 홉스(Thomas Hobbes), 데이비드 흄(David Hume), 워낙 등 이들 모두는 적어도 대체적으로나마 도덕이 풀어야 할 문제가 무엇인가에 대해 합의하고 있다는 것이다.[10] 그것은 바로 부족한 자원과 제한된 동정심으로 인해 경쟁과 갈등이 일어나고 그 결과 서로 간에 유익한 협동이 불가능하게 된다는 점이며, 바로 우리가 처한 이 같은 인간적 난국(predicament)이야말로 도덕이 해결해야 할 가장 중대한 과제라는 것이다. 매키 자신도 여기에 동조하면서 이러한 도덕을 좁은 의미의 도덕(morality in the narrow sense) 즉 행위에 대한 최소한의 제약체계로 해석한다. 이와 같은 제약체계의 주요 임무는 행위자 이외에 타인들의 이해관계를 보호하고 행위자에게는 그의 자연적 경향성이나 자발적 성향을 견제하는 것으로 나타난다.[11]

이러한 협의의 도덕과 대조를 이루는 것은 일반적이고 전체에 걸친 행위이론으로서의 광의의 도덕이다. 넓은 의미에서 우리가 받아들이는 광의의 도덕은 궁극적으로 우리의 행위선택을 결정하고 지침을 주게 될 원칙들의 체계라 할 수 있다. 따라서 좁은 의미의 도덕적 고려는 우리가 행하려는 것을 결정해줄 모든 고려사항을 포함하고 있다고 할 수 없으며,

∴

10) J. L. Mackie, *Ethics: Inventing Right and Wrong*(London: Penguin Books, 1977), 111쪽.
11) 같은 책, 106쪽.

그런 점에서 좁은 의미의 도덕은 제한된 영역으로부터의 고려라 할 수 있다. 이런 의미에서 협의의 도덕은 광의의 도덕 중 핵심 부분을 구성하는 핵심도덕 혹은 최소도덕이라고 할 수 있을 것이다.

좁은 의미의 도덕영역을 제시하기 위해 매키가 주목하는 문제는 주로 권리와 의무, 규칙과 금지, 그리고 흄이 강조하고 있는바 정의(justice)의 개념 등이다. 이는 좋은 것보다는 옳은 것과 관련된 영역이며 적어도 좋은 것과 간접적 관련만을 갖는 영역이라 할 수 있다. 다양한 가치관에 가해지는 일정한 제약으로서 최소도덕은 직접 덕이나 행복, 인격완성 등을 내세우지는 않으나 개인들이 그러한 가치를 추구하는 행위를 보호하는 목적을 지닌다. 협의의 도덕은 정의, 권리, 의무의 원칙 등이 속하는 영역으로서 자유를 포함한 각 개인들의 주요 이해관계를 보호하는 역할을 함으로써 인간의 삶에서 특별한 기능과 목적을 갖는다.

매키의 이러한 설명은 대체로, 흄이 인간의 이기심과 제한된 관후성(寬厚性), 이와 더불어 인간의 필요에 비해 부족한 자연자원 등 이른바 정의의 여건(circumstances of justice)을 통해 정의의 원칙과 그 필요를 설명한 것과 크게 다를 바 없다.[12] 그러나 이 같은 견해를 수용하면서도 또 다른 관점에서 이를 수정·보완하고자 하는 것이 존 롤스(John Rawls)의 정의론이다. 롤스는 도덕의 문제를 가능한 한 광의의 도덕보다는 협의의 도덕으로, 최대도덕보다는 최소도덕으로 제한하려는 이런 경향의 배후에는 도덕에 대한 자유주의적(liberal) 이해가 전제되어 있으며, 나아가 이는 단지 객관적 자원의 부족이나 주관적으로 이타심의 제한 문제를 넘

∴

12) D. Hume, *A Treatise of Human Nature*, ed. L. A. Selby-Bigge(Oxford: Clarendon Press, 1951), 495쪽.

어서 가치의 다원성(pluralism)이라는 자유주의적 가치관과 관련된 것임을 보이고자 한다.[13]

롤스는 정의의 여건에 대한 설명에서 인간 사이에 상충하는 욕구는 재화의 부족이나 제한된 이타심 이외에도 인간들이 갖는 목적의 다양성에서 생겨난다고 말한다. 그에 따르면, 목적이 상이한 서로 다른 사람들의 다수성(plurality)이 인간사회의 본질적 특성이다. 다시 말하면, 상이한 개인과 집단이 갖는 서로 다르고 상충하는 가치관에서 생겨나는 이해의 갈등이 정당한 이해관계를 판정하고 보호하는 제약체계 즉 최소도덕을 요구하는 근거가 된다는 것이다.

흄의 잘못은 만일 자연의 자원과 인간의 이타심이 상당한 정도로 증대되는 경우 우리는 더 이상 정의(최소도덕)가 필요하지 않게 되며 정의는 보다 고차적인 덕목으로 대체되어야 한다고 생각한 점이다.[14] 그러나 상당한 풍요와 충분한 이타심의 조건 아래서도 가치관의 차이와 갈등이 있는 이상, 이득과 부담을 공정하게 배분할 필요와 의무의 지정 및 권리의 보호를 위한 최소도덕의 요구가 지속되리라는 게 롤스의 비판이다. 그런데 이 경우에서 정의와 최소도덕은 이기심 때문에 요구되는 게 아니라 이타심이 있는 자들 사이에서도 가치관의 상충으로 인해 필요하다는 점이 중요한 것이다.

이타주의자들은 비록 자기 나름의 가치관을 양심적이고 성실하게 추구한다 할지라도 부정의(不正義)를 유발하거나 타인의 권리를 침해할 수가 있다. 왜냐하면 모든 가치관은 특정한 사회적 관계와 삶의 양식을 선

••

13) J. Rawls, *A Theory of Justice*(Oxford: Clarendon Press, 1972), 28~29쪽 참조.
14) D. Hume, 앞의 책, 494~495쪽.

호하며 개인의 이해관계를 규정하는 특정한 방식을 선호할 것이기 때문이다. 좀 더 정확히 말하면, 각각의 가치관은 다양한 이해관계를 자기 나름의 관점에서 이해하고 평가하게 된다는 것이다. 이로 인해서 설사 이타주의자들일지라도 그들 간 이해관계의 상충은 충분히 예견 가능한 일이 된다. 결국 이러한 조건, 즉 가치관의 다양성이라는 조건은 흄이나 매키가 제시한 두 조건과 공존할 수 있기는 하나 그것과 직접적 관련을 갖는 게 아니라는 점이 보다 강조되어야 할 것이다.

그런데 만일 다양한 가치관이나 이해관계가 수렴되어 단일한 도덕적 · 정치적 합의를 이루게 될 경우에는 어떻게 될 것인가. 그 경우에도 우리는 정의나 최소도덕을 무용하지 않게 만드는 또 다른 조건으로서 온전한 정보나 이해(understanding)의 결여를 생각해볼 수 있다. 왜냐하면 상당한 풍요, 충분한 이타주의, 공통된 가치관에 의한 이해관계의 통일이 있다 할지라도 인간은 그릇된 인식과 편견을 가질 수 있기 때문이다. 다시 말하면, 사람들은 무지나 과오를 통해 부당한 분배를 할 수가 있고 타인의 이해관계를 해칠 수가 있다. 따라서 우리는 위의 세 조건이 충족될 경우에도 역시 정의의 원칙 내지는 최소도덕의 필요를 내세울 수가 있는 것이다.

롤스는 위에서 말한 가치관의 다양성과 더불어 인간인식의 한계 등을 통합하여 다원주의(pluralism)라 이름 하고 근세 이후 이러한 현상은 불가피한, 그래서 어떠한 사회이론도 이로부터 출발해야 하고 출발할 수밖에 없는 중대한 사회적 현실로 다루고 있다. 이에 기초하여 그는 정의의 문제와 최소윤리를 논의할 뿐만 아니라 포괄적인 전통적 자유주의를 비판하고 정치적 자유주의(political liberalism)라는 자유주의의 최소주의적 프로젝트에 골몰한다. 롤스에 따르면, 어떤 정의관이든지 정치세계나 사회에 대한 일정한 견해를 전제하고 있으며 정치사회학이나 인간의 심리에 대한 어떤 일반적 사실을 인정하고 있다. 따라서 자신의 정치적 자유주의도 세 가지 일반적 사실을 특별히 중요한 점으로 간주한다는 것이다.

그 첫째는 현대 민주사회에서 볼 수 있는 포괄적인 종교적·철학적·도덕적 교설의 다원성은 쉽사리 극복될 수 있는 단순한 역사적 조건이 아니며, 그러한 교설에 바탕을 둔 가치관의 다양성은 민주주의의 공적 문화가 갖는 항구적 특성이라는 점이다. 자유주의 체제의 기본권과 여러 자유들에 의해 보장되는 정치적·사회적 조건이 성립할 경우에는 그러한 다원성이 항상 사전에 존재하지는 않았다 할지라도 조만간 상충하고 화해 불가능한 포괄적 교설들(comprehensive doctrines)의 다원성이 생겨나게 될 것이다. 자유로운 제도들에서 생겨나게 될 이 같은 현상을 롤스는 다원주의의 사실(fact of pluralism)이라 부르고자 한다.[15]

두 번째 일반적 사실은 특정한 한 가지 포괄적인 종교적·철학적 도덕적 교설이 지속적으로 합의되고 공유될 수 있는 것은 국가권력의 억압적 사용에 의해서만 가능한 일이라는 점이다. 만일 우리가 정치사회를 하나의 동일한 포괄적 교설을 내세운다는 의미에서 통합된 공동체로 생각한다면 국가권력의 강압적 사용은 그러한 정치공동체를 유지하기 위해 필수적인 것이 된다고 한다. 롤스에 따르면, 이러한 사실은 포괄적인 철학적·도덕적 교설일 경우 그것이 세속적이든 종교적이든 간에 상관없이 모두에 그대로 해당된다고 생각한다는 것이다.[16]

∴

15) J. Rawls, The Idea of an Overlapping Consensus, *Oxford Journal of Legal Studies*, Vol. 7, No. 1.(Spring, 1987), 22쪽.
16) 같은 논문 참조.

세 번째 일반적 사실은 상충하는 종교적 교설이나 적대적인 사회계급에 의해 균열되지 않는 지속적이고 안정된 민주체제는 적어도 정치적으로 능동적인 시민의 상당한 다수자에 의해 자발적으로 지지받지 않으면 안 된다는 점이다. 첫 번째 일반적 사실과 더불어 이것이 의미하는 바는 입헌체제에 대한 정당화의 공적 기초로서 역할을 하기 위해 정의관은 서로 다르며 심지어 화해하기 어려운 포괄적 교설들이 모두 수용할 수 있는 것이어야 한다는 점이다. 그렇지 못할 경우 그 체제는 지속하기 어렵고 안정적일 수도 없다. 바로 이 점이 롤스가 정치적 정의관(political conception of justice)이라 부르는 것이 요구된다는 점을 보여준다.[17]

그런데 문제는 포괄적 교설의 다원성이 자유주의 사회의 항구적 특성일 수밖에 없는 이유는 무엇인가이다. 다시 말하면, 자유주의 사회에서 다원주의는 불가피하고도 극복될 수도 없는가 하는 점이다. 우리가 서로 진지하고 양심적이며 합리적인 논의를 통해 포괄적 가치관에서 어떤 합의에 이를 가능성은 없는 것인가? 롤스는 그럴 가능성은 거의 없으며 자유 민주사회에서 다원주의는 불가피하고 자연과학에서도 사정은 마찬가지라고 말한다. 그런데 롤스는 이러한 결과가 단지 우리 자신의 근시안적 이해타산이나 비합리성 내지 추론상의 오류 때문만은 아니라고 본다. 그는 우리 모두가 합리적 존재라 할지라도 불일치는 가능하며 이런 의미에서 그러한 불일치를 합리적 불일치(reasonable disagreement)라 부를 수 있다는 것이다.[18]

17) J. Rawls, Justice as Fairness: Political not Metaphysical, *Philosophy and Public Affairs*, Vol. 14, No. 3.(Summer, 1985), 225쪽.
18) J. Rawls, *Political Liberalism*(New York: Columbia University Press, 1993), 54~58쪽.

합리적 불일치란 합리적 개인들 간에 성립하는 불일치이다. 이러한 개인들은 공통된 인간 이성을 공유하고 유사한 사고와 판단력을 지니며 추론을 행하는 능력과 더불어 증거를 저울질하고 상충하는 고려사항들을 심사숙고할 수 있는 자들이다. 롤스는 이 같은 불일치의 원천을 인간 이성의 한계 혹은 이성의 부담(burden of reason)이라 부른다.[19] 이는 이성적 인간 능력을 행사하는 데 포함된 여러 장애물이라 할 수 있다. 결국 전지전능한 존재가 아닌 한 유한한 이성을 가진 인간들은 합리적 논의에 의거해서도 합의하기 어려운 영역이 존재할 수밖에 없으며, 그 점을 정치·도덕의 영역에서 전제하지 않을 수 없다는 것이다.

4. 도덕의 미결정성과 규범의 정식화

근세 이후 다원주의 사회를 규율할 최소도덕으로서 의무윤리가 출현하게 된 배경, 기능, 목적 등은 이미 논의한 바와 같다. 그런데 우리는 의무의 윤리(duty ethics)를 규칙의 윤리(rule ethics)라 부르기도 하며, 이 두 명칭은 상호 교환 가능하다고 생각한다. 그러나 사실상 이 둘은 구분되는 개념으로서 각각이 가리키는 도덕의 측면도 서로 다르며 요구되는 배경 또한 동일하지 않음에 주목할 필요가 있다. 필자는 의무의 윤리만이 근세 이후 다원주의 사회가 요구하는 특징적인 윤리라 생각하며 이에 비해 규칙의 윤리는 다소 부차적이며 보완적인 의미의 윤리라 생각한다. 또한 모든 윤리는 어떤 의미에서 다소 규범의 정식화·규칙화를 요구하

━━

19) 같은 책 참조. 이는 '판단의 부담'으로 부르기도 한다.

는 까닭에 이는 단지 의무의 윤리에만 특징적이라기보다는 대부분의 윤리체계에서 다소간 편재하는 보편적인 특성이라 생각된다.

우선 윤리체계에서 일반적으로 정식화·규칙화가 필요한 이유는 규범이 요구하는 바가 행위자에게 쉽사리 그리고 명료하게 이해될 수 있어야하고(가지성, intelligibility), 따라서 규범의 내용이 확실하게 정해질 수 있어야 하기(확실성, 결정성, certainty) 때문이다. 나아가서 규범의 내용이 불편부당하고 공평해야 하며 이 모든 게 객관적으로 공지되어야 한다(공평성, 객관성, 공지성). 규범이 지시하는 내용이 주관적 해석가능성을 지닐수록 그 미결정성이 커짐으로써 사회적 혼란이 야기될 수 있다. 이런 관점에서 모든 윤리체계는 이 같은 도덕적 미결정성을 최대한 배제하기 위해, 우선 사회적 영향력이 큰 사항들은 법규로 정식화했으며 그 밖에도 가능한 한 규범의 정식화를 통해 불확정성을 배제하고자 했다.

의무의 윤리와 대비를 이루는 덕윤리의 전형이라 할 만한 서구의 아리스토텔레스의 덕윤리와 동양의 유교적 덕윤리를 살펴보더라도 규범의 규칙화·정식화가 규범체계 일반의 요구사항임을 쉽사리 알 수 있다. 우선 아리스토텔레스는 행복한 삶과 관련해서 덕윤리를 논의한 에토스(Ethos)가 법규범을 논의한 노모스(Nomos)와 분리해서 다루어져야 한다고 생각한 적이 없는 것으로 보인다. 인간 삶을 지탱해주는 지반이 되는 법규범은 우리가 반드시 행해야 하는 요구사항과 해서는 안 될 금지사항을 망라하고 있으며 기본적으로 이 같은 법규범을 이행한다는 전제 아래 보다 고차적인 인간적 삶, 행복한 삶을 위한 덕의 윤리가 논의된 것이다.[20] 법규

20) Sir E. Barker, *The Political Thought of Plato and Aristotle*(New York: Dover Publications, Inc., 1959), Introduction, 5~8쪽; Ch. Ⅷ Aristotle's Conceptions of Law and Justice, 321~325쪽 참조.

범과 같은 최소윤리가 이행되지 않을 경우 인간적 탁월성을 향한 덕의 윤리는 무의미해지고 만다.

동양의 유교윤리도 일반적으로 덕윤리의 한 유형으로 해석되지만 여기에서도 도덕적 미결정성을 배제하기 위한 규칙화·정식화에의 요구는 확연히 나타난다. 인과 의를 중심으로 각양의 도덕적 덕들이 논의되기는 하나 특정한 시간과 장소〔時所〕에 따라 그러한 덕이 표출되는 구체적 형식으로서 예의 체계는 바로 유교적 덕윤리가 도덕적 미결정성을 최대한 배제할 수 있는 관행적 장치가 아닐 수 없다. 이는 바로 유교적 덕윤리가 단순한 덕의 윤리만이 아니라 규칙의 윤리를 포함하고 있는 덕의 윤리로 해석될 수 있는 까닭이다.[21] 물론 유교에서는 이 같은 형식으로서의 규칙의 윤리가 인이나 의와 같은 기본 덕목에 바탕을 두지 않는 단순한 형식주의에 빠지는 일을 경고하고 있다. 이런 의미에서 형식과 실질을 고루 갖추고서야〔文質彬彬〕 도덕적 인격으로서 군자가 될 수 있다고 하였다.

이처럼 동서의 고전적인 덕윤리에서도 규칙화·정식화에의 경향이 감지될 뿐 아니라 특히 서구에서 아리스토텔레스 덕윤리의 뒤를 잇는 스토아학파의 덕윤리에서는 구체적으로 덕과 규칙의 문제를 주제로 해서 논의되고 있으며 양자 간의 상호 보완적 관련이 주장되기도 한다.[22] 그래서 스토아학파의 입장은 윤리학사에서 아리스토텔레스의 덕윤리와 칸트 등의 의무의 윤리를 잇는 가교로 볼 수가 있다. 동양에서도 공자의 인과 맹

∴

21) Liu Yuli, *The Unity of Rule and Virtue, A Critique of a Supposed Parallel Between Confucian Ethics and Virtue Ethics*(Singapore: Eastern Universities Press, 2004). 류유리는 이 책에서 유교윤리가 덕의 윤리와 규칙의 윤리의 통합된 형태임을 논변하고 있다.

22) S. M. Gardiner, Seneca's Virtuous Moral Rules, *Virtue Ethics, Old and New*, ed. S. M. Gardiner(New York: Cornell University Press, 2005), 30~59쪽 참조

자의 의, 순자의 예, 한비의 법(法)으로의 이행에서 우리는 그 각각이 갖는 장단점을 넘어 시대가 보다 복잡화·다변화되는 과정에서 윤리체계가 그에 상응해서 변화되는 모습을 읽을 수 있다. 서양에서와 마찬가지로 여기에서도 덕의 윤리에서 규칙이나 의무의 윤리, 나아가서는 법규범으로 발전하는 추이를 알 수가 있다.

덕윤리의 현대적 복원을 위한 시도가 해결해야 할 우선적 과제 중 하나는 고전적 덕윤리, 특히 아리스토텔레스 덕윤리의 기반이 되었던 형이상학적 생물학을 대체할 현대적 대안을 구상함으로써 실천적 숙고에서 인간적 선이나 목적의 이해가능성(intelligibility) 문제를 해결하는 일이다. 그러나 비록 덕윤리의 이론적 근거가 해결된다 할지라도 행위자(agent) 윤리가 여전히 봉착하게 될 보다 심각하고 치명적인 도전은, 덕윤리가 지나치게 독선적이거나(오직 한 가지 삶의 방식만이 언제나 바람직하다는 주장) 아니면 덕윤리가 행위의 유용한 지침이 되기에는 지나치게 불확실하거나(uncertainty) 미결정적(indeterminacy)이라는 부담이다. 특히 이는 그런 행위가 가정이나 우정과 같이 사적 영역보다는 공적이고 정치적인 문제와 관련될 경우 그러하다. 정치철학이 행위자들에게 일반적 기준과 설득력 있는 규칙들을 제공하지 못할 때 그것은 실천적 지침으로서 무력하다 하겠다.

현대적 덕윤리의 부활은 대체로 규칙도덕(rule morality)의 비판에서 시발된다. 이러한 비판을 제대로 이해하기 위해서는 규칙의 도덕이 겨냥하는 목표를 확인하고 그것이 해결하고자 하는 인간적 문제에 대한 인식이 전제되어야 한다.[23] 간단히 말해서 이러한 문제는 앞서 지적한바 실천

••

23) S. G. Salkever, *Finding the Mean, Theory and Practice in Aristotelian Political Philosophy*(Princeton: Princeton University Press, 1990), 112쪽.

적 선택이 갖는 근본적인 불확실성과 미결정성이며, 명료히 진술된 행위 규칙이 없는 경우 우리는 자신의 추측이나 직관 혹은 편견 이외에 의거할 게 아무것도 없다는 사실이다. 확실성(certainty)에 대한 이 같은 필요는 근대적 기획에서 자연과학은 물론 사회과학 내지 실천철학 전반에 걸친 절실한 요청이었고 따라서 법칙, 원칙, 규칙들에 대한 추구의 동력이었다 해도 과언이 아니다.[24] 그야말로 스피노자(Baruch Spinoza)의 도덕기하학(moral geometry)과 같은 확실성을 갖는 규칙의 체계를 도출하는 것이야말로 근세 이후 실천철학의 제1의 목적이었던 것이다.

그런데 확실성이란 요구사항은 그 의미와 설득력을 사회적 목적과 깊은 인간적 필요에 대한 특정 입장으로부터 이끌어내게 되는데, 그러한 목적은 사회적 선들의 공정한 배분과 같은 것이라 할 수 있으며, 그와 같은 필요는 노예제 같은 게 없는 정의롭고 평화로운 삶이라 할 수 있다. 물론 우리는 이 같은 주장에 의문을 제기할 수도 있다. 예를 들면 덕윤리학자들처럼 사회의 기본적 기능은 자원의 배분보다 성품이나 선호의 형성이라고 주장할 수도 있으며, 그럴 경우 행위의 지침이 되는 규칙의 특성과 같이 확실성에 대한 지배적 욕구에 대해 의문을 제기할 수도 있다. 이처럼 윤리관은 사회관 내지 공동체관과 상관적임을 알 수 있을 뿐 아니라 근세 이후 전개된 사회상황은 규범의 확실성을 요구했으며, 이는 규칙의 윤리로 귀결되었다 할 수 있다.

확실성 다음으로 규칙이나 준(準)법적 윤리의 두 번째 본질적 특성은 공평성이나 비개인성 내지 공공성 등에 대한 요구에서 비롯된다.[25] 도덕

••
24) 같은 책 참조.
25) 같은 책, 113쪽.

규칙의 주체는 특정 개인이 아니라 의지 혹은 공리의 담지자, 원초적 입장(original position)의 대표적 개인들이라 할 수 있다. 이 같은 특성들은 그것이 도덕이론으로 하여금 도덕이나 정치적 갈등을 불가피하게 야기할 개인적 편향이나 편견을 극복하게 해주는 한에서 확실성 조건과도 밀접하게 관련되어 있다. 특정 개인의 성품으로부터 이러한 추상은 개인차를 무시하는 공리주의적 종류일 수도 있고 공동의 이해관심까지 배제하는 칸트적인 종류의 것일 수도 있다. 어떤 형태이건 간에 규칙의 도덕은 사회적 삶을 공적인 영역에서 다루며 실천적 담론으로부터 사랑, 우정 등 사적인 문제를 논의로 하고자 한다.

이런 관점에서 한 가지 주목할 만한 점으로는 규칙의 도덕이 본질상 개인주의적 편향을 가지며 따라서 그것이 자본주의적 원천을 반영한다라는 비난은 근본적으로 그릇되었다는 점이다. 공평성이나 비개인성에 반영된 추상화의 핵심은 사회로부터의 추상이라기보다는 특정 개인이나 그 성품으로부터의 추상이요, 우리 각 개인들을 특징짓는 특정 욕구와 목적에 의해 형성되는바 인간의 개인적 삶이라는 사실로부터의 추상이다. 밀이 말한 온전히 동정적인 공리주의적 관찰자나 롤스의 원초적 입장의 당사자가 비사회적이라는 비난은 결코 합당하지가 않다. 이 같은 비개인성은 이상적 공동체에 대한 마르크스의 입장에서도 요구되는 강력한 요인들 가운데 하나이다. 그런 공동체에서 온전히 보편적인 유적 존재(species-being)들은 자신들의 자질을 모든 방향으로 개발하게 될 것이며 이런 점에서 밀의 입장과도 유사하다 할 수 있다.

행위자 중심의 도덕이 공적 선택에 적합한 기준으로서 역할을 할 정도로 분명하고 확실한지에 대해서는 분배적 정의 문제와 관련한 흄의 언급을 주목해볼 만하다. 그의 주장에 따르면, 필요나 공적(merit)에 따르는 분배는 아무리 합당하다 할지라도 실제상으로는 감당하기 어려운 논란과 혼동으로 귀결될 것을 피하기 어렵다. 흄은 "쉽사리 관찰할 수 있는 바는 그것이 인간사회에서 끝없는 혼란을 결과할 것이며, 인간의 편파성과 편향성으로 인해 그것이 어떤 일반적이고 엄정한 원칙(principle)에 의해 규제되지 않을 경우 이 세상에는 곧바로 무질서가 도래하게 될 것"이라 했다.[26] 필요나 공적에 따른 분배가 정의의 원칙과 같은 방식으로 공정하고 비개인적인 규칙이 아님에 주목하고 또한 정확한 규칙이 특정 경우나 맥락에서 좋은 것에 대한 정확한 지각에 배치될지라도 정치적 행위의 지침을 제공하는 데 필수적이라고 한 흄의 언급은 지극히 합당하다고 생각된다.

최근 같은 맥락에서 제시된 논변은 롤스의 『정의론(*A Theory of Justice*)』 중 「완전의 원칙(The Principle of Perfection)」이라는 절에서 나타난다. 여기에서 롤스는 자신이 제시한 정의의 두 원칙을 그가 소위 직관주의적 완전주의(intuitionistic perfectionism)라 부른 것과 대비하고 있는데, 이 후자는 아리스토텔레스의 행위자 중심적 도덕을 정확히 묘사하는 입장이라 할 수 있다. 이러한 논변에 따르면 일정한 삶의 방식이나 성품이 다른 것보다 더 훌륭하거나 유덕한 것이 사실이기는 하지만, 덕에 대한 요구가 덕의 유무와 상관없이 모든 사람에게 기본적인 서비스를 베풀어야 할 사회적 필요와 상호 균형을 이루어야 한다. 이를 아리스토텔레스적 언어를 빌려 표현하자면 사람들이 잘 사는 것과 더불어 삶의 필요사항을 제공하는 것을 균형 있게 해결해야 한다고 할 수 있다.

롤스는 이러한 아리스토텔레스적 행위자 윤리가 그 자체로서 반론을

••

26) D. Hume, 앞의 책, Bk. III, Pt. 2, Sec. 6 참조.

제기하기가 쉽지 않다는 점을 인정한다. 그러나 롤스는 행위자 도덕은 실천이론으로서 실패할 수밖에 없다고 결론짓는다. 왜냐하면 그 같은 담론의 스타일로 인해 정치적 질서나 개인의 자유가 위협받을 수 있기 때문이라는 것이다. 그에 따르면, "탁월성의 기준은 정치원리가 되기에 불확실하며 공적인 문제에 그것을 적용할 경우 결정에 이르지 못하거나 부당한 결론에 이르게 된다. 비록 그것이 협의의 전통이나 공동체 내에서는 합당하게 적용되고 수용된다 할지라도 그러하다……. 이 같은 불확실성으로 인해 완전주의적 기준은 어려움에 봉착하게 되고 심지어 개인적 자유마저 위협하게 되는 까닭에 보다 확실한 구조를 갖는 정의의 원칙(principles)에 전적으로 의존하는 것이 최선으로 여겨진다."[27] 요약하면, 덕의 윤리는 사실상 어떤 사적인 배경에는 적절할지 모르나 "공적이거나 정치적인" 삶 즉 공동체의 유대가 비교적 비개인적인 경우에는 적용이 어렵다는 것이다.

그런데 도덕규범의 정식화나 규칙화는 비단 근세 이후 최소도덕으로서 의무윤리에만 해당되는 요구사항이 아니라 인간사회를 규율함에 있어 모든 윤리체계가 요구하는 일반적 사항임은 이미 지적한 바와 같다. 행위자 도덕에 보다 공감하는 다른 현대학자들도 이론적 영역이 아니라 다소 실천적이고 정치적인 영역에서 유사한 요구사항들을 주장한다. 힐러리 퍼트넘(Hilary Putnam)은 주장하기를 도덕규칙이 "중요한 까닭은 그것이, 우리가 서로의 양심에 도전하거나 그것을 새로이 형성하려 할 경우 지니고 있는 주요 기제이기 때문"이라고 한다.[28] 아이리스 머독(Iris

27) J. Rawls, 앞의 책(1972), 330~331쪽.
28) H. Putnam, Taking Rules Seriously, Reason, *Truth, and History*(New York: Cambridge University Press, 1981), 195쪽.

Murdock)도 칸트류의 규칙도덕을 지속적으로 공격하는 과정 중에서도 "그것은 칸트적인 도덕영웅이 자유주의적 국가의 이상적 시민으로서 전제군주를 향해 제기할 경고로서의 의미를 갖는다"라고 했다.[29] 물론 우리는 여기서 한때 흄이 현명하게 관찰했듯 훌륭한 정치철학이 반드시 훌륭한 도덕철학은 아니라는 말을 음미할 필요가 있음도 유념해야 할 것이다.

사적인 문맥과 공적인 맥락 간에 상이한 언어를 이용해야 할 필요에 대한 이러한 주장, 따라서 도덕철학과 정치철학 간에 예민한 구분을 해야 할 필요성에 대한 요구는 버나드 윌리엄스(Bernard Williams)에 의해서도 날카롭게 진술되고 있다. "특히 현대의 복합사회에서 윤리적으로 의미 있는 기능은 공직자들에 의해 수행되고 있으며, 사회가 비교적 개방적일 경우 이는 공직자들이 그들로 하여금 책임감을 갖도록 하는 명백하게 표현된 질서에 의해 규율될 것을 요구한다. 공적이며 거대한 비개인적인 공론장에서 소위 '직관'은 이런 역할을 할 수가 없다. 비록 개인적인 삶이나 보다 긴밀히 공유되는 생활에서는 직관이 제 기능을 할 수 있을지라도(다른 어떤 것도 그런 기능을 할 수 없으나) 그러하다."[30] 결국 복잡하고 비개인적인 정치적 세계는 단순하고 비개인적인 평가어를 요구하는 데 비해 덕의 언어는 가정이나 우정을 내포하는 행위 과정을 해명하고 선택하는 데 적절할 수 있다. 이 같은 덕의 언어가 정치적 세계로 확대될 경우에는 사회적 통합, 개인의 자유, 정치적 책임과 같은 것을 심각하게 위협할 수 있음은 부인할 수 없는 사실인 것이다.

..

29) I. Murdock, *Sovereignty of Good*(NewYork: Schocken Books, 1971), 80~81쪽.
30) B. Williams, Persons, Character, and Morality, *Moral Luck: Philosophical Papers 1973~1980*, 1~19(New York: Cambridge University Press, 1981), 81쪽.

5. 자유주의 사회와 덕윤리의 수용

롤스에 따르면 칸트나 밀에 의해 창도된 전통적 자유주의는, 자율성이나 개성이라는 가치를 함양하는 것이 인생의 전반을 이끌어야 할 이상으로서 인생 전체의 가치를 언급하는 이른바 포괄적 자유주의(comprehensive liberalism)라 할 수 있다.[31] 그러나 현대사회에서는 사람들의 가치관이 다양해지고 이성적인 사람들 사이에서도 의견의 일치를 보기 어려운 까닭에 사회적 통합을 위해서는 자유주의도 최소주의적 전략이 불가피하다. 롤스는 이러한 문제의식에서 자신의 입장을 정치적 자유주의라 부르고 인생 전반이 아니라 정치적 영역 안에서 중첩적 합의를 통해 최소한의 가치관에 이르고자 한다. 그에 의하면, 정치적 자유주의는 인생 전반이 아니라 입헌민주체제의 기본 구조라는 특정한 주제만을 다루며 그 주장의 내용으로서 정치적 정의관이 포괄적인 교의에서 독립해서 제시되며, 이는 민주사회 안에 잠재하는 공유된 가치관에서 도출된다는 것이다.[32]

그런데 이 같은 자유주의는 덕을 정치의 목적으로 하는 완전주의에 대해서는 비판적이지만 덕을 정치의 수단으로 수용하는 입장까지 배척할 이유가 없다고 할 수 있다. 자유주의가 덕을 배재할 이유가 없음을 이해하기 위해 정치의 목적을 정식화한 정의의 원칙에 대한 두 가지 수행 방식을 생각해보자.[33] 첫 번째 수행 방식은 정의의 원칙에 표면적으로만 따

31) J. Rawls, The Priority of the Right and Ideas of the Good, *Philosophy & Public Affairs*, Vol. 17, No. 4.(Autumn, 1988), 252~253쪽.
32) 같은 책, 11~15쪽.
33) S. Macedo, Charting Liberal Virtues, *Virtues: Nomos XXXIV*(New York: New York University Press, 1992), 204~206쪽.

르는 방식이며 이 경우에는 수단으로서의 덕에 대해서도 언급할 여지가 없다. 왜냐하면 이러한 수행 방식에서 정의의 원칙은 시민의 성격에 영향을 줄 수 없기 때문이다. 이때 정의의 원칙은 행위를 강제하는 부담일 뿐이며, 공적인 영역에서는 처벌의 공포가 두려워 정의 원칙에 따르게는 될 것이나 정의의 원칙이 성격에 영향을 주지 않는 한 사적 영역에서는 여전히 부정의를 쉽사리 자행할 가능성이 열려 있게 된다.

자유주의 사회를 안정적으로 발전시키기 위해서는 첫 번째 수행 방식으로는 불충분하다. 이는 자유주의를 자멸적인(self-defeating) 결과로 이끌게 된다는 비판을 면하기 어려울 것이다. 정치적 자유주의는 두 번째 수행 방식 즉 정의의 원칙을 내면화하고 그에 기초해서 행동하는 수행 방식을 요구할 수도 있다. 이런 수행 방식에서는 정의의 원칙이 단순히 행위만이 아니라 성격의 형성과 변화까지도 요구하게 된다. 예를 들어 롤스의 전제가 된 도덕적 인격도 이미 고정되어 주어진 성격을 갖는 인간이 아니라 성격을 정의의 원칙에 따라 변경해갈 수 있는 존재이다.[34] 이같이 고찰할 때 정치적 자유주의에서 배제하고 있는 것은 정치에 외재적인 목적으로서의 덕일 뿐 정치에 내재하는 수단으로서의 덕은 아닌 것이다. 자유주의 사회를 유지하는 데 필요한 덕은 구체적으로 타자의 권리를 존중하고 다른 의견을 가진 자에 대해 관용을 베풀고 자유주의 정의의 원칙을 자발적으로 지킬 수 있는 성향을 갖는 정의감 등이다.[35]

근세 이후 다원주의 사회에 대한 대응책을 추구하는 가운데 정치적으

••

34) S. Macedo, *Liberal Virtues:Citizenship, Virtue, and Community in Liberal Consti-tutionalism*(Oxford: Clarendon Press, 1990), Ch 7.

35) J. Rawls, Justice as Fairness: Political not Metaphysical, *Philosophy & Public Affairs*, Vol. 14, No.3.(Summer, 1985), 232~234쪽.

로는 자유주의가 그리고 도덕적으로는 의무윤리가 제시되었다. 비록 두 가지 측면에서 제안된 것이긴 하나, 이들은 모두 다원주의 사회를 관리하기 위한 근대적 프로젝트의 일환이라 할 수 있다. 그런데 일반적으로 자유주의나 의무윤리는 덕의 윤리에 대해 적대적이거나 아니면 적어도 비우호적이라는 견해가 지배적이다. 하지만 우리가 보기에 이러한 견해는 지극히 흑백논리식 발상에서 생겨난 것으로 간주된다. 최대윤리이건 최소윤리이건 혹은 공동체주의이건 자유주의이건 간에 그에 걸맞은 덕 윤리는 구상될 수 있을 뿐 아니라 실현 가능하리라 생각된다.

우선 자유주의 사회의 최소윤리로서 의무의 윤리 혹은 규칙의 윤리에는 앞서 살핀 대로 그 같은 의무를 지키고 규칙에 따르는 준수의 덕목(rule-following virtue or compliance virtue)이 절실히 요구된다. 이러한 규칙이나 의무의 준수는 자유주의 사회의 질서유지를 위한 근간이 되기 때문이다. 또한 이 같은 최소도덕으로서의 의무의 윤리 속에 함축된 공평성 혹은 공정성을 수용하고자 하는 정의감(sense of justice)의 덕목도 요구된다. 나아가서 의무나 규칙 혹은 정의에 위반되지 않는 한에서 성원들이 서로의 차이를 수용할 수 있는 관용의 덕목(virtue of tolerance) 또한 다원주의 사회의 필수 덕목이 아닐 수 없다. 이상과 같은 덕목들을 체득하여 이행하는 성원들은 유덕한(virtuous) 시민이라 할 수 있으며, 그런 의미에서 이런 덕목들을 시민적 덕(civic virtue)이라 할 수 있을 것이다.

물론 자유주의적 다원사회가 이상과 같은 덕목이 번성하게 될 환경으로서 적합한지는 단언하기 어려울 것이다. 일반적으로 덕의 윤리는 소규모 지역사회에서 훨씬 번성하기 쉬우리라 판단된다. 그러나 제대로 된 시민교육이나 도덕교육을 통해 그 같은 덕목의 훈육이 불가능할 것으로만 보이지는 않는다. 나아가서 시민들이 그러한 덕목을 제대로 갖추지

못함으로써 의무나 정의를 위배했을 경우 당하게 될 처벌의 고통이 그
같은 덕목의 습득을 재촉하는 동기화의 에너지가 될 수 있으며 나아가
그러한 덕목의 체득으로 인한 안락하고 행복한 삶이 또 다른 유인이 될
수 있다. 여하튼 이 같은 주장들의 진위는 경험과학적 검증에 의해 밝혀
질 것인바 자유주의적 다원사회가 원리상 덕의 윤리에 비우호적이라는
입장은 자명한 게 아닌 것으로 판단된다.

매킨타이어는 덕윤리의 퇴락과 관련하여 현대 자유주의 사회를 비판
하면서 덕윤리가 가장 잘 번성할 수 있는 환경으로서 소규모 지역공동체
모형(local forms of community)을 제시했다. 이같이 자유주의가 덕윤리
의 전통을 감당할 수 없다는 매킨타이어의 주장에 대해 자유주의자들이
제시할 수 있는 몇 가지 대응책이 있을 수 있다. 윌리엄 갤스턴(William
Galston)과 같은 일부 자유주의자들은, 매킨타이어가 가치론에서 자유주
의는 중립성(neutrality)의 입장을 취한다고 상정하는 것은 그릇된 해석이
라 주장하며 자유주의가 전제하거나 전제해야 한다고 생각하는 인간적
선(가치)에 대한 입장을 약술하고 있다.[36] 롤스와 같은 다른 일부 자유주
의자들은 어떤 의미에서 자유주의가 서로 상충하는 선(가치)관들 간의 중
립을 취해야 한다는 점을 인정하지만 그러면서도 자유주의가 덕을 받아들
일 수 있게 하는 엷은 선이론(thin theory of the good)을 상정하고자 한다.

그런데 외견과는 달리 자유주의가 일정한 종류의 중립성을 받아들여
야 하는지 여부는 매킨타이어에 대한 자유주의적 대응을 이해하는 데 대
단한 중요성을 갖는 것은 아니다. 중립성 논쟁에서 대립적 입장을 취할지

∵

36) W. Galston, *Liberal Purposes: Goods, Virtues, and Diversity in the Liberal State*
(Cambridge: Cambridge University Press, 1991) 70쪽.

라도 자유주의자들은 매킨타이어에 대응하는 데서 본질적으로 동일한 전략을 취하는 경향이 있다. 자유주의자들의 주장에 따르면, 자유주의 이론은 현대사회에서 널리 공유되는 선(가치)에 대한 최소한의 입장을 바탕으로 하는 정의관과 관련하여 덕을 이해함으로써 얼마든지 덕의 개념을 수용할 수 있다는 것이다. 다시 말하자면, 그들의 차이점에도 불구하고 갤스턴과 롤스는 바로 이러한 전략을 통해 매킨타이어의 비판에 대응하고 있다 하겠다.[37]

롤스는 현대 민주체제의 공적 문화의 일부인바, 선에 대한 입장을 위시한 공동의 입장을 바탕으로 정의론을 구성하는 게 가능하다고 믿고 있다. 자유주의는 정의론을 전개하는 데 어떤 특정한 포괄적 선관(comprehensive conception of the good)을 이용할 필요도 없고 이용해서도 안 된다. 왜냐하면 그같이 정의관을 전개하는 목적이, 광범위하게 상이한 포괄적 입장을 가진 자들에게 사회의 기본구조를 정당화해줄 수단을 제공하는 데 있기 때문이다.[38] 롤스는 주장하기를 우리의 공유된 이해로부터 구성될 수 있는 정의관은 현대 민주국가에서 훌륭한 시민이 된다는 것이 무엇인지에 대한 해명을 제시한다고 한다. 즉 훌륭한 시민이란 그들이 사회의 기본구조를 규율해야 할 정의의 원칙에 의해 행위 할 수 있고 그것을 구성하는 제도를 유지하는 데 요구되는 각종 성품들을 소지한 자이다. 롤스에 따르면, 이런 성품에는 사회 협동체의 덕목 즉 시민성, 관용, 합리성, 공정감 등이 포함된다는 것이다.[39]

∙∙

37) A. Mason, MacIntyre on Modernity and How It has Marginalized the Virtues, Roger Crisp(ed), *How Should One live?*, *Essays on the Virtues*(Oxford: Clarendon Press, 1996), 199쪽.
38) J. Rawls, 앞의 논문(1985), 223~251쪽.
39) J. Rawls, 앞의 논문(1988), 263쪽 참조.

갤스턴은 롤스가 받아들이는바, 인간적 선에 대해 다소 두터운 입장 (thick conception, 그래서 더 논란의 여지가 있고 널리 공유되지도 않는)을 제시한다. 그러나 갤스턴 역시 주장하기를 관련된 선관은 최소한의 것으로서 그것은 자유주의의 핵심적 이념에 기반을 제공함으로써 사회의 기본구조가 사람들로 하여금 상이한 가치관을 지니고서 그에 의거해 행위 할 수 있게 한다는 것이다. 이같이 공유된 가치관에는 생명, 기본 능력의 정상적 개발, 자유, 합리성, 사회적 관계, 주관적 만족 등의 선 등을 포함한다.[40] 스티븐 마케도(Stephen Macedo) 또한 자유주의가 덕의 전통을 수용할 여지를 제공할 수 있다고 주장한다. 논지가 다소 명료하지 않기는 하나 위의 두 사람과 유사한 주장을 전개하는 가운데, 일반 시민과 공직자들이 인간 존중의 평등 원칙과 같은 자유주의 원칙과 정치 및 제도의 공공적 정당화와 같은 자유주의적 가치관이 실현되기 위한 특정 덕목들을 소유해야 한다는 것이며, 이에는 관용, 변화에의 개방성, 자제심, 넓은 동정심 등이 포함된다는 것이다.[41]

롤스, 갤스턴, 마케도는 서로의 차이에도 불구하고 그들 나름의 자유주의 버전 속에 일련의 덕목을 위한 여지를 마련하는 방식에서는 유사한 입장을 보인다. 이들은 자유주의적 원칙과 가치관을 구현하는 자유주의적 제도를 유지할 성향으로 해석된 덕의 목록들을 제시한다. 즉 매킨타이어에 대한 반론으로서 현대사회에는 현대사회를 규율할 정의의 원칙에 상당한 합의와 더불어 특정 일련의 덕에 대한 상당한 합의의 기초가 될 최소한의 선(가치)관과 관련해 충분한 합의가 존재한다는 것이다.

∴∴

40) W. Galston, 앞의 책, 174~177쪽 참조.
41) S. Macedo, 앞의 책(1990), 128~129, 271~272쪽 참조.

이들은 또한 이 같은 덕목 중에는 단지 수단적 가치뿐만이 아니라 내재적 가치를 갖는 덕들도 존재하며 이를 위해 논란의 여지가 있는 보다 포괄적인 가치관까지 전제하지 않아도 무방하다는 주장을 제시한다.[42]

매킨타이어는 '덕 이후' 퇴락한 도덕적 상황에 대한 처방으로서 지역공동체의 구성을 제시하고 이러한 환경 속에서만 바람직한 관행이 형성되고 유덕한 지적, 도덕적 삶이 번성할 수 있다고 했다. 그러나 문제의 핵심은 오늘날 노동이 대체로 비인격적 자본에 봉사하고 있고 따라서 대부분의 사람들에게서 덕의 함양을 위한 관행의 형성이 어려울 수밖에 없다면 자본주의 체제를 개혁하지 않는 한 지역공동체의 구성만으로 현대사회의 문제가 해결될 수 있을지 의심스럽다는 데 있다.[43] 이같이 사회경제적 지반에 대한 구체적 구도가 없는 한 매킨타이어의 구상은 노동이 가정을 중심으로 조직되었던 전근대적 제도에 대한 낭만적 동경에 지나지 않는다는 생각이다. 비록 그의 구상이 진지하고 바람직한 이상이라 할지라도 그것은 현실성이 취약한, 매력 없는 대안에 지나지 않을 뿐이다.

이런 의미에서 자본주의 사회에서 삶의 근간이 되는 시장경제와 노동 현실에서 덕윤리의 의미를 논의하는 일은 덕윤리의 현대적 의의를 이해하는 데 핵심적 과제가 된다 하겠다. 매킨타이어에 따르면 자본주의적 시장경제에서는 노동이 덕윤리의 바탕이 되는바, 내적 가치를 지닌 관행(practice)이 되기 어려우며 노동은 내적 선(internal good)의 수단에 불과하다고 한다. 이 같은 주장은 자본주의적 시장의 작동 기제와 그것이 노동현장의 조직에 갖는 압력에 대한 어느 정도 현실성 있는 가정에 근거

··

42) A. Mason, 앞의 논문, 201쪽.
43) 같은 논문, 206쪽.

한다. 매킨타이어에게서 전문적 학자나 전문적 예술가의 작업은 내적 가치가 있는 관행을 구성하는 범형적 경우이다. 물론 그도 이러한 형태의 작업이 외적 선의 추구에 의해 오염되어온 정도에 대해 우려를 제기하고 있다는 점은 주목할 만하다.

여하튼 매킨타이어가 지적한바 노동이 내적 가치를 갖는 관행에 미치지 못한다는 점은 어느 정도 수긍하지 않을 수 없으며 특히 그 전형적인 경우는 생산라인이라 할 수 있다. 생산라인에서 일하는 자들은 생존에 필요한 외적 선을 획득하기 위해서만 노동을 할 뿐이다. 그렇게 될 수밖에 없는 이유는 아마도 생산라인의 노동은 내적 선을 실현할 기회를 제공하고 탁월함을 성취할 인간적 능력을 개발하게 할 만큼 충분히 복잡하지 않기 때문이다. 이런 노동은 언제나 단순과업의 반복을 내포하며 따라서 관행을 구성하는 데 요구되는 다양성과 깊이를 결여하고 있다.

물론 내적 가치를 갖는 관행이 될 수 있는 경우와 될 수 없는 경우 사이에는 광범위한 중간지대가 있을 수 있으며 각종 전문직들이 그런 예에 해당한다. 그러나 매킨타이어는 그 같은 형태의 노동이 관행을 구성할 수 있기는 하나 쉽사리 외적 선의 유혹에 의해 오염될 수 있다고 주장한다. 외적 선의 추구와 내적 선의 실현이 갈등하기도 하나 양자가 조화를 이룰 가능성도 작지는 않다. 그러나 가치 있는 관행이 주변화(marginalize)된다는 매킨타이어의 주장이 현실성이 있는 것은 대체로 일반 노동이 많은 사람들에게서 관행이 될 수 없게끔 수행되고 생산이 조직되는 방식에 대해 시장이 강압하고 제약한다는 생각에 의거한다. 다소 매킨타이어의 주장에 과장이 있다 할지라노 시상이 노동에 가하는 종류의 압력을 고려할 때 상당한 진실을 담고 있다 하겠다.[44]

자본주의적 시장은 일차적으로 이윤을 극대화하려는 사용사의 욕구,

따라서 효율성의 욕구에 의해 추동되며 설사 윤리경영 등으로 건실한 이윤을 추구할 경우에도 사정은 크게 다르지 않다. 일반적으로 기업이 소유주나 주주가 아니라 경영자에 의해 운영된다 할지라도 경영자 역시 소유주나 투자자에게 그들의 자본에 대한 상당한 보상을 돌려줄 경우에만 자신의 자리를 유지하고 성공적인 경영자로 판정된다. 직간접적으로 국가를 위해 공공영역에서 일하는 사람들 역시 시장의 압력에서 자유롭지 않다. 때로는 노동을 내적 가치가 있는 관행으로 조직하는 것이 효율적일 수도 있다. 보람 있는 관행이 될 경우 직업 만족도도 높아지는데, 왜냐하면 관행에의 참여는 일련의 인간능력을 개발·행사하는 것을 내포하기 때문이다. 그 결과로서 노동자는 자기동기화될 가능성이 크고 훌륭한 노동자가 보다 쉽게 충원되며 따라서 노동과정이 이런 측면에서 좀 더 효율적일 가능성이 있다.

그러나 자본주의 시장에서 이러한 결과가 일반적이라고 상정하는 것은 소박한 생각이다. 생산과 용역은 전문화될수록 효율성이 높아진다는 것은 일반적인 사실이다. 그렇다면 시장의 압력은 사람들의 업무가 보다 덜 다양화되고 개인들이 자신의 능력을 실현할 자유재량의 여지를 적게 두는 쪽으로 작용함으로써 기술의 전문화를 도모하게 될 것이다. 그럴 경우 노동은 관행이 되기에 충분한 복잡성을 결여하게 되고 다양한 덕보다는 전문적 기술에 길들게 될 것이다. 매킨타이어의 입장에서 볼 때 자본주의적 시장은 보다 효율적인 노동력을 선호할 것인데, 왜냐하면 그러한 노동력이 보다 큰 이윤을 가져오고 이 같은 조직은 노동이 관행이 되는 것을 억제하게 될 것이기 때문이다. 바로 이런 이유에서 매킨타이어

..

44) A. MacIntyre, 앞의 책, 183쪽.

는 현대 경제질서가 관행 및 덕에 대해 적대적이라 생각한 것이다. 그러
나 전근대적 제도에서는 노동이 관행으로 번성했고 덕윤리 친화적이었
다는 것 역시 봉건제하의 노동자들에 대한 그릇된, 낭만적인 견해가 아
닐지 의심스럽다.[45]

6. 결어: 의무윤리와 덕윤리의 상보

이 논문에서 우리는 도덕체계가 그 자체로서 자립성 혹은 자율성
(autonomy)을 갖는다기보다는 사회구조와 상관해서 변화·발전해가는 것
이라는 점에 주목했다. 그렇다고 해서 사회구조가 도덕체계를 일방적이
고 절대적으로 결정하는 것은 아니고 일단 생겨난 도덕체계는 나름의 부
분적 자립성을 가지고 사회구조에 영향을 미칠 수도 있음에 주의했다.
또한 인간다운 삶은 다양한 측면을 갖는다는 점에서 어떤 단일한 도덕체
계는 나름의 강점과 단점을 지니며 따라서 인간 삶의 복합적 요구를 모
두 충족시키기 위해서는 여러 도덕체계가 서로 배타적 대안(alternative)
이기보다는 상보적(complementary) 관련이 불가피하다는 점도 제시했다.
이런 점에서 고대이건 현대이건 간에 모두 의무-규칙 윤리와 성품-덕
의 윤리가 병존했으며, 단지 고대사회와 같이 소규모 면접적 공동체에서
는 성품-덕의 윤리가 주도적 도덕체계였고 현대사회와 같이 다원적 익
명 사회에서는 의무-규칙의 윤리가 지배적일 수밖에 없었던 것이다.
설사 사회구조의 변화에 따라 수도적인 윤리체계가 바뀔지라도 다른

∴

45) A. Mason, 앞의 논문, 206쪽.

윤리체계 또한 이를 보완하는 것으로서 병존하고 있다는 사실에 주의할 필요가 있다. 근세 이후 많은 윤리학자들이 의무-규칙 중심의 윤리만으로 인간의 도덕생활이 남김없이 표현될 수 있다는 단견에 사로잡혀 있었다면 현대의 일부 성품-덕 중심의 윤리학자들 또한 성품-덕 중심의 윤리가 배타적 대안이라도 되듯 의무-규칙 윤리를 대체할 수 있다고 강변하고 있으나 이 또한 극단적 단견이 아닐 수 없다. 이 두 윤리체계의 상보성을 내세우고자 하는 필자는 비록 근세 이후 현대사회에서 의무-규칙의 윤리가 주도적 위치를 차지할지라도 여러 측면에서 성품-덕의 윤리에 의해 보완되지 않을 경우 인간다운 삶의 소외현상은 불가피하리라 판단한다.

그런데 필자는 이미 제시한 바와 같이 두 윤리체계의 상호 보완 관계를 두 측면에서 제안하고자 한다. 우선 한 가지 측면은 의무-규칙의 윤리가 인간의 삶에서 주로 공적·정치적 영역을 주도하는 윤리가 되어야 하며, 성품-덕의 윤리는 대체로 사적이고 개인적인 영역에서 의미 있는 기여를 할 수 있으리라는 생각이다. 적어도 다원주의적 현대사회에서 공적 영역의 규율체계는 최소주의적일 수밖에 없다는 점에서 의무윤리가 되어야 할 것이며, 확정성, 공평성, 공지성 등이 중요하다는 점에서 명시적이고 준(準)법적인 규칙의 윤리가 요청된다 할 것이다. 그럼에도 불구하고 가정과 우정관계, 나아가 소규모 공동체에서는 의무 이상의 규범으로 덕의 윤리가 의미 있는 인간관계나 내재적 가치를 지닌 관행을 주도해야 할 것으로 보인다.

하지만 다른 한 가지 측면으로서 두 윤리체계가 비록 앞서 논의한 대로 공적-사적 영역에서 분업적 상보를 하는 경우에도 각 영역 내부에서는 역시 다른 윤리체계의 보완이 요청된다. 이를테면 공적 영역에서 의무-규칙의 윤리가 주도해야 하긴 하지만 여전히 성품-덕의 윤리에 의해 보완·지지되지 않을 경우 의무-규칙의 윤리는 공허한 형식주의나 사문화에 그칠 우려가 있다. 이는 도덕생활에서 정당화에 못지않게 동기화가 보완적으로 요청되기 때문이다. 설사 의무와 규칙이 무엇인지 인지되고 있다 할지라도 그런 의무와 규칙에 따른 성품과 덕이 계발되지 않을 경우 의무-규칙 윤리의 실행은 무력화될 수밖에 없다. 또한 사적 영역이나 소규모 공동체에서도 덕의 윤리가 갖는 불확정성이나 미결정성은 자주 분쟁과 갈등을 유발하게 되며, 그럴 경우 잠재적으로 이를 지지하고 있던 의무-규칙의 윤리가 조정자로서 수면 위에 나타나 나름의 역할을 할 수밖에 없는 것이다.

가족애나 우정과 같은 사적인 영역에서 정상적인 경우에는 인간관계가 의무 이상의 관계로서 의무나 규칙과 같은 명시적 사항 없이도 서로 공감적 이해 속에서 유지된다. 그러나 사적인 영역에서도 성품과 덕의 윤리 저변에는 의무-규칙의 윤리가 엄연히 존속해야 한다. 이 같은 윤리의 존속은 가족애나 우정이 제대로 기능하지 못하는 난관이나 비상시에 절실히 요구됨을 실감하게 된다. 가족애나 우정에 의해 맺어진 당사자들 중 어느 일방이 기본적인 의무조차도 이행하지 않을 경우 타방은 낯선 사람들 이상으로 배신감을 느끼기 마련이다. 이는 가족애나 우정으로 맺어진 인간관계 역시 그 저변에는 호혜성 및 서로에 대한 의무 이행과 더불어 그 이상의 것을 해주리라는 기대가 있으며 단지 평상시에는 이 같은 상호성과 타산적 기대가 수면 아래 잠복하고 있다는 점을 실증하고 있음을 말해준다.

이상과 같이 여러 측면에서 의무-규칙의 윤리와 성품-덕의 윤리 간에 상보성을 상성할 경우 현대사회에서와 같이 의무-규칙 윤리의 일변도는 인간소외와 더불어 윤리의 본령이 훼손되고 있다는 비판은 나름의 타당성을 갖는다. 성품-덕의 윤리학자들이 현대의 도덕적 위기를 고발하고 윤리가 본래의 모습으로 복귀해야 한다는 주장은 나름으로 당연하고 타당한 것이다. 그러나 이는 어디까지나 보완의 의미에서 타당한 주장일 뿐 다른 극단으로 나아가 성품-덕의 윤리에 의해 의무-규칙의 윤리가 대체되어야 하는 것으로 오도되어서는 안 될 것이다. 현대사회의 구조에 대한 근본적 개혁이 전제되지 않거나 사회경제적 체제의 변혁이 가능하지 않는 한 규칙-의무의 윤리는 현대사회의 주도적 도덕체계로서, 특히 성품-덕 윤리의 하부구조이자 기초 질서로서 엄존할 수밖에 없을 것이다.

Co-relation between System of Morality and Social Structure
：Social Basis of Virtue Morality and Duty Morality.

Hwang Kyung Sig

In this paper, I suppose that there are intimate co-relations between a system of morality and a social structure. Upon this supposition, I will argue that modern morality, that is, morality of duty is a necessary and reasonable response to modern plural society, contra A. MacIntyre. Duty morality is the minimum morality that is the result of overlapping consensus and a feasible norm in plural society. And usually so many ethicists confuse duty morality and rule morality and misunderstand that they are interchangeable as a modern morality. But I will argue that rule morality is conceptually and practically different from duty morality and a response to different claims of society. The claim to formalize moral norms is to minimize the indeterminacy and uncertainty in moral judgments. Even though duty-and rule morality is important in contemporary plural and complex society, this kind of morality also has its limits and demerits as virtue ethicists claim. So, at last, I will argue virtue-agent morality is not alternative but complementary to duty-rule morality.

Key Word: duty ethics, rule ethics, virtue ethics, pluralism, minimum morality, indeterminacy.

제3장

도덕행위의 동기화와 수양론의 문제
: 의무와 덕이 상보하는 통합윤리의 모색

1. 윤리학에서 정당화와 동기화 과제

윤리학에서 핵심 과제는 두 가지 즉 정당화(justification)와 동기화 (motivation) 과제라 할 수 있다. 둘 중에서도 좀 더 본질적인 과제는 도덕 원칙이나 규칙 혹은 도덕적 행위의 정당근거를 입증하는 정당화의 과제 라 할 수 있을 것이다. 어떤 게 정당하며 또한 왜 정당한지를 따지는 것 이 도덕이나 윤리에 대한 합리적 추구로서 윤리학의 본질적 과제임은 부 인할 수 없으리라 생각된다.

그러나 동시에 실천학으로서 윤리학은 단지 정당한 것을 이론적으로 규명하는 과제뿐만 아니라 그것이 행위지침으로서 실제로 우리의 행위

* 이 논문은 한국학술진흥재단(지금의 한국연구재단) 우수교수 연구지원금에 의한 것이다.

를 인도하고 동기화할 수 있음을 보여야 한다. 이론적으로 아무리 정합적이고 합당할지라도 그것이 실천을 이끄는 아무런 유인도 갖지 못한다면 실천철학으로서 무슨 의미가 있겠는가?

훌륭한 삶의 한 가지 특징은 우리의 행위동기와 그 정당근거 간의 조화라고 생각된다. 우리가 정당하다고 생각하고 가치 있다고 믿는 바에 의해 동기화되지 않는다는 것은 정신적인 부조화 내지 비정상으로 생각된다. 이 같은 부조화나 비정상 상태가 극단화될 경우 이를 도덕적 자아분열(moral schizopherenia)이라 부르는 게 합당할 것이다.[1] 이는 우리의 행위동기와 정당근거 간의 분열과 괴리 상태이기 때문이다.

이러한 자아분열의 극단적 형태는 한편에서는 우리가 그르거나 부당하다고 생각하는 바에 의해 동기부여가 되는 것과, 다른 한편에서는 우리가 행하고 싶어하는 바에 대해 당당하지 못하고 스스로 용납하기 어려운 경우로 나타난다. 물론 이 같은 극단적 사례는 그리 흔하지 않지만 보다 온건한 것으로서 정당근거와 행위동기 간의 분열은 흔히 일상에서 관찰되는바, 의지의 나약(weakness of the will), 단호하지 못하고 우유부단함(indecisiveness), 죄의식이나 수치심(guilt, shame), 자기기만(self-deception), 합리화(rationalization), 자신에 대한 불만이나 자책감(annoyance with oneself) 등에서 나타난다.[2]

의지의 나약이나 우유부단함은 정당한 것이 무엇인지를 알면서도 의지력이 약하거나 결단력이 강하지 못해 정당한 일을 행하지 못하거나 망

1) M. Stocker, The Schizophrenia of Modern Ethical Theories, *Virtue Ethics*, eds. R. Crisp and M. Slote(New York: Oxford University Press, 1997), 66쪽.
2) 같은 책 참조.

설이고 있음을 말한다. 이에 비해 수치심이나 죄의식은 자신이 하고 싶은 일이 남들이 보기에 떳떳하고 정당하지 못하여 느끼는 도덕적 감정이다. 자기기만이나 합리화, 자책감 역시 자신이 행한 당당하지 못한 행위에 대해 변명을 늘어놓거나 옳은 것처럼 생각하여 자신을 속이거나 자신에게 실망하면서 책망하는 경우이다.

물론 이렇게 말한다고 모든 상황에서 행위동기와 정당근거 간의 조화가 필수적이라거나 보다 낫다는 것을 의미하지는 않는다. 두 요소 간의 통합이 없을 경우 인간적 삶이 가능한지 어떤지의 여부에 대해서는 이론의 여지가 있기 때문이다. 단지 최소한 보다 훌륭한 삶을 영위하기 위해 우리는 일반적으로 우리가 주요 가치라고 여기는 바에 의해 동기부여가 되고 또한 우리의 주요 동기가 추구하는 바에 대해 가치 부여를 할 수 있어야 한다고 생각된다.

우리는 통상적으로 우리의 삶, 특히 도덕생활에서 지행합일이나 언행일치를 높이 평가한다. 아는 것과 행하는 것이 서로 다르거나, 말하는 것 다르고 행하는 것이 다를 경우 우리는 이중인격이나 다중자아로 비난을 받게 된다. 물론 도덕생활에서 지행합일이나 언행일치는 우리가 지향해야 할 이상이기는 하나 현실적으로 쉽사리 성취할 수 있는 건 아니다. 바로 이러한 지행 내지 언행 간의 간극을 메우기 위해 우리는 부단히 노력해야 하고 그래서 수행과 수양이 요구된다 하겠다.

덕의 윤리에서 특정한 덕이 아직 내면화·습관화가 안 되어 완전히 자기화의 수준으로 체득되지 않은 미숙한 상태에서는 동기화가 정당화에 미치지 못하여 양자 간에 거리가 멀다고 할 수 있다. 그러나 수양과 수행의 과정을 통해 정당화와 동기화의 거리가 점차 수렴하고 좁혀져 유덕한 존재가 될 경우에는 정당근거와 행위동기 사이에 별다른 괴리가 없는 경지에 이르게 된다. 이런 관점에서 볼 때 자제심의 결여나 의지 나약 혹은 우유부단함 등은 아직도 정당화에 부합해서 동기화가 이루어지지 못하는바 도덕적으로 미숙한 단계에 있음을 의미한다 하겠다.

2. 의무윤리와 덕윤리의 편향성 비판

근대 이후, 특히 현대의 윤리설들은 소수의 예외를 제외하고서 행위의 정당근거에 주력하며 오직 정당화 과제에만 골몰해왔다 해도 과언은 아니다. 그런 만큼 현대의 윤리설들은 윤리적 삶에서 행위동기나 동기화의 구조 및 제약 사항을 제대로 검토하지 못한 셈이다. 의무주의자 윌리엄 데이비드 로스나 공리주의자 존 스튜어트 밀은 모두가 그들 윤리학의 대부분에서 가치(정당근거)와 동기(행위동기) 간의 조화 여부를 철학의 주요 문제로 생각하지 않았다.[3] 행위의 동기와 상관없이 자신의 의무를 실행하는 일이 중요하다는 것이며, 이는 그들이 옳음이나 의무의 문제는 동기화와 무관하다고 생각했기 때문이다.

요약하면, 근세 이후의 윤리설들은 옳음이나 의무에만 지나치게 집중하는(overconcentrated) 편향성을 보이고 있다고 할 수 있다.[4] 이러한 편향된 집중은 단지 동기를 중요시하지 않는다거나 가치에 대한 동기의 관계를 다루지 않는다는 데 그치지 않는다. 그 같은 편향성은 더 나아가 앞서 지적한 대로 정당근거와 행위동기 간의 자아분열을 불가피하게 초래함으

∴

3) 같은 책, 67쪽.
4) 같은 책, 68쪽.

로써 도덕적으로 무가치하고 초라한 삶을 영위하게끔 하는 결함 또한 지니게 된다. 이로써 우리는 결국 인격이 통합된 방식으로 가치 실현을 하기 어렵게 되며 심리적으로 불편하고 불안한 상황에 처할 뿐만 아니라 우리의 삶을 본질적으로 파편화되고 일관성이 없게 만드는 게 아닐 수 없다.[5]

그런데 여기서 한 가지 주의할 만한 사실은, 비록 윤리설의 정당근거나 정당화가 우리의 동기들 속에 구현되어서(embody) 즉 체화되어서 우리가 도덕적으로 행위 하고 그래서 추구하는 가치와 선을 성취하게 해야 한다는 가정이 나름으로 합당하다 할지라도 행위동기와 정당근거 간의 조화 문제가 근세 이후의 윤리설에서 견지되지 못한 데에는 나름의 이유들이 있다는 점이다. 다시 말하면, 근세 이후의 윤리설이 빈약한 도덕생활이나 부조화 내지 자아분열을 본의 아니게 요구하게끔 한 이유는 검토해볼 필요가 있는 중요한 물음이라는 것이다. 그에 대한 해답들은 이러한 윤리설에서 의무와 옳음, 책무 등의 개념이 지나치게 부각된 이유들과도 상관된다.

추정하건대 의무 중심적 윤리설을 사적(private) 인간관계가 소멸해가는 시대에 전개되는 윤리설로 간주하는 것은 합당한 생각으로 보인다. 의무 중심적 윤리설은 개인들을 서로 묶어주고 그들 간의 갈등을 완화해주던 유대가 점차 약화되고 상업적인 인간관계가 점증하는 시대, 그래서 개인주의가 우세해가는 시대에 출현하는 윤리설로 추정된다. 그것은 또한 준법적(semi-legal) 윤리설과도 상통해서 법제화나 입법적 관심(legislation)을 가질 경우 의무, 옳음, 책무 등이 관심의 전경에 나타나는 건 지극히 당연한 일이다.[6]

··
5) 같은 책 참조.
6) 같은 책, 68쪽.

그래서 만일 우리가 도덕을 이러한 법적 관점에서 바라볼 경우 상대적으로 동기화의 문제는 무관한 것으로 배제되기 마련이다. 입법자에게는 특정 행위의 수행 유무에만 관심이 있을 뿐 그 행위가 어떤 동기나 이유에서 수행되었는지는 중요하지 않다. 우리에게 필요한 것은 결과 된 행위이지 동기는 아닌 까닭에, 이 점과 관련해서 감정의 비중도 약화되며 감정은 합리적이고 인지적인 내용이 없는 한갓 느낌이나 자극에 불과한 것으로 간주되기에 이른다. 이 같은 상황이 일견 바람직하지 못한 것은 확실하기에 갖가지 비판적인 진단과 처방이 제시되는 것은 불가피한 일이기도 하다.

근세 이후 등장한 의무의 윤리가 정당화 과제에 지나치게 집중한 나머지 동기화 과제에 소홀했다면, 전통적인 덕의 윤리는 그와 반대로 동기화 문제에 골몰한 나머지 정당화 과제에 다소 취약한 듯하다. 전통적인 덕의 윤리는 양의 동서를 막론하고 그 정당화의 기반을 특정한 형이상학에 두고 있는 것으로 보인다. 특정 형이상학은 그 자체가 다시 정당화되어야 할 뿐만 아니라 시대적 사조의 변화에 따라 그 정당근거가 의심스럽게 되거나 반증될 운명에 처해 있다. 이 점은 동양의 자연철학적 형이상학이나 서양의 목적론적 형이상학 모두 피하기 어려운 운명이다.

또한 전통적인 덕의 윤리는 특정한 공동체를 현실적 기반으로 하는 까닭에 그 공동체의 역사와 전통을 배경으로 하며 또한 특정한 정치적·법적 관행에 의존적이다. 따라서 전통적인 덕의 윤리는 그 구체적인 내용에서 보편적 정당화를 담보하기 어려우며 구체적인 전통 의존적, 관행 의존적 편향성을 회피하기 어렵다. 때문에 전통적인 덕의 윤리는 대체로 전통과 관행의 권위를 인정하고 그에 의거한 규범과 윤리를 전제로 하고서 출발하는 게 일반적이다. 이런 관점에서 전통적인 덕윤리의 중심 과제가 규범체계의 정당근거나 정당화에 주목하기보다는 그 같은 규범체계를 차세대에 훈육하고 재생산하기 위한 교육과 동기화에 주력하는 데 있는 것은 지극히 당연하다 하겠다.

일반적으로 정당화에의 요구는 질서정연한 공동체가 안정적으로 지속될 경우에는 그다지 심각하지가 않다. 그러나 안정된 공동체가 해체되고 다른 공동체와 충돌하거나 합병될 경우, 그래서 새 공동체의 질서를 견지할 새로운 규범체계를 정립하고자 할 경우에 그것은 자신뿐만이 아니라 타인을 설득할 만한 정당근거를 요구하며 정당화의 과제를 전면으로 부상시킨다. 정당화에의 요구가 현대 다원주의(pluralism) 사회에서는 더욱 강화되기에 이르며 이 같은 시대적 요구에 대한 한 가지 응답이 바로 의무의 윤리, 규칙의 윤리, 행위 중심적 윤리 등으로 나타난다고 생각된다.

덕의 윤리가 정당화에 취약한 이유 중 하나는 일반적으로 덕의 개념이 갖는 도덕적 미결정성(moral indeterminacy)과도 관련된다.[7] 정당화 여부가 문제되기 위해서는 도덕적 지침이 구체적 행위를 확실하게 지정하는 도덕적 결정성이 선결 요건이다. 이러한 미결정성 문제를 해소하기 위해 의무의 윤리는 최소화 전략을 통해 특정한 의무의 개념에 집중하게 된다. 또한 도덕적 지침의 규칙화가능성(codifiability) 문제 역시 도덕적 미결정성의 문제와 직간접적으로 관련된다.[8] 도덕적 지침이 일정한 형태로 정식화되거나 규칙화될 경우 그 결정성은 보다 증대될 것이며 그에 비례

7) A. Gewirth, Rights and Virtues, *Review of Metaphysics*, Vol. 38.(June, 1985), 739~762쪽 참조.
8) S. G. Salkever, *Finding the Mean, Theory and Practice in Aristotelian Political Philosophy*(Princeton: Princeton University Press, 1990), 112쪽.

해서 정당화의 과제를 다루기 위한 여건을 갖추게 된다.

특정한 도덕이론이나 윤리설이 정당화보다는 동기화의 과제에 전념하는 그만큼 그와 관련된 윤리체계는 관행이나 관습으로 안주하게 되고 결국에는 교조화됨으로써 주입이나 암기를 강요하게 된다. 그에 따라 윤리체계의 내용은 현상 유지를 위해 보수화·권위화의 길을 걷게 된다. 소크라테스 등 철학자들에 의해 창도된 철학적 반성의 핵심은 바로 이같이 관행화·관습화되는 현상 유지적 보수의 각질을 깨는 정당화 물음의 시작이라 할 수 있다. 이런 의미에서 정당화는 합당한 동기화를 위한 선결요건이라고도 할 수 있을 것이다.

3. 덕윤리에서 의무윤리로의 전환기 윤리

최근 일부 도덕철학자들이 근세 이후 도덕철학이 덕이라는 주제를 무시해왔다고 비난하고 있으나 사실상 덕윤리의 수난이 정확히 언제부터 시작되었는지는 그리 분명하지가 않다. 일부 철학자들은 이 같은 비난이 칸트주의나 공리주의 윤리설 전반에 해당하는 것으로 보기도 하나 J. B. 슈네윈드 등 일부 다른 철학자들은 현대 도덕철학의 형성기인 17, 18세기 동안에는 덕 개념이 그다지 경시되지 않았음을 해명하고 있다.[9] 여하튼 칸트나 흄 같은 도덕철학자들은 덕의 윤리에서 의무 중심적 윤리로 전환하는 과도기적 윤리설을 대변한 학자들이라 할 수 있다.

∵

9) J. B. Schneewind, The Misfortunes of Virtue, *Virtue Ethics*, ed. R. Crisp and M. Slote(New York: Oxford University Press, 1997) 참조.

고전적 덕윤리설의 기반이었던 아리스토텔레스의 목적론적 사조가 쇠퇴한 것은 16, 17세기경 새로운 과학이 대두된 결과라 할 수 있다. 고전적 덕의 윤리에 대체된 기독교 윤리는 부분적으로 목적론과 덕의 요소를 내포하고 있기는 하나 방법론적으로 다른 윤리설을 잉태하고 있었다. 기독교는 기본적으로 덕보다는 의무(신과 자신과 이웃에 대한)의 윤리를 가르쳤으며 의무를 법칙(law)에 따르는 행위를 통해 이해하고자 했다. 이의 연장선에서 16, 17세기경에는 결의론(casuistry)이 번성했으며 이를 통해 가톨릭 윤리학자들이 죄의 유무와 관련된 구체적 행위 및 그에 적합한 벌칙을 구상함으로써 문제상황(quandaries)과 행위(acts)의 윤리가 대두되었다.[10]

물론 17세기에서도 덕의 개념은 그대로 존속했으나 법칙과 규칙에 부차적인 것으로 이해되고 수용되었다. 이 같은 사조의 맹아는 멀리 성 토마스 아퀴나스가 자연법이론과 아리스토텔레스의 덕윤리를 통합하고자 한 시도에까지 소급해서 발견할 수가 있으며 존 로크(John Locke)의 인간지성론에서 "덕의 관념은 일정한 법칙이 명하는 형태에 합치하는 것"으로 규정한 대목에서도 전형적으로 읽을 수 있다.[11] 여하튼 우리는 17세기 문헌들 곳곳에서 법에 따라 살고자 하는 영혼의 지속적 성향(constant disposition)으로 규정하는 덕의 정의를 찾을 수 있으며, 덕이 중요한 까닭은 덕이 도덕법칙을 준수하려는 습관이기 때문이라는 진술 또한 발견할 수 있다.

17세기를 지배하고 18세기까지 강력한 영향력을 행세한 자연법(natural

∙∙

10) 같은 책, 181쪽.
11) J. Locke, *Essay Concerning Humane Understanding*, ed. Peter H. Nidditch(New York: Oxford University Press, 1979), 358쪽.

law)사상 역시 법칙을 도덕생활의 핵심으로 보고 있다는 점에서 다를 바가 없다. 근대 자연법사상의 창시자라 할 만한 휘호 흐로티위스(그로티우스, Hugo Grotius)는 아리스토텔레스의 덕윤리학을 여러 측면에서 비판하면서 도덕의 규칙화 및 그 한계에 대해 회의적 입장을 지닌 덕윤리학을 제시한바, 정념과 행위에서 중용의 이론(theory of the mean)이 현실성이 없음을 논의하면서 특히 정의(justice)의 덕에서는 그것이 행위지침으로서 아무런 의미도 갖지 못함을 지적한다. 나아가 덕윤리에서 유덕자의 통찰(insight)에 특별한 지위를 부여하는 덕윤리학자들을 비판하면서 비록 자연법이 행위의 세부 지침까지 구체적으로 제시하지는 못할지라도, 다음으로 우리가 의존할 것은 유덕자의 직관이나 통찰보다는 각 경우마다 복잡한 상황적 변수들에 대한 분석을 통해 법칙이 허용하는 범위 내에서 합리적 분별과 선택뿐이라는 것이다.[12]

흐로티위스를 계승한 사무엘 푸펜도르프(Samuel Pufendorf) 역시 아리스토텔레스를 비판하면서 18세기의 시대적 상황에 맞는 대안적 도덕체계의 제시가 절실히 요구된다고 했다. 그에 따르면, 규칙과 법칙이 제시할 수 있는 것과 같은 종류의 명료한 행위지침(explicit guidance)을 줄 수 있는 도덕이 절실히 요청된다는 것이다.[13] 물론 이들 자연법사상가들도 기독교의 주요 덕목인 사랑과 같은 요구사항이 다른 도덕적 요구와 동일하게 다루어지기는 어렵다는 점을 알고 있었다. 그래서 흐로티위스나 푸펜도르프는 도덕의 일반 이론 속에 사랑의 여지를 제공하기 위해 완전한

:.

12) H. Grotius, *On the Law of War and Peace*, trans. F. W. Kelsey(New York: Oxford University Press, 1925), Prolegomena, set c. 43. J. B. Schneewind 앞의 논문에서 재인용.

13) J. B. Schneewind, 앞의 논문, 184~185쪽.

권리 및 의무와 불완전한 권리 및 의무의 개념을 도입함으로써 덕윤리학자들의 요구를 일부 수용할 공간을 마련하게 된다.

우선 흐로티위스는 소유권이나 계약 등에 의해 부여된 권한과 같은 일부의 권리는 완전한 권리(perfect rights)라 하고, 이같이 엄밀한 권한은 아니지만 자선구호금에 대한 빈자(貧者)들의 권리는 불완전한 권리(imperfect rights)라 불렀다. 그에 대응해서 수행의 강제력이 있으며 그 내용이 구체적으로 지정될 수 있는 것은 완전한 의무(perfect duties)라 하고, 사랑의 법처럼 타인에게 이득을 주라고 명하기는 하나 누구에게 어느 정도 주어야 하는지를 구체적으로 지정하지 않는 것을 불완전한 의무(imperfect duties)라 불렀다.[14] 푸펜도르프 역시 이러한 분류를 그대로 따랐으며 이에 더하여 사회가 존속하는 데 완전한 의무의 수행은 필수적이나 불완전한 의무의 수행은 없어도 사회가 존속할 수 있기는 한데, 단지 그것이 수행될 경우 삶의 질이 개선되며 이를 수행하는 자는 도덕적으로 훌륭하고 존경할 만한 가치를 지니게 된다고 한다.[15] 기능적으로 말해서 이 두 가지 의무는 사회생활을 제대로 수행하기 위해 상호 보완적 역할을 하게 된다는 것이다.

이상에서 살핀 대로, 불완전한 의무라는 관념이 자연법이론 속에 수용됨으로써 덕윤리적 입장이 강조하는 도덕생활의 여러 측면이 존속할 여지가 마련될 수 있다는 사실을 알 수 있다. 물론 덕윤리의 옹호자들은 많은 사항이 변경되고 생략되었다고 불평할지는 모르나, 자연법사상이 덕을 전적으로 무시하고 있다는 말은 공정하지 못한 것으로 보인다. 더욱

14) 같은 책, 185쪽.
15) 같은 책, 186쪽.

이 완전한 의무와 불완전한 의무 간의 구분이 윤리학사에서 또 다른 중요성을 갖는 건, 그것이 흄이나 칸트의 이론 속에 그대로 계승됨으로써 이들이 덕의 윤리에서 의무윤리로 전환하는 시기에 살면서 나름으로 고심하는 가운데 과도적 유형의 윤리를 창출한 배경적 상황을 이해할 수 있게 해준다는 데 있다.

흄은 자신의 저서 속에 흐로티위스를 비롯한 여러 자연법사상가들에 대한 부채를 언급하면서 인위적인 덕과 자연적인 덕을 구분하고 있다.[16] 그는 이 같은 구분이 완전한 의무와 불완전한 의무 간의 구분과 관련되지만 이보다 윤리학에서 법칙에 비해 덕목이 보다 기본 개념이 되게 하는 게 더 합당하다고 생각했다. 흄은 인위적 덕(artificial virtues)에는 정의, 약속에 대한 신의, 정부에 대한 충성 등이 포함되며, 자연적 덕(natural virtues)에는 관대, 자비심, 감사, 우정 등 이타심(beneficence)으로 요약되는 것들이 포함된다고 했다. 그에 따르면, 완전한 의무처럼 인위적 덕은 법에 의해 시행되는바 명확하고 특정한 요구사항과 관련된다고 한다.

흄과 같이 칸트 또한 완전한 의무와 불완전한 의무 간의 구분이 통용되던 철학적 문화 속에서 사유하고 저술 활동을 했다. 그는 일생 많은 저술 속에서 이 같은 구분을 애용했으나 각 저술마다 그 비중이 한결같지는 않았다.[17] 여하튼 우리는 흐로티위스부터 칸트에 이르는 사상가들이 법칙 중심적 도덕관을 확립하고자 한 이유가 무엇인지를 물어볼 수 있을 것이다. 한 가지 대답은 바로 그들의 삶에서 가장 핵심적 난관이 사람들

••

16) D. Hume, *A Treatise of Human Nature*, eds. L. A. Selby-Bigge and P. H. Nidditch(New York: Oxford University Press, 1978) 참조.
17) I. Kant, *Gesammelte Schriften*, Vol. 30.(Berlin, 1902), ii. 172, 174쪽. J. B. Schneewind 앞의 논문에서 참조.

간의 불일치(disagreement)에서 생겨난다고 간주했기 때문이라 생각된다. 이 같은 불일치는 민족 간, 종파 간, 법정 당사자 간, 일상인들 간 등등에서 다양하게 일어날 수 있으며 이 또한 번잡한 상업적 사회에서 전개되는 이해타산적 갈등을 배경으로 생겨나는 형국이라 할 수 있다. 흐로티위스의 저서에서 쟁점이나 논쟁(controversiae)이란 말이 키워드가 된 것은 우연이 아니라 생각된다.[18] 여하튼 이러한 갈등과 불일치를 처리하는 데서 고전적 덕 이론은 별다른 역할을 하기 어렵다는 점이 중요한 의미를 갖는다 할 것이다.

4. 행위의 수행적 기능과 형성적 기능

의무의 윤리는 구체적 행위에 주목하는 까닭에 행위 중심적 윤리라고도 부른다. 그런데 의무의 윤리는 행위가 갖는 다양한 측면 중에서 특정한 일면, 즉 수행적(performative) 기능에만 집중한 나머지 다른 측면은 도외시하는 경향이 있다. 행위자가 의도한 바를, 행위를 통해 현실에 구현함으로써 그 결과를 공적으로 평가받을 수 있게 하는 것이 중요하기 때문이다. 이럴 경우 행위자와 행위의 관계는 원인과 결과의 관계가 되며 원인에서 결과로의 이행은 일방적이고 단선적인 관계라 할 수 있다.

그러나 행위자와 행위의 관계는 이처럼 일방적이고 단선적이 아닌, 다시 말하면 행위자가 원인이 되고 행위가 단순한 결과에만 그치지 않고 행위가 다시 원인이 되어 행위자를 변화시키는 복선적인 되먹임(feed-back)

••

18) J. B. Schneewind, 앞의 논문, 199쪽 참조.

의 관계도 있다는 점에 주의할 필요가 있다. 이런 점을 행위의 형성적 (formative) 기능이라 할 수 있다.[19] 다시 말하면, 행위는 행위자의 의도를 수행할 뿐만 아니라 그 행위의 결과가 다시 행위자의 인격과 성품의 구조를 변화시키는 기능을 갖게 된다는 것이다. 이 같은 형성적 측면에 주목하는 자들이 바로 행위 자체보다도 행위자의 인격과 성품을 중시하는 덕윤리학자들이라 할 수 있다.

덕윤리학자들은 개별행위보다는 그런 행위들이 집적됨으로써 형성되는 인격이나 성품에 관심을 가지며 이같이 인성 속에 내면화되고 체화된 지속적 성향으로서 덕에 주목하고자 한다. 이런 맥락에서 아리스토텔레스도 "제비 한 마리가 난다고 해서 봄이 온 것은 아니다"라고 했다. 우연히 한 번 선행을 했다고 해서 선인이 되는 건 아니며 반복된 선행을 통해 성품이 변하고 그럼으로써 비로소 선인이 될 수 있다는 것이다. 이같이 행위의 형성적 측면에 주목한다는 것은 또한 덕윤리학자들이 반복적 행위 즉 습관화(habituation)에 관심을 갖는다는 점과 일맥상통한다.[20] 통용되는 속언에 "생각은 행동을 낳고, 행동은 습관을 낳고, 습관은 성격을 낳고, 성격은 운명을 낳는다"라는 말이 있다. 우리의 성격은 어떤 점에서 습관의 다발이라 할 수 있으며 운명의 일부를 결정한다 해도 과언은 아닐 것이다.

우리의 인생은 타고난 본능이나 충동(impulse)과 더불어 갖가지 습관(habit)을 통해 영위된다. 다양한 행위가 습관적으로 이루어짐으로써 편

• •

19) 越智貢, モラル・モニズムが忘れたもの: 德倫理學再考, 日本倫理學會編, 『德倫理學の 現代的意義』(慶応通信, 平成 6年 10月 10日) 참조.
20) Aristotle, *Nicomachean Ethics*, 1095b 3~13, 1104b 3~13, 1172a 19~25 참조.

의로울 뿐만 아니라 매사가 효율적으로 이루어지기도 한다. 그런데 통상적 상황이라면 기존의 습관만으로도 순조롭게 살 수 있겠지만 새로운 문제상황이나 비상사태에 돌입하게 되면 기왕의 습관만으로는 대처하기가 어려워진다. 그럴 경우 아래에 잠복해 있던 본능이나 충동 등이 머리를 들이밀며 나타나게 된다. 이때 충동과 더불어 나타나는 또 하나의 기능이 문제를 합리적으로 해결하려는 우리의 능력인 지성(intelligence)이다. 창조적 지성은 충동에서 힘을 받아 상황에 대처하는 새로운 습관을 창안하고 그래서 이를 기존의 습관체계를 수정·재편하는 계기로 이용한다.[21]

덕윤리학의 고전적 유형을 제시한 아리스토텔레스 역시 개별행위보다는 행위자나 행위자의 성품에 더 큰 관심이 있었으며 행위에 수행적 기능뿐만이 아니라 형성적 기능이 있음에 주목하고, 특히 윤리학에서 습관의 중요성을 강조하였다. 이런 의미에서 아리스토텔레스는, 행위(praxis)라는 말은 양의(兩意)적 개념 즉 수행적 측면과 형성적 측면을 포괄적으로 지시하는 개념으로서 행위와 행위자의 관련 또한 순환적 관계가 있다고 생각했다.[22] 이와 관련해서 덕윤리학자들은 역할행위에도 주목하는데 역할(role)이란 실제 행위상황에서 체득되는 것으로서, 역할의 취득은 형성적 행위 과정에서 얻어지는 결과라 할 수 있다. 이와는 달리 근세 이후 의무윤리에서는 행위의 형성적 측면만이 아니라 역할의 측면까지 배제하고 오직 보편적 수행에만 주목했다고 할 수 있다.

행위가 형성적 측면을 갖는다는 것은 도덕교육적으로 심대한 의미를

---

21) J. Dewey, *Human Nature and Conduct, Introduction to Social Psychology*(New York: The Modern library, 1922) 참조.
22) Aristotle, 앞의 책, 1105a 17 이하 참조.

갖는다. 아리스토텔레스는 이 점에 주목하여 도덕교육에서 습관과 훈련의 중요성을 강조한다. 선행의 반복적 수행은 그런 행위가 내면화·습관화되어 지속적 성향을 형성하게 되고, 드디어 이는 제2의 천성과도 같이 인격과 성품의 일부를 이루게 된다. 습관화를 위한 계획적이고 교육적인 활동이 훈련(training)이라 할 수 있다. 훈련을 통해 습관화는 좀 더 의도적이고 체계적인 구조를 갖게 되며 다소 강제적인 시행도 가능해진다. 습관화란 태생적으로 결여된 동기(missing motive)를 주입하고 내면화·내재화하는 과제인 까닭에 어느 정도 강제적 계기를 갖는 것은 불가피해진다.

동양에서 수행과 수양을 통한 습관화는 우선 평생교육의 성격을 띠며 또한 보다 자율교육의 특성을 지닌다는 점에서 아리스토텔레스의 입장과 차별화된다. 불교이건 유교이건 간에 인간에게 태생적 선성이 있음을 전제하는 까닭에 자기수양(self-cultivation)이 보다 강조된다. 또한 수양의 목표가 성인(Saint)과 같이 성취하기 어려운 이상적인 인격인 까닭에 우리는 일생 그러한 목표를 향해 부단한 정진이 요구된다는 점도 강조된다. 이러한 목표를 위해 인생은 도를 닦고 덕을 쌓는 과정, 즉 도상(道上)에 존재하는 것이다.

5. 실천적 지혜의 생성과 지행합일의 문제

앞 절에서 우리는 덕윤리학자들이 행위의 형성적 측면에 관심을 갖고 도덕생활에서 습관의 중요성에 주목한다고 했다. 그런데 여기서 습관화라함은 동질적 행위의 집적을 통해 동일한 행위에 길들어 순치되어나 자동기계처럼 습관의 노예가 된다는 것으로 이해되어서는 안 된다. 이런 경우에는 습벽이나 성벽이라는 말이 좀 더 적절할지 모른다. 우리가 관심을 갖는 습관화란 특정 행위의 반복적 수행에 의해 그 행위가 내면화·신체화되는 것을 말할 뿐만 아니라 지적 반성까지 동반하게 됨으로써 도덕적 지식의 생성에 이르게 됨을 의미하는 것이다.[23] 이같이 내면화된 지식이 얻어질 경우 우리는 신체 속에 구현되어 얻어진다는 점에서 이를 체득(體得)이라는 말로 표현하기도 한다.

특정한 행위의 반복적 수행은 형성적 힘을 지니게 되며 이는 일정한 성향을 형성한다. 이 같은 형성적 과정을 심리적으로 더 상세히 설명하게 되면 습관은 쾌감과 밀접한 관련이 있음을 알 수 있다. 일반적으로 쾌락을 추구하고 고통을 회피하기도 하나 오랜 습관을 통해 고통스러운 행위도 즐거운 행위로 변모시킬 수 있다. 특히 아리스토텔레스는 습관이 쾌고(快苦)의 감정과 밀접한 관계에 있다는 사실에 주목하였고 이러한 심리적 기제를 통해 습관에 의거해서 어떤 것을 배우게 된다고 했다.[24] 이같이 습관에 의거해서 어떤 지식이 생성되고 또한 심화 과정을 겪게 된다. 이렇게 해서 도덕적 지식의 숙성과 성숙을 위해서는 일정한 시간이 필요함을 알 수가 있으며, 이런 뜻에서 도덕적 지식은 기술적 지식(skill)과 친연성이 있다.

도덕적 지식은 이론적 지식이 아니라 실천적 지식(practical knowledge)인 까닭에 행위와의 밀접한 관련 속에서 생겨나고 성숙해갈 수밖에 없는 지식이다. 이런 의미에서 실천지는 '~에 대해서 아는 것(know about,

---

23) 越智貢, 앞의 책, 11~13쪽 참조.
24) Aristotle, 앞의 책, 1104b 3~8.

know that)'이 아니라 '할 줄 아는 것(know how)'이라 할 수 있다. 따라서 실천지는 처음부터 동기화와 무관하게 생겨날 수도 없으며 그와 무관하게 정당화될 수도 없는 지식이라 할 수 있다. 이와 관련하여 실천지는 또한 신체와 무관하게 생겨날 수도 없다. 이상의 관점에서 볼 때 근세 이후 윤리학은 행위가 갖는 인지적 작용을 망각하고 있다 하겠다. 나아가 실천적 지식이 생성하여 성숙한 단계에 이르렀을 때 즉 완성된 실천적 지식이 되었을 때 우리는 이를 실천적 지혜(practical wisdom)라 부를 수 있을 것이다.

여기에서 우리는 자연히 도덕적 지식이나 지혜 그리고 도덕적 행위나 실천 간의 관계에 대한 문제에 이르게 된다. 흔히 우리는 지행합일을 거론하게 되는데, 이는 지식과 행위가 온전히 일치함을 의미한다. 앞서 말한 바와 같이, 실천적 지혜를 성취하게 될 경우 그것은 개념상 지와 행의 합치를 의미하게 될 것이다. 그러나 아직 이처럼 완성된 단계에 이르지 못한 실천지에서는 지식과 실천 간에 여러 형태의 괴리가 있게 된다. 물론 도덕적 지식은 결코 완벽하게 완성된 단계에 이르기는 어려운 까닭에 언제나 지식에 대한 성찰과 반성의 과정이 있게 되며, 그러한 과정을 통해 지식의 발전과 성숙의 계기가 주어질 수 있을 것이다.

실천적 지식의 경우에서, 이미 살핀 대로, 행위와 실천이 지식이나 지혜에 비해 우선한다는 점에도 유념할 필요가 있다. 오랜 행위의 습관화 내지 실천의 집적을 통해 도덕적 지식이 생성되고, 이것이 다시 그 후의 실천을 통해 수정되고 시정되는 과정을 거치면서 개선·발전된다. 그런 의미에서 우리의 실천과 행위의 지침이 되는 지식과 지혜는 언제나 가설적(hypothetical) 지위를 지니게 된다. 가설은 다시 실천과 행위를 통해 시험되고 검증 과정을 거치면서 폐기되거나 더 나은 가설로 발전하게 된다. 이런 과정에서 지식과 지혜는 행위와 실천 속에서 생겨나 다시 행위와 실천의 충격에 의해 시정·성숙된다는 점에서 우리는 칸트가 말한 바와는 다소 다른 관점에서 이론이성에 대한 실천이성의 우위를 말할 수 있다.

일찍이 열암(洌巖) 박종홍도 이와 유사한 맥락에서 이론의 실천적 지반에 대한 논구를 철학적 주제로 다루었다.[25] 그는 철학하는 것의 실천적 지반을, 이론의 모태요 출발점으로서 현실의 실천이 이론을 제약하는 면에서 볼 뿐만 아니라 다시 이론이 거기에서 실천화됨으로써 검증되어야 할 것으로 본다. 이론이 실천의 산물이기는 하나 실천으로 인해 생산된 이론이 다시 실천화됨으로써 새로운 현실이 생겨나게 된다. 이러한 측면에서 본다면 이론이 또한 실천을 제약한다고 볼 수 있다. 결국 열암에 따르면, 이상과 같이 인식의 전제조건과 또한 결정조건을 즉 철학하는 것의 지반을 실천 속에서 구하는 곳에 곧 이론과 실천의 변증법적 상호 제약과 발전 및 통일이 성립됨을 볼 수 있는 것이다.[26]

6. 자제심과 지정의(知情意) 각 기능과의 상관성

일반적으로 우리는 자신이 옳다고 생각하는 행위와 관련하여 그것을 행하거나 행하지 못하는 능력 유무를 두고 자제심(self-mastery)에 대해

---

25) 朴鍾鴻, 「哲學的 小論」, 『認識論理』(朴鍾鴻 全集 제1권, 민음사, 1998) 참조.
26) 황경식, 「이론과 실천의 변증법: 박종홍 철학의 한 이해」, 『이론과 실천: 도덕철학적 탐구』(철학과 현실사 1998), 319~331쪽 참조.

말하곤 한다. 특히 우리는 자신이 옳다고 생각하는 바를 행하지 못하거나 그와 다른 행위 혹은 그에 반대되는 행위를 할 경우 자제심의 결여 내지 부족(akrasia)을 언급하기도 한다. 그런데 자제심의 결여는 통상적으로 행위자가 옳은 행위가 무엇인지를 안다고 전제하고서 그런 행위를 행하지 못하거나 다른 행위 혹은 그에 반대되는 행위를 할 때 주로 거론되기는 하지만, 보다 일반적으로 말하면 자제심의 결여는 때때로 옳은 행위에 대한 지식이 없거나 부족한 것이 원인으로 제시될 수도 있으리라 생각된다.

이상을 희랍철학적 맥락에서 정리해보면, '알면 행한다'고 하여 지행합일을 주장한 소크라테스는 옳은 것이 무엇인지를 진정으로 알면 행하지 않을 수 없으며 옳은 행위를 하지 못하는 건 결국 인지적 문제라 생각하여 주지주의적 노선을 택한다는 것이다. 이에 비해서 아리스토텔레스는 '알아도 행하지 못하는' 가능성에 주목해서는 이성적이고 인지적인 문제가 해결된다 할지라도 비이성적인 능력 즉 감정 등의 간섭에 의해 행하지 못할 수 있다 하여 자제력의 부족(akrasia) 문제를 주제적으로 제기한다. 이를 두고 소크라테스의 입장을 대변한다면, 진정으로 알 경우 행하지 않을 수 없으며 그런 뜻에서 알아도 행하지 못하는 아리스토텔레스적인 의미의 자제력의 부족은 존재하지 않는다고 할 수 있다.

그런데 아리스토텔레스의 입장에 대한 해석이 다의적일 수 있다는 주장이 제기되기도 한다.[27] 왜냐하면 '옳은 행위가 무엇인지를 진정으로 안다'는 것을 두고 아리스토텔레스에 관해 상이한 해석이 가능하기 때문이다. 옳은 것과 관련해서는 그 일반적 원칙을 아는 것과 그 상황과 관련된

∴

27) N. O. Dahl, *Practical Reason, Aristotle, and Weakness of the Will*(Minneapolis: University of Minnesota Press, 1984).

구체적 판단까지 아는 것은 다를 수 있는데, 원칙은 알아도 그 구체적 적용은 모를 가능성이 있기 때문이다. 다시 말하면, 자제심의 부족은 단지 비이성적 감정 때문일 수도 있으나 일반적 원칙은 알아도 구체적 적용에 대한 지식의 부족 즉 인지적 요소에서 기인할 수도 있는 것이다.

따라서 자제심의 부족 문제를 거론한 아리스토텔레스의 입장은, 자제심의 부족 원인이 지식이 아니라 감정으로 인한 것으로 생각할 수도 있고 혹은 감정이 자제되지 못한 이유로서 지식이 좀 더 구체적 상황에 이르지 못했기 때문이라는 두 가지 해석의 여지를 남기게 된다. 지식이 온전해도 감정의 장애로 말미암아 자제심의 부족이 생기게 되었다 할 경우 아리스토텔레스의 입장에는 다소 주정주의적 요소가 있게 되나, 그것도 결국은 지식의 불완전함에서 비롯한 것으로 볼 경우에는 소크라테스의 입장과 같이 보다 주지주의적 노선으로 해석될 여지가 있는 것이다.[28]

그런데 희랍철학에서 오늘날 우리가 일반적으로 의지(will)라 부르는 부분이 없다는 점은 주목할 만하다. 따라서 이런 관점에서 볼 때 'akrasia'는 '의지의 나약'보다는 '자제심의 결여' 내지 '자제심의 부족'으로 번역되는 것이 합당하다고 생각된다. 의지라는 개념이 존재하지 않는 이유에 대해서는 좀 더 정밀한 언어학적 연구가 요구될 것이나 추정하건대 의지는 지성이나 감정이 실질적 내용(contents)을 갖는 데 비해 단지 지향성 내지 성향처럼 구체적 내용이 없는 텅 빈 형식으로 존재하는 개념이기 때문일 수도 있고, 그래서 지성이나 감정에 의해 모든 것이 남김없이 표현되고 대변된다고 생각했을 수도 있다. 여하튼 의지의 개념은 기독교

··
28) 앞의 책에서 달(N. O. Dahl)은 Traditional Interpretation과 Alternative Interpretation 간에 전개될 수 있는 다양한 논변을 정리하고 있다. 특히 9, 10, 11장 참조.

사상과 밀접하게 관련되어 있으며 의지의 개념이 주제적으로 논의되기 위해서는 중세 철학의 출현을 기다릴 수밖에 없었던 것이다.[29]

오늘날 통념이 된 정신 혹은 마음3분설에 의거할 경우 마음은 지성 혹은 이성, 감정 혹은 정서, 의지 혹은 의도 등의 세 가지 기능을 갖는 것으로 볼 수 있다. 따라서 자제심의 부족이나 결여는 그 원인이 지성 혹은 인지적 요인일 수도 있고 감정 혹은 정서적 요인일 수도 있으며 의지 혹은 의도적 요인일 수도 있다. 그럴 경우 우리가 자제심을 강화할 수 있는 길은 올바른 행위에 대한 지적인 각성이나 인식을 제고하는 일, 혹은 감정을 순화 내지 조화롭게 하거나 나약한 의지를 연마·단련해 의지력을 강화하는 일 등이다. 이 점에 대해서는 수양론과 관련해 다음 장에서 상론하고자 한다.

고대 희랍철학이 이성이나 지성의 기능을 강조하는 주지주의적 전통을 이루고 있다면, 중세 기독교철학은 의지의 기능을 강조하는 주의주의적(voluntaristic) 측면에 주목하고 있다고 할 수 있다. 인간의 원죄 또한 천부적으로 타고난 의지의 자유를 오용한 데서 기인한다고 본다. 인간의 의지는 지극히 박약하거나 나약한 까닭에 쉽사리 유혹에 넘어가기가 쉽다. 중세에서는 이성이나 지성의 능력을 통해 인간이 자신의 운명을 극복할 수 있다는 낙관주의보다는 기도와 수양을 통해 의지를 연마·단련함으로써 의지를 강화시키고자 노력해야 하나, 이러한 노력에도 한계가 있어 결국 인간구원을 위해서는 신의 은총이 요구된다고 본다.

..

29) J. Annas, *The Morality of Happiness*(New York: Oxford University Press, 1993), 제 2장 참조.

7. 수양론적 명법: 도를 닦고 덕을 쌓자

우리의 윤리의식이 뿌리를 내리고 있는 유교윤리도 덕의 개념을 근간으로 하며 정당화 과제보다는 동기화 과제에 주력하여 서양에서는 그 유례를 찾기 어려울 정도로 심오한 수양론의 전통을 지니고 있다. 물론 유교윤리에서는 덕의 개념뿐만 아니라 관행과 규칙의 체계인 예(禮)의 개념도 중시하고 있어 일부 학자들은 유교윤리가 규칙과 덕의 통합윤리라는 주장까지 하고 있다.[30] 또한 유교윤리에서 예가 단지 고정된 규칙의 체계이기보다는 상황의 변화에 따라 지속적으로 수정·개조될 수 있음을 지적함으로써 정당화의 과제가 도외시되는 건 단견이라는 반론도 가능할 것이다.

여하튼 유교윤리적 전통에서 조선조 500여 년 동안 도덕적으로 단련된 우리는 도와 덕이라는 두 개념을 우리의 도덕생활에서 씨줄과 날줄로 삼아왔다. 그래서 우리는 자주 '도를 닦는다'는 말과 '덕을 쌓는다'는 말을 되뇌며 '도를 닦고 덕을 쌓자'는 것을 수양론적 명법(命法)으로 해서 살아왔다. 우리가 생활윤리를 지칭하는 말로 상용하는 도덕(道德)이라는 것도 사실상 서로 다른 지시체를 갖는바, 도라는 개념과 덕이라는 개념을 합성해서 만든 말이라 생각된다.

도라는 개념은 동양철학에서 가장 중대한 중심 개념이라 할 수 있다. 하늘의 길과 이치, 혹은 인간의 길과 이치 모두가 도에 의해 통칭된다. 그런데 '도를 닦는다'는 말은 문자 그 자체가 지시하듯 일차적으로 길을 내

∴

30) Liu Yuli, *The Unity of Rule and Virtue, A Critique of a Supposed Parallel Between Confucian Ethics and Virtue Ethics*(Singapore: Eastern Universities Press, 2004) 참조.

기 위한 것이다. 그 길은 원래 있던 길이 어지럽혀져 새롭게 정비하는 것일 수도 있고 온전히 새로운 길을 내는 것일 수도 있다. 여하튼 수양론적으로 볼 때 우리가 도를 닦는다고 말할 경우에는 그 의미가 매우 다의적이라 생각된다. 도를 닦는다는 것은 학문을 통해 타인의 지혜를 배우거나 독자적 사유를 통해 지적 각성을 도모하는 것일 수 있다. 이러한 성취가 이루어질 경우 우리는 "도통(道通)하였다", "득도(得道)하였다" 혹은 "도를 깨쳤다"라고 하기도 한다. 또한 도를 닦음으로써 우리는 나약한 의지를 연마·단련함으로써 도덕적 용기를 기르고 의지력을 강화하기도 한다. 또한 도를 닦는 것은 우리의 감정을 조화롭게 하고 순화시킴으로써 깨달은 진리에 부합하게 만드는 것을 의미하기도 한다. 그래서 도를 닦는다는 것은 그 용례상 지정의(知情意) 모든 기능과 상관되는 것으로 볼 수 있다.

이에 비해 '덕을 쌓는다'는 것은 도를 닦은 결과로서 주어지는 성과라 할 수 있다. 그러나 우연히 한 번 행한 선행으로써 유덕한 존재가 되는 게 아니라 수차례 반복적 행위를 하는 것이 선결 요건인 까닭에 덕을 쌓는다고 표현하는 것이다. 그런데 도통하는 것이 반드시 덕을 쌓는 일의 전제가 되는 건 아니라고 생각되며, 선행을 반복하는 가운데 득도하거나 도통하는 경우도 있을 수 있어 수도와 적덕(積德)은 상호 보완적 관계에 있기도 하다. 불교에 비추어서 말한다면, 단번에 깨치는〔頓悟〕 일과 점차 닦는〔漸修〕 일이 반드시 선후의 개념이기보다는 수레의 두 바퀴처럼 상보적 관계에 있다 할 것이다.[31]

어떤 순간 우리가 탁월한 통찰에 이르거나 진리를 깨치더라도 과거의 오랜 습관이나 습기(習氣)의 힘 때문에 그것이 바로 체득되거나 자기화되

..

31) 윤종갑, 「지눌의 공부론」, 임수무 외 지음, 『공부론』(예문서원, 2007) 참조.

기가 쉽지 않은 것이다. 깨우친 진리에 기대어 부단히 그것을 내면화하고 체화하기 위한 노력이 뒤따라야 할 것이다. 부처님도 깨친 이후 이를 자기화하기 위해 오랜 명상의 시간을 가졌으며, 불교에서는 이를 '보림삼년(保臨三年)'이라 부르기도 한다. 다른 한편 우리는 비록 깨침이 없을지라도 선현들의 가르침에 따라 부단히 모방하고 선행을 반복하다 보면 어느 순간엔가 과거의 업장이 무너지고 진리의 서광을 대면하게 되기도 한다. 어느 선사의 지적대로 "가고 가다 보면 가는 도중에 알게 되고, 행하고, 행하다 보면 행하는 가운데 깨닫게 된다(去去 去中知, 行行 行裏覺)"라는 것이다. 이는 돈오하기에 앞서 오랜 점수의 과정을 거치게 될 수도 있음을 말해준다.

유교에서 도를 닦는 방법은 크게 학(學)과 사(思) 두 가지로 이루어진다고 할 수 있다. '학'이란 경서(經書)를 읽는 등 선현들이 성취해서 정리해 둔 문헌 등을 통해 공부하는 것이요, '사'란 내성(內省)에 의해 자신의 심성정(心性情)을 점검하는 자기반성의 방도이다. 일반적으로 유교에서는 이 같은 두 방법이 상보적이어서 어느 하나에 편향되어서도 안 되고 양자를 조화롭게 겸비할 것을 권하고 있다. '학에 치우쳐 사가 없으면 번잡할 뿐 도리에 어둡고, 사에 치우쳐 학이 없으면 독단에 빠져 위태롭다(學而不思則罔 思而不學則殆)'고 경고하고 있는 것이다.[32] 그런데 학이든 사든 유교에서 도를 닦는 기본적 자세는 '경(敬)' 공부라 할 수 있다. 좀 더 자세히 말하면, 경을 기반으로 한 마음가짐으로 사물의 이치를 추구하는 이른바 거경궁리(居敬窮理)가 바로 유가적 수도 방법의 요약적 표현이라 할 수 있다.

••

32) 『論語』, 「爲政」十五.

그런데 경이란 무엇인가? 마음이 흐트러지지 않고 통일되어 어떤 일에 집중하는 것을 말한다. 경이 무엇인가를 물었을 때 퇴계 선생은 하나에 집중하여 흐트러짐이 없는[主一無適] 마음의 상태라고 했다. 우리는 전통적으로 '정신이 통일되어 하나에 집중하면 어떤 일인들 이루지 못할 것인가[精神一到 何事不成]'라는 화두를 애용해왔는데 이 또한 같은 맥락에서 이해될 수 있는 말이라 생각된다. 앞에서 언급한바 퇴계 선생은 경을 주일무적 즉 정신이 흐트러지지 않고 하나로 집중될 경우 어떤 변화에도 능란하게 대처할 수 있다[主一無適, 酬酢萬變]고 부언하였다.[33] 이는 결국 경 공부의 결과로서 변화무상한 세상을 자유롭고 능숙하게 영위하는 능력을 갖추게 된다는 것으로 이해할 수 있다.

사실상 불교에서도 공부하는 방법이나 그 공능(功能)에서 크게 다를 바가 없다. 전해지는바 조사들의 어록에 따르면, 도란 바로 평상심(平常心)을 가리키며 이는 어떤 일을 할 때 그 일에만 정신을 통일하여 몰두하고 전념하는 것이라고 말한다. 이를테면 공부할 때 공부하고, 놀 때 놀며, 밥 먹을 때 밥 먹고, 잘 때 잔다는 식이다. 그런데 부덕한 우리 중생들이 어떤 일에 전념하고 올인하지 못하며 정신이 분열되고 산만함으로써 어떤 일도 제대로 수행하지 못하는 게 병통이라는 것이다. 이를테면 차를 마실 경우에도 차의 맛과 향을 만끽하지 못하고 잡념에 빠지거나 휴대폰을 사용하는 등 다른 행동에 정신을 팔게 된다는 것이다. 불교의 마음공부 또한 고요하게 깨어 있는 상태[惺惺寂寂]를 유지하여 매사에 집중, 전념, 몰두(mindfulness)할 수 있게 한다고 할 수 있다. 그럴 경우 우리는 자유, 자

⋮

33) 김종석, 「이황의 공부론」, 황의동, 「이이의 공부론」, 임수무 외 지음, 『공부론』(예문서원, 2007) 참조.

재, 능소, 능대(能大)하는 대자유의 삶을 성취하게 된다는 것이다.[34] 이런 점에서 유교의 수양이나 불교의 수행 모두가 그 방법이나 목표에서 크게 다를 바 없다고 할 수 있다.

8. 의무와 덕이 상보하는 통합윤리의 모색

우리가 전개한 논지의 논점은 크게 세 가지로 요약된다. 그중 하나는 윤리가 바람직한 것이 되기 위해서는 정당화의 과제와 동기화의 과제 양자를 모두 제대로 수행해야 하며, 이런 관점에서 볼 때 근세 이후의 의무 윤리는 대체로 정당화의 과제에 치우치고 전통적인 덕의 윤리는 동기화의 과제에 치우치는 편향성을 보이며, 덕윤리에서 의무윤리로의 전환기에는 양 과제가 혼합된 복합 양상을 보인다는 것이다. 두 번째 논점은 근세 이후 의무의 윤리는 일종의 행위 중심적 윤리이기는 하나 행위에 대한 이해가 지나치게 수행적 측면에 치중되어 전통적 덕윤리에서와 같이 행위의 결과가 다시 피드백하여 행위자의 성품과 인격 형성에 지대한 영향을 미치는 형성적 측면을 놓치고 있으며, 또한 도덕의 실천적 지혜는 반복적 행위를 통한 성품의 형성적 과정 중에서 생성·성숙됨으로써 지행이 수렴·합일되는 인격의 완성을 성취하게 된다는 것이다. 마지막 논점은 우리가 흔히 경험하는바 옳은 행위를 망설이고 그른 행위를 저지르는 자제심의 결여 내지 부족은 인지적 미숙, 정서적 부조, 의지의 나

••

34) 베트남의 선승 틱낫한 스님의 대표적인 화두이기도 하다. 『화(Anger)』(틱낫한 지음, 최수민 옮김, 명진출판, 2002) 등 참조.

약 모두에서 유래되는 것으로서 정신이나 마음의 모든 기능과 상관관계에 있다는 것이다. 또한 서양철학보다는 동양철학에서 탁월한 전통이자 성과인 수양론적 명법이라 할 수 있는바 '도를 닦고 덕을 쌓자'는 것이 지닌 함축은 수양과 수행을 통해 인지적 개발과 지적인 각성, 의지의 단련과 연마를 통한 의지력 강화, 감정의 정화와 순화를 통한 갈등과 부조화의 청산이며, 이를 통해 조화롭고 원만한 인격의 성취를 겨냥하는 것이라 할 수 있다.

이상과 같은 논지의 귀결로서, 우리는 합당한 윤리설이라면 의무와 덕이 상보하는 통합된 윤리 모형이어야 한다고 생각하고 그 통합의 모형을 구상·모색하는 과제와 관련된 몇 가지 시사점을 결론 삼아 정리해보고자 한다.

우선 필자는 의무의 윤리와 덕윤리의 통합에서 의무윤리의 우선성을 전제하고자 한다. 물론 실천철학으로서의 윤리학에서 동기화의 과제가 필수 불가결하긴 하나 역시 학으로서 윤리학에서는 이론적 과제인 정당화의 문제가 우선할 수밖에 없다는 것이다. 더욱이 근세 이후 현대사회의 구조적 전개에서 그 기본 체제를 바꿀 수 있는 특단의 대안이 없을 경우 사회의 유지와 지속을 위해서는 의무의 윤리와 더불어 정당화의 과제가 우선시될 수밖에 없다 하겠다. 물론 우리는 현재의 일부 윤리학에서처럼 의무윤리와 정당화의 과제에 지나치게 집착한 나머지 극단적으로 덕의 윤리가 그 대안으로 제시되는 실마리를 주게 될 어리석음은 되풀이해서는 안 될 것이다.

이상과 같이 동기화보다는 정당화 과제가 전제되어야 함을 수용할 경우 우리의 다음 논의는 의무의 윤리와 덕의 윤리가 어떤 방식으로 상보할 수 있는지를 주제적으로 다루어야 할 것이다. 우선 직감적으로 떠오르는 한 가지 방식은 의무의 윤리는 보다 공적인(public) 영역에 그리고 덕의 윤리는 보다 사적인(private) 영역에 잘 어울린다는 점이다. 의무의 윤리는 최소도덕인 까닭에 도덕적 결정성과 확실성이 좀 더 크게 요구되는 공적인 관계에서 보다 적절하고, 덕의 윤리는 의무 이상의 요소까지 함축하는 까닭에 서로 간에 많은 정보를 공유하는 보다 친밀한 관계에 합당할 것으로 보인다.

그러나 의무의 윤리를 공적인 영역에, 덕의 윤리를 사적인 영역에 배정하는 것은 직관적 설득력이 있기는 하나 이러한 이원적 영역 구분을 고집할 이유는 없어 보인다. 비록 사적인 영역에서 덕의 윤리가 좀 더 번성할 여지가 있기는 하나 거기에도 엄연히 의무의 윤리가 덕윤리의 기반으로서 상존하며, 의무를 도외시한 덕은 무의미하다. 또한 공적인 영역에서 의무의 윤리가 기본이긴 하나 여기에서도 덕의 윤리는 여전히 유용해 보인다. 유덕한 시민이나 공덕심(公德心) 등은 바로 이러한 사정을 대변하고 있다 할 것이다.

이를테면 사적으로 좀 더 친밀한 인간관계에서는 통상적으로 서로 간에 의무 이상의 행위(supererogation)를 기대하게 되며 그를 기반으로 해서 덕의 윤리가 작동될 수 있다. 하지만 이 같은 기대가 무너지고 의무사항조차도 지켜지지 않을 경우 상호 간에 배신감이 증폭될 가능성이 보다 커진다. 연인 간이나 인척 간 혹은 친구 간에 서로의 기대에 어긋나는 일이 생길 경우 서운함과 실망감이 타인들의 경우 더 큰 것은 바로 이러한 사정을 말해주는 것으로 보인다. 또한 최소도덕이 요구되는 공적인 영역에서도 의무를 이행하고자 하는 시민의식과 시민의 덕이 길러질 경우 그런 사회는 더 안정되고 살 만한 시민공동체(civil community)의 면모를 갖추게 되리라 생각한다. 이런 의미에서 시민으로서의 덕을 양성하는 시민교육은 절실히 요구되며 시민성이 일반화될 경우 더없이 소중한 사회적 자본(social capital)이 된다 할 것이다.

이상에서 살핀 대로, 의무의 윤리와 덕의 윤리는 영역적 구분으로서 통합되어서는 안 되고 모든 도덕적 영역에서 양자 간의 통합이 요구된 다 하겠다. 어떤 도덕적 행위이건 간에 정당화와 동기화 측면을 갖는 만 큼 의무윤리와 덕의 윤리는 모든 도덕적 영역에서 그 통합이 모색되어야 하리라 생각한다. 그리고 이미 앞서 지적했듯 정당화의 과제가 동기화의 과제보다 우선적 지위를 차지하는 까닭에 의무의 윤리 또한 덕의 윤리에 우선한다고 할 수 있다. 또한 모든 덕행은 언제나 정당화의 관점에서 반 성되고 성찰할 필요가 있으며 모든 의무의 수행 또한 현실성 있는 동기 화의 관점에서 추구되고 모색되어야 할 것이다.

제4장
유덕한 행위와 행복한 인생

1. 덕의 윤리가 지향하는 목표

왜 현대가 다시 덕의 윤리에 관심을 갖는가? 덕의 윤리가 다른 윤리에 비해 갖는 강점은 무엇인가? 일반적으로 모든 윤리설이 겨냥하는 일차적 목적은 도덕적으로 옳은 것이 무엇인가를 규명하고 그것을 정당화하는 일이라 생각된다. 이에 더하여 현대에 와서 덕의 윤리에 대한 관심이 재활되고 있는 가장 큰 이유는 두 가지로 요약될 수 있을 것으로 보인다. 하나는 덕의 윤리가 갖는 실천적 함의의 중요성 때문이라 생각된다. 옳은 것이 무엇인지를 안다 할지라도 그것이 행위구속력을 갖지 못하거나 행위로 동기화되지 못한다면, 이는 우리가 윤리에 대해 기대하는 바에서 절반의 성공에도 미치지 못한다 할 것이다. 우리가 윤리에 대해 기대하는바, 한 가지 목표는 어떤 윤리체계가 도덕적 실패(moral failure)를 최소화하는 데 기여함으로써 유효한 도덕적 행위지침(action-guiding)을 제공한다는 점이다.

우리가 윤리에 대해 기대하는 또 한 가지 목표는, 윤리가 우리 인생의 최종목적을 증진하는 데 기여하리라는 점이다. 다시 말하면 우리는 어떤 윤리체계가 우리의 인생에서 추구하는 목적가치의 실현에 도움이 될 경우 그것을 높이 평가하게 된다. 예를 들어 인생의 최종목적이 행복이라면 행복의 증진은 도덕체계를 평가하는 데 중요한 잣대 중 하나라 할 수 있다. 그런데 덕윤리학에서는 덕이 그 자체로서 추구할 만한 가치인 동시에 최종목적인 행복한 인생을 위해서도 필수적 수단이라는 것이다. 그러나 덕은 단지 행복의 수단에 그치는 것이 아니라 행복한 인생에서 본질적 일부를 이루는 구성적 수단(constitutive means)으로 간주된다. 건강, 재산, 명예 등 외적인 가치 등도 행복을 위한 수단이기는 하지만, 단지 수단에 불과한 이 요소들이 구비된다 할지라도 덕이 없다면 진정 행복한 인생이라 하기는 어렵다고 생각되기 때문이다.[1]

덕이 갖는 세 가지 측면 즉 지성적·인지적(intellectual) 측면, 욕구적·감정적(affective) 측면, 성향적·의지적(dispositional) 측면 등과 관련해서 덕윤리의 두 가지 목표를 더 상론해보자. 언뜻 보기에 지성적 측면은 도덕적으로 올바른 행위를 인지하고 선택하게 하는 것으로서 일차적으로 도덕적 실패를 줄이고 올바른 도덕적 행위를 보증하는 기능을 하기 위한 것으로 보인다. 이에 비해 감정적 측면은 올바른 행위에 합당한 감정과

------

1) B. Hooker, Does Moral Virtue Constitute a Benefit to the Agent, *How Should One Live, Essays on the Virtues*, ed. Roser Crisp(Oxford: Clarendon Press, 1996. 141~155쪽.

태도를 가지며 그러한 감정에 맛들이고 태도에 익숙해짐으로써 만족과 행복을 느낄 수 있게 되는 것이다. 성향적 내지 의지적 측면은 각종 우연적 변수에 좌지우지되지 않고 올바른 행위를 지속적으로 수행할 수 있는 안정된 성향을 습득함으로써 도덕적 실패를 최소화함은 물론 도덕적 행위를 단지 의무감에서 억지로 수행하기보다는 자연스럽게 기꺼이 행함으로써 만족과 행복을 누리게 된다 할 것이다. 결론적으로 말하면, 이 세 측면은 각기 개별적으로 작동하는 것이 아니라 복합적으로 연계됨으로써 모든 측면이 덕의 두 가지 목표에 직간접적으로 기여한다고 할 수 있을 것이다.

덕의 지성적 측면은 올바른 행위의 인지 및 선택과 관련해서 다양한 기능과 상관되어 있다. 그 기능으로는 우선 도덕적으로 올바름을 추구하는 전반적 태도와 관련하여 지적 계몽과 인지적 각성을 들 수 있다. 나아가 올바른 행위 원칙에 대한 인식에서 비롯하여 구체적 행위에 대한, 일반화가 불가능한 감지능력(non-generalizable sensitivity)에 이르기까지 다양한 지적인 능력을 들 수 있다. 덕을 습득하는 지적인 능력과 관련해서는 자주 덕과 기술(skill) 간의 유비를 이용해서 설명되기도 한다. 또한 덕이 일반화될 수 없는 상황적 지식이라는 점과 관련해서 성인이나 군자와 같은 이상적 모델과 상관된 학습을 논의하기도 한다. 그리고 덕과 관련된 지식은 단지 명제적 형태의 이론적 지식이 아니라 실천적 동기화를 바탕으로 한, 그야말로 할 줄 아는(know-how) 실천적 지식(practical knowledge)임이 강조되기도 한다. 끝으로 지성적 측면에서 중대한 하나의 기능으로 도덕적 추론(moral reasoning)을 들 수가 있다. 이는 덕이 단지 기계적 습관이 아니고 상황에 따른 갖가지 이유를 제시하고 그에 따라 행위 하는 능력인 까닭에 정확한 추론 능력이 더없이 중요한 역할을 감당하기 때문이다.

　덕에서 감정적 측면은 의지적 측면 못지않게 중요한 역할을 담당한다. 의지적 측면에서 지속적 성향이 어느 정도 안정적인가에 따라 유덕한 인격, 자제심이 있는 사람, 자제심이 없는 사람으로 나눌 수 있다. 이들 중에서 자제심 유무와 관련된 사람은 모두가 감정이나 의지의 요소 즉 동기상의 각종 요소 간에 갈등이 존속하는 경우이며, 유덕한 인격에서는 그 같은 갈등이 해소되어 안정된 성향을 가질 뿐 아니라 그에 적합한 감정과 태도까지 지니고 있어 올바른 행위를 하는 가운데 즐거움을 느끼게 된다. 이 경우는 감정이 올바른 궤도를 벗어나서 이를 시정하기 위한 의지력을 더는 가질 필요가 없게 된다. 이같이 올바른 행위에 합당하게끔 감정을 조율하기 위해서는 우선 감정의 왜곡으로부터 감정을 순화시키는 과정이 필요하며, 보다 가치 있고 고귀한 행위에 대해 습관화되고 익숙해지는 훈련이 요구된다. 이런 의미에서 중용은 지성적 판단의 잣대인 동시에 감정적 조율의 기준이기도 하다고 생각된다.

　끝으로 덕에서 성향적·의지적 측면 역시 지적인 각성이나 감정의 조율 못지않게 중요한 기능과 관련된다. 특히 알아도 행하지 못하는 도덕적 실패의 배후에는 정서적 갈등뿐 아니라 의지의 나약이 잠복해 있다. 아리스토텔레스가 말한 습관화나 동양철학에서 중시한 수양이나 수행에서 무게중심은 지적인 각성이나 감정의 조율 이상으로 의지의 강화에 실려 있다 하겠다. 희랍철학에 따르면, 성향이나 의지는 비이성적 부분에 속하기는 하나 이성의 판단을 비이성적 부분으로 실어 나르는 역할을 하며 결국 우리가 이성적으로 행동하게 하는 중요한 역할을 한다. 설사 지적인 각성을 통해 올바른 것이 무엇인지를 안다 할지라도 도덕적 용기가 미약하거나 실천에의 의지가 나약할 경우 갖가지 유혹에 넘어가 올바른 행위에 이르지 못하는 도덕적 실패를 저지르게 된다. 우리가 습관화나 훈련, 수양과 수행 등을 통해 할 수 있는 가장 중요한 일은 연마와 단련으로 의지력을 강화하고 도덕적 용기 내지 호연지기를 기르는 일이라 할 수 있다. 유덕한 인격의 자격 조건은 의지의 나약을 극복하고 안정된 성향과 강한 의지의 도덕적 행위주체가 되는 데 있다.

2. 인생의 최종목적: 행복과 쾌락

우리는 삶을 영위하면서 다양한 것들을 욕구하고 추구한다. 그래서 그것들은 우리의 일상에서 욕구의 대상이 되고 추구의 목적이 된다. 그러나 목적 대부분은 다시 그 이상의 목적을 위한 수단의 역할을 하기도 한다. 따라서 목적-수단의 계층구조에서 항목 대부분은 목적인 동시에 수단이기도 하다. 그러나 이 같은 연쇄를 거슬러 올라가면 하이어라키의 정점에 자신이 목적이기는 하나 더는 다른 것의 수단이 될 수 없는 목적 그 자체, 즉 최종목적(final ends)이 있다고 추정할 수 있다. 이러한 목적 가치에는 여러 가지가 있을 수 있을지 모르나 역사상 가장 일반적으로 논의되어온 것 중 하나는 행복(happiness)이라 할 수 있다. 최종목적으로서 행복은 결코 다른 어떤 것의 수단일 수 없는바 인생의 최종목적이 될 만하다고 할 수 있다.

우리는 인생을 살아가면서 돈이 필요하다고 생각하며 따라서 돈을 욕구하고 그 목적을 추구하기 위해 많은 시간을 보낸다. 그러나 사실상 돈은 그 자체가 목적이기보다는 인생을 살아가기 위해 요긴한 재화를 얻기 위한 수단이라 할 수 있다. 그런데 이 같은 재화들 역시 목적 그 자체이기보다는 더 상위의 목적, 이를테면 행복한 인생을 영위하기 위한 수단이라 할 수 있다. 맛있고 영양가 있는 음식이나 쾌적한 삶을 위한 주거는 그 자체로서 목적이기보다는 행복한 인생을 영위하기 위한 유용한 수단인 것이다. 그렇다면 행복이라는 목적 역시 더 상위의 목적을 위한 수단이라 할 수 있는가? 우리는 "왜 행복을 추구하는가?"라고 묻는 것은 더는 대답이 불가능한 무의미한 질문임을 알고 있다. 행복은 다른 것의 수단이 될 수 없으며 그 자체로서 추구할 만한 목적가치 혹은 최종목적이라 할 수 있을 것이다.

이상에서 논의한바 행복과 같은 목적가치 혹은 최종목적은 그 자체로서 추구할 만한 가치가 있는 충분하고 자족적인(sufficient, self-contained) 가치라 할 수 있다. 이처럼 행복을 그 자체로서 충분하고 자족적인 가치의 후보로서 제시하는 데는 많은 사람들이 합의할 것으로 생각된다. 그러나 사실상 한 단계 더 나아가 행복의 실질적 내용이 무엇인가에 대해 물을 경우 사람들의 대답이 일치하리라고 기대하기는 어렵다. 결국 최종목적으로서 우리의 행복 개념은 실질적 내용보다는 행복에 대한 개략적이고 형식적인 구조(thin and formal conception of happiness)를 의미한다고 할 수 있다. 행복의 보다 실질적이고 내용적인 해석에 대해서는 개방적 여지를 용납할 필요가 있다 할 것이다.

그런데 쾌락과 행복은 모두가 본질적 가치 혹은 목적적 가치의 후보들이다. 쾌락과 행복은 상관된 개념이면서도 동일하지는 않다. 쾌락을 향유하는 사람이라 해서 반드시 행복한 사람은 아니며 그 역도 마찬가지이다. 그런데 쾌락 중에는 우리 신체의 특정 부위와 관련된 쾌락이 있고 그렇지 않은 쾌락도 있다. 애무를 통한 쾌락이 전자라면, 수영을 통해 맛보는 상쾌함 그리고 나아가서는 아름다운 풍광을 보면서 느끼는 즐거움은 후자에 속한다. 우리는 흔히 쾌락(pleasure)의 반대를 고통(pain)이라 생각한다. 그러나 실상 고통은 대체로 부위가 지정될 수 있는 것으로서 '부위가 지정된 쾌락'의 반대라 할 수 있다. 부위를 지정하기 어려운 쾌락의 반대말은 고통이라기보다는 불쾌(displeasure)라 함이 옳을 것이다.

그렇다면 쾌락과 행복 간에는 어떤 차이가 있는가? 행복은 쾌락에 비해 장기간에 걸친 상태라 생각된다. 대체로 우리는 어느 시점이나 일정 기간 쾌락을 느꼈다고 하지만 이처럼 특정 시점에 행복했다고 말하는 것은 자연스럽지 않다. 행복은 일정 기간을 두고 오르락내리락하면서 지속하는 상태이며 그래서 어떤 시점에서 나는 그 이전이나 그 이후보다 더 행복했다고 할 수 있다. 또한 쾌락이나 고통은 일정 시간에 일어나는 현상으로서 지금 즐거운지 고통스러운지를 물을 수 있고 분명 대답할 수 있으나, 지금 행복한지를 물을 경우는 그처럼 분명한 대답을 하기가 쉽지 않다. 행복 여부는 쾌락과 고통만큼 뚜렷한 의식상태로 경험되지 않는다고 할 수 있다. 그러나 행복과 쾌락은 서로 무관한 것이 아니고 상관되어 있다. 굳이 말하자면 행복은 쾌락의 총합이라 할 수 있다. 다시 말하면 쾌락은 행복의 구성요소라 할 수 있는 것이다. 그래서 즐거운 의식상태를 많이 경험할수록 우리는 더 행복한 사람이라 할 수 있다. 결국 행복과 쾌락의 관계는 전체와 부분의 관계라 할 수 있을 것이다.[2]

그러나 쾌락과 고통의 관계를 이상과는 달리 보는바, 그리스의 철학자 아리스토텔레스의 입장과 같은 견해도 있다. 동물은 쾌락과 고통을 느낄 수는 있어도 행복을 느낄 수는 없다는 것이다. 아리스토텔레스에 따르면

• •

2) J. Hospers, *Human Conduct, Problems of Ethics, Second edition*(New York : Harcourt Brace Jovanovich, 1982), 44~49쪽.

행복은 생각하고 숙고하며 선택하는 인간적 활동에 전형적으로 따르는 현상이다. 오직 인간만이 누릴 수 있는 이러한 능력을 통해 우리는 단지 인간만이 성취할 수 있는 일종의 웰빙 상태 즉 진정한 행복(eudaimonia)을 느낄 수 있는 잠재력을 갖는다는 것이다. 행복은 인간의 지정의(知情意) 능력이 모두 조화를 이룬 상태에서 느낄 수 있으며 감정과 의지가 억압되지 않고서 이성에 따를 경우 성취되는 것이다. 감정의 노예가 되어 이성의 명령을 외면하거나 혹은 의지의 나약을 통해 이성의 명령에 위반할 경우 인간은 결코 진정한 행복을 느낄 수 없다. 따라서 이 세 가지 기능이 모두 제대로 발휘되고 조화를 이룰 때 영혼이 탁월한 상태에 있는 결과로서 진정한 행복을 맛보게 된다는 것이다.

이러한 관점에서 볼 때 행복이 단적으로 쾌락의 총합이라는 생각에도 동의하기 어렵게 된다. 우리가 일생에서 누리는 쾌락이 아무리 빈번하고 총합이 크다 할지라도 그것이 이성적 존재로서 인간에게 고유한 활동에 의한 것이 아닐 경우 결코 행복한 인간이라 하기는 어렵다는 생각이 든다. 아리스토텔레스를 계승한 존 스튜어트 밀은 비록 쾌락주의자이긴 하나 "불만족한 소크라테스가 만족한 돼지보다 낫다"라고 말했다. 만일 만족감이 유일한 본질적 선이라면 이 같은 명제를 어떻게 이해할 것인가? 돼지처럼 사는 것이 인간에게 선일 수 없는 이유는 돼지의 삶이 결코 인간을 만족시킬 수 없기 때문이다. 버트런드 러셀(Bertrand Russell)에 따르면 "우리가 돼지의 행복에 만족하게 된다 할지라도 우리의 억압된 잠재능력으로 인해 우리는 비참하게 될 것이기 때문"이라는 것이다.

3. 쾌락주의, 행복과 즐거운 인생

일반적으로 주의와 주장이 모두 오해의 소지가 없는 경우가 없겠지만 쾌락주의(hedonism)만큼 오해되거나 왜곡되어온 사상도 드물다는 생각이다. 서구에서는 기독교 청교주의(淸敎主義)가, 동양에서는 유교적 청교주의가 이러한 오해를 가중시킨 원인의 하나로 여겨진다. 쾌락주의는 이를 주장한 자들의 본의와는 달리 인상적으로 쾌락이 말초적 쾌락이나 신체적 쾌감을 함축하는 듯하여, 이것이 쾌락주의를 견지해서는 안 될 입장으로 낙인을 찍는 데 한몫한 듯하다. 이 같은 연유로 쾌락주의는 행복주의와는 달리 본래적 가치 내지 목적가치에 대한 후보 입장으로서 불리한 위치에 있게 되었다. 우리는 이러한 오해의 소지를 불식하고 쾌락주의의 진의를 규명함으로써 이른바 쾌락주의의 복권을 도모하는 데 도움이 되고자 한다.

필자가 생각하기에 쾌락주의에서 쾌락이라는 개념은 오늘날 우리가 상용하는바 행복이라는 말과 크게 다르지 않다. 이미 공리주의자들이 자신들의 본래적 가치 이론으로서 쾌락주의를 차용했을 때 쾌락이라는 말은 현세적·상식적 의미에서 행복이라는 말과 상호 교환 가능한 개념이었다. 그래서 쾌락주의에 바탕을 둔 공리주의자들도 자신들의 정치강령을 "최대 다수의 최대 행복"이라는 말로 자연스럽게 변용했던 것이다. 중세 시대의 목적가치가 신의 영광이었다면 쾌락주의를 취택한 사람들은 목적가치가 인간적 행복과 현세적 쾌락이었다. 따라서 행복과 교환 가능한 쾌락의 개념은 일반적으로 즐거운 경험 내지 행복감과 유사한 의미였다고 판단된다. 따라서 오해의 소지를 피하기 위해 쾌락주의의 다른 이름을 내세운다면 '즐거운 인생주의', 현세적 행복주의 정도가 아닐까 생각된다.

이러한 의미의 중립적 쾌락주의의 핵심 주장을 요약하면 크게 두 가지 입론으로 대변된다. 그중 하나는 "모든 쾌락이 선이다(All pleasures are good)"라고 할 수 있다. 이러한 입론에 대해 쾌락이 선이라는 입장을 거부하는 반쾌락주의자(anti-hedonist)를 위시해서 비쾌락주의(non-hedonist)는 강한 반발을 하게 될 것이다. 비쾌락주의에 따르면 결코 모든 쾌락이 선일 수 없으며 쾌락 가운데는 선이기는커녕 사악한 쾌락도 있을 수 있다. 한 가지 극단적 사례로 가학적 쾌락(sadistic pleasure) 같은 것을 생각해볼 수 있다. 타인에게 고통을 가함으로써 맛보는 쾌락이라면 그것은 비록 즐거운 경험이라 할지라도 용납할 수 없는 사악한 쾌락이라 할 수 있다. 따라서 모든 쾌락이 선이라는 명제는 진리일 수 없다는 것이다.

그러나 쾌락주의자들은 이에 대하여 가학적 쾌락은 그로 인해 부수적 또는 결과적으로 고통이 동반된다 할지라도 이는 그러한 쾌락 자체가 아니라 그에 부수하거나 동반하는 것에 불과하며 쾌락 자체는 좋은 것이고 선이라는 것이다. 따라서 만일 우리가 부수적이거나 동반하는 고통이 없는 가학적 쾌락, 이를테면 고통을 유발하지 않는 상상적인 가학적 쾌락을 생각해보자. 그럴 경우 이는 고통을 동반하거나 부수하지 않는 순수한 쾌락으로 경험하게 될 것이며 따라서 쾌락 그 자체는 선이라는 것이다. 여하튼 쾌락주의와 비쾌락주의 간의 논쟁은 쉽사리 끝낼 수 없는 것인지 모른다. 귀결이 어떠하던 간에 이 같은 논쟁은 본질적 가치의 해명에서 크게 기여할 것으로 보인다.

쾌락을 두고 쾌락주의와 비쾌락주의 간에는 논쟁이 또 하나 있다. 쾌락주의자는 '오직 쾌락만이 선이다(Only pleasure is good)'라는 입론을 주장한다. 이에 대해 비쾌락주의자들은 즐거운 경험인 쾌락 말고도 다양한 선이 존재한다는 다원주의적 입장을 취한다. 이를테면 진리의 추구, 심미적 경험, 인간적 사랑, 유덕한 행위 등도 선이라는 것이다. 이러한 입장에 쾌락주의자들은, 비록 쾌락 이외에도 다양한 선이 있기는 하나 오직 쾌락만이 본질적·목적적 선이고 그 밖의 선은 모두가 도구적이고 수단적인 선일 뿐 목적적인 선이 아니라고 답한다. 비록 진리도 선이기는 하나 진리의 발견이 인간에게 즐거움을 주는 까닭에 가치 있는 것으로 생각될 뿐인 수단적 가치에 불과하다는 것이다. 심미적 경험, 유덕한 행위, 인간적 사랑 역시 다소 고통을 동반할지 모르나 결국 더 큰 즐거움을 결과하는 까닭에 선일 뿐 그 자체가 결코 목적적 선일 수는 없다는 말이다. 이처럼 쾌락주의자들은 다양한 선이 존재하나 오직 쾌락만이 목적적 선이며 다른 것들은 모두 도구적 선에 불과하다고 주장한다.

쾌락주의는 근세 이후 본래적이고 목적적인 가치로서 쾌락을 내세우는 입장으로서 쉽사리 논파되기 어려운 강력한 것이라 생각된다. 그리고 위에서 이미 지적한 대로 아리스토텔레스의 에우다이모니즘(Eudaimonism)과 같은 독특한 행복관을 제외한다면 대부분의 행복주의는 실제로 쾌락주의와 크게 다를 바가 없다 할 것이다. 그래서 쾌락은 일반적으로 행복과 교환 가능한 개념으로 이해되며, 이런 의미에서 '즐거운 인생주의'라는 보다 중립적인 용어로 쾌락과 행복 이 양자를 모두 대변할 수 있을 것으로 보인다. 물론 이같이 즐거운 인생을 위해서 어떤 조건이 필요한지는 더 논의되어야 할 것이나 현대인들에게 즐거운 인생주의를 대신할 다른 대안의 제시가 쉽지는 않다. 즐거운 인생을 위해서는 기본적으로 건강, 재산, 친구 등이 필요하겠지만 이러한 외적 선들은 충분한 조건이라하기는 어려울 것이다. 그래서 우리는 내적인 선의 하나로서 가장 중요한 덕의 개념에 주목하게 된다.

쾌락주의와 관련하여 오해해서는 안 될 한 가지 사항은 쾌락 자체와 쾌락을 주는 원천(sources of pleasure)을 혼동하지 않는 일이다.[3] 쾌락은 그 자체로서 좋은 것이긴 하나 사람마다 쾌락이 여러 상이한 원천에서 주어질 수 있는 것이다. 어떤 사람은 독서를 하면서 즐길 수 있으나 다른 사람은 그렇지 않을 수 있다. 어떤 사람은 골프를 하면서 즐거워하지만 다른 이는 그렇지 않을 수 있다. 어떤 이는 동료들과 사교하면서 즐거워할 수 있으나 다른 이는 매일 혼자서 오래도록 즐겁게 지낼 수도 있다. 이처럼 쾌락의 원천은 사람에 따라 천차만별일 수 있다. 한 사람에게 꿀단지가 다른 사람에게는 쓰디쓴 약단지가 될 수도 있는 것이다. 따라서 우리가 쾌락과 쾌락의 원천을 구분하지 않는다면 앞서 한 말은 모순된 말인 것처럼 이해하기 어렵게 들릴 것이다.

또 한 가지 쾌락주의를 오해해서는 안 될 사항은 쾌락주의가 마치 우리가 부단히 쾌락을 추구해야 한다고 말하는 것처럼 생각하는 일이다. 오히려 쾌락주의는 지식, 아름다움 등 즐거움을 가져올 수 있는 다양한 것들을 추구하라고 하는 입장이다. 부단히 의식적으로 쾌락이나 행복을 추구하는 것은 오히려 즐거운 인생을 영위하는 최상의 방도가 아닐 수 있다. 쾌락주의적 역설(hedonistic paradox)은 쾌락을 얻기 위해서는 쾌락을 잊어버리라는 것이다. 이는 사실상 역설이라기보다는 삶의 진실이라 할 수 있다. 쾌락이나 행복은 대부분의 시간에 그것을 잊어버림으로써 가장 잘 얻어질 수가 있다.[4] 모리스 마테를링크(Maurice Maeterlinck)의 시에서도 행복의 파랑새는 손이 닿자마자 검은색으로 변해버린다. 사람마다

3) 같은 책, 39~40쪽.
4) 같은 책, 41쪽.

행복을 얻는 방식이 다르겠지만, 우리는 일반적으로 자신이 원하는 일에 몰두할 때 그 결과로서 쾌락과 행복을 얻게 된다 할 것이다.

4. 유덕한 삶과 진정한 행복

신아리스토텔레스적(neo-Aristotelian) 덕윤리학자들은 일반적으로 덕이 없이는 불가능한 심오하고도 지속적인 행복(deep and enduring happiness)이 존재한다고 주장한다. 이런 주장을 행복주의적 입론(eudaimonist thesis)이라 부른다면 이에 대해 두 가지 해석이 가능하다. 하나는 그러한 입론을 덕과 행복의 관계에 대한 개념적 주장(conceptual claim)으로 해석하는 것이다. 그러나 부덕하고 사악하면서도 행복한 사람이 존재한다는 사실은 이러한 해석에 대한 반례일 수가 있다. 사악한 사람도 행복할 수 있다면 덕은 행복의 필수 요건이 아닐 수 있기 때문이다. 행복주의적 입론에 대한 두 번째 해석은 그 같은 한 입론을 덕과 행복의 관계에 대한 개념적 주장이기보다는 경험적인 주장(empirical claim)으로 해석하는 것이다. 이러한 해석에 따를 경우 행복주의적 입론은 덕이 없이는 심리적으로 불가능한 행복이 존재한다는 진술이 된다.[5]

아리스토텔레스는 덕이 행복을 위한 필요조건이기는 하나 충분조건은 아니라고 생각했다. 그에게서는 유덕하지 않는 한 그 누구도 행복할 수가 없게 된다. 그러나 아리스토텔레스에게서 덕이 있으면서도 행복하지

∴

---

5) N. E. Snow, Virtue and Flourishing, *Journal of Social Philosophy*, Vol. 39, No. 2.(Summer, 2008), 225~245쪽 참조.

않을 수 있는 것은 삶이 불운(bad luck)으로 인해 방해를 받기 때문이다. 현대의 신아리스토텔레스적 덕윤리학자들, 이를테면 로절린드 허스트하우스(Rosalind Hursthouse)나 필리바 푸트(Philippa Foot)는 사악한 사람도 행복할 수는 있지만 덕 없이는 불가능한, 깊고도 지속적인, 그런 의미에서 진정한 행복(eudaimonia, flourishing)이 존재한다는 입장을 취한다. 결국 이상의 논의에서 두 가지 중요한 주장이 나타나는데, 하나는 다양한 의미의 행복이 존재한다는 점이고 다른 하나는 이들 중에서 덕과 개념적으로 분리될 수 없는 종류의 행복이 존재한다는 주장이다.[6] 따라서 진정한 행복을 의미하는바 행복주의적 입론의 핵심은 두 번째 주장과 상관되어 있다고 할 수 있다.

그런데 행복주의적 입론이 내세우는바 심오하고 지속적인 의미의 행복은 어떻게 설명될 수 있는가. 아리스토텔레스로부터 그 해답을 위한 한 가지 단서를 발견할 수가 있다. 그에 따르면 진정한 행복을 위해서는 덕에 더하여 몇 가지 외적인 선들(external goods)이 필요하다. 이를테면 어느 정도의 재산, 좋은 가정, 유덕한 친구, 고귀한 태생, 멋진 외모, 유덕한 행위를 즐기는 일 등이다. 이러한 요소들은 행복한 인생이라 할 수 있는 삶을 구성하는바, 인간적 선(humanitiy's good)이라 할 수 있다. 이같이 생각할 경우 우리는 덕이 요구되는바 그러한 행복관은 두 가지 중요한 특성을 갖게 되는데, 객관적인 복지(objective welfare)와 주관적인 좋은 삶(subjective well-being)이다. 이럴 경우 결국 아리스토텔레스에서는 행복을 위해 세 가지 요소가 필요하게 되는 셈인데 즉 덕, 객관적 복지, 주관적인 좋은 삶이나.[7]

••

6) 같은 논문, 226쪽.

그렇다면 유덕한 존재가 아니라 해서 심오하고 지속적인 행복을 향유하지 못한다는 것은 어떤 경험적 근거에서 말할 수 있는가? 오히려 유덕한 존재는 아닐지 몰라도 갖가지 지적인 능력과 재주가 있어 행복을 위한 조건에서 더 성공적인 사람들도 허다하지 않는가. 유덕한 존재가 되고자 정진하는 것이 오히려 그러한 재능과 재주의 개발에 장애가 되어 행복에의 여건을 극대화하는 데서 뒤처지는 원인이 될 수도 있지 않는가. 이에 대해 우리는 진정 행복한 인생을 위해서는 외적인 선에 대해 극대화를 쟁취하기보다는 재산 등 외적 여건은 심리적으로 유덕한 삶에 필요할 정도만 있으면 충분하다고 응수할 수 있다. 진정한 행복을 위해서는 이웃이나 친구들과 의미 있는 친교와 사귐(meaningful communities)이 더 중요하며 그러기 위해서는 어느 정도 성품의 덕이 구비되어야 한다는 것이다. 이를테면, 양심적이고 정직함, 충실, 신의, 협동, 자애, 관후, 친절, 동정, 신중, 정의, 관용, 우의 등의 덕이 요구된다 할 수 있을 것이다.

결국 의미 있는 사귐과 친교를 위해서는 어느 정도의 덕이 요청될 것으로 보이며, 의미 있는 사귐과 친교가 경험상 심오하고 지속적인 행복과 상관된 것일 경우 덕은 심오하고 지속적인 행복을 위해 요구된다 하겠다. 우리가 사람들을 사귀고 친교를 맺게 될 경우 성심을 다해 진정한 마음으로 유덕한 행위를 하지 않는다면 상대도 결코 유덕한 행위로 응대하지 않을 것이다. 사악한 의도를 가진 부덕한 사람이 상대를 오래도록 속일 수는 없는 노릇이다. 남편이 자신의 이중생활을 아내에게 감쪽같이 속이는 일은 잠시일 뿐 결국은 들통이 나게 되고 신뢰의 관계는 금이 갈 수밖에 없다. 고차적 행복을 위해 요긴한, 친밀한 사적관계(personal

7) 같은 논문, 228쪽.

relationship)에서 진정한 덕이 요구되듯 비록 완벽한 덕은 아니지만 진심 어린 유덕한 행위가 친교와 우정을 위해 긴요한 조건이라 생각된다.[8] 이런 뜻에서 행복을 위해 덕이 필수적이라 하기는 어려우나 진정으로 행복한 인생을 위해 유덕한 행위들이 필요하다는 점은 경험상으로도 사실이라 할 것이다.

부덕한 사람이 자신의 부덕을 교묘하게 감추고 위장하여 사적인 사귐과 친교를 성취했을 뿐만 아니라 상당 기간 지속하는 데 성공했다고 해 보자. 이 사람은 과연 행복한 사람이라 할 수 있을 것인가. 그는 은폐와 위장하는 데 부단히 신경을 쓰게 될 테고 그것이 발각될까 호시탐탐 주의를 게을리할 수 없으며 지속적인 신경과민과 심리적 불안에 빠지게 될 것이다. 비록 객관적인 복지 요건을 갖추고 있다 할지라도 이는 결코 주관적으로 좋은 삶의 수준에 미치지 못하는 경우라 하겠다. 더욱이 유덕한 사람(virtuous person)은 자제심이 있는 사람(continent person)과 달리 그 내면에서 동기상의 갈등이 없는 자로서 심리적 불안이나 과민상태는 유덕한 인격에 어울리지 않는다고 생각된다. 『논어』에서 지적한대로 군자와 같은 유덕자는 도덕생활을 내면적으로 즐겨 하는 자라고 생각된다. '아는 자는 좋아하는 자만 못하고, 좋아하는 자는 즐기는 자만 못하다'고 했듯 유덕한 자는 단지 옳은 것이 무엇인지를 아는 자를 넘어서, 또한 그것과 거리를 두고 좋아하는 자를 넘어서 그 속에서 즐기며 유유자적하는 자일 것이기 때문이다.

..
8) 같은 논문, 232~234쪽 참조.

5. 행복의 조건과 행운의 문제

"행복이 무엇인가"라고 물으면 그것을 간단히 정의하기는 어렵겠지만 행복의 조건을 열거하는 일은 그보다는 다소 쉬울 듯하다. 덕윤리학자들이라면 행복한 삶을 위해서는 덕 내지 덕성이 필수적이라는 데 대체로 합의할 것으로 보인다. 그러나 덕이 행복을 위해 충분한 조건인지에 대해서는 덕윤리학자 간에도 이견이 있어왔다. 일부 스토익(Stoic)들은 찢어지게 가난하거나 수레바퀴에 깔려 죽을지라도 덕만 있다면 행복하리라는 생각을 개진해왔다. 그러나 아리스토텔레스는 우리의 상식적 행복관에 더 가까운 입장을 취한다. 덕은 행복한 인생을 위해 필요조건일 수는 있으나 결코 충분조건일 수는 없다는 주장이다. 덕뿐만 아니라 건강 등의 신체적 조건을 위시하여 재산 같은 부와 사회적 성공에서 오는 명예 및 사교를 통한 친구 등 외적인 선을 겸비할 경우에야 충분히 행복한 인생을 영위할 수 있다는 것이다.

그런데 우리가 주목하려는 바는 행복의 조건으로서 덕, 건강, 재산, 명예, 우정 등이 우리의 의지나 선택을 통해 마음대로 되는 것이 아니라 우리의 의지를 넘어선 우연, 행운, 운명 등에 의해 좌우되기도 한다는 점이다. 이런 이유 때문인지 동서의 행복 개념에는 언제나 우연과 행운이 따라다니는 것을 알 수 있다. 한자 문화권에서는 원래 '행복(幸福)'이라는 단어가 없었다고 한다. 행복이라는 말은 서양에서 온 'happiness'의 번역어인데, 메이지 시대 일본에서 만들어졌다니 생겨난 지 100여 년밖에 안 되는 셈이다. 행복이나 happiness 말 모두에는 '잠시 받은 선물' 혹은 '우연'이란 뜻이 함축되어 있다. 행(幸)이란 한자는 운이 좋다는 뜻이고 happiness에는 happen 즉 우연한 사건이라는 인식이 깔려 있다. 따라서

행복이라는 개념을 성찰할 경우 우리는 행운이나 운명의 요소에 주목하지 않을 수 없는 것이다.[9)]

　우선 행복한 인생을 구성하는 가장 중요한 요소인 덕의 문제를 살펴보자. 물론 유덕한 인격이 되기 위해서는 부단한 공부와 수양 혹은 수행이 요구된다. 이런 관점에서 본다면 덕은 행운이나 운명의 소산이기보다는 노력의 성과라 할 수 있다. 그러나 동시에 덕의 습득은 우리의 태생적 자질과 천부적 기질에도 상당 부분 의존한다는 점을 알 수 있다. 날 때부터 온유한 기질과 용맹한 자질을 타고난 사람들이 있다. 또한 어린 시절부터 거칠고 겁 많은 성품을 지닌 사람도 있다. 전자는 이미 자연적 덕을 갖추고 있거나 조금만 힘쓰면 관련된 덕을 쉽사리 습득하게 될 것이다. 후자는 상당한 노력 없이는 그런 덕성을 갖추기도 어렵고 어쩌면 덕의 습득이 불가능할 수도 있다. 이런 관점에서 최근 일부 윤리학자들은 도덕운(moral luck) 문제에 관심을 기울이고 있다.

　도덕운을 다루는 윤리학자들에 따르면, 인간은 저마다 다른 성품과 기질을 타고나며, 이를 태생운(constitutive luck)이라 이른다. 나아가서 각자가 어떤 후천적 환경을 만나는가에 따라 타고난 자질이 서로 달리 발달하거나 발달하지 못하게 될 것인데, 이를 발달운(developmental luck)이라 부른다. 그러나 태생운과 발달운의 복합적 조합으로서 어떤 덕성과 품성을 지닌다 해도 여건의 다양한 변수에 의해 우리의 선택과 행위가 뜻대로 될 수도 있으나 그렇지 못할 수도 있는데, 이를 결과운(resulting luck)이라 부른다.[10)] 나아가서 우리의 도덕적 행위나 유덕한 성품은 사회의 전

．．

9) M. Foley, *The Age of Absurdity*(London: Simon & Schuster UK, 2010), 김병화 옮김, 『행복할 권리』(어크로스, 2011), 12~15쪽 참조.

반적 분위기나 상황에 따라 강한 영향을 받게 되는데, 이를 상황적 운(situational luck)이라 하는 학자들도 있다. 이를테면 나치 치하나 일제강점기에는 도덕적 행위나 덕성이 크게 위축될 우려가 있는 것이다.

건강이나 재산, 명예와 친구 등 외적인 선의 경우도 행운이나 우연 혹은 운명의 영향을 강하게 받는다는 것은 당연하다. 건강은 타고난 유전적 소인의 제약을 받게 되며 우리의 의도적 섭생을 넘어 예기치 못한 각종 우연적 변수의 지배 아래 놓여 있다. 재산 또한 능력과 노력만의 성과라 하기 어려운 측면이 있으며, 명예 역시 우리의 뜻대로 주어지는 것이라 하기 어렵다. 친구도 선별적으로 사귀어야 하고 돈독한 우정을 위해 성심을 다해야 하기는 하나 그렇다고 해서 좋은 친구를 사귀고 우정을 오래 간직하는 것이 뜻대로 되지는 않는다. 그래서 우리는 예부터 이러한 외적 재화의 유무를 '복(福)'이라는 이름으로 불러오고 있다. 물론 복을 받기 위해서는 능동적으로 복을 짓는 일도 중요하겠지만 사실상 복은 우연적·운명적으로 받는 것이라는 측면이 더 강해 보인다.

행복한 인생을 위해서는 건강, 재물, 친구 등 객관적 여건도 중요하겠지만 그에 못지않게 주관적 조건 역시 요긴하다. 주관적 조건 가운데는 후천적으로 형성된 유덕한 성품도 있지만 선천적으로 타고난 기질의 측면도 있다. 기질의 분류에서는 서양의 히포크라테스(Hippocrates)에 의한 사대기질론이 있고 한국의 한의학자 이제마(李濟馬)에 의한 사상체질론이 있다. 양자 간에는 세목에 걸친 유사성은 아니나 전반적으로 분류하는 방식에서 근사성을 발견할 수 있다. 히포크라테스의 사대기질은 담

··

10) N. Athanassoulis, Common-Sense Virtue Ethics and Moral Luck, *Ethical Theory and Moral Practice*, Vol.8, No. 3.(2005), 266쪽.

즙질, 우울질, 점액질, 다혈질 등으로 나누어진다. 이제마의 사상체질은 태음인, 소음인, 소양인, 태양인으로 분류된다. 이들 중 행복감의 성향을 비교적 많이 함축하거나 적게 함축하는 기질이 있기는 하나 각기 행복을 느끼는 방식이나 스타일이 다르기에 누가 더 행복한 인생을 영위한다 하기는 어려울 것으로 생각된다.

히포크라테스에 의하면 내성적(introvert)인 기질은 점액질(냉담형)과 우울질(우울형)이며, 외향적(extrovert)인 기질에는 다혈질(명랑형)과 담즙질(신경형)이 속하게 된다. 그리고 냉담형(phlegmatic)과 명랑형(sanguine)이 비교적 감정적으로 안정된 기질이라면, 우울형(melancholic)과 신경형(choleric)은 감정적으로 다소 불안정한 기질이라 할 수 있다. 대체로 외향적이고 감정적으로 안정된 다혈질(명랑형)이 가장 낙천적이며 행복의 성향을 많이 함축하고 있기는 하나, 내성적이긴 해도 정서적으로 안정된 점액질(냉담형)도 나름의 고요한 행복감에 젖을 수가 있다.[11]

이제마의 사상체질론에 따르면 기질은 크게 양성적인 체질인 태양인과 소양인으로, 음성적인 체질인 태음인과 소음인으로 나뉠 수 있다. 양과 음의 기질을 많이 타고나면 태양인과 태음인으로, 양과 음의 기질을 다소 적게 타고 나면 소양인과 소음인으로 구분된다. 체질마다 강점과 약점이 상대적으로 함축되어 있어 굳이 어떤 체질이 더 의학적으로 건강하다거나 성품에서 더 행복하다고 단정하기는 어렵다. 그러나 소양인은 일반적으로 명랑한 성품을 지니며, 소음인은 섬세하고 차분한 성격이고, 태음인은 과묵하고 듬직하며, 태양인은 번뜩이고 튀는 성격을 갖고 있어 저마다 추구하는 행복관이 다르다 할 수 있다.

•••

11) S. McCready(ed.), *The Discovery of Happiness*(Illinois: Sourcebooks Inc., 2001), 65~67쪽 참조.

6. 한국인의 복사상에 깃든 행복관

동양사상에서 복은 다섯 가지의 복 즉 오복(五福)의 형태로 중국의『서경(書經)』에 나온다. 원래 서경에는 수(壽), 부(富), 귀(貴), 유호덕(攸好德), 고종명(考終命)의 형태로 나오지만, 보다 세속적인 버전으로서 우리의 일상을 지배한 것은 수, 부, 귀, 강녕(康寧), 다남(多男)으로 알려져 있다. 본래 한자 복(福)은 왼쪽 示가 천상적·종교적·정신적 세계를 상징하는 것이라면, 오른쪽 畐은 글자의 상형 자체가 보여주듯 재물이나 재화 등 물질적 여건을 상징하는 것으로 풀이된다. 결국 인간의 좋은 삶은 물질적 조건(well-fare)과 더불어 정신적 상태(well-being)까지도 갖추었을 때 성취되는 것으로 본 듯하다.『서경』에 나오는 오복사상에는 이 같은 복의 기본 이념이 부분적으로 보존되고 있다. 수는 하늘이 정해준 수명 혹은 장수를, 부는 집안에 재산이나 재화가 유족한 상태를 의미한다. 귀는 인품이 고귀한 것과 더불어 높고 귀한 벼슬을 상징한다. 유호덕은 심성이 덕을 추구하고 실행함을 의미한다. 고종명은 임종을 잘 성취하는 일 즉 객사나 비명횡사가 아닌, 요즘 유행하는 용어로서 웰다잉(well-dying)의 성취에 가깝다 할 것이다.

이상에서 알 수 있는 대로,『서경』에 나타난 오복은 단지 물질적 여건만이 아니라 정신적으로 바람직한 상태를 겸했을 때 복 받은 사람으로 간주되었다. 그러나 이 같은 이념이 세속화되면서 수·부·귀는 그대로 두고 유호덕과 고종명은 강령과 다남으로 바뀌게 된다. 여기에서 강령은 심신의 건강을 말하고, 다남은 자녀 특히 남자아이를 많이 두는 것으로서 오복의 구성요소가 된 것이다. 이는 서경의 오복사상이 세속화되면서 더 물질적이고 신체적인 가치에 강조를 두는 오복으로 변화되고 있음을 말해준다. 이 같은 세속적 오복사상에는 정신적 가치보다는 물질적 가치가, 초월적 가치보다는 현세적 가치를 강조하는 한국인의 복사상에서의 특성이 잘 드러나 있다.[12] 따라서 오복 중 귀의 이념도 심성의 품위보다는 벼슬을 얻고 출세하는 쪽으로, 좋은 죽음을 뜻하는 고종명보다는 현세의 무병장수를 바라는 강령으로, 그리고 지극히 남아를 선호하는 다남 사상 등으로 변질된 것이다.

　서양의 고대 그리스에서는 행복의 조건 중 중요한 것으로서 좋은 친구를 두는 우정(friendship)이 강조된다. 그러나 동양의 오복사상에는 이 같은 가치들이 빠져 있음도 한 가지 특성으로 보인다.[13] 그리스와 중국에서 복이나 행복의 요건 중 우리의 관심과 관련해 상호 공유하는 한 가지 특성은 유덕한 삶이 복이나 행복한 인생에서 중요한 한 가지 조건이라는 점이다. 모든 물질적 조건이 충족된다 할지라도 유덕한 삶이 아니라면 진정으로 복이 있거나 행복한 삶이 되기에는 충분하지 않다는 것이다. 이같이 복과 덕이 함께하는 복덕합일(福德合一) 사상은 동서를 막론하고 공유되는 중요한 통찰이 아닌가 생각된다.

　이처럼 복덕합일사상과 관련해 우리가 눈여겨볼 만한 한 가지 관점을 제시하는 것으로 결론을 대신할까 한다. 우리는 세모 혹은 일상에서 자신과 타인의 복을 빌고 기원하는 각가지 기복 관행과 더불어 살아왔다. 그래서 자신이나 가까운 이웃이 복을 받는 유복한 삶을 살기를 기원했다. 우리는 자주 "복 많이 받으세요"라고 하여 기복적 인사를 건넨다. 하지만 사실상 이같이 복을 받는 것은 복과 관련해서 수동적·수용적 태도

..

12) 최정호, 『복에 관한 담론: 기복사상과 한국의 기층문화』(돌베개, 2010), 제10장 참조.
13) 같은 책, 210쪽 이하.

일 뿐 복을 받기 위해 선결되어야 할 요건에 대해서는 성찰이 부족해 보인다. 복을 받기 위해서는 복 받을 자격을 갖추고 복 받을 선행을 하는 것이 전제되어야 한다. 그래서 복을 받기 위해서는 먼저 "복을 짓는 일"이 선결 요건이 아닐 수 없다. 우리의 덕담에 "적선지가(積善之家)에 필유여경(必有餘慶)"이라는 말이 있다. 선을 행하는 가정에 좋은 일 즉 축복이 있다는 말이다. 나아가 이 같은 적선을 위해서는 또한 반드시 그런 가치를 지향하는 유덕한 인격을 갖추어야 한다. 유덕한 인격만이 선을 행하고 복을 지을 줄 알며 복을 지어야만 복을 받는 일이 결과한다 할 것이다. 이런 점에서 덕은 복이나 행복에서 지극히 심대한 가치를 지닌 선결 요건이라 할 만한 것이다.

이상에서 살핀 바 한국인의 복사상에 나타난 행복관이 지나치게 물질주의적이고 현세 중심적으로 기운 것은 우리의 조상들이 기초생활에서 얼마나 궁핍한 삶을 살았는지를 말해주는 듯하다. 특히 민초들은 지극히 곤궁한 삶 속에서 우선 부를 간절히 희구했을 테고, 상공업의 발달이 부진했던 관계로 부를 얻을 수 있는 유일한 통로는 출세 즉 귀를 통해서만 가능했으리라 보인다. 그래서 많은 사람들이 부귀를 일상의 최대 관심사로 노래했던 것이다. 그리고 이처럼 빈곤한 삶 속에서 기초 영양이 부실함은 물론 유병률(有病率) 또한 높았을 테지만 의료체계가 열악하여 요절이 다반사였던 까닭에 수명에 대한 관심 역시 클 수밖에 없었을 것이다. '곳간이 차야 인심도 나고 도의가 생긴다'고 했듯, 민초들은 곤궁한 기초생활 속에서 유덕한 삶이 행복한 인생에서 어떤 비중을 갖는지에 대해서는 생각할 여유가 없었을 것이며, 추상적인 고종명보다도 현실적으로 무병무탈한 강령을 갈망한 것은 당연지사라 할 것이다.

도덕철학자 맹자의 탁월한 현실적 통찰 중 하나는 '무항산(無恒産)'이면

무항심(無恒心)'이라는 명제에 담겨 있다. 기초생활이 지속적으로 구비되지 못할 경우 도덕의 기반이 되는 일관된 마음을 지니기 어렵다는 것이다. 비록 우리 조상들은, 민초들의 기초생활이 곤궁했던 것은 사실이었지만 식자들은 유호덕이 오복의 하나가 되는 꿈과 희망을 버리지 않았던 것으로 생각된다. 당시 많은 선비들은 현실의 부귀영화를 덧없는 것으로 생각하고 학덕(學德)을 닦고 쌓는 수양에 진력했던 것으로 보인다. 만일 우리가 오늘날 이 같은 인문학적 식견을 우리의 삶 속에 다시 체득할 수 있다면 유덕한 삶이 행복한 인생에 본질적으로 중요한 일부가 되는 행복관을 재활할 수 있으리라 생각한다.

덕의 윤리에 대한 찬반 논변
: 동서 윤리관 비교연구 서설

1. 서론

1) 동서 윤리의 만남과 덕의 개념

일반적으로 말해서 오늘날 한국의 윤리적 현황은 동양의 전통적 윤리와 근세 이후의 서구윤리가 뒤섞여 아직도 하나의 정형을 갖추지 못한 채 혼돈의 와중에서 들끓고 있는 형상이다. 이러한 문제상황이 주제적으로 논의되기 시작한 시기는 국민윤리 과목이 설정된 것과 때를 같이하고 있기는 하나, 아직도 우리의 윤리 교재와 강의 내용은 근세 이후 서구의 윤리를 소개하는 부분과 동양 및 한국의 전통윤리를 소개하는 부분이 서로 아무런 내적 관련 없이 제시되고 있을 뿐이다. 두 윤리체계가 각기

* 이 논문은 『철학·종교 사상의 제문제』(한국정신문화연구원, 1990)에 발표된 것이다.

독자성을 갖는 양자택일의 관계인지 아니면 상보적 관계인지, 또 상보적 관계라면 어떤 식으로 양자를 접목할 수 있을 것인지 대한 논구가 우리의 관심사 중 하나가 아닐 수 없다.

마르크스의 생각을 빌리지 않더라도 윤리체계란 그것이 태어난 사회경제적 모태와 일종의 함수관계를 갖기 마련이라는 점은 쉽게 인정할 수 있다. 그렇다면 동양의 전통윤리와 근세 이후 서구의 윤리가 전혀 상이한 사회형태의 이질적인 소산인 만큼 두 윤리의 접목은 원리상 불가능한 것인지도 모른다. 그러나 근세 이후 서구윤리가 그 중대한 시대적 기능을 수행했음이 사실이나 오늘날 서구윤리가 갖는 갖가지 역기능적 부산물들에 대한 비판의 소리가 높아지고 있는 점 또한 부인할 수 없는 사실이다. 그렇다고 해서 이미 서구적 산업사회로 급속히 진전하고 있는 우리 사회에서 전통적 봉건윤리의 재활을 내세운다는 것은 불가능할 뿐만 아니라 바람직한지조차 의심스럽다. 결국 우리의 과제는 전통윤리의 장단점과 근세 이후 서구윤리의 장단점을 비판적으로 수용하고 이 양자를 발전적으로 지양(止揚)한 제3의 윤리의 가능성을 모색하고, 그러한 윤리체계에 상응하는 사회구성체 이론을 구상·기획하는 일이 아닌가 생각한다.

중세 봉건사회의 질곡에서 벗어나 근세 시민사회를 수립하기는 했으나, 다시 이의 연장선에서 현대 산업사회의 갖가지 모순을 체험하고 있는 것이 현금의 서구사회이다. 이에 따라 서구인들은 중세 봉건윤리에서 해방되어 근세 시민윤리를 확립했으나 다시 산업사회의 병폐를 목격하면서 시민윤리의 허실을 반성하는 계제에 이른 것이 오늘의 현실이다. 그런데 봉건사회로부터 완전한 해방을 쟁취하지노 못한 재 서구에서 도입된 시민사회의 원리에 기초한 시민윤리가 정착되기도 전에 산업사회의 폐해까지 감수해야 하는 한국사회는 서구사회가 이시적(異時的)으로 경험했던 역사의 제 단계와 고민이 동시적으로 몰아치는 와중에서 이중고를 한꺼번에 해결할 수밖에 없는 실정에 있다. 물론 이를 불행한 운명으로 간주할 필요는 없다. 서구인의 전철을 답습하지 않으면서 그들의 어리석음을 타산지석으로 삼는다면 역사적 시행착오를 피할 수 있는 다행한 기회가 될 수도 있을 것이기 때문이다.

새로운 윤리체계의 구상과 모색을 위해 요구되는 기초 작업에는 여러 가지가 있을 수 있다. 이러한 작업에서 필자는 최근 영미 윤리학에서 뜨겁게 논의되고 있는 덕의 윤리에 대한 찬반론을 실마리로 해서 전통윤리를 대변하는 덕의 윤리와 근세 이후 지배적인 의무의 윤리를 대조·분석하는 일을 기본 전략으로 삼고자 한다. 동서를 막론하고 근세 이전에는 윤리의 중심 개념이 대체로 덕(德, virtue)이었다. 서양의 아리스토텔레스 윤리학이 그러했고 동양의 공맹의 윤리 또한 마찬가지였다. 그러던 것이 근세의 시민사회에서는 시민의 행위규범을 지정하는 공공적 윤리로 대체되었고 이는 의무(義務, duty)라는 개념을 중심으로 했다. 이러한 윤리관의 전환은 사회구조의 변화에서 오는 역사의 필연이기도 했으나, 인간다운 윤리적 삶의 관점에서 볼 때는 이 전환으로 말미암은 이득에 못지않게 손실도 컸다. 특히 이 점은 최근 서구윤리에서 재활되고 있는 덕의 윤리 주장자들에 의해 강력히 지적되고 있다.

물론 우리의 입장은 일부 덕의 윤리 주장자들처럼 덕윤리의 완전한 자립성(autonomy)을 내세워 의무의 윤리를 버리고 다시 덕의 윤리로 복귀하자는 것은 아니다. 역사에는 어떤 비약이나 소급도 있을 수 없으며, 우리가 살아온 과거는 청산되거나 소멸되지 않고 어떤 양식으로든 현재 속에 새로운 모습으로 지양·편입 될 수밖에 없다. 우리는 시민사회적 경험과 유산을 완전히 소거하기보다는 시민사회를 근간으로 하고 그것이 결하고 있는 점을 보충·보완하는 길을 모색해가야 할 것이다. 이러한 길을 탐색해가는 과정에서 우리는 의무의 윤리를 비판하는 덕의 윤리학자들에게 경청할 필요가 있다. 결국 우리의 결론은 덕의 윤리와 의무의 윤리의 상보적 형태에 있는 것이긴 하나 그 상보적 관계의 구조는 지극히 복잡한 것으로서 상론이 요구되는 것이다.

2) 덕의 윤리와 패러다임의 전환

덕의 윤리란 아리스토텔레스로부터 비롯되는 윤리로서 이는 계몽주의 이래 지배적인 윤리설(칸트주의와 공리주의)과 대조를 이룬다. 아리스토텔레스의 윤리에서 중요한 것은 그것이 행위 중심적이기보다는 행위자 중심적이라는 점이다. 그것은 우리가 어떤 종류의 인간이 되어야 하며 또한 어떤 종류의 삶을 살아야 하는지를 묻는다. 적어도 일차적으로는 우리가 어떤 행위를 해야 하는가를 묻지 않는다. 아리스토텔레스는 일련의 규칙체계를 제시하는 대신에 성품과 성향의 덕을 의미하는 덕의 목록을 제시한다. 유덕한 자가 되기 위해서는 그와 관련된 행위만이 아니라 덕에 대한 양식과 식견을 갖추어야 한다. 규칙들은 현실적 삶의 상황이 갖는 미묘한 측면을 모두 반영하기 어려운 까닭에 우리는 유덕한 사람을 모방함으로써 유덕하게 되는 방법을 배우지 않으면 안 된다.

이상과 같은 이유로 우리는 우리 자신이 유덕하게 되기 이전에 유덕한 인간을 알아보는 방법이 무엇인가라는 잘 알려진 문제에 당면하게 된다. 그런데 아리스토텔레스의 경우에서는 이러한 문제가 그다지 심각하게 긴주되지 않는디. 왜냐히면 이리스토텔레스기 살았던 당시의 아테네에서는 모든 사람이 누가 유덕한 시민인가를 알고 있었고 모든 사람이 용기와 호탕함이 무엇인가를 알고 있었기 때문이다. 그러나 여히튼 이러한 성품이 덕이 되는 이유가 무엇인가라는 또 다른 문제가 제기된다. 이에 대해 아리스토텔레스는 그러한 성품들이 인간의 행복을 위한 필수조건이기 때문에 덕이라고 생각했다. 하지만 현대의 덕 이론가들은 인간의 행복이 무엇인가에 대해 입장이 다양할 것으로 보이며, 그런 만큼 이 두 번째 문제에 대한 해답 또한 다양하게 제시되고 있다.[1]

덕의 윤리는 아리스토텔레스 이래 토마스 아퀴나스에 의해 계승된 윤리체계로서 안정되고 통일된 사회의 존재를 가정한다. 따라서 설사 그 사회의 어떤 성원이 나쁜 사람일지라도 그는 누가 좋은 사람이며 우리가 지향해야 할 인간 유형이 어떤 것인가를 알고 있다. 도덕적 양심이나 실천적 지혜에 정도의 차이나 다양성이 있기는 하나 도덕적 합의점에 대한 근본적 비판의 여지는 있을 수가 없다. 기독교는 희랍의 덕의 윤리와 히브리의 의무의 윤리를 받아들여 그 양자를 다소 수정·융합하였다고 할 수 있다.

그 이후 계몽주의는 덕의 윤리를 포기하고 의무의 윤리만을 보존하게 된다. 다소 동정적으로 해석한다면, 칸트는 의무의 윤리에서 신적인 입법자의 상실된 권위를 인간적이며 동시에 선험적인 새 권위로 대체하고자 하는 시도를 행한 자이다. 계몽주의는 점증해가는 다양성과 다원성의 사회에서 지위, 평등, 책임, 관용 등의 새로운 가치를 도입했다. 덕의 윤리가 전제하는 사회의 안정성은 다양한 원인들에 의해 잠식되었으며 드디어 이는 근세적 패러다임으로의 전환을 불가피하게 했다.[2] 분명한 것은 윤리의 개념들이 우리의 삶의 방식 깊숙이 뿌리를 내리고 있으며 따라서 오늘날 다시금 덕의 개념을 윤리설의 핵심으로 간주하게 될 경우

1) R. A. Putnam, Reciprocity and Virtue Ethics, *Ethics*, Vol. 98, No. 2.(January, 1988), 379~380쪽.
2) 같은 책, 381쪽.

우리는 폐쇄적 전통사회로의 복귀를 선택하는 셈이 아닌가 생각된다.

근세 이후 철학사는 인식론적 회의주의와 그 극복의 문제로 고민해왔고 특히 현대에 이르러서는 도덕적 상대주의로 고심하고 있다. 그런데 인식론적 위기나 도덕적 위기는 단지 어떤 단순한 오류나 부분적 과실에서 비롯되었다기보다는 현행 문화의 기본 틀에서의 문제점과 관련된 것일 수 있다. 토마스 S. 쿤(Thomas S. Kuhn)이 말한바 패러다임의 전환에서도 그러하듯이 이러한 위기는 그를 통해 기존하는 기본 틀에 대한 지금까지와는 전혀 다른 해석가능성과 이와는 양립 불가능한 대안적 틀의 존재를 인식하는 계기가 될 수 있다. 갈릴레오와 뉴턴에 의한 자연과학의 통합은 인식론적 위기가 극복될 수 있는 방식에 대한 좋은 사례 중 하나이다. 현금의 도덕적 상황은 우리의 사회적 삶의 바로 그 근저에까지 맞닿아 있는 미해결의 위기를 잘 보여주는 경우이다. 오늘날 철학의 중심 과제는 현대 문화의 인식론적·도덕적 위기의 원천을 분석하고 그것에 내포된 복잡하고 다원적인 가치관들의 근거를 이해하는 일이다. 현대에 와서 덕의 윤리가 재론되고 있는 것은 바로 이런 문제사적인 시각에서 바라볼 필요가 있다.

근세 이후 규칙 중심적 혹은 의무 중심적 윤리설에 가장 극단적으로 반발하며 윤리이론에서 패러다임의 전환을 주제적으로 주도하는 덕윤리학자는 알래스데어 매킨타이어이다. 그에 따르면, 근세 이후의 지배적 윤리학의 패러다임은 그 내재적 요인으로 인해 불가피하게 윤리적 상대주의로 귀착하게 되며 현대사회와 같은 분열된 사회(fragmented society)를 결과하게 된다.[3] 따라서 그의 논의는 통약 불가능한 개념체계, 각종

••

3) A. MacIntyre, *After Virtue*, 2nd ed.(Indiana : University of Notre Dame Press, 1984), 1쪽.

대안적 신념체계, 양립 불가능한 삶의 방식들 간의 상이점들에서 기인하는바 상대주의에서 시작한다. 매킨타이어는 현대문화의 위기에 대한 원천을 역사적·사회적 맥락에서 분석하고 전통적 개념 틀을 온전히 대체할 새로운 대안적 틀을 제시해보고자 한다. 그는 인식론적 위기에 대한 데카르트적 해결책과 도덕적 위기에 대한 칸트적 해결책을 이미 설득력을 잃어버린, 시대에 뒤떨어진 발상으로 본다.

매킨타이어에 따르면, 칸트의 윤리설은 그 자체로서 실패일 뿐만 아니라 극복이 요구되는 도덕적·지적 전통의 퇴락을 함축하고 있다. 그래서 매킨타이어는 소위 계몽주의적 기획(modern project)을 비판적으로 재고하고자 하며 계몽주의가 내세우는 자율성과 보편성이란 문제의 해결이라기보다는 오히려 문제의 제기로 간주해야 한다고 주장한다. 결국 그에 따르면 우리에게 가능한 선택지는 계몽주의적 기획의 상이한 입론들이 갖는 전망과 실패를 추종하여 니체적 허무주의에 귀착하든지, 아니면 계몽주의적 기획은 그릇되었을 뿐만 아니라 시작조차 되어서는 안 될 것으로 간주하고 그 극복을 위해 아리스토텔레스의 도덕적 전통으로 복귀하든지이며, 제3의 대안은 있을 수 없다는 것이다.[4]

사실상 아리스토텔레스 이래 덕 중심적 윤리설은 인간적 선에 대한 일정한 이해를 전제하며 덕은 그러한 선을 성취하는 데 없어서는 안 될 유용한 성품으로 규정될 수 있다. 그러나 그러한 선이 무엇인가에 대한 분명한 이해가 어려운 까닭에 덕은 근세 이후 도덕철학에서 중심적 위치를 차지하지 못했다. 매킨타이어는 그와 같은 난점의 극복이 중요할 뿐만 아니라 또한 가능하다고 생각한다. 그는 자신의 책에서 도덕을 일차적으

⁙

4) 같은 책, 111쪽.

로 덕의 문제로 보는 이론을 독창적이고도 체계적으로 전개한다. 그는 규칙이나 의무의 도덕이 지배하는 현행 도덕에 대해 대안으로서 덕의 윤리를 제시한다. 이러한 시도는 윤리학사에 대한 매킨타이어의 독특한 이해와 현대문화의 도덕적 상황에 대한 그의 특이한 분석에서 기인한다.

간단히 말하면, 매킨타이어는 우리 시대의 도덕적 상황을 위기의 상황으로 파악한다. 사회는 화해하기 어려운 상이한 가치관들로 균열되어 있고 해결 불가능한 논쟁의 와중에 있다. 각 편의 입장은 그들 간의 합리적 선택이 불가능할 정도로 상충하는 전제들에 의거하고 있다. 근세에 이르러 아리스토텔레스의 도덕에 대체되어 나타난 것은 본질적으로 자유주의의 윤리이며, 이는 개인의 권리를 중시하며 지향해야 할 인간상과 추구해야 할 삶의 방식을 선택할 자유를 강조한다. 그러나 니체는 이러한 도덕은 아무런 기반도 없으며 인간 조종을 위장하는 데 도움을 줄 뿐이라 했고, 매킨타이어는 이것이 아리스토텔레스를 포기함으로써 당면하게 되는 불가피한 결과로 보았다. 인간의 특정한 기능과 그에 상관된 선에 대한 신념을 버릴 경우 규칙의 윤리로 귀결되는 것은 당연한 추세이다.

그러나 아리스토텔레스가 말한바 기능적 목적론(functional teleology)과 같은 어떤 것이 전제되지 않을 경우 그러한 규칙들에 대한 사실적 근거는 발견되기 어렵다. 니체의 허무주의나 그 사회적 구현으로서의 도덕적 무정부 상태는 근대의 자유주의적 도덕이 맞게 될 불가피한 종국인 것이다. 매킨타이어는 아리스토텔레스의 전통에 근거한 형태의 덕윤리만이 우리의 도덕적·사회적 합리성을 회복할 수 있는 길이라고 믿는다.[5] 그래서 사실상 그의 입장은 서구 민수수의적 사회 이념에 대한 도덕적·정치

5) 같은 책, 241쪽.

적 도전이라 할 수 있을 것이다.[6]

앞으로 우리는 이 글에서 특정한 덕윤리학자의 입론을 분석하기보다는 덕윤리학 일반에 대한 찬성과 반대의 논변을 비판적으로 분석해가는 가운데 동서 윤리가 만날 수 있는 가교로서, 또한 우리가 모색하는 새 윤리의 모형으로서 덕윤리의 전망과 한계를 검토해보고자 한다.

2. 의무윤리에 대한 비판과 덕윤리의 요청

1) 의무 중심적 윤리관과 도덕의 본질

최근에 지적되고 있는바 근세 이후 도덕철학의 잘 알려진 결함 중 하나는 도덕철학자들이 도덕과 관련된 행위를 다음 세 가지 항목으로 나누는 경향에 있다. ① 의무 혹은 책무로서 요구되는 행위나 우리가 반드시 수행하여야 할 행위, ② 금지된 행위 혹은 해서는 안 될 의무가 있는 행위, ③ 의무적이거나 금지된 행위가 아니라는 의미에서 도덕적으로 무관한, 허용된 행위 등이다. 이상의 범주들을 각각 도덕적 의무사항(morally obligatory), 도덕적 금지사항(morally prohibited), 도덕적 무관사항(morally indifferent)이라 할 경우, 우선 우리가 제기할 수 있는 물음은 이 세 범주가 과연 우리의 도덕적 현실과 도덕경험을 모두 포괄하기에 적합하며 그에 합당한 해명을 제공하기에 충분한가이다.

첫째, 이상과 같은 삼원적 범주가 불충분한 이유는 동료를 구하기 위

∴

6) J. B. Schneewind, Virtue, Narrative, and Community, *The Journal of Philosophy*, V. LXXIX, No. 11.(November, 1982), 654쪽.

해 자신을 희생하는 용감한 병사의 행위나 남의 아이를 구하려고 철길에 뛰어든 살신성인의 행위와 같이, 의무의 요구를 넘어서는 초의무적(supererogatory) 행위가 존재하기 때문이며, 위의 범주체계는 그러한 행위를 수용할 여지가 없기 때문이다. 그 체계 속에 영웅적 행위나 성인다운 행위와 같이 초의무적 행위가 합당한 자리를 갖기 어려운 까닭은 그 행위가 도덕적으로 의무인 것도 아니며 도덕적으로 금지된 것도 아니기 때문이다. 그리고 또한 그 초의무적 행위를 도덕적으로 무관하거나 중립적인 범주에 넣는 것도 크게 그릇된 일이다. 왜냐하면 그것은 도덕적으로 단지 중립적인 것이 아니라 더 적극적인 의미에서 도덕적으로 권장되는 행위이며 '도덕적으로 바람직하고 훌륭하다'는 술어가 적용되어야 할 행위이기 때문이다. 따라서 도덕적 권장사항(morally recommendable)과 같은 또 하나의 범주를 도입하는 것이 보다 합당하다고 생각된다.[7]

둘째, 삼원적 범주체계는 이상에서 말한 초의무적 행위뿐만 아니라 수행해야 하거나 삼가야 할 도덕적 이유를 갖는 모든 행위를 도덕적 의무라는 개념 아래 포괄하려 한다는 점에서 우리의 도덕생활 내지 도덕경험의 다양성을 지나치게 단순화하려는 경향을 내포한다. 의무적 행위, 책무인 행위, 요구되는 행위, 행해야 할(ought to) 행위 등은 동의어가 아니며 이와 같은 다양한 표현법을 동의어로 다룸으로써 우리는 도덕이 다양한 차원 내지 상이한 영역을 갖는다는 사실을 은폐하게 된다. 서로 다른 용어들은 적어도 부분적으로는 서로 다른 영역과 관련되어 있으며 그 용어들을 동의어로 처리한다는 것은 결국 그것들의 소재지를 애매하게 하

••

7) J. O. Urmson, Saints and Heroes, *Essays in Moral Philosophy*, ed. A. I. Meldon (Seatle: University of Washington Press, 1958), 198~216쪽.

는 잘못을 범하는 일이다.

칸트 이후 대부분의 도덕철학자들은 모든 도덕적 덕목을 도덕적 요구사항이라 부를 수 있는 것 즉 도덕적 의무나 금지사항으로 환원하는 경향이 있다. 결국 도덕이론가의 주요 과제는 우리의 도덕적 의무나 책무의 목록을 제시하는 것으로 생각되었다. 그래서 의무나 책무라고 부르기 어려운 덕목과 관련된 행위들에 직면할 경우 그 도덕적 의의를 무시하거나 아니면 그것을 특수한(specific) 의무 내지 불완전한(imperfect) 의무라고 부름으로써 도덕적 요구사항이라는 목록에 무리하게 편입시키기도 했다. 그래서 그들은 자신도 모르는 사이에 칸트를 따라 법적인 것에 준하는 엄격한 의무의 모형에 의거해서 도덕문제를 바라보게 되었다. 그리고 도덕에서 의무 이상의 것에 봉착할 경우에는 그 모형을 확장해서 "완전한 의무"와 "불완전한 의무" 등과 같은 어쭙잖은 개념 조작을 통해 자신의 도덕이론이 갖는 결함을 호도하게 되었다.[8]

새로이 고안된 이러한 개념들에 기초한 법적인 도덕관에서는 친절, 자선, 관용과 같이 불완전한 의무로 불리는 덕목들은 사회적 삶을 윤택하고 풍요하게 해주기는 하나 사회적 삶을 가능하게 하는 필수적인 것은 아니라고 본다. 그것들은 기본적인 것이 아니라 부차적인 덕목들로서 사회라는 건축의 장식물에 불과하다고 간주되는 것이다. 나아가서 의무의 개념을 칸트식으로 확대하지 않을 경우 우리는 최소한의 도덕(minimum morality)만으로 만족해야 하는데, 이는 도덕의 본질이 부분적으로 훼손

· ·

8) P. Eisenberg, From the Forbidden to the Supererogatory: The Basic Ethical Categories in Kant's Tugendlehre, *American Philosophical Quarterly*, 3(Oct., 1966), 255~269쪽.

된 불완전한 도덕이 아닐 수 없다. 최소한의 도덕을 보완하는 길은 그 자체가 도덕적으로 요구되거나 의무적인 행위는 아니나 바람직하고 권유할 만한 행위가 있음을 인정하고 그러한 점을 도덕체계 속에 적극적으로 받아들이는 일이다.

도덕적 의무는 자신 또는 타인에게 요구되거나 강요되는 것으로서 그 의무를 수행하지 못할 경우에는 책임을 묻는 것이 본질적인 것이다. 도덕은 이러한 것들을 요구하며 그 정도만큼 요구할 수 있을 뿐 그 이상을 요구할 수는 없다. 도덕은 용기나 자비 혹은 친절을 강제할 수는 없기 때문이다. 하지만 도덕이 요구할 수 없다고 해서 도덕이 침묵을 지키라는 의미는 아니다. 도덕은 우리에게 자비로운 행위나 용기 있는 행위를 하게끔 권유할 수가 있기 때문이다. 만일 의무가 아닌 그 이상의 훌륭한 행위에 관해 조언을 구해올 경우 우리는 "반드시 행해야 하는(must do) 것은 아니나 행해야 하고(should do) 행하는 것이 좋아요"라고 말할 수 있다. 그런 것을 행해야 할 도덕적으로 충분한 이유는 있으나 그 행위가 요구된 의무사항은 아니다. 왜냐하면 도덕적 권유사항이 도덕적 요구사항은 아니기 때문이다.

예를 들어 캠퍼스를 지날 때 어떤 사람이 시간을 물었다고 해보자. 이때 시간을 꼭 말해주어야 할 것인가, 아니면 미안하다는 표정과 함께 그대로 지나쳐야 할 것인가? 물론 우리에게 시간을 말해주어야 할 의무는 없으나 사람들 대부분은 시간을 말해주는 것이 옳은 일이고 인간으로서 해야 할 일이라고 생각할 것이다. 그것은 나에게 도덕적으로 요구된 사항도 아니고 해야 할 필연성도 없다. 하지만 이처럼 의무적 행위는 아닐지라도 도덕적으로 바람직한 행위들이 있다. 이는 사람들이 수행하는 것이 바람직하고 그래서 행해야 할 행위들인 것이다. 그래서 의무는 아니지만 도덕적으로 바람직한 행위를 나타낼 또 하나의 범주가 필요한 것이다. 우리의 목록에 어떤 범주를 첨가하는 것이 좋을 것인가?

물론 도덕철학자들은 때때로 제4의 범주가 존재한다는 것을 암암리에 인정해왔다. 즉 성인이나 영웅의 행위와 같은 초의무적인 행위 영역을 인정해왔다. 그러나 위에서 든 예의 행위는 초의무적 행위로 보기도 어렵다. 내가 그 사람에게 정확한 시간을 알려준다고 해서 나의 행위가 초의무적인 행위는 아닌 것이다. 초의무적인 행위는 말의 어원이 암시하듯이 도덕적으로 요구되는 행위를 넘어서고 능가하는 행위이다. 그러나 내가 그 사람에게 시간을 말해주는 것은 도덕의 요구사항을 넘어서는 것으로 보기 어렵다. 이 경우에는 요구사항이 따로 있고 내 행위가 그 요구사항의 한계를 넘어서는 것이라고 하기가 어렵기 때문이다. 또한 지금 경우에는 도덕의 요구사항이 없으며 그런 만큼 시간을 말해주지 않는다 해서 내가 도덕의 요구사항에 미달하는 것도 아니다. 내가 그에게 시간을 말해줄 의무가 있는 것이 아니기 때문이다.

내가 행해야 할 행위는 도덕적으로 의무인 행위와 구별되어야 하며 그런 뜻에서 도덕적인 의무와는 다른 범주에 속해야 한다. 이런 경우 도덕은 우리가 요구받지는 않지만 어떤 행위, 예를 들어 유덕한 행위를 수행해야 한다고 말할 수 있다. 결국 우리는 종래의 범주체계에 적어도 두 가지 새로운 도덕적 범주가 추가되어야 한다고 본다. 도덕적 요구사항이 아닌 훌륭한 행위에는 두 종류가 있는데, 그중 하나는 초의무적인 것이고 다른 하나는 도덕이 권유하는 행위이다.[9] 우리가 두 번째 도덕적 범주

..

9) S. D. Hudson, Taking Virtues Seriously, *Australasian Journal of Philosophy*, Vol. 59, No. 2(June, 1981), 192~193쪽.

를 인정해야만 하는 이유는 이미 살핀 바와 같이 요구사항이 아닌 어떤 훌륭한 행위는 우리가 그것을 반드시 행해야 하는 것은 아니나 도덕적으로 행해야 할 바의 것이며 그렇다고 해서 초의무적 행위는 아니기 때문이다. 이러한 범주체계를 이용할 경우 우리는 자비, 용기, 친절 및 다른 도덕적 덕들을 이 범주에 귀속시킬 수 있다. 유덕한 행위는 도덕적 탁월성의 특성이며 그것이 도덕에 의해 권장되기는 하나 도덕의 요구사항은 아닌 것이다.

도덕적으로 요구되지는 않았으나 도덕적으로 바람직한 행위의 영역이 있다는 말을 덧붙임으로써 최소한의 도덕이 곧바로 보완되는 것은 아니다. 그것은 자선이나 친절 혹은 우정 등이 갖는 도덕적 가치의 본성에 대한 적절한 해명을 제시할 때 비로소 완성될 수 있다. 이와 같은 문제에 대한 철학적이고 도덕적인 논변은 특정한 경우 우정과 자선은 마땅히 베풀어야 하며 그렇지 않은 건 그르다고 말하는 것이다. 다시 말하면, 그런 일을 하는 것이 단지 도덕적으로 좋은 일일 뿐만 아니라 도덕적으로 옳은 행위라고 말할 수 있어야 한다. 그것은 옳은 행위인 동시에 인간적 선으로서 그 자체로 바람직하고 좋은 인간생활을 위해 필수적이다. 그래서 그것은 선과 관련해서 행하는 역할 그 자체로 인해서 옳은 것의 구성요인이 되는 것이며 바로 이 점이 근세의 도덕철학자들이 간과하고 있는 것이다.

2) 행태주의적 윤리관과 내면적 가치

근세 이후 도덕이론에서 넉의 윤리가 보다 경시되어온 배경에는 또 다른 강력한 이유가 존재하는데, 이는 덕에 대한 근세 이후의 특이한 이해에 근거한다. 흔히 우리는 덕이 단지 심리적 경향이나 성향에 불과하며 욕구나 감정에 지나지 않는 것으로 알고 있다. 예를 들어서 우리는 용기라는 덕을 어떤 상황에서 두려움에 굴복하지 않는 성향이라 생각한다. 그런데 이는 덕이 의미하는 바가 단지 행위자의 심리적 경향성의 일종에 지나지 않음을 말해준다. 이것은 좋은 동기나 나쁜 동기와 같은 어떤 것을 의미한다는 말이다. "성품 없는 원칙은 무력하고 원칙 없는 성품은 맹목"이라 하여 그 누구보다 덕의 윤리의 중요성에 대해 주의를 환기시키는 윌리엄 프랑케나마저도 덕을 한갓 성향이나 성품으로 이해함으로써 덕윤리의 자립가능성을 배제하고 있다.[10]

그런데 이와 같이 좋고 나쁜 동기나 경향성은 도덕적으로 우리가 어떻게 해야 하는지에 대해 아무런 정보도 제시할 수 없으며 인지적 기능이 없다. 사실상 이러한 동기나 경향성을 도덕적 관점에서 긍정적 혹은 부정적으로 평가하는 것은 그와 관련된 행위의 도덕적 성격에 대한 선행적 이해를 전제로 한다. 그래서 덕과 같은 심리적 자질은 도덕의 원칙을 제공할 수 없으며 그러한 범주에 속하는 것이 덕인지 악덕인지가 도덕의 원칙에 의해 결정되어야 한다는 점 또한 사실이라 주장한다. 따라서 결국 덕은 도덕에서 부차적 역할을 한다는 결론에 이르게 된다. 즉 덕은 도덕적 의무의 원칙을 보완함으로써 그 원칙이 지시하는 바를 우리가 기꺼이 수행할 수 있음을 보증하게 될 뿐이다. 이러한 견지에 따르면, 덕이란 도덕원칙에 입각해서 행위 하려는 동기를 제공하는 성향에 불과하다.

이상과 같은 입장에서 우리는 두 가지 점에 주목할 필요가 있다. 첫째는 덕이 우리에게 행위지침을 제공할 수 없다는 주장이다. 둘째는 그러

..

10) W. Frankena, *Ethics*, 2nd ed.(Englewood Cliffs, N.J.: Prentice-Hall, 1973), 62~70쪽 참조.

한 주장을 뒷받침하는 논거이다. 우선 덕이 우리에게 행위지침을 제공할 수 없다는 주장은 우리의 일상적 도덕경험에 비추어볼 때 그다지 타당한 것으로 입증되지 않으리라 생각된다. 다양한 대안적 행위들 가운데 선택하는 상황에서 우리는 흔히 "그 일을 하는 건 자비롭지 못한 행위라 해서는 안 돼", "비겁한 짓이니 하지 말아야지", "그런 행동은 비열하고, 부정직하며, 사려 없고, 신사적이지 못해" 등과 같은 표현을 하고 그에 대한 적절한 행위를 발견하곤 한다. 이러한 도덕경험에 비추어볼 때 덕도 의무의 원칙과 마찬가지로 행위지침을 제시할 수 있는 것으로 보이며 과거 회고적인 평가뿐만 아니라 미래 전망적 의사결정의 지침이 될 수 있을 것으로 생각된다.[11]

우리가 도덕적 의무를 분간할 수 있으며 도덕이론이 그러한 분간의 방법을 말해줄 수 있듯이, 우리는 또한 어떤 행위가 덕의 사례임을 분간할 수 있으며 그런 만큼 합당한 도덕이론이라면 유덕한 행위를 분간하는 방법과 지침을 제시할 수 있어야 할 것이다. 그런데 특히 20세기 도덕철학이 덕의 문제를 경시하고 덕이 우리의 행위지침을 제공할 수 없다고 하는 주장은 그 근거에 깔린 형이상학적 관점과 결부되어 있다. 도덕이론의 중심 과제가 행위 혹은 행위의 종류라고 보는 근세 이후의 도덕철학에서는 행위와 그 동기가 엄연히 구분된다. 다시 말하면, 이러한 도덕이론에서는 옳은 행위인지의 여부가 그 행위를 수행하는 동기와는 무관하게 결정된다. 따라서 동일한 행위가 서로 다른 동기에 의해 수행될 수도 있으며 동기의 선악에 관계없이 어떤 행위가 옳은 행위일 수도 있다. 결

:.

11) S. D. Hudson, *Human Character and Morality*(Boston: Routeledge & Kegan Paul, 1986), 37~38쪽 참조.

국 동기는 행위의 옳고 그름과 무관하며 행위의 평가와 동기의 평가는 서로 논리적으로 상관없는 것이 된다.

이상과 같은 논법은 행태주의적(behaviorist) 형이상학의 핵심을 이루게 된다.[12] 즉 외면적 형태, 다시 말해 행위만이 온전히 실재하는 것이며 내면적인 것은 존재하지 않는다고 본다. 동기나 감정의 문제는 부차적인 것이며 온전한 실재의 형태에 의해 환원적 설명이 이루어져야 할 것으로 생각한다. 내면적 경험이나 정신의 내적 세계는 외면적인 것을 통해 이해되어야 한다는 것이다. 이것이 바로 행태주의자들의 형이상학적 견해이나, 이는 근세 이후 낯선 사람들 간의 익명적 공간 속에서 이루어지는 시민사회적 인간관계가 불가피하게 객관적이고 공공적인 것만을 지향해야 한다는 현실적 요청에서 온 것으로서 특정한 사회구조에 뿌리를 둔 시대적 편향성의 심리학이 아닐 수 없다. 이는 도덕의 내면적 가치를 상실하고서 얻어진 공지성(publicity)이요 객관성임에 주목해야 할 것이다.

물론 근세 이후의 윤리학이 내면적 동기의 문제를 전적으로 무시한 것만은 아니다. 칸트에 따르면 "행위의 도덕적 가치는 그로 인해 달성되는 목적에 있는 것이 아니라 그에 따라 그 행위가 결정되는 격률에 있다"는 것이다. 내가 나의 목적을 달성할 것인지의 여부는 나 자신에게만 의존하지 않으며 따라서 행위가 실제로 가져오는 결과에 의해 행위의 선악이 판정될 수 없다고 한다. 그 대신 나는 내가 가진 행위의 의도나 동기에 대해 평가나 비난을 받을 수 있으며 내가 마음만 먹으면 내 행위의 격률이나 주관적 규칙이 도덕의 요구사항에 부합되는지를 확인할 수 있다고 한다. 이렇게 해서 칸트는 다른 근세 도덕철학자들이 대부분 무시하거나

∴

12) 같은 논문, 39쪽.

경시한 행위의 동기나 행위자의 내면적 의도를 신중하게 고려했던 보기 드문 철학자였다. 그러나 칸트의 동기론을 더 깊이 천착해갈 경우, 우리는 그의 동기 개념이 갖는 특이성을 발견하게 되고 그 점이 바로 우리가 그를 받아들이기 어렵게 하는 것임을 이해하게 된다.

칸트에 따르면, 어떤 행위와 관련해서 그 행위자가 도덕적으로 선하다고 말할 수 있기 위해서는 그 행위가 의무감에 의해 동기화되어야 한다. 그리고 의무에서 나온 행위를 단지 의무와 부합하는 행위와 구분한다. 그래서 칸트는 자선의 의무를 생각해볼 경우 선천적으로 자선심을 타고나서 남을 돕지 않으면 마음이 편치 않은 자의 자선 행위는 옳은 행위가 될지는 모르나 도덕적 선행은 아니라고 본다. 그러한 자선 행위는 그 사람의 타고난 성향이나 기질 때문이지 그 사람의 도덕적 가치와는 상관없다는 것이다. 의무에서 나온 행위가 성향에서 나온 행위와 우연히 일치하는 경우도 있으나, 일반적으로 의무감과 자연적 성향은 상충하기 마련이다. 따라서 칸트에 따르면, 진정으로 도덕적 가치를 갖는 행위는 도덕적 의무감이 자연적 경향성과의 상충을 이겨내서 그로부터 행해진 행위가 된다. 그러나 의무감에서 행한 행위만이 도덕적 가치가 있고 좋은 성향에서 한 행위는 그렇지 않다는 칸트의 동기론은 갖가지 반론의 여지를 남긴다.[13]

이런 칸트의 입론을 극단적으로 몰고 갈 경우, 예를 들어 훔치고자 하는 강한 유혹을 물리치고 훔치지 않은 행위는 도덕적으로 가치가 있으나 그러한 유혹을 느끼지도 않은 사람이 훔치지 않은 행위는 별다른 도덕적

13) J. Hospers, *Human Conduct, Problems of Ethics*, shorter edition(New York : Harcourt Brace Jovanovich, Inc., 1972), 266~267쪽 참고.

가치를 부여하기 어렵다는 결론에 이르게 된다. 그래서 심지어는 어릴 적부터 도벽의 성향이 있으나 오랜 자기 수련을 통해 그런 성벽을 억누르는 습성을 계발하고 드디어는 훔쳐서는 안 된다는 도덕적 의무에 부합하는 일이 제2의 천성이 되어버린 자의 행위에도 별다른 도덕적 가치를 부여하기 어렵다는 부조리한 지경에 이르게 된다. 그런데 사실상 칸트에 대한 이 같은 반론은 아리스토텔레스 이래 덕의 윤리학자들이 제시해온 셈이다. 그들에 따르면, 의무감에서만 어떤 행위를 할 경우 우리는 아직 도덕적 성숙에 이르지 못한 것이다.

우리의 도덕적 성숙은 금지된 행위를 하고자 하는 유혹조차 느끼지 않으며 옳은 행위를 하는 것이 본성의 일부와 같이 되어 더는 의무라는 생각조차 하지 않게 되며 자연스럽게 행위 하는 것이 바로 의무에 부합하는 바로 그런 경지에 이르는 것이다. 우리가 우리의 모든 도덕적 삶에서 이러한 상태에 이를 경우 의무로부터 행위 한다는 말마저 우리의 도덕적 용어에서 없어지게 될 것이다. 동양의 전통적인 덕의 윤리학자인 공자는 이를 "마음이 하고 싶은 그대로 행해도 법도에 어긋남이 없다(從心所欲 不踰矩)"라고 표현했으며, 동일한 맥락에서 예수는 "너희들이 저 어린이를 닮지 못하면 천국에 들 수 없다", 불경에서는 "최선의 선행이 영아행(嬰兒行)"이라고 했고, 노장에서는 "빨가둥이 어린이의 마음(赤者之心)"을 강조했다.

결국 비록 칸트가 윤리 문제에서 동기와 관련된 내면적 가치의 중요성을 인식하기는 했으나 근세적 프로젝트에 깊이 몰두해 있던 관계로 그의 동기론은 결국 규칙이나 법 즉 의무의 원칙을 준수하는 동기 하나만을 강조하는 빈곤한 동기론에 불과해지고 말았다. 마찬가지로 공리주의자가 동기론을 전개한다면 그는 최상의 동기는 최대 다수의 최대 행복을 도모하라는 원칙의 실현에 부합하는 동기라고 말할 수밖에 없다. 결국 성품의 바람직함 여부는 그 성품이 산출할 가능성이 있는 행위의 종류에 달려 있으며 따라서 어떤 성품과 동기가 바람직한지는 경우와 상황에 따라 달라질 수밖에 없다. 결국 이 경우에서도 규칙 내지 원칙 준수적 동기만이 고려되는 것으로서 근세의 의무윤리 내지 규칙의 윤리와 관련된 빈곤한 동기관이 문제될 수밖에 없으며 동기를 그 자체로서 신중히 다루지 못하다고 할 수 있다.

3) 규칙의 윤리와 도덕적 창조성

칸트주의건 공리주의건 간에 근세 이후의 도덕이론은 옳은 것이 규칙에 의해 온전히 밝혀질 수 있다는 점에 일치하고 있다. 물론 완전히 명백한 의사결정 절차에 대한 이러한 요구는, 근세 이후의 도덕철학자들이 도덕생활에서 행위자의 판단 즉 프로네시스(pronesis)에 의거하는 아리스토텔레스적 윤리학이 갖는 어쩔 수 없는 애매모호성을 극복하려는 과정에서 나타난 것이다. 그러나 그들의 이러한 기대는 도덕에서 중대한 다른 측면을 포기할 수밖에 없는 대가를 치르고 나서야 가능했다. 이는 특정한 경우에 한 의무가 어떤 행위를 요구하는지 규칙만 가지고 충분히 알 수 없는 도덕적 의무가 있다는 사실과 관련된다. 이런 이유로 해서 도덕규칙을 구체적 도덕 상황에 적용하는 데서 행위자의 판단이나 판단의 지표가 되는 본보기 등이 근세 도덕론자들이 생각했던 것보다 훨씬 더 중요한 실질적인 역할을 행하게 되는 것이다.

물론 약속 지키기나 빚 갚기 등과 같이 특정 상황에서 개별적인 도덕 판단에 자유재량이 거의 없는 도덕규칙도 있다. 이런 경우에는 더 중대한 다른 도덕적 의무가 상충하지 않는 한 우리는 그것을 지켜야 할 의무가 있다. 그러나 이에 비해 용기, 관용, 자선과 같은 도덕적 의무는 그 규칙만 가지고는 언제 이런 의무가 우리에게 부과되고 있으며 그것이 어떤 방식으로 수행되어야 하는지 결정하기가 어렵다. 이런 종류의 의무를 위해서는 어떤 본보기를 이용하거나 나름의 도덕판단이 불가피하다. 나아가 이러한 의사결정을 위해서는 도덕적 요구와 가능성에 대한 감각 내지 감수성이 필요하게 되며, 이는 결국 행위자의 성품이나 덕의 문제와 관련된다. 그런데 근세 이후의 도덕철학은 명확하고 단일한 의사결정 절차에 대한 요구로 말미암아 우리의 도덕경험에 나타나는 다양한 갈등과 상충에도 불구하고 가장 기본적인 도덕적 직관들을 포괄할 수 있는 더 상위의 단일한 원칙이 있어야 한다는 가정을 끈질기게 견지한다. 사실상 이러한 일원적 도덕이론들은 보다 고차적인 원칙과 상충하는 갖가지 직관들에 시달리게 되며 결국 그러한 직관의 도덕적 가치를 부인하는 전략을 택하게 된다. 상황의 다변성과 도덕경험의 다원성 및 이에 따른 행위자의 판단작용을 이해할 수 있기 위해서는 근세 이후 도덕이론의 밑바닥에 깔린 일원주의적 가정을 포기하지 않으면 안 된다.[14]

결국 의무에는 규칙만으로 충분히 정해질 수 있는 의무와 함께 규칙이 너무 도식적이어서 별도의 판단을 필요로 하는 의무가 있으며, 이 두 번째 의무를 확인하고 그것을 만족시킬 행위방식을 알아내는 능력은 바로 덕의 윤리와 밀접히 관련된다. 판단의 중요성을 간과함으로써 근세 이후의 도덕이론은 덕을 경시하는 입장을 취하게 되었다. 칸트와 밀 등은 덕을 단지 규칙과 원칙에 대한 양심적 준수로만 생각했고, 따라서 이들은

∙∙

14) C. E. Larmore, *Patterns of Moral Complexity*(New York: Cambridge University Press, 1987), 10쪽 참조.

어떤 의무가 우리 자신의 덕을 더 잘 나타낼 수 있다는 점을 인식하지 못했다. 그러므로 사실상 유덕한 인간에 대한 그들의 이해는 충실하게 약속을 지키고 규칙에 따르는 자의 모형에 의거한다. 그래서 덕의 실현이 상상력과 판단력의 행사를 통해 도덕적 발견과 창조의 계기가 될 수 있는 방식을 이해하지 못하게 된 것이다.

행위자의 판단에 의거한 도덕관을 내세운다고 해서 규칙 중심의 도덕이 갖는 비중을 무시하는 건 아니다. 최근 일부 도덕철학자들은 도덕적 행위자의 내면생활과 관련된 의사결정의 측면을 강조하기 위해 행위자 중심 도덕을 규칙 중심적 도덕모형에 대체할 필요성을 내세우고 있다. 이러한 극단적 입장에 따르면, 도덕적 창조성(moral creativity)을 제대로 이해하기 위해서는 규칙 중심적인 법률가적 모형을 예술가적 모형으로 대체해야 하고, 도덕은 과학이기보다는 예술에 가까운 것으로 간주해야 한다. 그러나 도덕생활의 성격을 올바르게 이해하는 자는 규칙 중심적 모형과 예술가적 모형 모두가 상호 보완적 측면이라고 생각한다.[15] 의미 있는 창조적 형태의 의사결정은 도덕적 관행의 배경을 통해 이해될 수 있는 까닭에 규칙 중심적 모형은 중요하다. 도덕적 의사결정이 무로부터의 자의적 창조가 아닌 한 그것은 선재하는 도덕적 관행과 일종의 연속성을 가져야 한다. 우리는 그 두 가지 논리에 대한 지도(地圖)뿐만 아니라 아울러 행위자의 내적 요인에 비추어 도덕원칙을 적용하는 논리에 대한 지도가 필요하다. 이를 밝히게 될 경우 우리는 도덕과 도덕적 창조성에 대한 더 넓고 깊은 견지를 갖게 될 것이다.

∙∙

15) A. S. Cua, *Dimensions of Moral Creativity*(University Park: Pennsylvania State University Press, 1978), 3쪽.

도덕적 문제가 생겨나게 되는 상황은 두 가지 측면에서 분석될 수 있으며 따라서 도덕적 문제는 그 두 측면의 상호작용적 산물이라 할 수 있다. 도덕적 상황은 생겨난 문제에 대한 의사결정을 요구하는 개인적 문제상황으로 기술될 수가 있다. 또한 도덕적 상황은 합리적 행위자가 자신의 의사결정을 지지하기 위한 근거로서 일정한 원칙이나 규칙을 이용하는 상황이기도 하다. 첫 번째 측면은 개별 상황에 고유한 특이성과 관련된다면, 두 번째 측면은 그 개별 상황이 다른 상황과 더불어 공유하는 일반성과 관련된다. 특히 이 두 번째 측면은 최근의 영미 도덕철학에서 중심적 주제로 강조되어왔다. 여기서 철학의 임무는 일차적으로 도덕판단의 논리적 형태에 대한 탐구로 간주된다. 개인 상호 간에 공유되는 규칙 또는 원칙의 체계로서 도덕적 관행이 갖는 의의는 자의적이 아닌 근거 있는 의사결정 및 행위에 대한 철저한 보장을 위한 것이다.

도덕적 상황의 두 측면 간 상호작용은 도덕철학자 R. M. 헤어의 "원칙들의 결단"이라는 개념에서 강조되고 있다. 도덕원칙은 보편화 가능하고 그런 의미에서 공공적인 것이다. 그러나 도덕적 상황은 행위자가 원칙들 중에서 결단하는 개인적 의사결정의 절차를 보여주기도 한다. 헤어에 따르면, 전적으로 자의적인 의사결정 이외 대부분의 도덕적 의사결정은 원칙들(principles)에 대한 결단(decision)의 산물이다.[16] 우리는 언제나 선례들을 가지고 있으며 결단과 원칙이 도덕적 사고의 전 과정을 통해 상호작용을 한다는 것이다. 헤어의 주장은 지극히 원칙 중심적 입장을 띠면서도 도덕적 창의성의 문제를 부분적으로 보여주고 있다. 여기에서 중요한 물음은, 행위를 규율하는 일련의 규칙들로 이루어진 확립된 도덕적

16) R. M. Hare, *Language of Morals*(Oxford: Clarendon Press, 1952), 65쪽.

관행이 존재할 경우 그 관행이 행위자의 원칙 선택이나 결단 행위에 의해 어떻게 수정되며 그러한 선택과 결단이 도덕 변화의 과정에 어떤 식으로 개입하는가이다.

이러한 문제와 관련해서 근세 이후의 법적 혹은 규칙 중심적 모형의 윤리에서는 전례로서의 원칙들의 선택을 강조함으로써 도덕적 창조성의 문제를 지나치게 형식적으로 취급할 우려가 있다. 버나드 메이오의 지적대로 "도덕원칙 중심의 윤리는 보편성에 강조점을 둔 나머지 도덕적 행위자를 단지 시민과 동일시한다."[17] 도덕적 창조성에 대한 이러한 형식적이고 제한적인 이해는 도덕원칙 중심의 윤리에서는 자연스러운 귀결이다. 그것은 도덕의 개념을 개인 상호 간의 관계를 규율하는 규범의 영역으로 지나치게 제한하며 따라서 여기에서는 행위자의 창조적 차원이 무시 내지 경시되기 때문이다. 예를 들면 개인의 행위지침에는 성인이나 영웅 같은 이상적 인간상의 차원, 개인적 도덕 기준이나 이상의 다양성 등이 있는데, 이는 성격뿐만 아니라 도덕원칙의 실제적 기능에도 영향을 미친다. 사회적인 도덕의 차원과 개인적인 이상의 차원을 구분하면서 피터 F. 스트로슨이 주의를 환기한 것처럼,[18] 도덕적 행위자를 사로잡고 있는 인간에 대한 상충하는 이상과 이미지의 영역을 도덕적 규칙체계나 관행에 대한 무의미한 장애로만 간주하는 일은 부당한 것으로 보인다. 도덕적 창조성의 여러 차원에 대한 다양한 강조는 보다 넓은 도덕관의 필요성을 말해주며 도덕원칙이나 규칙은 그 핵심이기는 하나 일부에 지나지 않는 것이다.

∙∙

17) B. Mayo, *Ethics and the Moral Life*(London : Macmillan, 1958), 193쪽.
18) P. F. Strawson, Social Morality and Individual Ideal, ed. I. Ramsey, *Christian Ethics and Contemporary Philosophy*(London : SCM Press, 1966), 290~298쪽.

이러한 도덕관을 내세운다고 해서 규칙 중심의 도덕이 갖는 비중을 무시하는 건 아니다. 규칙의 도덕은 제한된 입장이기는 하나 도덕추론의 논리와 도덕 개념의 성격에 대한 우리의 이해를 돕는다. 나아가 특히 대륙의 실존철학에 의해 영향을 받은 최근 일부 철학자들은 도덕적 행위자의 내면생활과 관련된 결단의 측면을 강조하기 위해서 도덕적 창조성으로 규칙 중심적 모형을 대체할 필요성을 강변하고 있다. 이러한 극단론자들은 우리가 도덕적 창조성을 제대로 이해하기 위해서는 규칙 중심적 모형 대신에 예술가적 모형을 채택해야 한다고 주장한다. 이 같은 주장은 도덕을 시종 개인적 결단의 문제로 보고자 하며, 그럴 경우 도덕은 과학이기보다는 예술에 가깝게 된다.

그러나 도덕에 대한 보다 진지한 이해는 규칙 중심적 모형과 예술가적 모형 모두를 도덕적 행위자를 바라보는 보완적인 관점들로 보는 것이라 생각된다. 그 두 모형이 창조적 행위자에 대한 상호 배타적 입장으로 해석될 경우 그 각각은 지나치게 제한적일 수밖에 없다. 도덕적 상황에서 도덕적 행위자의 선택과 결단이 중요함은 사실이지만, 의미 있는 창조적 결단은 도덕적 관행의 배경 속에서만 이루어질 수 있음도 부인할 수 없다.[19] 도덕적 의사결정의 원칙이 자의적 창출이 아닌 한 그 의사결정은 선행하는 도덕적 관행과 일종의 연속성이나 관련을 가져야 한다. 도덕추론의 논리에 대한 지도뿐만 아니라 도덕적 결단과 상호작용하는 개인적 요인들에 비추어 도덕원칙을 선택하고 적용하는 논리에 대한 지도도 필요하다. 이에 대한 이해는 도덕과 도덕적 창조성에 대한 더 넓은 견지를 제공해줄 것이다. 규칙 중심의 도덕적 모형은 원칙과 규칙의 차원을 강조하

••
19) A. S. Cua, 앞의 책, 3쪽.

는 것으로서 근세 이후 서구의 지배적 윤리이나, 예술가적 도덕 모형은 행위자의 평가적 경험 속에 개입하는 개인적 이상과 기준을 중시하는 것으로서 이는 동서의 전통적인 덕의 윤리와 맞닿아 있는 것이다.

3. 전통적인 덕의 윤리의 몇 가지 난점

1) 덕의 윤리와 도덕적 불확정성

의무의 윤리를 거부하는 대신 덕의 윤리를 내세울 경우 이러한 윤리 체계에서는 덕의 개념이 중심적 위치를 차지하게 되며, 이는 도덕적 덕과 도덕규칙 간의 관계에 대한 근세 이후의 입장을 뒤집는 것을 의미한다. 의무의 원칙을 중심으로 하는 윤리에서는 도덕적 덕의 내용이 도덕규칙에 의해 제시되는 요구사항으로부터 도출된다. 도덕적 덕을 갖는다는 것은 도덕규칙이 제시하는 방식으로 행위 하는 성향을 갖는다는 것이다. 그래서 도덕적 덕은 확고히 정립된 성품으로서, 이로 인해 우리는 도덕적으로 옳은 것이나 의무를 행할 뿐만 아니라 또한 그것이 옳은 것이고 의무이기 때문에 습관적으로 그것을 행하게 된다.

덕의 윤리는 의무의 개념을 거부하고 도덕규칙을 부차적인 것으로 평가하면서 이상과 같은 의무의 윤리에 맞선다. 의무의 윤리에 따르면, 도덕적 삶에서 도덕규칙이 일차적 개념이며 덕이나 성품은 일반적으로 그것이 우리로 하여금 올바른 규칙체계를 따르게 한다는 이유에서 찬양된다. 그러나 덕의 윤리를 내세우는 자들은 입장을 바꾸어 도덕규칙의 기능과 권위를 이해하기 위해 우선 덕에 주의를 기울여야 한다고 주장한다. 그런데 이 경우에서는 성품이 덕이 되는 기준이 무엇인가라는 문제가 제기될 수 있으며, 이러한 기준의 문제에서 덕의 윤리는 일반적으로 심각한 난점에 봉착한다. 이런 난점은 덕의 근거를 도덕규칙에 두지 않는 윤리적 입장들이 직면하게 되는 것으로서 이른바 도덕적 미결정성(moral indeterminacy)이라 할 수 있다. 자질이나 판단이 도덕적으로 불확정하면 그 내용이 도덕적 문제와 관련되는 한에서 상호 대립하거나 상충하는 결과를 허용 혹은 제시할 경우가 나타난다. 그래서 문제된 내용이 도덕적으로 옳을 뿐만 아니라 그를 수도 있게 된다. 특히 덕에 적용될 경우 불확정성의 문제는 다음과 같이 된다. 즉 덕이 도덕규칙을 반영하거나 그에 합치하는 요구사항을 내포하지 않을 경우, 성품이 덕이 되는 기준은 문제된 덕이 도덕적으로 옳거나 타당한 것임을 보장할 수 없다는 것이다.[20]

흔히 덕의 윤리에서 중심 문제는 내가 무엇을 해야 할지가 아니라 내가 어떤 유형의 인간이 되어야 하는가라고 말해진다. 그러나 우리들은 윤리설이 우리에게 행해야 할 바가 무엇인가를 언제나 말해줄 것을 기대하게 되는데 덕의 윤리학은 그런 문제에 대해 그 구조상 많은 이야기를 할 수 없는 것으로 보인다. 이것이 사실이라면 덕의 윤리학은 구체적 의사결정을 위한 응용윤리의 영역에서 특히 취약하다는 결론이 불가피하다. 아리스토텔레스 이후 덕의 윤리학자들은 덕이 규칙이나 원칙이 지시하는바 일정한 방식으로 행위 하는 성품에 불과한 게 아니라는 점을 강조해왔다. 그들에게서 덕이란 지각과 통찰의 기술이고 상황에 즉한 인식을 내포하며, 이러한 것들은 모두 구체적으로 일어나는 도덕적 전후 상

••

20) A. Gewirth, Rights and Virtues, *Review of Metaphysics*, Vol. 38.(June, 1985), 739~762쪽 참조.

황 속에서 적절한 것이 무엇인가를 알아차리고 그에 따라 행위 함으로써만 발견되는 것들이다.

이와 같은 도덕적 지각의 기술과 실천이성은 일정한 형식을 통해 완전히 공식화될 수는 없으며 따라서 어떤 행위자가 다른 행위자에게 일정한 의사결정 절차를 일관성 있게 전달할 수 없게 된다. 도덕적 덕의 성격 그 자체로 우리는 덕의 윤리학으로부터 도덕 문제에 대한 특정한 충고나 조언을 기대하기가 어렵게 된다. 물론 우리는 유덕한 인격이 행할 것으로 예상되는 바를 행해야 한다. 그러나 가정상의 도덕적 모범인이 과연 현재 우리가 당면한 처지에서 어떻게 행위 하리라는 것을 상정하기란 언제나 쉬운 일은 아니며, 때로는 모범적 인격조차도 행위의 선택을 자신의 성격에 내맡길 수밖에 없다는 점 또한 사실이다. 나아가 이 경우 만일 우리가 그에게 그렇게 행한 이유가 무엇이며 그것을 어떻게 아는지를 묻게 될 때, 그의 대답이 우리에게 큰 도움이 되리라고 볼 수는 없다. 우리는 그가 다른 사람에게 유용한 어떤 규칙이나 원칙에 의거했으리라는 것을 기대할 수 없기 때문이다.

덕의 윤리가 도덕적 불확정성을 극복하고 하나의 도덕이론으로서 자립성을 가질 수 있는지의 여부를 판정하기 위해 두 가지 관점에서 살펴보고자 한다. 첫째, 덕의 윤리가 옳고 그른 행위를 분간하는 문제를 어떤 식으로 해결하고 있는가? 둘째, 덕의 윤리가 권리와 의무의 근거 문제를 어떻게 해결하고 있는가? 도덕적 불확정성과 관련하여 우리는 우선 덕의 윤리가 행위의 옳고 그름을 결정하는 방식을 묻게 된다. 행위를 수행하는 네서 행위사는 여러 가지 덕을 표현하게 된다. 하지만 그렇다고 해서 그 행위가 옳다는 결론이 나오지 않는다는 데 문제가 있다. 충성은 덕을 표현한 것이긴 하지만 그릇된 행위일 수도 있으며 유덕한 인격자의 행위가 반드시 옳다는 보장도 없다. 인간의 성품을 분석하는 일 이외에 행위의 도덕성을 평가할 다른 방도가 덕의 윤리 속에 있을 수 있는가?

덕의 윤리를 옹호하는 자들은 이러한 비판에 다음과 같은 방식으로 응답할 것으로 예상된다. 일반적으로 아리스토텔레스를 위시한 덕윤리학자들은 결과론자가 아니라 목적론자들이다. 따라서 덕의 윤리와 도덕의 목적을 분리해서 보지 않는다. 아리스토텔레스의 이론에서는 도덕의 수단과 목적이 구분되며 도덕의 목적은 행복한 삶의 성취이고 유덕한 성품의 함양은 이러한 목적에의 수단이다. 물론 유덕함은 행복한 삶의 수단인 동시에 그 자체가 행복한 삶의 일부를 구성하는 까닭에 단순한 수단만은 아니다. 여하튼 실천적 지혜를 가진 자는 적절한 목적을 설정하는 일과 그러한 목적을 성취하는 방도를 알아야 한다. 유덕하면서도 그른 행위를 할 수 있는 까닭에 유덕한 인격은 도덕의 진정한 목표를 염두에 두는 자이며, 행위의 옳고 그름은 그 행위가 도덕적 목표를 추구하는 데서의 적절성에 비추어서 판단되어야 한다는 것이다.[21]

그러나 공리주의와 같이 결과주의적이건 덕의 윤리와 같이 비결과주의적이건 간에 윤리학에서 목적주의에는 그 이론 일반이 갖는 난제를 해결해야 한다는 부담이 다시 남게 된다. 일반적으로 일정한 목적이나 특정한 선에 의거해 그 극대화로서 도덕적 시비를 가려야 할 목적주의에서는 목적이나 선의 일의적(一義的) 규정에 대해 상당한 의견의 불일치가 있게 마련이다. 그러나 이를 피하기 위해 지극히 일반적인 규정을 받아들일 경우 목적이나 선의 규정에서의 불확정성이 도덕적 시비의 불확정성

··

21) T. L. Beauchamp, *Philosophical Ethics*(New York: McGraw-Hill Book Company, 1982), 178쪽.

으로 이행되는 결과를 가져오기 마련이다. 쾌락주의적 공리주의자들이 목적주의에 내재하는 이러한 난점을 피하기 위해 극대화되어야 할 목적을 보다 공적이고 객관적으로 측정·비교 가능한 쾌락에서 찾고자 했음은 너무도 당연한 귀결이었다. 하지만 쾌락의 측정가능성과 개인 간 비교가능성에도 상당한 의문의 여지가 있을 뿐만 아니라 양화(量化) 가능한 쾌락과 같은 특정한 목적이나 선이 갖는 부적합성이나 비합당성 등이 다시 문제로 지적되지 않을 수 없는 터이다.[22] 결국 도덕적 불확정성과 관련해 목적론적 윤리설이 성공적인 것이기 위해서는 아직도 해결해야 할 몇 가지 난제가 남아 있다고 할 수 있다.

나아가서 권리 및 의무의 규정을 중심으로 한 두 번째 문제와 관련하여 아리스토텔레스를 위시해서 일반적으로 덕의 윤리학자들은 도덕과 법을 엄밀히 구분하며, 일정한 행위들을 입법화하고 요구 및 금지 사항을 규정하는 법을 규범체계의 다른 한쪽으로서 전제하고 있다. 그런데 이처럼 법을 전제로 함으로써 사실상 덕의 윤리학자들은 자신들의 이론에서 비판의 대상이 되는바 기본 도덕이 갖는 불확정한 규정들을 보완하고자 하는 것으로 보인다. 그런데 이는 덕의 윤리에 대한 그들의 강조 및 의무윤리에 대한 그들의 비난과 일관되지 않는다. 왜냐하면 결국 그들은 법과 관련된 의무의 윤리가 인간의 기본적 권리와 의무를 규정한다는 점에서 더 근본적이고 우선적임을 인정하는 셈이 되기 때문이다. 이는 결국 근세 이후의 도덕관에 따르면 덕에 대한 정당화는 의무규칙에 대한 선행적 정당화에 의존한다는 점을 확인시켜주는 것이다. 물론 규칙의 도

∴

22) 이 점에 대한 주제적인 분석으로는 졸저, 『社會正義의 철학적 기초』(문학과 지성사, 1985), 제1부 참조.

덕이 덕의 윤리의 다른 한쪽이라는 점과 덕의 윤리가 규칙의 윤리에 의존한다는 점은 다르다. 그러나 위에서 본 대로, 덕의 윤리는 법 없이는 지극히 불확정적이며 따라서 도덕의 관점에서 볼 때 덕의 윤리는 도덕의 충분조건이 아니라 필요조건을 제공하는 것이라 할 수 있을 것이다.[23]

물론 이에 대해 덕의 윤리학자들은 윤리와 법의 영역을 엄밀히 구분하여 기본적 권리나 의무 및 금지 규정은 윤리가 아니라 법의 소관사(所關事)라 일축할지도 모른다. 그러나 요구 및 금지에 대한 규정은 사실상 그 근본에서 법적이라기보다는 도덕적인 것이라 생각된다. 물론 이러한 문제에서 도덕이 법의 도움을 요청할 수는 있으나 강간이나 살인에 대한 금지법규가 제정되는 까닭은 그러한 것들이 도덕적으로 부당한, 용납할 수 없는 것들이기 때문이다. 어떤 행위가 요구되고 금지되는 정당근거가 무엇인가를 물었을 때 단지 법적 관행만을 지적하는 것은 문제의 해결이기보다는 더욱 많은 난제들을 제기하는 셈이다. 따라서 법과 엄밀히 구분되는 도덕으로서 덕의 윤리는 그 자체로서 온전히 자립적인 것이라 할 수 없는 것이다.

2) 덕윤리의 수용과 사회구조의 문제

도덕규범의 얼개나 윤리체계의 틀은 그것이 생겨나게 된 사회구조적 모태와 밀접한 상응관계를 갖는다는 점이 사실이라면, 후기 산업사회로 이행하고 있는 현대에서 다시 전통적인 덕윤리의 재활을 시도하고 있다는 것은 우선 그것이 현대 산업사회의 구조적 병폐에 대한 비판적 인식과 더불어 덕의 윤리에 걸맞은 사회구조에 대한 구상을 암암리에 전제하

23) A. Gewirth, 앞의 논문, 757~758쪽 참조.

고 있다고 볼 수 있다. 덕의 윤리를 내세우는 중심인물인 매킨타이어는 현대 사회 및 문화를 쾌락주의자들이 이합집산 하는 균열되고 황폐한 도덕적 무정부 상태의 개인주의와, 가치중립성이란 미명 아래 기술 전문인들에 의해 가치조작 내지는 가치조종이 자행되는 관료주의로 특징짓는다. 매킨타이어는 마르크스적 사회혁명론을 전개하고 있지는 않으나 현대의 중심문화를 전면적으로 거부하고 있다. 그는 자신의 덕 이론에 상응하는 사회구조에 관해 분명히 밝힌 바는 없으나 덕이 실현될 수 있는 문화는 오늘날에서는 주변문화임을 지적하면서 커다란 역사적 맥락에서 볼 때 이러한 주변문화는 미래의 중심문화가 될 수 있다는 가능성을 암시하고 있다.[24]

덕의 윤리에 함축된 도덕적 불확정성을 염두에 둘 때 덕윤리에 걸맞은 사회구조는 그러한 불확정성을 최대한 배제할 수 있는 소규모의 면접적 공동체 즉 중세의 수도원이나 전통적 마을공동체와 유사한 것이라고 생각해볼 수 있다. 오늘날 세계 도처에서 각양으로 실험되고 있는 다양한 공동체들이 현대 산업사회에 비전을 제공하리라는 기대, 그리고 그런 사회 속에서는 의무의 도덕이 아니라 덕의 윤리가 성행하리라는 기대는 전혀 부자연스러운 것이 아니다. 정치적으로나 경제적으로 갖가지 어려움에도 불구하고 그러한 소규모 공동체를 지향할 때, 현존하는 현대사회에 비해 소규모 공동체가 인간의 도덕성을 보다 높이 함양시켜줄 수 있으리라고 기대하는 것은 무리가 아닐 것이다.

아리스토텔레스의 덕윤리학과 관련된 사회형태는 소규모의 면접적 공동체였으며 거기에서 유덕한 인격의 원천은 일반적으로 폴리스(polis) 전

24) A. MacIntyre, 앞의 책, 263쪽 참조.

체를 통해 잘 알려진 뼈대 있는 가문에서 나온다고 볼 수 있다. 이런 소규모의 면접적 공동체에서는 인격과 유덕함에 대한 판단에서 광범위한 합의를 자연스럽게 기대할 수 있다. 아리스토텔레스의 덕윤리는 바로 이런 유형의 도덕공동체에 적합하게끔 구상된 것이었고 이 점에서 동양의 덕윤리도 다를 바가 없다. 폴리스라는 사회형태와 그에 적합하게끔 의도된 윤리설의 맥락에서는 누가 유덕한지를 알아내는 과제는 비교적 수월하다. 그러나 이러한 사회구조적 맥락에서 추상하여 덕의 윤리학을 완전히 다른 사회형태 이를테면 사람들 서로 간에 전혀 면식이 없고 가치관에서도 광범위한 불일치가 존재하는 사회 속에 적용하는 데는 커다란 어려움이 있을 수밖에 없으며, 이는 바로 덕윤리의 현대적 수용 문제에서 가장 중대한 숙제가 아닐 수 없다.[25]

이상과 같은 맥락에서 볼 때, 의무의 윤리에 대한 덕윤리학자의 비판의 배후에는 다분히 유토피아니즘이 깔려 있다고 할 수 있다. 현 단계에서 덕윤리학자들의 논의는 적극적이고 생산적이기보다는 비판적이고 부정적인 함의를 갖는 이유도 바로 이 점에 있다고 생각된다. 즉 그들은 대안이 될 자신의 덕윤리설에 대한 적극적이고 체계적인 논의보다는 반대하는 윤리체제에 대한 비판에 더 열을 올리고 있다는 감이 든다. 분명히 현대사회의 윤리가 규칙이나 의무에 더 강조점을 두는 한 가지 이유는 사회가 더 복잡하고 다원화해 간다는 점이다. 현대사회는 개인적으로는 지극히 자기중심적이고 전체적으로는 지극히 원심적 특성을 띠고 있어 아리스토텔레스가 생각했던 공동체 중심의 구심적 사회와는 다른 공

25) R. B. Louden, On Some Vices of Virtue Ethics, *American Philosophical Quarterly*, Vol. 21, No. 3.(July, 1984), 227~235쪽 참조.

동체 원리를 요구하고 있는 것이다.[26]

　이 같은 다원적인 사회에서는 바람직한 도덕적 성품이나 덕목에 대한 일반적 합의가 있기 어렵다. 사실상 우리의 다원적 문화는 이른바 가치 중립성과 도덕적 다원성에 오히려 부담을 갖지 않는다. 인생의 목적과 도덕적 이상에 대해 합의가 없음으로 해서 우리는 더욱더 의무 중심적이고 법적인 형태의 도덕으로 나아갈 수밖에 없는 것이다. 이는 도덕이 사적이기보다는 공적인 특성을, 최대한의 도덕보다는 최소한의 도덕의 성격을 더욱더 띠게 됨을 의미한다. 따라서 상아탑 속의 소수 학자들이 덕 윤리의 재활을 통해 사태를 전환시키고자 하는 생각은 현재로서는 꿈에 지나지 않는다. 우리가 사는 세계는 전통적인 덕의 윤리학자들이 바람직한 공동체의 선결조건으로 생각했던 도덕적 유대와 가치관의 통일이 상실된 사회이기 때문이다.

　매킨타이어는 자신의 덕윤리가 단지 기존 사회구조 내에서의 개선을 의도하는 것이 아니라 서구 자유주의적 사회체제에 대한 포기를 뜻한다고 믿고 있다. 이러한 논점은 여러 측면에서 나타난다. 그중 한 가지는 18세기의 공화주의에 대한 논의에서 드러나는데, 매킨타이어는 이것이 아리스토텔레스적 전통의 부분적 복구를 위한 시도로 보고 있다. 자유, 평등, 박애의 덕으로 이루어진 사회의 구현에 프랑스 자코뱅당이 실패한 사건으로 말미암아 배우게 되는 교훈은 우리가 대다수 보통 사람의 합의에 바탕을 두지 못할 경우 전 국가 규모의 도덕은 수립될 수 없다는 점이다. 매킨타이어에 따르면, 이러한 교훈에 대한 이해는 덕을 재건하고자 하는 모든 덕윤리학자들에서 전제되어야 할 사항이다.

∵

26) 앞의 논문, 234쪽 참조.

나아가 매킨타이어는 우리 사회는 도덕적 합의의 성취를 기대할 수 없다고 말한다. 갈등이 우리 문화의 핵심을 이루며 정치는 더는 그것을 조정할 능력이 없다고 한다. 결론적으로 그는 자신이 아리스토텔레스적 전통의 현대적 의의라고 생각하는 바를 보다 분명하게 보여주고자 한다. 그에 따르면, 우리는 로마제국이 암흑기로 퇴락해가는 것과 비견할 만한 역사적 전환점에 서 있다. 매킨타이어는 시민성과 지적·도덕적 삶이 우리에게 이미 도래하고 있는 새로운 암흑기를 헤치며 지속할 수 있도록 지방주의적 소규모 형태의 공동체(local community)를 구성해야 한다고 한다. 그래서 덕의 전통이 지난 암흑기에도 면면히 이어왔던 까닭에 우리도 전혀 희망이 없는 것은 아니라는 것이다. 매킨타이어가 그러한 공동체에 깃들어야 할 도덕의 형태로 가르치고자 하는바 우리가 필요로 하는 도덕은 새롭고도 매우 다른 종류의 것이다. 그것은 중세의 베네딕트 성인이 했던 것처럼 새로운 삶의 규칙을 전해주는 것이다.[27]

이상과 같은 결론은 애매하고 자의적으로 보이기는 하나 도덕철학과 사회구조가 서로를 통해 이해되어야 한다는 매킨타이어의 소신의 귀결인 동시에 그와 일관성을 갖는다. 모든 도덕철학이 그에 대응하는 사회학을 갖는다면 매킨타이어의 도덕철학 역시 그러하다.[28] 그래서 만일 현대 분석윤리학이 해체되어가는 우리 문화를 극명하게 반영해주는 것이라면 매킨타이어의 윤리는 아직 도래하지 않은 시대에 대한 예언적 사회학을 전제하는 것이어야 한다. 우리는 매킨타이어의 윤리설이 우리 사회의 끝없는 논쟁을 해결해줄 것이라거나 정의주의적 자아를 철저히 천착

..

27) A. MacIntyre, 앞의 책, 263쪽.
28) 같은 책, 209쪽.

해갈 것으로 기대해서는 안 된다. 매킨타이어 논점의 문제점은 우리의 생활양식 속에서는 그러한 근본적 변화를 이룰 수 있는 길이 없다는 바로 그 점에 있다.

사실상 매킨타이어 자신은 부인할지 모르나 그의 윤리설은 깊은 의미에서 비관적 견해라 생각된다. 소규모 공동체가 새로운 암흑기 동안 생겨나서 각 공동체가 성원들의 자기동일성의 안전 보장과 그들의 전통적 역할에의 안주를 위해 뜻을 같이하는 사람들을 규합할지는 모른다. 하지만 그러한 공동체는 매킨타이어의 덕윤리설을 구현할 경우 오래 지속되지 못할 것이다. 그 이론은 깊은 의미에서 자기 파괴적이기 때문이다.[29] 매킨타이어가 제시하는 공동체의 기본 특성 중 하나는 그 성원들이 사회적으로 주어진 자신들의 자기동일성에 대해 어떤 선택이나 결정도 하지 않는다는 점이다. 그러나 매킨타이어도 알고 있듯이 과거 역사에서 그러한 공동체는 구성원을 공정하게 대우하지도 않았으며 공동체의 합의도 자연적으로 주어진 것이기보다는 문화적으로 형성된 것이었다.

그러나 매킨타이어는 자신이 생각하는 공동체가 성원들의 자동성(自動性)과 관행의 세목을 개선할 수 있기를 바라며 따라서 그런 문제들이 더 이상 반성과 비판이 불가능하게끔 신비화되는 것을 바라지 않는다. 그는 상속되는 고정된 사회적 자기동일성을 거부하고 문화적인 것을 마치 자연적인 것인 양 다루는 일 속에 함의된 허위의식을 물리침으로써 자신의 윤리 속에 자신이 지극히 혐오했던 자유주의적인 근대적 도덕의 원칙을 끌어들이고 있는 셈이다. 그가 제시한 공동체가 현대와 같이 혼잡한 정보사회 속에 있을 경우 대화의 변증법적 결과를 이겨낼 수는 없을 것이

··

29) J. B. Schneewind, 앞의 논문, 601~602쪽 참조.

다. 결국 매킨타이어의 덕의 윤리설은 근세 이후 의무의 윤리설을 대체할 만한 진정한 대안을 제시하지 못한다. 만일 그의 덕윤리를 구현한 체제의 공동체로 시작할 경우 결국 우리는 다시 현재 우리 사회와 유사한 것으로 귀착하리라는 점을 쉽게 예견할 수 있기 때문이다.

4. 새 윤리의 구상을 위한 제언

1) 의무의 윤리와 덕윤리의 상보성

윤리학에 대한 근세 이래의 교과서적 분류 방식은 규범윤리설을 목적론과 의무론으로 나누는 것이다. 이 두 유형의 이론은 다양한 차이점에도 불구하고 행위자의 성품보다는 행위 자체에 초점을 맞추고 있다는 점에서 공동보조를 취하고 있음은 이미 살핀 바와 같다. 나아가 이들 의무의 윤리가 공유하는 또 하나의 특성은 개념적 환원주의(conceptual reductionism)라 할 수 있다.[30] 두 유형의 이론은 모두 더는 환원할 수 없는 일차적 요소에서 시작해서 이것에 의해 규정되는 이차적인 파생적 개념들을 도입하는 순서로 나아간다는 점에서 일치한다. 공리주의를 위시한 목적론은 도덕과 무관한 선의 개념에서 의무의 개념을 끌어내고 나아가 이에 의거하여 덕을 규정하고자 하는 한편, 의무론은 도덕적 의무라는 기본 개념에서 출발하여 이에 의해 선의 개념을 한정하고 덕의 개념을 규정하고자 한다.

그런데 이러한 개념적 환원주의는 최근 재활되고 있는 덕의 윤리에서

----

30) R. B. Louden, 앞의 논문, 227쪽 참조.

도 부분적으로 작용하고 있음을 볼 수 있다. 의무의 윤리를 내세우는 자들이 본래적으로 좋은 것이라거나 본래적으로 옳은 것이라는 원초적 개념을 출발점으로 해서 부차적 개념을 도출해가듯이, 일부 덕의 윤리 주장자들도 도덕적으로 좋은 인격이라거나 성품이라는 기본 개념에서 출발하여 이것과의 관계에 의해 규정되는 이차적 개념체계를 도입하고자 한다. 물론 덕의 윤리에서는 원초적이거나 파생적인 것들이 의무의 윤리와는 다른 식으로 체계화되기는 하나 전반적인 전략에서는 동일하다고 할 수 있다. 이렇게 볼 때, 덕의 윤리학 또한 규범윤리학의 전통이 되어온 일원적인 규범론의 특성을 계승하고 있으며 단지 행위자 중심적 성격을 갖는다는 점에서 다른 접근 방식과 구분될 뿐이다.

결국 우리가 내세우고자 하는 것은 두 윤리체계가 상호 보완적 관계에 있다는 입론이다. 적합한 도덕이론이라면 성품의 문제를 해명해야 한다고 주장하는 데서 현대의 덕윤리학자들은 옳다. 그러나 덕윤리의 보완이 없는 순수한 규칙의 윤리가 적절한 이론일 수 없듯이 규칙의 윤리에 의한 보완이 없는 덕윤리 또한 만족할 만한 윤리설이 되기 어렵다. 결국 우리가 구상하는 새 윤리는 덕이나 성품의 요소와 규칙이나 의무의 개념을 하나의 도덕체계 속에 망라하여 조정하지 않으면 안 된다. 물론 이러한 조정은 단일 요소적인 혹은 단일 규범적인 전통에 젖어온 자들을 만족시킬 수는 없을 것이다. 그러나 그 조정은 우리의 현실적인 도덕경험에 대한 보다 적합한 해명을 결과하리라 생각된다.

도덕생활의 장은 단일하지 않고 다양하고 다원적이다. 도덕판단을 내리는 데서 우리가 사용하는 가지관은 때로는 근본적으로 상이한 원천들을 갖는다. 어떤 단일한 환원적 방법도 이처럼 상이하고 다양한 가치관에 우선순위를 정해줄 방편을 제공할 수는 없다. 각종 각양의 도덕적 숙고가 언제나 항상 측정되고 계산되며 조정될 수 있는 단일한 척도란 존재하지 않는다. 개념적 경제성과 정연성에 대한 이론가들의 추구는 그 대가가 지나친 것이다. 왜냐하면 그로부터 결과하는 환원주의적 개념틀은 도덕경험의 구체적 사실들에 들어맞지 않기 때문이다. 덕의 윤리와 의무의 윤리는 서로를 배척하기보다 상호 보완·조정하는 일이 중요하리라고 생각한다.

사실상 극단적 유형의 의무의 윤리나 덕의 윤리가 아닌 한 이들 윤리가 상호 보완적 관계에 있음을 부분적으로 받아들여 왔다는 점은 부인할 수가 없다. 단지 그 보완적이고 의존적인 관계가 어떤 성격이며 상호 자립성이 어느 정도 견지될 수 있는가에 관해서만 의견이 다를 뿐이다. 공리주의자이건 의무론자이건 간에 의무의 윤리를 주장하는 자들도 도덕적 덕의 계발이 중요함을 말한다. 의무나 행위를 강조하는 도덕도 의무에 따르고자 하는 성향을 강조하는 덕의 윤리에 의해 지지되고 구현될 수 있기 때문이다. 동시에 덕이나 성품의 도덕도 일정한 방식으로 행위하려는 성향을 권유하게 마련이다. 이렇게 볼 때, 대체로 도덕적 덕은 일정한 도덕적 의무의 윤리에 상응하는 것으로 보인다. 그렇다면 도덕원칙에 의해 금지되는 행위와 도덕적 악덕으로 비난받는 행위 간에도 동일한 상응성이 있다고 생각해볼 수 있다. 이런 식으로 본다면 결국 도덕의 두 가지 접근 방식은 완전히 상보적일 수가 있다. 왜냐하면 모든 의무의 원칙에 각기 상응하는 성품이나 덕이 있으며 또한 모든 덕이나 성품에 각기 상응하는 의무의 원칙이 있을 수 있기 때문이다.[31]

만일 **부분적** 상응성이 아니라 **완전한** 상응성을 주장한다면 의무 원칙

••
31) T. L. Beauchamp, 앞의 책, 163~166쪽 참조.

의 목록과 덕목의 목록 간에 **일대일** 대응관계를 내세우는 셈이다. 언뜻 보기에 도덕원칙보다 더 많은 도덕적 덕목이 있는 것처럼 보이는 것도 사실상 보다 더 기본적인 원칙에서 도출되는 하위규칙과 덕목과의 대응 관계에 의해 해명될 수 있을 것이다. 이것이 사실이라면 우리는 결국 "원칙 없는 성품은 맹목이고 성품 없는 원칙은 공허하다"라는 프랑케나의 입장에 동조하게 된다. 그러나 두 유형의 이론 간에 일정한 상응관계가 전제될 경우에도 우리는 다시 덕의 윤리가 규범적 도덕철학에 어떤 본질적 기여를 할 수 있는지 묻지 않을 수 없다. 즉 규범윤리로서 덕윤리의 독자성이나 자립성에 의심을 갖지 않을 수 없는 것이다. 그러나 앞서의 논의에 비추어볼 때 이 같은 의심은 성급한 것이 아닐 수 없다. 왜냐하면 상응하는 의무의 원칙이 없는, 따라서 일정한 원칙으로 형식화하기 어려운 덕목들도 있을 수 있는데 특히 중요한 것으로는 우정·친절·용기·사려 등이 그러한 사례로서, 이는 의무를 넘어서는 영웅적인 혹은 성인다운 이상들로서 의무의 이론이라는 틀 속에 집어넣기 어려운 이상적 덕목들이기 때문이다.

이상과 같이 살펴볼 경우, 의무의 윤리와 덕의 윤리 간의 상응성 문제와 관련이 있으면서도 또 다른 한 가지 문제는 어떤 접근 방식이 더 근본적이고 우선적이며 그에 따라 설정되는 윤리의 종류가 몇 가지인가라는 문제이다. 우선성 문제와 관련된 이러한 문제에 대한 손쉬운 한 가지 해결책에 따르면, 결국 이상에서 말한 두 윤리는 도덕이라는 한 가지 현상의 두 측면에 불과한 까닭에 양자택일을 요구하는 두 가지 도덕이 있는 것이 아니라는 점이다.[32] 이런 조정안에 따르면, 의무의 윤리는 도덕적

32) 같은 책, 170쪽.

삶에서 우리가 도덕적 의무를 갖게 되는 차원에 적용되는 윤리이고 덕의 윤리는 도덕생활에서 의무 이상의 영역에 적용될 수 있는 윤리라 할 수 있다. 따라서 성인이나 영웅에 의해 수행되는 행위는 의무의 윤리를 넘어서는 의무 이상의 영역에 대한 가장 뚜렷한 실례가 되는 것이다.

2) 전통윤리의 자유주의적 변용

도덕문제의 전 영역을 생각해볼 경우 우리는 사회생활의 가장 중요한 요구조건으로 이루어진 기저로부터 상향하여 인간적 이상의 최고 정상에로 연속되어 있는 하나의 자〔尺〕를 상상해볼 수 있다. 이 자의 눈금을 따라가면 어느 곳에선가 의무의 부담이 끝나고 탁월성에의 권유가 시작되는 분할 금을 나타내는 보이지 않는 바늘 눈이 있을 것이다. 사실상 도덕에 관한 논쟁의 많은 부분은 그 눈금을 가능한 한 위로 올리고자 하는 도덕주의자 내지 도덕적 이상주의자와 그 눈금을 아래로 끌어내리려는 자유주의자 내지 도덕적 현실주의자 간의 비공개적인 다툼이었다 해도 과언이 아닐 것이다.[33]

일반적으로 도덕적 의무가 사회도덕과 결부되고 도덕적 이상이 개인윤리와 보다 쉽게 관련된다는 사실은 인정할 수가 있다. 의무의 도덕이 그 적절한 영역 이상으로 나아가면 의무의 부담이 인간의 이상과 자율성을 질식시키게 되며, 그것이 과도하게 개인윤리를 규제할 경우 개인의 고유한 개성과 삶의 다양성을 구속하게 된다. 한편 도덕적 이상이 의무의 영역을 지나치게 침범하면 인간은 각자의 기준에서 자신들의 의무를 주관적으로 규정하여 도덕적 무정부 상태를 결과하게 되며, 그것이 사회

---

33) 같은 책, 170쪽.

도덕에 지나치게 개입할 경우 사회윤리는 그 직관적 변수들을 감당하기 어려워 애매해지고 만다. 의무 중심적 최소도덕과 이상 중심적 최대도덕 간의 적정한 중간 지점을 찾는 것이 오늘날 한국사회의 윤리적 좌표를 정립하는 데서 하나의 중대한 과제인 것이다.

한국 전통윤리의 근간이 되는 유교윤리는 모든 사람이 인격수양과 도덕 수업을 통해 유덕한 인간 또는 성인에까지 이를 수 있다고 한다. 이같이 도덕적 완성을 내세우는 덕의 윤리는 칸트 이후 서구의 법적 도덕관에 근거한 최소도덕에 대조되는 것으로서 최대도덕을 옹호하는 것이라 할 수 있으며 유교가 도덕적 이상주의의 전형임을 보여준다. 물론 최대도덕은 지나친 이상주의적 경향으로 인해 상당한 자질과 수양의 기회를 가진 지적 귀족들에게나 해당될 가능성이 있으며 보통 사람에게는 그림의 떡으로서 현실적 행위지침이 되기 어렵다. 그뿐만 아니라 최대도덕은 군자로 자처하는 대부분의 엘리트에게도 감당하기 어려운 요구가 됨으로써 군자나 양반들이 겉과 속, 언행이 불일치하는 이중인격을 양산할 가능성이 있다. 당위가 가능을 함축하지 못할 경우 당위는 비현실적 공염불에 그칠 우려가 있는 것이다.

전통적 유교윤리는 일상의 인격수양을 통해 도덕적 인격 완성을 권유한다. 이에 반해 근세 이후 현대사회의 일반적 윤리관을 반영하고 있는 최소도덕은 사람들에게 이미 확립된 사회의 도덕규범이나 법질서를 엄격히 준수할 것만을 요구한다. 최소도덕은 사회의 모든 성원들이 법이나 규칙체계를 단지 준수하는 정도를 넘어서서 그 이상으로 도덕적 인격을 부단히 완성하지 않으면 안 된다는 보다 높은 도덕적 요청을 하지 않는다. 그러나 이는 앞서 살핀 대로 도덕에 대해 지나치게 빈약한 이해가 아닐 수 없으며 이러한 법적 도덕관에서는 법과 도덕의 구분이 애매해지고, 따라서 법과 구별되는 도덕의 고유한 차원이나 본질이 희생될 우려가 있게 된다.

따라서 우리가 구상하는 새로운 윤리체계는 전통윤리의 도덕적 이상주의를 포기함이 없이 최대도덕과 최소도덕의 조정을 꾀하지 않으면 안 된다. 도덕적 이상을 세우고 그에 이르기 위해 정진하는 일이 성인에게나 가능하다 해서 거의 법적인 의무에 만족해야 하는 건 아니다. 두 극단 사이에서 우리는 최소도덕을 기초로 삼고 최대도덕을 향해 그 지평이 점차 확대되는 중도적 도덕체계를 구상해볼 수 있다. 물론 현대의 다원주의적 자유주의 사회에서는 과거의 전통사회에서처럼 최대도덕을 모든 성원이 공유하기는 어려울 터이다. 사회의 구성요인에 따라 그리고 인간관계의 친소에 따라 최소도덕에서 최대도덕으로 향하는 스펙트럼의 어떤 지점에서 도덕의 눈금이 정해질 것이다. 따라서 우리는 도덕적 당위의 영역을 최소도덕으로부터 확장해가는 노력에서 인간의 진정한 도덕성이 성취된다고 생각한다.[34]

우리가 상정할 수 있는 사회의 가장 극단적인 자유주의적 모형에 따르면, 의무의 영역은 공적 관행에 의거해서 확인되고 판정되며 이상의 영역은 보다 개방적이고 사적이어서 개인은 각자에게 적합한 유덕함이나 인격의 수준을 받아들이게 되는 것이다. 이러한 극단적인 자유주의적 사회에서는 외면적 행위와 관련된 의무판단만이 공적으로 이루어질 뿐, 보다 사적이고 내밀한 덕과 인격에 대한 판단은 행해지기 어렵다. 그러나 자유주의적 이념을 살리면서도 사회 성원들 간에 보다 친밀하고 규범에

34) C. W-H. Fu, Philosophical Reflections on the Modernization of Confucianism as Traditional Morality, *Modern Society and Traditional Morality*, 71~72쪽 참조.

대한 합의가 이루어진 사회에서는 다소 보수적인 자유주의적 모형도 가능할 것이다.[35] 외적 행위뿐만 아니라 내면적 성품까지도 공적 검토의 대상이 되는 도덕주의적, 이상주의적 모형의 또 다른 극단 사이에 규범이 갖는 관용과 엄정의 수준이 다양한 사회유형을 상정하고 우리의 여건에 따른 선택을 할 수 있을 것이다.

더 구체적으로 우리가 구상해볼 수 있는바 덕윤리의 자유주의적 변용을 이렇게 예시해볼 수 있겠다. 자기 스스로 진리, 정의, 관대, 친절 등과 같은 어떤 도덕적 이상이나 덕목에 동조하는 자발적 지원자들로 구성된 도덕공동체를 생각해볼 수 있다. 이런 도덕 공동체에서는 모든 도덕명령이 정언적(定言的)이기보다는 가언적(假言的) 성격을 띠게 된다. 다시 말하면 그 구성원들이 먼저 진리, 정의, 관대, 친절 등과 같은 덕목을 받아들이고 원하는 조건 아래 행위자들이 마땅히 행해야 할 사항이 정해지게 되며, 그러한 도덕적 이상에 대한 선행적 동조가 없는 한 그들이 도덕적으로 당연히 해야 할 바는 있을 수가 없다는 점에서 그들의 도덕적 명법은 조건부이고 가언적 성격을 갖게 된다.[36]

결국 자유주의적 사회에서는 한 종류의 공동체만이 존재하는 것이 아니며 종류를 달리하는 다양한 삶들이 영위되는 다양한 공동체들이 있게 된다. 어떤 공동체는 보다 매력적이어서 다른 공동체에 비해 많은 성원으로 구성될 수 있으며, 공동체는 새로 생겨나기도 하고 없어지기도 한

∙∙

35) G. W. Trianosky, Supererogation, Wrongdoing, and Vice: On the Autonomy of the Ethics of Virtue, *The Journal of Philosophy*, Vol. 83, No. 1.(Jan., 1986), 26~40쪽 참조.

36) P. Foot, Morality as a System of Hypothetical Imperatives, *Virtues and Vices and Other Essays in Moral Philosophy*(Berkeley: University of California Press, 1978) 참조.

다. 사람들은 다른 공동체로 옮겨가기도 하고 한 공동체에 평생 남아 있기도 한다. 모든 사람들은 각자의 포부에 따라 이상적 삶을 추구하고 그러한 삶을 보장하는 공동체에 자발적으로 가입할 자유가 보장되며 그 누구도 자신의 삶을 타인에게 강요하지 않는다. 이런 다양한 공동체들로 구성되는 전체 사회가 자유주의적인 사회인 까닭은 구성원들에게 여러 공동체 중에서 선택할 자유가 주어지며 이는 결국 공동체 구성원들이 다양한 삶의 양식을 선택할 자유가 있음을 의미하기 때문이다. 물론 특정한 공동체는 자유주의적 입장에서는 정당화될 수 없는 제약들을 내적으로 가질 수 있다. 어떤 공동체는 가부장적인 체제일 수도 있고 언론이나 성적 행위의 종류에 대해 강한 제약을 가하는 공동체일 수도 있다. 하지만 그러한 구조에 동조하는 자원자들이 있을 경우에만 그런 공동체가 존립할 수 있다는 의미에서 그와 같은 공동체 자체는 지극히 전체주의적이지만 전체로서의 사회는 그대로 자유주의적일 수가 있는 것이다.

위에서 말한 대로 전체로서의 사회구조는 자유주의적인 것이다. 이는 단지 자유방임적인 것은 아닌 까닭에 소위 최소한의 도덕으로서 권리가 존중되고 의무가 요구되는 체제이다. 그런 한에서 전체로서의 사회는 그 골격에서 의무의 윤리를 바탕으로 하고 있다.[37] 그러한 전체 사회 속에서 주된 덕목을 서로 달리하고 또한 덕목들 간의 서열을 달리하며 따라서 덕목들의 체계를 달리하는 다양한 공동체가 있을 수 있다. 개중에는 어떤 공동체에도 속하지 않는 성원들이 있을 수도 있다. 전통적으로 제시

••

37) R. Nozick, *Anarchy, State and Utopia*(New York: Basic Books, 1974), 제3부 참조. 이는 대체로 노직의 구상을 따른 것이나 기본 골격에서 자유지상주의적이기보다는 평등주의적 자유주의자의 입장이라는 점에서 그의 견해와 다르다.

되어온 각종 유토피아 사상이 특정 공동체를 겨냥하고 있다면 우리의 자유주의적 사회에는 각종 유토피아적 공동체가 있게 되는 셈이다. 기독교적 공동체, 불교적 공동체, 노장적 공동체, 유교적 공동체 등도 생각해볼 수 있다. 결국 이러한 구상은 앞서 논의한 바 있는 매킨타이어의 구상을 더 구체화한 것으로서 로버트 노직(Robert Nozick)의 메타-유토피아 이론을 원용한 것이라 할 수 있으며 최근 논의되고 있는 공동체 이론과도 맥이 닿는 이야기이다. 우리는 혈연, 지연, 학연이 아닌 더 정신적으로 이념을 같이하는 사람들끼리 공동체를 이루고 동조하는 이상적 삶을 공동으로 추구해갈 수 있을 것이다.

5. 부록: 동양과 서양의 덕윤리 비교

고대문명을 일별할 때 종교, 도덕, 철학에 대한 이해가 다양했음을 알 수 있다. 힌두인들은 인생의 고뇌에서 해방될 수 있다는 믿음을 추구했고, 히브리인들은 세계의 창조주인 신의 계명을 준수하는 데서 인생의 의미를 찾았다. 한편 희랍인들과 중국인들은 아무런 계시종교도 갖지 않았으나 도덕의식은 고차적으로 발전되어 있었다. 희랍인들과 중국인들은 지적 능력을 신뢰했고 이성의 자율성을 내세웠다. 이러한 사유방식에 바탕을 두고서 희랍인들과 중국인들은 나름의 도덕이론들을 정식화했으며 자신들의 철학과 삶을 그 이론에 의해 규제하고자 했다. 이러한 도덕이론에서 우리는 그들 양자에 몇 가시 공통석 관념을 발견할 수 있는데, 인간을 동물과 구분해주는 합리적 정신, 욕구와 감정을 통제하는 이성, 지식을 추구하고자 하는 욕망, 사기수양과 사회구성의 기초가 되는 주된 덕목 등이다. 특히 이 중에서 우리는 덕의 개념을 중심으로 동서 윤리관의 일단을 비교, 논구해보고자 한다.

우선 희랍인들과 중국인들은 윤리학의 가장 핵심적 주제를 인간의 선이라고 생각했고 인간에 대한 윤리적 탐구의 출발점을 인간의 본성으로 보았다. 희랍인들은 인간의 두드러진 특징을 영혼이라 하였고 중국인들은 마음[心]이라고 하였다. 인간의 영혼이나 마음은 여러 기능을 갖지만 특히 자연에서 인간을 동물과 구별해주는 것은 영혼이나 마음에서도 이성의 부분이라 할 수 있다. 이성에 의해 인간은 사유하고 인식하며 의지하고 선택하며 이성에 의해 자신의 잘못을 수정하고 자신을 통제하게 된다. 따라서 이성은 지식, 교육, 생활, 사회질서, 국가 조직에서 관건이 된다고 할 수 있다.

인간과 그 본성을 탐구하는 데서 첫 번째 단계는 인간이 덕을 소유하고 있다는 사실을 인정하는 일이다. 인간은 덕을 통해 좋은 것과 나쁜 것이 무엇인가를 알고 선을 행하며 악을 피하게 되는 것이다. 덕목들은 희랍이나 중국에서 각기 달리 명명되고 있기는 하나 그 덕목들을 통해 성취하게 되는 실질적 내용은 동일한 것으로서 좋은 것과 옳은 것, 조화로운 것 등이다. 소크라테스나 플라톤이 내세운 주 덕목은 지혜·용기·절제·정의 네 가지이며, 공자는 지·인·용 세 가지를 내세웠다. 그 후 맹자는 공자가 제시한 목록을 수정·보완하여 인, 의, 예, 지 네 가지를 제시했다. 물론 이러한 덕목들이 희랍과 중국의 도덕 전반을 모두 포괄하는 건 아니나 그에 중심적인 것임은 사실이다. 우선 우리는 중국과 희랍에서 사용된 덕이라는 개념의 의미 분석을 행한 뒤 각 덕목을 상론하고 몇 가지 점에서 대조적 논의를 전개해가고자 한다.

1) 중국사상에서 덕의 개념[38]

전통적으로 동양에서 덕이라는 개념의 말뜻과 관련하여 '덕(德)은 득(得)'이라는 해석이 대체적으로 받아들여져 오고 있다. 이는 이미 『예기(禮記)』에도 나와 있는 해석이며 또 대부분의 자전에서 덕의 어의(語義)의 하나로서 제시되고 있기도 하다. 특히 이러한 해석이 유력하게 된 데는 주자가 "몸소 행하여 얻은 바를 덕이라 한다(躬行有得 謂之德)"라고 주석한 것에 크게 힘입고 있다. 그러나 이러한 해석을 받아들인다 할지라도 '덕은 득이다'라는 것만으로는 윤리학적인 개념으로서 덕의 의미는 명백해지지 않는다. 폭리(暴利)나 사리(私利)일지라도 득하는 것이 덕이라면 그 덕은 이해득실의 득에 지나지 않으며 도덕적인 덕이 아닐 것이기 때문이다. 그렇다면 득은 어떤 의미에서 덕의 개념에서 중심적인 계기가 되는가? 그것은 폭리를 득한다는 경우처럼 얻어지는 것이 무엇일지라도 상관없다고 하는 의미일 수는 없다. 따라서 여기에서는 무엇을 득할지가 중대하게 된다. 물론 얻는 대상만이 중대하고 득하는 것 자체가 중대한 게 아니라면 '덕은 득이다'라고 말할 필요가 없는 까닭에, 우리들은 얻는 그 무엇과 더불어 득의 의미 또한 중요한 것으로 받아들이지 않으면 안 된다.

한편 우리가 발견할 수 있는 또 한 가지 중요한 점은 득이라는 것과 관계없는 덕의 의미이다. 일본의 『대언해(大言海)』의 덕(德) 편에는 신 것은 매화의 덕, 단것은 사탕의 덕이라는 설명이 나와 있다. 이는 덕즉득(德卽得)이라는 해석과 전혀 무관하지는 않으나 매화의 '시다'라는 성질은 매화가 득한 것이라기보다는 자연적으로 갖추어져 있다는 뜻이다. 따라서 이러한 덕은 사물의 본성 또는 사물에 고유한 힘이라고 해석하는 편이 보

•·

38) 和辻哲郎,「德の諸相」,『倫理學』(岩波講座, 2007), 第十冊 참조.

다 합당하다. 사물의 본성을 의미하는 경우로서 『신자감(新字鑑)』에서는 "자기로 족하여 타자에 의존하지 않는 것을 덕"이라 하고 있다.[39] 다시 말하면, 어떤 사물의 고유 본성으로서 다른 사물에 의존하지 않는 것이 그 사물의 덕이라는 것이다. 단것은 사탕의 덕, 짠 것은 소금의 덕이다. "소금이 만일 짠 효력을 잃으면 무엇으로 그것을 소금이라 할 수 있느냐"라는 말은 덕이 '다른 사물에 의존하지 않는 것'임을 아주 잘 표현하고 있다.

그런데 이와 같이 소금의 덕이 그 효력이라고 표현되어 있듯이 어느 사물의 고유한 본성은 또한 그 사물의 고유한 힘이라고도 할 수 있다. 신것은 매화의 고유한 힘, 단것은 사탕의 고유한 힘인 것이다. 이러한 의미는 덕의 작용이나 기능에 관해 말할 때 한층 더 분명해진다. 누에에 실을 내뽑는 덕이 있다든지 벼에 쌀의 열매를 맺는 덕이 있다고 말해지는 경우다. 이처럼 덕이 력(力), 세(勢) 등을 의미하는 일은 아주 예전부터 있어 온 것으로서 "귀신의 덕 됨이 그 번성함인저" 등이 그 고전적 사례이다.[40] 노래의 덕이라든가 칼의 덕이라고 말해지는 것도 그런 사례들로, 이 경우에는 덕이 득해진 것이라기보다는 어떤 사물의 고유한 본성 혹은 힘이라는 의미를 강하게 띠고 있다.

그런데 도덕적 의미의 덕과 직결된 것으로서는 『예기』에 나오는 "예악을 모두 얻을 때 이를 일러 덕이 있다고 한다. 덕이란 얻는 것이다"[41]라는 구절을 들 수 있다. 여기에서는 단지 사물의 본성보다는 군자의 본성으로서 예와 악이 제시되어 있다. 예는 광의의 도덕이며 사회적 질서의 표현으로서 예가 자연적으로 우리에게 갖추어진 본성이라고 말하기는 어

••

39) 같은 책 참조. 『新字鑑』, "足乎己 無待於外 之謂德."
40) 『中庸』, 제16장, "鬼神之爲德 其盛矣乎."
41) 『禮記』, 「樂記」 "禮樂皆得 謂之有德 德者得也."

렵다. 우리들은 정성을 다해 예의범절을 가르치며 그로 인해 예를 몸에 배게 하는 것이다. 그런데 예를 체득한 군자에게서는 그 예가 본성으로 되어 고유한 힘이 되며 따라서 예를 잃으면 군자 됨을 상실하는 것이다. 아래로 떨어지는 본성을 지닌 돌은 여러 번 던져 올려도 위로 오르는 성질을 획득할 수 없다. 하지만 사람은 예의범절을 가르침으로써 덕을 습득할 수가 있다. 이런 관점에서 볼 때, 덕이 득과 연결되는 까닭은 쉽게 인정할 수가 있는 것이다.

예는 이상과 같이 설명될 수가 있으나 악(樂)은 어떠한가? 악은 음악 혹은 더 넓은 의미로 예술을 가리키는 것으로서 예술도 예와 같이 취급될 수 있을 것인가? 예술이 연습에 의해 비로소 득해지는 건 말할 필요도 없으나 그렇게 얻어진 기능이 곧 덕이라 할 수 있는가? 『예기』에 따르면 "소리만 알고 음을 모르는 것은 금수와 같고, 음을 알고 악을 모르는 것은 보통 사람이며, 군자만이 능히 악을 알 수 있다. …… 악을 알 경우 그것은 예에 가깝다"라고 했다.[42] 음악을 습득하여 이해하는 것은 도덕적으로 높아지는 것이며 따라서 군자가 득한 본성에 속하는 것이다. 다시 말해 문화는 동시에 도덕화인 것이다. 이런 관점에서 볼 때 단순히 습득한 힘으로서 기술을 갖추었다고 하는 이유만으로는 덕이라고 말할 수가 없는 것이다.

덕을 단순한 기술과 구분하고 있는 점이 고전 여러 곳에서 발견된다. 『논어』에는 "명마란 그 힘을 높이 평가하는 것이 아니라 그 덕을 높이 평가한다"라고 했다.[43] 이 비유는 전통적으로 능력(能力)과 덕의 구분을 설명

∴

42) 『禮記』, 「樂記」 十九, "是故知聲而不知音者 禽獸是也 知音而不知樂者 衆庶是也. 唯君子爲能知樂 …… 知樂則幾於禮矣."
43) 『論語』, "驥 不稱其力 稱其德也."

192

한 것으로 해석된다. 명마에게서 힘이나 기능의 우수성보다도 길든 성품의 우수성이 높이 평가되듯이, 동일하게 습득한 것일지라도 단순한 기능보다는 인륜적인 본성이나 성품이 중요하다고 보는 것이다. 그런데 덕이 우수성을 의미한다는 것은 여러 문헌에서 확인될 수가 있다. 군자의 덕은 보통 사람들보다 우수하고 탁월한 점을 드러내는 것으로 본다. 결국 지금까지의 논의를 요약하면, 덕이란 사람이 득하여 자기화하고 있는 인륜적 본성 혹은 힘의 우수성이라고 할 수 있을 것이다.

2) 희랍사상에서 덕의 개념[44]

한자어의 덕에 상응하는 것은 희랍어의 아레테(arete), 라틴어의 비르투스(virtus)이다. 유럽어에서는 영어, 프랑스어, 이탈리아어 등이 모두 비르투스에 뿌리를 둔 말을 사용하나 유일하게 독일어만이 고유한 표현인 '투겐트(Tugend)'라는 어휘를 지니고 있다. 아레테는 원래 자연적이건 도덕적인 것이건 상관없이 온갖 사물의 '좋은 점', '뛰어난 점'을 의미하는 말이다. 좋은 돌, 좋은 집, 좋은 말, 좋은 목수, 좋은 사람이라고 할 때의 좋은 점, 뛰어난 점과 덕은 동의어이다. 하지만 아레테는 특히 '남자다움', '용기' 등에 관해 자주 쓰였는데 이 점은 비르투오소(virtuoso)와 관련된다. 비르투오소의 비르(vir)는 남성이므로 남자다움, 따라서 용기나 힘이 비르투오소의 본래 의미로서 그 이후 아레테는 일반적으로 뛰어난 점, 우수한 점, 탁월한 점 등을 의미하게 되었다.

투겐트는 이와는 달리 '유용하다(taugen)'는 말과 어원을 같이한다. 이는 사물을 유용하게 하는 것 혹은 사물에서 유용한 성질을 의미한다. 여

44) 和辻哲郎, 앞의 논문 참조.

기에서도 처음에는 생물이나 무생물, 자연적인 것과 도덕적인 것의 구별이 없이 쓰였다. 이 점은 아레테와 아주 비슷하다. 중세에는 돌, 나무, 물 등의 투겐트가 종종 말해지고 있으나 근세에 이르러서는 포도주의 투겐트라든가 칼이나 말의 투겐트 등의 용법이 남아 있다. 이는 글자 그대로 술의 덕, 말의 덕이라 번역해도 충분히 통할 수 있다. 그런데 이와 같은 다양한 의미를 갖는 말이 드디어 도덕적 의미 즉 사람이 수득(修得)하는 성질에만 국한되어 사용되기에 이르렀다. 그리고 오히려 도덕적 의미가 본래적이고 기타의 용법은 부차적이라고 느껴지기에 이르렀다. 이 점 또한 동양에서의 덕 개념과 비슷하지만 특히 아레테에 관해서는 그 도덕적 의미 규정이 학문의 과제가 되었다는 점에서 각별한 주의를 기울일 만한 것이다.

아레테는 앞서 말한 바와 같이 어떤 사물이 지니는 좋은 점, 우수성이다. 그것은 사물이 목적에 적합한 성질 이외의 다른 것이 아니다. 예술 활동에서 우수했던 희랍인들은 아레테를 특히 기술과 관련해서 생각하였다. 집짓는 기술은 목수의 아레테이고, 배를 조종하는 기술은 수부의 아레테이다. 마찬가지로 시인의 아레테, 조각가의 아레테 등이 말해진다. 그런데 이러한 아레테는 시민으로서의 아레테가 아니다. 하지만 소크라테스가 폴리스에 속하는 일에서 하나의 큰 아레테는 무엇인가라는 문제를 제기하기 시작했고, 이 문제와 더불어 윤리학이 시작되었다고 할 수 있다. 그는 논변을 통해 한 시민이 국법을 바르고 경건하게 지키지 않을 경우 그는 시민으로서의 아레테를 가지고 있지 못하며, 적에 대해 용감하게 싸우지 않았던 경우와 풍습에 따라 자기의 삶을 절제하지 않았던 경우도 모두 동일하다고 했다. 그렇다면 시민으로서의 아레테는 정의, 경건, 용기, 절제와 같은 성질을 포함하게 된다. 여하튼 이렇게 해서 비로소 아레테는 단순히 목수나 수부의 아레테와는 전혀 다른 의미 즉 윤리적 의미를 갖기에 이른 것이다.

플라톤의 초기 대화 편 『프로타고라스(*Protagoras*)』는 이 과정을 흥미있게 묘사하고 있다.[45] 작가는 우선 프로타고라스로 하여금 폴리스의 의의를 말하게 한다. 옛날에 프로메테우스는 인간에게 불과 기술을 가져왔지만 인류의 보존이나 개화에 없어서는 안 될 폴리스적 아레테를 전하지 않았다. 그래서 인류가 마침내 몰락하기에 이르자 제우스는 인류를 구하기 위해 헤르메스로 하여금 정의와 수치를 인간에게 전하게 한다. 이때의 조건은 아레테가 다른 기술과 달리 모든 사람에게 주어지지 않으면 안 된다고 하는 점이다. 목수의 아레테나 수부의 아레테는 그 직업을 가진 자만이 구비하면 된다. 그러나 위의 두 아레테를 일부의 사람만이 가질 경우 폴리스는 성립하지 않는다. 그러므로 이러한 아레테를 견지하지 못할 경우에는 사형에 처한다는 법률이 제우스의 이름으로 발표되고, 그로 인해 인간은 폴리스를 만들어 몰락에서 벗어나게 된 것이다. 따라서 일반적으로 폴리스가 있어야 한다면, 다시 말해 사람들이 공동체를 이루고 살아야 한다면 사람들은 신이 명한 폴리스적 아레테를 가지지 않으면 안 된다. 이러한 시민으로서의 아레테는 정의와 절제, 경건 등에 의해 구성되는 것으로 기술된다.

이상의 논의에서 나타난 바와 같이 아레테는 어디까지나 폴리스의 입장에서 이해되고 있다는 점이 분명하다. 다시 말하면 정의, 절제, 용기, 지혜와 같은 아레테는 개인 혼과 관련해서만 생각되는 게 아니고 폴리스 즉 공동체 속에서 살아가는 방식과 관련된 것임에 주목해야 한다. 따

∙∙
45) Plato, *Protagoras* 참조.

라서 아레테가 특히 도덕적 의미를 갖게 되는 것은 시민으로서 아레테의 반성 즉 폴리스적 자각과 결부되어 있다. 결국 아레테는 개인의 인격에 속하는 동시에 집단조직의 아레테이며 폴리스적 존재로서의 아레테이다. 폴리스적 존재는 시민들에게 일정한 행위방식을 부여하며 이러한 행위방식이 개개의 시민들에게서 집단적 성질로 체득되어 있는 것, 그것이 바로 아레테이다. 그렇다면 희랍의 아레테는 동양의 덕의 개념과도 아주 잘 합치한다고 말할 수 있을 것이다.

3) 두 전통에 나타난 덕목들의 비교

고대 중국과 희랍에서 중요시했던 덕목의 종류를 보다 상론해보자. 공자의 손자인 자사(子思)는 말하기를 공자에 따르면 지, 인, 용이 인간의 세 가지 주된 덕목이라고 했다. 공자는 이러한 덕목을 논어에서 다음과 같이 설명한다. "지자는 혼란되지 않으며, 인자는 근심이 없고, 용자는 두려움이 없다."[46] 또한 자사에 따르면, 공자는 "배우기를 좋아하는 것은 지에 가깝고, 성실히 노력하는 것은 인에 가까우며, 염치심을 갖는 것은 용에 가깝다"[47]라고 했다. 그러나 공자를 계승한 전국시대 사람인 맹자는 의의 관념을 강조하여 의라는 덕목을 추가했으며 공자의 세 가지 주덕을 수정·보완하여 네 가지 덕목을 제시했다. 그리고 네 덕목의 자연적 바탕이 되는 네 단서를 말하고 이 단서가 제대로 발전되면 네 덕목을 이루게 된다고 했다. 그래서 측은히 여기는 마음은 인의 실마리요, 부끄러이 여기는 마음은 의의 실마리이며, 사양하는 마음은 예의 실마리이며, 시비

∵

46) 『論語』, 「子罕」 二十八, "知者不惑 仁者不憂 勇者不懼."
47) 『中庸』, "好學近乎知 力行近乎仁 知恥近乎勇."

를 가리는 마음은 지의 실마리라고 했다.[48]

언뜻 보기에 맹자는 부드러운 덕목만을 취택하고 보다 강한 덕목인 용기는 배제한 것으로 생각된다. 그러나 이는 사실과 다르다. 왜냐하면 맹자 자신은 대단한 용기의 위인이었기 때문이다. 그는 제후들에게 용기 있는 직언을 했으며 사상을 달리하는 자들에게도 과감히 대항했다. 이는 맹자의 용기 있는 기상을 보여주는 것으로서 그는 결코 부드러운 덕만을 중요시하는 자가 아니었다. 맹자는 육체적 용맹을 기르는 이야기를 인용하여 정신적 용기인 호연지기(浩然之氣)의 성취를 위한 이론을 전개했다.[49] 맹자는 다음과 같은 점에서 공자와 뜻을 같이함이 분명하다. 자로(子路)가 공자에게 군자도 용맹을 귀중히 여기는가라고 물었을 때 공자는 "군자는 의를 가장 중히 여기며 의가 없는 용기를 가질 경우는 이를 부끄러이 여긴다"라고 했다.[50]

이상과 대조하여 희랍철학자들의 덕론을 살펴보자. 플라톤의 『국가』 편에는 네 가지 덕목이 열거되는데 지혜, 용기, 절제, 정의이다.[51] 그런데 네 덕목은 단지 개인의 영혼의 덕만이 아니고 국가 구성의 기본 덕목이기도 하다. 정의라고 하는 것은 원래 폴리스의 법을 지키는 것이었다. 폴리스 즉 공동체에서 살아가는 것과 관련된 게 아닌 한 정의나 부정의의 문제는 없다. 폴리스의 법은 인간사에서의 질서 즉 인륜적 조직을 확립하기 위한 행위방식이며, 따라서 이 방식에 맞는 것이 옳은 것이고 정

----

48) 『孟子』, 「公孫丑句」 上 六, "惻隱之心 仁之端 羞惡之心 義之端 辭讓之心 禮之端 是非之心 智之端."
49) 같은 책, 「公孫丑句」 上 二, "善養吾 浩然之氣."
50) 『論語』 참조.
51) Plato, *Republic*, Ⅳ, 442쪽.

의이다. 이러한 옳음을 개인의 혼이 자기의 것으로 습득할 경우, 그것이 그 사람의 시민으로서의 아레테이다. 마찬가지로 절제는 인륜적 전체를 위한 개인의 통제이다. 개인의 자기 억제는 공동체 생활에서만 의의를 갖는 행위방식이며 고립적 개인에게는 아무런 의미가 없다. 이러한 자기 억제를 개인이 마음속에 내면화할 때 그것이 그 사람의 혼의 아레테가 된다. 용기 역시 폴리스적 존재가 아닐 경우 아레테가 될 근거가 존재하지 않는다. 죽음을 두려워 않고 자신의 본분을 지키는 것, 그것이 용기의 본질이다. 이러한 행위방식을 자신의 몸에 배게 할 때 용기의 아레테를 갖는다고 말해진다. 이처럼 시민으로서의 아레테는 시민으로서의 행위방식을 혼의 성질로 화하게 한 것이라 해도 무방할 것이다.

그러면 지혜는 어떤 것일까? 언뜻 생각하면 지혜는 폴리스에 관계없이 개인의 영혼의 아레테로 보이지만 소크라테스에게서는 지혜야말로 가장 중요한 시민으로서의 아레테인 것이다. 이와 관련하여 소크라테스의 유명한 "덕은 지다"라는 명제가 나타난다. 그런데 이 명제는 덕을 어디까지나 희랍의 아레테로 생각하지 않으면 이해가 어려울 것으로 생각된다. 목수의 아레테라고 말하는 경우처럼 아레테는 일정한 직업에 고유한 기술을 의미하고 있다. 그런데 소크라테스에게서 기술은 근본에 있어서 아는 것이다. 집을 지을 수 있는 자는 집이 무엇인가를 알고 있다. 그렇다면 각양각색의 아레테는 각양각색의 소피아(sophia, 지혜)이며 다양한 에피스테메(epistēmē, 지식)라 말할 수 있을 것이다.

따라서 소피아에는 기술을 배우고 체득한다는 의미가 있고 에피스테메에도 앎과 동시에 할 줄을 앎의 뜻이 포함되어 있는 까닭도 이해할 수가 있다. 이러한 관계는 시민으로서의 아레테의 경우에서도 마찬가지이다. 옳게 행할 수 있는 것은 옳은 것 즉 정의를 알고 있는 것이며, 정의를 알고 있으면 옳게 행할 수 있는 것이다. 마찬가지로 용감하게 싸울 수 있다는 것은 용기를 알고 있기 때문이며, 예의범절을 아는 시민은 절제를 알고 있다고 할 수 있다. 체득(體得)하고 있다는 말은 바로 이러한 상태를 가리키는 것이다. 그래서 집짓는 방법을 체득하고 있는 자가 정의의 아레테를 갖는다고 할 수 있다. 그런데 이러한 아레테는 본질적으로 하나이고 그 하나는 시민으로서의 아레테라고 할 수 있다. 결국 이 하나의 아레테를 체득한다는 것은 폴리스가 인륜적 조직이라는 점을 의미한다. 이러한 지혜를 폴리스적 존재의 자각으로서 곧바로 시민으로서의 아레테라 할 수 있는 것이다.

플라톤에서의 덕과 공맹에서의 덕을 비교할 경우 우리는 여러 차이점을 발견하게 된다. 우선 인(仁)의 덕이 플라톤의 목록에는 없다. 이는 플라톤이 『심포지엄(Symposium)』과 『뤼시스(Lysis)』 두 대화록에서 사랑의 문제를 다루고 있다는 사실에 의해 설명될 수 있다. 두 대화록에서 플라톤은 인간이 혹은 남녀가 서로 사랑하게 되는 이유를 자세히 논한다. 중국인들은 사랑이란 이성에 의해 통제되어야 하며 그럴 경우의 사랑이 인이라고 했다. 그러나 희랍인들은 아름다운 것에 대한 공경이나 추구를 사랑으로 보았다. 또한 플라톤에서의 정의는 동양의 의보다는 더 넓은 개념으로 생각된다. 맹자에 따르면, 의란 특정한 경우에 행해야 할 올바른 일을 의미하며 따라서 각 개인과 각 계층에 속하는 본분을 다한다거나 그러한 것들의 조화라는 관념과 결부된 희랍적 정의관과는 다르다.

끝으로 중국인에게서 네 가지 덕 중 가장 근본적인 덕은 지이다. 그것은 지적인 것일 뿐만 아니라 실천적인 것으로서 존재뿐만 아니라 당위까지도 알 수 있는 것이다. 그리고 플라톤에게서 절제는 자기 통제를 의미하나 이와 상관되는바 중국인의 예는 타인에게 공손하고 사양하는 정신을 의미한다. 때때로 예는 인과 함께 하는 것으로서 자기를 극복하고 예를 회복하는 것이 인이라고도 한다.[52] 이상에서 논의된 바와 같이 희랍과 중국에서 기본 덕목의 체계와 명칭은 다소 상이한 점이 있기는 하나 근본에서 그리고 실질적인 내용에서는 크게 다를 바가 없음을 알 수 있다.

또 한 가지 문제는 덕의 통일성과 관련된 것으로서 플라톤은『프로타고라스』편에서 이를 다루고 있다. 중국에서는 이 문제가 공자에 의해 다루어진다. 공자는 "사람이 인의 덕을 갖추지 못하면 예의 원리가 무슨 소용이 있겠으며, 사람이 인의 덕을 갖추지 못하면 음악이 무슨 소용이 있겠는가"라고 하고 있다. 여기에서 그는 인이 예와 악의 근본임을 내세우는 것으로 보인다. 또한 공자는 인을 갖춘 사람만이 타인을 진정으로 사랑하거나 미워할 수 있다고 한다.[53] 이는 인자만이 사랑하는 방식과 미워하는 방식을 알고 있음을 뜻한다. 나아가서는 사랑을 갖춘 자만이 사랑할 사람과 미워할 사람을 가질 수 있음을 의미한다. 이는 결국 인과 의가 상호 관련되어 있는 것임을 함축한다.

또한 공자에 따르면 "인자는 반드시 용기를 갖지만 용자가 반드시 인자는 아니다"[54]라고 했다. 이는 사랑을 가진 자는 타인을 구하기 위해 자신의 생명을 희생할 수 있으나 용자가 타인을 사랑하는 방식을 반드시 안다고 할 수는 없음을 뜻한다. 결국 모든 덕목이 하나의 원천에서 나온다는 공자의 견해는 그의 철학사상 전체가 하나로 일관되어 있다는(吾道一以貫之) 사실에 바탕을 두고 있다. 공자가 말한 대로 그의 철학은 하나로 꿰어 있는 통일성을 가진다. 이러한 이유로 우리는 덕목들이 상호 내

..

52)『論語』,「顔淵」一, "克己復禮爲仁."
53) 같은 책,「里仁」三, "惟仁者 能好人 能惡人."
54) 같은 책,「憲問」五, "仁者必有勇 勇者不必有仁."

적인 관계를 갖는 하나의 체계를 이루고 있다는 확신을 갖게 된다.

소크라테스도 프로타고라스와의 대화를 통해 덕의 통일 문제를 주제적으로 제기하고 있다.[55] 그에 따르면, 정의와 절제 그리고 경건은 하나의 통일체로서의 아레테를 형성한다. 그러나 정의, 절제, 경건은 이목구비가 얼굴의 부분이듯 한 아레테의 부분들을 구성하는바 본질에서 서로 다른 게 아니라 동일한 것으로서, 그것들은 모두 시민으로서의 아레테의 여러 양상에 불과한 것이라고 했다.

55) Plato, *Protagoras*, 329쪽.

제6장

정감 어린 여행(Sentimental Journey)
: 덕윤리학자 마이클 슬로트와의 대담

◆ 대담 일자: 2009년 6월 30일(화)

◆ 대담 장소: 미국 마이애미대학 철학과 마이클 슬로트 교수 연구실

마이클 슬로트(Michael Slote)는 하버드대학에서 철학을 공부하고(철학박사) 현재 마이애미대학 철학과에 재직 중이다. 젊은 시절에는 합리적 선택이론에 관심을 가졌지만 덕윤리로 관심이 바뀌어 드디어 세계적인 덕윤리학자로 알려졌고, 최근에는 유교의 덕윤리에도 각별한 관심을 보이고 있다. 저서로는 『From Morality to Virtue』, 『Morals from Motives』, 『Ethics of Care and Empathy』 등이 있고, 제일 앞의 책이 『덕의 부활』이라는 제목으로 장동익에 의해 번역되어 출간되었다.

대담은 주로 황경식이 하고 박정순(연세대 철학과) 교수가 거들었다. 대담의 제목을 '센티멘털 저니'라 한 것은 슬로트의 입장이 센티멘털리즘인 데다 대담을 위해 박정순 교수와 함께한 여행의 분위기 때문이기도 하다.

1. 덕윤리는 과연 제3의 윤리설인가

황경식: 윤리학의 역사로 볼 때, 어떤 윤리이론이든지 그것이 합당한 (reasonable) 것이라면 기본적으로 다음의 두 가지 과제를 해결하고자 하였다. 하나는 그 윤리이론이 특정 행위를 어떻게 (도덕적으로) 정당화할 수 있느냐 하는 것이고(정당화의 문제), 다른 하나는 윤리이론이 행위자에게 어떻게 행위에의 동기를 유발할 수 있느냐 하는 것이다(동기화의 문제).

그런데 마사 누스바움(Martha Nussbaum)은, '덕윤리'는 윤리학의 주요 주제에 접근하는 독자적인 방법이 될 수 없다고 주장했다. 즉 전통적으로 윤리학을 구성하는 두 개의 축을 공리주의와 칸트주의라고 할 때, 덕윤리는 이들과 다른 제3의 축이 될 수 없다는 것이다. 누스바움은 이처럼 덕윤리를 제3의 축으로 분류하는 것은 기본적으로 범주의 오류를 범하고 있다고 주장했는데, 이 점에 대해서는 어떻게 생각하는가?

슬로트: 내 생각에는 정작 혼동을 하고 있는 사람은 누스바움 자신이다. 누스바움이 그 논문을 발표했을 때, 그녀는 덕(virtue)을 다루는 많은 입장을 참고하긴 했지만, 덕윤리 이론의 기본토대(foundations)에 대해 말하는 나의 이론이나, 로절린드 허스트하우스(Rosalind Hursthouse)의 이론은 전혀 참고하지 않았다.

단순히 덕에 관해 언급하는 도덕이론과 덕을 한 윤리이론의 기본토대로서 다루는 도덕이론 사이에는 큰 차이가 있다. 나의 덕윤리 이론은 행위자의 인격(character) 혹은 동기(motivation)와 같은 요소들이 행위자의 행위를 정당화하거나 그 행위의 옳고 그름을 판별하는 '기본토대'를 구성해야 한다고 주장한다. 이러한 입장은 어떤 행위를 정당화하는 기본토대를 '규칙' 혹은 '결과'로 파악하는 칸트주의나 공리주의와는 근본적으로 차이가 난다. 이런 점에서 나는 나의 덕윤리 이론이 (공리주의 혹은 칸트주의와는 다른) 독자적인 이론체계를 구축하고 있다고 생각한다.

물론 칸트주의와 공리주의도 덕에 관한 나름의 입장(virtue theory)이 있다. 하지만 그렇다고 해서 칸트주의와 공리주의가 '덕윤리(virtue ethics)'가 되는 것은 아니다. 규칙 혹은 결과에 토대하는 이론의 단순한 일부로서 덕을 다루는 것과, 행위의 정당화를 위한 기본토대로서 덕을 다루는 것에는 큰 차이가 있다.

이런 점에서 나는 누스바움의 주장이 잘못되었다고 생각하며, 만약 그녀가 내 이론을 제대로 읽었더라면 그러한 주장을 하지 못했을 것이라고 생각한다.

박정순: 우리가 듣기에, 당신은 당신의 덕윤리 이론을 다른 덕윤리 이론과 구별하면서, '내 이론은 정당화의 문제에 대해 제대로 다루고 있는 반면 덕에 관한 다른 이론들은 그렇지 못하고 있다'고 주장하는 것 같은데……

슬로트: 당신들의 질문은 기본적으로 덕윤리가 칸트주의에 비해 정당화에 관해서 더 많은 문제점이 있다고 전제하고 있다. 하지만 내 생각은 꼭 그렇지가 않다. 덕윤리 이론은 기본적으로 역사가 길지 않다. 칸트의 도덕이론은 오래전부터 논의되어왔지만, 덕윤리가 본격적으로 논의되기 시작한 지는 약 50년밖에 되지 않았다. 하지만 나의 덕윤리 이론이나 허스트하우스의 덕윤리 이론을 읽어보면, 우리가 정당화의 문제에 상당히 주목하고 있음을 알 수 있을 것이다. 아울러 내가 보기에, 우리가 수행하

고 있는 정당화 작업이 칸트주의나 공리주의가 수행해왔던 정당화 작업에 비해 특별히 뒤쳐지지도 않는다.

그런데 여기서 한 가지를 덧붙이자면, 내 생각에 칸트주의자들은 덕윤리 이론가들에 비해 동기화의 문제와 관련해서 훨씬 더 많은 문제를 가지고 있다는 것이다. 이러한 문제는 부분적으로는 도덕교육에 관한 칸트의 입장에서 비롯한다고 생각한다. 칸트의 도덕교육에 관해 가장 널리 알려진 입장은 로런스 콜버그(Lawrence Kohlberg)의 것이다. 콜버그의 입장에 대해 사람들은 한결같이 이렇게 평가를 한다. "이 사람은 도덕원칙에 대해서는 참 좋은 얘기를 하고 있지만 동기화의 측면은 전혀 다루고 있지 못하다!" 이런 점에서 나는 칸트의 도덕교육 이론이 동기화의 문제를 제대로 다루고 있지 못하다고 생각한다.

나는 몇몇 덕윤리 이론들은 도덕교육에 관해 매우 좋은 이론을 내포하고 있다고 생각한다. 구체적으로 나의 덕윤리 이론이 그렇다고 본다. 나는 사실 얼마 전에 《Theory and Research in Education》이라는 잡지에 논문을 보냈는데 —곧 그것에 관한 대규모 심포지엄이 열릴 예정이다— 그 논문의 기본 주제는 한마디로, 어떻게 정감주의적(sentimentalist) 덕윤리 이론이 동기화의 문제를 해결할 수 있냐이다.

나의 덕윤리 이론은 보살핌(caring)과 공감(empathy)에 대해 다루고 있다. 공감이 우리를 동기화시킨다는 걸 우리는 잘 알고 있다. 따라서 나는 나의 덕윤리 이론이 칸트주의자들의 이론에 비해 동기화의 문제를 잘 해결할 수 있다고 생각한다.

2. 덕윤리가 시민사회의 규범이 될 수 있나

황경식: 덕윤리 이론들의 도덕관에 관한 좀 더 일반적인 질문을 하겠다. 내 생각에는 도덕이론 체계와 한 사회의 구조 간에는 함수적 대응관계가 존재하는 것 같다. 단순화해서 이 세상에 두 유형의 사회가 있다고 해보자. 소규모 공동체와 대규모 도시국가. 소규모 공동체에서는 인간관계가 매우 친밀하다. 이에 반해, 대규모 도시국가에서는 인간관계가 익명적이고 상업적이다. 그래서 나로서는 덕윤리 이론이 소규모 공동체에는 적합할지 모르지만 대규모 도시국가에는 규칙을 기반으로 하는 의무이론이 더 적합하다는 생각이 든다.

내 생각에는 오늘날과 같은 대규모 도시국가에서 덕윤리를 부활시키는 것은 매우 힘들어 보인다. 알래스데어 매킨타이어 같은 덕윤리 이론가들은 덕윤리를 실현시키기 위해 오늘날 우리의 사회구조를 재구조화하여 덕윤리가 시행되기에 적합한 소규모 지역공동체(local community)를 부활시킬 것을 주장하고 있는데, 이는 현실적으로 매우 힘든 과제인 듯하다. 당신의 덕윤리가 시행되기 위한 사회적 구조는 무엇이라 생각하는가?

슬로트: 나는 당신이 방금 한 말에 대부분 동의를 한다. 하지만 당신이 가정하고 있는 하나의 전제에 대해서는 동의하지 않는다. 당신의 말처럼 덕윤리가 소규모 공동체에서 번성했다는 것은 사실이다. 또한 소규모 공동체에서 번성했던 덕윤리가 현대사회에 어떻게 유관한지를 보여주는 것도 결코 쉬운 일이 아니다. 나는 매킨타이어가 주장한 것처럼 소규모 공동체로 우리가 되돌아갈 수 있다고는 생각하지 않는다. 오늘날 우리는

세계 공동체의 상황에 직면해 있다. 그래서 나의 의견은, 덕윤리가 오늘날 현실성을 확보하고자 한다면 그것이 어떻게 오늘날의 대규모 도시국가에서도 실현될 수 있는지를 보여줄 수 있어야 한다는 것이다. 그리고 이건 상당한 난제임에 틀림이 없다.

혹시 나의 책 『*The Ethics of Care and Empathy*』를 읽어본 적이 있는가? 나는 그 책에서 보살핌과 공감을 중요시하는 정감주의적 덕윤리가 정치적 도덕성과 대규모 도시국가에 어떻게 현실성을 갖는지 보여주려 노력했다. 나는 기본적으로 덕윤리 이론가들이 어떻게 덕윤리의 이상들이 익명성에 의해 점철된 오늘날의 법적·제도적 정의의 문제에 적용될 수 있는지를 보여줄 수 있어야 한다고 생각한다. 내가 위의 책에서 수행하려 한 작업이 바로 이것이다.

내 생각은 이렇다. 한 개인이 수행하는 행위가 정의롭기 위해서는 그것이 다른 사람에 대한 보살핌과 공감이라는 기본적 동기를 기반으로 해야 하듯이, 한 사회의 법 혹은 제도가 정의롭기 위해서는 그것들이 동료 시민을 아끼고 생각하는 마음에 기반을 두고 있어야 한다는 것이다. 한마디로, 입법자들은 자기가 전혀 알지 못하는 사람들을 보살피고자 하는 마음이 있을 정도로 덕스러워야 한다. 이는 충분히 가능한 일이다. 사람들은 자신의 동료 국민들을 보살피고자 하는 마음을 가질 수 있다. 물론, 이러한 보살핌은 사적 관계에서 비롯하는 보살핌과는 다르다. 그렇다 하더라도, 이는 분명 인도주의와 애국심에서 비롯하는 보살핌이며, 내 생각에는 이와 같은 보살핌이 현대의 도시국가적 사회구조가 서 있어야 할 기본토대다. 나시 말해, 법석·제노석 성의는 사적 관계보다는 덜 친밀한 보살핌에 토대하고 있어야 한다는 게 내 생각이다.

박정순: 진화생물학적 논의에 따르면, 정감주의는 친족사회에서나 적합한 것이다. 인도주의적 보살핌이라는 용어를 사용하긴 했는데, 어떻게 정감주의가 친족을 넘어서 익명의 사람들에게까지 확대될 수 있겠는가?

슬로트: 사실 앞서 얘기한 《*Theory and Research in Education*》 잡지에 게재하게 될 내 논문에서도 이 문제를 다루고 있다. 거기서 나는 심리학자 마틴 호프먼(Martin Hoffman)의 연구 내용을 참고했다. 호프먼은 2000년에 『*Empathy and Moral Development*』를 출간했다. 호프먼은 그 책에서 학교교육을 통해 아이들에게 자국 혹은 타국 사람들이 겪는 고통을 생생하게 보여줌으로써, 아이들이 자신과 아무 개인적 관계가 없는 사람들이 겪는 아픔과 고통에 대해 공감하고 동정심을 가질 수 있음을 보여주었다.

예를 하나 들어보자. 미국의 유명한 도서 중에 『엉클 톰스 캐빈(*Uncle Tom's Cabin*)』이 있다. 과거에 링컨 대통령이 그 책의 저자를 만나게 되었을 때 이렇게 말했다고 한다. "그래, 이런 거대한 전쟁(미국의 남북전쟁)을 일으킨 작은 책을 쓴 작은 사람이 바로 당신이었네요!" 링컨은 왜 그 책이 전쟁을 일으켰다고 생각했을까? 그 이유는 사람들이 그 책에 묘사된 흑인 노예들의 절망적인 삶을 읽고는 흑인 노예들에게 동정심을 느끼고, 그런 부조리한 상황을 종식시켜야겠다고 마음먹었기 때문이다. 나는 이러한 감정이입과 동정심이 우리에게 가능하다고 생각한다. 비록 흑인 노예들을 개인적으로 알지는 못했지만 사람들은 흑인 노예들을 염려했다 (concerned). 내가 보기에, 우리는 타인을 염려하는 일이 가능하다. 비록 그들을 우리가 잘 알지 못한다 하더라도 말이다.

박정순: 당신의 대답은 유가의 '차등적 사랑(graduation love)'과 묵가의 '보편적 사랑(universal love)'에 관한 논쟁을 연상시킨다.

슬로트: 나는 묵가사상 옹호자가 아니다. 나는 보편적 사랑이란 불가능하다고 생각한다. 우리는 항상 우리와 가까운 사람들한테 더 많은 관심과 애착을 가질 것이기 때문이다. 하지만 그렇다고 해서 우리가 멀리 떨어진 사람들에 대해 염려를 하는 것조차 불가능하다고 생각하는 것은 아니다.

유학사상이 발생했던 초기에는 다른 나라에 사는 사람들을 염려해야 한다는 생각을 할 수 없었다. 다른 나라 사람들은 너무 멀리 떨어져 있었기 때문이다. 서양의 데이비드 흄조차도 자비심(benevolence)에 관해 다룰 때 외국인들을 염려해야 한다는 생각을 하지 못했다. 그러나 오늘날 우리는 다른 나라에 살고 있는 사람들의 존재를 명확하게 인지하고 있다. 따라서 나는 유학사상의 '차등적 사랑' 역시 그 범위를 다른 나라 사람들에게까지 확장시켜야 한다고 생각하며, 실제로도 확장되고 있다. 하지만 나는 '차등적 사랑'보다는 '편애주의(partialism)'라는 말을 사용하는 걸 더 선호한다. 나는 편애주의를 옹호한다. 나는 편애주의가 우리가 개인적으로 알지 못하는 사람을 염려하는 것과 충분히 양립 가능하다고 생각한다.

박정순: 편애주의라는 것은 기본적으로 특수하고 편협한 속성을 가지고 있는데, 이러한 편애주의가 어떻게 다른 나라에 사는 사람들한테까지 확장될 수가 있는가? 물론 사람들이 외국인들과 접하는 기회가 잦아지면서 그들을 염려하는 마음이 더 생길 수도 있으나, 편애주의가 다른 나라 사람들한테까지 확장될 수 있는 정확한 방법 혹은 메커니즘이 무엇인지 여전히 불명확하다.

슬로트: 앞서 나는 도덕교육을 통해 우리 아이들이 다른 나라 사람들이 직면한 문제와 자국 내에서 가난하게 사는 사람들의 처지를 배워야 한다고 주장했다. 나는 이러한 도덕교육을 통해 사람들이 타인에게 가지는 동정심이 충분히 확장될 수 있다고 생각한다. 앞서 말한 심리학자 호프먼에 따르면, 청소년들은 교육을 통해 자신이 개인적으로 알지 못하는 사람들에 대한 동정심을 형성하는 게 가능하다. 청소년들은 도덕교육을 통해 먼 나라에서 배고픔에 허덕이거나 병에 걸린 사람들을 염려하는 방법을 배울 수 있다.

호프먼은 많은 연구결과를 통해 사람들이 자신이 개인적으로 알지 못하는 타인들을 염려하는 걸 배울 수 있음을 보여주고 있다. 나는 기본적으로 학교가 그런 것들을 가르쳐야 한다고 주장하고 싶다. 물론 쉬운 일은 아닐 것이다. 많은 돈과 노력이 들어가는 작업이다. 하지만 나는 그러한 교육 활동이 가능하다고 생각한다.

황경식: 그러니까 당신은 당신의 덕윤리 이론이 오늘날의 세계적 상황에 적용될 수 있다고 주장하는 것인가?

슬로트: 그렇다. 만약 사람들이 학교교육을 통해 이 세상 사람들 모두가 상호 연결된 채 한 지구 공동체에서 살고 있다는 것을 배우게 된다면, 아울러 이와 같은 학교교육이 사회에 널리 보급된다면, 나는 나의 덕윤리가 오늘날의 세계 상황에서도 충분히 실현 가능하다고 생각한다.

물론 나의 덕윤리가 지금 당장 실현 가능하다고 주장하는 건 아니다. 작금의 세계 상황은 아주 안 좋다. 현재 이 세상에는 각종 전쟁들이 일어나며, 세계 평화를 위협하는 북한·이란 같은 국가가 존재한다. 오늘날의 세계정세가 얼마나 절망적인지는 아마도 당신이 나보다 더 잘 알 것이다. 따라서 나는 나의 덕윤리가 지금 현재 실현되고 있다거나, 바로 당장 실현될 수 있다고 말하는 게 아니다. 하지만 나는 세계정세가 조금 더 이상적으로 변화한다면 나의 덕윤리를 실현시키는 일이 전혀 불가능한 건 아니라고 생각한다. 또한 그러한 상황이 도래하게 되면 나의 덕윤리를 실현시키고자 하는 동기도 커지리라고 본다.

3. 다원주의 사회의 윤리는 최소도덕이 아닌가

황경식: 연관된 다른 질문을 하겠다. 오늘날 우리는 다원주의 사회에 살고 있다. 내 생각에 다원주의 사회는 최소주의적 도덕을 요구하는 것 같다. 존 롤스가 주장한 것처럼, 우리는 종교적·철학적 교리와 같은 어떤 특정한 포괄적 교설에 모든 사람이 동의할 것이라고 기대하기 어렵다. 따라서 현실적으로 실현 가능한 도덕이론은 일종의 최소주의적 전략을 따를 수밖에 없다고 보인다. 그렇기 때문에 현대사회로 넘어오면서 덕윤리는 점차 사라지고 의무에 기반을 둔 윤리가 확산되었다. 이처럼 현대사회에서 의무-기반 윤리가 확산된 데는 단순한 우연이 아니라 다 그럴 만한 이유가 있어 보인다. 어떻게 생각하는가?

슬로트: 내 짐작으로 당신은 J. B. 슈네윈드의 논문 「Misfortunes of Virtue」의 내용을 염두에 두고 있는 듯하다. 슈네윈드는 그 논문에서 방금 당신이 말한 내용과 거의 일치되는 주장을 하였다.

슈네윈드는 18세기가 끝나갈 무렵 의무윤리가 들어오고 덕윤리가 빠져나갔다고 주장했다. 그리고 그런 현상이 일어나게 된 데는 이유가 있다고 했다. 슈네윈드에 따르면, 그 이유는 다원주의 사회가 도래하고 종교적 갈등이 심화됨에 따라 사람들은 다른 사람들의 공격으로부터 자신을 보호하기 위해 '권리'와 같은 개념들이 필요해졌기 때문이다. 나는 슈네윈드의 주장이 전적으로 옳다고 생각한다.

하지만 그는 정감주의적 덕윤리의 가능성에 대해서는 깊이 고려를 하지 않았다. 설명을 해보겠다. 슈네윈드는 아리스토텔레스적 덕윤리는 기본적으로 자신들은 옳고 다른 모든 사람들은 틀렸다고 주장하기 때문에 다원주의를 받아들이는 일이 상당히 힘들다고 지적했다. 아리스토텔레스적 덕윤리는 이런 점에서 매우 오만하다고 할 수 있다. 아리스토텔레스적 덕윤리의 관점에서 덕스러운 사람들은 자신들만이 옳다고 생각할 것이고 다른 사람들은 그들이 틀렸다고 생각할 것이기 때문에, 사람들 간에 합의가 도출되기 어려웠을 뿐더러 사회의 평화 역시 유지되기 힘들었을 것이다. 아리스토텔레스적 덕윤리가 문제가 있었던 원인은 바로 여기에 있다.

그러나 좀 더 정감주의적인 버전의 덕윤리는 이러한 문제점을 갖고 있지 않다. 이유는 이렇다. 정감주의적 덕윤리는 어떻게 보면 유학사상과 비슷하다고 할 수 있다. 공자, 맹자 및 다른 유학사상가들은 기본적으로 "누가 당신에게 해를 끼쳤다면 당신은 어떻게 하겠는가?"라는 질문에 주목한다. 이 질문에 대해 유학자들은 "가장 우선적으로 고려해봐야 할 것은 내가 무엇을 잘못했는지를 따져보는 것"이라고 답한다. 이 같은 태도에는 오만함은 없고 겸손함이 있을 뿐이다. 다시 말해, 여기에는 자기 자신이 무조건 옳다고 주장하는 생각이 들어 있지 않다.

내가 주장하는 정감주의적 덕윤리의 기본 태도 역시 이와 흡사하다고 할 수 있을 것이다. 물론 정감주의적 덕윤리는 무조건 자기 자신이 잘못했다고 생각하는 극단적인 입장이 아니다. 그보다 우리 모두가 다른 사람의 입장에 동정심을 갖고 감정이입을 할 수 있어야 한다는 것을 주장한다. 즉, 우리는 어떤 행동을 하기 이전에 타인의 관점에서 사태를 바라볼 줄 알아야 한다.

따라서 이처럼 다른 사람에 대한 동정과 감정이입을 중요시하는 정감주의적 덕윤리는 서로 다른 관점들에 대한 폭넓은 이해와 포용이 요청되는 현대의 다원주의적 사회구조에 매우 적합한 도덕이론임을 강조하고 싶다. 동정심과 감정이입은 적개심보다는 관용(tolerance)을 장려하게 될 것이다. 따라서 나의 덕윤리는 자기와 생각이 다른 사람들에 대해 동정심과 관심을 가질 것을 요구한다는 점에서, 오늘날의 다원주의적 사회구조에 매우 적합한 도덕이론이라고 할 수 있을 것이다.

황경식: 그러나 내 생각에 유학사상은 오늘날 중국에서조차도 의무-기반 윤리에 의해 대체되면서 점차 사라지고 있는 실정이다.

슬로트: 아, 매우 좋은 지적이다. 그래, 당신은 그러한 현상이 똑같은 원인 때문이라고 보는가? 내가 짐작하기에 아마도 당신은 그렇게 생각하는 것 같다. 다시 말해, 당신은 덕윤리가 점차 사라지고 있는 원인이 아리스토텔레스적 덕윤리가 가진 '오만함' 때문이 아니라 오늘날의 법과 제도에 아리스토텔레스적 덕윤리가 근본적으로 맞지 않기 때문이라고 보는 건가?

황경식: 그렇다.

슬로트: 글쎄……. 아무튼 아주 훌륭한 질문이다. 일단 몇 가지만 말하겠다. 첫째, 나는 덕윤리 역시 '의무'에 관해 다뤄야 한다고 생각한다. 하지만 덕윤리 이론에서 다루는 의무의 개념은 한 개인의 내적인 도덕성과 인격을 기반으로 하고 있다. 다시 말해, 덕윤리 이론이 의무라는 개념 자체를 결여하고 있는 것이 아니다. 물론 서양에서는, 그뿐만 아니라 중국에서도 의무 개념에 대한 합리주의적 접근 방식이 지배적 영향력을 행사하기 시작한 것도 사실이다. 이런 점에 착안해서, 당신은 현대사회에서는 합리성과 합리주의적 접근 방식이 정감주의적 접근 방식보다 더 적합하다고 생각할지 모른다. 하지만 난 이러한 경향이 불가피하다고 보지 않는다.

사실, 중국에서 일어난 현상들은 매우 복잡하다. 만약 공산주의 체제 하의 중국을 말한다면, 우리는 중국 역시 의무윤리에 기반을 둔 사회라고 보기 힘들다. 오히려 전체주의를 기반으로 한 사회라고 볼 수 있을 것이다. 따라서 만약 그러한 사회가 제대로 발달하였다면 의무윤리보다는 덕윤리 쪽으로 사회가 기울지 않았을까 생각한다. 뭐, 잘은 모르겠다. 아무튼 중국이 현재 유학사상의 복원에 어느 정도 관심을 가지고 있는 것은 사실 아닌가? 게다가 유학사상은 의무윤리보다는 덕윤리에 가깝다고 보지 않는가?

어쨌든, 나는 현대사회에서는 합리주의적 윤리관이 사회를 지배하게 되었다는 당신의 생각에는 동의한다. 하지만 그렇다고 해서 정감주의적 윤리관이 좀 더 발전하고 사회적 영향력을 행사하지 말아야 하는 이유는 무엇인가?

물론 여기에는 한 가지 문제가 있다. 철학자들은 항상 합리주의자였다. 철학자들은 감정보다는 이성을 믿는다. 따라서 논쟁을 할 때는 정감주의라는 개념 자체를 별로 좋아하지 않는다. 그들은 모든 것이 감정보다는 이성에 토대하길 바랄 것이다. 이것은 나와 같은 덕윤리적 입장을 전개하는 데 걸림돌이다. 왜냐하면 나는 모든 것이 이성에만 기반을 두고 있어서는 안 된다고 생각하며 인간관계는 오히려 감정에 바탕을 두는 게 바람직하다고 보기 때문이다.

최근에는 철학계에서도 점차 여성들의 영향력이 커지고 있는데, 아마도 여성 철학자들은 남성 철학자들에 비해 어떤 이론을 감정에 기반을 두는 걸 좀 더 호의적으로 여길 수도 있다는 생각이 든다. 이러한 여성들의 영향력이 확대된다면 어쩌면 정감주의가 또 다른 기회를 맞이할지도 모르겠다.

최근의 철학적 추세만 보더라도 30년 전에 비해 훨씬 더 감정을 강조하는 경향이 나타나고 있다. 이를테면, 캐럴 길리건(Carol Gilligan) 같은 철학자가 그러한 입장을 취한다. 이처럼 감정과 정감들에 대한 철학자들의 관심이 강해질수록 정감주의적 덕윤리는 더 발전할 기회를 얻게 될 것이다. 그리고 나는 정감주의적 덕윤리 이론이 법과 헌법의 기초에 관한 합당한(reasonable) 해석을 제공할 수 있으리라 생각한다. 이 점에 대해서는 내 책을 꼭 읽어보길 바란다. 나는 덕윤리 이론이 이러한 작업을 수행해야 한다고 생각하며, 내 책에서 덕윤리 이론이 어떻게 그 작업을 수행할 수 있는지를 보여주었다.

황경식: 그러나 당신의 얘기를 듣게 되면 덕윤리 이론과 의무-기반 윤리이론은 서로 대체되어야 할 대안이라기보다는 각각의 부족한 점을 보완해주는 상호 보완적 관계에 놓여 있다는 느낌이 든다. 이 점에 대해서는 어떻게 생각하나?

슬로트: 이 또한 매우 훌륭한 질문이다. 내 입장이 어느 정도 그렇게 들릴 수 있음을 인정한다. 내가 기본적으로 주장하고 싶은 것은 그동안 의무-기반 윤리이론들이 정당화했던 각종 사회규범을 정감주의적 덕윤리 역시 훌륭하게 정당화할 수 있다는 점이다. 그렇다면 의무-기반 윤리이론과 덕윤리 이론들이 갖는 차이점은 무엇인가? 그 둘은 동전의 양면처럼 단순히 상호 보완적 관계에 있는 것인가?

나는 그렇지 않다고 생각한다. 덕윤리 이론들이 어떻게 의무-기반 윤리이론들과 매우 중요한 측면에서 차이가 날 수 있는지에 대해 2007년 루틀리지출판사에서 나온 나의 책 『*The Ethics of Care and Empathy*』에서도 소개를 했다.

박정순: 당신은 지금 이성과 감정을 이분법적으로 나누면서 그 둘 사이의 갈등관계만을 강조하는데, 혹자는 감정을 강조하는 것이 반드시 비이성을 함축하는 건 아니라고 주장한다. 오히려 당신의 정감주의는 비인지주의(non-cognitivism)보다 인지주의(cognitivism)에 더 가깝게 느껴지는 측면이 있다. 당신의 이론은 이성(reason) 대 열정(passion)이라는 오래된 철학적 대결 구도에서 정확하게 어떤 위치를 차지하고 있는가?

슬로트: 세상에······. 이건 매우 복잡한 사항이다. 설명을 하자면, 우선 공감(empathy)은 인지(cognition)가 없는 곳에서는 자리 잡을 수 없다. 청소년들은 외국 사람들에 대해 공감하는 것이 가능하지만 어린아이는 그렇지 못하다. 왜냐하면 어린아이는 '다른 나라', '여러 사람들로 구성된 집단', '오랜 시간 영속하는 인간의 삶'과 같은 개념들을 아직 갖고 있지 않기 때문이다. 따라서 공감을 제대로 느끼기 위해서는 많은 개념과 인

지적 요소들이 필수적으로 요청된다. 공감은 인지와 독립적으로 일어나는 것이 아니다. 이것이 내가 말하고 싶은 첫 번째 사항이다.

물론, 정감주의자가 되는 한 가지 방법 중에는 정의주의자(emotivist) 혹은 비인지주의자가 되는 것이 있다. 하지만 데이비드 흄을 해석하는 많은 사람들은 흄이 감정주의자 혹은 비인지주의자가 아니라고 주장한다. 그들에 따르면, 흄은 오히려 '이상적 관망자 이론가(ideal observer theorist)'에 가깝다. 따라서 이들에 따르면 흄 역시 도덕적 명제들이 객관적으로 참 혹은 거짓일 수 있고, 그것이 이성에 의해 뒷받침될 수 있다고 주장할 수 있는 가능성을 열어놓고 있다. 나의 정감주의 역시 정의주의에 기반을 두고 있지 않다. 사실, 나는 얼마 전에 내년 2월에 출간하게 될 『Moral Sentimentalism』을 완성했는데, 나는 그 책에서 정감주의가 비인지주의적 방식보다는 인지주의적 방식으로 개발되어야 한다고 주장하였다.

그런데 앞서 언급했던 『The Ethics of Care and Empathy』에서, 나는 최근의 많은 연구들을 참고로 하여, 이성과 감정의 경계선은 생각만큼 견고하지 않을 수도 있다고 주장했다. 이성과 감정 사이에는 서로의 경계 영역을 넘나드는 활동이 있을 수 있다는 것이다. 나는 기꺼이 이 점을 인정하고 싶다.

4. 도덕의 미결정성과 규칙화가능성의 문제

황경식: 다음 질문은 도덕적 미결정성(moral indeterminacy)에 관한 것이다. 많은 규칙-중심 혹은 의무-기반의 윤리이론가들은 덕윤리 이론

의 가장 큰 맹점을 도덕적 미결정성이라고 지적한 바 있다. 아울러 이들은, 바로 도덕적 미결정성의 문제에 주목해, 한 윤리이론이 갖는 규칙화 가능성(codifiability)은 그 윤리이론의 전부는 아닐지라도 매우 중요한 부분을 차지해야 한다고 강조한다.

아울러 당신의 정감주의적 덕윤리가 매우 설득력이 있는 건 사실이지만, 사실 정감과 감정 같은 요소들은 기본적으로 눈에 보이지 않는 만큼 그것들을 객관적으로 확인(identify)하는 건 상당히 힘들다. 이렇게 볼 때 우리는 어떻게 옳은 행위와 그른 행위를 객관적으로 확인할 수 있겠는가? 한 사람의 동기는 오직 그 사람의 마음에만 존재하며 어느 누구도 다른 사람의 마음을 투명하게 들여다볼 수는 없다.

슬로트: 사실 당신은 두 가지 별개의 문제점들을 지적하고 있다. 규칙화가능성의 문제와 확인가능성(identifiability)의 문제다. 이 둘은 서로 다른 문제다.

우선 규칙화가능성의 문제에 대해 살펴보자. 먼저 지적하고 싶은 건 많은 의무-기반의 윤리이론가들 역시 우리들이 정확하게 도덕적 판단을 내리는 게 불가능한 상황이 많이 존재한다는 걸 인정하고 있다는 점이다. 그들은 도덕적 딜레마 혹은 도덕적 애매성(moral ambiguity)이 발생할 수 있음을 인정한다. 물론 의무-기반의 윤리이론들은 이러한 사태를 체계적으로 파악할 수 있는 원칙들을 가지고 있다.

하지만 칸트를 살펴보게 되면, 우리는 칸트가 오직 한 개의 원칙만을 가지고 있음을 알 수 있다. 따라서 칸트주의에서는 모든 것이 바로 그 하나의 근본원칙에서 도출될 수 있어야 한다. 나의 책 『The Ethics of Care and Empathy』를 보게 되면, 나 역시 정감주의적 덕윤리 이론을 위한 하나의 근본원칙을 제시했다는 걸 알 수 있다. 그 근본원칙은 이렇다. 어떤 행위는 그것이 다른 사람들의 처지에 관해 완벽히 발현된 공감을 보여주지 못한 경우에, 그리고 오직 그 경우에만 도덕적으로 옳지 않다.

여기서 다른 사람들의 처지에 관해 완벽히 발현된 공감을 보여주지 못하는 방식에는 여러 가지가 있다. 일단, 우리는 가족 구성원들을 향해 완벽히 발현된 공감을 보여주지 못할 수 있으며 동료 국민들을 향해서도 그럴 수 있다. 더 나아가서, 우리는 다른 나라 사람들의 처지에 대해 무관심함으로써 그들을 향해서도 완벽히 발현된 공감을 보여주지 못할 수 있다.

내가 강조하고 싶은 것은 어떠한 행동이라도 그것이 완벽히 발현된 공감을 보여주지 못한다면, 그 행위는 도덕적으로 그르다는 것이다. 이것이 바로 나의 기준이다. 이런 점에서, 나의 정감주의적 덕윤리 이론도 하나의 근본원칙에 의해 규칙화된 이론이라고 할 수 있을 것이다. 이는 칸트에게서도 마찬가지다.

여기서 우리는 정감주의적 덕윤리 이론의 근본원칙을 구체적 사례에 적용하면서 시험을 해봐야 한다. 칸트의 정언명령과 마찬가지다. 나는 바로 이러한 시험을 내 책에서 수행했다.

이제 더 깊이 있는 다음 문제로 넘어가보자. 바로, 어떻게 다른 사람의 동기를 객관적으로 확인할 수 있느냐 하는 문제다. 나는 이렇게 생각한다. 우리들은 일반적으로 일부가 주장하는 것보다 훨씬 더 수월하게 다른 사람들의 동기를 확인할 수 있다. 만약 상대가 가족의 일원이거나 우리가 어떤 사람과 함께 살게 되면, 우리는 그 사람의 동기를 더 잘 확인할 수 있게 된다.

이에 대해, 당신은 우리 주변에 사는 가까운 사람들이 아닌, 우리와 전혀 상관없는 낯선 사람들의 동기는 어떻게 확인할 수 있느냐고 반문할지 모르겠다. 예컨대, 어떤 사람이 다른 사람에게 돈을 달라면서 총을 겨누고 있다가 그 사람의 무릎을 쐈다고 가정해보자. 여기서, 총을 쏜 사람의 내면적 동기가 나빴다는 걸 파악하는 것이 그렇게 힘든가? 나는 아니라고 본다. 따라서 내 생각에 우리는 일반적으로 어떤 사람의 내면적 동기를, 설령 그러한 내면적 동기가 그 사람의 마음속에 있다고 하더라도 비교적 잘 파악한다고 생각한다.

물론 우리가 어떤 사람의 내면적 동기를 항상 100퍼센트 파악할 수는 없겠지만, 상당히 중요한 몇몇의 경우에는 그 사람의 내면적 동기를 파악할 수 있다.

황경식: 내 생각에 실제의 상황은 당신이 설명한 것보다 훨씬 복잡한 것 같다. 예를 들어, 가족 구성원 간에는 서로에 대해 너무도 잘 알기 때문에 서로가 서로의 내면동기를 파악하는 것이 상대적으로 수월하다. 그러나 익명으로 점철된 오늘날의 시민사회에서는 다른 사람의 내면동기를 확인하는 게 매우 힘들다. 따라서 나는 덕윤리가 현대의 시민사회에는 제대로 적용될 수 없다고 생각한다.

슬로트: 사실 어떤 행동을 평가할 때, 우리는 그 행위자의 내면동기를 100퍼센트 정확하게 파악해야 한다기보다는 내면동기가 아닌 것을 걸러내는 것만으로도 충분할 수 있다. 어떤 이기적인 사람이 내 환심을 사기 위해 거지한테 돈을 주었다고 가정해보자. 이 상황에서 나는 이 사람의 정확한 내면동기가 무엇인지는 잘 모를 수 있다. 하지만 적어도 나는 이 사람의 내면동기가 적의(malice)에서 비롯한 것은 아니라는 걸 알 수 있

고, 이 사람이 어떤 악한 짓을 하려고 그러한 행동을 한 건 아님을 알 수 있다.

이렇게 볼 때, 나는 이미 이 사람의 내면동기에 대해 완벽하진 않지만 충분한 만큼은 파악하고 있다고 볼 수 있다. 즉, 나는 이 사람의 내면동기를 100퍼센트 파악하고 있지는 않지만, 적어도 이 사람의 행동이 도덕적으로 허용 가능한 행동임을 알기에 충분할 정도로는 이 사람의 내면동기를 파악하고 있다.

황경식: 나는 사람들의 후생(welfare)을 강조하는 당신이 왜 공리주의를 거부하는지 모르겠다. 공리주의의 근본토대 역시 다른 사람의 처지를 동정하는 자비심(benevolence) 같은 마음 아닌가? 게다가 공리주의 같은 결과주의는, 그 결과가 측정 가능하다는 측면에서 오늘날 같은 시민사회에 보다 쉽게 적용될 수 있는 것 아닌가? 당신의 정감주의와 공리주의적 정감주의가 갖는 차이점이 정확히 무엇인가?

슬로트: 첫째로, 공리주의가 강조하는 동정심 혹은 자비심 같은 감정들은 불편부당(impartial)하고 보편적인(universal) 자비심과 동정심이다. 나는 공리주의가 이런 측면에서 볼 때 '동기화'라는 면에서 매우 큰 문제점을 안고 있다고 생각한다. 이 세상의 어느 누구도, 심지어는 열렬한 공리주의자인 피터 싱어(Peter Singer)조차 자신이 훌륭한 공리주의자가 되기 위한 동기를 가지기 힘들다. 진정한 의미로서 훌륭한 공리주의자가 되기 위해서는 다른 사람의 어머니보다 자기 자신의 어머니를 위하는 마음이 더 있어서는 안 되기 때문이다.

훌륭한 공리주의자가 되기 위해서는 항상 불편부당한 관점에서 볼 때 최선의 결과를 가져오는 행위를 할 수 있어야 한다. 이 세상 어느 누구도 그와 같은 동기를 가질 수 없다. 이 세상 어느 누구도 완전히 불편부당할 수는 없기 때문이다. 게다가 사람들로 하여금 이처럼 완전히 불편부당한 감정을 가질 수 있도록 교육하는 것도 거의 불가능에 가깝다. 따라서 비록 공리주의가 정당화의 문제는 제대로 해결할 수 있을지 모르겠지만 동기화의 문제에서는 심각한 결점이 있다고 하겠다.

5. 정감주의적 덕윤리의 방법론은 무엇인가

황경식: 이제 덕윤리 이론 전반이 아닌 당신의 정감주의적 덕윤리에 대한 보다 세부적인 질문들을 하겠다. 우선 당신이 기반으로 하고 있는 윤리학적 방법론에 대해 묻겠다. 당신의 정감주의적 덕윤리 이론을 '상식에 바탕을 둔 정감주의(commonsense sentimentalism)'라고 이해해도 무방한가?

슬로트: 그렇다.

황경식: 그런데 상식적인 정감주의는 토대주의적(foundational)이라기보다는 정합주의(coherentism)적이라고 봐야 하지 않는가?

슬로트: 아니다. 만약 '상식적'이라는 말을 방금 당신이 말한 의미로 사용한다면, 나는 나의 덕윤리 이론이 당신이 말한 방식으로 '상식에 바탕을 둔 이론'이라고 생각하지 않는다. 내가 나 스스로를 '상식적인 이론

가'라 생각하는 이유는, 나는 항상 우리가 상식적으로 가지고 있는 많은 생각을 최대한 많이 보존하려고 노력하기 때문이다. 하지만 그러한 과정 속에서도 나는 어떤 이론에는 반드시 토대가 제공되어야 한다고 생각한다.

나의 덕윤리 이론에서 토대의 역할을 하는 것은 '공감(empathy)'과 '타인을 배려하는 마음(caring)'이라 할 수 있다. 나는 우리가 상식적으로 지지하는 많은 도덕률이 그와 같은 '공감'에서 도출될 수 있다고 생각한다.

예를 하나 들어보겠다. 우리는 낯선 사람보다는 가족 구성원에게 더 많은 공감을 느낀다. 마찬가지로 우리는 낯선 사람보다는 가족 구성원에게 더 많은 도덕적 의무를 가지고 있다. 나는 이것이 굉장히 일반적인 현상이라고 생각한다. 즉 우리가 어떤 대상에 대해 더 많은 도덕적 의무를 가지고 있는 이유는, 대개 우리가 그 대상에 대해 더 많은 공감을 가지고 있다는 사실에서 기인한다. 따라서 이번에 새로 출간되는 책에서 내가 강조하고 있는 것은, 기본적으로 '공감'이라는 것이 우리의 도덕적 언어에 내장(built-in)되어 있다는 점이다. 다시 말해, 무엇이 도덕적으로 옳다 혹은 그르다라는 생각 속에는 기본적으로 '공감'에 관한 여러 사실과 개념이 포함되어 있다는 것이다.

요약하자면, 나는 우리의 도덕적 주장들에 대해 토대를 제공하고 싶으며, 그러한 토대가 바로 공감이라고 생각한다. 이것은 매우 강력한 주장이다.

황경식: 민약 딩신의 이론직 빙법론이 공김이라고 하는 특별한 감징과 느낌을 바탕으로 한다면, 당신은 기본적으로 인간의 본성과 심리에 대해 특정한 이론을 전제하고 있다고 봐야 될 것 같다. 그렇다면 당신은 당신

이 받아들이고 있는 인간의 본성과 심리에 관한 이론이 옳다는 걸 어떻게 증명할 수 있는가?

슬로트: 다행스럽게도, 우리에겐 앞서 얘기한 호프먼이라는 심리학자가 있다. 아울러 현재 서양의 학계에서는 인간의 이타심이 어떻게 공감을 바탕으로 발달하게 되는지를 설명하는 수많은 연구논문이 나오고 있다. 호프먼의 책 역시 바로 그러한 연구논문에 대해 다루고 있다. 나 역시도 그런 연구논문에 의존하고 있다.

물론 나는 그 같은 이론이 100퍼센트 옳다는 걸 증명할 순 없지만, 현재 학계에는 공감의 역할에 대해 실험하고 시험하는 수많은 연구가 진행되고 있다. 나는 기본적으로 이러한 연구들에 의존하고 있다.

황경식: 나는 여전히 당신의 토대주의와 상식적인 정합주의 사이에 어떠한 차이가 있는지 잘 이해가 가지 않는다. 우리의 상식은 공감, 자비심, 이타심에 대한 것들에 대해 다 말을 하고 있다. 롤스의 이론 역시 정합주의로 분류될 수 있지만 그의 이론은 단순한 정합주의라고 보기는 힘들다. 롤스는 우리에게 정의에 관한 어떤 근본적 직관들이 있음을 인정하고 있기 때문이다.

슬로트: 내가 주장하고 싶은 것은, 나 역시 정합주의를 지지하지만 나의 덕윤리 이론은 '토대'를 가지고 있다는 점이다. 일부의 정합주의자들은 어떤 이론의 토대라는 것은 있을 수 없다고 주장한다. 나의 정합주의는 그러한 정합주의가 아니다. 나는 기본적으로 좋은 이론은 정합적이어야 하며 우리의 도덕적 데이터를 제대로 설명할 수 있어야 한다고 생각

한다는 측면에서 정합주의를 지지한다. 하지만 나의 이론은 토대를 가지고 있다. 그런 의미에서 나의 이론은 순수-정합주의라고 보기는 힘들 것이다. 순수-정합주의는 어떤 이론에서 토대가 필수적이 아니라고 생각한다. 나는 기본적으로 이론은 토대를 갖는 것이 좋다고 생각한다.

박정순: 일부는 당신의 덕윤리 이론에 대해 규범-윤리학적 입장으로는 괜찮을지 모르지만 메타-윤리학적 입장에서 볼 때에는 많은 문제점이 있을 수 있다고 지적한다. 앞서 제기한 문제와 관련된 것이지만, 만약 도덕적인 옳고 그름에 대한 판단이 우리의 주관적 감정에 의존하고 있다면, 우리는 누구의 감정이 옳고 누구의 감정이 그른지에 대한 객관적 기준을 어떻게 확보할 수 있는가? 우리의 감정은 많은 경우에 '편파적'이지 않는가? 롤스와 위르겐 하버마스(Jürgen Habermas)는 이러한 편파성을 극복하기 위해 '무지의 베일' 혹은 '이상적 담론 조건'과 같은 장치를 마련했다. 정감의 편파성을 극복하기 위해 당신의 이론이 마련하고 있는 장치는 무엇인가?

슬로트: 당신은 나의 정감주의가 메타-윤리학적으로 문제가 있을지 모른다고 지적했다. 이에 대해 앞에서 나는, 내가 정감주의의 메타-윤리학적 토대를 마련하기 위해 노력해왔다고 강조했다. 나는 누가 정감주의자가 되기 위해 그 사람이 반드시 정의주의자가 될 필요는 없다고 생각한다. 도덕적 판단의 객관성을 믿는 사람들 역시 우리가 가진 도덕적 판단들을 성감수의적 방식으로 정당화할 수 있다. 이러한 내용을 나는 새 책에서 다루었다.

당신이 제기한 또 다른 문제는 정감이라는 것이 편파적일 수 있다는 점이다. 사실 우리가 가진 감정은 편파성을 띠는 것보다 더 나쁠 수도 있다. 우리의 감정은 증오심과 적의에 가득 찰 수도 있기 때문이다. 하지만 분명하게 기억해야 할 것은 나는 이와 같은 증오심 혹은 적의가 도덕성의 토대가 될 수 있다고 주장하는 게 아니라는 점이다. 내가 강조하는 건 공감이다. 공감은 증오심이 아니다. 더 나아가서 무관심도 아니다.

여기서 당신은 "하지만 공감 역시 편파적일 수 있지 않느냐?"라고 물을 것이다. 이를테면 우리는 경우에 따라 특정 사람에게 지나친 동정심을 느끼는 반면 다른 사람들에 대해서는 동정심을 너무 적게 느낄 수가 있다.

내가 주장하고 싶은 것은 '공감'이라는 것이 모든 사람을 향해 열려 있어야 한다는 점이다. 물론 그렇다고 해서, 그 강도가 모든 사람을 향하여 동등해야 된다는 건 아니다. 하지만 오직 몇몇 사람에 대해서만 공감을 하고 다른 모든 사람에게는 공감하지 못한다면 그것은 문제다. 요약하자면, 어떤 사람이 공감을 제대로 발휘하고 있는지를 평가하는 기준은 그 사람의 공감이 과연 모든 사람을 향해 열려 있느냐 하는 것이다.

이것에 대해, 당신은 "그래, 공감은 모든 사람들을 향해 열려 있어야 한다는 건 알겠다. 그러나 도덕적인 옳고 그름을 판단하기 위해서는 그러한 공감이 모든 사람을 향해 어느 정도 열려 있어야 하는 것인가?"라고 반문할지 모르겠다. 여기서 내가 채택하고 있는 공감의 기준은 보통의 사람들에게서 정상적으로 발달된 공감이라는 점을 강조하고 싶다. 이것이 바로 나의 이론에서 도덕적인 옳고 그름을 판단하는 기준이다.

여기서 내가 강조하고 싶은 것은 정상적인 사람이 완전하게 개발한 공감과 동정심이다. 앞서 얘기한 호프먼 같은 심리학자들은, 정상적인 사람들에게서 공감과 동정심이 일반적으로 어떻게 발달하는지에 대해 말해주고 있다. 이들은 정상적인 사람이 가까운 사람에게 느끼는 공감은 무엇이고 멀리 떨어진 사람에게 느끼는 공감은 무엇인지에 대해 말해주고 있다. 나의 덕윤리 이론은 기본적으로 이러한 심리학자들의 연구결과에 의존하고 있다.

박정순: 다른 관점에서 윤리학적 방법론에 대해 얘기해보자. 롤스는 기본적으로 정합주의를 전개하고 있지만, 그에게는 반성적 평형(reflective equilibrium)이라는 나름의 특별한 방법론이 있다. 당신의 정감주의는 반성적 평형이라는 측면에서 볼 때 어떻게 평가될 수 있는가?

슬로트: 나는 이론을 전개하는 데서 반성적 평형을 항상 사용한다. 반성적 평형은 내 이론적 방법론에서 중심 역할을 한다. 하지만 우리는 반성적 평형이라는 것이 기본적으로 우리가 직면한 도덕적 현상을 설명하기 위해 특정한 도덕적 원칙을 가지고 출발한다는 점을 기억할 필요가 있다. 롤스는 도덕적 현상을 설명하기 위해 반드시 자신이 제시하는 정의의 원칙만을 사용해야 한다고 한 번도 말한 적이 없다.

롤스는 우리의 도덕적 현상을 설명하기 위해 공리주의, 직관주의, 완전주의, 아울러 그 자신이 제시하는 정의의 두 원칙과 같이 여러 후보 원칙을 고려하고 있다. 다시 말해, 롤스는 여러 원칙의 목록에서 자신의 원칙이 우리가 직면한 도덕적 현상을 가장 잘 설명하고 우리의 도덕감과 가장 잘 통합될 수 있다고 주장한 것이다.

하지만 롤스의 반성석 평형은 다른 이론가들로 하여금 우리의 도덕적 현상을 설명할 수 있는 새로운 원칙을 제시할 가능성을 열어놓고 있다. 아울러 어쩌면 다른 이론가들이 제시한 원칙 중에는 롤스의 원칙에 비해 우리의 도덕적 현상을 더 잘 설명할 수 있는 원칙이 있을지도 모른다.

다시 말해, 롤스는 다른 이론의 가능성을 배제하지 않았으며, 한 번도 내가 제시하는 정감주의를 이론적 후보로서 고려해본 적이 없다. 요컨대, 나는 내 이론을 바탕으로 롤스의 반성적 평형을 전개하고 싶으며 또 내 이론이 기본적으로 우리의 도덕적 현상에 더 잘 들어맞는다고 생각한다.

박정순: 롤스의 방법론에 관련된 질문을 하나 더 하겠다. 당신 역시 오늘날 우리 사회의 모습이 서로 대립되는 포괄적 교설이 상호 공존하는 다원주의 사회임을 지적했다. 롤스가 이러한 다원주의적 사회구조 속에서도 실현 가능한 정의의 원칙을 찾기 위해 '중첩적 합의'라는 개념을 제시한 것은 잘 알려진 사실이다. 하지만 당신이 강조하는 '공감'은 오늘날의 다원주의적 사회구조에서 사람들이 중첩적 합의에 도달하는 데 걸림돌이 된다고 생각하지는 않는가?

슬로트: 나는 오히려 공감이라는 것이 중첩적 합의가 가능하도록 하는 기본토대가 될 수 있다고 생각하다. '공감'은 내가 옳다고 생각하는 가치나 원칙을 다른 사람에게 강요하지 않으면서 다른 사람이 어떻게 생각하는지를 진지하게 받아들이는 것을 의미한다. 나는 이 문제에 대해 진지하게 생각해보지는 않았지만 내 이론이 롤스의 중첩적 합의에 적대적이라고 결코 생각하지 않는다.

6. 동서의 고전적 덕윤리에 대한 해석

황경식: 다른 질문을 하겠다. 나는 아리스토텔레스적 덕윤리 혹은 유교적 덕윤리 이론에 대한 당신의 해석에 몇 가지 의문점이 있다. 당신은 아리스토텔레스적 덕윤리 이론을 어떻게 생각하는가? 나는 아리스토텔레스를 지나치게 주지주의적으로 해석하는 데는 무리가 있다고 본다. 아리스토텔레스 역시 감정과 정감을 강조했다. 즉, 아리스토텔레스는 누가 덕스러운 행동을 하게 되면 그 사람은 쾌감을 느끼게 된다고 했다. 감정과 쾌락을 강조하고 있다는 점에서 나는 아리스토텔레스의 이론 역시 정감주의로 해석할 여지가 있다고 본다.

아리스토텔레스는 또한 '아크라시아(akrasia, 자제심의 결여)'라는 개념을 강조했다. 당신은 '아크라시아'를 어떻게 해석하는가? 물론, 철학자들은 '아크라시아'를 저마다 다른 방식으로 해석하지만, 내 생각에 소크라테스는 아크라시아를 주지주의적으로 해석하는 반면 아리스토텔레스는 아크라시아를 단순히 주지주의적으로만 해석하는 것 같지는 않다. 아리스토텔레스에게서는 정감주의적 측면뿐만 아니라 주의주의적 측면도 발견될 수 있다. 이런 측면에서 착안해 어떤 해석가는 아리스토텔레스가 중세의 주의주의를 시작했다고 보기도 한다. 어떻게 생각하는가?

슬로트: 일단 이 문제와 관련해서 나는 아리스토텔레스를 해석하는 것이 상당히 힘든 작업이라고 생각한다. 물론 당신은 아리스토텔레스를 주의주의와 아크라시아에 대한 성삼수의를 시작한 인물로 해석할 수 있을 것이다. 실제로 아리스토텔레스를 잘 살펴보면, 몇몇 부분에서 그가 자신을 플라톤이나 소크라테스와 차별화를 시키려고 노력하는 걸 볼 수 있다.

그러나 아리스토텔레스는 곧 다시 플라톤과 소크라테스의 입장과 비슷한 쪽으로 회귀한다는 걸 알 수 있다. 어떤 부분에서 아리스토텔레스는 누가 어떤 행위가 도덕적으로 그르다는 걸 알면서도 그것을 행한다면, 그는 앵무새와 같다고 주장했다. 이 주장 속에는 그 사람이 자신의 행위가 도덕적으로 그르다고 말만 할 뿐 그 행위가 진정 도덕적으로 그르다는 걸 제대로 이해하고 있지 못한 상태라는 의미가 함축되어 있다. 이것이 사실이라면, 아리스토텔레스는 기본적으로 누가 도덕적으로 그른 행위를 한다면 그 사람은 자신의 행위가 도덕적으로 그르다는 걸 알지 못하는 것이라 생각하고 있음을 의미한다. 이는 아리스토텔레스가 이 문제를 '의지 나약(weakness of will)'의 문제로 보고 있지 않음을 뜻한다. 즉, 문제의 근본은 '무지(failure of knowledge)'인 것이다. 이런 점에서 아리스토텔레스는 다시 플라톤으로 회귀하는 듯한 모습을 보여준다.

나는 아리스토텔레스를 당신의 방식대로 해석할 수도 있음을 알고 있다. 아리스토텔레스 또한 자신을 플라톤이나 소크라테스로부터 차별화시키려 하였다. 그러나 경우에 따라서 아리스토텔레스는 분명 플라톤이나 소크라테스의 입장에 동의를 하는 모습을 보여준다.

아리스토텔레스에 국한되지 않는 나의 일반적 입장을 설명하자면 이렇다. 나는 기본적으로 데이비드 피어스(David Pears)의 『*Motivated Irrationality*』를 매우 인상 깊게 읽었다. 피어스는 그 책에서 소크라테스의 주장이 틀렸다면서 진정한 아크라시아가 가능하다고 주장했다. 다시 말해, 피어스는 우리가 어떤 행위가 그르다는 걸 제대로 알면서도 그 행위를 하는 것이 가능하다고 주장한 것이다.

반면에 존 맥도웰(John McDowell)의 입장 역시 매우 강력한데, 그는 기본적으로 소크라테스의 입장이 옳다고 주장했다. 글쎄 …… 난 잘 모르겠다. 나의 전공 분야가 아니라서 의지 나약의 문제에 관해서는 정리된 내 입장이 없다. 나는 아리스토텔레스에 대한 피어스의 입장과 맥도웰의 입장 모두 나름의 설득력을 지닌다고 생각한다.

황경식: 다음 질문은 유가사상에 관한 것이다. 내가 알기로, 당신은 기본적으로 유교를 정감주의적 덕윤리 이론의 일종으로 해석하는 듯하다. 사실인가?

슬로트: 내 생각은 다르다. 이와 관련해서 문외한이지만, 나는 공자의 덕윤리 이론이 기본적으로 정감주의보다는 아리스토텔레스에 더 가깝다고 생각한다. 하지만 나는 공자보다는 맹자의 이론이 흄의 입장에 더 근접하고, 따라서 정감주의에 더 가깝다고 생각한다. 내가 그렇게 생각하는 이유는 이렇다.

내 논문 두 편이 학회지 《*Dao*》에 곧 실릴 예정이다. 그중 한 논문에서 나는 왜 맹자가 아리스토텔레스보다는 정감주의적 덕윤리 이론에 가까운지를 설명하고 있다. 그 논문에서 밝힌 나의 근거는 이렇다.

첫째, 맹자는 공자와 마찬가지로 가족 구성원들로부터 시작해 타인에게로 갈수록 점점 약화되는 차등적 사랑에 관해 다루었다. 아리스토텔레스는 이러한 차등적 사랑을 주장했는가? 아리스토텔레스는 차등적 사랑에 대해 단 한 번도 언급한 적이 없다. 따라서 맹자의 입장은 아리스토텔레스의 그것과는 다르다.

둘째, 맹자는 기본적으로 '인(仁)'을 강조하는데, 이때 맹자는 공자보다 '인'을 좀 더 좁은 의미로 해석한다. 맹자의 입장에서 '인'은 자비심 혹은 이타심을 의미하는 것으로 보인다. 이는 맹자에게 자비심은 매우 중요한 요소임을 의미한다. 자비심은 흄에게서도 매우 중요한 요소다. 하지만 아리스토텔레스한테는 그다지 중요한 요소가 아니다. 게다가 흄 역시 차등적 사랑에 대해 얘기하고 있다. 이런 점에서 맹자는 아리스토텔레스보다는 흄에 더 가깝다고 할 수 있다.

셋째, 맹자에 따르면 어떤 행위 뒤에 나쁜 의도가 숨어 있으면 그 행위는 도덕적으로 그르다. 다시 말해, 맹자는 어떤 행위가 덕스럽기 위해서는 그 행위가 좋은 동기에서 나와야 한다고 주장했다. 흄 역시 좋은 동기가 뒷받침되어 있지 않는 행위는 덕스럽지 않다고 했다. 하지만 아리스토텔레스에 의하면, 어떤 행위는 그것이 덕스러운 사람이 행할 만한 행위일 경우에만 덕스러울 수 있다. 즉, 아리스토텔레스는 어떤 행위가 덕스럽기 위해서 그 행위자 자신이 덕스러워야 한다고 주장하는 게 아니다. 어떤 행위가 덕스럽기 위해서는 그 행위가 단지 덕스러운 사람이 할 만한 행위이기만 한 것으로 충분하다는 것이다. 따라서 아리스토텔레스는 행위의 동기에 관해 맹자 혹은 흄과는 다른 입장을 취한다고 볼 수 있다.

따라서 나는 기본적으로 맹자가 (이후에는 왕양명이) 아리스토텔레스보다는 흄에 더 가깝다고 생각한다. 이는 사실 매우 경이적이다. 이러한 해석을 따를 경우, 우리는 맹자와 왕양명이 흄보다도 먼저 흄의 주장들을 전개했다고 볼 수 있기 때문이다. 내가 주장하고 싶은 것은, 많은 동양의 유학자와 신유학자들이 서양의 이론가들보다도 훨씬 일찍부터 서양의 정감주의 이론가들이 천착했던 많은 문제에 대해 이해하고 있었다는 점이다. 나는 이것이 매우 감탄할 만한 일이라고 생각한다.

황경식: 당신은 그렇다면 공자와 맹자의 사상에는 매우 커다란 차이가 있다고 생각하는 것인가?

슬로트: 방금 설명한 그러한 문제들에 대해서는 그렇다. 나는 공자가 한 번도 어떤 행위가 좋은 행위이기 위해서는 행위자에게 좋은 동기가 있어야 한다고 주장했던 적이 없다고 알고 있다. 물론 공자가 어떠한 주장을 했는지에 대해서는 확실하지 않지만, 분명한 건 맹자는 행위의 동기를 강조했다는 점이다.

더 나아가, 공자에게서도 '인'은 중요하지만 그에게서 '인'은 맹자에 비해 좀 더 일반적인 것을 지칭한다. 맹자가 말하는 '인'은 자비심을 강조하는 흄의 이론에 더 근접해 있는 반면, 공자의 '인'은 '옳음' 혹은 '옳음을 추구하는 올바른 마음 상태'에 더 근접한 것으로 보인다. 따라서 나는 공자가 맹자보다는 흄의 이론과 거리가 멀다고 생각한다. 나는 맹자가 흄과 더 비슷하고 공자는 어쩌면 아리스토텔레스와 더 비슷할지도 모른다고 생각한다.

이곳 마이애미대학에서 한 학생이 공자가 정감주의자라고 주장하는 박사논문을 쓴 적이 있다. 나는 한 번도 그에 대해 동의한 적이 없다. 물론 공자가 정감주의자일 수도 있겠지만 나를 설득하기 위해서는 더 훌륭한 논변이 필요할 것이다.

황경식: 그러나 중국의 역사에 따르면, 공자가 동정심과 의미가 비슷한 '인'을 강조한 반면 맹자는 '인'보다는 옳음을 의미하는 '의(義)'를 더 강조했다.

'인'은 기본적으로 소규모 공동체의 운영에 잘 맞는 개념이라 할 수 있다. 공자가 살았던 당시의 중국은 기본적으로 소규모 공동체 사회였다. 따라서 공자는 '인'과 그것이 기반을 두고 있는 동정심을 강조했다. 그러나 맹자가 살았던 시대는 그러한 소규모 공동체 사회가 붕괴되고 있을 무렵이었다. 따라서 맹자는 '인'보다는 옳음에 기반을 하는 '의'를 더 강조하게 되었다.

슬로트: 아, 그런가? 음…… 방금 말했듯이, 흄 역시 옳음을 강조했다. 근데 내가 듣기로 당신은 맹자가 흄보다도 훨씬 더 옳음을 강조했다고 주장하는 것 같은데……, 중요한 것은 아리스토텔레스는 옳음을 전혀 강조하고 있지 않다는 점이다. 따라서 어쩌면 유가사상가들과 아리스토텔레스와 흄 사이에는 정확한 비교가 성립하지 않는지도 모르겠다. 맹자는 어쩌면 아리스토텔레스와 흄 모두와 차이가 날지도 모르고, 옳음을 강조한다는 측면에서 칸트에 더 가까울지도 모르겠다.

황경식: 원래 고전이라는 건 많은 종류의 해석을 낳는 것이 당연한 게 아닌가. (웃음)

슬로트: 동의한다.

7. 정감주의적 덕윤리와 도덕교육의 문제

황경식: 당신의 덕윤리 이론은 기본적으로 도덕교육을 강조하는데, 당신의 덕윤리 이론에는 일종의 '수양법(way of cultivation)' 같은 게 존재하는가? 보통 동양철학에서는 기본적으로 자기수양 혹은 도덕적 수양법 같은 것을 강조하고 있다.

슬로트: 아주 좋은 질문이다. 아울러 나는 이제 매우 끔찍한 답변을 하게 될 것이다. (농담)

지금부터 하게 될 얘기는 앞서 얘기한 《*Theory and Research in Education*》에 실릴 내 논문에 나오는 내용이다. 나는 한 인간에 대한 도덕교육이 기본적으로 그 사람 자신보다는 주위의 사람들에 의해 더 많이 결정된다고 생각한다. 나는 기본적으로, 한 아이가 나쁜 부모로부터 나쁜 습관과 사고방식을 습득하게 되었다면 그 아이로 하여금 다른 방식의 습관과 사고방식을 함양하도록 유도하는 건 매우 힘든 일이라고 한 아리스토텔레스의 주장에 동의한다. 나는 자기수양이라는 것이 스스로 발현되기는 매우 힘들다고 본다. 가장 중요한 것은 부모와 사회로부터 좋은 교육을 받는 것이라고 생각한다. 자기수양 혹은 자기함양은 저절로 일어나지 않는다는 게 나의 첫 번째 주장이다.

간혹 가다가 공자는 자기수양이 가능하다고 주장하기도 한다. 나는 이 주장에 동의하지 않는다. 나는 한 인간이 좋은 사람이 되기 위해 굳게 결심하는 것만으로 그 인간이 좋은 사람이 될 수는 없다고 본다. 아울러, 한 인간이 수년 동안의 교육을 통해 체득하게 된 사고방식과 기본태도를 한 개인의 단순한 노력으로 극복하는 건 대단히 어려운 일이라고 생각한다.

물론, '자기수양(self-cultivation)'이라는 말은 많은 것을 의미할 수 있다. 이를테면 나는 피아노 교재를 사서 열심히 연습하면서 내 자신에게 피아노 치는 법을 가르칠 수 있다. 이 역시 자기수양의 방식이며, 나는 이러한 방식의 자기수양이 불가능하다고 주장하는 건 아니다. 하지만 내가 의문을 가지고 있는 것은, 과연 사람들은 어떤 연습을 통해 스스로 도덕적인 사람이 될 수 있냐 하는 것이다.

나는 수양법이 효과를 발휘하기 위해서는 수양을 하는 사람이 이미 다른 사람들의 처지에 대해 공감할 수 있는 도덕적 감수성을 상당 부분 갖추고 있어야 한다고 생각하다. 나는 순전히 자기수양과 의지만으로 자기 스스로를 도덕적 감수성이 예민한 사람으로 만들 수는 없다고 본다. 많은 유가사상가들은 그것이 가능하다고 주장한 것 같은데, 나는 그것이 어떻게 가능한지 잘 이해가 가지 않는다.

황경식: 정감주의자로서 당신은 도덕교육에서 공감의 확장을 주장하고 있다. 우리의 공감을 확장시킬 수 있는 방법은 무엇인가?

슬로트: 일단 나는 누가 공감을 확장하기 위해서는 다른 사람의 도움이 필요하다고 생각한다. 여기에는 많은 종류의 테크닉이 있다.

심리학자 호프먼은 이에 대해 테크닉을 하나 고안해냈다. 바로 '유발(induction)' 혹은 '유도적 훈련(inductive discipline)'이라는 테크닉이다. 그 내용은 이렇다. 예컨대, 부모가 자신의 아이가 다른 아이를 때리는 것을 목격했다고 치자. 때린 아이는 그냥 다른 데 가서 뛰어놀고 싶어하지만, 이때 부모는 자신의 아이를 제지하며 이렇게 말한다. "잠깐, 네가 방금 한 일이 뭔지 살펴봐라." 여기서 부모는 화를 내거나 아이를 위협하지는 않지만 단호한 태도를 취해야 한다. 다시 말해, 부모는 아이가 자기들이 하는 말을 똑바로 듣도록 한다. 그러면서 말한다. "자 봐라. 넌 이 아이를 아프게 했다. 다른 사람이 널 아프게 했을 때 네가 어떻게 느꼈는지 생각해봐라."

호프먼에 따르면, 부모는 제 아이로 하여금 자신이 다른 아이한테 어떠한 피해를 주었는지를 직접 보게 함으로써 타인에 대한 예민한 감수성을 형성하는 걸 도울 수 있다. 이러한 과정이 반복됨으로써 그 아이는 다른 아이의 입장에 대해 민감하게 인식하게 되며, 결국 그 아이는 다른 아이를 때리는 행위를 하지 않게 된다. 이는 도덕교육의 한 단면이라고 할 수 있다.

황경식: 내 생각에 그것은 일종의 아리스토텔레스적 유도 방법이 아닌가 한다. 습관화도 유도라고 할 수 있다.

슬로트: 물론 여기에 습관화 과정이 포함되어 있는 것은 사실이다. 하지만 아리스토텔레스는 단 한 번도 타인을 공감하는 것에 대해 말한 적이 없다. 다시 말해, 아리스토텔레스는 단 한 번도 공감을 유도하거나 공감을 습관화시키는 것에 대해 얘기한 적이 없다. 따라서 나의 도덕교육법이 '습관화'를 강조한다는 측면에서 아리스토텔레스적으로 해석될 수 있는 건 사실이지만, 나의 도덕교육법이 아리스토텔레스와 다른 점은 그것이 구체적으로 '공감의 습관화'를 강조한다는 데 있다. 이런 점에서 나의 도덕교육법은 아리스토텔레스보다 더 나아가고 있다고 할 수 있다.

이외에도 타인에 대한 아이의 감수성을 예민하게 만드는 방법은 더 있다. 첫째, 우리는 아이들이 부모를 따라한다는 걸 알고 있다. 이는 이미 2,500년 전에 공자가 한 말과 유사하다. 공자는, 만약 임금이 올바르면 나라에는 법이 필요하지 않을 것이라고 주장했다. 사람들은 임금을 따라 히려고 할 것이기 때문이다. 네가 주장히고 싶은 것은 인간의 본성에는 주위의 다른 사람을 따라 하려는 욕구가 있다는 점이다. 이러한 욕구가 바로 흄이 강조했던 공감의 일종이라고 할 수 있다.

흄에 따르면, 인간은 기본적으로 다른 사람의 의견 혹은 감정을 보고 듣게 되면 그 의견과 감정에 고취될 수밖에 없다고 한다. 따라서 만약 한 아이가 다른 사람의 처지에 대해 공감하는 부모를 가질 경우, (아울러 그 아이가 제 부모가 자신이 다른 아이들을 때리는 것을 걱정스럽게 생각한다는 것을 알 경우) 그 아이는 단순히 유발을 통해서뿐만 아니라 다른 사람을 공감하는 자신의 부모를 보는 것만으로도 다른 사람의 처지를 공감하는 감수성을 기르게 될 것이다.

마지막으로, 우리에게는 도덕적 원칙과 도덕적 계율들이 있다. 아이가 부모로부터 다른 사람들을 때리는 것은 옳지 않다는 말을 들었을 경우, 그 말은 구체적인 도덕 원칙 혹은 계율이라고 할 수 있다. 아이는 자기 주위에 있는 사람들의 견해를 통해서도 배우게 된다. 불행하게도, 만약 아이가 다른 사람을 때려도 괜찮다고 생각하는 부모 밑에서 자라게 되면 그 아이는 그러한 견해를 배우게 될 것이다. 그러나 아이가 다른 사람들을 때리는 것은 옳지 않다고 생각하는 부모 밑에서 자라게 되면 그 아이는 또 그러한 견해를 배우게 될 것이다. 그런 만큼 나는 지금까지 말한 모든 것들이 한 아이의 도덕교육에서 매우 중요하다고 생각한다.

황경식: 마지막 질문이다. 한국의 역사는 5,000년 가까이 된다. 이 긴 역사 동안 동서양의 많은 사상이 한국 사람의 사고방식에 영향을 미쳤다. 대표적인 것이 유교, 불교, 도교, 그리고 서양의 기독교이다. 따라서 한국사회는 기본적으로 동서양의 여러 사상이 혼용되어 있는 사회라 할 수 있다. 전통적으로 한국의 부모들은 자식들에게 '도를 닦고 덕을 함양하라'고 가르쳤다. 그 가르침은 일종의 도덕률을 형성했다. 이러한 도덕률은 기본적으로 세 가지 요소로 구성된다. 그 첫 번째가 지성을 각성

시키는 것, 두 번째가 의지를 단련하는 것, 세 번째가 감정을 조화롭게 하고 정화시키는 것이다. 이것이 바로 한국의 도덕교육법이라고 할 수 있을 것이다. 이것에 대해서는 어떻게 생각하는가?

슬로트: 한국의 수양법에는 도덕교육을 구성하는 세 가지 측면이 있지만 나의 덕윤리 이론에는 한 가지 측면만 있음을 말하고 싶은 거였나? 맞는 말이다.

황경식: 이런 점에서 한국의 도덕교육이 보다 통합적이라고 볼 수 있지 않은가? (웃음)

슬로트: 그렇긴 하다. 하지만 이제 한국의 철학자들은 한 인간에게서 어떻게 그 세 가지 요소가 각기 발달하게 되는지에 대해 설명할 수 있어야 한다. 만약 그것이 가능하다면 매우 훌륭할 것이다. 그러한 작업을 보고 싶다.

박정순: 그건 그렇고, 나는 당신이 중국을 방문해 덕윤리에 관한 중국의 상황을 보고 왔다고 들었다. 그것은 문명의 충돌이라기보다는 덕윤리 이론에 관한 동서양의 통합을 시도한 것으로 이해될 수 있는가?

슬로트: 사실, 바로 그것이 내가 애초에 유가사상에 관심을 갖게 된 한 가지 이유이기도 하나. 덧붙여 얘기하자면, 나는 묵가사상에도 관심이 많다.
내 기본적인 생각은 이렇다. 우리가 현재 서양에서 하고 있는 작업은

옛날에 중국사상가들이 했던 작업과 유사하다. 그런 만큼 우리는 서로에게 배울 필요가 있다. 이것이 내가 유가사상에 관심을 갖게 된 애초의 이유다. 나는 유가사상에서 뭔가를 배우고 있고, 중국 사람들 역시 우리 서양 사람들에게서 뭔가 배울 수 있기를 기대하고 있다.

그런데 내 생각에 동양 사람들은 칸트의 이론보다는 덕윤리를 받아들이는 것이 쉬울 것이다. 그런 만큼 나는 중국, 한국, 일본 사람들에게 덕윤리 이론을 소개해주는 데 많은 관심이 있다.

2

유교윤리의 현대화

제1장
유교윤리는 덕과 규칙의 통합윤리인가?

글머리에

이 논문은 분석철학적 기반 위에서 서양윤리학을 공부한 필자가 최근 서구에서 제기되는 덕윤리의 부활에 함축된 현대적 의의를 연구하던 중 그와 유관한 유교윤리에서의 시사점을 탐구하는 가운데 쓰였다. 따라서 이 논문은 유교 문헌에 대한 전문가적 인증에 의거하기보다는 최근 서구에서 진행되는 덕윤리와 관련된 담론에 기반을 두고 주로 유교윤리를 논의한 2차 자료를 참고로 서술되고 있다. 하지만 필자는 이 논문을 통해 비교철학적 담론의 가교를 마련함으로써 보다 심도 있는 전문가들의 학문적 소통에 일조함으로써 난맥상을 보이는 현대 윤리학의 방향을 모색하는 실마리를 찾고자 한다.

이 논문의 단서가 된 저술은 현대 중국의 윤리 교수인 류유리(Liu Yuli,

劉余莉)가 저술한 『*The Unity of Rule and Virtue: A Critique of a Supposed Parallel Between Confucian Ethics and Virtue Ethics*』(Eastern Universities Press, 2004)이다. 류유리 교수는 이 책에서 유교윤리를 일종의 덕윤리로 해석하는 종래의 입장을 비판하고 유교윤리는 규칙과 덕의 통합윤리라는 새로운 해석을 제시함으로써, 유교윤리는 근세 이후 서구의 규칙윤리도 아니며 그 대안으로서 제시된 덕의 윤리도 아닌바 덕과 규칙이 통합된 제3모형의 윤리로서 암암리에 현대의 윤리적 난맥을 타개할 수 있는 최상의 윤리임을 자부하고 있는 듯이 생각된다. 필자는 류유리 교수의 주장이 도전적이고 흥미롭기는 하나 그의 해석에 간과해서는 안 될 중대한 난제가 숨어 있음을 분석적으로 논변하고자 한다.

1. 의무윤리와 덕윤리에서 규칙의 역할

덕윤리의 현대적 의의를 논의하는 담론에서 우선 가장 핵심적으로 주의해야 할 일은, 덕윤리가 대안으로서 제시되고 있는바, 비판의 표적이 되는 근세 이후의 윤리유형이 의무의 윤리(duty ethics)라는 점이다. 의무의 윤리는 여러 이유에서 의무사항과 같은 최소한의 윤리적 요구에 집중하는 윤리유형으로서 근세 이후 시민사회의 요청에 부응하는바 최소한의 행위지침을 제시하기 위해 구상된 윤리라 할 수 있다. 행위지침의 명확성과 결정성을 보장하기 위한 의무윤리의 최소주의적 전략은 지향하는 목적을 도모하는 동시에 불가피한 대가를 치를 수밖에 없었으며, 이로 인해 최근에 이르러 덕의 윤리라는 또 하나의 극단적 입장이 대안으로 제시되는 지경에 이르게 된다.

의무윤리가 미결정성, 불확실성을 배제하기 위해 지나친 개념적 환원주의(conceptual reductionism)와 도덕적 일원론(moral monism)으로 치달음으로써 치르게 된 한 가지 대가는 도덕경험을 도덕적 의무사항으로 단순화함으로써 도덕적 스펙트럼에서 도덕적 권장사항, 도덕적 허용사항 등 도덕에서 중요한 의의를 갖는 다른 요소들을 배제하게 된다는 사실이다. 나아가 의무의 윤리는 행위지침의 확실성, 결정성을 위해 도덕의 본령이라 할 수 있는 동기나 감정 등 도덕의 내면적 가치를 사상해버리고 지나치게 외면적인 행위 중심적 방향정위를 하게 된다는 점이다. 이로써 도덕은 준(準)법적 도덕관으로 전락하게 되고 도덕의 창의적 여백을 중시하는 예술가적 모형보다는 준수 여부에 집중하는 법률가적 모형으로 전개된다.

의무윤리는 도덕의 확실성과 결정성을 제고하고 행위지침(action guiding)으로서의 기능을 다하기 위해 두 가지 특성을 겸비하게 된다. 그 것은 의무의 윤리가 일반적으로 행위의 윤리(ethics of action)이고 동시에 규칙의 윤리(rule ethics)이기도 하다는 점이다. 의무의 윤리는 행위주체의 성품이나 성향이 아니라 구체적이고 개별적인 행위에 주목한다. 구체적으로 현실화된 개별행위만이 객관적이고 공적인 평가의 대상이 될 수 있는 확실하고 결정적인 대상이 되기 때문이다. 또한 의무의 윤리는 그 의무가 일정한 규칙으로서 명시적으로 서술될 경우 특정 행위를 지정하는 행위지침으로서의 확실성과 결정성을 담보할 수 있다. 물론 일정한 한계가 불가피하겠지만 규칙화는 또한 일반성과 보편성을 보장하게 되는 것이다.

그런데 여기에서 반드시 유념해야 할 한 가지 사실은 의무의 윤리(duty ethics)와 규칙의 윤리를 동일시하는바, 일부 학자들이 오도한 그릇된 윤리학적 관행이다. 위에서 살핀 대로 의무의 윤리가 확실성과 결정성을 제고하기 위해 일반적으로 규칙의 윤리와 연관되기는 하나 이 두 윤리는 상이한 요구에 부응하는 서로 다른 측면에서 명명된 윤리이며, 이 점을 많은 윤리학자들이 간과함으로써 덕의 윤리를 의무윤리와 더불어 규칙 윤리의 대안으로 간주하는 오해를 결과하게 된다. 이 점은 행위의 윤리에서도 그대로 해당된다. 대체로 의무의 윤리는 행위 중심적 윤리이기는 하나 양자 간에는 필연성이 없다고 할 수 있다.

이미 앞서 밝힌 바와 같이, 의무의 윤리는 윤리의 최소화 전략의 결과로서 비롯된 것이나 규칙의 윤리는 윤리의 명시화 전략의 귀결이라 할 수 있다. 또한 최소화와는 달리 명시화에의 요구는 비단 의무의 윤리뿐만이 아니라 모든 윤리설에서 중요한 요구사항이라 할 수 있다. 의무의 윤리가 명시화 전략을 요구하는 것은 당연지사라 하겠으나 덕의 윤리 또한 사회를 이끌어갈 현실성 있는 규범이 되기 위해서는 명시화로의 요구가 필수적이라 생각된다. 이런 관점에서 명시화 전략으로서 규칙화에의 요구는 아리스토텔레스의 덕의 윤리에서도 나타나며 특히 스토아학파의 덕 윤리에서는 윤리에서 규칙과 덕의 관계가 주제적으로 다루어지고 있다.

주지된 사실이기는 하나 간과하기 쉬운 한 가지는 아리스토텔레스에게서 덕윤리와 법규범 간의 관계이다. 아리스토텔레스는 결코 에토스(ethos)와 노모스(nomos)를 분리해서 다루지 않았으며, 에토스는 노모스를 전제했을 경우에만 의미 있게 다루어질 수 있는 주제이다. 다시 말하면 시민 대부분이 기본적 규범으로서 법규범을 대체로 지킨다는 전제 아래 보다 고급한 규범으로서 덕의 윤리는 의미를 갖게 된다. 아리스토텔레스의 덕의 윤리학은 그의 규범체계 전반을 배경으로 해서 자리매김하지 않을 경우 그 온전한 의미로 이해되기 어렵다 할 것이다.

나아가 아리스토텔레스의 덕윤리에서 덕과 법규는 단지 고급윤리와 저급윤리로 병렬해 있을 뿐 아니라 보다 본질적 관계를 갖는 것이기도 하다. 아리스토텔레스에 의하면, 도덕(morality)은 이성(reason)에 따른 삶이며 이성의 언어가 바로 도덕규범이다. 따라서 이성과 동격인 법(law)은 도덕규범과도 동격이라 할 수 있다. 법은 용기와 자제와 숙고를 명하며, 그것은 또한 모든 덕과 악덕 그리고 명령하고 금지해야 할 법에 대해 언급한다. 이렇게 볼 때 아리스토텔레스에게서는 정치학(political science)과 도덕철학(moral philosophy) 간에 통합성이 존재할 뿐만 아니라 이 양자는 또한 법학(jurisprudence)과도 통합된다. 왜냐하면 결국 아리스토텔레스게서 정치학은 삼위일체를 이루게 되는데, 그것은 국가론이긴 하지만 또한 도덕이론이자 법이론이기 때문이다.

아리스토텔레스에 이어 스토아학파의 덕윤리학자들 간에는 덕윤리에서 도덕규칙이 어떤 역할을 하게 될지에 대해 보다 주제적인 논의가 있었다. 물론 도덕규칙의 지위에 대한 스토익의 입장이 한결같은 것은 아니며, 이 점은 세네카(Lucius Annaeus Seneca)의 입장에 대한 현대적 해석이 둘로 갈라져 있는 것으로도 예시된다. 그중 한 진영에 따르면 스토익에서는 도덕원칙의 우선성이 주장되고 유덕한 인격은 그러한 원칙의 구체적 표현으로 간주하는 데 비해, 다른 진영에 따르면 모범적 유덕자로서 성인(saint)이 보다 우선적이며 원칙은 단지 부덕한 학습자를 위한 대체적 규칙으로서 부수적 역할을 할 뿐 성인은 필요할 경우 언제든 그것을 그르칠 수 있다는 것이다.

이상에서 살핀 대로 최대윤리로서 덕의 윤리와 대립각을 이루는 것은 최소주의적 전략의 결과로서 주어지는 의무의 윤리이며, 도덕에서 규칙의 역할은 정도의 차이만 있을 뿐 모든 도덕체계에서 규범의 명시화·객관화를 위해 요구되는 것으로 결코 규칙의 윤리가 덕의 윤리와 대립하는 것으로 간주되어서는 안 된다. 단지 의무의 윤리와 규칙의 윤리는 모두 확실성·결정성을 지향한다는 점에서 상호 간에 친화성이 존재하며, 덕의 윤리 또한 규칙의 역할을 요구하면서도 규범의 규칙화 가능성보다 그 한계에 주목하는 성향이 존재한다 하겠다. 이런 의미에서 우리는 세네카의 입장이 보다 설득력 있는 중립적 입장으로 해석될 수 있다고 본다. 즉 덕윤리에서 성현이 규범적 우선성을 갖는다는 것도 사실이지만 또한 도덕원칙이 적어도 부분적으로나마 실천적 합리성(practical rationality)을 구성한다는 것도 진실이다.

현대 덕윤리의 한 가지 두드러진 특성은 그것이 유덕한 인격이 갖는 규범적 우선성(normative priority)을 내세우는 주장이라 할 수 있다. 이 점과 표리의 관계에 있는바, 또 한 가지 특징은 현대 덕윤리가 의사결정에서 규칙이나 원칙의 지위에 대해 회의주의(scepticism)의 입장을 내세운다는 점이다. 그런데 위에서 살핀 대로 스토익들은 이 점에서 역설적 입장을 취하는 듯이 보인다. 한편에서 그들은 성자가 지닌 권위와 우월한 지위를 강하게 주장하면서도 다른 한편에서 그들은 또한 도덕생활이 규칙과 원칙의 정연한 체계에 의해 구조화되어야 하는 것으로 간주한다.

그러나 세네카는 성자의 중심적 역할에 대한 스토아주의적 강조가 도덕원칙이나 신조(repepts) 등과 같은 도덕규칙을 내세우는 것과 양립 가능하다고 본다. 스토아적 입장에 대한 세네카의 주장에 대해서는 더 심층적인 논구가 요구되나, 여기에서 우리가 동조하고자 하는 바는 일부의 덕윤리학자들이 도덕원칙을 극단적으로 배제하고자 하는 입장은 오도된 것이라는 점과, 덕윤리학이 도덕규칙을 적절히 이해할 경우 덕 이론이 행위의 지침을 제공하는(action-guiding) 능력을 제고하는 방도로서 규칙은 필요 불가결한 요소라는 점이다.

나아가 덕의 윤리가 규칙을 응용한다 할지라도 그것이 새로운 윤리체계로 전환하는 것을 의미하지는 않는다. 덕의 윤리에서 응용되는 규칙은 어디까지나 덕의 구현에서 유용한 도구로서 잠정적으로 차용되는 것일 뿐 그 자체로 본질적이거나 절대적 가치를 지니는 것이 아니다. 따라서 덕의 윤리에서는 덕이 기본적이고 본질적인 개념이며 규칙은 부차적이고 파생적인 개념일 뿐이다. 이런 한에서 덕의 윤리가 도덕규칙을 응용한다고 해도 그것이 덕과 규칙의 통합윤리가 되는 게 아니고 단지 규칙을 도구로 활용하는바 덕윤리 그대로 남아 있다 할 것이다.

2. 유교윤리는 덕과 규칙의 통합윤리(?)
: 류유리의 해석에 대한 비판적 논의

지난 20~30년간 서양의 도덕철학과 신학의 문헌들에서 덕윤리에 대한 관심이 두드러지게 부활하고 있는 것으로 보인다. 서구에서 덕의 윤리가 재활되는 배경 속에서 일부 철학자들은, 오랜 역사를 두루 해서 유교윤리는 인격의 형성과 개인적 덕의 함양을 강조해왔다고 주장하고 있다. 이런 관점에서 유교윤리도 덕윤리로 규정하는 것이 적절한 듯이 보일지 모른다. 그러나 최근 이러한 주장에 대해 중국의 류유리 교수는, 비록 유교윤리가 덕의 윤리와 상당한 유사성을 공유하고 있다 할지라도 유교윤리를 엄밀한 의미에서 덕의 윤리로 명명하는 데 반론을 제기한다.[1]

∴

1) Liu Yuli, *The Unity of Rule and Virtue*(Singapore: Eastern Universities Press, 2004), Summary ix 참조.

류유리 교수에 따르면, 일반적으로 유교윤리와 덕의 윤리 간에 피상적인 유사성이 지나치게 강조된 나머지 이들 간에 철학적으로 보다 중요한 차이점들이 간과되고 있으며, 자신의 저술이 이 같은 오해에 대한 비판적 분석을 제시하기 위해 기획되었다고 한다. 류유리는, 유교윤리는 일반적 오해와는 달리 규칙(rule)과 덕(virtue)이 통합된 고유한 유형의 윤리임을 주장하면서 현대 서구의 철학적인 개념적 자원을 원용함으로써 유교윤리에 대한 보다 나은 이해에 이르는 일에 기여하는 것이 자신의 저술에서 기대하는 바라고 한다. 이 저술에서 좀 더 중점적으로 다루고자 하는 철학적 주제는 하나의 도덕이론 속에 규칙과 덕이 통합될 수 있다는 입론이다. 하지만 류유리는 그러한 가능성에 대한 일반론보다는 유교윤리의 분석과 서구의 다른 윤리이론 간에 대비를 하는 가운데 그 가능성에 대한 타진과 약간의 시사점을 제시함으로써 현대 서구 철학자들이 간과한 제3의 가능성을 모색하고자 한다.[2]

류유리는 유교윤리에서 인(仁, ren)과 더불어 예(禮, li)가 동시에 강조됨으로써 유교윤리는 단순한 덕의 윤리도 단순한 규칙의 윤리도 아니며 덕과 규칙의 통합윤리로 해석함이 합당하다고 주장한다.[3] 유교윤리에서 예의 의미는 의례로부터 예절, 시민법으로부터 관습법, 행위의 도덕규칙으로부터 사고, 감정 행위에 대한 도덕감 등으로 확대된다. 윤리적 차원에서 예는 고대의 왕이나 성현들이 하늘의 법칙을 현실 속에 구체화하고 인간본성의 표현을 규제하기 위해 제정한 원칙이다. 이는 동시에 도덕원칙으로서의 예가 고대 제왕이나 성현들의 숙고의 산물임을 함축한다. 따

..
2) 같은 책 참조.
3) 같은 책 참조

라서 고대의 성현과 제왕들은 예의 이름으로 행위규칙들을 만들어서 사람들을 합당하고 적절하게 규제하고자 했던 것이다.

유가들은 고대의 성현과 제왕들이 쌓아온 성과로서 예의 체계를 중시하고 강조했다. 예에 따라서 행위 하는 자는 높이 찬양을 받았고 예를 무시하는 자들은 심하게 비난을 받았다. 공맹과 그 제자들 즉 유학자들은 예의 사회적 기능을 강조하였고 그 철학적 근거를 제시하고자 노력했다. 그 결과로서 과거 2,000여 년 동안 예는 중국을 위시한 유교문화권 사회에서 사회적 통제수단으로 기능해왔다. 이런 이유에서 공맹 이전에는 인보다는 예가 비중이 더 큰 핵심 용어로서 지위를 누렸다. 그러나 우리가 논어에서도 읽을 수 있듯 공자 시대에 와서는 그 무게중심이 인으로 크게 전환되는 계기를 만나게 된다.

예의 체계는 춘추시대에 이르러 사회통제의 수단으로서 점차 피상적이고 비효율적인 규범으로 전락해간다. 심지어 예는 부도덕한 목적에 이용되기도 하는 지경에 이르는데, 예컨대 예를 고수하는 자가 단지 자신의 이익 계산에만 전념할 수도 있고 도둑끼리 예를 명분으로 자신을 정당화할 수 있게 되었다. 그럼에도 유가에서는 예의범절이 필수 불가결한 게 아닐 수 없다. 이러한 규칙들은 금수와 다른 인간의 차별성을 보여주는 것이고, 예를 배우지 않고서는『논어』에서 강조되듯 인간은 인간 공동체에서 입지를 잃게 되는 것이다.[4]

그러나 예의 중요성에 대한 유가의 강조는 일종의 형식주의(formalism)로 귀결될 가능성과 위험을 내포하게 된다. 유가들은 정연한 도덕규칙의 체계가 아무런 덕의 뒷받침 없이도 시행될 수 있음을 알게 되었다. 바

4) 같은 책 105쪽 이하 참조.

로 이런 이유 때문에 관행적인 윤리적 삶은 내면적 도덕의 새로운 기반을 요청하게 된다. 이렇게 해서 새로운 개념인 인을 도입함으로써 공자는 예에 새로운 정신과 생명을 부여하고자 했다. 인은 예의 본질인 동시에 내면적인 힘인 것이다. 공자는 인에 대해 많은 이야기를 했지만 결코 인에 대한 형식적 규정을 시도한 적은 없다. 『논어』에 기록된 갖가지 언급 중 인을 기술하는 두 가지 예화가 그 가장 기본적인 내용을 시사하는 것으로 생각되는데, 그중 하나는 인이 사람을 사랑한다〔愛人〕는 것이고 다른 하나는 자기를 이기고 예로 돌아간다〔克己復禮〕는 말이다.[5]

애인(愛人)으로서의 인과 복례(復禮)로서의 인은 인이 갖는 두 가지 측면을 보여주는데, 전자가 인간에 대한 사랑의 감정이라는 내면적 태도를 가리킨다면 후자는 예절을 지킨다는 외적 표현을 의미한다. 류유리 교수에 의하면, 유교윤리는 애인으로서의 인으로 인해 덕의 윤리로 나아가지만 복례로서의 인은 유교윤리를 규칙의 윤리로 나아가게 하는 측면이라 한다. 그렇다면 애인과 복례의 관계는 무엇이란 말인가? 인이 갖는 이 두 측면에 대한 합당한 이해를 위해서는 유가의 예를 충분히 이해할 필요가 있다. 유교윤리에서 예로 돌아간다는 것은 일정한 사회적 관계를 맺고 있는 자들에 대해 사랑의 감정을 개발하고 표현하는 과정이라 할 수 있다. 이처럼 예에 대한 독특한 이해 때문에 류유리 교수는 유교윤리가 덕과 규칙을 하나의 윤리이론 속에 마치 동전의 양면처럼 조화시키고 통합할 수 있다는 것이다.[6]

류유리 교수는 이상과 같은 전제 아래 예의 본질이자 핵심 내용으로서

∴
5) 같은 책, 114쪽 참조.
6) 같은 책, 139쪽 이하 참조.

의 인, 그리고 인의 구체적 실현이자 표현으로서의 예를 해명하면서 내용과 형식, 실질과 표현의 상호 보완적이며 상호 요청적 관계를 밝힌다. 이 점은 유학에서 말하는 외적 표현과 내적 실질이 고루 갖추어져야〔文質彬彬〕 바로 군자라는 말에 의해 잘 대변된다고 할 수 있다. 그뿐만 아니라 류유리는 인과 예 간의 창조적 긴장 관계에 대해서도 주목하고 때로는 예가 총체적 덕목으로 인의 일부를 구성하기도 한다는 점, 그리고 규칙과 덕의 공통된 원천으로서 또는 형이상학적 기반으로서 도(道)에 대해서도 언급한다. 나아가서 류유리는 사회적인 도덕관행 속에서 예와 인의 통합과 도덕교육에서 예와 인의 조화에 대해서도 살피고 있다.[7]

그런데 필자가 제1장에서 서술한 대로 덕의 윤리가 그 대안으로 제시된 바 예각적으로 대립하고 있는 윤리는 의무의 윤리이며, 윤리에서 규칙의 기능이나 규칙화에의 요청은 의무의 윤리이건 덕의 윤리이건 모든 윤리체계가 그 규범 내용의 명시화·객관화를 위해 요구되는 비교적 일반적인 한 가지 특성이라 할 수 있다. 이 점은 바로 다소 다른 측면이긴 하나 아리스토텔레스의 덕윤리나 스토아학파의 덕윤리가 분명히 예시해 주고 있다는 점도 앞서 밝힌 바 있다. 이런 관점에서 볼 때, 유교의 덕윤리가 규칙의 기능을 중요시한다는 점은 하등 새로울 것도 예외적인 것도 아니라는 점에 주목할 필요가 있는 것이다.

유교윤리에서 덕과 규칙의 관계는 규칙 공리주의에서의 공리와 규칙 간의 관계와 유사하게 설명될 수 있을 것으로 보인다. 유교윤리에서는 우선 인이나 의와 같은 덕이 도덕판단에서 우위를 차지하며, 그런 의미에서 유교윤리는 기본적으로 덕의 윤리라 할 만하다. 그러나 이 같은 덕

7) 같은 책 제6장 참조.

은 지극히 일반적이고 추상적이어서 언제나 그 미결정성을 배제하기 어려우며 공적 규범이 되기 위해서는 신뢰할 만한 도덕적 권위나 오랜 전통을 통해 엄선되고, 확립된 규칙의 체계인 예가 요구된다. 그러나 기존의 규칙체계는 주로 통상적이고 정상적인 경우에만 적용될 뿐 예외적이고 비정상적인 경우에 당면해서는 다시 인과 의를 바탕으로 한 새로운 도덕판단이 구상되어 기존 규칙체계의 첨삭, 보완, 개선, 재편성이 이루어지게 된다.

공리주의에서도 공리의 계산이 여러 변수에 의해 왜곡되고 편향되어 그르칠 수 있는 까닭에 오랜 경험을 통해 검증되고 엄선된 규칙의 체계가 필요하게 된다. 그래서 규칙의 유용성에 주목하는 규칙 공리주의(rule utilitarianism) 버전이 정당화되는 것이다. 그러나 행위 공리주의자들(act utilitarians)의 주장처럼 우리가 당면하는 상황은 언제나 나름의 고유성이 있는 까닭에 우리는 항상 당면 상황이 통상적인지 아니면 예외적인지를 고민해야 한다. 통상적 상황이라면 기존 규칙이 적용되겠지만 예외적 상황이라면 새로운 규칙의 창안이 요구되며, 결국 규칙 공리주의는 행위 공리주의와 차별화되기 어렵다는 것이다. 여하튼 규칙 공리주의는 나름의 정당성을 가지며, 규칙의 중요성을 수용하면서도 여전히 공리주의로 남아 있는 입장이라 할 것이다.

덕과 규칙의 통합 형태로 해석된 유교윤리이건 규칙 공리주의이건 간에 윤리이론에서 규칙의 중요성에 대한 이해와 더불어 이론체계 내에서 규칙의 비중이 크게 인정되지만 규칙은 어디까지나 부차적이고 수단적인 의미를 갖는다 할 것이나. 어떤 경우에서나 규칙의 기능은 상위의 덕이나 공리가 지극히 추상적이고 일반적이어서 구체적 행위를 지정하는 데서 미결정성을 수반하며 이를 최대한 배제하기 위해 규칙의 소용이 있게 된다. 그러나 규칙의 용도를 수용한다 해도 규칙은 언제나 잠정적이고 조건부의 것으로서 그 정당성은 다시 상위의 가치에 의해 입증되어야 할 것으로 남게 된다. 그래서 유교윤리나 규칙 공리주의는 부분적으로 규칙의 지위를 인정한다 할지라도 전자는 덕의 윤리이고 후자는 공리주의 혹은 결과주의 윤리설로서의 정체성을 그대로 유지하고 있다 할 것이다.

한편 의무의 윤리가 규칙의 윤리와 친화성을 갖는 것은 당연한 이치라 하겠다. 의무의 윤리이건 규칙의 윤리이건 간에 양자는 모두 도덕적 불확실성이나 미결정성을 극복하기 위해 제안된 것이기 때문이다. 그러나 전술한 대로 이 양자는 그러한 미결정성을 서로 다른 전략에 의해 극복하고자 하는 데서 구상된 윤리유형인 까닭에 그 양자를 동일시하는 것은 정당하지 않다. 비록 의무론 진영에 있다 할지라도 우리가 도덕적으로 인지할 수 있는 것이 도덕원칙 혹은 규칙들이라 주장하는 규칙-의무론(rule-deontology)도 있을 수 있고, 우리가 알 수 있는 것이 개별적인 의무판단 내지 의무적 행위라 주장하는 행위-의무론(act-deontology)도 있을 수 있다는 점에 주의할 필요가 있는 것이다.

앞으로 필자는 유교윤리가 덕과 규칙의 통합윤리라는 류유리의 이해 방식이 적어도 몇 가지 논점에 의거해서 정당화되기 어려운 입장임을 논변하고자 한다. 우선 유교윤리는 그 개념적·역사적 전개 과정에서 볼 때 규칙과 덕의 통합윤리이기보다는 인을 중심으로 한 덕윤리의 현실적 구현을 위해서 예를 통해 객관화·명시화 과정을 거치게 된다는 점이다. 둘째, 첫 번째 논점으로부터의 당연한 귀결이지만 예는 인의 효율적 구현을 위해 언제나 수정·첨삭·보완을 거쳐 재구성될 수 있는바 인에 비해 부차적 지위를 갖는다는 점이다. 끝으로 유교윤리가 덕윤리임은 예가 규칙체계를 의미하면서도 그 자체가 구체적인 하나의 덕목을 가리킬 뿐 아니라 수양을 통해 습득되어야 할 것이라는 점에서도 입증된다 할 것이다.

3. 주덕의 개념적, 시대적 전개: 인의예지(법)

유교윤리에는 주지하다시피 오상(五常)이라 불리는 가장 핵심적인 다섯 덕목이 있는데 그것은 바로 인(仁), 의(義), 예(禮), 지(智), 신(信)이다. 이 중에서 신은 사회적으로 널리 요구되는 일반적인 덕목이자 모든 도덕적 관계에서 전제되는 기본 덕목이라 할 수 있으며, 이를 제외한 인, 의, 예, 지를 4주덕(主德)이라 할 수 있다. 그런데 이미 우리가 잘 알고 있듯, 이 중에서 인은 가장 핵심적인 덕으로서 때로는 모든 덕목의 총칭으로 포괄적인 덕을 의미하기도 하고, 다른 도덕들과 더불어 타인에 대한 사랑을 의미하는 특수한 덕을 가리키기도 한다. 이에 비해 의는 개별 상황에의 적합성(situational appropriateness, fitness) 기준과 그에 의거한 판단 즉 옳음, 옳은 것, 정당성을 의미한다고 할 수 있다.

유교윤리의 4주덕 가운데 실질적 내용을 갖는 덕목은 인과 의라 할 수 있으며, 이들은 대체로 내면적인 도덕적 심성 내지 도덕감을 가리킨다. 이에 비해 예는 내면적 심성인 인과 의가 객관적 상황 즉 시소(時所)에 맞게 외적으로 표현된 것이다. 인의(仁義)에 기반을 두고 상황적 예에 부응하는 행위만이 도덕적 가치를 갖는다 할 수 있는 것이다. 마지막 덕인 지(智)는 바로 시소에 적합한 예에 맞추어 인의를 적절하게 표현하기 위에 요구되는 앎, 즉 실천적 지혜를 의미한다.

유교의 핵심 개념이자 중심 덕목은 인(仁)이다. 그러나 공자는 인에 대해 여러 가지로 언급했지만 형식적 정의를 제시한 적이 없다. 따라서 그의 언급 중 몇 가지 중요한 것들에 주목함으로써 인의 내용을 짐작할 수 있을 뿐이다. 우선 공자에 의하면, 인은 인간의 본질적 특성이다(『중용』, 20). 또한 인은 사람을 사랑하는 것(愛人, 『논어』, 「안연」, 22)이라 했다. 맹자 또한 유사한 맥락에서 "동정과 사랑(측은지심)의 감정은 인의 단초이며 측은지심(惻隱之心)이 없다면 인간이 아니다"(『맹자』, 「공손추」, 상 6)라고 했다. 결국 맹자에 따르면 인간의 본성은 잠재적인 인의 능력이며 인 그 자체는 현실화된 덕목이다. 그리고 인간의 잠재성을 실현하여 인을 성취하기 위해서는 자기수양이 요구된다고 했다. 공자의 말을 빌려 이를 표현하면 자신의 편향된 성향이나 욕구를 극복(克己, 『논어』, 「안연」, 1)함으로써 비로소 인인(仁人)이 될 수 있다는 것이다.

공자는 인을 성취하는 방법에 대해서도 말하고 있다. 그에 따르면, 인을 성취하기 위해 우리는 우리 자신을 일정한 상황에 처한 다른 사람들의 입장이 되어 우리가 어떻게 대처할지를 생각해보는 것이다〔易地思之〕. 이런 방법은 인간의 마음이 그 내용이나 작용에서 유사함을 전제한다. 맹자도 인은 사랑을 우리가 좋아하는 사람만이 아니라 그러지 못한 사람에까지 확대하는 것이라 했다. 이에 대한 해석으로는, 모든 사람이 측은지심을 갖고 있으나 그것을 다른 모든 사람에게 일관되게 확대하기는 어려운 일이고, 측은지심을 우리에게 가까운 사람만이 아니라 그렇지 못한 사람에게까지 일관되게 확대하고자 노력한다면 그 결과가 바로 인이라는 것이다. 측은지심이 도덕의 잠재적 씨앗이라면 인은 측은지심이 성숙하여 얻어진 온전한 덕목이다.

맹자에 따르면, 우리는 인간에게 특징적인 몇 가지 자연적 성향 내지 감정을 지니고 태어난다. 그리고 이들 성향은 덕의 단초 내지 뿌리가 된다고 한다. 맹자는 4주덕인 인의예지의 단초가 되는 네 종류의 자연적 성향을 구분했는데, 측은지심은 인의 단초이고, 수오지심은 의의 단초이며, 사양지심은 예의 단초이고, 시비지심은 지의 단초라 했다. 인은 이 모든 덕목의 기반을 이루고 또한 이 덕목들을 통합하고 있기는 하나, 인을 제대로 이해하기 위해서는 이들 세부 덕목을 해명하는 것이 도움이 될 뿐만 아니라 필수적인 것으로 생각된다.

의(義)는 일반적으로 옳을 의, 즉 옳음으로 번역된다. 이 같은 번역은 틀린 것은 아니나 의의 본질적 용례를 잘 보여주고 있지는 못하다. 맹자에 따르면, "인은 편안한 집(安宅)이요 의는 바른 길(正路)이라 했다. 그리고 안택에 살고 정로로 다니는 것이 우리가 훌륭한 사람이 되기 위해 충분하다고 했다. 이러한 비유를 통해 맹자가 전하고자 한 뜻은 무엇인가? 맹자가 한편에서 의를 인에 관련 지워 말하면서도 다른 한편 의는 구체적 상황에서 인의 구현이라고 한 사실을 미루어 보면, 의는 인 자체와 인의 실행 내지 도덕적 관행 간의 매개체로 생각하고 있는 듯하다.

이러한 매개체는 무엇을 말하는가? 이에 대한 합당한 해답은 의가 올바른 도덕판단(true moral judgment)인 것으로 생각된다. 이렇게 이해할 경우, 인은 도덕의 원천이요 기원이며 그래서 도덕적 행위자의 집이라 할 수 있다. 이에 비해 의는 도덕판단으로서 도덕적 행위자로 하여금 도덕적 실천으로 인도하는 것이며, 그럼으로써 의는 가정으로부터 삶의 현장으로 나아가는 길이 된다. 도덕판단은 옳을 수도 그를 수도 있으므로 훌륭한 사람은 양자를 구분할 줄 알아서 옳은 판단만을 따르는 사람이다. 덕목으로서 의는 본질적으로 도덕판단을 내리는 것을 함축하는 까닭에 의는 적절함 혹은 적합함(『중용』, 20)이라고도 한다. 주희(朱熹)는 맹자를 해석하면서 "의는 인에 대한 판단"이라 했고, 혹자는 '심(心)의 판단'이라 했으며, 혹자는 '도덕판단'이라 했고, 혹자는 '특수상황에서 적절한 도덕판단을 내리는 능력'으로 해석했다.

예(禮)는 원래 제물 혹은 관행을 가리키는 말이었으나 시대와 더불어 하나의 덕목으로 발전하고 나아가 모든 규칙, 원칙, 법규, 형식, 관습, 의례 등을 총칭하는 이름이 되었다. 발전된 두 가지 의미를 모두 공자나 맹자가 사용하고 있는 듯하나, 특히 맹자는 예규보다는 덕목으로서의 의미를 강조한다. 덕으로서의 예는 사양지심(辭讓之心)에서 발전한 것이며 적절성(propriety)으로 번역된다. 맹자는 예의 성격이 인에 대해 적합한 형식을 제시하는 것이라 했다. 그리고 보다 유념해야 할 것은 의와 예가 특별한 관계에 있다는 점이다. 앞서도 언급했지만 의는 본질적으로 인에 대한 판단을 내포하는 데 비해, 예는 그렇게 확립된 판단들이 함축하고 그에 의해 정당화된 규칙과 예절들을 의미한다. 이 같은 규칙과 의례들은 인의 외적 구현일 뿐만 아니라 질서와 무늬라 할 수 있을 것이다.

지(智)는 지혜나 지식 혹은 도덕의식으로 해석될 수 있다. 지는 시비지심(是非之心)에서 발현된 덕목으로서 그에 의거해서 인과 의를 인식하고 파악함을 뜻한다. 주희에 따르면, "지는 인에 의거해서 도덕적으로 분별하는 능력"이다. 그런데 지와 의는 모두 도덕적 분별과 판단을 내포하며 양자 모두 옳은 것에 대한 인지뿐만이 아니라 그에 따라 행위 해야 한다는 적극적 의무감을 내포한다. 그러면 지와 의의 차이점은 무엇인가? 혹자에 따르면, 의는 행위주체가 당면하고 있는 구체적 상황과 관련되지만 지는 행위주체가 대면하지 않은 상황까지도 평가함을 의미한다고 한다. 좀 더 정확히 구분하자면, 의가 본질적으로 인에 의해 주어지는 도덕판단이라면 지는 그러한 판단의 진리가치를 확인하는 것과 관련되는 인지 능력으로 보인다.

그런데 인의예지는 통상적으로 위에서 설명했듯 그 나름으로 개념상 정합적 체계를 이루는 4주덕으로 알고 있다. 또한 인의예지는 인의예법(仁義禮法)으로 해석되어 유교윤리의 시대적 전개 내지 발전 양상으로 이해되기도 한다. 유교윤리의 기본이 인이긴 하나 의무 이상의 행위까지도 함축하는 최대윤리로서의 인은 공동체적 유대를 강하게 갖는 소규모 마을공동체에 적합한 규범이라 할 수 있다. 사회가 보다 복잡화·다원화되는 과정에서 현실도덕은 최소화 전략이 불가피했으며, 이는 도덕의 무게중심이 인에서 의로 전환하지 않을 수 없음을 말해준다. 의는 최대윤리인 인에 비해 더도 덜도 아닌 상황적합성에 의거한 규범을 말한다. 그래서 인이 편안한 가정이라면 의는 바른 길〔仁 安宅, 義 正路〕이라는 말도 이런 관점에서 이해된다.[8]

바른 길을 지향하는바 의의 이념과 자주 갈등을 빚고 긴장관계에 있던 현실 원리가 이(利)이고 보면, 의라는 규범이 어떤 도덕적 환경에서 강조되었는지 짐작케 한다. 그런데 이로부터 시대가 더욱 복잡화·다원화되고 상업화될 경우 의와 같은 보다 추상적이고 일반적인 원칙이나 판단은 행위지침으로서 불확실성과 미결정성을 노정하게 되어 시소에 보다 적절한 명시적이고 구체적이며 세목에 걸친 규칙체계로서 예와 같은 규범을 필요로 하게 된다. 예는 추상적인 일반적 도덕이념으로부터 구체적이고 명문화된 법규의 중간쯤에 있는 규범형태라 할 수 있다. 그래서 예가 더 한층 진전되어 좀 더 명문화되고 최소 규범화 될 경우 그것은 바로 법(法)이라 할 수 있다. 법은 이해타산을 중심으로 이합집산 하는 시민사회를 규율하는 최소윤리라 할 수 있다. 그러나 사실상 이 같은 규범형태는

8) 이상은, 「儒學의 本質과 時代適応」, 『儒學과 東洋文化』(범학도서, 1976), 12~26쪽 참조.

유가의 윤리적 지향으로부터 멀어져간 법가적 규범유형이라 할 것이다.

원시유교는 공자에 의해 창도되었고 그 제자들에 의해 계승되었으며 맹자와 순자에 의해 발전하게 된 것은 주지의 사실이다. 원시유교의 경전으로는『육경(六經)』이 있기는 하나, 진정한 유가의 기본 경전으로는 공자의 언행을 적은『논어』와 맹자의 언행을 적은『맹자』, 순자가 자필로 저작한『순자』가 있을 뿐이다. 유가사상의 시대적 변천을 좀 더 자세히 살펴보면 공자는 인을 중심으로 효제충서예의도덕(孝悌忠恕禮義道德)을 말하였고, 맹자는 의를 중심으로 인의예지(仁義禮智)를 말한 동시에 왕도정치(王道政治)를 주장하였으며, 순자는 예를 중심으로 예의·법정(禮義·法正)을 말하고 왕도와 패도의 병용을 주장했다. 이상과 같이 인으로부터 의로, 의로부터 예로 사상의 중심이 변한 것은 개인도덕으로부터 사회도덕, 주관적 윤리로부터 객관적 윤리로 전환하는 것을 의미한다. 즉 윤리도덕의 사회화·객관화 과정을 의미하는 것이다.

이상과 같은 윤리관의 변천은 정치, 사회의 변천과 상관된다. 중국에서는 춘추시대 주(周) 왕실 중심의 봉건적, 혈연적, 폐쇄적 사회와 전국(戰國)시대의 혼란스러운 전쟁 과정을 거쳐 이익사회, 개방사회, 통일국가의 방향으로 역사가 전개되어 드디어 분열과 혼전의 막을 내리고 진한(秦漢)의 통일제국이 탄생하기에 이른다. 이런 연유로 순자의 예는 진시황 때에 이르러 드디어 한비(韓非)의 법으로 변하고 말았다.[9] 유가의 이상은 원래 법치적 이익사회가 아니라 도덕적 공동사회를 구현하는 데 있었으나, 현실정치는 유가의 도덕이나 윤리가 아니라 법가의 법치에 의해 통치·관리되는 길을 택하게 되었다. 한비는 인성을 악한 것으로 보고 명

9) 같은 책, 25쪽.

찰(明察)의 지(智)로서 자리적(自利的) 사심(私心)을 들춰내고 그에 의거해 인간을 통제·관리하는 법령조문을 제정해야 한다는 주장했다.

위에서 살핀 대로, 유교윤리의 역사적 전개 과정 역시 윤리 일반의 진화와 같이 시대상황에 맞추어 전환되어온 것을 알 수 있다. 그 과정은 가장 추상적인 원리요 덕목으로서 인으로부터 시작하여 이(利)에 대립적인 가치로서 의, 그리고 이같이 추상적인 이념으로서 인의를 본질적 기반으로 하면서도 상황에 적절한 규칙의 체계로서 예로 발전하게 되며, 마지막으로는 최소윤리로서 법으로 전환하게 된다. 이러한 시대적·역사적 전개 과정은 크게 최소화 전략과 명시화 전략을 모두 거침으로써 의무의 윤리이자 규칙의 윤리인 법의 단계에 이르게 된다. 그러나 이 같은 법은 거의 형법에 국한되었고, 나머지 부분에는 인의예가 그대로 병존하게 되며 법치 일반으로 나아가기 위해서는 서구적 근대의 도입을 기다려서야 가능하게 된다.

그런데 여기에서 우리가 주목해야 할 대목은 사회규범으로서 예로부터 법으로 전환하는 부분으로서 이 부분이 유가윤리에서 어떻게 이해되는가이다. 일반적으로 우리가 이해하고 있듯 인에서 의를 거쳐 예에 이르는 과정은 유가윤리로 알고 있으며, 이로부터 법에로 전환하게 될 경우 그것은 이미 유가가 아니라 법가로 구분하는 것으로 알고 있다. 이는 유가윤리의 출발점이자 기본 이념인 인의 관점에서 볼 때 의와 예까지는 유가윤리 내에서 정합적 설명이 가능하지만, 법의 개념은 유가윤리의 기본 전제이자 이념을 넘어 또 다른 인간본성론(人間本性論)과 이념적 틀을 요구하기 때문이다. 유가의 징치이념 또한 덕지(德治)로서 법치(法治)에 강하게 대립하며, 인을 바탕으로 한 윤리공화국의 건설이 유가정치의 궁극 목표라 할 수 있을 것이다.

유가에 대한 이상과 같은 우리의 이해가 정당하다면 유가윤리는 기본적으로 덕의 윤리를 바탕으로 하며 예로부터 법으로의 전환을 거부하는 이유 또한 유교윤리가 덕의 윤리를 기반으로 하고 있다는 사실에 의해 설명될 수 있다. 예는 기본적으로 인의에 바탕을 두는 한편 법은 이(利)를 근간으로 한다고 볼 수 있다. 맹자가 「양혜왕 장구(梁惠王章句)」 편에서 분명히 했듯, 유가는 그 본령상 이가 아니라 인의에 뿌리를 두고 있으며 설사 이를 취하게 될지라도 그게 의에 부합되는지 아닌지를 구분해서〔見利思義〕 의로운 이(利)만을 취해야 하고 불의(不義)한 이는 배척할 것을 명한다. 이렇게 볼 때, 유교윤리가 그 본령에 충실하고자 하는 한 규범의 진화는 예를 넘어갈 수가 없으며 그런 한에서 유교윤리는 덕의 윤리임이 분명하다 하겠다.

　예나 법은 모두가 규칙의 체계라는 점에서 동일하다. 그러나 예가 결코 법과 동일시될 수 없는 이유는, 예가 구현하려는 기본 가치이자 덕목인 인을 떠나게 될 경우, 예는 빈껍데기에 불과한 형식적인 예인데 비해 법은 그 같은 가치나 덕목을 전제하지 않고서도 법으로서 성립할 수 있기 때문이다. 유가윤리에서 인의 규칙화 과정이 예 이상을 넘어갈 수 없는 이유는 바로 규칙체계가 인과 갖게 될 본질적 연관관계 때문이라 할 수 있다. 따라서 인(仁)과 무관한 법에로의 규칙화는 덕윤리로서 유가윤리에서는 무의미한 절차요 과정이라 하겠다.

4. 규칙체계〔禮〕의 재구성과 군자의 역할

덕의 윤리이건 규칙의 윤리이건 간에 덕이나 규칙은 일반적이고 따라서 추상적일 수밖에 없다. 당면한 상황에서 구체적 행위에 적용되기 위해서는 그 상황과 관련된 구체적 사항들의 매개를 통해 일반적인 덕이나 규칙의 수준이 보다 세목화, 상세화되어야 할 것이다. 이같이 생각할 때 덕이나 규칙의 체계는 좀 더 일반적이고 추상적인 수준으로부터 하위에 좀 더 구체적인 세목의 덕이나 규칙들로 구성되는 정합적 체계라 할 수 있다. 이 같은 체계의 최하위에는 상황에 적합한 구체적 행위를 지정하는 개별판단이 자리하게 될 것이다.

하나의 규칙은 유사한 행위들을 원소로 하는 집합(set)이라 할 수 있으며, 이러한 집합에 포섭될 수 없는 행위는 다른 규칙에 포섭된다 하겠다. 이런 관점에서 볼 때 특정한 행위 및 그와 관련된 판단을 정당화(justification)하고자 할 경우, 우리는 상황과 관련된 사실판단의 진위를 따지는 진리화(verification) 과제와 상하위 규칙들 간의 포섭 관계를 따지는 타당화(validation) 문제를 제기할 수 있으며, 이들 가운데 어느 하나에 과오가 있을 경우 그러한 판단과 행위는 정당화되기 어렵다. 이상과 같이 생각할 때 도덕규칙과 관련해서 중요한 것은 규칙체계의 정당성은 물론 그러한 규칙이 구체적 행위를 안내하는 지침이 되는(action-guiding) 과정이다.

규칙의 체계와 행위지침의 문제에 대한 고전적 예화는 아리스토텔레스의 실천적 삼단논변(practical syllogism)에 의해 제시된다. 실천적 삼단논변의 대전제는 일반적 원칙(general principle)이며 소전제는 상황과 관련된 사실판단이고, 이 양자의 결합에 의해 그 결론으로서 구체적 행위

지침이 되는 도덕판단이 주어지게 된다. 도덕판단은 실천판단을 유개념으로 하는 하위 개념인 까닭에 위의 설명은 그대로 도덕적 삼단논변에도 적용된다. 합당한 결론의 도출을 위해서는 대전제의 타당화 및 소전제의 진리화가 요구된다. 타당화는 일반 원칙의 상위 혹은 하위 규칙들 간의 포섭 관계를 따지는 것이고, 진리화는 상황의 제반 사실들과의 합치 여부에 의해 이루어진다.

덕의 윤리가 어느 정도의 규칙화를 요구하게 되는 가장 큰 이유는 윤리의 핵심적 기능이 일정 상황에서 행위자를 특정 행위로 인도하는 행위지침(action-guidance)으로 운용되어야 하기 때문이다. 덕은 그 자체로서 특정 행위를 가시적으로 지정하기에는 불확실하고 미결정적인(indeterminate) 까닭에 덕이 일정한 행위를 지정하기 위해서는 어느 정도 규칙화, 정식화될 필요가 있다. 물론 우리가 당면하는 개별 상황들은 한결같지가 않고 각기 고유한 특성과 미결의 애매성을 가지고 있어 그것에 응용될 규범의 규칙화가능성(codifiability)에는 한계가 있게 마련이나 어느 정도의 규칙화는 필요 불가결하며, 특히 이는 도덕교육에서도 피하기 어려운 요소가 아닐 수 없다.

일부 윤리학자들은 우리가 당면하는 도덕적 상황이 나름의 고유한 특성과 미결의 애매성을 갖는다는 사실에 착안하여 규칙윤리의 지나친 규칙화와 형식적 규칙체계에 반발해왔다. 그들은 도덕 상황의 차이성과 고유성에 부응해서 우리의 도덕적 창조성과 행위자의 자율성을 강조하고자 한다. 그러나 우리는 도덕적 현상의 양면성에 주목하여 원칙(principle)과 결단(decision)을 동시에 강조한 윤리학자 R. M. 헤어(R. M. Hare)의 입장이 보다 공정하고 합당한 입장이라 생각한다. 그에 따르면, 도덕적 상황은 유사성과 차이성을 동시에 지니고 있어서 전자를 고려하는 보편적

원칙과 후자에 주목하는 자율적 결단을 모두 고려할 필요가 있다는 것이다.[10]

유교윤리가 기본적으로 인을 중심으로 한 덕의 윤리이긴 하나 그것이 행위자가 당면한 구체적 상황에서 일정 행위를 지정하기 위해서는 인의 정신을 견지하면서도 상황적합성을 고려해서 특정 행위를 지정해줄 명시화 절차가 요구된다. 이런 관점에서 볼 때 유교윤리에서 의의 개념은 상황에의 적실성에 의거한 시시비비를 가려줄 도덕감 내지 도덕판단이라 할 수 있다. 그러나 이 또한 지극히 직관적이고 주관적인 편향성에서 자유로울 수 없는 까닭에 오랜 시행착오와 사회적 합의를 거쳐 체계적으로 확립된 것이 바로 예가 아닌가 한다. 예란 공동체의 지혜가 집약되고 오랜 세월을 거쳐 정선된 전통으로서 사회적으로 인정된 공공의 규범이라 할 것이다.

유교윤리에서 예의 개념은 그 핵심적 역할뿐만이 아니라 전통적인 사회 현실에서 갖는 지배적인 영향력으로 인해 특별히 주목할 만한 가치가 있다. 예의 개념 속에 함축되어 있는 것은 규칙에 의해 인도되는 행위라는 개념이며, 이와 관련된 첫 번째 주요 물음은 그러한 규칙이 수정 가능한지의 여부이다. 유교윤리학자들의 언급에서 우리가 미루어 짐작할 수 있는 것은 변화하는 상황에 적응하기 위해 기존의 규칙체계로서의 예는 첨삭, 수정, 보완될 수 있으리라는 점이다. 『주역』의 저자도 말하고 있듯 "새 왕조의 임금들이 그 이전 왕조의 예를 그대로 모방하지 않는 것은 바로 이들 사회의 차이성 때문"이라고 할 수 있는 것이다.[11]

∵

10) R. M. Hare, *Freedom and Reason*(Oxford: Clarendon Press, 1963) 참조.
11) A. S. Cua, *Moral Vision and Tradition*, *Essays in Chinese Ethics*(Washington, D.C.: The Catholic University of America Press), 288쪽에서 재인용.

유교윤리의 핵심적 특성을 이해하기 위해 우리는 예의 개념적 진화에서 그 용례를 크게 세 단계로 구분해 생각해볼 수 있다. 예의 기본적 의미는 규칙(rule)이라는 개념에 의거한다. 따라서 예 개념의 진화는 규칙 개념의 범위가 확대되는 것과 관련된다. 학자들이 연구를 통해 확인한 바에 따르면, 예의 가장 오랜 용례는 종교의식(religion rites)과 관련된다. 예의 어원이 종교적 관행과의 관련성을 암시하기 때문이다. 어원적으로 예는 혼령들을 섬기고 축복을 빌기 위해 규칙에 따르는 것을 의미했다.[12]

진화의 두 번째 단계에서 예는 행위지침으로서의 규칙들을 포함하는 바, 모든 사회적 관행(social practice)과 관습을 포괄하는 광범위한 개념이었다. 이런 의미에서 예는 선례들의 집적인 전통(tradition)과 거의 동일한 범위를 가리키며, 따라서 공자의 경우에서 보듯 예는 바로 문화(文化)의 전 영역과 동일하며 행위의 우아하고 품위 있는 형식을 의미한다. 그래서 유교에서 예는 종교적이고 도덕적인 차원만이 아니라 심미적인 차원도 갖는다고 할 수 있다. 주역의 저자가 지적하듯 예의 수행은 단지 공허한 형식을 넘어서는 것으로서, 윤리적으로 훌륭한 인격이 예에 따르는 것은 자신의 감정을 적절하고 우아하게 표현하기 위함이기 때문이다. 이렇게 해서 예는 개인으로서 행위자가 행위 수행에서 자기 나름의 감수성과 스타일을 보여줄 풍부한 기회를 제공하게 되는 셈이다.

예의 진화에서 세 번째 단계는 의(義)나 이(理)의 개념과 상관되어 있다. 이런 의미에서 옳고 합당하다고 생각되는 규칙이면 어떤 것이건 행위의 본보기가 되는 규칙으로서 수용될 수 있다. 규칙은 구성되고 수정되며 심지어 폐기될 수도 있다. 이런 이유로 인해 예는 과거의 관심이나

12) 같은 책, 289쪽.

용례에 의해 전폭적으로 결정되는 것이 아니다. 이런 의미는 "예는 의의 구체적 표현"이라는 『주역』의 언급과 상통하며, 이와 관련하여 『주역』에는 예의 합리적 정당화 문제도 언급된다. 그래서 우리가 예를 상황적합성이나 합당성의 관점에서 바라볼 경우 유교에서 예의 정당성이나 권위가 갖는 특성은 이성에 의거한 수용 여부에 달려 있다 할 것이다.[13]

예나 예규의 수정 문제는 이론적이기보다는 실천적인 문제로서 핵심적 고려사항은 특정 사회에서 시소(時所)에 따른 의의 판단과 적절성에 대한 감각이다. 좀 더 일반적으로 말하면, 우리는 변화하는 상황에 대처하기 위해 의(義) 판단을 이용해야 한다. 예의 체계는 인과 의가 바탕이 된 도덕경험을 규칙화한 것으로서 그 현실적합성 여부는 이성적 판단의 문제이다. 따라서 예는 수정 내지 심지어는 폐기의 가능성도 있는 것이다. 주희도 지적했듯 "우리는 부당한 짐이 되고 불필요하다고 생각되는 규칙들을 배제해야 하며 실천 가능하고 사회질서의 유지에 요긴한 규칙들을 보존해야 한다."[14] 따라서 유교윤리에서 전통의 존중은 전통에 대한 비판적 검토, 즉 이성적 정당화에 열려 있다 하겠다.

그런데 실제로 예의 중요성에 대한 유가의 강조는 종종 변화에 대한 저항으로 이해되기도 한다. 이러한 현상은 질서와 조화의 확립이라는 예의 주요 기능에 의해 부분적으로 설명되기도 한다. 그러나 이 같은 예의 목적을 받아들이더라도 성찰적인 유가적 행위자가 변화에 대해 반드시 독단적 태도를 견지할 필요는 없을 것으로 보인다. 의례적 규칙들을 존중한다 해서 그러한 규칙들이 우리가 일상에서 당면하는 모든 도덕적 문

..
13) 같은 책, 289쪽 참조.
14) 같은 책, 290쪽에서 재인용.

제와 딜레마를 전부 해결할 수 있음을 함축하지는 않는다. 우리는 반성적인 유가적 행위자가 특정한 의례적 규칙과 기능상 그와 동등한 어떤 종류의 규제적 절차(regulation procedures)를 받아들일 수 있을 것으로 기대할 수 있다. 그와 같은 절차 역시 개인 간의 조화와 사회적 화해를 목표로 인간행위를 규제하는 데서 의례적 규칙, 즉 예와 동일한 역할을 수행하는 절차일 수 있기 때문이다.

이를 이해하기 위해 우리는 의례적 규칙에 대한 유가적 강조가 행위에 대한 모범적 안내자로서 군자(君子)라는 개념과 자주 상관되어 있다는 점에 주목할 필요가 있다. 군자는 예를 포함하여 모든 유가적 덕목들을 체현하고 있는 범형(範型)적인 도덕적 행위자인 동시에 실제 행위수행에 앞서 도덕판단에 대해 중립적 태도를 견지하는 성찰적 행위자이다. 이런 의미에서 우리는 군자를 모범적인 합리적(reasonable) 행위주체라 할 수 있다.[15] 그런데 우리는 목적상 군자에서 합리성의 두 가지 특징에 주목할 필요가 있는데, 하나는 기존의 의례적 규칙들 즉 예에 대한 존중이고, 다른 하나는 당면한 상황의 본성에 대한 존중과 그에 바탕을 둔 의(義) 판단의 중요시가 그것이다. 따라서 행위의 합리성과 그에 대해 받아들일 만한 정당성은 의례적 규칙들과 합치하거나 개별 상황의 고유한 요구조건과 합치하는 행위인가의 여부에 달려 있다 하겠다.[16]

이 두 가지 특징으로 인해 개별 상황과 대면하기 이전에는 양자 간에 일관된 해명이 어렵게 된다. 왜냐하면 의례적인 기존의 규칙체계가 그 규제의 범위를 넘어서는 예외적 경우에는 확실한 지침을 제공할 수가 없

15) 같은 책, 290쪽.
16) 같은 책, 290~291쪽 참조.

기 때문이다. 나아가서 기존의 의례적 규칙들은 당면 상황이 적절한 행위로서 요구하는 바와 갈등할 수도 있다. 물론 그렇다고 해서 기존의 의례적 규칙들에 대한 존중이나 여타의 도덕 개념들이 갖는 규범적 힘이 인간생활에서 당면하는 새로운 상황들을 해명하는 데서 감소하는 것은 아니다. 단지 핵심이 되는 논점은 기존의 체계가 그 자체만으로서 모든 인간문제들에 대한 절대적이고 결정적인 해결책을 제시하지는 못한다는 점이다. 물론 통상적인 정상적 상황에서는 기존의 의례적 규칙이나 도덕 개념이 분명한 행위지침을 제공할 수 있음은 여전히 타당한 사실이다.

통상적이고 정상적인(normal) 경우에는 의례적 규칙만으로도 해결될 수 있다. 이러한 경우는 기존의 의례적 규칙 즉 예의 범위에 속하는바, 의례적 규칙의 적용 사례이다. 그러나 비정상적인(abnormal) 예외적 경우에는 기존의 예로서는 적절한 행위가 결정될 수 없다. 이 같은 상황에서 행위자는 자신의 숙고 가운데서 기존의 의례적 규칙들 중 어떤 것도 자신의 상황에 적절하지 않은 것으로 판정하게 된다(rule out). 물론 이 경우에서도 인을 이념으로 하는 문화적 삶의 양식을 표현하는 것으로서 예의 체계 전반을 무시하는 것은 아니며 나름으로 규범적 힘을 가지고 있기는 하나 그것이 인간생활의 모든 가능한 상황에 적용되기 어려움을 말해준다.[17]

그런데 예외적인 비상상황에서도 행위자는 상황에 적절한 행위를 찾기 위해 주관적이고 자의적인 직관에 의존해야 하는 것은 아니다. 행위자는 자신의 판단이나 자신으로부터 생기는 행위에 대한 비판 혹은 도전에 내응할 준비가 있어야 한다. 예외적인 경우 기존의 의례적 규칙

17) 같은 책, 5~9쪽 참조.

을 배제하는 판정을 정당화하기 위해 그는 자신을 실천적으로 정당화(vindicate, practical justification)해야 한다.[18] 즉 그릇되거나 자의적인 행위라는 의혹을 불식하고 자신에 대해 책임을 질 수 있어야 한다. 실천적 정당화는 당면한 상황의 특성에 비추어볼 때 더는 다른 선택이 불가능해야 하며, 그가 선택한 것이 상황적 맥락에서 볼 때 허용 가능한 유일한 선택임을 보여야 한다. 실천적 정당화는 개방적인 담론의 장에서 진행되는 일종의 사고의 실험이요 대화과정이라 할 수 있다.

예외적 상황에서의 숙고 과정은 그 개별 상황에서 기존의 의례적 규칙〔禮〕의 적합성 여부에 대한 판단이자 좀 더 일반적인 도덕판단으로서 의에 의거한 판단이기도 하다. 어떤 행위자의 이러한 숙고 결과가 다른 행위자들에 의해서도 수용될 경우 그것은 미래의 행위자들에서 범례로서의 기능을 갖게 된다. 유교에서 행위자들을 위한 안내지침으로 군자의 중요성을 강조하는 것은 바로 이런 미래 지향적 숙고 과정을 강조하는 것으로 해석될 수 있다. 이 같은 숙고 과정은 행위 당사자에게는 자신의 삶을 통합적으로 성찰하는 계기가 되고 그 결과가 공론장에서 수용될 경우 다른 행위자들에게도 소중한 범례로서 기능하게 된다.[19] 이러한 숙고는 적합성 여부에 대한 실험(experiment)이라 할 수 있으며, 이를 결정해줄 정해진 공식이나 기술은 없다 할 것이다.

유교윤리의 한 가지 두드러진 특징은 윤리 개념을 해명할 경우나 혹은 도덕교육에서 그 실천적 함축을 설명하는 데서 범형적 인간으로서의 군자에 초점을 두고 있다는 점이다. 『논어』에서 공자는 자주 군자와 소인

18) 같은 책, 5쪽.
19) 같은 책, 6쪽.

간의 대조를 언급했다. 군자는 공자의 인(仁) 이념을 생활 속에 구현하는 모범적 인격을 의미했다. 공자에서 군자는 단지 예나 문화전통의 보존자나 모방의 모델에 그치는 것이 아니라 그 유연성과 삶의 양식을 통해 행위지침을 제시하는 기능을 가진 존재이기도 했다. 공자는 후대의 유학자들과는 달리 일상의 도덕적 행위자들의 실천적 목표로서 성인이 되는 것을 고집하지 않았다. 공자는 더는 성인을 만난다는 희망을 갖기보다는 군자를 만나는 것으로 만족한다고 말하기도 했다.

공자가 보기에 성인이 된다는 것은 현실적으로 성취 가능한 이상이 아니었다. 공자는 도덕적 이념을 구현해줄 구체적 가능성으로 이념과 현실을 매개해줄 존재로서 군자를 생각했고 이에 기대를 걸었다. 따라서 군자는 도덕적 탁월성의 이상형도 모방의 모델도 아니며, 군자는 인이라는 도덕적 이념을 진지하게 받아들일 경우(sincere commitment) 행위자의 삶과 행위 속에서 어떻게 혁신적 의의가 나타날 수 있는지 그래서 내가 어떻게 도덕의식을 갖는 인격이 될 수 있는지라는 물음에 대한 해답을 어떤 방식으로 줄 수 있는지를 보여준다.[20] 이렇게 해서 도덕 교사는 도덕적 행위자가 되는 문제에 대한 한 가지 해결책으로서 범형적 인격에 주목함으로써 도덕적 함양의 목적과 더불어 도덕적 훈련을 보완하게 된다.

물론 도덕적 훈련의 경우에서 범형적 인격으로서의 군자는 모방의 모형으로 역할을 할 수도 있다. 그러나 덕의 윤리에서 범형적 인격의 역할은 도덕적 난국을 해결하기 위한 비기계적, 신축적 의사결정 절차로서 의미를 갖는다고 할 수 있다. 이런 관점에서 볼 때, 유교윤리에서 도덕적 행위를 결정하는 것은 규직을 알고 그 규칙을 기계적으로 적용하는 것도

∙∙
20) 같은 책, 7쪽.

아니고 또 특정 행위가 정해진 선을 가장 효율적으로 성취하는지를 예견하는 것도 아니다. 그보다는 우리가 봉착한 도덕적으로 고유하고 애매한 문제들을 숙고하면서 범형적 인격이 그 같은 상황에서 어떻게 행위 할지를 상상해봄으로써 선택과 결정에 도움을 받는 일이다.[21]

이상과 같이 생각할 때, 인과 같은 도덕적 이념을 구현하는 데서 군자의 역할은 성취의 구체적 목표보다는 방향정위의 절차를 제공함으로써 사고실험의 기준을 보여주는 일이다. 이 같은 기능을 설명하는 데서 모방이라는 개념은 적합하지 않으며 적절한 제한만 가한다면 창조성을 용인하는바, 이는 미메시스적 의미에서의 모방이라 할 수 있다.[22] 우리는 범형적 인격의 정신을 살려서 우리 나름의 행위로 재현하게 되기 때문이다. 이렇게 볼 때 도덕교육은 훈련이나 함양에서 시작할 뿐 끝나는 것은 아니며 순자가 상기시키듯 도덕적 배움은 끝이 없는 것이다. 즉 도덕교육은 도달할 목적지가 없는 여행과도 같고 죽음에 이르기까지 지속되는 것이라 할 수 있다.

5. 유교윤리의 4주덕과 수양론의 문제

앞서 살핀 대로 유교윤리는 포괄적이고 일반적인 덕으로서 인의 이념에 기초해 있다. 다른 개별적 덕들 또한 결국 인의 이념을 다양한 상황 속에 구현하기 위해 분화하게 된 것이며, 인의 이념을 보다 구체화·명시

21) 같은 책, 8쪽.
22) 같은 책, 154쪽.

화하는 과정 속에서 갖가지 규칙들의 체계로서 예도 생겨나게 된다. 따라서 특수한 덕목이나 규칙은 그 자체로서 가치와 권위를 갖기보다는 언제나 그 목적가치인 인을 기준으로 해서 가치나 권위가 되물어지고 정당화되어야 하는 것이다. 인에 의해 정당화되지 못할 경우 개별 덕목이나 규칙은 다시 수정·보완의 과정을 거쳐 재구성되거나 폐기될 운명에 처해진다. 이런 의미에서 개별 덕목이나 규칙들은 그 자체로서 목적이기보다는 목적가치로서 인을 구현하기 위한 수단이요 도구로서의 의미를 갖는다 할 것이다.

이런 맥락에서 유교윤리가 비록 외견상 덕과 규칙의 통합윤리로 보일지 모르나, 유교윤리는 사실상 덕의 윤리를 기반으로 하고 덕의 상황의 존적 함축을 명시화하는 과정에서 규칙체계로 정식화될 뿐이며 여전히 덕의 윤리라는 점에 주목할 필요가 있다. 다시 말하면, 유교윤리는 원칙적으로 덕의 윤리이며 파생적·이차적으로만 규칙을 차용하는 윤리라 할 수 있다. 이에 비해 진정한 의미에서 규칙의 윤리는 규칙 그 자체가 본래적·목적적 가치를 가지며 덕은 단지 그러한 규칙에 따르는 성향으로서 요구되는바, 규칙이 좀 더 일차적이요 덕은 이차적이고 파생적인 의미를 갖는다 할 수 있다. 이와는 달리 단순한 덕윤리나 규칙윤리가 아닌 덕과 규칙이 통합된 윤리는 덕과 규칙이 대등한 수준에서 동일한 비중을 가지고 연관되는바 이원적(二元的)인 윤리체계라 할 수 있을 것이다.

나아가서 주지하다시피 예는 상황에 적합한 의례나 규칙의 체계이기에 앞서 그 자체가 하나의 덕 내지 덕성으로서 유교의 4주덕(四主德, four cardinal virtues) 가운데 하나이다. 맹자에 따르면, 인간은 본성이 선한 존재로서 네 가지 덕목의 뿌리인 4단(四端)을 가지고 이 세상에 태어난다. 그 뿌리를 갈고 닦아 발전시키면 인의예지(仁義禮智) 네 가지 덕목 내지 덕을 성취하게 된다. 그중에서 남을 앞세우고 사양하는 마음[辭讓之心]도 타고나는데, 이를 발전시키면 예라는 덕이 이루어지게 된다. 이처럼 예는 단지 의례나 행위규칙이 아니고 또한 단지 그 규칙을 형식적으로 따르고자 하는 마음도 아니며 타인에 대한 사랑과 배려를 시간과 장소 즉 상황에 적합하게 실현하기 위해 그에 합당한 행위양식을 조심스레 찾아 행하고자 하는 마음이라 할 수 있다.

동양철학자 안토니오 S. 쿠아(Antonio S. Cua)에 따르면, 유교의 예는 크게 세 가지 기능을 갖는다.[23] 예는 인간의 욕망을 규제하고 제약하는 (delimiting) 기능을 가지며, 또한 이와 반대로 인간의 욕망을 실현하고 그 욕망을 지지하는(supporting) 기능도 갖는다. 결국 예는 인간의 욕망을 규제하면서도 지원함으로써 시소에 따라 적절히 실현하는 도덕적 삶의 양식(moral forms of life)이라 할 수 있다. 또한 쿠아에 따르면, 예는 이로부터 나아가 인간 성품의 수준을 고양시키고 품위를 드높이는(en-nobling) 기능까지 갖는다. 그래서 우리는 감정과 형식[禮]이 잘 조화된 상태를 미덕(美德)이라 부르기도 하고, 이를 체현한 군자를 귀인(貴人, noble man)이라 부르기도 한다. 이는 예가 단지 행위규칙을 형식적으로 지키는 게 아니라 그 기본 정신인 인과 의를 구현하는 방식으로서 외양과 내실을 겸비함으로써 인간의 품격을 한 차원 드높이는 역할까지 하기 때문이다. 이런 의미에서 예에 따른다는 것은 단순한 규칙준수(rule-following)와는 차별화되어야 할 것으로 생각된다.

유교윤리를 체득·구현한 도덕적 행위자는 대체로 다음과 같은 삶의 태도와 생활양식을 갖게 된다. 우선 그는 유교윤리의 기본 정신인 인간

23) A. S. Cua, 앞의 책, 292~295쪽 참조.

사랑, 타인에 대한 배려인 인을 가슴에 품고 상황에 적합한 올바른 도덕 판단 즉 의에 따라 사유하고 판단하며 행위 하고자 한다. 이때 이미 과거에 많은 성현·군자들의 인의(仁義) 판단에 의거해 확립되고 공인된 행위규칙의 체계인 예는 그가 판단을 하는 데서 유용한 참조 기반이 된다. 단지 이러한 규칙체계는 통상적 상황에 적용될 수 있는 다소 잠정적이고 조건부적인 것이기에 예외적 상황에서는 다시 인의에 의거한 새로운 판단이 요청될 수 있다. 이상과 같은 모든 실천적 추론과 판단에서 작동하는 인지적 기능을 지(智)라 이른다. 이렇게 해서 인의예지는 유교의 실천적 추론에서 핵심을 이루는 개념이라 할 수 있다.

유교윤리적 관점에서 볼 때 모범적이고 자율적인 도덕적 행위자로서 군자가 되기 위한 공부는 지속적이고 부단한 자기수양(self-cultivation, 修身)의 과정이다. 이 같은 과정은 인간 행복에 대한 관심과 배려〔仁〕의 체득과 적절한 행위규칙들〔禮〕에 대한 숙지와 더불어 이 양자 개별 상황들의 적합성에 대한 합리적 판단〔義〕 등을 전통의 학습과 개인적 성찰을 통해 습득·개발하는 것이다. 또한 유가적 자기수양의 과정은 스스로 자신의 전통을 이루고 있는 상징체계들을 수용하고 공동체의 공유가치들에 대한 책임 있는 존재가 되고자 하는 성격형성(character formation)의 점진적 과정이기도 하다. 그래서 유가에서는 이상과 같은 도덕학습을 유아 시절에 국한하지 않고 평생교육의 프로젝트로 간주하고 있다.[24]

우선 유교윤리에서 중요한 것은 도덕적 능력(moral competence)의 개발이다. 도덕적 능력의 개발이란 기술의 습득과 비슷하다. 대체로 학습자는 확립된 기왕의 규칙이나 관행이 허용하는 한에서 사신의 필요, 관

---

24) 같은 책, 138~140쪽.

심, 욕구 등을 만족시키기 위한 효율적 도구로서 일련의 규칙이나 기술을 배울 수 있다. 유교의 예는 적절한 행위들에 대한 형식적 준칙으로서 기술이나 기능과 같은 식으로 학습될 수 있다. 물론 이같이 기술을 훈련하는 것이 기계적이어야 함을 의미하지는 않는다. 왜냐하면 학습의 목적이 준칙이나 신조를 적용하는 데서 감수성이나 요령(knack)을 배우는 것이기 때문이다. 구체적 상황에서의 부단한 실행과 훈련은 그 같은 요령의 습득에 도움이 된다.

도덕규칙 즉 예를 적용하는 기술이나 요령의 습득에 못지않게 중요한 것은 인의 태도나 도덕적 관심의 함양이다. 규칙의 훈련이 이루어졌다 해서 태도의 함양이 이루어진다고 할 수는 없다.[25] 훈련과 함양 간의 구분은 원칙이나 규칙의 윤리에서는 그다지 중요하지 않을지는 모르나 성품이나 덕의 윤리에서는 본질적으로 요구된다. 규칙 준수의 훈련에서는 당근과 채찍 내지 때로는 다소의 강압이 필요할지 모른다. 그러나 규칙에 함축될 이념이나 실질인 인을 이해시키는 일에서는 그와 같은 훈련방식이 어느 정도 효과를 볼지는 의심스럽다. 바로 이런 점과 관련해 거의 유사한 맥락에서 희랍의 덕윤리학자들도 '과연 덕을 가르칠 수 있는가?'라고 반문했다.

인의 태도나 도덕적 관심의 소유는 야누스적 성격을 가지고 있다.[26] 그 얼굴이 한편에서는 타인을 향해 외부를 바라보고 있고 다른 한편에서는 자기 자신을 향해 내면을 바라보고 있다. 인은 유사한 도덕적 행위자로서 타인의 인격에 대한 존중과 그의 필요, 관심, 감정 등의 배려와 관련

25) 같은 책, 140쪽.
26) 같은 책, 144쪽.

된다는 점에서 타자를 향해 있다. 그러나 인은 또한 동시에 행위자 자신의 도덕적 조건에 대한 성찰, 조화로운 성향 개발에 초점을 둔 자기성찰의 태도라는 점에서 자신을 향해 있다. 그래서 이와 관련된 함양 교육에서는 양면을 고루 갖춘 도덕적 범형으로서 군자의 언행 속에 깃든 인의 태도를 스스로 배우며 당면한 상황에서 자율적 행위자로서 유연한 삶의 방식을 모색하는 도덕적 창조성을 구현할 수밖에 없는 것이다.

순자에 따르면, 행위의 올바르고 적절한 규칙들로서 예는 현명하고 자애로운 성현들의 창조물이다. 그리고 이 창조물은 개인 간 이해의 갈등 문제에 대응하기 위한 것이다. 이 같은 인간적 곤경을 해결할 가능성에 대해 많은 고심과 사고의 실험 끝에 성현들은 예와 더불어 위반 시의 제제 등을 제안했다. 제안은 널리 수용되고 실행되었으며 그 결과로서 예는 적절한 행위의 관행적 규칙이 되었다. 그런데 오랜 세월 일반적 준수가 이루어지긴 했으나 성현은 그리 만족하지를 못했다. 왜냐하면 사람들은 예를 따르되 주로 처벌을 피하기 위해서일 뿐이지 인이나 상호 배려에서 우러나 그렇게 한 것이 아니었기 때문이다. 이런 상황에서는 처벌에만 주목할 뿐 대부분 사람들의 행위는 개인적 이득에 대한 관심에 의해 동기화된다. 이 같은 동기가 언제나 부당한 것은 아니나 인의 관점에서는 외면적 고려에 불과하다.

성인은 예나 행위규칙을 통해서는 인이 함양될 수 없음을 알게 된다. 행위지침으로서 규칙들은 일반적 용어와 비개인적 언어로 정식화되어야 한다. 그리고 이론적으로 합당하고 실천적일지라도 인은 여전히 추상적 수순에 머물 뿐이다. 비록 사람들이 예에 함축된 이념이 인임을 인성한다 할지라도 사람들이 타인을 배려하게 되리라는 보장은 없는 것이다. 달리 말하면, 인의 구체적 의의나 타인에 대한 배려는 그 같은 추상적 언어에 의해 전달될 수가 없다. 성현은 인을 함양하기 위해서는 인을 체화 (incarnating jen)하여 행동으로 보여주는 인인(仁人)을 양성하는 일이 상책 이라 생각하여 이를 모범적 인간으로서 군자라 이름 했다. 성현은, 이런 모범적 인격은 완벽하지는 않지만 인을 자신의 생활과 행위 속에 구현하 여 인의 구체적 의미를 보여줄 수 있다고 생각했다.

이렇게 해서 우리는 도덕적 상황에 당면해 우선 확립된 기존의 행위규 칙에 따르고, 통상적 예가 적용되기 어려운 비상사태나 예외적 상황에는 의에 의거해서 그 상황에 합당한 합리적 도덕판단을 모색하게 된다. 이 때 과거에 모범을 보인 군자들의 언행은 중요한 준거틀이 될 수 있을 것 이다. 여하튼 유교윤리에서 도덕적 행위자는 언제나 인의 관점에서 볼 때 당면 상황에 적절한 예를 선별하고 예외적인 경우에는 다시 의에 의 거한 도덕적 판단을 모색하는데, 이때 과거 성현이나 군자들의 행적은 길잡이가 된다고 할 수 있다. 이 같은 과정을 거쳐 유교윤리의 규칙체계 인 예는 첨삭, 수정, 보완, 개선의 계기가 주어지고 재편성을 통해 진화 해간다 하겠다.

의무의 윤리학자들 가운데도 윤리에서 덕의 역할을 강조한 자들이 많 이 있다. 고전적으로는 기독교윤리가 본질적으로 의무윤리적 구조를 지 니고 있으나 이를 보완해줄 사랑을 비롯한 여러 덕들 또한 강조하고 있 다. 칸트 역시 근세 이후의 의무론을 창도한 사람이지만 그에 못지않게 윤리에서 덕의 중요성을 강조한다. 현대에 이르러서 선의 극대화와 배분 의 균등화 원칙으로 이루어진 절충적 의무론(mixed deontologism)을 내세 우는 윌리엄 프랑케나(William Frankena)도 의무를 준수하는 성향으로서 덕을 중요시하고 있다. 좀 더 중요한 것은 윤리에서 덕의 역할을 중시하 고 있기는 하나 이들은 여전히 의무론자라는 점이다. 이들의 윤리이론에서 기본은 의무의 원리이고 덕은 기껏 의무를 준수하는 성향으로서 파생적이고 이차적 지위에 있기 때문이다.[27]

덕의 윤리에서도 사정은 마찬가지이다. 비록 아리스토텔레스가 에토스(ethos)에 못지않게 노모스(nomos)의 중요성을 내세우고 있고 스토아학파에서도 덕에 못지않게 그 덕을 명시적으로 구현해줄 규칙을 강조하고 있지만, 그들은 여전히 덕의 윤리학자이다. 왜냐하면 이 같은 유형의 윤리에서는 어디까지나 덕이 더 기본적인 개념이고 규칙은 기껏 그러한 덕의 실현을 위한 보조적 수단이요 방편에 불과한 것이기 때문이다. 이 점을 가장 명시적으로 보여주는 것이 바로 유교의 덕윤리가 아닌가 생각된다. 유교에서 도덕규칙으로서의 예는 어디까지나 기본 이념인 인과 같은 덕의 구현을 위한 부차적이고 외면적인 그리고 조건부적인 위치에 있는 것이지 덕과 규칙이 대등한 위치에서 통합된 윤리라 하기는 어렵다는 생각이다.

근세 이후 서구의 의무윤리에서는 수양론이 그다지 강조되지가 않으며 현실적으로 수양의 문제가 절실히 요구될 이유가 없을지도 모른다. 최소윤리로서 의무사항은 비교적 행위자들에게 명시적으로 지정되며 준(準)법적 윤리로서 그 위반의 결과 또한 명백히 인지될 수 있는 만큼 이러한 점들이 시행하는 데에서 상당한 행위구속성을 갖는다 할 수 있다. 그러나 이 모든 점들에서 행위자 자신의 인품과 능력에 의존하는 덕의 윤리에서는 이 같은 인품과 능력을 함양하는 수양론의 문제가 도덕적 실행에서 결정적 중요성을 갖는다. 가정윤리나 사회윤리 내지는 윤리적 세계의 구현을 위해 개인의 인격수양과 수신은 출발점이요 관건이라 할 수 있는 것이다.

∴

27) W. K. Frankena, *Ethics*, 2nd ed.(Englewood Cliffs: Prentice Hall, 1973) 참조.

제2장

인간의 본성과 자기수양론의 유형

1. 인간본성과 네 가지 자기수양론

일반적으로 인간의 본성(本性, nature)에 대해 어떤 입장을 전제하는가에 따라 유덕한 인격 형성을 위한 방도나 길에 크게 네 유형이 있다고 생각된다. 인간의 본성에 대해서는 대체로 세 가지 입장이 있을 수 있는데, 인성이 본래 선하다는 입장[性善說], 본래 악하다는 입장[性惡說], 선하지도 악하지도 않다는 중립적 입장[無善無惡說 혹은 中性說] 등이다.

인간의 본성이 선하다는 입장을 전제할 경우, 이같이 선한 본성을 실현하거나 완성하는 혹은 본래의 상태를 회복하는 것이 바로 유덕한 인격을 형성하는 길이 된다. 물론 선한 본성을 실현하는 데서도 보다 주지주의적 입장에 서서 선성을 발견(discovery)하거나 회복(recovery)하는 방법을 중요시하는 양명학(陽明學)이나 선불교의 일부 입장이 있다. 좀 더 일반적인 유학 특히 공맹의 입장에 따르면, 잠재적 형태로 타고난 선성을 수양을 통해 발달(development)시키고 함양(cultivation)함으로써 유덕한 인격으로 완성해가는 길이 있다는 것이다.

반면 인간이 타고난 원래의 본성이 악하다고 전제할 경우 유덕한 인격을 형성하는 길은 타고난 악한 본성을 개조(reformation)하고 개선(melioration)하는 길을 가게 된다. 유가에서 순자 등과 같은 학자들이 취한 입장은 이 같은 길과 가깝다고 할 수 있다.

끝으로 인간의 타고난 본성이 선하지도 않지만 악하지도 않다는 무선무악설도 생각할 수 있는데, 그리스의 아리스토텔레스는 인간의 타고난 본성을 따로 전제하고 있지 않아 이 입장에 가깝다고 할 수 있으며, 유가에서도 성선과 성악을 양극단으로 하는 스펙트럼에서 중립적 입장을 취하는 학자 또한 같은 부류로 간주할 수 있다. 이런 입장에서 유덕한 인격 형성의 길은 결여된 동기를 반복적 훈련을 통해 주입, 각인(inscription)시킴으로써 습관화(habituation), 습득(acquisition)하는 것이며 그 결과가 바로 덕성이라 할 수 있다. 특히 아리스토텔레스는 도덕교육에서 어린 시절의 반복훈련을 통해 습관화하는 일의 중요성을 강조하고 있다.

우리는 위에서 유덕한 인격 형성의 길에 대해 발달형, 발견형, 개조형, 습득형 등 네 유형을 구분했었다. 유형론이 일반적으로 그러하듯 이 같은 유형은 이해를 위한 방편으로서의 이념형식(理念形式)일 뿐 현실적으로 제시된 이론들이 어느 유형 하나의 틀에 정확히 부합한다고 해석하는 데는 무리가 따르게 된다. 고전적으로 제시된 이론들은 이 유형들 중 이느 하니에 속힌다기보다 두 가지 유형 이싱을 중첩직으로 포함하고 있어 단순논리로 유형화하기가 어렵다. 이를테면 필립 J. 아이반호(Philip J. Ivanhoe)는 원시유가인 공자 등의 입장을 습득형으로 분류한다.[1] 물론 공자의 입장은 인간의 본성에 대해 단정하고 있지 않아 습득형의 형태를 띠고 있으며 맹자보다는 순자에 더 가까운 유사성이 있는 듯하나 동시에 맹자의 입장과 공유하는바, 발달형의 측면도 있음을 부인하기 어렵다 할 수 있다. 비록 현실은 이같이 단순하지 않음에도 불구하고 이념형으로서 위에 제시한 유형은 인간의 본성과 유덕한 인격이 되는 길들을 상호 비교하고 이해하는 데에서 소중한 이론적 도구임을 부인할 수가 없다. 사다리를 올라가 사태를 조망하고 이해한 뒤 사다리를 버린다 해도 사다리는 역시 없어서는 안 될 소중한 방편이라 할 것이다.

2. 원시유가와 도덕적 자기수양론

원시유가의 도덕철학이 현대 윤리학에 기여할 수 있는 가장 큰 강점 중 하나는 도덕적 자기수양(moral self-cultivation)의 영역이라 생각된다. 도덕적 자기수양의 문제는 서구적 전통, 특히 근대 이후의 철학적 저술에서는 대체로 잊힌 분야라 할 수 있다. 적어도 토머스 홉스 이래 서구의 윤리학자들 사이에서는 인간의 본성(human nature)을 태어날 때 이미 정해진 요인으로 간주하고 그 본성이 어떤 윤리적 시스템에 의해 통제되거나 규제될 필요가 있는 것으로 생각하는 게 일반적 경향이었다. 그래서 인간존재는 합리적 선택에 의거해서 자신을 일정한 방향으로 관리할 능력과 더불어 고정된 일정한 필요, 욕구, 감정 등을 지닌 존재로 여겨졌다.

＊＊

1) P. J. Ivanhoe, *Confucian Self-Cultivation*(Indianapolis: Hackett Publishing Co., Inc 2nd Edition), 신정근 옮김, 『유학(儒學), 우리 삶의 철학』(동아시아, 2008) 참조.

이러한 인간관에서 윤리학의 목표는, 일정한 본성을 지닌 인간들이 자신의 욕구 충족을 위해 상호 경쟁하는바 게임의 상황을 최선으로 관리해 줄 규칙을 구상하고 제시하는 데 있다. 근세 이후 서구의 주류를 이루어 온 이 같은 인간관과 윤리관은, 대부분의 인간들이 어느 정도 자신의 기본적 필요, 욕구, 감정을 변화시킬 수 있다는(발달시키거나 개혁함으로써 선을 지향하게 하는) 인간관과 윤리관이 그리는 세계와 얼마나 다른지 주목할 필요가 있다. 이처럼 자기변화의 가능성이라는 가정을 받아들일 경우 도덕철학의 주요 관심사 중 하나는 자기변화를 성취하기 위해 가장 생산적인 방법을 탐구하는 일이 될 것이며, 이 점이 바로 유가적 전통을 두루 해서 지배적인 믿음이 되어온 것이다.[2]

물론 서양 고전철학자 특히 아리스토텔레스는 이러한 주제에 다소간 관심을 보인다. 그러나 그는 우리가 현실적으로 자기수양의 과제를 어떻게 수행할지에 대해 그리 분명한 입장을 보이고 있지 않다. 그는 어떤 비판적 습관의 개발에 대해 논의하고 자아의 이러한 합리적(rational) 부분이 욕망이나 정념의 부분을 규제함으로써 이것들을 좀 더 고귀한 목적에 부합하게끔 형성해나갈 수 있다고 믿었다. 그러나 이 같은 입장은 어떤 관점에서는 매우 유효하기는 하나 자아 내부에 잠재된 아주 중요한 자원의 일부를 무시하고 있다. 나아가 이러한 자원을 무시함으로써 아리스토텔레스는 지나칠 정도로 자아의 합리적 부분을 과신하는 행로로 접어들게 된다. 유교적 전통에서 내면적 자원에 대한 명시적이고 본격적인 언급은 맹자에 이르러서 나오긴 하지만 우선 공자를 살피는 일부터 시작해보자.

∴

2) P. J. Ivanhoe, 「Early Confucianism and Contemporary Western Ethics」, 한국정신문화연구원 편, 『유교문화의 보편성과 특수성』(한국정신문화연구원, 1994), 151쪽.

공자는 인간본성론에 대해 말을 아꼈으며 한 구절 정도에서만 언급하고 있는 듯하다. "인간들은 타고난 성향에서 유사하나 습관에 따라 크게 달라진다"가 바로 그것이다.[3] 공자는 비록 인간이 타고난 성향이 무엇인지, 모든 인간이 반드시 그 성향을 지니고 있는지 분명히 말하고 있지는 않으나 습관에 의해 달리 발달하게 되는 인간본성이 있음을 부인한 것으로 여겨지지는 않는다. 공자는 인간본성론에 대한 자신의 입장을 해명하지도 또한 인간본성론을 대단히 중대한 것으로 생각하지도 않은 듯하다. 그러나 공자가 인간본성론을 언급한 것은 사실이고 인간의 본성이 공자의 사상에서 중대한 역할을 하고 있다는 점을 부인하기는 어렵다. 공자가 인간의 타고난 성향을 공통된 인간성으로 개념화한 건 아닐지라도 우리는 인간본성에 대한 그의 입장이 윤리적 성품에서 필수적인 특성으로 추정할 수 있으리라 생각한다.

예를 들어 공자의 사상에서 모든 인간은 덕을 습득할 수 있는 능력을 지니는 것으로 보인다. 따라서 우리는 공자에게서 인간의 본성이 그가 말한 다양한 덕들을 계발하고 발전시킬 잠재적 가능성으로 이루어져 있다고 말해도 무리는 아니다. 이를테면 인간은 인에 의거해서 행위 할 수 있는 덕과 의(義)로운 행위를 할 수 있는 덕, 그리고 자신이 말한 대로 행할 수 있는 신(信)의 덕, 관용, 존경, 근면, 후덕 등에 따라 행위 할 덕을 지닐 수 있다. 요약하면, 공자에게서 인간됨은 덕성들로 발달할 수 있는 능력과 잠재력을 타고났음을 의미한다. 물론 이러한 능력이 선을 추구하는바, 천부적으로 타고난 내재적인 도덕적 성향인지 아니면 도덕을 습득하기 위해 통제되고 극복되어야 할, 도덕적으로 무관한 성향인지는

⁝

3) 『論語』, 「陽貨」 二, 性相近也 習相遠也.

후배 유학자인 맹자와 순자 간의 논전을 기다려야 할 것임은 부정할 수 없다.[4]

맹자와 순자는 아이반호에 따르면, 자기수양과 관련해서 각각 발달모형(development model)과 개조모형(reformation model)을 대변함으로써 공자의 입장을 서로 다른 방식으로 발전시켰다. 맹자는 인의예지 4덕으로 발달하게 될, 타고난 잠재적 가능성을 네 가지 뿌리 즉 4단(四端)이라 불렀다. 이 네 가지 뿌리가 제대로 성장하고 양성될 경우 네 가지 덕성으로 발달하게 된다고 해서 맹자의 입장을 발달형이라 부른다. 그런데 맹자의 이 네 가지 타고난 뿌리는 우리의 도덕발달을 위해 필요하긴 하나 충분한 조건이 아님을 주목해야 한다. 도덕발달을 위해서는 세 가지 추가적인 요구사항이 제시된다.[5]

첫째는 어떤 행위가 옳은지를 반성할 심(心)의 지원이다. 맹자에 따르면 "심은 생각을 담당하며 생각을 통해 일을 바로잡을 수 있고 생각하지 않으면 일을 바로잡을 수가 없다. 이는 하늘(天)이 우리에게 부여한 것이다."[6] 둘째로 우리는 옳은 일을 함으로써 즐거움(樂)을 느껴야 하며 이 즐거움이 도덕적 성장의 중대한 원동력이 된다. 우리는 도덕적 성장을 억지로 강제할 수는 없으며 순리대로 성장하도록 도와야 하기 때문이다. 끝으로 우리는 삶을 위해 필수적인 재화와 복리 등(産)과 관련된 올바른 사회적·정치적 체제와 더불어 도덕적 자기수양의 본보기가 될 올바른 롤모델을 지녀야 한다. 이러한 사회적 여건을 결여할 경우 도덕의 잠재

∴

4) May Sim, *Remastering Morals with Aristotle and Confucius*(New York: Cambridge University Press, 2007), 138쪽.
5) 『孟子』, 「告子章句」上, 15~17장.
6) Ivanhoe, 앞의 책 참조.

적 뿌리는 시들어 말라죽게 된다는 것이다.

여하튼 이상과 같이 맹자는 우리 모두가 어떤 내면적 선성(善性)을 소지하고 있으며 이 선성을 제대로 발전시킬 경우 도덕적 행위에 대한 내적 지침을 제공할 수 있다고 주장한다. 우리는 타고난 자아의 이런 부분에 주의를 집중하고 그 적용의 확대에 주력함으로써 도덕적 뿌리인 4단을 발달시키게 된다고 한다. 물론 맹자는 앞에서도 지적했듯 아리스토텔레스와 같이 생각하는 능력[思]이나 시비를 가리는 지성의 기능[知]을 무시하지는 않았다. 생각하는 지적 능력이 없이는 4단을 널리 확대 적용하거나 확충하는 일이 불가능할 것이기 때문이다. 그러나 맹자는 아리스토텔레스와 달리 인간본성의 기본적 특성은 지성적일 뿐 아니라 감정적인 것으로 보았다. 이는 합리적 본성이 인간의 주요 기능임을 부인하는 게 아니라 인간의 좀 더 본질적 특성은 지성뿐만 아니라 이타심과 의로움[仁義]을 나타내는 성향에서 나타난다. 인간은 지적 능력에서뿐만이 아니고 도덕적 존재로서 자신과 타인의 존엄성을 알고 존중하는 데서 진정한 인간성을 보고자 하는 것이다.[7]

맹자의 4단이 갖는 도덕적 함축을 예시를 통해 좀 더 자세히 살펴보자. 맹자는 첫 번째 도덕적 싹인 측은지심 즉 인의 마음이 존재한다는 점을 세심하게 입증하고자 한다. 그는 자아 속에 가끔 무시되어온 도덕적 자원을 확인하고자 했던 것으로 보인다. 왜냐하면 사람들 대부분은 적어도 타인을 돕고자 하는 어느 정도의 욕구, 혹은 타인들이 해악을 피하기를 바라는 어느 정도의 욕구를 지니고 있는 것으로 보이기 때문이다. 나아가서 앞서 지적했듯, 좀 더 중요한 것으로서 측은지심에 따라 행동

••

7) May Sim, 앞의 책, 139쪽.

하고 그런 행위를 뒤돌아볼 경우 우리는 깊은 만족감을 경험하는 경향이 있다. 이 같은 만족감은 맹자가 지적하듯 우리가 타인을 배려하는 방식으로 행위 하고자 하는 성향을 강화하는 것으로 보인다. 그럴 경우 우리는 타인을 배려하는 도덕적 성향을 소지하는 길로 이미 나아가고 있는 것으로 생각되는 것이다.[8]

만일 이상과 같은 이야기가 자아의 선(善)한 부분을 강화하는 한 가지 방식에 대한 정확한 기술이라면, 이는 그 자체로서 인간의 도덕적 자기수양에 대한 우리의 이해나 관행에 대한 중대한 기여라 할 수 있다. 그러나 맹자는 한 걸음 더 나아가 좀 더 강한 주장을 한다. 그는 단지 자기수양의 가능한 방도로서 이같이 일반적 전략을 제시하는 데서 나아가 그러한 전략이 자아의 성공적 수양에서 유일한 방도라고 믿고 있다. 즉 자기수양은 자아의 이러한 감정적 부분에 관여할 것을 요구한다는 점이다. 맹자는 우리가 자신의 내재적 도덕감과 상관없이 도덕적 자기수양을 수행한다면 우리는 충실하고 합당한 도덕적 성향을 성공적으로 수양하는 데 필요한 동기를 결여하게 될 것이라 생각했다. 맹자의 요지는 우리가 내재적(internal) 욕구가 없는 방식으로는 강한 행위 성향을 개발할 수가 없다는 점이다. 바로 이것이 적절한 습관을 습득할 필요를 말하면서도 내면적 성향의 개발에 대해 언급하지 않는 아리스토텔레스와 맹자가 다른 점이라 할 수 있다.

덕을 향한 네 가지 타고난 뿌리가 있다는 맹자의 견해와는 대조적으로, 순자에 따르면 인간의 도덕적 능력이나 감수성이 타고난 본성 속에는 존재하지 않으며 전적으로 교육과 사회화에서 비롯한 결과이다. 인간

∙∙

8) P. J. Ivanhoe, 앞의 논문, 151~152쪽.

이 타고난 것은 덕이나 악덕과 무관한 욕구나 욕망인 까닭에 적절한 덕을 습득하기 위해서는 그 본성이 개조, 개선(reformation)될 필요가 있다는 것이다. 순자는 맹자의 농경문화적 메타포 대신 도덕이 습득되는 인위적 방법을 표현하기 위해 수공업적 유비(類比)를 이용했다. 맹자가 도덕이 우리가 하늘로부터 부여받은 본성의 발달이라고 주장한 반면, 순자는 도덕을 하늘과 자연에서 분리해 하늘은 있는 그대로의 사실과 자연에 대해 감당하는 데 비해서 인간만이 도의와 당위를 책임진다고 본다. 따라서 순자는 도덕을 위해 성자들로부터 전해 내려온 전통과 학문으로부터의 학습에 의존하고자 했다. 아이반호는 "순자에 따르면 우리가 자신의 내면적 불빛에 의해 나아갈 수 없는 것은 그 불빛이 아직 점화되어 있지 않기 때문"이라고 말했다. 도덕이 밝히는 것은 우리가 습득해야 할 바의 것이며 성현들로부터 전해 내려오는 어떤 것이라 한다.[9]

맹자와 대립적 입장을 취했던 것으로 해석된 순자는 도덕이 인간의 본성에 뿌리를 두고 있다는 점을 거부하고 도덕이 제2의 본성(second nature)으로 습득된다고 주장한다. 통념적 이해에 따르면, 순자는 맹자와는 달리 인간의 본성이 악하고 경쟁적이며 자기 파괴적인 활동에의 성향을 지니고 있고, 따라서 악한 것으로 특징지을 수 있다는 말이다. 만일 순자가 이처럼 주장한 것이 사실이라면 그는 자신의 입장을 입증하는 데 필요 이상의 주장을 하고 있는 셈이다. 그는 우리의 타고난 도덕적 잠재성에 대한 맹자의 주장을 부분적으로 받아들이면서도 어느 정도의 보완 없이는 그 잠재성이 우리의 도덕적 행위를 규율하기에는 불충분하다는 정도의 주장도 가능했을 것이기 때문이다. 그러나 통상적으로 순자는 이

⁙

9) 같은 논문, 144쪽.

같은 온건한 중도적 주장 대신에 맹자와 대립적 입장으로 나아간 것으로 이해된다.

순자가 보완적인 중도적 입장을 취했다면 그는 우리의 본성적 성향에 바탕을 두지 않는 덕성들은 사회화 과정에서 습득할 수 있다고 주장할 수도 있었을 터이다. 우리가 맹자처럼 부모와 자식 간에 타고난 감정적 유대가 있으며 타인에 대한 자연적 배려를 한다는 주장을 받아들이면서도 정의와 같은 덕목들은 이처럼 타고난 인간의 성향만으로 설명하기는 어렵다는 입장을 취할 수도 있었을 터이다. 정의감 역시 깊은 도덕적 근원을 갖기는 하나 타고난 성향이라 하기는 어려울 것이기 때문이다. 인간의 성숙한 도덕감은 타고난 요소에 더해서 다양한 경험과 반성의 과정을 통해 습득되며 후천적 자아의 개조·개선과 확충으로 얻어진다고 할 수 있다. 여하튼 이상과 같은 순자에 대한 통념적 이해는 그에 대한 다소 상이한 해석(다음 장)과의 대비를 통해 천착이 좀 더 필요한 부분이라 생각된다.

인간의 본성이 덕을 향해 추동하느냐 않느냐에 대한 이상의 분명한 두 가지 견해와는 대조적으로, 공자는 인간의 본성에 대해 분명한 입장을 지니지 않았다. 아이반호의 지적처럼, 공자가 우리의 도덕적 수양에서 학문과 전통의 위치를 강조한 점에서 인간본성론에 대한 공자의 입장은 순자의 것에 가깝다. 그러나 동시에 우리 자신의 자기수양에서 오는 즐거움에 대해 이야기하는 점에서 공자는 맹자에 좀 더 접근한다 하겠다. 여하튼 공자는 인간본성에 대한 분명한 입장을 취하지 않는다는 점에서 다소 서양의 아리스토텔레스의 입상과 유사해 보인다. 아리스토텔레스는 도덕성 교육은 좋은 양육과 습관화에 달려 있다고 보았다. 타고난 도덕적 잠재력보다는 후천적 양육과 습관화를 강조한 점에서 아리스토텔

레스는 맹자보다는 순자에 가까우며 그런 점에서 공자와도 유사성이 있다 할 것이다.[10]

3. 순자의 성악설에 대한 재해석

인간의 본성과 더불어 자기수양론의 유형과 관련해서 철학적으로 성찰해볼 만한 두 가지 문제점에 대해 상론해보고자 한다. 하나는 인간본성론과 관련된 것으로서 통상적으로 맹자의 성선설과 순자의 성악설을 중심으로 전개될 수 있는 논전이다. 그런데 이 같은 통상적 이해 방식에 근거한 논전과는 달리 순자 자신도 공자를 이어 유학의 전통을 계승하는 유가의 일원임을 감안할 경우, 우리는 순자의 성악설에 대해 단순한 성악설로 이해되는 통념적 차원을 넘어 그의 진의를 드러내는바, 맥락에 충실한 이해를 도모할 필요가 있다. 다른 하나의 논점은 자기수양론과 관련된 것으로서 불교의 수행법인 돈오점수론(頓悟漸修論)에 의해 대변된다. 불교뿐만이 아니라 유교의 발견형, 발달형, 습득형 간의 논쟁도 결국 지적인 각성과 의지의 단련 내지 감정의 조율 문제와 무관하지 않다고 보면, 수양에서 돈점론과 관련해서 논의가 가능하다 할 것인데 다음 장에서 이 점을 상론하기로 한다.

맹자는 자기수양의 과제를 타고난 본성을 계발하는 것으로 이해했다. 그는 공자의 입장을 계승하면서도 동시에 그것을 새로운 기초, 곧 치밀하고 체계적인 인간본성론 위에 정초하고자 했다. 이러한 맹자의 철학적

∴

10) May Sim, 앞의 책, 141쪽.

관점은 인간본성의 참다운 특성을 중심으로 한 논전의 실마리를 제공하게 되었다. 맹자는 인간의 본성이 선으로 나아가는 성향이 있다고 믿었다. 타고난 성향이 제대로 발달할 경우 인간은 완전한 도덕적 존재로 성숙해가고 유학이 지향하는 이상적 사회를 성취할 수 있다는 것이다. 유학의 전통에서 맹자 다음가는 위대한 학자인 순자는 인간본성이라는 중대한 주제와 관련해서 맹자에 동의하지 않은 것으로 이해된다. 순자는 성악설이라는 대안적 관점을 제시하면서 맹자의 입장과 대립하고 있는 것으로 해석되는 것이다. 그러나 우리는 인간의 본성과 관련해 순자의 이론이 지닌 정확한 의미와 함축을 검토할 필요가 있다. 순자의 성악설은 과거의 유학자나 현대의 연구자들에게 종종 심각하게 오해를 받아왔기 때문이다.[11]

순자도 맹자 못지않게 공자를 계승하는 유학의 전통에 서 있는 학자로 이해할 때 순자와 맹자는 우리가 통념적으로 이해하는 바와 달리 매우 중대한 관점에서 의견의 일치를 보인다고 생각된다. 설사 의견의 불일치가 있다 할지라도 둘은 도덕적 행위의 특성에 관해 심각한 의견차를 보이고 있지는 않다. 나아가 완전히 수양된 사람 즉 성인에 대한 그들의 견해 역시 중요한 측면에서 합치하는 듯 보인다. 다만 도덕적 자기수양을 해야 하는 근거와 성공에 이르는 방법에서 의견의 차이를 보일뿐이다. 다시 말해 순자와 맹자는 인간의 본성과 수양의 과정이라는 두 주제와 관련해서 부분적으로 같은 길을 걷고 있다 할 것이다.

중국 사상사에서 순자는 인간본성을 부정적으로 바라보는 자로 간주되어 많은 사람에게 비판을 받아왔으나 동시에 그를 변호하고자 하는 노

---

11) 황지원, 「순자의 공부론」, 임수무 외 지음, 『공부론』(예문서원, 2007), 95~123쪽 참조.

력도 적지 않았다. 순자에 대한 더 최근의 연구에서는 인간본성에 대한 그의 이론을 해명함으로써 순자의 사상을 복권시키려는 시도가 계속 이루어지고 있다. 이는 적어도 두 가지 방식으로 이루어지고 있다고 할 수 있는데, 첫째 순자의 비관적 이론은 인간본성을 좀 더 낙관적으로 보는 맹자의 관점을 보완한다고 주장하는 사람들이 있다. 이러한 관점의 가장 분명한 제안자로는 안토니오 S. 쿠아를 들 수 있다(*Ethical Argumentation: A Study in Hsün Tzu's Moral Epistemology*, Honolulu: University of Hawaii Press, 1985). 이들은 맹자를 우리의 잔이 반쯤 채워졌다 즉 우리는 부분적으로 선하다는 것을 기분 좋게 지적한 사람으로 보는 반면 순자를 우리의 잔이 반쯤 비었다 즉 우리는 여전히 반쯤 악하다는 사실을 우울하게 지적한 사람으로 본다. 이들은 모두가 동일한 실체를, 관점을 달리해서 강조하고 있을 뿐인 것이다.

다른 일군의 학자들은 또 다른 방식으로 맹자와 순자 사이의 불일치를 해소하려 든다. 이들에 따르면 맹자와 순자는 인간본성을 뜻하는 성(性)이라는 개념을 서로 다른 의미로 사용할 뿐이라고 한다(예를 들어 D. C. Lau, Theories of Human Nature in Menzi and Xunzi, T. C. Kline & P. H. Ivanhoe eds, *Virtue, Nature, and Moral Agency in the Xunzi*, Indianapolis: Hackett Pub, 2000). 맹자는 이 용어를 다른 생명체의 본성과 반대되는 인간만이 지닌 독특한 본성으로 규정하여 도덕감에 초점을 맞추고자 한다. 나아가 이것이야말로 인간의 근본적인 본성이며 또한 우리의 본성은 기본적으로 선하다는 결론을 내린다. 이에 비해 순자는 인간의 본성을 생명체로서 가장 기본적이고 지속적인 특질로 규정하여 우리의 근본적인 충동, 욕구, 욕망에 주목한다. 순자는 이것들이야말로 우리의 근본적 본성을 구성한다고 주장하여 인간의 본성은 기본적으로 악하다는 결론으로 나아갈 수 있다는 것이다.

순자가 말하는 인성은 기본적으로 인간의 원초적 본능, 생리적 욕망으로 이해할 수 있다. 여기에서 인간의 본성은 인간만이 지니는 독특한 성질이 아니라 생명 있는 존재라면 어느 것에서나 찾아볼 수 있는 생존에의 본능이다. 이처럼 순자에게서 인간본성은 감각적 욕망이며 자연으로부터 습득한 것으로 그 자체로서는 가치판단의 대상이 될 수 없다. 그렇다면 순자에게서 성에 대한 자신의 입장과 어긋나는 듯한, 이른바 인간본성이 악하다는 명제는 어떻게 이해되어야 하는가?

순자에게서 선악의 구분점은 사회적 안정〔治〕과 혼란〔不治〕에 상관된 것이지 인간의 본성 자체는 선악의 판단이 허용되지 않는다. 그럼에도 인간의 본성이 악과 관련되는 까닭은 그러한 본성이 사회적으로 연출되는 악한 현상과 관련되기 때문이다. 인간의 타고난 욕망은 무한히 충족되기를 바란다. 그러나 인간의 활동을 통해 얻어지는 생산물은 그 수요에 비해 공급이 부족해서 인간의 무한한 물질적 욕망을 다 채워줄 수 없게 되고, 이런 경우 인간들은 상호 경쟁하고 다투게 되어 사회적 혼란을 야기하게 된다. 순자는 이러한 사회적 혼란 상태가 바로 악이고 이 같은 사회적 혼란이 인간의 본성에 의해 생겨나기 때문에 사람의 본성은 악하다고 규정한 것이다. 인간의 본성이 악으로 규정되는 것은 그 결과에 의한 것이지 본성 자체에 선악이 내재되어 있는 게 아니라는 것이다. 결국 악이란 성 자체가 아니라 성을 그대로 방치할 때 나타나는 결과를 두고 말한 것이다. 이러한 악은 내면적인 게 아니라 사회적인 것임에 주목할 필요가 있다는 것이다.[12]

∴

12) 같은 책, 102~103쪽 참조.

인간의 본성을 다소 비관적으로 보았을지라도 순자는 그런 본성을 개조하고 개선할 수 있는 우리의 능력을 절대적으로 확신했다. 순자는 이런 점에서 맹자의 낙관주의를 다소간 공유했으며, 둘 다 인간이 근본적으로 완전해질 수 있는 가능성을 믿었다. 그러나 두 사람은 그 같은 상태로 나아가는 과정에 대해서는 의견을 달리했다. 맹자는 도덕적 자기수양의 과정을 내재된 성향의 자연적 개화 내지 발전(development)으로 설명하는 한편, 순자는 그 과정을 제2의 본성을 습득(acquisition)하는 어렵고도 끈질긴 노력이 필요한 과제로 본다. 순자는 성공적인 자기수양은 오랜 시간에 걸쳐 지속적 협력과 끈질긴 노력이 요구된다. 왜냐하면 그 일은 강하게 버티며 휘어잡기 어려운 인간본성에 족쇄를 채워서 개조하고 혁신(reformation)하는 것이기 때문이다.

인간본성에 대한 이러한 논의를 통해 우리가 주목할 만한 가장 중요한 사실은 성선설과 성악설이 동일한 인간본성에 대한 상이한 관점의 진술이다. 이를테면 성선설은 본성의 선한 잠재력에만 주목하고 성악설은 악한 잠재력에만 주목한 진술이라거나, 아니면 성선설은 본성의 선한 잠재력에만 주목하고 성악설은 악한 잠재력과 더불어 부족한 재화라는 사회적 여건과 연계되어 현출(現出)되는 사회적 현실에 주목한 결과라는 점이다. 따라서 성선설은 지나치게 낙관적인 이상주의적 관점이라면 성악설은 다소 비관적인 현실주의적 관점을 취하고 있다는 것이다. 물론 이같이 유사성을 중심으로 한 수렴의 입장을 취한다 해서 양자에 함축된 도덕철학적 차이나 자기수양 방법상의 차별화가 전적으로 경시되거나 무시될 필요는 없다고 생각된다.

하지만 이 같은 수렴론적 전망을 통해 성선설과 성악설의 차이가 생각만큼 크지 않을 뿐 아니라 인간본성에 대해 유선유악설(有善有惡說) 내지 무선무악설(無善無惡說)을 수용할 가능성이 보다 증대한다. 이같이 중성설(中性說) 쪽으로 기울 경우 자기수양론에서도 습관화나 반복적 연습을 통한 습득형의 비중이 상대적으로 더 커지는 동시에 발달과 개조의 의미는 부차적이고 보완적 의의를 갖게 된다 할 것이다. 이와 동시에 우리가 뒤에서도 살피게 되듯, 정의롭고 도덕적인 인격 형성을 위해서는 행위주체의 내면적 역량의 성숙과 아울러 사회의 배경적 정의라는 구조적 문제에 주의를 기울일 필요가 있다. 이 양자 간에 선순환 내지 호순환의 상호작용적 상관관계가 이루어질 경우 도덕적 인격 형성이 정상화될 것으로 기대되며, 이는 인격 형성에서 최근 관심거리로 부상하고 있는 사회윤리적 통찰에서 주어진 소중한 기여라 생각된다.

4. 지눌, 돈오점수론의 현대적 의의

불교의 마음공부에서 가장 핵심적인 물음 두 가지 중 하나는 궁극적인 깨달음의 경지나 상태가 어떤 것인가이고, 다른 하나는 그러한 경지나 상태에 이르기 위해 어떤 수행(修行)이 필요한가이다. 한국 불교에서 지눌(知訥)의 돈오점수론(頓悟漸修論)은 이 두 가지 모두에 대해 답하기 위한 것이긴 하나 직접적으로는 두 번째 문제와 상관된다 할 수 있다. 돈오점수론과 관련해 지눌이 제기한 가장 중요한 질문은 단박 깨친다면(頓悟) 어찌 점차 닦을(漸修) 필요가 있으며 또 점차 닦아야 한다면 어찌 단박 깨칠 수가 있겠는가이다. 즉 돈오와 점수 중 어느 하나만 하면 충분할 텐데 왜 두 가지를 병행해야 하는지에 대해 의문을 제기하고 있다.

이에 대해 지눌은 자답하기를 "인간의 본성에서는 원래 번뇌가 없고 완전한 지혜가 갖추어져 있어 그 성품이 부처와 조금도 다르지 않으므로 그것을 단박 깨닫는 것이라고 한다. 점수라는 것은 비록 본래의 성품이 부처와 다름이 없음을 깨달았으나 오래 익혀온 습기(習氣)를 갑자기 없애기 어려운 만큼 깨달음에 의지해서 점차 그 공이 이루어지는 것이니 마치 성인의 태반을 오래 길러서 성인이 되게 하는 것과 같다. 그러므로 이를 점차 닦는 것이라 한다"라고 했다. 여기에서 지눌은 돈오 없는 점수는 갈 곳 모르는 맹목이며 점수 없는 돈오는 공허한 이론에 불과하다고 생각한다. 따라서 지눌은 "그저 무작정 점차 닦아나가는 데에만 몰두하는 점수의 병폐를 돈오론으로 치유하고, 돈오만 하면 된다고 하여 점차 닦아나가는 데 소홀한 병폐를 점수론으로 치유하려고 했다"라고 할 수 있다.[13]

결국 지눌은 "예로부터 모든 성인들 가운데 먼저 깨닫고 후에 닦지 않는 사람이 없으며 증득(證得)은 바로 이 닦음에 의하여 도달되는 것"이라는 선오후수(先悟後修) 즉 돈오점수를 주장하고 있다. 지눌에 따르면, 깨달음에 이르기 위해서는 우선 존재의 실상에 대한 참다운 인식 이른바 해오(解悟)가 필요하다. 여러 갈림길 중 깨달음으로 나아가는 게 어느 것인지를 먼저 알고〔解悟〕 그 길을 향해 갈고 닦으며 정진할 때 비로소 깨달음이라는 목적지에 도달할 수 있는 것이다〔證得〕. 그러므로 지눌에게서 궁극적인 깨달음〔證悟〕은 항상 해오 이후에 주어지는 것이다.

돈오점수에서 돈오란 해오에 해당하며 그를 바탕으로 쉬지 않고 수행한 결과 깨달음이 진정한 자신의 것으로 주어지는 것이다. 점수보다 돈

∴

13) 知訥,「牧牛子修心訣」, 東國大學校韓國佛教全書 編纂委員會 編, 『한국불교전서』4책(東國大學校出版部, 1989), 709~710쪽.

오가 논리적으로 선행하는 이유가 여기 있으나 사실상 시간적으로는 돈오와 점수가 동시에 이루어진다고 할 수 있다.[14] 물론 지눌이 깨달음 이후의 닦음을 주장하고 있지만 그렇다고 해서 깨달음 이전의 닦음을 완전히 부정한 건 아니며 또한 돈오돈수 등 다른 수행방법 등을 완전히 부정한 것도 아니다. 단지 지눌이 주장한 것은 여러 수행방법 가운데 깨달음에 이르는 가장 적절한 것이 바로 깨달음 이후의 닦음, 즉 돈오점수라는 점이다.

지눌의 돈오점수에서 돈오란 궁극적 깨달음뿐만이 아니라 인간이 모두 불성을 갖고 있다는 점을 인식하는 것까지도 내포한다. 이에 비해 최근에 성철(性徹)은 궁극적 깨달음 그 자체만을 돈오로 한정하기 때문에 지눌과 뚜렷한 견해 차이가 있다고 하기보다는 용어상의 의미론적 차이로 보는 편이 합당하다고 보인다. 즉 성철은 깨달음의 궁극적 경지로서의 돈오돈수를 얘기한 것이지만 지눌은 그러한 궁극적 깨달음에 이르기 위한 수행법으로서 돈오점수를 주장한 것이다.[15] 지눌에 따르면 "비록 돈오돈수가 최상의 근기(根機)를 가진 사람이 들어갈 수 있는 문이라고 하나 과거를 미루어보면 이미 여러 생 동안 깨달음에 의하여 닦아 점차로 익혀 오다가 금생에 이르러 듣자마자 일시에 이루는 것이니 사실상 이것 역시 깨달은 뒤에 닦는 근기인 것이다. 그러므로 돈오와 점수의 두 문은 모든 성인이 밟아간 길이다"라고 한다. 또한 지눌은 "경에 이르기를 이치상으로는 단박에 깨닫는 것이어서 깨달음과 더불어 모든 번뇌가 함께 녹아 없어지지만 사실상 단박에 제거되는 것이 아니라 차례차례로 없어진

14) 윤종갑, 「지눌의 공부론」, 임수무 외 지음, 『공부론』(예문서원, 2007), 524쪽.
15) 같은 책, 526쪽.

다"라는 것이다.[16]

석가모니도 깨달은 직후 바로 부처가 된 게 아니라 깨달은 바에 의거해 오래 때 묻어온 습기를 제거한 다음에 부처가 되었다고 할 수 있다. 불교에서는 이를 보림삼년(保任三年)이라 불러오고 있다. 우리는 갖가지 인연으로 인해 다양한 업을 쌓고 여러 습관에 길들어 성품을 형성하고 있다. 즉 훈습(薰習)되어 있다 하겠다. 그러나 이는 무명과 더불어 악업에 훈습된 것이다. 이제 깨달은바, 선에 기대어 악습의 때를 벗겨내는 역훈습의 과정이 필요하다. 오랜 세월 그릇된 습관에 길든 것에서 해방되기 위해서는 그만큼 오랜 시간 동안 그 습관을 벗겨내는 작업이 필요하다 할 것이다. 이 과정이 각자의 근기에 따라 차이가 있을 수는 있으니 그야말로 돈오돈수는 이상적인 상근기(上根機)에서나 가능한 일이고 대부분 중근기(中根機), 하근기(下根機)에서는 오랜 점수의 과정이 불가피하다.

『수심결(修心訣)』이 지눌의 사상을 대표하는 명저로 꼽히는 것은 여기서 재천명한 돈오점수 때문일 것이다. 그러나 재천명이라고 말했듯이 돈오점수는 지눌의 창안이 아니라 중국 당나라의 징관(澄觀, 738~839)을 거쳐 규봉종밀(圭峯宗密, 780~841)에 의해 정립되었다. 종밀은 5개의 돈점의(頓漸義) 가운데 넷째인 돈오점수의를 취하여 수증(修證)의 전형으로 삼았다. 특히 그는 "해가 단박 나오지만 상로(霜露)는 차츰 녹으며, 어린 아기는 단박 낳았으나 그 지체(肢體)는 차츰 성장하는 것과 같다"라는 비유로 돈오점수의 요의를 제시했다. 마찬가지로 지눌선에서도 돈오와 점수는 분리될 수 없으므로 "돈오와 점수의 의미는 마치 수레의 두 바퀴와 같아서 하나가 없어도 안 되는 것이다"라는 결론으로 귀결된 것이라 했다. 그

••

16) 知訥, 앞의 책, 709쪽.

런데 여기에서 주목해야 할 점은 점수가 필요한 이유를 제시하는 것으로 점수를 설명한 대목이다. 실제 수심결에서 지눌은 점수의 필요성을 납득시키는 데 주력한 것으로 보인다.

결국 앞서 지적한 대로, 돈오점수론에서 돈오와 점수 간에 시간적 선후의 의미보다는 돈오가 논리적으로 점수에 앞서 요구된다는 뜻이다. 깨달음 없이 닦는다는 것은 그 수행이 어디를 향해 나아갈지를 모르는 정처 없는 도로(徒勞)에 불과하게 될 것이다. 그러나 수행이 오랫동안 지속되고 누적되다 보면 거기에서 실천적 지혜가 생겨나고 깨달음이 주어지는 것이니 이 양자 간에 시간적 선후를 따지는 것은 별 의미가 없으며, 양자는 자기수양에서 서로를 요청하고 보완하는 두 수레와 같다고 할 수 있다. 또한 돈오 즉 인지적 각성과 점수 즉 정의적 순화과정도 반드시 어느 하나가 먼저 이루어진다기보다 지성과 감성 그리고 의지가 상호작용을 하는 가운데 서로에 대해 영향과 자극을 줌으로써 상호 보완하고 상생하는 관계에 있다고 이해함이 바람직하다. 결국 자기수양의 과정은 지정의(知情意)의 종합적 프로젝트라 할 수 있다는 생각이다.

인간본성과 자기수양 유형의 관련을 중심으로 해서 주목할 만한 하나의 철학적 주제는 발견형과 같은 인지적 각성을 주장하는 수양의 방법과 발달이나 개조 등의 과정을 거쳐 점진적 습득을 내세우는 방법 간의 논쟁이다. 사실상 양명의 발견형도 치양지(致良知)가 제대로 이루어지려면 후천적 기질의 벽을 순차적으로 헤쳐가야 한다. 또한 맹자의 발달형도 원숙의 경지에 이르기 위해서는 지적 각성과 더불어 방심과 조급이 아닌 순리에 따른 짐진직 수양이 요구되며, 순자의 개조형 또한 공부를 통한 부단한 정진과 습득이 요구된다 하겠다. 이 같은 수양과 수행을 가장 체계적으로 그 방법론적 핵심을 대변하는 것은 불교, 특히 고려의 지눌에 의거한 돈오점수론이 아닌가 생각된다. 지눌은 지성적(知性的) 각성과 더불어 정의적(情意的) 정화(淨化)를 동시에 아우르는 돈점(頓漸)이론을 제시한 것이다.

돈오점수론과 관련해서 우리가 특별히 주목하고자 하는 점은, 첫째 돈오와 점수가 시간적 선후 관계인지 아니면 논리적 선후 관계인지를 확인하고 선오후수(先悟後修)라면 선오 이전의 수행문제는 어떻게 되는지 등을 이해하는 일이다.[17] 주목할 만한 또 하나의 관점은 깨닫는 기능이 무엇이며 깨달음의 내용이 무엇인지 그리고 수행 즉 닦는다는 것이 무엇이며 무엇을 닦는지를 해명하는 일이다. 대체로 깨닫는다는 것은 인지적(認知的) 각성을 의미하며 닦는다는 것은 오래 길든 습기(習氣)를 닦아내어 본성을 회복한다는 것인데, 이때 습기는 감정(感情)과 의지(意志) 등이 얽혀서 생긴 것으로서 닦는다는 것은 정의적(情意的) 정화 내지 순화(純化)를 의미하는 것으로 보인다. 따라서 자기수양은 인지, 감정, 의지 모두와 관련된 복합적 과제라 생각되는 것이다.

돈오점수론에서 돈오는 대체로 인지적 측면의 성취라면 점수는 그 같은 인지적 요인에 의거해서 과거 길든 습관과 성품에 직간접적으로 관련된 의지적·감정적 측면을 순화시키고 시정하는 작업이라 생각된다. 물론 이러한 과정에서도 인지적 세련화가 온전히 배제될 필요가 없다. 그럴 경우 인지적 작업이 선행적으로 요구되고 거기에서 밝혀진 지적 지형에 따라 의지나 감정을 시정하고 다스려나가는 작업이 이루어진다. 물론 이 같은 작업을 위해서는 단순한 수양공부만이 아니라 갖가지 봉사와 선

· ·

17) 심재룡, 「지눌과 한국불교」, 『지눌 연구: 보조선과 한국불교』(서울대학교출판부, 2004), 186~225쪽 참조.

행 등 실천행동이 필요한데, 이 양자를 모두 일러 수행(修行)이라 부른다. 이같이 돈오점수가 이루어질 경우 우리는 도덕적 실패에서 벗어나 실천적 지혜를 성취하게 된다. 그야말로 불경에 언급된 대로 "가고 가고 가다 보면 가는 가운데 알게 되고, 행하고 행하고 행하다 보면 행하는 가운데 깨치게 된다(去去去中知 行行行裏覺)"라고 할 수 있다.

5. 인간본성의 가소성과 사회윤리

우리는 지금까지 자기수양론의 네 유형을 살펴보았고 습득형을 제외한다면 나머지 유형들은 인간본성에 대한 특정 입장과 상관되어 있음을 알 수 있었다. 그런데 인간본성에 대한 특정 입장들은 각기 나름의 심리학적·형이상학적 전제들과 연계되어 있어, 이는 다시 독립적인 정당화가 요구될 것으로 보이며 그러한 전제들과 더불어 운명을 같이하게 된다. 여기에서 우리의 관심은 인간본성론과 자기수양론의 상관관계가 어떠한 것인지 또한 얼마나 긴밀한 것인지 그리고 자기수양론의 특정 유형이 다른 인간본성론을 취했을 경우에도 도움을 줄 수 있는지 등이다. 이는 현대에 살아남은 인간본성론을 견지할 경우 우리에게 도움을 줄 수 있는 자기수양론의 유형은 어떤 것이 될 수 있고, 또한 어떤 것이 되어야 하는지라는 과제에 답하는 데서 중대한 의의를 지닌다 할 것이다.

인간본성론에 대한 현대철학의 일반적 추세는 인간본성의 특정한 해석이나 입장을 제시하기보다 대체로 부선부악의 중립적 위치를 선호하는 것으로 추정되며, 인간의 본성이 실천이나 행동을 통해 다양하게 변화할 수 있는 가소성(可塑性)을 상정하고 있는 것으로 보인다. 행위

(praxis)와 가소성(plasticity)을 강조하는 것은 마르크스주의(Marxism), 실용주의(Pragmatism), 실존주의(Existentialism) 등 대부분의 현대철학에서 일반적 경향이라고 생각된다. 마르크스와 존 듀이(John Dewey), 장 폴 사르트르(Jean Paul Sartre)는 모두가 인간의 본성을 특정한 방식으로 이해하기보다는 실천을 통해 다양하게 변화되고 변형될 수 있다는 입장을 전개하는 것으로 보이며, 이같이 열린 꼴로서의 인간이해는 현대의 철학적 인간학자들도 공유하는 것으로 생각된다. 이들에게서 공통된 인간본성론을 전제할 경우 현대인에게 합당한 자기수양론은 어떤 유형인지 평가해볼 필요가 있다.

서구 전통의 주류를 이루어온 자연법이론(natural law theory)은, 객관적인 도덕적 진리란 문화적 관행이나 사회적 관습, 개인적 선택, 종교적 신념의 산물이 아니라고 주장한다. 나아가 자연법사상가들은 보편적으로 적용 가능하고 인식 가능한(universally applicable and knowable) 도덕적 규범이 존재한다는 낙관적 전망 아래 그 규범을 탐구해왔다. 그러나 이 같은 자연법이론에 대한 핵심적 도전 중 하나로서 인간의 본성과 같은 것은 존재하지 않는다는 주장이 제기되었으며, 이는 온전한 인간적 행복에 대한 보편적 이해 또한 존재하지 않는다는 주장을 함축하는 것이었다. 예를 들어 심리학자 에릭 H. 에릭슨(Erik H. Erikson)은 인간의 본성이 다양하게 변형 가능한(malleable) 것임을 진화론과 더불어 뇌과학적 입장에서 논증하고 있다. 그는, 인간의 뇌는 환경의 자극을 통한 상호작용적 진화를 통해 그 양에서나 질적인 수준에서 엄청난 발전을 거듭해온 가변적인 것이라 할 수 있다고 본다.

철학자 웨이크(Wake) 역시 에릭슨의 논변에 동조하면서 인간의 본성은 일정한 형태로 결정되어 주어진 어떤 것(a given)이 아님을 논변한다.

웨이크는 인간의 본성은 가소성을 통해 생각되어야 한다고 하며, 일정하게 정해져 있는 것은 아무것도 없으며, 따라서 자기실현은 예정된 목표일 수 없다고 주장한다. 자유로운 존재로서 인간은 자유로운 선택과 행위를 통해 자신의 본성과 자기실현을 결정한다는 것이다. 그는 헤겔의 관점을 차용해서 인간은 존재하는 것을 부정할 수 있는 힘을(power to negate) 지니고 있다고 했다. 이 같은 힘은 우리 자신에 대한 반성과 더불어 인간본성에 대한 선행적 이해로부터 거리를 취함으로써 자유로운 선택을 통해 우리가 누구이며 무엇이 되고자 하는지를 우리 스스로 형성할 수 있다고 한다. 웨이크에 따르면 "이는 현실적으로 말해서 우리가 과정적 존재이며 과정 중(under way)에 있고 따라서 자유로운 존재임을 의미한다." 그는, 인간은 자신의 고유한 관심에 적합하게끔 환경을 변형하는 것과 마찬가지로 관심과 목적에 적합하게끔 자신의 성격과 본성 또한 형성해나간다고 한다. 자신을 반성하고 재형성해가는 자연과 인위 사이의 운동(movement between nature and artifice)이야말로 인간에게 고유한 어떤 것이며, 그 결과로서 인간의 삶과 인간적 행복에서의 기본적 선은 인간의 자유로운 선택에 앞서 규정되거나 결정될 수가 없다는 것이다.

자연법이론에 대한 도전은 이로부터 한 걸음 더 나아갈 수 있다. 비록 인간에게서 자연적인 것이 무엇인지를 결정하고 인간의 본성에서 기본적으로 주어진 것이 무엇인지 규정할 수 있다 할지라도 그것만으로는 인간존재를 정의하기에 불충분하다는 게 철학자 데이비드 나이버그(David Nyberg)의 견해이다. 나이버그는 자연이나 인간의 본성이 있다 할지라도 그것이 인간이 넘어서는 안 될 노력석 울나리나 한계가 되어야 할 이유가 무엇인가라고 묻는다. 그에 따르면 오히려 자연은 맞닥뜨리고 넘어서고 초월하며 초극하게 하는 도전일 수도 있다는 것이다. 그뿐만 아니라 나

이버그는 자연적인 어떤 것이 최선의 것이라는 가정은 생물학적이고 진화론적인 과정에 대한 오해에서 비롯한 것이라고 한다. 자연적인 것을 넘어서고자 하는 모든 인간적 노력과 활동은 최상의 적합성을 향한 자연도태를 촉진하는 자극일 수도 있기 때문이라는 것이다. 자연도 극복의 대상일 수가 있고 비자연이라 해서 반드시 기피의 대상일 필요가 없는 것이다.

현대의 정의론자 존 롤스는 도덕감(道德感, moral sentiments)의 형성 과정을 다루면서 두 가지 전통을 요약하고, 두 입장이 갖는 상대적 장점의 평가를 유보하면서 오히려 그 두 입장의 자연스러운 결합이 바람직한 것으로 생각한다.[18] 그중 하나는 역사적으로 볼 때 경험론의 학설에서 유래하며 흄에서 헨리 시지윅(Henry Sidgwick)에 이르는 공리주의자들을 거쳐 최근의 발전된 형태로는 사회학습이론(social learning theory)으로 대표된다. 여기에서의 한 가지 주요 논점은, 도덕교육의 목적이 결여된 동기(missing motives) 즉 옳은 것을 그 자체로 행하는 욕구를 제공하는 일이라는 점이며, 이같이 사회적으로 이로운 욕구는 일반적으로 우리에게 부족한 것으로서 사회는 갖가지 방식으로 그 결함을 보충해야 한다는 점이다. 롤스에 따르면, 지그문트 프로이트(Sigmund Freud)의 이론도 중요한 관점에서 이러한 진영에 속한다.[19]

도덕감 형성과 관련된 또 하나의 전통은 합리주의자의 사상에서 유래하며 루소와 칸트 혹은 밀에 의해서, 좀 더 최근에는 장 피아제(Jean Piaget)의 아동발달이론(developmental psychology)에 의해 예시될 수 있다. 여기서 도덕교육은 결여된 동기를 제공하는 문제이기보다는 타고난 지적·정

18) J. Rawls, *A Theory of Justice*, 황경식 옮김, 『정의론』(이학사, 2003) 참조.
19) 같은 책, 589~591쪽.

서적 능력을 그 자연적 성향에 따라 자유로이 발전시키는 문제라는 것이다. 우리는 타인들에 대한 자연적 동정심을 갖고 있으며 동료애와 자애심이 주는 즐거움을 받아들일 본래적 능력을 갖고 있는데, 일반적 관점을 취할 만한 지적 단계에 이르면 그런 것들은 도덕감에 대한 정의적(情意的) 기초를 제공하게 된다. 그래서 이러한 전통은 도덕감이 우리의 사회적 성격에 대한 이해력의 자연적 성숙으로 간주한다고 할 수 있다.[20]

롤스는 이 같은 두 가지 전통의 적절한 결합을 기반으로 해서 도덕을 그 발달단계에 따라 권위(authority)에 의한 도덕, 집단이나 공동체(association)에 의한 도덕, 원리(principle)에 의한 도덕으로 나누고, 각 단계에 따라 지적·정서적 능력이 개발되고 정의로운 사회체제가 유지되며 그 정의로움이 공적으로 인지될 경우 정의감과 같은 도덕적 감정이 자연스럽게 결과한다고 주장한다. 롤스는 인간본성에 대한 특정 입장을 선호하지는 않으나 도덕감 형성의 배경적 조건으로서 사회체제가 정의로우며 성원들에게 그 정의로움이 공적으로 알려진 질서 정연한 사회(well-ordered society)를 전제로 하고 있다. 그럴 경우 도덕감 형성은 물론 도덕감이 강화되는 이른바 도덕감 형성의 호순환 구조를 상정하고 있다 할 수 있다. 이 같은 배경적 정의가 충족되지 않을 경우 정상적인 도덕감 형성을 기대하기 어려움은 물론 정의감을 위시한 도덕감이 약화 내지 유명무실화하는 악순환이 도래하게 되는 것이다.

전통적인 도덕적 자기수양론은 도덕감 형성을 위한 주체자의 수양론에만 주목해온 데 비해 롤스의 입장은 도덕감 형성을 지원하는 사회적 소선 즉 사회구조의 노닉성에 주목하고 있나는 점에서 새로운 관점을 제

20) 같은 책, 591~593쪽.

공한다. 이는 자기수양의 문제를 단지 개인윤리적 시각이 아닌 사회윤리적 시각(social ethics)에서 이해함으로써 인격수양의 문제를 좀 더 공적이고 공동체적인 문제로 격상시키고 있음을 의미한다. 이 같은 승격을 통해 수양의 과제는 공적 기준에 의해 평가·확인될 수 있으며, 도덕감 형성이 공동체 성원 모두의 공동과제가 됨으로써 개인의 성숙에서 공동체의 성숙으로 나아가는 계기가 마련될 수 있을 것이다. 특히 동양의 수양론은 이 같은 관점에서의 보완을 통해 좀 더 현실적으로 유용한 입장으로 발전해갈 필요가 절실하다고 생각된다.

프래그머티스트 윌리엄 제임스(William James)는 개념의 의미를 그 실용적·실천적 가치에서 찾고자 했다. 그럴 경우 어떤 두 개념이 실용적·실천적 가치에서 차이가 없을 때 그 두 개념의 의미를 차별화할 근거가 없어지게 된다. 이를테면 유신론자와 무신론자가 논쟁할 때 현실적으로 그들의 삶의 방식이나 일상의 행동거지에서 아무런 차이가 없을 경우 그 유신론과 무신론 개념의 의미에 대한 차이를 발견할 방도가 없는 것이다. 의미론에 대한 전문적 논의를 유보하고서 이상의 논의를 우리의 인간본성론에 적용해본다면 성선설, 성악설, 무선무악적 중성설 간의 현실적 차이는 그리 크다고 보기 어려우며, 따라서 이를 근거로 한 자기수양론에서도 기본에서 상이한 길을 취택할 이유도 없다 할 것이다. 어떤 본성론의 경우에서나 지적 각성이 중요하고, 의지의 강화와 감정의 조율에 주목해야 하며, 가능한 한 도덕적 실패(moral failure)를 줄일 수 있는 사회적 여건의 마련에 진력할 것이 요구된다 하겠다. 여기에서 지정의에 대한 수양의 과정을 발달이라 부르건 개조라 부르건 혹은 습득이라 부르건 간에 그것은 본질적인 차이를 드러내지는 않는다는 것이다. 필자는 이런 관점을 잠재적 배경으로 해서 논의를 전개해가고자 한다.

6. 결론: "도를 닦고 덕을 쌓자"

1) 가소적 중성의 인간본성론

우리는 지금까지 도덕적 자기수양론과 상관된 다양한 인간본성론을 살펴보았다. 맹자의 성선설과 순자의 성악설, 아리스토텔레스 등의 무선무악설, 나아가 현대철학의 일반적 추세로 보이는 가소적(可塑的) 중성설(中性說), 또한 이성론과 경험론의 어느 한 입장에도 동조하지 않으면서 사회구조와의 상관성을 말하는 롤스의 견해 등을 차례로 검토해왔다. 또한 우리는 순자의 성악설에 대한 통념적 이해를 비판적으로 검토하면서 그의 성악설이 실상 중성적 무선무악설로 해석될 여지가 있으며 통념적으로 이해되어온 성악설은 사실 중성적 인간본성이 부족한 재화라는 사회적 현실을 만나 현출된 부차적이고 사회적인 현상을 지적하는 것으로 이해될 여지가 있음도 알았다. 이 같은 사회적 현상에 대해서는 항심(恒心)을 지원할 사회적 여건 즉 항산(恒産)을 중시한 맹자 등과 같은 성선설의 입장에서도 순자와 크게 다르지 않는 입장에 이를 것으로 추정된다.

사실상 성선설과 성악설은 인간의 본성에 대한 상대적 관점의 차이이거나 아니면 성(性)이라는 개념에 대한 의미론적 차이에서 비롯한 것일 수도 있음을 살핀 바 있다. 이상과 같은 분석과 더불어 인간본성론에 대한 현대적 추이를 참고할 때 성선설과 성악설에 함축된 별다른 도덕철학적 의의가 있다 할지라도, 그것은 다양한 사실적 요인들에 대한 과학적·경험적 분석에 의거한 것이기보다는 인간의 본성에 대한 철학적·형이상학적 가설에서 유래한 것이라 할 수 있다. 좀 더 과학적이고 경험적인 입장에 의거할 경우 인간본성에 대한 중립적·중성적 이해와 더불어 인간의 본성이 다양한 변인에 의거해 변화 가능한 가소성에 주목하게 되며, 이러한 가소성에 영향을 미치는 사회구조의 도덕성, 일관성, 공지성 등에 주력하는 사회윤리적 입장을 취하지 않을 수 없다는 생각이다.

2) 지정의 통합적 자기수양론

도덕적 자기수양론의 여러 유형들은 결국 자기수양 과정이 목표로 하는 바에 대한 인지적 활동과 더불어 발달이나 개조를 거쳐 목표로 하는 상태를 습득하는 활동으로 정리된다. 선불교에서는 이러한 두 가지 활동을 돈오점수론으로 요약하고 있음도 살펴보았다. 여기에서 돈점의 문제를 제외한다면 결국 불교는 수양의 목표에 대한 지적인 각성과 과거 성품에 엉겨 붙은 습기를 닦아내고 본성을 기르는 수양으로 요약된다. 그래서 돈오를 통해 목표 지점을 확인하는 것이 점진적 닦음과 기름의 논리적 전제가 되는 까닭에 선 돈오 후 점수 또는 선오후수를 말한다. 그런데 여기서 닦아내야 하고 길러야 하는 수행의 대상은 성품의 습기인데 이를 더 세분해서 말하면, 성품을 이루고 있는 것은 의지와 감정의 얽힘이라 할 수 있다. 결국 수행의 대상은 감정의 순화 내지 정화를 통한 조율과 더불어 의지의 연마 및 단련을 통한 강화라 할 수 있을 것이다. 결국 수행의 핵심은 지적인 각성, 감정의 조율, 의지의 강화로 요약된다 할 것이다.

또 한 가지 도덕적 자기수양의 방법론에서 주목해야 할 중요한 사실은 수양의 과정에서 지나치게 주지주의적 입장으로 기울어지는 일을 경계하는 일이다. 대체로 말해서 지정의 통합적 접근이 요구되고 이 중에서 지적인 각성이 좀 더 소중하고 우선적인 사안이라는 점은 부인하기 어려우나, 우리가 위에서 살핀 대로 수양의 방법에서 정의적 측면의 도야 또한 그에 못지않게 필수적이라는 점을 놓쳐서는 안 될 것이다. 나아가서 우리는 또한 지적 측면과 정의적 측면은 단지 선후의 상관관계만 갖는 것이 아니라 상호작용적·쌍방향적 보완관계에 있다는 점이다. 지적 각성에 의거해 의지의 단련과 감정의 순화가 이루어져야 하겠지만 때로는 의지의 나약이나 지나친 완고, 혹은 감정적 훈습이나 오염으로 인해 지적 각성의 길에 장애물이 생기는 경우도 적지 않다는 점에 유념해야 할 것이다. 인간은 합리적 존재이기도 하지만 때로는 비합리성에 호소해서 합리화로의 설득이 더 유효한 방도임을 아는 것은 도덕적 자기수양에서도 진실이라 여겨진다.

일반적으로 도덕적 자기수양에서 지적 각성이 가장 중시되는 이유는 수양의 목표에 대한 인지적 깨달음이 다른 모든 수양활동의 선결 요건이요 논리적 전제이기 때문이다. 지적 각성이 없는 수양이나 수행은 맹목적 활동이요 정처 없는 노동에 불과할 수 있다. 목표를 정확하게 겨냥한 수양만이 유효한 최선의 방도임에는 이론의 여지가 없다. 또한 수양에서는 나약한 의지를 연마·단련시켜 의지를 강화하는 일 또한 더없이 소중하다. 설사 옳은 것이 무엇인지 안다 할지라도 우리는 자주 갖가지 유혹에 넘어가 잘못된 길로 빠지게 된다. 올바른 목표를 향해 굳건히 나아갈 수 있는 도덕적 용기 내지 호연지기는 더없이 소중한 도덕적 자산임에 틀림이 없다. 또한 도덕적 자기수양을 위해서는 선이나 가치를 추구하고 올바른 길로 나아가는 데서 즐거움을 느낄 수 있게끔 우리의 감정이 도덕적으로 고귀한 가치들에 맛들이고 길들이는 일이 필수적이다. 그 같은 감정과 태도를 기르기 위해서는 감정의 순화 내지 정화활동이 필요하며 그러한 가치들에 조율된 정서의 함양이 요청된다 할 것이다. 알아도 행할 뜻이 없거나 행해도 즐거워하지 않는다면 도덕적으로 최선이라 하기 어렵다. 지행(知行)이 합일하고 복덕(福德)이 함께하는 것은 우리의 자기수양에서 도덕적 이상이라 할 수 있을 것이다.

3) 도를 닦고 덕을 쌓자는 명법

이제 우리는 지금까지의 논의를 마무리하면서 나름의 결론으로서 덕윤리를 위한 하나의 명법(命法)을 제안하고자 한다. 오늘날 인간의 본성에 대한 왈가왈부는 사실상 형이상학적 문제로서 경험과학적 방법을 통해 입증되어 어려운 것으로 이해되는 듯하다. 어떤 입장을 취하는가에 상관없이 우리는 좀 더 중립적 입장에서 인간은 여러 형태로 변화 가능하고 인격을 형성해갈 수 있는 가소성이 강한 존재라는 데 주목하여 성장이나 발전을 통하든 개혁이나 개조를 통하든 간에 사회적으로도 유익하고 도덕적으로도 존귀한 존재로 성품을 형성해갈 수 있는 도덕교육을 구상하는 데 진력해야 할 것이다. 아울러 최근 사회윤리학자들이 통찰한 바와 같이 인격 형성에서 사회구조가 갖는 형성적 영향력(forming influences)을 인지하는 일도 유효한 도덕교육적 프로그램을 개발하는 데서 절실한 요소라 할 것이다.

필자는 우리가 일반적으로 도덕(道德)이라 부르는 사항은, 오랜 덕윤리적 전통과 배경을 갖는 우리의 경우에서는 그 주요 명법을 "도를 닦고 덕을 쌓자"로 풀이하는 게 적합하다는 생각을 오래도록 해왔다. 특히 도덕은 도와 덕의 합성이라 생각되기에 그 같은 필자의 해석이 크게 무리는 아니라 판단된다. 이 명법에서 사실상 중요한 대목은 "도를 닦고"라는 전반부이고 "덕을 쌓는" 것은 도를 닦는 결과로서 주어진다고 생각된다. 우리의 전통적 일상어법을 살펴보면 도를 닦는다는 것은 단지 지적 각성을 의도하는 것만은 아니다. 도를 닦는다는 것은 나약한 의지의 단련을 통한 의지 강화를 뜻하기도 하는 것으로서 종국에는 도덕적 용기인 호연지기를 성취하는 것으로 생각된다. 또한 도를 닦는 것은 감정을 순화 내지 정화하여 그 자체에도 불화나 갈등이 없음은 물론 더 고귀하고 격조 있는 가치를 추구하는 감정으로 격상시키고 조율하는 일을 뜻하는 것으로 보인다. 결국 지적인 각성, 의지의 강화, 감정의 조율은 상호 영향을 미치고 지원함으로써 우리의 성격이나 성품 속에 통합되고 내면화·내재화하여 굳건한 도덕적 덕성을 이룬다 할 것이다.

제3장
덕의 습득으로 생기는 도덕적 힘

1. 왜 우리는 도덕적이어야 하나

플라톤의 『공화국(*Republic*)』 제2권 서두에서 글라우콘(Glaucon)은 철학자 소크라테스에게 기게스(Gyges)의 이야기를 들려준다. 그 이야기에 따르면, 리디아의 목동인 기게스는 산에서 반지를 하나 발견하게 되는데 그것에 달린 보석을 돌리면 자신을 아무도 볼 수 없게 하는 마술 반지이다. 이로써 기게스는 왕궁에 침입해서 왕비를 유혹하고 왕국까지 찬탈하게 된다. 글라우콘은 똑똑한 사람이라면 그 누구라도 기게스와 꼭 같은 일을 하게 되리라고 말한다.[1] 결국 소크라테스는 정의로운 삶, 혹은 보다 널리 말해 유덕한 삶이 부정의하고 부덕한 삶보다 어떤 점에서 좀 더 선

----

1) Plato, *Republic*, 359~362c.

호하고 선택할 만한지 입증할 과제를 떠맡게 된다. 다시 말하면 도덕의 구속력을 어떻게 보장하느냐의 문제 즉 왜 우리가 도덕적으로 살아야 하느냐(Why we be moral?)라는 도덕철학의 근본문제에 대한 해결책을 제시해보라는 도전을 받게 된다.[2]

『공화국』은 바로 이 같은 글라우콘의 도전에 대한 응답을 제시하는 것으로 독해될 수 있다. 소크라테스는 정의가 그 자체로서 좋은 것 즉 그 자체로서 가치 있는 것임을 입증하라는 요청을 받은 까닭에, 그는 정의가 기게스가 추구하는 바와 같은 유(類)의 선이나 재화를 얻을 가능성을 증대시킨다는 의미에서 정의가 이득이 된다는 점을 입증하는 것만으로는 충분하지가 않을 것이다. 그래서 소크라테스는 그 대신에 기게스가 자신의 진정한 행복(혹은 선)이 무엇인가에 대해 그릇된 견해를 갖고 있음을 논변하고자 한다. 소크라테스는 행복이란 성, 재산, 권력에 있는 것이 아니고 적어도 부분적으로는 정의 그 자체에 있음을 보여주고자 한다. 정의를 영혼의 조화로 보는 플라톤의 정의관은, 정의로운 것이 이득이 되기도 하는바, 다소 특이한 합리주의적 자아관과 관련된 것으로서 의문의 여지가 있는 것으로 이해되어왔다. 나아가 우리의 이해득실과 유덕한 삶 간에 차이가 없다는 일반적 주장은 우리 자신뿐만 아니라 희랍인들까지 쉽게 받아들이기 어려운 놀라운 것이었다. 덕의 실행과 행위자의 선이 온전히 일치한다는 아리스토텔레스의 덕 이론은 이 같은 사상의 보다 강력한 입장 중 하나라 할 수 있다.[3]

이상에서 행한 기게스의 이야기는 종래 윤리학이나 도덕철학에서 논

∴

2) 같은 책, 444ᶜ7~445ᵇ5.

3) R. Crisp, Modern Moral Philosophy and the Virtues, *How Should One Live, Essays on the Virtues*, ed. Roger Crisp(Oxford: Clarendon Press, 1996), 9쪽 참조.

의되어온 "왜 도덕적이어야 하나(Why be Moral?)"라는 주제와 자연스럽게 연관된다. 이 같은 질문을 "어떤 이득을 보기 위해 도덕적으로 사는가?"라는 문제로 이해하게 될 경우 우리는 도덕에 대한 결과주의적 입장(consequentialism)에 설 가능성이 크다. 하지만 이같이 결과주의적 윤리설의 입장에 선다 할지라도 "왜 도덕적이어야 하나?"라는 질문은 다시 서로 구분되는 두 가지 질문으로 나누어 생각해볼 수 있다. 그중 하나는 "왜 우리가 도덕적이어야 하나(Why we be moral?)"로 다시 말하면 인간들이 일반적으로 도덕이라는 관행을 만들고 그에 따르는 이유를 묻는 질문이다. 다른 하나는 "왜 내가 도덕적이어야 하나(Why I be moral?)"라는 질문으로서 타인들이 도덕적으로 살든 말든 상관없이 "내가 도덕적이어야 할 이유가 무엇인가"라는 질문이다.

인류가 고대로부터 도덕을 만들고 그에 따르는 이유에 대해서는 일반적으로 공공의 복리와 안녕을 위해서라고 대답할 수 있다. 대다수 사람들이 도덕에 따르지 않는 것보다 따르는 것이 공공의 복리나 안녕에 도움이 될 경우 이 같은 해답은 설득력을 갖게 된다. 하지만 대부분의 사람들이 도덕에 따름으로써 공공의 복리와 안녕에 도움이 된다 할지라도 나는 도덕적으로 행위 할 수도 있고 무임편승자가 될 수도 있어 또 다른 해답을 요구하게 된다. 더욱이 대다수가 도덕적으로 살지 않을 경우 내가 도덕적으로 살 이유를 찾기는 더욱 어렵게 되어 나는 수인의 딜레마(prisoner's dilemma)에 빠지게 된다.

"왜 도덕적이어야 하나"라는 질문에 대해 이상에서 논의한바, 결과주의적 윤리관과는 다른 입장에서 이해하고 해답하는 윤리관도 가능하다. 바로 비(非)결과주의적, 의무론적(deontological) 윤리관이다. 의무론적 윤리관은 결과론적 입장과는 달리 우리가 도덕적이어야 하는 이유를 행위

결과에서 찾지 않고, 도덕적 행위가 그 자체로서 본질적 가치를 갖기 때문에 도덕적이어야 한다는 윤리관이다. 다시 말하면 도덕적이어야 하는 이유를 도덕 외적인 결과에서가 아니라 도덕 자체의 목적가치에서 찾고자 한다. 옳은 행위는 그로 인해 어떤 결과를 목표로 하기 때문이 아니라 그 행위가 옳다는 바로 그 이유로 행위를 한다는 것이다. 의무론자 칸트는 이런 의미에서 도덕적 명법은 조건부적 가언명법(hypothetical imperative)이 아니라 무조건적 정언명법(categorical imperative)이라 했다. 의무론자가 보기에 도덕판단은 일정한 결과를 목표로 하는 조건부 판단일 수가 없기 때문이다.

그렇다면 덕윤리학자들은 "왜 도덕적이어야 하나"라는 질문에 대해 어떤 해석과 답변을 제시할 수 있는가? 덕윤리학자들의 입장은 결과론자나 의무론자들의 입장에 비해 더 복합적인 것으로 생각된다. 우선 덕의 윤리학자들은 유덕한 행위는 단지 특정한 결과를 겨냥하는 수단적 가치를 갖는 게 아니라 그 자체로서 가치가 있다고 할 수 있다. 이런 관점에서 덕윤리적 도덕관은 의무론적 도덕관과 공유하는 면이 있다. 하지만 덕윤리학자들은 유덕한 행위를 최종적 목적으로 간주하지는 않으며 행복한 삶과 같은 최종적 목적가치를 위해 본질적 중요성을 갖는 수단으로 보기도 한다. 그러나 유덕한 행위는 행복한 인생을 위해 단지 수단적·도구적 가치만을 갖는 게 아니고 행복한 인생을 이루는 구성적 수단(constitutive means)의 일부라는 것이다. 유덕한 행위는 수단적 가치와 더불어 목적적 가치를 갖는, 수단인 동시에 목적으로서의 의미를 갖는다고 할 수 있는 것이다.

나아가서 덕의 윤리에서 덕은 단지 최종목적인 행복에 기여하는 것일 뿐만 아니라, 앞으로 더 상론하겠지만, 덕의 습득으로 인해 도덕적 힘(moral power)이 생겨나는 부수적 효과도 갖게 된다. 반복 훈련에 의해 습관화되고 체득된 성향으로서 덕은 각종 유혹으로부터 도덕적 주체를 안정되게 지켜주는 굳건한 도덕적 의지력을 지님으로써 도덕적 실패(moral failure)를 최소화하는 데 기여하게 된다. 그뿐만 아니라 이 같은 의지력을 바탕으로 도덕적 행위나 원칙을 일관되게 고수하는 결연한 도덕적 행위는 주변 사람들을 감동케 하는 감화력을 가짐으로써 사회를 덕화(德化)시키는 카리스마적 에너지를 지니게 된다. 많은 덕윤리학자들은 군주나 가장 내지 각종 지도자들이 이러한 덕을 갖춤으로써 가정과 사회가 강압이 아니라 덕치(德治)에 의해 교화되는 윤리공화국의 실현을 꿈꾸었던 것으로 보인다.

2. 니비슨이 주목한 덕의 고고학

『유학의 갈림길(The Ways of Confucianism)』의 저자 데이비드 S. 니비슨(David S. Nivison)에 따르면 아서 웨일리(Arthur Waley)는 도가의 고전인 『도덕경(道德經)』을 번역하면서 그 제목을 'The Way and Its Power'로 옮겼다고 하면서 덕을 Power로 번역한 사실에 주목한다.[4] 나아가 웨일리가 공자의『논어』에서 자주 그러하듯이 덕이라는 말이 도덕적 자질의 명칭으로 쓰일 때는 두 가지 의미를 결합시켜서 '도덕적 힘(moral force)'이라고 번역한다는 말도 보탠다. 니비슨은 웨일리가 이렇게 번역하는 데는

4) A. Waley, *The Way and Its Power: A Study of the Tao tê Ching and Its Place in Chinese Thought*(New York: Grove Press, (1958).

그럴 만한 충분한 이유가 있었다고 하면서 자신이 생각하기에 어떤 사람을 도덕적이게끔 해주는 속성인 덕을 지니고 있다면 다른 사람들에 대해 그리고 더 나아가서는 자신을 둘러싸고 있는 환경에 대해서까지 영적(靈的) 영향력을 행사할 수 있다는 생각이 상식에 속했다고 말한다. 니비슨에 따르면, 덕이라는 개념에 이러한 측면이 있음은 그 말의 가장 초기적 용례(갑골과 청동에 새겨진 덕)에서도 발견될 뿐만 아니라 그 후 중국학자들의 원숙하고도 세련된 도덕철학적 논의에서도 그 매력적인 여운이 감지되고 있다는 것이다.[5]

니비슨은 갑골문이나 청동문에 새겨진 덕(德) 자의 다양한 용례를 판독한 끝에, 고대에 희생의식을 통해 질병을 치유하는 등 영험한 능력을 보여주는 왕의 덕은 그에게 존재하는 자질 혹은 심리적 에너지로서 신들도 그것을 지각함으로써 왕의 덕을 인정하고 백성들도 왕에게 마음으로 복종하여 왕의 위력이 강대해지게 된다고 주장했다. 또한 고대 중국어에서 발견되는 관용어구의 용례로서 "A는 B에게 덕을 가지고 있다"는 "A는 B에게 공(功)을 가지고 있다" 혹은 "A는 B에게 호의를 가지고 있다"와 비슷한 것으로서 A는 B에게 이미 무언가를 해주었으며 따라서 B는 A에게 빚을 진 것 같은 감사의 마음을 느낀다, 즉 "A는 B에 대해 감사의 채권자다"라고 말할 수 있다는 것이다. A가 B를 위해 무언가를 해주거나 A가 B에게 무언가를 주게 될 때 B는 지금이든 아니면 미래의 어떤 때라도 A에 대해 적절하게 반응해야 한다고 느끼는 강박관념이 아주 강해서, B는 그 관념이 자신의 심리적 요소가 아니라 A로부터 발산되는 영적인 힘이라

∴

5) D. S. Nivison, *The Ways of Confucianism*(Chicago: Open Court, 1996), 김민철 옮김, 『유학의 갈림길』(철학과 현실사, 2006), 48쪽 참조.

고 느끼게 되며 그로 인해 B는 스스로 A를 향하게 되는데, 이러한 힘이 바로 A의 덕 혹은 도덕적 힘인 것이라고 니비슨은 해석한다.[6]

그런데 유덕한 왕이 백성으로부터 마음으로 복종을 받고 희생의식을 통해 신으로부터 인정을 받아 영향력을 강화하는 덕의 관행에서 한 가지 주목할 만한 사실이 있다. 그것은 바로 희생의식에서 왕의 덕은 신으로부터 얻은 것이긴 하나 신이 희생제물을 받지 않을 수도 있다는 점이다. 이는 도덕적 덕의 본질과도 관련되어 있어 특기할 만한 것으로 보인다. 왕이 희생을 올리는 목적이 신에 대한 영향력을 얻기 위해서라면 분명 신은 그 희생을 받아들이지 않을 수 있는 것이다. 여기서 왕은 오로지 진정 관대하고 겸손해야 하며 자신의 의무에 충실해야 한다는 점이 강조된다. 왕은 사람들과 관련해서 덕을 창출하거나(de-engendering) 혹은 덕을 강화하는(de-reinforcing) 관계를 맺는 데서도 자신의 덕을 경건하게 돌보아야〔敬德〕하고, 왕으로서 그 지위에 맞는 최고의 덕에 의거해야 하며, 왕은 이 모든 것을 종교적으로 겸손하게 행해야만 하고 결코 유덕한 데 대한 자만심을 가져서는 안 된다는 것이다.[7] 결국 덕은 그 자체로서 본질적 가치를 지니는 것으로서 결코 타산적 거래의 도구가 되어서는 안 될 내면적 가치라는 함축을 갖는다는 말이다.

니비슨은 위에서 논의한바 갑골문과 청동문에 나타난 덕 글자의 용례에 담긴 내용을 다음과 같이 요약한다. 첫째, 덕은 훌륭한 왕의 속성이다. 그러나 선한 사람이라면 누구나 그러한 속성을 지닐 수 있다. 둘째, 덕은 관대한 행위, 자제와 희생적인 태도, 겸손함 등에 의해 생겨나거나

..

6) 같은 책, 62~63쪽.
7) 같은 책, 64쪽.

그에 대한 보상으로 주어진다. 셋째, 덕은 그러한 행위와 태도 양자 모두를 구성하는 요소이다. 넷째, 덕을 가지면 좋다. 그 자체가 좋은 것일 뿐만 아니라 덕을 가진 사람에게 생겨나는 결과 때문에도 좋은 것이다. 예를 들어 덕이 없는 왕은 제구실을 할 수가 없다. 왕은 덕을 통해 위세와 권위, 영향력을 얻게 된다. 다섯째, 덕에는 관대함, 제멋대로 하지 않음, 스스로를 희생함, 종교적 의미에서 의무감으로 충만함, 겸손하고 예의 바름 등이 포함된다. 덕은 일종의 내면적이고 정신적인 것이며 왕이 모델이기는 하나 효심을 가진 경건하고 선한 사람이면 누구나 갖게 되는 속성인 것이다.[8]

이어서 니비슨은 '덕의 역설(Paradox of Virtue)'이라는 장에서 덕에 대한 고전적 용례를 분석해간다. 그에 따르면 왕의 덕은 실제로는 도덕적 힘(moral force)이며, 이 개념의 근원은 이른바 감사의 빚(gratitude credit)이라고 할 수 있다. 이는 도움을 받은 사람이 도움을 준 사람에게 호의적으로 반응해야 한다고 느끼는 강박감으로, 이 강박감은 너무 강해서 마치 도움을 준 사람(왕)에게서 나와서 그의 주위 사람들로 하여금 호의적 태도로 그를 향하게끔 하는 영적인 힘(psychic power)처럼 보인다는 것이다. 그래서 덕이 갖는 도덕적 힘은 하나의 물체와 그것이 중심이 되는 중력장의 관계에 비유할 수 있다고 한다.[9] 이어서 니비슨은 공자도 그와 유사한 비유를 쓰고 있다고 하며 "덕으로 통치하는 자는 북극성과 같아서 자신의 자리에 머무르면서도 그보다 못한 다른 별들이 그에게 경의를 표한다(爲政以德 譬如北辰 居其所而衆星共之)"라는 구절을 인용한다.[10] 그러므로

• •

8) 같은 책, 70쪽.
9) 같은 책, 73~74쪽.

322

왕이 덕을 갖추게 되면 그 도덕적 힘이 미치는 장 내에서 자동적으로 그에 수반하는 반응이 생겨나게 된다는 것이다.

나아가서 니비슨은, 덕은 일정한 성격을 지님으로써, 그 자체의 구성요소인 동시에 주위 세계에 대해 공감적 인과관계(sympathetic causal relationship)를 갖게 되며, 만일 유덕자가 선한 것을 원한다면 주변 사람들 역시 금방 선한 효과가 나타나게 된다고 말한다. 여기에서 니비슨은 공자의 말을 인용하여 '군자의 덕은 바람과 같고 소인의 덕은 풀과 같다. 바람이 풀 위로 불면 풀은 반드시 눕게 된다(君子之德風 小人之德草 草上之風 必偃)'고 한다. 그리고 니비슨은, 도가철학이 등장하면서 덕이라는 개념에 형이상학적 의미가 부여되었으며 이전에는 왕의 덕이었던 것이 이제는 도 자체의 성격이 되었고, 덕은 도가 개별적 대상에 국지화되고 분화된(localize) 것이며 사물은 도로부터 덕을 얻음으로써 현재의 모습을 갖추게 되었다고 한다. 특히 초기의 철학적 문헌학에 따르면 덕(德)이라는 말과 득(得)이라는 말이 정확히 동음어일 뿐 아니라 상관적 의미를 갖고 있었기에, 덕이란 형이상학적으로 사물들이 무언가를 얻어 갖는 것임[稟得]이 분명하다고 할 수 있다는 것이다.[11]

끝으로 덕의 역설에 주목함으로써 니비슨의 덕론을 마무리하고자 한다. 우리가 누군가에게 "덕을 가질" 의도로 그를 위해 어떤 일을 한다면 실제로 자신을 다소 희생한다 할지라도 우리는 우리 자신의 이익을 추구하고 있는 셈이며, 따라서 관대함과는 전혀 상반되는 일을 하고 있는 것이다. 그렇다면 진정 관대하게 행위 할 수 있는 유일한 방법은 그 자체를

∴

10) 『論語』, 「爲政」 一.
11) D. S. Nivison, 앞의 책, 75쪽.

위해서 그렇게 하는 것, 즉 진정으로 관대하기를 원해야 하는 것이다. 이는 분명 다음과 같은 사실을 의미함에 틀림없다 할 수 있다. 다시 말해, 나는 유덕한 행위를 통해 그 행위가 갖는 도덕적 힘이라는 측면에서 덕을 얻게 되겠지만 이미 덕을 가지고 있지 않다면 그런 유덕한 행위를 할 수가 없다는 것이다. 또한 덕을 갖는 것이 매우 이로운 것이어서 덕이 생겨나는(de-engendering) 방식으로 행동하고자 할 수도 있겠지만, 그렇게 할 수 있는 방법은 오직 나 자신을 위해서가 아니라 덕 그 자체를 위해 덕을 추구하는 것뿐이다. 하지만 이렇게 한다면 이 또한 이미 덕을 갖고 있는 셈이 될 것이라고 한다.

니비슨은 이 같은 덕의 역설에 대해 나름으로 몇 가지 해결책을 제시한다.[12] 그에 따르면 첫째, 유덕한 행위는 은밀하게 이루어져야 한다. 수혜자와 더불어 다른 사람들 모두가 유덕한 행위를 모르게 하든지 아니면 덕행을 한 다음에 숨어버리라고 한다. 이는 성경에서 오른손이 행한 선행을 왼손이 모르게 하는 것과 그 정신에서 동일하다고 생각된다. 두 번째 해결책은 과도하게 덕행을 하라는 것이다. 다시 말하면 덕행을 아주 극단적으로 함으로써 덕행으로 인해 당신에게 호의적 태도를 보이게 된 사람들 그 누구도 그에 필적하는 행위로 보답하기 어렵게 해야 한다는 것이다. 세 번째 해결책은 유덕한 행위를 할 때 덕행을 하겠다는 의도조차도 갖지 않게끔 하는 것이다. 결국 어설프게 유덕한 자는 인위적 의도를 가지고 생색을 내면서 하게 되고 보상을 바라면서 덕행을 할지 모르나, 진정으로 유덕한 자는 이해관계에 얽힌 의도와 무관하게 덕행 그 자체를 위해 유덕한 행위를 하는 까닭에 덕행이 수난적 가치가 아니라 본

:•

12) 같은 책, 79~81쪽.

질적인 목적가치가 된다는 것이다. 덕의 역설에 대한 논의는 인간이 본래 유덕한 존재가 될 잠재가능성을 가졌는지의 여부 즉 인간의 본성에 대한 입장과도 관련되는 것으로서, 이는 또 다른 논의가 필요하다고 생각한다.

3. 유덕한 행위와 도덕적 감화력

앞 장에서도 살펴본 바와 같이 우리가 여기에서 다루는 덕은 영어의 virtue나 고대 희랍의 arete와는 그 함축이 다소 상이하다. 덕은 개인이 갖게 될 도덕적 힘(moral, ethical force)으로서 타인들을 감화시키는 효력(trans-formative effect)을 지닐 수가 있다. 그래서 앞 서도 인용했듯 공자의 유명한 "군자의 덕은 바람과 같고 소인의 덕은 풀과 같다. 바람이 풀 위로 불면 풀은 반드시 눕게 마련이다"라는 언급은 이를 잘 예시해준다. 사람이 이러한 영향력을 얻게 되는 전형적인 경우는 덕들 중 중심이 되는 인과 의(benevolence and righteousness) 같은 좋은 덕성과 성품을 소유할 때이다. 그리고 덕은 결국 『중용』 장구(章句)에 언급되고 있듯 개인적 덕목들을 지정하는 데 이용되는데 그 20장에 "지인용(智仁勇)은 세상의 보편적인 덕(知仁勇三者 天下之達德也)"이라고 했다. 어떻든 니비슨이 덕의 고고학에서 밝힌 도덕적 힘으로서의 덕의 함축은 그 이후 대부분 유가들의 용례들 속에서도 은연중에 그대로 견지되고 있는 듯하다.

공자의 경우에도 덕은 원래 임금이 지닌 신비로운 힘이었으며, 이로 인해 왕은 무력을 이용할 필요나 다른 형태의 폭력적 강제가 없어도 사람들로 하여금 복종을 하게끔 만들게 된다. 앞서도 언급했지만, 공자는 덕의 힘을 예시하는 가운데 "덕에 의한 통치는 북극성과 같다. 그것이 그 자리에 머물러 있어도 다른 별들의 무리들이 그 둘레에서 예를 표하고 있다"라고 했다. 이같이 덕 자에 대한 고전적인 함축의 연장선에서 우리는 맹자가 말한 덕치의 이념도 이해하게 된다. 맹자는 자신의 책『맹자』의 서두「양혜왕 장구」에서 의(義)와 (利)를 대립시키면서 이득(利得)을 쫓을 경우 우리는 서로 불화와 갈등으로 치닫게 될 것이며 의리(義理)를 추구한다면 조화와 화평으로 나아가게 된다고 하여 인의(仁義)에 의거한 덕치철학(德治哲學)의 원리를 설파한다. 물론 인의에 따르는 것은 그 자체가 목적가치로서 도덕적으로 추구할 만한 올바른 길일 뿐만 아니라 그 길로 나아갈 경우 조화와 화평의 상태가 그 결과로서 주어진다.

여기에서 결과로 주어지는 화평과 조화는 그 자체로서 바람직한 가치를 갖는바, 도덕적으로 올바른 길을 추구한 결과로서 주어지는 것일 뿐 도덕적으로 올바른 길과 무관하게 의도된 것이라 할 수는 없다. 그래서 이같이 주어지는 좋은 결과들은 인의와 같은 덕으로 인해 생기는 부수적 가치라 할 수 있다. 군주에 의해 베풀어지는 인의의 덕은 깊은 감화력이 있어 신하는 물론 백성들까지 도덕적으로 변화시킴으로써 나라 전체가 조화롭고 화평하게 되는데, 이를 덕치의 효능이라 할 수 있을 것이다. 맹자의 정치철학은 이처럼 덕의 정치로 생기는 도덕적 힘, 특히 도덕적 감화력이 어떤 결과를 가져오는지 상론함으로써 덕치의 정당화 논거로 삼고 있다고 할 수 있다. 군주의 덕은 자력장이나 중력장과도 같이 신비한 힘을 지녀 그 영향권 내에 있는 모든 것을 감화시키고 변화케 하는 도덕적 설득력을 갖는다는 것이다. 이렇게 볼 때 백성들이 화평하여 총화를 이루는 것은 크게 이로운 것으로서, 역설적으로 표현하면 인의는 소리(小利)를 도모하지 않음으로서 대리(大利)를 결과한다고도 할 수 있다.

인의에 의한 덕치 혹은 왕도(王道)는 소리를 도모하지 않음으로서 종국에는 크게 이로운 대리를 결과한다는 논리가 『맹자』의 곳곳에서 제시된다. 맹자는 정치에서 '인즉흥(仁則興)이요 불인즉망(不仁則亡)'이라는 원리를 반복적으로 강조한다. "3대(하·은·주) 때에 천하를 얻은 것은 인 때문이요 천하를 잃은 것은 불인(不仁) 때문이다. (제후의) 나라가 피폐하고 흥성하며 존속하고 멸망하는 것 역시 그러하다. 천하가 불인하면 천하를 보존하지 못하고, 제후가 불인하면 사직[國]을 보존하지 못하고, 경이나 대부가 불인하면 종묘[家]를 보존하지 못하고, 선비[士]나 서인이 불인하면 사체(四体, 身)를 보존하지 못한다"라고 했다.[13] 요컨대 맹자 당시 제후들의 목표는 패자가 되는 것인 데 반해 맹자가 그들에게 요구한 것은 왕자(王者)가 되는 것이었다. "왕자가 되는 것은 대국을 요구하는 것이 아니요 인정(仁政)에 의거한 인민의 심복(心服)이었다. 왕자의 인민들은 마음이 넓고 부드러워 유유자득, 스스로 만족하며…… 날로 선한 데로 옮겨가지만 그렇게 만드는 사람이 누구인지조차 모른다"라고 하며[14] 이렇게 하여 "군자가 지나가는 곳은 교화가 이루어지고 군자가 머물러 있는 곳은 잘 다스려져 위로는 천덕(天德)과 합하고 아래로는 지덕(地德)과 합하여 그 운행을 같이하는 것"이라 한다.

결국 맹자에 따르면, 천하(天下)의 심복(心服)이 있어야만 왕자가 된다는 것 곧 천하의 심복이 왕자가 되는 요건이라는 것이다. 맹자는 우연히 한 가지 착한 일을 했다고 해서 그것을 가지고 남을 억지로 복종시키려 해서는 안 된다고 한다. 선으로 남을 가르치고 함양해서[以善養人] 천하의

---

13) 같은 책, 「離婁章句」上 三.
14) 같은 책, 「離婁章句」下 十六.

심복을 얻어야만 천하에 왕 노릇을 할 수 있다는 말이다. 맹자는 "선으로써 남을 복종시키려는 사람 가운데 아직 남을 복종시킨 사람이 없다. 선으로써 남을 가르치고 기른 뒤에라야 천하를 복종시킬 수 있다. 온 천하가 마음으로부터 열복(悅服)되지 않는 한 왕 노릇 한 사람은 아직 없었다(以善服人者 未有能服人者也. 以善養人然後 能服天下. 天下 不心服而王者 未之有也)"라고 했다. 이같이 선을 가르치고 기르면 선인(善人)이 된다고 하기 위해서 맹자는 인간의 선한 잠재능력을 전제했으며 또한 치자의 선정(善政)과 덕치에 의한 감화력을 전제했다. 또한 맹자는 왕도정치와 도덕은 불가분의 관계에 있다고 보았다. 맹자가 양의 혜왕이나 제의 선왕들에게 제시한 왕도정치 구체책은 무농(務農)과 흥학(興學) 두 가지인데, 이 중 흥학은 그 목적이 도덕의 향상에 있다 하겠다. 맹자는 성선설을 바탕으로 인간이 도덕적 완성을 기할 수 있는 가능성이 있다고 믿었으며 자기반성 활동을 통해 도덕의 완성에 이를 수 있다고 생각했으며, 그것이 최고의 경지에 이르면 그 영향력이 자연에까지 미친다고 생각했다. 그야말로 지성(至誠)이면 감천(感天)이라는 것이다.

맹자는 도덕의 감화력을 대인(大人)의 인품으로 예시하는데, 그에 따르면 대인이란 자기를 올바르게 하여 만물도 올바르게 되게 하는 자라고 한다. 이로부터 짐작할 수 있듯 맹자는 천하의 근본이 나라에 있고, 나라의 근본이 집에 있으며, 집의 근본이 자신에게 있음을 강조하면서 도덕에서 개인의 책임 즉 자기반성(反求諸己)을 강조한다. 나아가서 맹자는 인덕(仁德)에 의한 교화를 강조하면서 "인애(仁愛)로 가득한 말은 인덕이 있다는 소문이 백성들에게 깊이 파고드는 것만 못하다. 선정은 잘 가르쳐 민심을 얻는 것만 못하다. 선정은 백성들이 두려워하고 선교는 백성들이 좋아한다. 그리하여 선정으로는 백성들의 재산을 얻고 선교로는 민심을 얻는다"라고 한다.[15] 이와 유사한 주장은『논어』「위정」편에 나오는 공자의 말에도 나타난다. "법제로 인도하고 형벌로 다스리면 인민들이 형벌은 모면하나 수치심이 없게 되고, 덕으로 인도하고 예로 다스리면 인민들이 수치심을 갖게 되고 또한 올바르게 된다."[16]

맹자는 덕의 감화력을 예시하기 위해 군주의 덕이 갖는 영향력을 설명한다. 맹자에 따르면, 군주가 큰 가문의 신뢰를 잃지 않는다면 정치를 하는 일이 그리 어렵지 않다고 했다. "큰 가문이 사모하여 따르면 온 나라가 사모하여 따르게 되고, 온 나라가 사모하여 따르게 되면 온 천하가 사모하여 따르게 되기"[17] 때문이다. 그리고 맹자는 도도히 흐르는 군주의 유덕한 가르침은 사해(四海)에까지 충만하게 된다고 하여 덕의 감화력을 극찬한다. 이어 "군주가 인자하면 아무도 인자하지 않을 자 없고, 군주가 의로우면 아무도 의롭지 않는 자 없고, 군주가 올바르면 올바르지 않을 자 없다. 일단 군주를 올바르게만 하면 곧 나라도 안정된다"[18]라고도 하면서 정치의 선악이 군주의 덕에 달려 있음을 강조하고 있다. 이같이 군주에 의해 예시된 덕의 위력은 가정에서 가장의 경우에도 마찬가지로 적용되며 모든 조직과 모든 인간에서도 그대로 타당하다고 할 수 있다.

그런데 이같이 막강한 감화력을 갖는 덕의 완성자는 어떤 존재인가? 유덕자는 어떤 특성을 갖기에 그의 인품에서 이 같은 감화의 위력이 생겨나는가? 이러한 카리스마의 원천은 무엇인가? 맹자는 "재물이나 곡식

••
15)『孟子』,「盡心章句」上 十四, "孟子曰仁言 不如仁聲之入人深也. 善政 不如善敎之得民也. 善政 民畏之 善敎 民愛之. 善政 得民財 善敎 得民心"
16)『論語』,「爲政」三, "道之以政 齊之以刑 民免而無恥 道之以德 齊之以禮 有恥且格."
17)『孟子』,「離婁章句」上 六, "巨室之所慕 一國慕之. 一國之所慕 天下慕之."
18) 같은 책,「離婁章句」下 五, "君仁莫不仁 君義莫不義. 一正君而國定矣."

을 풍족하게 쌓아둔 사람은 흉년도 그를 죽이지 못하고, 덕을 풍족하게 쌓아둔 사람은 사악한 세상도 그를 현혹시키지 못한다"라고 한다.[19] 맹자에 의하면, 덕의 완성자는 갖가지 삿된 유혹도 그를 범하지 못하는바, 부동의 마음 즉 부동심(不同心)을 지니고 있으며 항상 변치 않는 마음 즉 항심(恒心)을 지니고 있다. 그리고 이 같은 마음을 떠받들고 있는 내공(內空)의 에너지는 도도하게 흘러가는 물결과 같이 거침없이 꿋꿋하고 당당하여 어떤 유혹에도 지지 않는 호연지기(浩然之氣)와 같다 할 것이다. 그렇다면 이러한 에너지로 무장된 부동의 항심을 성취하기 위해 어떤 수양과 수행이 요구되는가?

4. 자기수양과 도덕적 의지력

이상과 같이 도덕적 감화력을 갖는 중력장을 만들어 그 범위 내에 있는 사람들을 선량하게 변화시키고 그들의 심복을 획득하는 유덕한 행위 주체가 되는 비결은 무엇인가? 다시 말해, 도덕적 감화력을 갖는 덕은 어떻게 생겨나며 그러한 신비적 마력의 내공은 어떻게 쌓아지는가? 사람들의 항복을 마음 깊은 곳에서 얻어내고 민심을 득하는 영향력을 행사하는 힘의 원천은 무엇인가. 그 같은 덕치의 위력을 갖는 카리스마가 만들어지기까지 제왕은, 지도자는, CEO는 어떤 물밑작업 및 수양과 수행의 세월을 보내야 하는가? 사실상 유덕한 행위가 그처럼 대단한 감화력을 갖게 되는 배후에는 오랜 세월 자기수양을 통한 도덕적 의지력의 함

----

19) 같은 책, 「盡心章句」下 十, "周於利者 凶年不能殺, 周於德者 邪世不能亂."

양을 통해 길러진 도덕적 용기로서 맹자의 이른바 호연지기 내지는 어떤 유혹에도 흔들리지 않는 부동심 혹은 언제 어느 곳에서도 변함없이 일관되는 항심이 버티고 있다 하겠다. 이 점에서 우리는 유덕한 행위에 의한 감화력을 맹자의 덕치론에서 찾듯 자기수양의 의지력을 역시 맹자의 수양론에서 참조할 수 있을 듯하다.

맹자의 호연지기라는 말에도 그대로 나타나 있듯, 호연(浩然, flood-like)은 홍수가 나 개울물이 도도히 흐르듯 어떤 유혹에도 굴하지 않고 옳음을 일관되게 추구하고 실행하는 강력한 의지력의 바탕이 되는 에너지의 기상을 말한다. 이는 자기를 이기고 극복하여 도덕적 정당성에 복귀하는 극기복례(克己服禮) 혹은 자신을 버림으로써 인을 성취하는 살신성인(殺身成仁)인바, 도덕적 용기의 극치라 할 만하다. 이 같은 도덕적 용기는 현실적으로 나라 잃은 자들이 분연히 적수의 만행에 항거하는 의사(義士)들의 용맹에서, 혹은 신앙에 대한 확신으로 배교의 강요에 항거하는 순교자들의 저항적 몸짓에서 그 생생한 예시를 목격할 수 있는다. 이들에 공통된 것은 갖가지 유혹과 겁박에도 불구하고 자신이 옳다고 생각하고 믿는 바를 위해 자신을 버리는 백절불굴(百折不屈)의 의지력이라 할 것이다.

맹자의 수양은 인간본성으로의 복귀활동이다. '구하면 얻고, 놓으면 잃어버린다'는 말에서 구한다는 것은 본심에로 복귀한다는 말이다. 맹자는 본심을 '향(鄕)'이라고도 하였다. 향은 고향을 의미하며, 향으로의 복귀는 바로 본심으로의 복귀를 뜻한다. 이같이 본심에로 복귀하는 방법이 맹자의 수양법이다. 맹자의 수양방법에서는 대체로 적극적 방법과 소극적 방법으로 대별된다. 적극적 방법으로는 존심(存心)을 말하고 존심의 공부를 성신(誠身)에 두며, 소극적 방법으로는 구방심(求放心)을 말하고 구방심의 공부를 과욕(寡欲)에 두고 있다. 그런데 맹자는 수양의 목표를 부동심에 둔다고 하였고, 자기 스스로 "나는 사십에 부동심(不動心)하였으니 어떠한 유혹에도 동심(動心)하는 일이 없다"라고 고백한다.[20] 또한 여기에서 부동심을 위해서는 일차적으로 용기가 필요한데 그것은 단지 신체적 혈기의 용기가 아니라 도덕적 진용(眞勇)으로서 옛날 회자(會子)가 공자에게 들었다는 대용(大勇)이다. 이는 내성반구(內省反求)하여 추호도 부끄러움이 없는 자기를 발견하면 아무것도 두려움이 없다는 말이다. 대용이야말로 도덕적 진용으로서 부동심을 양육하는 데서 가장 중요한 방법이며 이것이 있어야 도덕심이 외적 유혹에 넘어가지 않는다는 것이다.[21]

또한 맹자는 부동심하는 데 기(氣)가 중요한 역할을 한다며 지(志)와 기의 관계를 말하면서 그 중요성을 설명한다. 맹자는 "지는 기를 통솔하고, 기는 육체의 운동을 통솔하는 자이므로 지가 지극한 것이요, 기는 그 다음가는 것으로되 지를 잘 보존하면서도 기를 함부로 해치지 말라"라고 한다.[22] 이는, 지가 한결같으면 기를 움직이는 것과 마찬가지로, 기가 한결같으면 지를 움직여 도덕의지가 유혹에 넘어가지 않게 된다는 것이다. 이와 관련하여 맹자는 자기가 말한 부동심을 기르는 방법으로서 '지언(知言)'과 '호연지기'를 든다. 맹자의 호연지기는 비도덕적인 것을 거부·배척하고 도의를 실현하는 진용이라 할 수 있다. 맹자는 진용을 지극히 크고 지극히 강한 것으로서 정의와 인도에 배합됨으로써 양육될 수 있는 것이며, 진용이 없으면 인간으로서 무기력자라고 하였다. 그리고

••
20) 같은 책, 「公孫丑章句」上 二.
21) 같은 책, 「公孫丑章句」上 二.
22) 같은 책, 「公孫丑章句」上 二, "夫志 氣之帥也 氣 體之充也 夫志至焉 氣次焉. 故曰 持其志 無暴其氣."

이러한 기는 우리의 내적 도의심이 축적되어 생육하는 것이지 외적 추구에서 얻어지는 게 아니라 한다.

이러한 호연지기를 양육하는 데는 어떠한 방법이 중요한가? 맹자에 의하면, 기는 반드시 도의를 행하는 데 그 중요성을 두고 양육하되 이 기가 재빨리 양육되기를 기대하는 것도 금물이요 또 무리하게 함부로 조급히 생육케 하려는 것도 금물이다. 왜냐하면 도의심의 생장과 더불어 양육이 이루어져야 나중에도 도의심이 유혹되지 않게끔 하는 강한 기개로서 도덕적 진용이 되기 때문이다. 만약에 기를 조급히 함부로 양육하려 하면 이는 마치 어리석은 송인(宋人)이 벼 이삭을 빨리 자라게 하기 위하여 억지로 뽑아 올리다가 그만 말라버리는 결과를 초래한 것과 같고,[23] 또 양기(養氣)할 것을 망각하고 그대로 방치하고 있으면 이는 마치 전답을 김도 매지 않고 그대로 내버려두는 사람과 같다고 하였다. 올바른 행위를 한 번이 아니라 수차례 일관되게 반복하다 보면 호연지기라는 도덕적 용기가 생겨난다고 할 수 있다.

부동심을 기르는 데서 호연지기의 방법은 의지력을 강화하는 일이라 할 수 있다. 이에 비해 지언이라는 방법은 지적 각성을 통해 지각력을 기르는 일에 비유할 수 있다. 맹자에 따르면, 지언은 남의 말을 이해하여 도덕적 시비곡직을 분별하는 도덕적 지혜라 할 수 있다. 맹자는 편벽된 말, 음탕한 말, 간사한 말, 회피하는 말 등 발설자의 진심과 단점을 간파할 수 있는 도덕지(道德知)의 각성자로서 자처한다. 그리하여 인간에게서 이러한 결함이 축적되면 결국 정사를 해치게 되니 앞으로 성인이 다시 나타날지라도 이 말은 진리로 남을 것이라고 하여 지언의 중요성을 강조

..

23) 같은 책, 「公孫丑章句」上 二.

하였다. 결국 부동심은 지언에 의한 인지적 각성과 호연지기에 의한 의지의 강화 등 복합적 프로젝트에 의해 확보되는바 도덕적 용기라 할 수 있을 것이다.

맹자는 다른 곳, 다른 맥락에서 불변의 양심을 항심이라는 말로 논의하고 있다. "항산(恒産)이 없더라도 항심(恒心)을 갖는 것은 오직 선비만이 그렇게 할 수 있다. 일반인들에 이르러서는 항산이 없으면 그 때문에 항심을 못 갖는 것이다. 만일 항심이 없어 바깥 유혹에 마음이 흔들린다면 방탕, 편벽, 사악, 사치 등 못할 짓이 없다"라고 말한다.[24] 여기서 말한 항심 역시 앞서 논의해온 부동심과 다를 바 없으며, 외적 유혹에 흔들리지 않는 항심을 유지하기 위해서는 도덕적 내공이 축적된 혹은 호연지기로 무장된 선비에게서나 가능하다. 이 같은 항심이나 부동심을 유지하기 위해서는 각종 삿되고 부덕한 언어를 가려서 분간하는 인지적 각성과 관련된다는 점에서도 주목할 필요가 있다. 단지 부동심은 유혹에 넘어가지 않는다는 점을 강조한 데 비해, 항심은 갖가지 유혹에도 불구하고 불변적이고 일관된 도덕심을 강조하는 점에서 명명된 것이라 생각된다.

지금까지 우리는 덕의 습득으로 생기는 도덕적 힘(moral power) 두 가지를 유덕한 행위에 의한 감화력과 자기수양에 의한 의지력으로 나누어 살펴보았다. 유덕한 행위로 생겨난 공명의 중력장 속에서 덕의 주체가 갖는 감화력은 결국 주체가 힘겨운 자기수양을 통해 성취한 내공의 카리스마 내지는 호연지기의 의지력에서 방출되는 것이라 할 수 있다. 자신을 이기는 수양에 의거한 연마와 단련으로 강화된 의지력은 극기복례와

..

24) 같은 책, 「梁惠王章句」上 七, "曰無恒産而有恒心者 惟士爲能. 若民則無恒産 因無恒心. 苟無恒心 放僻邪侈 無不爲己."

살신성인의 도덕적 용기와 기상으로 무장되어 있어 어떤 유혹이나 시험에도 굴하지 않고 돌파할 수 있는 도덕적 힘으로 나타난다. 따라서 이 같은 호연지기나 도덕적 용기에 접한 범인들은 그 압도적 영향력에 감동하고 감화하여 자기변화와 개선이 불가항력적인 것으로 받아들여지게 된다. 결국 유덕한 행위의 감화력은 자기수양의 의지력에 달려 있으며 자기수양에 의거한 반복적 덕행(德行)으로 인해 도덕적 용기로서 호연지기를 축적하게 되고 또 이를 바탕으로 도덕적 의지력이 강화되기에 이른다고 할 수 있다.

5. 도덕(義)과 이득(利)의 조화

앞서 논의한 대로『맹자』의 서두에 맹자가 양나라 혜왕과의 대담에서 각자가 이득(利)을 추구하다 보면 서로 경쟁과 갈등으로 치닫게 되고 결국 나라 전체가 위태로워지며, 모두가 인의(義)를 추구하게 되면 서로 화목하고 평화롭게 되어 나라가 평안하게 된다고 했다. 그런데 여기서 우리가 주목해야 할 논점은 맹자를 단지 이득(利得)과 도덕(道德)을 이원적으로 대립시키고 그러는 가운데 이득을 버리고 도덕을 취하라는 극단적인 이상적 도덕주의자로 해석해서는 그의 진의를 왜곡할 우려가 있다는 점이다. 맹자가 물리치고자 한 것은 모든 이익이나 이득이라기보다는 도덕이나 인의에 반하는 사익이나 사리라는 점에 주의해야 한다. 사리나 사익은 갈등의 시발(始發)이요 경쟁의 단초이지만 공리나 공익은 결코 도덕이나 인의에 배치되는 게 아니기 때문이다. 공공의 이익이나 백성의 복리는 올바른 정치가라면 누구나 도모하고 진작시키고자 한 가치인 것이다. 이런 관점에서 맹자를 반공리주의자(反公利主義者)로 해석하는 것은 맹자를 오해한 것이거나 공리주의를 곡해한 소치에서 생겨난 잘못이라 할 것이다.

사실상 분배적 정의 혹은 사회정의를 여러 관점에서 규정할 수 있겠지만 서구에서 정의(正義)의 고전적 정의(定義)인 "각자에게 그의 몫을(to each his own)"이라는 말 속에는 각자에게 마땅히 돌아가야 할 권한과 이득 즉 권리를 보장한다는 의미가 함축되어 있다. 주역에 '이의지화야(利義之和也)'라는 구절도 비슷하게 해석해서 큰 무리가 없을 것으로 보인다. 그럴 경우 그것은 '의이지화야(義利之和也)' 즉 정의는 각자의 이익이 조화를 이룬 상태라 해도 크게 어긋나지 않을 것으로 보인다. 각자가 자신의 정당한 몫과 이익을 향유하고 그래서 그 누구도 정당한 불만이 없으며 아무도 억울한 사람이 없는 사회를 우리는 정의로운 사회라 할 수 있을 것이다. 부정의로 생기는 도덕적 감정을 의분(義憤, indignation)이라 한다면 정의사회는 바로 의분이 없는 사회, 그래서 의거(義擧)도 의사(義士)도 요구되지 않는 그런 사회인 것이다.

앞서도 지적된 바 있지만, 도덕에의 길은 이득을 추구하는 길이 아니다. 진정 유덕한 행위를 위해서는 덕행이 은밀히 이루어져야 하고, 최고의 단계에 이른 유덕자는 덕행을 행하고자 하는 의도도 지녀서는 안 된다고 한다. 이는 덕이 그 자체로서 추구할 만한 가치 있는 것임을 의미한다. 하지만 이같이 덕행이 작위적이지도 않고 생색내지도 않는 바로 그 같은 면모로 덕행은 존귀하고 고귀한 도덕적 가치를 지니게 되고 이웃들에게 감화력을 갖게 되어 그들을 변화시키고 선의 영역으로 끌어들이게 된다. 이런 섬에서 넉이 이득을 넘하지 않는 가운데 더없이 큰 이로운 결과를 가져오게 되며 그야말로 '무용(無用)이 대용(大用)'이라는 또 하나의 덕의 역설을 지니게 된다 할 것이다.

량치차오(梁啓超, 1873~1929)는 맹자의 최대 특색은 공리주의(功利主義)를 배척하는 점에 있다고 보았다. 공자도 '군자는 의를 깊이 알고 소인은 이익만을 깊이 알 뿐(君子喩於義 小人喩於利. 『논어』, 「이인(里人)」16)'이라고 하였으니 이익 배격 사상은 공맹을 주축으로 하는 유가사상의 한 특색으로 보인다. 그러나 『주역』의 건괘문언(乾卦文言)에는 '이자(利者)는 의지화야(義之和也)'라는 말이 있고, 『대학』에도 '낙기락(樂其樂) 이기리(利其利)'라고 하여 둘 다 이(利)라는 것이 반드시 나쁜 속성을 지니고 있다고만은 생각지 않는다. 의로움이 고루 실현되어 있는 것이 이롭다고 하다면, 이는 개인의 사사로운 이득의 사리(私利)만 있는 게 아니라 공공의 일반적 이득이라는 공리(公利)도 있으며, 『장자』에서 목재로서 쓰임새 없는 나무가 자라 뭇짐승이 깃드는 정자나무로 크게 쓰이듯 '무용이 대용'의 여지도 있다 할 것이다.

『맹자』의 「양혜왕 장구」에도 이(利)를 추구하면 상호 간에 지나친 경쟁과 갈등으로 치달아 결국 나라가 위태롭게 되어 망하는 귀결에 이르게 되고, 의를 추구하면 서로 간에 화목하고 화합하여 나라가 화평하고 평화롭게 다스려지고 오래 지속하게 된다는 대목이 있음을 볼 수 있다. 이렇게 볼 때 맹자 역시 사리와 같은 작은 이익에 집착하는 것은 결국 큰 이익을 놓치게 된 소탐대실의 어리석음을 경고하고, 아울러 인의의 덕을 추구하면 당장에는 손해 볼지 모르나 결국 크게 이로운 결과를 맞게 된다는 '무용이 대용'의 교훈을 주고 있다고 생각된다. 맹자는 반(反)공리주의자일지는 모르나 다른 한편 친(親)공리주의자로 해석함이 더 합당하다 할 것이다.

제4장

도덕운, 자기수양과 책임의 문제
: 자유의지와 결정론에 대한 유학의 입장

우리는 이 글에서 공맹의 유학에 잠재적으로 함축되어 있는 자유의지와 결정론에 대한 입장이 일종의 약한 결정론(soft determinism) 내지 양립가능론(compatibilism)의 한 유형임을 논변하고 그 정당화 논거를 규명해보고자 한다. 이러한 과정을 통해 인간의 성품형성(character formation)을 중요시하는 유교의 덕윤리(virtue ethics)가 인격의 형성에서 우리가 좌우할 수 없는 내적 요인과 외적 여건의 영향 아래 결정되는 측면을 인정할 수밖에 없는 까닭에 궁극적인 자유주의적 자유의지(ultimate, libertarian free will)를 견지하기가 어렵다는 점을 논의하고자 한다. 그러나 다른 한편 인간주체의 자율적 선택 아래 자기수양과 자발적(voluntary) 성품형성을 지향하는바, 개인의 도덕적 노력(moral effort)을 독려하는 유가의 수양론적 입장이 궁극적인 강한 결정론(ultimate hard determinism)을 수용하는 일 역시 어려운 이유를 논의하고자 한다.

결국, 공자와 맹자를 위시한 유가의 윤리학자들은 궁극적 자유의지론자가 되기도 어렵고 궁극적 결정론을 수용하기도 어려운 가운데 양자 사이를 오가는 펜듈럼(pendulum)을 타지 않을 수 없는 것으로 보인다. 하지만 인간주체의 자발적인 도덕적 노력을 일깨우고 독려하고자 하는 실천윤리학자로서 유학자들은 자유의지와 결정론이 양립 가능하다는 입장을 취하면서도 어디까지나 자유로운 선택과 자율적 행위를 전경(foreground)으로 하고 천부적 운이나 상황의 운명적 결정〔命〕 즉 운명의식을 배경(background)으로 하는 유형의 양립가능론을 취하고 있는 듯하다. 그러나 우리는 이 같은 양립가능론이 현행의 도덕적 관행과 도덕적 책임을 구제하기 위한 실천철학적 이유에서 나름의 정당성을 갖기는 하나 이론적 측면에서 과연 합당하고 충분한 논의인가 하는 의문의 여지가 있음도 밝히고자 한다.

자유의지와 결정론 혹은 양립가능론과 관련해서 어떤 입장을 취할지는 우리가 어떤 삶의 방식을 선택하고 어떤 유형의 윤리설을 취하며, 어떤 것을 도덕의 주요 덕목으로 간주할지와도 긴밀한 관련이 있을 것으로 보인다. 우선 자유주의적 자유의지론을 택할 경우 우리는 의무주의적 윤리설과 더불어 강한 의무감과 책임의식을 동반하는 윤리체계를 채택할 가능성이 클 것으로 보인다. 이에 비해 궁극적 결정론을 채택할 경우 우리는 더는 행위주체에 대해 궁극적 책임(ultimate responsibility)을 묻기가 어렵게 되고 다양한 상호작용적 인과관계와 복합적 인연의 그물망에 의해 결정되는 인간사에 대해 더 많은 용서(forgive) 및 연민(compassion)의 정과 더불어 책임보다는 자비(mercy)의 윤리가 상소될 것으로 보인다. 이런 점에서 불교는 수행(修行)을 독려하고 종교의 사회적 역할을 고려할 경우 세속적 차원에서는 양립가능론을 취하지만, 좀 더 형이상학인 연기설(緣起說)의 관점에서는 궁극적 결정론과 더불어 자비의 윤리를 강조하고 있는 것으로 보인다.

1. 자발적 행위, 도덕운과 책임

근세 이후 서양윤리학의 주류를 이루어온 것은 의무 중심(duty-centered)의 윤리였다. 의무의 윤리에도 결과주의와 비결과적 의무주의(deontology), 규칙 중심주의와 행위 중심주의 등 다양한 유형이 있으나, 어떤 유형이건 간에 의무의 윤리는 결국 올바른 개별행위(particular action)에 주목한다는 점에서 서로 다르지 않다. 그런데 개별행위의 도덕성을 문제 삼는 의무의 윤리에서는 그 개별행위가 행위자의 자유로운 선택에 의거한 자발적 행위(voluntary action)임을 전제한다. 자유로운 선택에 따른 자발적 행위가 아닌 경우는 그것이 옳은 행위라는 도덕적 가치를 부여받기 어려우며 그에 대해 도덕적 책임을 귀속시키기가 어려울 것이기 때문이다.

그런데 어떤 개별행위도 행위주체의 성품(character)과 무관할 수 없다는 점에서 한 가지 문제가 제기될 수 있다. 행위자의 성품은 그 구성요인을 분석해갈 경우 행위자의 자유로운 선택의 산물만으로는 이루어지지 않으며 행위자의 자유선택과 더불어 행위자가 좌우하기 어려운 다양한 내적·외적 요인들의 합성물이라 할 수 있기 때문이다. 이런 점에서 행위자의 성품에 주목하는 덕의 윤리는 도덕운(moral luck)의 문제를 회피하기 어렵게 된다.[1] 또한 도덕운의 가능성은 책임에 대한 우리의 판단에 문제를 제기한다. 이는 한편에서는 통제·선택·칭찬 및 비난과 관련된 도덕(morality)의 영역과, 다른 편에서는 통제의 결여, 예측 불가능성, 칭찬과 비난의 부적절성 등과 같은 운명(luck)의 영역 간의 긴장으로 나타난다. 도덕운의 문제는 행위의 주요 요소가 행위자의 통제 밖에 있기는 하나 동시에 우리가 행위자에게 책임을 지우고자 하는 경우에 제기되며, 아울러 평등이나 정의의 개념에도 이와 유사한 문제가 제기된다 할 것이다.

우리가 전개하게 될 논의의 목적상 도덕운은 크게 세 가지 서로 다른 종류로 구분될 수 있다. 첫째는 태생의 운(constitutive luck), 둘째는 발달의 운(developmental luck), 끝으로 결과의 운(resultant luck)이다. 태생적 운은 우리가 어떤 존재인가, 다시 말해 우리의 정체성에 영향을 미치는 바 우리가 태어날 때 타고난 천부적 원재료 즉 소인을 구성한다. 우리의 기질, 재능, 능력, 성향 등은 우리 본성의 일부를 결정하게 되는데 그것은 우리의 힘으로 통제하기 어려운 부분이라 할 수 있다. 이런 관점에서 볼 때 어떤 이는 친절, 자애, 다감한 천부적 성향을 타고나며, 어떤 이는 성급하고 비굴하며 비루한 성향을 타고나기도 하는 것이다.

우리가 타고난 것도 어쩔 수 없는 도덕운의 하나이지만 성장하면서 자신을 형성하는 데에는 무수한 요인이 관여하게 된다. 개발의 운은 우리의 도덕적 성격을 개발함에 영향을 미치는 다양한 요인들로 이루어진다. 부모, 형제, 교사, 역할 모형, 실현의 기회, 습관, 각종 당면 상황과 환경적 요인 등 모두가 우리의 성품형성에 영향을 주게 되는데, 이들 요소의 영향이 중요하면서도 그 가용성이나 성질을 우리가 좌우하기 어렵다는

••

1) 도덕운(moral luck)이라는 용어 및 책임과 관련된 문제를 현대철학에 제시한 자는 버나드 윌리엄스(B. Williams, 『*Moral Luck*』, New York: Cambridge University Press, 1981)와 토머스 네이절(T. Nagel, 『*Mortal Questions*』, New York: Cambridge University Press, 1979)이다.

데 문제가 있다. 끝으로 결과적 운은 우리의 행위결과와 관련된 요인과 변수들이다. 도덕운은 행위결과에도 영향을 미치며 따라서 우리의 행위 결과는 우리의 통제 밖에 있는 요인들로 인해 우리의 의도대로 되지 않는다.[2] 바로 이 점에서 결과주의적 윤리설이 갖는 난점에 대해 비결과적 의무주의자들로부터 비판을 받게 된다.

2. 자유의지와 결정론의 문제들

공맹의 유학이 자유의지와 결정론에 대해 취하는 입장을 분석·평가하기 위해 우선 필자 나름으로 이 문제에 대해 갖고 있는 견해의 일단을 피력하고자 한다. 우선 자유의지와 결정론의 논제와 관련해서는 여러 수준에서 다양한 문제들이 제기될 수 있다. 첫째, '자유주의적(libertarian) 자유의지가 과연 존재하는가'라는 문제가 제기되는데, 이에 대해 자유주의자들은 당연히 존재한다고 주장할 것이나 양립가능론자나 강한 결정론자는 의견을 달리할 것이다. 이는 형이상학적이거나 존재론적인 문제이며 혹은 논리적인 수준의 문제라 할 수 있다. 만일, 우리가 자유주의적 자유의지를 실제로 향유하고 있다면 자유의지와 결정론의 문제는 결국 해결되는 셈이고, 자유의지와 관련된 여타의 문제들은 그다지 중요하지 않는 것이 되고 만다. 그러나 다수가 자유주의적 자유의지는 궁극적으로 불가능하다고(ultimately impossible) 생각하며, 이 같은 자유의지에 대한

2) N. Athanassoulis, Common-Sense Virtue Ethics and Moral Luck, *Ethical Theory and Moral Practice*, Vol. 8, No. 3.(2005), 266쪽.

반대논변은 이미 게일런 스트로슨(Galen Strawson) 등에 의해 합당하게 제시된 적이 있고, 따라서 그에 대한 반박이 그다지 쉽지가 않을 것으로 보인다.[3]

자유의지가 불가능하다고 생각되는 근거는 자유주의적 자유의지를 윤리적으로 충족시키는 데 요구되는 조건이 자기모순적이며 따라서 충족되기가 불가능하기 때문이다. 어떤 사람의 의사결정이나 행위에 대해 도덕적 가치나 책임을 귀속시키기 위해서는 그것이 우연히 생겨난 게 아니고 그 사람의 존재 자체에서 귀결된 것임이 요구된다. 그러나 앞서 도덕운과 관련해서 언급된 바와 같이 인간은 자신의 존재를 스스로 통제하거나 좌우할 수가 없다. 이 같은 통제는 인간이 그 자신을 창출할 수 있을 경우 가능할지 모르지만 이럴 경우 나중의 자기를 창출한 것이 과거의 자기이긴 하나, 이러한 과정은 무한소급을 피하기 어렵고 최초의 자기는 여전히 스스로 통제할 수 없는 주어진 어떤 것으로 남게 된다.[4]

자유주의적 자유의지가 불가능하다면 이에 맞서는 또 다른 극단적 입장인 강한 결정론은 어떤가? 그런데 문제는 강한 결정론이 자유의지의 존재를 부인함과 동시에 도덕적 의무나 책임마저도 포기하게 되는 귀결에 이르게 된다는 데 있다. 물론 우리는 강한 결정론적 직관의 유혹을 자주 받게 되는 게 사실이기는 하나 강한 결정론에 모든 것을 맡겨도 좋을지는 숙고할 필요가 있다. 비록 우리가 자유주의적 자유의지를 수용하

∴

3) G. Strawson, The Impossibility of Moral Responsibility, *Philosophicla Studies*, Vol. 75, No. 1/2. (1994), 5~24쪽.
4) S. Smilansky, Free Will, Fundamental Dualism, and The Centrality of Illusion, *Free Will, Critical Concepts in Philosophy*, ed. J. M. Fischer, Vol. IV.(London: Routeledge, 2005), 215쪽.

기는 어렵다 할지라도 현재 영위하는바, 도덕적으로 요구되는 삶의 방식(forms of life)을 견지해야 할 필요가 있지 않을까? 도덕적 사려분별은 비록 결정론적 세계에서조차 중요한 의의를 지니며 결과와 무관하게 도덕적으로 중대한 의의를 지니는 것이 아닌가? 도벽환자나 알코올의존자는 일반적 도둑이나 술꾼들과는 달리 자신의 행위 통제력에서 구분되어야 하는데, 왜냐하면 이는 윤리적으로 중대한 의미를 지니기 때문이다. 이런 의미에서 강한 결정론은, 인간의 조건을 전제할 경우, 부적합한(inadequate) 입장이라 판단된다.[5]

그렇다면 이상과 같은 양극단의 가운데 상식 수준을 지배하는바 가장 일반적인 약한 결정론 혹은 양립가능론은 어떤가? 물론 우리는 자율성이나 자기결정을 양립가능론적 입장에서 의미 있는 것으로 이해할 수 있다. 그러나 자유주의적 자유의지가 존재하지 않을 경우 그 누구도 자기 자신에 대해 궁극적 통제력을 지니지 못하며 따라서 궁극적으로 책임질 수 없는 처지가 아닌가? 양립가능론에서 일어나는 모든 것은 궁극적인 강한 결정론의 수준에서 보면 이미 그렇게 정해져 있는 어떤 것이며, 결국 우리가 어쩔 수 없는 원인에서 생겨난 것이 아니던가? 이런 점에서 양립가능론은 상식적 수준에서 일반화되어 있고 실천철학적으로 유용한 가설이기는 하나 철학적 관점에서 그리고 궁극적 차원에서 보면 불충분한(insufficient) 입장이 아닌가 생각된다.[6]

5) 같은 책, 218쪽 참조.
6) 같은 책, 217쪽.

3. 공자에서 수양론과 천명론의 양립가능성

공자의 어록인 『논어』를 중심으로 한 원시유학, 그리고 그 핵심 중 하나인 수양론(修養論)은 기본적으로 인간의 자발적인 의지 내지 자유의지를 전제로 한 도덕 프로젝트라 할 수 있다. 그래서 공자는 "나는 스스로 분발하는 사람이 아니면 계발하지 아니한다(不憤不啓)"라고 하고 "어찌할까 어찌할까 하고 깊이 생각하지 않는 자는 나도 어찌할 수가 없다(不曰如之何如之何者吾末如之何也己矣)"라고 개탄했다.[7] 그리고 자포자기하고 게으른 자를 꾸짖으며 "썩은 나무에는 조각하지 못하며 썩은 흙으로 쌓은 담은 흙손질할 수가 없다"라고 안타까워했다.[8] 학문을 자발적으로 탐구하고 사색하며 의문을 품고 연구하지 아니하면 자신의 것이 되기 어렵기 때문이다. 그러므로 공자는 "제자가 의문을 품고 고민하며 스스로 분발하는 기틀을 잡아서 해결의 방도를 암시할 것이며, 마음속에 사색이 쌓였지만 표현할 말이 부족하여 머뭇거리는 순간 길을 열어 주어야 할 것"이라 했다.[9] 결국 교육은 지식을 주입하는 게 아니고 자발적 의욕을 유도하여 학문의 길을 계발하는 일이라 생각했던 것이다.

그런데 또 한편 공자는 천부적 행운과 불운 등 도덕운의 가능성도 시사하면서 재능에 네 등급이 있어서, 교육 이전에 "나면서부터 이치를 아는 천재는 최상급의 자질이며, 공부하고 교육을 받아 알게 되는 기질은 그다음이고, 곤란을 당한 뒤 배우는 사람은 그다음이며, 모르면서도 배

---

7) 『論語』, 「述而」 八. 「衛靈公」 15.
8) 같은 책, 「公冶長」 九.
9) 같은 책, 「述而」 八.

우지 아니하는 우민은 맨 하급(生而知之者 上也, 學而知之者 次也, 困而知之者 又其次也, 困而不學民 其下矣)"이라 했다.[10] 물론 날 때부터 천재를 기대하는 것은 어려운 일이나 공부나 역경을 통해서라도 알게 되면 날 때부터 아는 자의 수준에까지 이를 수 있으나, 모르면서도 배움을 거절하는 자는 어쩔 수가 없다는 말이다. 이 구절에서 우리의 논의와 관련해서 두 가지 논점을 끄집어낼 수가 있다. 하나는 역시 교육에서 피교육자의 자발성이 가장 중요함을 반복해서 강조하는 점이고, 다른 하나는 성품의 등급이 날 때부터 어느 정도 정해진다는 도덕운의 논점이다.

앞 구절에 이어 공자는 "가장 지혜로운 이와 가장 어리석은 이는 변하지 않는다(唯上知 與下愚 不移)"라고 했다.[11] 가르침에서는 차이[類]가 없다고 하여 사람의 재질과 능력은 대개 비슷하다고 생각한다. 다만 후천적 환경이나 수학(修學), 수양의 유무에서 현우(賢愚)가 갈라지는 것으로 보는 편이 대체로 옳지만 공자도 상지(上知)와 하우(下愚)는 그런 조건으로도 변하지 않는다고 했다. 물론 여기에서도 공자는 배움을 통해 변할 수 있는 보통 사람들의 자발성을 중요시하고 있긴 하나 동시에 날 때부터 상중하로 갈라지는 선천운의 결정성에도 주목하는 듯하다. 다행히 중지 이상으로 태어나면 좋겠지만 상지와 하우로 태어나는 것도 어쩔 수 없는 천명(天命)인 것이다. 극단 간이 있으며, 단지 그 전경에는 개인의 자발적 의지와 분발을 독려·촉구하면서도 그 배경에는 우리로서는 어쩔 수 없는 운명의식과 천명사상이 감지된다 할 것이다. 그래서 공자는 양극단 간을 요동하는 진자를 타고서 운명의 가혹함을 개탄하면서도 인간의 자

..
10) 같은 책, 「季氏」 九.
11) 같은 책, 「陽貨」 三.

발성과 자유재량의 여지를 추구하고자 한다.

공자의 유학에서 생각하는[思] 존재로서 인간의 출현은 심대한 우주론적 의의를 갖는다. 인과결정론적 구조를 갖는 우주 속에서 인간은 그 자신이 스스로 결정하는 하나의 힘(a determining power)으로서 등장하며 특히 인간이 처한 상황은 인간의 참여로 말미암아 다양한 변화가능성을 갖는 것으로 바뀌게 된다. 개인의 자기수양과 성숙을 통한 자아실현은 인간의 행위와 여타 상황 간의 상호작용을 통해 결정되는 가능성들에 대한 인간적 대응의 귀결이라 할 수 있다. 따라서 공자를 결정론적으로 해석하기에 가장 적합한 사례는, 백우(伯牛)의 죽음을 애통해하면서 그의 손을 부여잡고 "운명의 힘으로 우리가 이 사람을 잃게 되었구나, 이 사람이 이같이 몹쓸 병을 앓게 되다니, 이 몹쓸 병에 걸리다니" 하고 한탄하는 공자의 모습이다.[12] 이 구절이 보여주듯, 공자는 인간이 자신의 여건을 완전히 좌우하지 못함을 알고 있다. 하지만 그렇다고 해서 공자는 인간이 당면한 상황에 대해 아무런 힘도 쓸 수 없다고 생각하지는 않았다.

사실상 공자는 『논어』에서 자신의 빈한한 경제적·사회적 처지에 저항하면서 운명을 타개하는 한 제자의 예화를 언급한다. 공자는 '안회(顔回)는 갖은 노력을 다했지만 끝끝내 가난을 면하지 못했다. 그러나 자공(子貢)은 자신의 운명을 받아들이지 않고 사업계로 나아갔다. 그는 자신의 사업에 매진함으로써 꾸준히 성과를 이루어냈다'고 말한다.[13] 하지만 사실상 이 구절은 인생을 소극적이고 숙명론적 관점에서 영위해서는 안 된다

··

12) 같은 책, 「雍也」八, "伯牛有疾, 子問之 自牖執其手 曰 亡之 命矣夫 斯人也而有斯疾也 斯人也而有斯疾也."

13) Analects(Lun-yü), (11/19), 213~214쪽, D.C Lau 번역 참조.

는 점을 보일 뿐 궁극적 결정론을 부인하는 근거로 보기는 어려운 것으로 판단된다. 그런데 『논어』에 나오는 또 하나의 사례로서 사마우(司馬牛)가 자기만 형제가 없어 탄식하자 자하(子夏)가 "생사도 명(命)에 있고 부귀도 천(天)에 달렸지만 고귀하고 세련된 군자는 이와 다르다. 이 세상 모든 사람이 자신의 형제이기에 형제 없음을 걱정하지 않는다"라고 말한 일화를 들 수 있다.[14] 이 일화는 형제가 없다는 사실에는 변함이 없으나 형제의 개념을 확장함으로써 가치의 지평이 무한히 변화 가능함을 보여주고 있다.

이상에서 나타난 대로 공자의 유학에서 생각하는 존재로서의 인간은 자신의 사고를 통해 도덕적 지평을 무한히 열어가게 되는바, 열린 존재로서의 가능성을 탐색한다. 인간은 스스로 생각하고 반성하는 능력[思]만이 아니라 이러한 생각과 반성을 통해 축적된 옛 선현의 성과를 배우는 작업[學]을 통해 자신의 가능성을 입체적으로 확대해간다. 나아가 이러한 자율적 사고와 학습을 바탕으로 해서 자신의 본성을 갈고 닦으며 길러가는 수양을 통해 인격적으로 성숙하고 드디어는 자아실현을 성취하는 존재로서의 가능성까지도 넘보게 된다. 이같이 인간의 잠재가능성을 닦고 기르는 수양론은 유학의 도덕사상에서 인간이 결정론적 세계관 속에 갇혀 있는 운명론적 존재가 아니라 우주의 중심에 서서 무한히 성장해가는 고귀한 존재임을 확인하고자 한다.

D. C. 라우(D. C. Lau)는 명(命)과 천명(天命)을 구분하면서, 명은 장수나 요절, 가난과 풍요, 세상의 질서와 무질서 등과 같이 궁극적으로 운명에 의해 결정되는 것이지만, 천명은 인간이 마땅히 행해야 할 바와 관련

---

14) 『論語』, 「顔淵」 五, "司馬牛憂曰 人皆有兄弟 我獨亡. 子夏曰 商聞之矣 死生有命 富貴在天. 君子 敬而無失 與人恭而有禮. 四海之內 皆兄弟也. 君子何患乎無兄弟也."

된 도덕적 명령으로 해석한다. 이에 의거한 라우의 논변에 따르면, 자유의지와 결정론에 대한 공자의 입장은 기본적으로 약한 결정론으로서 사실과 가치 간의 구분과 상관해서 결정된 것과 결정될 수 있는 것을 구분하고자 한다는 것이다.[15] 여기에서 명과 천명을 이원적으로 구분한 용어법의 해명에 대해서는 이견이 있을 수 있으나, 인과적으로 결정되어 있는 것과 인간에 의해 변화되고 달리 결정될 수 있는 것 간의 구분이 공자에서 의미 있는 구분이라는 지적은 수용 가능할 것으로 보인다. 인간존재와 관련해서 사실적 측면과 상관된, 이미 결정되어 있고 따라서 불가피한, 그래서 저항하는 일이 무용한 것에 대한 이해 및 설득과, 인간은 비록 그 존재의 사실성을 좌우할 수는 없으나 의와 같이 천명 속에 내장된 선험적 도덕명령의 준수 여부는 좌우할 수 있으며, 인간의 노력이 이같은 도덕적 추구와 인격 도야에 집중하도록 권장하는 일이 유학의 과제라 생각하고 있다.[16]

4. 성(性)과 명(命)에 대한 맹자의 논변과 호연지기

맹자는 "인간지사 천명 아닌 것이 없다(莫非命也)"라고 하여 명의 보편적 존재성을 밝히고,[17] 또한 천명은 사람의 힘으로 어찌할 수 없는 것(非

---

15) D.C. Lau, *Confucius: The Analects. Chinese Classics*(Hong Kong: The Chinese University Press, 1983), xxv쪽.

16) D. L. Hall & R. T. Ames, *Thinking Through Confucius*(Albany: State University of New York Press, 1987), 212쪽 참조

17) 『孟子』, 「盡心章句」上 二.

人之所能爲也)이라 하여 인간의 길흉화복, 성패궁달, 인간의 만남과 헤어짐 등 불가피한 운명임에 대해 실의(失意) 섞인 영탄을 하기도 한다.[18] 이같이 명(命)의 편재성을 말하고 인간이 좌우할 수 없는바 인간능력의 한계를 명확히 인식하고 있는 것이 사실이기는 하나 그 가운데서도 맹자는 인간이 도덕적 옳고 그름을 의연히 지킬 도덕적 용기로서 호연지기를 기를 것을 주장함으로써 공자에 이어 인간적 주체성의 확립을 최고도로 강조하고 있다. 이는 우주의 어떤 결정론적 구조도 방해하거나 넘볼 수 없는 인간 주체의 도덕적 역량이요, 자유와 자율의 영역이라 할 수 있다. 따라서 호연지기를 기르는 것은 바로 주체의 자율적 역량을 축적하고 양성하는 과제라 할 수 있다. 이런 점에서 볼 때 유학에서 맹자는 공자의 뒤를 잇는 적자라 할 만한다. 맹자 역시 자유의지와 결정론의 갈등과 긴장 속에서 양립가능론의 여지를 부단히 추구하고 있다 할 것이다.

맹자는 인성(人性)에 대해 명확한 정의를 내리고 있는데 그 내용은 다음과 같다. 사람은 누구나 다 강한 감각적 욕망을 지니고 있다. 예를 들면, '입이 맛있는 것을 먹고 싶어 하는 욕망과, 눈이 아름다운 것을 보고 싶어 하는 욕망과, 귀가 좋은 소리를 듣고 싶어 하는 욕망과, 코가 좋은 향내를 맡고 싶어 하는 욕망과, 몸이 언제나 편안하고 싶어 하는 욕망과 같은 것이다. 사람에게는 이러한 감각적 생욕(生慾)이 있어서 이것도 역시 인간의 자연성(自然性, 性)의 일면이기는 하지만, 이 욕망은 아무리 충족시키고자 할지라도 뜻대로 되지 않으니 여기에는 인간의 능력을 넘어선 운명적인 것[命]이 그 근거에 개재되어 있기 때문이다. 그러므로 유덕한 군자는 무한히 추구할 수 없는 감각적 본능만은 인성[性]이라는 개념

∙∙
18) 같은 책, 「萬章章句」上 六.

에 포함시키지 않는다.'[19]

그러면 맹자는 무엇을 인성(人性)으로 간주하는가? 그것은 다름이 아니라 인간의 도덕성이다. 사람에게는 누구에게나 다 도덕이 요청된다. 예를 들면, '부자(父子) 간에 베풀어지는 인(仁)과, 군신 간에 지켜지는 의(義)와, 주객 간에 행해지는 예(禮)와, 현인에게 발현되는 지(智)와, 성인에게 실현되는 천도(天道) 같은 것이다. 그러나 이것도 인간의 요청대로 모두 실현되지 않는다는 점에서 즉 마음대로 안 되는[命] 욕망이다. 하지만 이러한 도덕은 인간의 본성인 도덕심에 근거한 것임으로 성실한 노력을 통해 그 실현이 가능한 것이다. 그러므로 군자는 인의예지천도(仁義禮智天道)의 실현을 운명에 맡겨 내버려두지 않고 인간의 본성[性]에서 나온 것이라 하여 이를 실현하기 위해 무한히 노력한다는 것이다.' 맹자는 이와 같이 인성에 대해 선험적 정의를 내리고 있는데 감각적 생욕을 인성에서 제외하고 도덕적 욕구만을 인성으로 규정하고 있다 할 것이다.[20]

그런데 맹자의 제자 중 공도자(公都子)가 하루는 스승에게 사람은 모두가 선한 본성을 타고나는데 어째서 대인과 소인의 구분이 있으며, 또 이런 구분이 있는 이상 어떻게 하면 훌륭한 대인이 될 수 있는가 물었다.[21] 이 질문에는 두 가지 의문이 내포된 것으로 해석된다. 하나는 모든 인간이 공히 선한 본성을 타고나는데 현실적으로 어떤 이는 대인이 되고 다른 이는 소인이 되어 양자 간에 구분이 있는 이유 즉 공자에 의해 언급된바, 성품 4분설에 대한 운명론적 내지 결정론적 시각과 관련된 이론적 차원의 질문이다. 다른 하나는 우리가 공부를 하고 수양을 할 때 소인

••

19) 같은 책, 「盡心章句」下 二十四.
20) 같은 책 참조.
21) 같은 책, 「告子章句」上 十五.

이 아니라 대인이 되기 위해서는 어떤 능력의 개발에 주력해야 하는지를 묻는바, 공부와 수양의 방법을 묻는 실천적 차원의 의문이다. 이에 대해 맹자는 이론적 질문보다는 실천적 질문에 초점을 두고 대답하는 듯이 보인다.

맹자의 대답에 따르면, 사람은 누구나 날 때부터 지니고 있는 두 가지 기관(器官)이 있는데 이목지관(耳目之官)이라는 감각기관과 심지관(心之官)이라는 사유기관이다. 이목의 감각기관은 그 자체가 악한 것은 아니지만 외물이 이에 접촉하면 다른 방향으로 주의가 집중되지 못하도록 그 작용을 차단하고 물욕적인 한 방향으로만 유인되기 때문에, 사람이 자기 행동을 이 기관에만 맡겨놓으면 비도덕적 소인으로 머물게 된다. 그러나 도덕적인 것을 본성으로 하고 있는 마음의 기관은 사유능력이 있어서 도덕적인 것과 비도덕적인 것을 분별하여 전자를 택하고 후자를 배척하니, 사람이 이 기관에 정신을 집중하면 대인으로 발전할 수 있다고 맹자는 강조한다.[22] 사유능력을 개발하고 심지관에 정신을 집중하는 것이 바로 공부요 수양이라는 것이다.

공자와는 달리 맹자가 성사품설이나 도덕운에의 언급을 회피하는 이유는 그러한 학설이 인간의 자유의지를 부정하고 인간성을 이미 결정된 것으로 간주하는 운명론적 사고를 정당화할 가능성이 있기 때문으로 보인다. 이 같은 결정론적 사고가 상지(上智)로 하여금 오만방자하게 하고 하우(下愚)에게 자포자기하게 만드는바, 수양론자들이 보기에 실천적으로 유해무익한 결과를 가져올 것으로 생각했을지 모른다. 맹자는 결정론과는 반대 방향으로 나아가 인간의 자율성과 자발성의 신장을 독려하는

---

22) 같은 책, 「告子章句」上 十五 참조.

실천철학을 채택했다. 맹자에게서 수양의 목표는 본심(本心)에의 복귀에 있으며 그 방법을 부동심의 확보에 두어 스스로도 "나는 사십에 부동심 하였으니 어떤 유혹에도 마음이 흔들리는 일이 없다"라고 하였다.[23] 그런데 맹자는 부동심을 성취하는 구체적 방도로서 지언(知言)과 호연지기를 들었다. 우선 지언은 남의 말을 이해하여 시비곡직을 분별하는 도덕지라할 수 있다. 온갖 삿된 말은 발설자의 그릇된 뜻을 나타내는 것이니, 이를 가려 사려분별을 하는 것은 윤리적 사고의 핵심인바, 행위의 근거를 따지는 정당화(justification)의 과제와 관련된다 하겠다.

이에 비해 호연지기는 비도덕적인 것을 거부·배척하고 도의를 실현하는 진정한 용기 내지 도덕적 용기(moral courage)로서 도덕적 행위를 의연히 실현하는바 동기화(motivation)의 과제와 관련된다. 맹자는 호연지기가 지극히 크고도 강한 것이며 정의(正義)와 인도(仁道)에 비추어 양육될 수 있는 것으로서, 이것이 없을 경우 무기력한 자가 된다고 하였다. 그리고 이러한 의기는 우리의 내적 도의심이 축적되어 길러지고 성장하는 것이라고 했다. 또한 맹자는 호연지기를 양육하는 방법으로서 기(氣)는 반드시 도의를 행하는 데서 그 중요성을 두고 양육하되 이 기가 조급하게 양육되기를 기대하는 것도 또 방심하는 것도 금물임을 주의하고 있다.[24]

이같이 맹자는 부동심을 얻는 데 기가 중요한 일면을 차지한다고 말한다. 하지만 그는 지(志)와 기의 밀접한 관계를 설명함과 더불어 기는 결국지에 의해 규율되어야 한다고 본다. 지는 기를 통솔하는 자요 기는 육체

∙∙

23) 같은 책,「公孫丑章句」上 二.
24) 같은 책,「公孫丑章句」上 二.

의 운동을 통솔하는 자이므로, 지는 지극한 것이요 기는 그 다음가는 것이므로 지를 잘 보존하면서도 기를 함부로 해치지 말라는 것이다. 이는 지가 한결같으면 기를 움직이는 것과 마찬가지로 기가 한결같으면 지를 움직여 도덕의지가 유혹에 넘어가지 않게 된다는 말이다.[25] 이는 의지의 나약에 대응하여 의지를 연마·단련함으로써 도덕적 의지 내지 도덕적 용기를 강화해야 함을 의미한다. 나아가서 맹자는 도덕적 실천에서 지행합일 내지 심신일여(心身一如)의 중요성을 내세우고 있는 듯하다.

이상에서 살핀 대로, 맹자는 결정론적 명(命)의 그물망을 벗어나 수양론의 전제로서 인간의지의 자율성과 그리고 자유재량의 여지로서 성(性)을 가정하고 있을 뿐만 아니라 마음공부와 수양의 과정을 통해 이 같은 의지의 자율적 역량을 기르고 강화할 것을 주장함으로써 호연지기에 이르러 주체의 자발적 역량 신장의 정점에 이르고 있다. 이럴 경우 그 결과는 어떤 외적 장애나 유혹에도 굴하지 않고 옳은 것을 의연하게 고수하는 도덕주체의 확립이다. 맹자는 이 같은 도덕주체의 확립을 통해서만이 도덕적 무관심, 이중성, 자기기만, 자포자기의 상태에서 벗어날 수 있다고 생각한다. 그러나 맹자는 단지 주의주의자나 주정주의자가 아니며 어디까지나 도덕적 의지나 도덕적 감정이 올바른 도덕적 분별과 정당한 판단에 대한 지성주의적 기반 위에 자리해야 한다고 생각한다. 그래서 맹자는 지언과 더불어 호연지기를 강조한 것이다.

••
25) 같은 책 참조.

5. 유학의 양립가능론에 대한 비판적 논의

자유의지와 결정론의 문제에 대해 공맹의 유학이 주제적으로 문제 제기를 하거나 그 문제에 체계적 접근을 하는 것으로 생각되지는 않으며, 따라서 이 문제에 대한 유학의 일관된 입장이 무엇인지를 판단하기는 쉽지가 않다. 그러나 유교의 입장은 라우가 지적하듯, 그리고 데이비드 L. 홀(David L. Hall)이나 로저 T. 에임스(Roger T. Ames)가 동조하듯 대체로 약한 결정론 내지 양립가능론의 편에 서 있는 듯하며, 이는 일반적으로 상식이 취하는 입장과 크게 다르지 않아 보인다. 나아가서 상식이 양립가능론의 입장에 서는 것은 그것이 이 문제에 대한 이론적 일관성이나 체계성보다는 실천적 적합성 내지 실용성을 우선적으로 생각하기 때문으로 판단되며, 이 점에서 일상의 현행 도덕관행과 도덕 수양론의 중요성을 전제하는 유학이 실천이성(實踐理性)의 우위를 내세우는 상식의 입장을 취하는 것은 지극히 당연하다 할 것이다.

그러나 상식의 입장이 나름의 합당성을 갖는다 할지라도 그것이 이론적 측면에서 좀 더 체계적인 해명과 정당화가 이루어진다는 것은 철학적으로 매우 중요한 의의를 갖는다고 생각된다. 이런 관점에서 우리는 전술한 대로 유학이 양립가능론의 입장을 취하게 된 직접적·간접적 가정들에 대한 심도 있는 해명을 함으로써 유학에 대한 좀 더 심층적 이해에 기여하게 될 것이다.

우리는 결론을 대신하는 이 장에서 우선 유학이 자유주의적 자유의지론과 궁극적 결정론을 전폭적으로 수용하기 어려운 이유는 무엇인지, 양립가능론에 대해서는 어떤 정당근거를 제시할 수 있으며, 이에 대한 비판적 논의는 어떤 것이 있을 수 있는지 차례로 해명해보고자 한다.

도덕주의적 입장에서 수양론을 전제하는 유학이 인간의 자율성이나 자유로운 선택을 강조하는 것은 당연하다 하겠으나, 유학이 자유주의자가 주장하는 강한 자유의지를 지지하고 있다고 보기가 어려운 까닭은 유학이 성품설(性品說) 내지 천명설(天命說)과 대립하거나 갈등하기 때문이다. 우선 유학이 드물기는 하나 간혹 언급하는 성품 삼분설 혹은 성품 사분설을 숙고해보자. 이는 인간이 태어날 때부터 이미 도덕적 지혜나 자질상의 등급을 부여받고 있다는 도덕운을 유학이 부분적으로 수용하고 있음을 의미한다. 날 때부터 이미 도덕적 지혜를 갖춘 천재적 자질의 상지(上智), 지혜를 터득하기 어려운 어리석은 자질의 하우(下愚), 그 중간에 열심히 공부하면 지혜를 습득할 수도 혹은 그렇지 못할 수도 있는 보통 자질의 사람들이 있다. 이 중 상지와 하우로 타고난 자질은 변할 수 없으나 중간으로 태어난 자는 자신의 자율적인 도덕적 노력에 따라 상지가 될 수도 있고 하우에 머무를 수도 있는 존재이다. 유학의 핵심 프로젝트는 바로 이 중간자들에게 도덕적 노력을 독려해 그들을 성인이나 적어도 군자에까지 상승시키는 과제라 할 것이다.

그런데 사실상 인간이 이 세 등급 중 어느 하나로 태어나는 것은 스스로 자유롭게 선택하거나 좌우할 수 없는 운명(天命)이라는 점에서 유학은 자발성이나 자율성을 바탕으로 하는 수양론의 배경에 운명적 결정을 함축하는 천명사상(天命思想)이 깔려 있는 것으로 보인다. 물론 보통의 자질로 태어났으나 분발하여 성실한 공부와 자발적 수양을 통해 도덕적 지혜를 습득하여 상지의 단계에 오를 가능성도 열려 있다. 그런데 문제는 자발적 의지에 따라 상승하거나 그렇지 못하거나 하는 선택의 기로를 결정하는 것 역시 각종 운명적 요인에서 자유롭지 못하다는 사실이다. 이는 적극적이고 의식적인 섭생을 통해 유전자 결정론(genetic determinism)을 논파할 수 있기는 하나 섭생하고자 하는 의지 또한 운명적 요인을 비켜갈 수 없는 점과 상통한다 할 수 있다. 이런 의미에서 유학은 자유주의적 자유의지가 불가능하거나 현실적 실현가능성이 적은 가정으로 간주하는 듯하다.

그렇다고 해서 유학은 궁극적 결정론 또한 선뜻 수긍할 의사가 없는 것으로 보인다. 유학은 괴력난신(怪力亂神)을 말하거나 죽음에 대해 언급하기를 기피하는 등 형이상학적 사변이나 과도한 상상력을 가능한 한 절제하려는 성향을 강하게 나타낸다.[26] 나아가 경험상으로도 세상만사가 인간의 예측가능성을 넘어서 있고, 사후적으로도 부분적으로만 그 사실 여부가 확인 가능한 까닭에 유학이 궁극적 결정론과 거리를 취하는 것은 당연하다 하겠다. 따라서 인간으로서 우리가 할 수 있는 일은 가능한 한 최선을 다해 노력을 경주하는 일 뿐이며, 단지 우리가 예견한 바의 실현 여부는 사후에 그 일부를 확인·판정할 수 있을 뿐이다. 그래서 맹자가 말한바, 성심을 다해 수양에 힘쓰고 명(命)에 따를 뿐이며, 이러한 사고로부터 "사람이 할 수 있는 바를 다하고 천명을 기다린다(盡人事待天命)"라는 사상이 우리의 상식적 정언명법으로 전해지게 된 것이다.

이상과 같이 반형이상학적이고(anti-metaphysical) 경험주의적 이유만이 아니라 유학이 궁극적 결정론을 받아들일 수 없는 가장 중대한 한 가지 이유는 현행 사회의 도덕적 관행을 유지할 뿐만 아니라 도덕적 역량을 제고하기 위해 수양론을 견지하려는 실천철학적 이유에서이다. 비록 이론적으로 모든 것이 천명이고 운명적으로 결정되는 게 사실이어서 궁극적 결정론을 받아들이지 않을 수 없다 할지라도, 실천적 관점에서 볼

26) 『論語』, 「述而」 二十, 「先進」 十一 참조.

때 궁극적 결정론이 전제될 경우 도덕적 관행이나 수양론적 과제는 더는 구속력이 없거나 무용한 프로젝트가 될 가능성이 크기 때문이다.

이미 인간만사가 운명적으로 결정되어 있고, 타고난 성품도 상지와 하우 등 선행적으로 정해져 있다고 전제할 때 자발성에의 유인이나 자율적 동기화는 약화되지 않을 수 없으며, 따라서 도덕적 관행이나 도덕적 책임의 기반이 크게 훼손될 것은 명약관화한 일이다. 그럴 경우 의지의 나약이나 도덕적 무관심을 척결할 단서조차 발견하기 어려울 것이며, 회의적 태도나 도덕적 주저 및 망설임을 견제할 근거가 없다고 할 수 있다.[27] 따라서 궁극적 결정론을 수용할 때 현실적으로 운명론이나 숙명론적 태도를 양산함으로써 도덕적 프로젝트 전반의 정당 근거는 와해될 것이다. 이런 점에서 유학은 궁극적 결정론과 같은 극단적 입장을 유보하고 좀 더 온건한 양립가능론으로 일보 후퇴하지 않을 수 없게 된다.

그런데 유학이 자유의지론이나 결정론을 포기하고 양립가능론을 현실적으로 유용한 가설(useful hypothesis)로서 차용한다 해서 양립가능론이 단지 실제로 존재하지도 않는 환상이나 신기루를 추구하는 것으로 오해되어서는 안 될 것이다.[28] 양립가능론을 실천적으로 유용한 가설로 받아들일 경우 그 자체가 하나의 심리적 사실이나 실재(reality)가 되어 결정론과는 전혀 다른 현실적 결과를 산출하는 형성적 힘(forming power)을 갖는다는 사실에 주목할 필요가 있다. 이는 마치 우리가 미래의 비전이나 꿈을 갖게 될 때 그것이 또 하나의 심리적 실재로 영향력을 행사함으

··

27) 『孟子』, 「離婁章句」上 十.

28) 사울 스밀란스키(Saul Smilansky)는 가설이란 용어 대신 환상(illusion)이란 개념을 도입하지만 그보다는 dream 혹은 vision에 가깝다고 생각된다.

로써 꿈이 없는 경우와는 달리 완전히 새로운 현실을 창출하는 힘을 갖는 것과 같다. 이런 관점에서 유교는 동일한 양립가능론을 갖지만 세속적으로는 양립가능론을 그리고 궁극적으로는 결정론을 내세우는 이원적 입장을 취하는 불교와도 차별화될 것으로 생각된다. 유학이 도덕적 책임을 강조하는 것과 달리 불교의 자비사상은 바로 연기설에 입각한 근본적 결정론에 기반을 둔다고 할 수 있을 것이다.

충효사상의 현대적 의의

I. 효도의 의무와 그 정당근거

1. 왜 다시 효의 윤리인가?

1) 보완윤리로서의 효의 윤리

칸트 이래 서양윤리학의 두드러진 특성 중 한 가지는 이성(reason)이 도덕을 정초하는 주도적 역할을 감당하게 되었다는 사실이다. 이는 이성이 도덕을 실행하는 데서 단지 도구적 기능만을 갖는 게 아니라 목적 그 자체로 간주된다는 의미이다. 이성이 도덕의 목적을 결정할 능력이 있는 것으로 생각될 때, 우리는 그것을 실천이성(practical reason)이라 부른다. 그런데 흥미로운 점은, 칸트 자신은 목적가치를 결정하는 기능으로서 실천이성에 초점을 맞추기보다는 실천이성의 형식적 측면에만 주목하고 있다는 것이다. 따라서 인간의 감정이나 인간성의 실질적 내용을 소홀히 다루게 됨으로써 칸트는 도덕의 동기적(motivational) 기반으로부터는 거리를 취하게 되었다.

칸트 이후 서양윤리는 보편성(universality)을 도덕적 행위의 중심적 잣대로서 추구해왔다. 이는 의무의 윤리이건 권리의 윤리이건 혹은 공리의 윤리이건 어떤 윤리적 형태이건 간에 근세 이후 서양윤리가 보여온 법규화(legalization)의 경향과 상관된다고 할 수 있다. 그러나 이러한 성향을 갖게 됨으로써 이성주의적 윤리학은 가장 근본적 인간관계 중 하나인 부모-자녀 관계를 시야에서 놓치게 되었고 그 관계를 보은(reciprocation)의 관계로 보지 못하게 되었다. 현대 서양의 합리주의적 윤리학에서 부모-자녀 관계에 대한 이같이 편향된 평가에서 도덕적으로 갖가지 불행한 귀결들이 나타나게 된다.

부모-자녀 관계에 주목하지 않음으로써 생겨난 가장 중대한 결과의 하나로서, 현대 서양윤리는 부모-자녀 관계로부터 사랑, 보살핌, 존경이 생겨나는바 인간관계에서 패러다임이 될 준거지점(paradigm point of reference)을 상실하게 된다는 점을 들 수 있다. 이 같은 핵심적이고 구체적인 인간관계에 대한 체험과 이해가 없을 경우 다른 어떤 인간관계도 실질적 의미를 획득할 수가 없다. 인간으로서 기본적인 인간적 정체성(human identity)의 상실은 서양사회에 만연해 있는 개인과 가정에서의 갖가지 결손적 성격과 변태적 특성 및 공동체적 비극의 노정에 의해 입증되고 있다.

현대 서구에서 조야한 개인주의(individualism)는 부모-자녀 관계에 대한 안목의 상실에서 오는 결과이자 그 전제라 할 수 있다. 최근 서구사회는 문제의 심각성에 대한 인식이 높아지고 있기는 하나 문제의 진정한 원인과 핵심이 어디에 있는지는 제대로 파악하지 못하고 있는 듯하다. 가정윤리에 대한 갖가지 논의들은 문제의 소재를 올바르게 찾지 못한 채 그 해결에서도 요령부득이라 생각된다. 이는 바로 가족윤리를 부모-자녀 관계에 정초하지 못함으로써 그에 내재하는 사랑, 보살핌, 존경의 역동성을 간과하고 그것이 바로 효에 뿌리를 두고 있다는 사실을 망각하고 있기 때문이다. 이같이 빗나간 사태는 정신분석이나 의무, 권리 등에 대한 합리적 담론을 통해서만은 교정 불가능한 것이라 생각된다.

또한 서구의 가정이 지나치게 부부 중심 일변도로 기울고 있으나 점차 결혼이 인생의 전부도 아니고 보편적 현상도 아닌 것으로 바뀌고 있는 사정에 주목할 필요가 있다. 결혼하지 않는 남녀 독신자가 점증하고 있음에도 남녀를 불문하고 그 누구도 어떤 이의 자녀가 아닌 사람은 없는 것이다. 나아가 많은 사람들이 자녀 갖기를 기피하는 까닭에 자녀에 대한 부모의 관계를 고려할 필요가 적어지는 데 비해 부모에 대한 자녀의 관계를 고려할 필요성은 여전히 절실하다고 할 수 있다. 당사자의 선택에서건 생물학적 이유에서건 부부가 자녀를 갖지 않게 된다면 자녀양육 등 자녀에 대한 부모의 관계에서 생기는 문제는 없어진다. 그에 비해 우리가 인간인 한 설사 유전공학적 절차에 의해 탄생하게 되었다 할지라도 부모에 대한 자녀의 문제는 없을 수가 없으며, 따라서 효도의 문제는 인간의 보편적 문제로 남는다는 점에 주목해야 할 것이다.

현대 서구윤리에서 상호호혜성이나 보은지정을 무시해온 까닭으로 자녀에 대한 부모의 덕목과 의무만을 강조하고 그와 상관된 부모에 대한 자녀의 의무와 덕목을 강조하지 않은 나머지 서구사회에서 노인복지 문제가 심각한 사회문제로 대두된 지 오래이다. 이는 정부나 사회에 엄청난 재정적 부담이 될 뿐만 아니라 부모에 대한 자녀의 책임과 의무를 사회로 이전·전가시킴으로써 가정의 구조와 자녀의 도덕적 성품형성에서 상당한 취약성을 결과하게 되었음은 부인할 수 없는 사실인 것이다.

2) 효의 의미와 구성요건

인간성이 우리가 갖는 다양한 기본감정 속에 드러난다는 점은 인간의 삶에서 두드러진 한 가지 사실이다. 이러한 감정 중에는 인간의 삶을 유지하고 인간의 성장을 보증하며 인간의 행복에 기여하는 인간행위를 명하는 근본적인 감정이 있다. 바로 보살핌, 사랑, 헌신, 존경과 같은 기본 감정이다. 이 같은 기본 감정은 도덕적 행위를 위한 강력한 동기가 될 뿐만 아니라 도덕적 행위에 실질적 내용을 부여한다. 이런 뜻에서 그러한 기본 감정은 도덕적이고 규범적인(normative) 감정으로 불릴 수 있는데, 이는 도덕규범이 바로 그 감정에 바탕을 두고 있기 때문이다.

물론 부모에 대한 사랑과 존경은 부모의 사랑과 보살핌 속에서 성장한 어린이에게서 자연스럽고 기본적인 감정 발달의 결과요 심적 태도라 할 수 있다. 또한 효의 최초 형태는 어린이가 부모의 사랑과 보살핌을 보다 쉽게 받고 그것을 강화하기 위해 부모의 의도와 소망에 따르고자 하는 것으로 볼 수도 있다. 그러나 부모에 대한 사랑과 존경으로서 효의 요소들은 심성의 각성(awakening)으로 간주될 수도 있다. 그러한 심성은 어린이의 본성 속에 들어 있으면서 여건에 따라 계발·강화됨으로써 효의 덕으로 성장하며 반성과 성찰의 과정을 통해 의무적인 것으로 발전하게 된다. 효의 계발과 발달 과정은 마치 기독교윤리학자 마르틴 부버(Martin Buber)가 말한바 '나-당신(I-Thou)'에서 상호 보살핌과 사랑의 관계와 유사하다.

부버에 따르면, 두 개인 간의 나와 당신의 관계는 일방이 타방에 자신을 전적으로 주고 헌신하며 상대의 욕구, 소망, 두려움을 함께하고 그에 참여함으로써 서로의 존재가 융합하여 일체가 되는 데서 성립하고 굳어지게 되는 것이다. 이 같은 기본적인 인간관계가 최초로 경험되고 구체적으로 이해되는 것은 바로 부모와 자녀 간의 관계가 아닐 수 없으며, 타인과의 상호신뢰와 사랑의 관계도 부모-자녀 관계를 반복·확대한 것으로 볼 수 있다. 인간은 그러한 관계에 대한 끝없는 노스탤지어적 그리움을 가지며 그것으로 회귀하고자 하는 본능을 지니고 있다. 이는 기독교와 같은 서구 종교에서 신과 인간 간의 관계를 생각하는 데서도 원형적 패러다임이 되고 있다고 할 수 있다.

유교의 문헌적 자료를 분석해보면, 특히『논어』에 나타난 공자의 언술을 참고할 때 효의 구성요건은 크게 세 가지로 요약할 수 있다. 첫째는 불위(不違, no disobedience) 즉 어김이 없고 이치에 어긋나지 않음이다. 둘째는 능양(能養, capability of support) 즉 봉양할 능력이 있음이다. 셋째는 존경(尊敬, respectfulness) 즉 마음으로 공경함이다. 이 각각의 의미와 상호 관계를 좀 더 자세히 부연하고자 한다.

첫 번째 요건인 어김이 없어야 함에 대해 공자는 부모에 대해 공손한 태도를 간직하는 것이라고 설명한다. 즉 '살아계실 때는 예로서 모시고 돌아가시면 예로서 장례하며 예로서 제사하라(孟懿子 問孝 子曰無違 …… 子曰 生事之以礼 死葬之以礼 祭之以礼)'[1]라는 것이다 이는 부모의 의도와 소망을 들어주고 거역하지 말라는 뜻이다. 그러나 어기지 말라는 요구를 지나치게 문자 그대로 해석할 필요는 없다. 적어도 공자에게서 부모에게 공손한 것이 부모가 바라는 것이면 무엇이든 들어주고 맹목적으로 따르라는 건 아니다. 그래서 공자는 부모가 도덕적 과오를 범할 경우 자녀는 부드

1)『論語』,「爲政」,『新譯四書』(현암사, 1966) 참조.

럽게 만류하고 설득해야 하며, 설사 부모가 듣지 않을지라도 자녀는 불평 말고 공손히 대해야 한다는 것이다. 따라서 효의 첫 번째 요건의 핵심은 자식으로서 공손한 태도를 유지하며 부모가 도덕적 과오를 범하지 않게끔 최선을 다하는 일이라 할 수 있다(敢問 子從父之令 可謂孝乎 子曰 是何言與 …… 父有爭子 則身不陷於不義. 故當不義 則子不可以不爭於父……).[2]

공손과 예의를 강조하는 것은 효의 세 번째 구성요건인 존경과도 상관되는데, 공자는 이러한 요구를 두 번째 구성요건인 능양과 관련해서도 말한다. '오늘날 사람들은 효도를 물질적 봉양으로 간주한다. 그러나 개나 말의 경우에도 모두 먹여 기른다. 만일 우리가 존경심이 없다면 부모를 봉양하는 데서 차이가 무엇인가(子曰 今之孝者 是謂能養. 至於犬馬 皆能有養. 不敬 何以別乎).'[3] 여기서 공자는 물질적 봉양의 중요성을 무시하지는 않으며 단지 물질적 봉양에서 효에 필요한 차별적 태도와 행실을 지적한다. 우리가 물질적으로 봉양하면서도 부모를 존경하지 않으면 부모를 모시는 일과 소나 개를 기르는 일과 다를 바가 없다는 말이다. 봉양은 존경과 더불어 이루어질 때 비로소 효도에서 의미를 갖는다.

하지만 다른 한편 효에서 물질적 봉양이 이루어지지 않을 경우 존경 또한 표현될 수가 없다. 따라서 물질적 봉양은 효를 실천하는 데서 필요조건이기는 하나 충분조건은 아니라고 할 수 있다. 마찬가지로 공손한 태도 역시 효에서 필요조건이지만 충분조건은 아니라고 할 수 있다. 왜냐하면 부모는 자녀의 능력이 닿는 한에서 봉양을 기대할 수 있으며 능력이 있음에도 봉양이 없는 공손 또한 유명무실이요 허례허식일 뿐이기 때문이다.

∵

2) 『孝經』, 「諫爭」.
3) 『論語』, 「爲政」.

따라서 효의 세 번째 요건인 존경은 강한 의미에서는 물질적 봉양까지 내포하며, 물질적 봉양 없는 존경은 공허한 관념에 불과해진다. 그러나 물질생활이 충족되고 더 이상 봉양이 불필요한 현대사회에서도 부모는 자녀들로부터 정신적 위안과 따뜻한 가슴, 친밀한 의사소통과 보살핌 등의 정신적 봉양이 더없이 중요해진다. 이는 물질적 봉양과는 독자적으로 정신적 존경이 의미를 갖게 되는 이유이다. 이것은 첫째 요건인 예로서 섬기고 장례하며 제사하는 것과 상통하며, 결국 존경 없이 효도는 성립할 수가 없는 것이다.

3) 효, 인의 뿌리

이상에서 설명한 효는 단지 부모-자녀 관계에서만이 아니라 모든 행위의 뿌리〔孝, 百行之本〕요 인간됨의 바탕〔孝, 爲人之本與〕이라 할 수 있다. 나아가 유교에서 모든 사회윤리는 가정윤리의 반복적 확장으로서, 가정윤리인 효는 일반적 사회윤리인 인의(仁義)의 뿌리요 인의는 효의 확장이라 할 수 있다. 이와 관련해서 주목할 만한 것 하나는 공자의 인의 개념이 분명히 구분되는 건 아니나 두 가지 측면으로 설명된다는 점이다.

한편에서 인(仁, humanity)은 현실적으로 부모의 자녀 사랑에 바탕을 두고 이해된다. 예를 들어 통치자가 백성을 보살피는 경우, 통치자는 백성을 먹이고, 부강하게 하며, 번성하게 하고, 교육시킬 의무가 있다는 것이다. 이 같은 공자의 논변은 맹자에 의해 보다 강화되어 통치자는 백성에 대해 부모의 사랑 즉 인으로 다스려야 한다는 인정(仁政)과 덕치(德治)를 내세우게 된다.

다른 한편 인은 부모에 대한 자녀의 사랑 즉 효와 형제간의 사랑, 다시 말해 제(弟)로부터 나온다. 효제(孝弟)는 인의 뿌리라는 것이다. 사람이 효제를 터득하면 권위를 어기는 이 거의 없고 권위를 어기지 않으면 분란을 일으키지 않는다고 한다. 물론 이는 일종의 유비논증으로서 효제가 권위에의 복종을 함축하나 또한 국가사회가 가정과 같이 조직·구성되었다는 전제를 요구한다. 여하튼 공자는 인이란 인간사랑이요 자기를 극복하여 예를 회복하는 것[克己復禮]이라 했고 극기복례는 효제에서도 요구되는 요소라 할 수 있어, 이런 관점에서도 효제는 인의 뿌리요 바탕이라 할 수 있는 것이다.

효의 세 가지 구성요건은 인의 개념에도 그대로 적용된다. 일반인에게 적용할 때 인은 사람들을 존경과 배려로서 대우하는 것을 의미한다. 부모의 소망과 관심, 필요 등을 존중하는 정신으로 타인의 소망, 관심, 필요를 이해하고 존중하는 것은 타인의 존재, 존엄성, 인격을 인정함을 의미한다. 또한 효에 뿌리를 두고 있는 인은 처음부터 의(義, righteousness)를 내포하고 있는 셈이다. 의의 개념은 올바른 시간 올바른 장소에서 올바른 일을 행함을 의미한다. 그리고 의는 우리가 타인을 진정 독립적 인격으로 간주하고 우리 자신과 마찬가지로 인정받을 가치가 있는 존재임을 수용하는 것으로, 이는 바로 효의 세 번째 요건인 존경과 상통하는 것이라 할 수 있다.

결국 인·의는 부모에 대한 효도의 정신을 사회적으로 확대·적용한 것으로서 효의 보편화라 할 수 있으며, 뒤집어 말하면 효는 인의의 기본 의미를 부모라는 특수한 개별성에 구현한 예화라 할 수 있다. 그러나 유교에서 가정윤리의 확대로 사회윤리를 내세우는 입론은 국가사회가 가정의 확대판이라는 또 하나의 전제를 빌려서만이 의미를 갖는다. 하지만 오늘날 시민사회나 국민국가는 이러한 모형을 통해 설명되기 어렵다는 점에서 유교윤리의 현대화가 갖는 한 가지 어려운 과제가 있게 된다.

2. 효도의 의무에 대한 정당화 논변

효도의 의무에는 노부모 봉양, 병든 부모 간호, 부모와 함께 지내기, 부모와 동고동락하기 등이 포함되며, 이는 일견 당연한 조건부 의무(prima facie obligation)로서 받아들여져 왔다. 하지만 최근 많은 사람들은 그에 대해 과중한 부담감을 갖게 되며 과연 효도의 의무는 있는가, 심신의 봉양이 도덕적 요구사항인가, 그에 대한 철학적 정당화 근거는 무엇인가(justification argument) 등의 문제 제기를 하게 된다. 대체로 효도의 의무를 지지하는 근거로는 크게 세 가지를 들 수 있는데, 상호성 혹은 호혜성 논변, 우의 혹은 우정 논변, 보은 혹은 감사 논변이 바로 그것이다.[4]

1) 호혜성 논변

호혜성(reciprocity) 혹은 상호성은 자신이 받은 이득에 대해 정도나 종류에서 동일한 혹은 그에 상당한 것을 되돌려줌 즉 되갚음(repayment)을 의미한다. 인간관계에서 주고받음 간의 비례관계는 통상적인 도덕적 기대요 도덕적 요구사항이고 의무이며, 부모와 자식 간의 관계에서도 예외는 아니다.

전통적 도덕론자들은 대체로 이런 논변을 옹호해온 셈이다. 자식들은 부모에게서 피와 살(유전적 기여)뿐만 아니라 양육, 사회적 보살핌(보호, 교육, 사회화)을 받는다. 물론 이는 부모와 자녀 관계에서 부모의 의무이기는 하나 그런 혜택을 받은 자녀는 부모에게 되갚을 효의 의무를 가짐이 당연하며, 이로 인해 특수한 의무(special obligation)로서 효도가 정당

⠶
4) *Ethical Particularism and Filial Obligations, Sung Dong Han*(A Dissertation) 참조.

화된다는 것이다.

외견상 직관적 호소력을 갖기는 하나 효도에 대한 호혜성 논변에는 몇 가지 문제가 제기된다. 우선 자식에 대한 부모의 의무와 부모에 대한 자식의 의무(효도) 간의 비대칭성을 무시하고 있다는 비판이다. 부모의 의무는 자발적 선택과 행위(출산, 입양 등)에 의해 스스로 부과한 의무인 데 비해, 효도의 의무는 자녀의 비자발적이고 불가피한 행위에 의해 타율적으로 부가된 의무이며 부모의 의무로부터 자녀의 의무가 상호적으로 생겨난 게 아니라는 것이다.

나아가서 부모의 의무에 의해 주어진 혜택의 내용, 즉 그 질이나 범위를 측정할 수 없을 뿐 아니라 자녀의 효도 의무에 의해 되갚아질 혜택 또한 질적으로나 양적으로 측정 불가능하다. 따라서 두 의무 간에 존재하는 비대칭성을 무시한 호혜성 논변은 설득력이 다소 떨어진다는 지적이 제기된다.

호혜성 논변이 갖는 두 번째 문제는 부모와 자녀 관계는 채권자와 채무자 관계와 상이하다는 점이다. 호혜성 논변은 채권자-채무자(creditor-debtor) 관계에 좀 더 적합하며 이 관계에서는 공평성(impartiality) 원칙이 요구되는 데 비해 부모와 자녀 관계에서는 편향성, 편애성(partiality) 원리가 요구된다. 또한 채권자-채무자 관계에서는 채무가 변제되면 관계가 소멸되지만 부모-자녀 관계는 영속적인, 공동의 정체성을 갖는 공유결합(covalent bond)의 관계이다.[5]

∴

5) 같은 책, 116~121쪽.

2) 우정에 의한 논변

우정론자들은, 부모-자녀 관계는 동등성에 근거한 채권자-채무자의 상호성보다는 친구들 사이에서 능력에 따라 주고 필요에 따라 받는, 형편에 따라 상부상조하는 우정(friendship)에 의해 보다 잘 설명될 수 있다고 한다. 따라서 부모-자녀 간에는 상호 동등한 교환관계에서처럼 주고받는 것을 정확히 측정할 수도 또 그럴 필요도 없다는 주장이다.

따라서 부모-자식 관계에서는 잘난 자식이건 못난 자식이건 부모의 동일한 사랑이 주어질 수 있으며, 경우에 따라서는 보살핌이 더 많이 필요한 자식이 더 큰 사랑을 받을 수 있다. 또한 부모가 도움이 필요한 경우에도 능력 있는 자식이 부모에게 더 큰 도움을 줄 의무가 있다. 이 점에서 부모-자식 관계는 친구 간의 우정관계와 지극히 흡사하다는 것이다.

우정 논변이 상호성 논변보다 더 그럴듯한 점이 있는 것은 사실이나 이 또한 몇 가지 반론을 이겨내기 어렵다. 우선 첫 번째 반론은 부모-자녀 관계는 친구들 간의 우정관계와 같을 수가 없다는 점이다. 친구들 간의 우정은 정확한 것은 아니나 다양한 측면에서 상당한 동등성을 전제로 한다. 이에 비해 부모와 자녀 간에는 우정에서 중요 계기인 권위, 자율성, 독립성에서 평등하다고 할 수 없기 때문이다.

두 번째 반론은 부모-자녀 관계에서는, 친구들 사이처럼 우정이 식어지면 서로에 대해 의무가 소멸되듯 효도의 의무가 쉽사리 소멸되는 의무가 아니라는 점이다. 우정의 유무와 상관없이 부모와 자녀 간의 유대가 갖는 유전적·사회적 동일성은 항구적이라 할 수 있으며, 그런 점에서 효도는 우정을 능가한다는 것이다.[6]

••
6) 같은 책, 126~132쪽.

3) 감사에 의거한 논변

감사(gratitude)나 보은 개념은 타인에게서 받은 이득에 대한 심신 양면의 반응을 의미한다. 그런데 일반적으로 감사나 보은은 도덕적 요구의 중대한 한 원천이긴 하나 그 결과가 신체적 행위만이 아니라 정신적 감정까지 포함한다는 점에서 특이성을 갖는다. 따라서 이 같은 보은과 감사가 요구되기 위해서는 몇 가지 선결조건을 충족시킬 필요가 있다.

우선 감사나 보은지정(報恩之情)을 유발하기 위해서는 베푸는 사람이 자발적, 의도적, 이타적으로 베풀어야 한다. 또한 베푸는 자는 특수한 희생이나 노력을 통해 혜택을 베풀어야 한다. 끝으로 혜택을 받은 자의 의지에 반하는 간섭적 혜택일 경우 그 혜택은 어떤 도덕원칙도 위배함이 없이 주어져야 한다. 이상의 조건이 충족되었을 때 혜택을 받은 자는 진정한 의미에서 보은지정을 갖게 될 것이다.

감사 또는 보은에 의거한 논변이 앞의 두 논변에 비해 설득력이 보다 큰 이유는 감사 논변이 상호성 논변처럼 되갚음의 요소를 함축하면서도 채권-채무와 같은 등가교환 관계를 능가하기 때문이며, 또한 감사 논변은 우정의 계기를 내포하면서도 그것을 넘어서 지속적이고 정신적인 우의를 설명할 수 있기 때문이다. 그러나 감사에 의거한 논변에도 제기될 수 있는 반론이 있을 수 있다.

효도를 감사로 보는 논변에 대한 가장 큰 반론은 부모가 자녀에게 혜택을 베푸는 일이 부모의 책임이요 의무인 까닭에 감사의 정을 유발할 이유가 없다는 점이다. 감사의 정을 유발하는 것은 의무 이상의(supererogatory) 희생적 행위이기 때문이다. 따라서 우리는 부모의 당연한 보살핌에 대해 감사할 필요가 없으며 효도의 의무는 있을 수 없다는 것이다.

이에 대해 감사론자들은, 부모가 자녀를 보살피는 일은 단지 일반적 유형의 의무가 아니라 특수한 역할과 관련된 의무일 뿐만 아니라 그러한 의무를 수행하는 부모의 동기나 태도에서 단순한 의무의 요구를 능가하는 까닭에 자녀 편에서 부모에게 감사하고 보은하고자 하는 특수한 의무가 생겨나는 것은 합당하다는 주장이다.

감사 논변에 대한 또 다른 반론의 여지가 없는 것은 아니나 이 논변이 상호성 논변이나 우정 논변에 비해 좀 더 설득력 있는 논변이라 생각된다. 이는 감사 논변이, 상호성 논변과 우정 논변이 가진 강점을 보존하면서도 그 두 논변의 한계를 나름으로 보완하고 있기 때문이다. 결국 효도의 의무는 상호성과 우정의 계기를 지니면서도 그것을 넘어서는 보은지정에 뿌리를 두고 있다 할 것이다.

4) 보은과 광의의 호혜성

그런데 이상과 같이 효의 의무가 감사와 보은 개념을 통해 정당화될 수 있다고 할 경우 호혜성 논자들로부터 한 가지 반론이 예상된다. 일반적으로 어떤 사람이 나에게 일정한 혜택을 베풀거나 이득을 줄 의무가 있을 경우 그로 인해 내가 동등한 혜택이나 이득을 되갚을 의무가 생기지 않음은 사실이다. 따라서 호혜성 논자들에 의하면, 부모가 자녀를 보살필 의무가 있다는 사실은 자녀가 부모에게 그 보살핌을 되갚을 효의 의무를 발생시킬 근거가 되지 않음은 당연하다는 것이다.

예를 들어 우편집배원이 나에게 편지를 배달하는 혜택을 베풀 의무가 있는 이상 그 혜택은 정당하게 나에게 속하는 것으로서, 이로 인해 내가 그에게 되갚을 의무는 생기지 않으며, 오히려 집배원이 그러한 혜택을 베풀지 않을 경우 나에게는 불평할 권리가 있다고 할 수 있다. 그러나 호혜성 논자들은, 이 같은 호혜성 개념은 법적 거래 혹은 준(準)법적 거래에 전형적인 모형으로서 이 경우 채권-채무의 관계가 형성되고 채무 변제의 의무가 있게 되며, 변제가 이루어졌을 때는 그 관계가 종료된다고 주장한다. 따라서 법적인 모형의 호혜성 개념으로는 부모-자녀 간의 효도 관계를 설명할 수 없음은 당연하다는 것이다. 결국 좁은 의미의 호혜성에서는 상대의 의무가 아니면서 일방이 요청한 혜택에 대해서만 호혜성 의무가 생겨나며 동등한 되갚음에 의해 그 관계가 종결된다고 할 수 있다.

요약하면 첫째, 협의의 호혜성 행위는 의무로서 요구되는 혜택에 대해서는 합당하게 기대되지 않는다. 둘째, 요청된 게 아니라 자발적으로 이루어진 희생에 대해서도 협의의 호혜성 행위는 합당하게 기대되지 않는다. 셋째, 협의의 호혜성 행위는 애초의 희생이나 혜택에 대해 양적인 면에서 대체로 동등한 되갚음이 요구되며, 이 되갚음이 일단 수행되면 호혜적 관계는 종결되는 특성이 있다.[7]

그러나 호혜성 논자들은, 선의(good will)의 행위에 대한 감사나 보은은 광의의 호혜성으로서 설명될 수 있으며, 이는 협의의 호혜성이 갖는 각 특성과 다르다고 주장한다. 첫째, 선의의 행위에 대한 감사와 보은은 받은 혜택이 의무로서 요구된 것일지라도 합당하게 기대될 수 있다고 한다. 둘째, 선의의 행위에 대한 감사나 보은은 요청되지 않은 자발적인 희생에 대해서도 합당하게 기대될 수 있다는 주장이다. 끝으로 넓은 의미의 호혜성이 갖는 한계는 최초의 선의의 행위로 주어진 희생의 양에 의해 결정되지 않는다는 것이다.

결국 호혜성 논자들의 이상과 같은 주장처럼 호혜성을 협의와 광의로 구분할 경우 감사와 보은은 광의의 호혜성으로 해석될 여지가 있으며,

∴

7) Yamamoto Yutaka, Filial Obligations and Justice.

따라서 효의 의무가 호혜성으로 설명될 수도 있다는 귀결에 이르게 된다. 이런 관점에서 위의 세 가지 논변과 관련한 우리의 논의를 다시 정리해보면, 호혜성 논변에 대한 비판적 논의는 협의의 호혜성으로 효의 의미가 제대로 설명될 수 없다는 것이다. 그리고 우정 논변의 의의는 협의의 호혜성이 갖는 협애성을 지적함과 동시에 호혜성의 의미가 보다 확장되어야 할 계기를 제시하고 있다는 점이다.[8]

또한 광의의 호혜성은 호혜성의 내포나 본질적 특성에서의 확대뿐만 아니라 적용 대상이나 외연에서의 확대도 의미한다고 생각된다. 사실상 부모와 자녀 간의 호혜성은 동등한 두 당사자 사이의 가역적 호혜성이라기보다는 조부모에서 부모로 다시 부모에서 자녀로 해서 윗 세대로부터 받은 혜택을 다음 세대로 베푸는, 그래서 이행적인 호혜성이라 할 수 있다. 하지만 이러한 내리사랑의 호혜적 공동체 속에서 우리 모두는 앞 세대에서 사랑을 받고 다음 세대에 사랑을 되갚는 인류의 호혜 네트워크에 참여하고 있는 것이다.

우리의 전통윤리인 삼강오륜의 기반이 되는 것은 바로 부자유친(父子有親)이다. 이 부자유친이 보여주듯 부자 관계와 그 특성은 친(親)함에 근거를 두고 있다. 또한 친함은 부모의 자식사랑〔父慈〕과 자식의 부모사랑〔子孝〕이라는 두 가지 계기를 가지며, 이는 어느 일방만으로는 성립할 수 없는 상호의무로서 요청되는 쌍무도덕(雙務道德)이라 할 수 있다. 하지만 이 중에서 유독 효도의 의무가 강조된 까닭은 부모의 자식사랑은 쉽사리 나타나는 자연지정인 데 비해 자녀의 부모사랑은 보은지정으로서 후자가 전자에 의존하는 인위적 감정에 근거하고 있기 때문이다.

∙∙
8) 같은 논문 참조.

Ⅱ. 충의 의미와 그 현대적 변용

1. 동양전통과 충의 윤리

유교윤리에서 충(忠)의 덕목과 자주 짝을 이루어 등장하는 덕목으로는 서(恕), 신(信), 효(孝) 등이 있다. 물론 이 같은 덕목이 각기 등장하는 문맥이나 맥락이 서로 다른 만큼 이들과 짝 개념을 이루는 충의 의미가 온전히 동일할 수는 없겠지만 그들이 모두 충이라 불리는 만큼 그 공통된 의미를 찾아보는 일도 중요하며, 동시에 서로 맥락을 달리하는 상이한 함축을 이해하는 일 또한 그에 못지않게 중요한 과제라 생각된다. 우리는 이같이 상이한 맥락과 문맥에 주목하는 가운데 충 개념에 대한 전체적 그림을 그리는 데 주력해보고자 한다.

1) 관용의 전제로서의 충〔忠·恕〕

공자의 애제자 안회(顔回)가 요절함으로써 공자의 도통은 증자(曾子)가 전해 받게 되는데, 증자는 스승의 도를 한마디로 충서지도(忠恕之道)로 요약한다. 공자는 제자 증삼(曾參)을 불러 인간의 도리가 한 원리로 일관되어〔吾道 一以貫之〕 있다고 말한 뒤 밖으로 나가고 이를 이해 못한 다른 제자들이 증삼에게 공자의 뜻을 묻자 증삼이 이를 충서로 풀이하였다. 이렇게 이어진 유도(儒道)는 증자로부터 공자의 손자인 자사(子思)를 거쳐 다시 맹자에게 전해짐으로써 유교의 전통이 세워졌던 것이다.[9]

수자(朱子)는 위의 구설에 대해 주석하기를 '나를 다하는 마음〔盡己之心〕

..

---

9)『論語』,「里仁」十五.『新譯四書』(玄岩社, 1966) 해제 참조.

이 충이요, 나를 미루어 남에게 미침[推己及人]이 서'라 하여 충서의 고전적 정의를 내리고 있다. 이와 같이 충서의 요지는 진기(盡己)와 추기(推己)라 할 수 있는데, 이 양자는 또한 서로 상관없는 별개의 것이 아니고 불가분의 일체라고 본다. 그래서 충의 발현이 서요, 서의 바탕이 충이니, 이 둘은 달리 말해 체(體)와 용(用)의 관계에 있다고도 할 수 있다.

　주희에 따르면, '충과 서는 둘로 분리될 수 없다. 바야흐로 충일 때에는 서를 아직 볼 수 없으나 서에 이르러 그 가운데 행해진다'고 한다. 어떤 주석가의 다음과 같은 요약은 좀 더 정곡을 찌르는 듯하다. '충은 마음을 두고서 말한 것이니 나를 다하는 마음의 진실하지 않음이 없는 것이 그것이요, 서는 사람을 대하고 사물을 다루는 경우를 두고서 한 말이니 이는 내 마음의 진실함을 미루어 인간과 사물에 미침일 뿐'이라는 것이다.

　이상과 같이 충서에 대한 기본적 이해에 바탕을 두고 생각할 때 공자에게서 도덕의 기본원리인 인은 다양한 방식으로 설명되긴 하나 여기에서는 다시 증자에 의해 충서로 해석되는 셈이다. 한편에서 충서는 도덕의 근간을 이루는바 양심의 내적 성실성, 즉 충실[忠]과 그 외적 표현으로서 타인에 대한 동정심 혹은 관용[恕]으로 이해될 수도 있다. 그러나 충의 발현으로서 서는 단순한 동정이나 용서의 개념을 넘어 칸트가 말한바 보편화가능성(universalizability)의 원리와 같은 일면을 보인다. 따라서 서는 용서와 같은 단순한 특정 덕목을 넘어 도덕의 기본이 되는 일반 원리로 이해함이 좀 더 합당할 듯하다.

　충서에 대한 보충적 설명에 따르면, 충서는 두 단계 즉 소극적 단계와 적극적 단계로 나누어 말할 수 있을 듯하다. '나에게 베풀어짐을 원하지 않는 것을 또한 남에게 베풀지 말라(己所不欲 勿施於人)'라는 바로 소극적 충서를 가리키는 것으로서, 이는 흔히 부정명법(Don't)으로 표현되는 은백률(Silver Rule)로 통용된다. 서의 의미를 이같이 소극적 규정으로만 이해할 때 그것은 기독교 윤리의 핵심인 황금율(Golden Rule)과 대비를 이룬다.

그러나 유교의 충서사상 역시 이같이 소극적 단계를 넘어 '나에게 베풀어짐을 원하는 것을 남에게 베풀어라'라는 것으로 표현되는, 즉 부정이 아니라 긍정을 통해서 표현되는 적극적 측면이 있다는 점에 주목할 필요가 있다. 공자는 『논어』에서 '인자는 자신이 서고자 하는 때에 남을 세우고 자신이 이르고자 하는 데에 남을 이르게 한다(夫仁者 己欲立而立人 己欲達而達人)'라고 하여 최종 목표가 최소윤리를 넘어 최대윤리인 황금률의 실현에 있음을 분명히 하고 있다.

2) 신뢰의 원천으로서의 충〔忠·信〕

공자는 『논어』에서 다음과 같이 말하고 있다. '군자가 신중하지 않으면 위엄이 없고 공부를 해도 공고해지지 않는다. 성실과 신뢰에 힘쓰라. 자기만 못한 자를 친구하지 말고 지나침이 있거든 서슴지 말고 고쳐라(子曰 君子不重則 不威 學則不固. 主忠信. 無友不如己者 過則勿憚改)'라는 것이다. 또한 같은 책 다른 맥락에서도 역시, '성실과 신뢰에 주력하라. 그리고 자기만 못한 자를 사귀지 말며 과오는 지나침이 있거든 서슴지 말고 고쳐라'라고 권고한다. 이같이 주충신 즉 성실과 신뢰의 덕이 곳곳에서 쌍 개념으로서 강조되고 있음을 볼 수 있다.[10]

이상의 구질에 대해 주희는 '스스로 내부에서 움직여 자신의 마음을 다

••
10) 같은 책, 「學而」二. 新譯四書(玄岩社, 1966), 해제 참조.

함(發心自盡)이 충이고, 사물의 이치와 도리에 따라 어긋남이 없음(循物無違)이 신'이라 했다. 나아가서 충은 신의 뿌리요 신은 충의 표현이라 했다. 한편 충과 신이라는 나누어진 두 개념을 합하여 충신(忠信)이라 한 것은 '자신의 마음을 다해 사물의 이치와 도리에 어긋남이 없음'이라고도 정의했다. 주희의 정의에 주목해보면, 결국 충은 신의 바탕으로서 인간의 마음속 깊은 곳에서 일어나는 주체적 움직임이고, 신은 충의 전개로서 보편성과의 융화라 할 수 있다. 따라서 충신은 한마디로 소아(小我)의 대아(大我)에의 진실한 확충이라 할 수 있다.

공자는 신뢰의 중요성을 특히 사회철학적 내지 사회윤리적 맥락에서 강조하는 듯하다. 공자가 제자 자공(子貢)과 더불어 정사(政事)를 논했을 때, 공자는 나라를 다스리는 데서 세 가지 필수 요건으로 '식량을 풍부하게 하고〔足食〕, 국방을 튼튼히 하며〔足兵〕, 백성들의 믿음〔民信〕'을 강조했다. 이어서 제자가 세 요건 중 부득이 먼저 버려야 할 것이 무엇인가를 물었을 때, 공자는 우선 국방을, 다음은 식량을 버릴 수 있다고 답한다. 그러고는 백성들 사이에 믿음이 없으면 나라가 서지 못한다(民無信 不立)'라고 하여 신뢰가 가장 중요하고도 기본적인 필수 요건이라 하였다.[11]

그렇다면 충과 신 즉 성실과 신뢰는 어떤 관계에 있다고 할 수 있는가? 자신의 최선을 다하는 성실〔忠〕만이 타인에게 믿음〔信〕을 줄 수 있으며 믿음을 주고받는 가운데 상호 신뢰 관계, 신뢰 사회가 성립한다. 따라서 주자가 말했듯 성실은 신뢰의 뿌리요 기반이라 할 수 있다. 이런 의미에서 신뢰는 성실의 외적 표현인 동시에 이 같은 신뢰 관계 속에서만 사람들이 자신의 최선 즉 성실을 이끌어낼 수 있고 또한 성실이 의미를 가

11) 같은 책, 「顔淵」 七, 新譯四書(玄岩社, 1966) 해제 참조.

질 수 있는 까닭에, 신뢰는 성실의 귀결인 동시에 성실의 조건이라 할 수 있을 것이다.

이상에서 우리는 서와 대비되는 충, 신과 쌍 개념인 충을 차례로 살펴보았다. 이 두 경우에서 충은 모두 자기를 다하는 마음〔盡己之心〕, 그런 뜻에서 자기성실 내지 충실을 가리킨다는 점에서 동일한 의미를 갖는 것으로 생각된다. 자기 성실을 미루어 사람을 대하는 서나, 자기 성실에 비추어 사태를 다루는 신 모두가 그 바탕으로서 성실성과 충실성의 주체를 전제한다는 점에서 양자 간에 본질적 차이를 발견하기 어렵다.

이런 의미에서 충은 신의 근본이요 신은 충의 발현(忠是信之本, 信是忠之發)이라는 주자의 말은 합당한 지적이라 하겠다. 또한 '충은 실심(實心)이요 신은 실사(實事)', 즉 충(忠)은 우리의 마음에서 허위와 거짓을 몰아내게 하고 충의 열매인 신은 일을 성취하는 데 거짓과 허위가 없음이라는 언급 역시 같은 맥락에서 이해될 수 있다.

3) 효도의 연장으로서의 충〔忠·孝〕

『충경(忠經)』에서는 '충이란 중이다. 지극히 공정하여 사사로움이 없다(忠者 中也 至公無私)'라고 했고 '충이란 그 마음이 한결같음을 말함이요 나라를 위하는 근본임에 어찌 충에 힘쓰지 않으리요(忠者 其一心之謂矣 爲國之本 何莫繇忠)'라 하고, 나아가 대저 '충은 자신에게서 일어나고 가정에서 나타나며 나라에서 완성되니 그 실천하는 바는 오직 한 가지이다(夫忠 興於身 著於家 成於國 其行一焉)'라고 한다. 따라서 그 자신에게 한결같음이 충의 시작이요, 그 가정에 한결같음이 충의 중간이요, 그 나라에 한결같음이 충의 마지막이 된다는 말이다.[12]

이상의 인용문에 주목해보면, 『충경』에 나타난 충은 지금까지 논의되어온 충의 개념과 다소 상이함을 짐작할 수 있다. 지금까지는 충이 다른 덕목의 기반으로서 자신을 다하는 주체의 성실성을 가리켰다면『충경』에서는 충의 대상으로서 국가가 등장하게 되고 그에 대해 자신을 다하는 충성으로서의 충이 나타나게 된다. 다시 말하면, 일반적인 원리나 덕으로서의 충이 아니라 국가라는 특정 대상에 헌신하는 특수 덕목으로서의 충이다. 물론 일반 덕목으로서의 충과 특수 덕목으로서의 충이 전혀 무관할 수는 없고 일반 덕목이 구체적 대상 즉 국가를 대상으로 해서 구현된 것을 충성이라 할 수 있을 것이다.

따라서 충서(忠恕)나 충신(忠信)에서와 같은 일반 덕목으로서의 충이 국가나 임금과 같은 특정 대상에 대해 발현된 것이 충효(忠孝)의 충임을 미루어 이해할 수 있다.『중용』에서는 '충서의 진리는 자기가 당하고 싶지 않는 일을 남에게 강요하지 말고, 자기가 자식들에게 바라는 그 마음으로 어버이를 섬기며, 자신의 신하에게 바라는 그 마음으로 임금을 섬기며, 자기의 아우에게 바라는 그 마음으로 형을 섬기며, 자신의 벗들에게 바라는 그 마음으로 먼저 벗들에게 베풀어라(施諸己而不願 勿施於人, 所求乎子 以事父, 所求乎臣 以事君, 所求乎弟 以事兄, 所求朋友 先施之)'라고 고한다. 결국 충은 효도나 충성 등 모든 윤리적 덕목의 전제가 되는 기본 덕목으로서 주체의 성실성인 동시에 국가라는 구체적 대상에 대한 특수 덕목으로서 충성을 뜻하기도 한다.[13]

부모에 대한 자녀의 의무인 효와 군주에 대한 신민의 의무인 충은 유교의 가르침에서 일반적으로 우선권이 부여되는 두 가지 인간관계인 동

••

12)『忠經』, 第一章.
13)『中庸』참조.

시에 그와 관련된 덕목 혹은 가치라 할 수 있다. 물론 이들 각각은 다시 부모는 자녀를 사랑하고 자녀는 부모에게 효도하며(父慈子孝), 군주는 신하를 정의롭게 대우하고 신하는 군주에게 충성을 다하는(君義臣忠) 쌍무적 도덕에 기반 하기는 하나 자보다는 효가 그리고 의보다는 충이 일방적으로 강조되어온 것이 관행이었다.

또한 효는 개인의 도덕발달 과정에서 선행하는 단계라는 점에서 충보다 발생적 우선성(genetic priority)이 있으며, 또한 효는 충(정치권력과 관련된 소수자에게 요구되는 것이 상례)보다 널리 분포되어 있다는 점에서 문화적 우선성(cultural priority)과 더불어 효의 명법은 대부분의 경우 규범적 우선성(normative priority) 또한 갖는 것으로 보인다.[14]

물론 효에 못지않게 충 역시 유교적 전통 속에 깊이 뿌리를 내리고 있다. 유교는 언제나 도덕적으로 탁월한 통치자에게 봉사하는 데서 정치적 책임을 소중한 덕목이나 가치로 여겼으며, 군주에 대한 신하의 규범적 관계가 충성이나 의리라는 것은 유교 이념의 지속적인 주제라 할 수 있다. 그러나 앞서 지적한 바와 같이 일반적으로 충은 효에 비해 부차적 지위를 갖는 것으로 받아들여졌다. 왜냐하면 전통적인 중국에서 개인은 국가보다 가정을 우선시해야 했기 때문이다. 그러나 유교적 전통에서도 후대에 와서 효와 충의 우선순위가 전도됨으로써 충이 절대화되는 예도 있었는데, 특히 일본 유교가 대표적 사례라 할 수 있다.

중국의 전통사회에서는 다수의 군주 가운데서 선택이 가능했다는 점, 그리고 군주 자격에 대한 규범적 기준이나 이상이 존재한다는 점은 유도

∴

14) Filial Piety, Loyalty and Universalism, *Japanese Thought of the Tokugawa Period*. I. J. McMullen 참조.

(儒道)를 실천하는 개인들에게 중대한 현실적 결과를 갖게 된다. 그 같은 규범이나 이상은 군주의 처사에 반대해서 진언을 하고, 경우에 따라서는 헌신을 포기하고 다른 군주로의 이행을 정당화해주게 된다. 원시유교는 군주가 신하의 섬김을 유지하기 위해서는 일정한 규범적 기대를 충족시켜야 한다고 가르쳤다. 그로 인해 군주와 신하의 관계에서는 중대한 우연성(contingency)의 계기가 있게 되는 것이다.

군주에 대한 신하의 충성이 갖는 도덕적이고 우연적인 성격은 더 이상의 중대한 현실적 결과를 동반하게 된다. 이는 필연적으로 임금을 섬기는 신하 자신의 선택과 결단 즉 선별적 요소를 함축하게 된다. 이러한 선택의 자유가 갖는 논리적 함축은 또한 자신의 도덕판단에 근거해서 선택하게 되는 온전한 자율성(autonomy)을 소지하는 도덕적 주체에 대한 믿음이다. 따라서 유교에서 충성은 중대한 자기성찰적 측면(self-reflective aspect)을 갖게 된다.

충성에 대한 공자 자신의 이해가 함축하듯, 신하는 자신에게 진실해야 하고 그 진실성을 바탕으로 하여 대인관계로 나아가야 한다. 이미 앞서 제시된 바와 같이 『논어』에 나타난 충에 대한 유명한 정의로서 공자의 가르침을 일관하는 원리는 바로 인간으로서 우리의 타고난 본성의 원리에 충실하고[忠] 그것을 타인들에게 자애롭게 확장·구현[恕]하는 것이며 그 이상도 이하도 아니다. 여기에 충이 갖는 자율성의 계기가 부모-자식 관계인 효에서와 다소 다르게 된다.

비록 충과 효 그리고 그와 관련된 인간관계가 유교의 도덕적 전통에서 자주 상관되기는 하나 이 점에서 근본적으로 차별화된다고 할 수 있다. 한편 부자지간의 관계는 뗄 수 없는 관계인 데 비해 군신관계는 우연적·선택적이며 이와 관련된 자율성에서 대조를 이룬다. 군신관계에서는 군주의 처사에 대해 세 차례에 걸친 진언에도 듣지 않을 경우 신하는 그 군주를 떠나야 한다고 했다. 그러나 이와는 달리 그러한 간청에도 부모가 듣지 않을 경우에는 자식은 눈물을 흘리면서 부모를 따를 것을 권장하고 있다.

일반적으로 유교적 전통에서 부자관계는 하늘이 맺어준 관계 즉 천륜(天倫)이라 하고, 그에 비해 군신관계는 의리에 의해 맺어진 것으로 인위적이고 선택적인 관계 즉 인륜(人倫)이라 한다. 이렇게 볼 때 비록 유교윤리는 특수주의적(particularistic) 성향을 보이기는 하나 군신관계에서 보는 것처럼 도덕적 주체의 자율적 선택에 의한다는 점에서 보편주의적(universalistic) 색채를 띤다. 그러나 사회구조의 차이로 군주의 선택이 불가능한 경우, 충의 본래적 보편성은 탈색되어 다시 특수주의적 덕목으로 전환되어 그 자체로서 절대화하는 경향이 있게 되며 충은 도덕적인 자율적 성찰의 영역을 벗어나게 된다.[15]

2. 충성의 윤리와 그 한계

1) 충성과 충실의 윤리

충성(忠誠, loyalty)은 단일하고 특정한 덕목이면서도 기본적이고 포괄적인 덕목이라 할 수 있다. 나아가 충성이 여러 덕의 핵심으로 간주될 경우에는 그렇게 되는 이유가 좀 더 분명히 밝혀져야 할 필요가 있다.

동서를 막론하고 성자, 순교자, 기사, 영웅들이 남긴 충성에 관한 미담이 전해진다. 또한 충성은 전장의 덕복으로서 가장 중요한 의미를 갖기

15) 같은 논문 참조.

도 한다. 그러나 일반적 통념에 따르면 충성은 반드시 그같이 대단한 경우에만 문제되는 것은 아니다. 충성은 영웅적인 비범한 행위에만 적용되는 게 아니라 가장 일상적 행위의 규범이기도 하다. 일상생활에서 개인이 자신의 직업에 대해 지게 되는 의무도 충성이며, 특히 이런 경우에는 충성보다 충실(忠實)이 더 적합한 듯하다.

가정생활이나 교우관계, 학교, 직장 등 넓은 의미의 사회생활과 국가생활에서도 충성은 윤리적 규범으로서 요청된다. 형식적으로 말한다면, 윤리적 당위의 실현은 충성을 매개로 해서 이루어진다고 할 수 있다. 윤리적 행위의 주체는 인격이며 인격은 특히 이성적 인간을 가리킨다. 이러한 인격이 특정 대상에 대해 자발적이고 실천적으로 헌신(commitment)하며 또한 그러한 태도가 영속적일 경우, 우리는 이를 충성이라 이른다.

충성의 대상에는 개인적 인격뿐만 아니라 객관적, 사회적, 집단적 존재도 있다. 이런 의미에서 충성의 대상은 초개인적, 초인격적인 것일 수도 있다. 그러나 동시에 그것은 인간의 행위와 관련하여 의미를 갖는다는 점에서 결코 비인격적인 것이라 하기는 어렵다. 이러한 까닭에 충성스러운 인간이 추구하는 것은 자신의 개인적 이익이 아니며 오히려 충성은 개인의 이해와 대립하는 어떤 것이라 할 수 있다. 충성이 사회적 존재로서 인간의 기본적 덕목으로 생각되는 이유도 바로 이 때문이라 할 수 있다.

그런데 충성의 덕목을 수행함에서는 한 가지 난점이 존재한다. 예를 들어 우리는 특정한 국가에 태어나 그 속에서 생활하며 그 국가에 충성을 맹세한다. 자기 나라에 대한 충성은 가끔 배타적이고 폐쇄적이며 제3자에 대해 증오를 유발한다. 도적 떼에게서 두목에 대한 충성은 공동선이나 공공복지에 위배된다. 계급에서도 동일한 사태가 일어난다.

단적으로 말하면 우군에의 충성은 적군에 대한 침해와 해악을 조장하게 된다. 그러나 적군의 병사 역시 자신의 우군에 대해 충성하게 될 것이다. 일방의 선은 타방의 악이며 그 역도 성립하게 된다. 따라서 A의 충성은 A 자신에 대해서는 선이고 B의 충성은 B 자신에 대해서는 선이지만, A와 B 각각이 충성하는 대상이 상호 반목하는 관계일 경우 그 관계는 분명 악을 내포하게 된다. 특히 그럴 경우 양자가 상호 각축할 때 상호 공멸은 불가피해진다.

충성이 기본적인 선이긴 하나 이상과 같이 전장에서의 충성은 기본적으로 악을 결과하게 된다. 단적으로 말해 적대자는 서로 상해하고 심지어 살상까지 하게 되며 그럴 경우 승자는 패자에게서 충성의 기회를 박탈하게 되며, 결국 전장의 충성은 자기배반적이고 자기모순적인 귀결에 이르게 된다. 하지만 이미 충성스러운 사람은 자신에게서 본질적으로 충성의 대상을 선택하는 자유가 귀속되어 있다. 충성의 대상을 결정하는 주체도 자기 자신이라는 점에서 우리는 자율적인 존재이다. 여기에서 우리는 자신의 충성의 대상을 올바르게 선택해야 하는 문제가 제기된다. 그런데 이러한 선택의 기준은 무엇인가.

충성은 개인의 윤리적 독립을 현실적으로 보증하는 동시에 충성의 대상은 언제나 개인의 인격을 넘어선 초월적인 어떤 것이다. 따라서 충성의 올바른 대상은 개인과 초개인적 대상과의 상관관계에서 선택될 수밖에 없다. 이를 달리 말하면, 개인은 자신의 충성을 위해 충성의 대상을 만인에게 공통되는 것으로서 선택하게 된다고 할 수 있다. 나는 만인을 위해 만인을 대신해서 충성의 대상을 선택한다고 할 수 있는 것이다.

따라서 특정한 사회적 관계에 있는 개인의 충성은 언제나 만인에 대한 충성, 보편적 충성 혹은 충성을 위한 충성(loyal to loyalty)에 준거해서 올바른 윤리적 판단이 불가결해진다. 또한 자신이 충성하는 대상이 타인의 충성을 위협하거나 충성 그 자체를 파괴하는 일이 없도록 노력해야 할 것이다. 이런 의미에서 개인의 자발적이고 자율적인 선택의 기준은 충성에의 충성 즉 보편적 충성이라 할 수 있다.

나아가 보편적 계기를 매개로 해서 충성에의 헌신이 이루어질 때 특정한 사회적 관계에 있는 개인의 자유와 그 윤리적 독립은 자각적으로 확립된다고 할 수 있다. 바로 이 점에서 사회의 관습적·전승적 강제를 배제하는 윤리적 양심의 권위를 볼 수 있다. 이렇게 해서 개인에게는 언제나 다수인의 충성을 최대한 증진하는 한에서 충성의 대상을 선택할 것이 요청된다. 그래서 충성은 자유의 주체로서의 개인에게 사회적 존재임과 동시에 인류의 일원으로서 보편성을 부여하게 된다. 이런 의미에서 충성의 궁극적 목적은 인류의 보편적 선이라 할 수 있다. 충성은 개인과 세계의 조화를 도모하고 그러한 조화 가운데 인간의 진정한 평안을 보장하게 된다.

2) 충성과 보편윤리의 만남

우리는 모두 친구, 친지, 가족, 민족, 직장, 대학, 종교, 각종 공동체 등 인간적, 경제적, 문화적 관계의 그물망 속에서 살고 있다. 그 속에서 형성된 유대는 사소한 것에서 숭고한 것에 이르기까지 천차만별이다. 우리는 그 같은 그물망 속에 머물면서 우리의 삶을 이루는 환경을 개선하도록 힘쓰기도 하나 때로는 다른 관계나 공동체를 찾아 떠나기도 한다. 이같이 복잡 다양한 연고적 그물망 속에서 형성되는 자아를 경험적 자아(historical self)라 할 수 있다면, 그 자아가 관련 맺는 대상 즉 인간이나 집단에 대해 충성의 문제가 제기될 수 있다.

이러한 관점에서 충성은 역사적 자아의 한 가지 표현이라 할 수 있다. 이처럼 경험적·역사적 자아의 한 표현으로서 충성을 강조하는 이들은 충성이 단지 우연한 연고의 소산이거나 혈연·지연 등에 대한 집착의 습성 이상의 것이라 생각하며 도덕적 의무에 근거를 두고 있는 것으로 본다. 하지만 근세 서양의 벤담이나 칸트와 같이 도덕판단에서 공평성(impartiality)을 중요시하는 윤리학자들은 그 같은 편향적 연고나 집착에 앞서 우리 모두는 개인(individual)으로서 존재하며 기존하는 연고관계에 속박되지 않고 자유로이 행위 할 수 있다고 가정한다. 이와 같이 초역사적이고 보편적인 자아관에 근거하여 보편주의적 공평성의 윤리학자들은 충성의 윤리를 비판하고 나온다.[16]

다른 점에서는 충성과 애국심 등에 우호적 입장을 취하는 공동체주의자 알래스데어 매킨타이어까지도 '애국심은 도덕적 위험(moral danger)의 항구적 원천임이 판명된다. 내가 보기에 이 같은 주장을 논파하는 데 성공하기가 사실상 어렵다고 생각한다'라고 했다. 물론 매킨타이어가 염두에 두는 것은 '내 나라가 옳거나 그르다'는 점을 맹목적으로 고집하는 것이 파시즘으로 나아갈 미끄러운 언덕(slippery slope)이라는 점이다. 친구이건 연인이건 혹은 국가이건 간에 충성의 대상에 맹목적으로 집착하면 그 충성은 우상숭배가 되고 만다. 어떤 구체적인 사람이나 존재가 시비의 궁극적 원천이 될 수 있다고 생각하는 바로 그 점에 도덕적 위험이 개재하게 되는데, 이 같은 도덕적 위험은 애국심에 못지않게 사랑이나 정치이념의 경우에도 마찬가지로 생겨날 수 있다.

충성은 때때로 단지 배신을 하지 않음을 함축하기도 하나 다른 경우

••

16) G. P. Fletcher, *Loyalty, An Essay on the Morality of Relationships*(New York: Oxford University Press, 1993), 제1장 참조

애국심이나 종교적 헌신, 이성애 등에서 나타나듯 좀 더 심오하고 내밀한 낭만적 통합성을 의미하기도 한다. '그대, 나를 배신하지 말라(Thou Shalt Not Betray Me)'로 표현될 수 있는 최소한의 충성(minimal loyalty)만으로는 인간관계가 견지되기 어렵듯이, 혼외정사를 피하는 일만으로는 연인에 대한 충실성으로서 충분하지가 않다. 또한 우상숭배를 거부하는 일만으로 충실한 신앙생활이라 하기 어렵다.

대상에 대한 좀 더 충분하고 온전한 최대의 충성(maximum loyalty)은 그 이상의 무엇인가를 요구하는바 '그대는 나와 하나가 될지어다(Thou Shalt Be One with Me)'로 표현되며, 이는 일정한 의식을 통해 충성하는 자와 그 대상 간에 이루어지는 합일을 전제한다. 그러나 도덕적 위험은 바로 이 같은 최고의 충성에서 더욱 심각하게 부각된다.[17]

우리는 동반할 악(evil)에 아랑곳 않고 친구, 가족, 공동체, 국가, 신 등에 전폭적인 충성과 헌신(total commitment)을 고집할 수는 없다. 충성은 종교와도 같이 무한한 죄를 유발할 수 있다. 혈연적 유대가 특정 가문에 부의 편재를 가져오고 족벌주의가 적재적소에 인재 등용을 방해한다. 물론 충성이 저지르는 최대 최악의 죄는 전쟁이다. 양편의 공격적 지도자와 충성스러운 병졸이 없다면 결코 비극적이고 처참한 전쟁은 일어나지 않을 것이다. 문제는 충성의 한계를 그어주어 그 한계를 넘지 않는 개명된 충성(enlightened loyalty)을 확보하는 일이다. 우리가 지나치는 지점을 판정해줄 기준, 직관, 가치는 무엇인가.

충성에 대한 저서에서 조사이어 로이스(Josiah Royce)는, 자유에 대한 상충하는 여러 요구를 조정하기 위한 존 롤스의 전략을 상기시키는 듯한

17) 같은 책, 제3~4장 참조.

방식으로 충성의 한계를 탐색한다. 롤스가 정의의 제1원칙에서 주장하는바, 각 개인은 타인의 유사한 자유들과 양립 가능한 한에서 자유의 최대치에 대한 권한을 갖는다. 자유에의 요구는 원리상 그것이 타인의 자유를 감소시킬 경우에 유보되어야 한다고 말한다. 결국 로이스의 전략은 각 개인이 타인들의 충성에 대한 존중과 양립 가능한 한에서 충성의 최대한을 행사해야 하는 것이다.

로이스는 이러한 원리를 충성에의 충성(loyal to loyalty)이라는 명법으로 표현한다. 그럼으로써 비로소 동료 인간들 간에 충성의 최대치가 실현될 수 있다는 것이다. 여기에서 충성의 원리를 강조하는 자들은 로이스의 충성관이 갖는 난점으로서 일정한 대상이나 대의명분에의 충성이 전적으로 자유로이 그리고 자율적으로 선택된다는 가정에서 생겨난다고 지적한다. 로이스는 개인들로 하여금 그들의 친구, 가족, 국가, 종교공동체에의 충성 서약으로 기울게 하는 각종 연고에 얽힌 역사적 자아에 대한 고려가 부족하다고 비판한다. 그러나 우리는 바로 이 지점에서 보편주의적 공평의 윤리가, 특수주의적 충성의 윤리가 갖는 한계 판별에 도움을 줄 수 있다는 사실을 목도하게 된다.

보편윤리나 공평의 윤리는 우리가 어떤 조건 아래서 과다한 충성이 도덕적 위험이 되는지를 이해하는 데 도움이 된다. 아마도 이러한 위험은 사람, 가족, 국가 등에 대한 우리의 충성스러운 행위가 국외자의 인권이나 존엄성을 위협하거나(칸트의 보편윤리) 충성을 통해 얻을 이득에 비하여 여지나치게 고가의 비용을 치를 위기로 인해(공리주의의 보편윤리) 확인될 수 있다. 이 같은 충성의 한계에 대한 근사적 지침은 우리가 공평성의 윤리적 전통에서 합당하게 기대할 수 있는 것이라 생각된다. 조지 P. 플레처(George P. Fletcher)의 지적대로 '우리 시대의 도전은 충성의 특수주의적 경향과 어떤 맥락에서 공평한 정의의 요구 그리고 나아가 모든 맥락에서 합리적 담론의 수용을 통합하는 일'이라 할 것이다.

참고문헌

1. 金學主 譯著, 『忠經 · 孝經』, 明文堂, 1986.

2. 『大學 · 中庸 · 論語 · 孟子』, 新譯四書, 玄岩社, 1966.

3. 金炯孝 저, 「忠孝思想의 哲學的 意味」, 『東西哲學에 대한 主体的 記錄』, 고려원, 1985.

4. Cheng, Chung-Ying, "Reflections on Filial Piety(Xiao) as Root-Source of Humanity and Righteousness", presented in International Conference on Filial Piety, at Dongguk University, Seoul, Korea, September 1995.

5. Yamamoto Yutaka, "Filial Obligations and Justice".

6. Filial Piety, Loyalty and Universalism, *Japanese Thought of the Tokugawa Period*. I. J. Mcmullen.

7. Tu, Wei-Ming, "Humanity as Embodied Love: Exploring Filial Piety in a Global Ethical Perspective" in Filial Piety and Future Society, ed. Filial Piety International Conference Committee.

8. Philip. J. Ivanhoe, "Early Confucianism and Contemporary Western Ethics", 한국정신문화연구원 편, 『유교문화의 보편성과 특수성』, 한국정신문화연구원, 1994.

9. George P. Fletcher, *Loyalty, An Essay on the Morality of Relationships*, New York: Oxford University Press, 1993.

10. Sung Dong Han.(A Dissertation), *Ethical Particularism and Filial Obligations*.

제6장
유교윤리의 현대화를 위한 과제

1. 유교윤리의 현대화 과제란?

지난 2,000여 년 동안 유교는 중국의 전통윤리 및 도덕문화 일반의 형성과 발전에서 최대의 이념적 동력이 되어왔다. 나아가 유교는 정치적·사회적 이념에서 중국을 넘어 일본, 한국 등 유교의 영향권에 있는 다른 아시아 국가와 사회에도 영향을 주어 각 나라의 전통윤리 형성은 물론 정치적 안정과 사회질서 및 개인적 안녕의 지속적 유지에도 크게 기여해왔다. 그러나 현대에 이르러 나타난 아시아의 이데올로기 변화뿐만이 아니라 엄청난 사회경제적 변화는 유교학자들이 전통 유교윤리와 정치도덕의 미래 전망에 대해 심각한 고민을 하게 만들기에 이르렀다.

이에 우리는 전통 유교윤리의 현대화에서 중대 과제 몇 가지를 제기함으로써 유교윤리의 현대적 가치 및 가능성을 타진해보고자 한다. 흔히 제기되는 과제로서 전통 유교윤리가 유교문화권에 속한 아시아 사회들의 부단한 근대화와 현대화에서 이데올로기적 장애인지 아닌지 여부와 관련된 문제가 있다. 하지만 이는 철학적 문제라기보다는 사회경제적 문제로서 찬반양론에 걸친 기왕의 연구 성과가 적지 않음이 알려져 있다. 좀 더 중대한 철학적 과제로서 제기됨 직한 문제는 유교 자체가 전통윤리로서 어떠한 근대화·현대화가 요구되며 현대적 재해석 내지 수정의 가능성이 있는지 여부이다. 이는 현대 정신문화에서 유교의 긍정적·적극적 기여를 탐구하는 일인 동시에 유교 자체의 근대적·창조적 자기혁신의 가능성을 평가하는 일로서, 필자는 이를 이 글의 중심 주제로 삼고자 한다.[1]

끝으로 우리는 전통 유교윤리의 근대화·현대화 과제가 원리상 성공하기 어려운 난제일 가능성도 예견할 수 있으며, 그럴 경우 유교윤리는 전통 유교윤리와는 다른 윤리적 틀을 차용하고 그런 기반 위에서 부차적·보완적 기능을 할 가능성도 염두에 두어야 할 것이다. 이때 비록 보완적이긴 하나 유교윤리에 남아 있는 중대한 역할이 무엇이며 유교윤리가 현대사회의 도덕규범에서 왜 없어서는 안 되는 실질적 역할이 되는지도 검토할 필요가 있다.

서구는 이미 오래전부터 근대화·현대화를 진행해오는 과정에서 근대사회 및 현대사회를 이끌어갈 지도이념으로서 근대적·현대적 윤리체계를 정비해왔다. 문제는 유교윤리의 현대적 형태가 근대 이후 서구의 주류 윤리에 대안(alternative)이 될 수 있는지 아니면 보완적(complementary) 지위에 있는지를 평가하는 과제가 이 글의 핵심 주제이다.

∴

---

1) 이 글을 쓰는 데 Charles W. H. Fu, "Philosophical Reflections on the Modernization of Confucianism as Traditional Morality"와 『現代社會와 傳統倫理』(고려대학교 민족문화연구소, 1985)에 상당한 정도로 의존했다.

2. 최대윤리에서 최소윤리로

윤리학의 역사는 윤리학을 요구하는 사회구조와 상관하여 변화해왔다. 전통사회와 같이 소규모적인 공동사회에서는 가치관을 공유하는 공동체 성원 간에 최대윤리가 요구되고 그 실행 또한 가능했다. 그러나 근세 이후 성원들이 이해관계에 따라 이합집산 하는 이익사회에서는 더 이상 최대윤리가 요구될 수도 또 실행 가능하지도 않았다. 가치관의 다원화가 바탕이 된 근세 이후의 시민사회에서는 의무의 윤리(duty ethics)와 같은 최소윤리만이 요구될 수 있고 통용될 수 있는 유일한 규범이라 할 수 있다. 따라서 최소윤리는 서구 근세 이래 사회를 이끌어간 지배적 윤리라 해도 과언은 아니라 할 수 있다. 근세 이후 시민사회에서 최대윤리는 더 이상 현실성이 없는 도덕적 이상에 지나지 않는 것이었다.

전통적 유교윤리는 전형적인 도덕적 이상주의(moral idealism)라 할 수 있다. 여기에서 도덕적 이상주의라 함은 근세 이후 서구 윤리를 주도해온 의무 중심적 최소윤리(minima moralia)와 대비되는바, 인격 완성을 도모하는 최대윤리(maxima moralia)를 의미한다. 전통적 유교윤리는 인격 수양을 위해 일상에서 최선의 노력을 다할 것을 독려하고 타고난 도덕적 본성을 완성함으로써 종국적으로는 내면적 성인(內聖)을 성취하도록 권장한다. 이에 비해 최소윤리는 서양 근대 이후 현대에 이르기까지 주도적 윤리관을 대변하는 것으로서 법과 질서 등 확립된 사회윤리적 규칙체계를 엄밀히 준수할 것을 요구하는바, 준(準)법적(semi-legal) 윤리관과 상관된다 하겠다.

최소윤리는 최대윤리와는 달리 일상생활 속에서 보통 사람 즉 일반 시민들을 겨냥하는 것으로서 확립된 사회윤리적 규칙이나 관행을 단지 외적으로 준수하는 것을 요구할 뿐 그것을 넘어 자신의 도덕적 본성을 부단히 도야하거나 그 완성을 향한 자기수양(self-cultivation)을 과도하게 요구하지는 않는다. 따라서 최소도덕은 일상의 도덕적 문제에 대한 지극히 현실적이고 좀 더 법적인 접근을 요구한다. 이와는 달리 최대도덕으로서 전통 유교윤리는 도덕적 완성을 통해 내성(內聖)의 성취를 인간의 궁극적 관심사로 추구할 것을 이상으로 내세운다. 따라서 전통 유교윤리의 현대화 과제 중 하나는 현대사회를 주도해온 도덕적 현실주의(realism) 즉 최소윤리와 전통 유교윤리에 내재한 도덕적 이상주의인 최대윤리의 중도(中道)를 발견하는 일이라 생각된다.[2] 전통 유교윤리의 도덕적 가치와 교육적 함축을 포기하지 않으면서 현대사회를 관리할 필수적 최소규범을 수용하는 길을 찾는 것이 유교윤리의 현대화 가능성의 시금석이 된다 하겠다.

그런데 이 같은 조정 대안보다 우선적으로 요구되는 과제는, 현대 유교윤리학자들은 지나치게 이상주의적이고 낙관적인 사고 즉 누구나 성인이 될 수 있고 또한 되어야 한다는 생각으로부터 대부분의 사람들이 성인이 되고자 하는 시도를 한 적도 없고 앞으로도 하지 않으리라는 좀더 현실적인 이해에로 발상의 전환을 해야 한다는 것이다. 현대 유교윤리학자들은 이와 같은 전환을 통해 최대도덕을 진작시키고자 노력하기 전에 먼저 최소도덕의 실행이 현대적으로 보다 중요하다는 점을 인식하게 될 것이다. 물론 최대도덕은 언제나 우리의 윤리적 목표나 이념으로 남아 있을 수 있겠지만 최소도덕의 정립이 좀 더 우선적이고 기본적인 과제임을 인식하는 점이 보다 중요하다. 최소윤리가 제대로 보장되지 못

..
2) Charles W. H. Fu, 같은 논문, 155~156쪽 참조.

할 경우 유교적 최대윤리 진작은 대부분의 사람들에게 공허한 구두선에 불과해질 것이기 때문이다. 특히 이는 개인윤리를 넘어 공적 영역에서 요구되는 정치사회 도덕의 경우에 더 절실하다 하겠다.

그런데 문제는 유교윤리의 최소윤리화가 과연 실현 가능한 과제인지, 가능하다면 또한 어떤 방식으로 가능한지이다. 유교의 최소윤리화는 이미 그 과제의 수행이 유가의 경계를 넘어 법가의 영역으로 나아가게 됨으로써 유가의 본래적 정체성을 상실하게 되는 것은 아닌지 검토할 필요가 있다. 만일 이 같은 과제가 수행 불가능한 것으로 판정될 경우 남은 가능성은 다른 최소윤리적 틀을 차용하고 이를 기반으로 유가의 최대윤리를 보완적 자원으로 활용하는 길이다. 우리는 유교윤리의 현대화 과제가 기존 윤리들의 대안이 될 가능성과 보완으로 만족해야 할 가능성 양자를 모두 염두에 두면서 검토해가야 할 것이다. 어떤 가능성이든 간에 그것은 현대의 윤리적 모색에서 나름의 기여를 할 것으로 판단된다.

3. 동기 중심에서 결과 중심으로

전통 유교윤리의 현대화에서 두 번째 과제는 서구에서 전통 기독교 윤리에 대한 막스 베버(Max Weber)의 비판과 일맥상통한다. 베버에 따르면, 전통윤리는 지나치게 내면적 동기를 강조하는 심정(心情)의 윤리에 치우쳤다면 근세가 요구하는 윤리는 보다 객관적이고 공적인 책임(責任)의 윤리로 전환해야 한다는 것이다. 행위의 가치를 나타난 결과에 의해 평가하는 근세의 결과윤리 또한 이 같은 책임윤리와 상관된 것이라 할 수 있다. 진정 유교윤리의 현대화를 원한다면 현대 유교학자들 역시 심정이나 동기의 순수성에 비중을 두고 유가적 성인됨을 지나치게 강조하는 전통적인 사고를 지양하고 결과 지향적인 의사결정이나 책임을 중시하는 행위선택의 윤리로 전환해야 할 것이다. 공자와 같은 위대한 성인은 순수한 동기나 선의지를 통해 인을 실현할 뿐만 아니라 모든 의사결정에서 실패하지 않는다 했으나, 이는 입증된 적이 없는 추정이 아닐 수 없는 것이다.

일반적으로 동기 중심적(motive-centered) 도덕은 내면적 사랑을 강조하는 기독교윤리나 내면적 성인다움을 내세우는 유교사상에 적용되는 것으로서 근세 이후 공리주의(公利主義, utilitarianism) 등과 같이 합리적 의사결정이나 행위선택을 지향하는 결과 중심적(consequence-centered) 도덕과 구분된다. 전통적 유교윤리는 이 같은 두 유형의 윤리 즉 동기 중심적 윤리와 결과 중심적 윤리 간의 본질적 구분을 명료히 이해하고 있었다고 생각되지 않는다. 그러나 동기나 의도가 순수하고 선량하다고 해서 특정한 의사결정이나 행위선택이 도덕적으로 올바르다는 보장은 없으며, 도덕적으로 올바른 결정이나 행위가 바람직한 결과나 공리의 극대화를 가져온다는 보장도 없다. 이 점은 특히 보다 다원화되고 복잡한 현대사회에서 사실로 판명되는데, 현대사회에서는 지혜로운 어떤 개인보다 소통에 바탕을 둔 집단적 지혜가 어려운 도덕문제 해결을 위해 좀 더 효율적인 것으로 요구된다. 이러한 관점에서 현대 유교윤리학자들은 고귀하고 지선한 성인에 대한 강조보다는 덜 완전할지는 모르나 보다 현실적인 유교의 이상인 군자에의 관심의 전환이 요구된다 할 것이다.[3]

물론 여기에서 군자는 새로운 유교이념으로서 성인에 대체되어야 하는 것이 아니라 우리의 사회윤리적 현실에서나 윤리교육에서 성인보다

3) 같은 논문, 156~157쪽 참조.

는 군자의 개념이 좀 더 강조되어야 한다고 할 수 있다. 우리는 보통 사람들로 이루어진 민주사회 속에 있다는 사실을 인식해야 하며, 이런 일반 시민들은 성인이라는 이념보다는 군자를 지향하는 편이 보다 합당하다고 생각된다. 여기에서 말하는 군자는 도덕성을 갖추면서도 현실 생활의 다양한 영역에서 유능하고 유용한 인재를 말한다. 성인을 겨냥하는 바 도덕의 문턱이 지나치게 높을 경우 그 문턱을 넘는다는 것은 대부분의 사람들에게 불가능한 이념이 될 것이며, 이같이 지나친 이념은 오히려 보통 사람들에게 위선을 조장하고 이중인격을 양산하는 온상이 될 우려가 있다고 할 수 있다.

군자를 이념적 인간상으로 내세운다 해서 유교윤리가 심정의 윤리에서 책임의 윤리로 혹은 동기윤리에서 결과윤리로 곧바로 전환되는 것은 아니다. 특히 이 점은 전통 유학자들 특히 맹자에게서 도덕적 올바름인 의(義)와 현실적 이로움인 이(利)를 이원적으로 나누고 의를 우선적인 것으로 간주하는 유가적 이념지형과도 무관하지 않을 듯 보인다. 나아가서 여기에서 의가 외재적이기보다 내재적인 덕목으로 해석될 경우 이와 구분되는 의의 우선성을 내세우는 유가윤리가 결과주의적 윤리로 전환되기란 쉽지 않을 듯 보인다. 이에 비해 대표적 결과윤리인 공리주의는 공공의 이득〔公利〕을 극대화하는 것이 바로 도덕적 옳음으로 규정하고자 한다는 점에서 유교윤리와는 대조적이라 할 수 있다.

물론 의와 이의 관계에 대한 유가의 입장도 이 양자를 이원적 대립항으로 보지 않고 올바름〔義〕을 이로움〔利〕의 조화 내지 화합으로 규정하는 해석가능성〔利, 義之和也 혹은 義, 利之和也〕을 온전히 배제하는 것 또한 아니다. '이득을 보거든 옳음을 생각하라(見利思義)'는 격언에 숨겨진 진의도 이로움과 올바름을 이원적으로 생각하기보다는 올바른 이득과 그릇된 이득을 분간하여 올바른 이득을 취하라는 것이라 하겠다. 이같이 의(義)와 이(利)를 이원적이 아니라 화합적으로 해석할 경우 유교윤리가 결과윤리로 전환하는 일은 보다 손쉬운 과제가 될 수 있다 할 것이다.

4. 행위 지향에서 규칙 지향으로

전통 유교윤리의 세 번째 현대화 과제는 덕윤리의 일반적 결격인 도덕적 미결정성(moral indeterminacy)의 배제 내지 완화와 관련된다. 덕의 윤리는 일반적으로 그 추상성으로 인해 개별행위 지향적 상황주의(situationism)의 성향을 띠게 되어 도덕적 결정성의 제고가 과제로서 제기된다. 근세 이후 서구윤리학을 주도해온 의무윤리(최소화 전략)나 규칙윤리(명시화 전략)는 사실상 도덕적 결정성 제고와 관련된 것이라 할 수 있다. 일정한 상황에서 특정 도덕규범이 요구하는 바가 단일하지 않고 다의적이거나 애매할 경우 그러한 도덕규범은 미결정성의 난점을 갖게 되는데, 일반적으로 덕의 윤리를 위시해서 상황윤리 등이 이런 취약성을 갖는다고 알려져 있다. 일정한 상황에서 특정 덕목이 요구하는 바가 명확하지 않을 경우 비록 성인이나 군자와 같은 도덕적 범형의 예시를 통해서도 일의적으로 도덕적 행위가 명시되기 어렵다는 점에서 이 같은 난점이 지적된다.

공자가 『논어』에서 제시한 인이나 의와 같은 고차적 덕목은 다양하고 고유한 구체적 개별 상황에서 도덕적 미결정성으로부터 자유로울 수가 없다. 맹자는 이러한 미결정성 문제를 해소할 약간의 방책을 제시하였다. 우선 공자는 인과 의를 연계하여 인은 보다 포괄적인 도덕적 심성이고 의는 구체적 상황에의 적합성으로 규정하여 도덕적 보편성과 상황적 개별성 간의 상관성에 주목한다. 이 점을 맹자는 "인은 인간의 편안한 집〔安宅〕이요 의는 인간의 올바른 길〔正路〕"이라 표현하기도 한다. 나아가 공맹의 윤리에서는 상황적합성을 제고하기 위해 일반적 도덕원칙이나 보편적 기준〔經〕과 상황적합성이나 상황적 배려〔權〕 문제를 구분하기도 한다. 이는 중용(中庸)과 시중(時中)의 구분과도 일맥상통한다고 할 수 있다.

경(經)과 권(權)의 문제는 맹자가 예시한 잘 알려진 사례에서 보듯 정상적 상황(normal situation)에서 유교의 성윤리는 남녀유별, 남녀칠세부동석이지만 비정상적 비상상황(emergent situation)에서는 통상의 관행을 깨고 위기에 처한 여자의 손을 잡아끌어 그 여자를 구제할 수도 있다는 것이다. 이는 정상상황에서는 일반 원칙인 경을 지켜야 하지만 비상상황에서는 상황에 맞게 변용한 권의 적용이 요구된다는 의미이다. 그런데 문제는 여기에서 맹자가 염두에 두고 있는 상황윤리(situationethics)가 규칙 지향적(rule-oriented)이기보다는 행위 지향적(act-oriented)일 우려가 있다는 점이다. 상황적합성을 고려한 의를 구상하기 위해, 상위 원칙인 인은 결코 특정 규칙으로 전환되기 어렵고 개별 상황에 적용될 관행적 예 또한 상대적인 대체적 규칙(rule of thumb)에 지나지 않아 인-의는 결코 확실하고 일관된 규범을 제공하기 어렵다는 점이다. 여기에서 맹자의 행위 지향적 상황윤리는 도덕적 정당화에서 도덕적 직관주의(intuitionism)와 유사하게 수세적 지위로 내몰릴 가능성이 있다.[4]

일부 유교윤리학자들은 이상의 반론에 대해 이견을 제시할 수 있을 것이다. 유교윤리는 인이나 의와 같은 고차적 도덕원리를 제시할 뿐만 아

4) 같은 논문, 160~164쪽 참조.

니라 인간생활의 광범위한 부분에 걸쳐 사회적으로 확립된 규칙체계로 예의 세목을 갖추고 있다는 주장이다. 따라서 이들은, 유교윤리는 추상적 덕목만을 제시하는 단순한 덕의 윤리가 아니라 상황에 따라 덕의 정신을 세분화·명시화 하는 규칙의 윤리이기도 하다고 해석한다. 물론 덕윤리의 도덕적 미결정성을 해소하기 위한 명시화 전략으로서 규칙의 체계를 일부 차용하는 것은 유교윤리 이외에 다른 덕윤리에서도 관찰된다. 여기에서 좀 더 중요한 문제는 규칙체계로서 예규가 유교윤리에서 얼마나 본질적 역할을 하는가에 관련된다. 나아가서 기존의 규칙체계가 적용되기 어려운 예외 상황에서 새로운 규칙이 창안되고 제정되는 절차가 무엇인가에 대한 검토도 이루어질 필요가 있을 것이다.

5. 미시윤리에서 거시윤리로

전통적으로 윤리나 도덕은 개인의 의도, 동기, 양심, 행위 등과 관련된 것으로 규정되어왔다. 그러나 근래에 이르러 개인과 직접적 관련이 없는 제도, 구조, 체제 등도 윤리적 평가나 판단의 대상이 될 수 있다는 점에서 사회윤리(social ethics)가 논의의 초점이 되고 있다. 사회윤리학자들은, 개인이 변한다 할지라도 사회구조의 비리나 부조리는 척결되기 어려우며 사회구조는 나름의 발전의 논리에 따라 전개되는 까닭에 사회를 바꾸기 위해서는 제도의 변화나 '구조개혁'이 요구된다고 주장한다. 이 같은 사회윤리학자들의 주장에는 개인윤리와 사회윤리의 구분과 더불어 사회경제적인 거시적 관점에서는 사회윤리가 우선적으로 중요하다는 주장이 함축되어 있다 할 것이다.

이러한 사회윤리적 시각과는 대조적으로 전통적 유교윤리에서는 사회윤리가 개인윤리의 연장선에 있다고 간주되어 사회의 변화를 위해서는 개인의 변화가 전제되어야 한다고 여겨졌다. 유교윤리에서는 치국(治國)과 평천하(平天下)를 위해서는 수신(修身)과 제가(齊家)가 선결 문제로 요구되었으며, 치인(治人)을 위해서는 수기(修己)가 우선적으로 요구되었고, 외왕(外王)이 되기에 앞서 내성(內聖)이 되기 위한 노력이 선행되어야 한다고 주장되었다. 그러나 개인이 인격적으로 원만하다고 해서 그가 사회를 경영·관리하는 데 반드시 탁월한 지도자가 된다는 보장이 없으며, 사회의 경영·관리를 위해서는 사회과학적 통찰을 바탕으로 구조와 조직 경영에 정통하고 있어야 하는 것이다.

따라서 유교윤리의 현대화를 위한 마지막 과제는 정치사회 윤리, 즉 외왕의 길이 개인윤리, 다시 말해 내성의 길의 자연스러운 연장이고 또한 연장이어야 한다는 입론에 대한 재고와 반성이다. 전통적 유교윤리학 학자들은 각 개인의 도덕적 완성 즉 미시윤리(micro morality)가 이상적 사회의 궁극적 구현이라는 거시윤리(macro morality)를 보장하기 위한 윤리적 선결 요건이라 간주했다. 일상의 인격수양과 도덕적 행위에 의거한 미시윤리가 개인적 삶의 최고 이상인 내성의 길로 나아가는 방도로 생각되는 한편 이러한 미시윤리가 본질적으로 덕에 의거한 정치 즉 성인에 의거한 덕치의 거시윤리, 외왕의 구현을 결과할 것으로 기대되고, 나아가 이는 정치사회적 삶의 최고 목표로 생각되었다. 다시 말하면, 미시적 실천이 전통 유교윤리의 근본[本]이고 거시윤리의 실현은 그 결과[末]라 할 수 있다.[5]

5) 같은 논문, 166~168쪽 참조.

유교의 거시윤리를 요약하면 아래와 같다. 즉 유교윤리학자들은 법과 질서에 의한 법가적 통치이론[法治]에 반대해서 덕과 예에 의한 덕치(德治)와 인간다운 통치[仁政]를 내세우고자 했다. 공자는 사람을 법규와 형벌에 따라 다스리면 그릇된 행동을 하지는 않겠지만 자존감을 잃게 될 것이며 도덕적 덕과 예에 따라 다스리면 자존감을 지키게 될 것이라 했다. 덕치의 구현은 통치자의 유덕한 행위에 의거하며 이를 위해 통치자는 일상의 자기수양을 통해 사람들에게 모범을 보여야 한다. 그러나 현대 유교윤리학 학자들은 정치에 대한 유교의 오랜 유토피아적 접근을 근대적 관점에서 숙고함으로써 거시적인 외왕의 방식과 미시적 내성의 방식 간에 어떤 필연적 상관관계도 없으며 또한 없어야 한다는 점을 수용할 필요가 있다. 나아가 근대 이후에 전개되는 거시적 문제에서 행위 중심적 상황윤리에서 규칙 중심적 공공윤리로의 철저한 전환을 할 필요가 있다는 점도 인식해야 한다. 오늘날 공맹의 기본 원칙인 인-의는 비록 규제적 원칙(regulative principle)으로서의 기능은 있다 할지라도 더 이상 구성의 원칙(constitutive principle)이 되기는 어렵다는 점을 인식할 필요가 절실하다 할 것이다.

6. 전통 유교윤리의 철학적 전제

유학자들이 지금까지와 같은 윤리적 입장을 내세우는 데는 몇 가지 철학적 이유들이 전제되어 있다고 생각된다. 우선 거시윤리로서 전통 유교윤리의 덕치주의가 법치주의보다 우월하다는 입장은 맹자의 윤리 형이상학과 윤리적 신념에 바탕을 두고 있는데, 즉 인간은 본성적으로 선하며 성인됨을 성취하는 도덕적 잠재력을 온전히 실현할 수 있다는 것이다. 그러나 불행하게도 전통 유교의 과도한 낙관주의는 이상과 현실 간의 간격, 즉 우리는 모두가 성인이 될 수 있다는 이상과 대부분의 인간은 결코 성인이 될 수 없는 현실 간의 간격을 제대로 인식하지 못한 데서 비롯한다.

또한 유교윤리학자들은 유교적 성인이 비록 동기윤리적 관점에서는 그의 의도나 동기가 도덕적으로 선량할지 모르나 결과윤리적 관점에서는 도덕적 과오를 범할 수 있다는 사실을 인식하지 못하는 듯하다. 나아가서 지난 역사가 입증하듯, 어떤 유교적 성인 통치자도 아시아나 특히 중국에서까지 아직 등장한 적이 없다는 사실을 유념할 필요가 있다. 이 모든 사실들이 분명히 제시하는 것은 보다 현실적이고 실현 가능한 법치가 덕치라는 이상주의적 이론에 대체되어야 한다는 거시윤리적 필연성이다. 달리 말하면, 최소윤리 문제로서 정치사회 윤리는 최고윤리의 문제로서 개인과 가정윤리에 앞서 제대로 유지될 필요가 있다는 것이다.

또한 앞서 경권(經權) 문제에서도 논의했지만 분명히 명시화된 규칙체계가 전제되지 않을 때 유교의 행위 지향적 상황주의는 거시윤리적 경우들에서 공리주의적으로 바람직하지 못한 결과를 종종 유발할 가능성이 있다. 이를테면 미시윤리적인 가족주의적 사랑과 거시윤리적인 공평한 정의 간의 도덕적 갈등이 문제되는 경우를 해결하는 데서 도덕적 미결정성은 유교의 행위 중심적 상황주의 속에 내재한 상당한 난점을 예시하는 전형적 사례라 할 수 있다. 오직 성인만이 상황적 배려를 제대로 할 수 있다 할지 모르나 유교의 행위 지향적 상황주의는 특정 의사결정이나 행위선택의 적합성 여부를 결정하기 위한 객관적(혹은 간주관적)인 일련의 기준을 제시하기 어렵다는 우려를 불식하기 어려울 듯 보인다.

이상과 같은 행위 지향적 상황주의나 동기 중심적 윤리의 한계를 극복하기 위해 자유민주주의적 근대국가에서는 거시윤리로서 규칙 지향적 객관주의로 방향전환을 하게 된다. 여기에서 규칙 지향적 개관주의라 함은 두 단계의 이중적 정당화 절차로 구성되는 거시윤리 이론을 의미한다. 우선 도덕의 지배원리는 확립된 규칙 및 법규체계의 정당화를 위한 궁극적 근거로서 가능하다. 다음, 정치사회적으로 합의되고 수용된 규칙과 법규체계는 개별 의사결정과 행위선택의 정당화를 위한 객관적(간주관적) 기반으로서 작용한다. 끝으로 예외적 경우가 발생할 때, 규칙 및 법규체계는 지배원칙에 부합하는 한에서 민주적 토론과 합의에 의거해 확대·수정될 수 있는 것이다.

규칙 지향적 객관주의와 행위 지향적 상황주의 간의 본질적 차이는 전자가 의사결정이나 행위선택의 도덕적 적합성 결정에서 객관적 기준으로 확립된 규칙체계에 의존할 수 있는 반면, 후자는 도덕적 행위자의 개인적 직관, 양심, 지혜, 상황적 해석에 의거한다는 점이다. 이 양자 중 어떤 것이 현대사회에서 보다 현실성이 있는지는 알기가 어렵지 않다. 현대사회에 유용한 도덕체계가 되기 위해 전통 유교윤리의 현대화를 위한 주요 과제는 유교윤리가 특히 거시윤리에서 행위 지향적 상황주의에서 규칙 지향적 객관주의로 전환하는 일이다.

그런데 유교의 행위 지향적 상황주의는 동기 중심적 윤리에 깊이 뿌리를 내리고 있어 미시윤리적 관행에서는 여전히 의미 있게 적용될 수 있다. 이 경우에는 개인적 수양, 가족적 사랑, 우정 및 다른 개인 간의 도덕적 감정 표현에 좀 더 중요한 본질적 가치를 갖기 때문이다. 그러나 한 가지 유념해야 할 것은 이 같은 비판이 전통 유교윤리의 해석 여하에 따라 다소 상대적일 수 있다는 점이다. 왜냐하면 진통 유교윤리에서도 이 같은 현대화 과제에 부응할 수 있는 요소가 부분적으로 시도되었음을 부인할 수 없기 때문이다. 유교윤리에서도 인의(仁義)의 지배원리가 구체적 상황에 적용되기 위해 명시화되는 과정에서 예의 체계로 규칙화되어 왔음을 부인하기 어려우며, 단지 이 같은 규칙화·명시화의 과정이 민주적 합의의 절차를 거쳐 이루어진 것이 아님은 지적할 수 있다. 유교윤리가 이같이 명시화·규칙화될 수 있는 이론적 단초는 신유학(neo-confucianism)의 형이상학이나 인식론 등에서 다양하게 발견할 수 있으며, 단지 그것이 보다 철저하게 수행되지 못한 점에서 아쉬움을 남기고 있다.

7. 전통 유교윤리의 현대화는 가능한가?

지금까지 우리는 전통 유교윤리의 현대화 가능성을 여러 과제에 걸쳐 검토했다. 그 과제들 중에는 유교윤리 자체 속에 불충분하지만 상당한 정도로 이미 현대화 과정을 밟고 있는 부분도 있고, 비록 현대화가 쉽지는 않으나 서구 근대윤리와 보완적 관계 속에서 기여할 측면도 있음을 확인했다. 그러나 우리의 마지막 관심은 전통 유교윤리가 부분적으로 현대화 친화적인 일면을 갖는다 할지라도 근본적이고 원리적인 측면에서 서구 근대윤리 등 새로운 윤리적 틀의 차용이 불가피하고, 그런 한에서 전통 유교윤리는 기껏해야 부분적 보완 아니면 전반적 변혁 내지 청산이 요구되는지를 평가하는 일이다. 이것이 사실일 경우 우리는 유교윤리의 현대화를 묻기보다는 새로운 현대윤리 구상에서 전통 유교윤리가 보완적 내지 부차적으로 기여할 부분이 무엇인지를 물어야 함이 옳은 것이다.

앞서 논의한 바, 전통 유교윤리의 현대화 과제 중 유교윤리가 수용할 가능성이 가장 큰 과제는 행위 지향 상황주의에서 규칙 지향 객관주의로 전환하는 일이다. 이미 논의한 대로 전통 유교윤리에도 상황주의의 한계를 극복하기 위한 노력이 있어왔는데, 이는 과거 역사와 전통을 통해 확립되어온 예의 체계를 통해 예시된다. 물론 현대화를 위한 이 같은 과제가 좀 더 본격적으로 수행되기 위해서는 몇 가지 보완되어야 할 문제가 있기는 하나, 이 점에서 유교윤리는 친(親)현대화적 측면을 갖는다 하겠다. 그러나 이를 제외한다면 다른 과제들에서 전통 유교윤리는 서구의 현대윤리적 틀을 차용하고 이를 기반으로 해서 유교윤리는 기껏해야 보완적 기능을 할 수 있을 뿐이라는 점에서 다소 부정적 평가를 면하기 어렵다고 생각된다.

다른 현대화 과제들이 실현가능성에서 부정적인 까닭은 전통 유교윤리가 생겨나고 요구되던 사회구조가 근세 이후 현대사회의 구조와는 근본적 차이가 있기 때문이다. 전통 유교윤리는 기본적으로 소규모 공동체 사회를 배경으로 생겨났거나 그런 사회를 전제로 구상된 것이다. 사회구조와 윤리체계가 본질적으로 상관적인 것이라면 전통 유교윤리가 오늘날과 같은 현대사회 속에 적용되는 일은 구조적으로 불가능하거나 지극히 어려운 일이 아닐 수 없다. 거시윤리가 미시윤리의 연장으로 간주되든지 최소윤리가 아니라 최대윤리를 요구하고 결과윤리가 아니라 동기윤리를 전제하는 것은 소규모 공동체 사회가 아니고서는 구상 불가능하고 실현 불가능한 일이 아닐 수 없는 것이다.

사회를 규율하는 규범으로시 최소:윤리가 아니라 최대윤리를 요구하기 위해서는 사회의 성원 간에 폭넓은 가치관의 공유가 전제되어야 한다. 이에 비해 사회가 분화되고 다원화될 경우에는 최대윤리가 더는 지탱되기 어렵고 다원화된 가치관들이 중첩하는바 최소윤리가 요청된다 할 것이다. 그뿐만 아니라 결과나 책임윤리가 아니고 동기나 심정의 윤리도, 이해관계에 의해 이합집산 하는 현대적 이익사회에서는 실현 불가능하다고 할 수 있다. 거의 유사한 논거에서 미시윤리를 통해 거시윤리적 문제를 해결할 수 있다는 발상은 거시 세계의 규모나 스케일과 밀접한 관계가 있다고 할 수 있다. 근대 이후의 거대 시민사회에서는 개인윤리와 구분되는 독립적 사회구조의 윤리가 요구될 수밖에 없는 것이다.

성원들 간에 긴밀한 교유가 이루어졌던 소규모 전통사회로부터 근세 이후 이익사회적인 시민사회가 전개되었을 때 사회를 규율할 규범은 고도의 명시적 결정성을 가질 필요가 있었다. 이러한 사회적 요구를 충족시키기 위해 윤리체계는 최소화 전략과 더불어 명시화 전략이 요구되었다. 최소화 전략에 의거해서 나타난 것이 최소윤리였다면 명시화 전략을 통해 등장한 것은 규칙윤리라 할 수 있다. 일반적으로 최소윤리는 윤리의 최소한을 요구하는 의무윤리를 의미하고 특정 의무를 명시화할 경우 특정 규칙으로 형식화된다고 할 수 있다. 따라서 의무윤리와 규칙윤리는 각기 다른 전략에 의거한 것이긴 하나 결국 도덕적 결정성을 제고하기 위한다는 동일한 목적을 추구하는 가운데 나타난 것으로서 근대 이후 시민사회의 윤리적 기반을 이루게 되었다 할 것이다.

3

동서 덕윤리의 만남

제1장
덕윤리의 현대적 의의

1. 덕윤리의 일상언어적 유산: 한국의 경우

우리의 도덕적 현실에서 덕윤리가 도덕적 행위지침으로서 퇴조한 지는 이미 오래인 듯하다. 그러나 일상언어적 용례에서는 아직 덕윤리적 유산이 곳곳에 남아 있는 것을 보면 우리의 도덕의식에서 덕윤리의 역할이 완전히 소멸되었거나 무의미한 것은 아님을 반증해주는 단서가 아닐까 생각해본다. 나아가 우리가 당면하고 있는 도덕적 현실을 성찰하고 보완하는 시발점을 찾는 데서도 이 같은 단서는 소중한 자산이 될 것이라 생각하며, 덕윤리의 재활이 어떤 방식에서 이루어지든 그러한 유산은 재활의 기반으로서 가치가 있을 듯 보인다.

우리가 일상에서 덕윤리적 유산의 한 사례로서 자주 만나게 되는 용어법은 사람의 됨됨이를 평가할 때 자주 쓰기도 하고 듣기도 하는 재승박

덕(才勝博德)이라는 말이다. 어떤 사람이 가진 재주가 많고 재기는 발랄하나 그를 밑받침할 성품이나 인품이 듬직하지 않을 경우, 우리는 그 사람을 재승박덕이라 평가한다. 사람이 무언가 똑 부러지고 난 척하며 되바라지기만 할 뿐 어딘가 수더분하고 푸근하며 은근한 인품이 뒤따르지 못한 예이다. 이는 우리가 사람됨을 평가할 때 어떤 전인격적 가치나 이념을 전제하고 있음을 의미한다. 단지 지적 능력이나 기능만이 아니라 정서적 안정과 의지적 견실함이 더해진 전인격적인 무언가가 결여된 경우 인간으로서 신뢰를 하기 어렵다는 뜻이다.

둘째로, 우리는 어떤 일의 성취를 자신의 능력만이 아니고 배후에서 도움을 준 '그 누구의 덕분(德分)이나 덕택(德澤)'으로 돌리는 말을 자주 하기도 또 듣기도 한다. 그런 성취가 나만의 능력이나 노력만이 아니고 타자들의 도움이 더해져서 이루어졌다는 말이다. 이는 일정한 성취의 직접적 원인[因]만이 아니고 그러한 원인이 작용할 수 있도록 배후에서 보조한 환경이나 간접적인 원인[緣]에 대해서까지 언급함으로써 인간만사가 상호 도움을 주고받는 호혜적 공동체 내지 네트워크의 그물망 속에서 이루어짐을 함축한다. 그리고 이 같은 네트워크에는 조상의 숨은 도움[陰德] 내지 귀신이나 하늘의 도움[天佑神助]까지도 포함됨을 알 수 있다.

세 번째는 우리가 어떤 어려움에 봉착했을 때 자주 쓰는 말로서 그 같은 낭패를 일을 도모한 나 자신의 '부덕(不德)의 소치'로 돌리는 용례이다. 이는 자신이 도덕적으로 부족하고 그래서 부덕하며, 따라서 일이 잘못된 데 대해 도덕적 결함이 있는 자신에게 그 책임을 돌린다는 것이다. 이는 단지 개인의 수준에서만이 아니라 과거 나라에 가뭄이나 환란이 닥쳤을 때 왕이 흔히 "짐이 부덕하여 일이 이지경이 되었다"라고 표현되는 언어적 관행을 통해서도 알 수가 있다. 개인이건 나라의 지도자이건 간에 수양을 통해 도덕적 덕을 갖출 경우, 그것이 갖는 도덕적 감응력으로 만사형통하고 국태민안하게 된다는 것이다. 이는 인간이 갖는 덕은 사태의 성패를 좌우하는 역량, 감응력, 카리스마를 갖기도 한다는 점을 의미한다. '지성이면 감천'이라는 말도 이러한 맥락에서 이해될 수 있을 것이다.

이상에서 살펴본 일상언어적 용례에서도 짐작할 수 있지만, 우리 사회의 도덕적 현실 내지 현주소는 서구의 현대사회와 완전히 동일시하기 어려운 그 무엇을 함축하고 있는 듯하다. 서구는 이미 수 세기 전부터 중세사회와 결별하고 근대사회로 진입하여 근대화·현대화 과정이 지속됨으로써 전통사회적 잔재를 청산한 지 오래인 것으로 보인다. 그야말로 서구사회의 규범문화는 덕윤리적 단계로부터 상당한 거리를 취하고 있으며 법에 기초한 사회이념 즉 법치주의를 상당한 정도 구현하고 있는 단계에 이르렀다 할 것이다. 그러나 한국사회는 법보다는 덕에 의한 규범윤리적 전통을 지속해온 유교사회에서 벗어난 지 그다지 오래지 않으며 법치사회로의 이행이 시작되긴 했으나 아직은 어중간한 단계에 머물고 있는 듯 보인다.

유교윤리의 전통에서, 법 특히 형법은 하층민의 행동을 규제하기 위한 것일 뿐이고 상식 있는 사람들을 위한 행위지침은 적어도 이념적으로는 인의를 중심으로 한 덕의 윤리였다 할 수 있다.[1] 따라서 우리 사회는 외견상 법치사회를 지향하고 있기는 하나 아직도 법치의 이념이 일상화·내면화되지 못하고 있는 듯 보이며, 지금도 법치사회보다는 윤리사회를 지향하는 듯 보이는 부분이 있는 것으로 생각된다. 따라서 우리의 규범

---

1) 『예기(禮記)』에는 형법(刑法)은 대부에까지 올라가지 않고, 예도(禮道)는 서인에까지 내려가기 어렵다고 했다(刑不上大夫 禮不下庶人).

문화는 서구사회에 비해 보다 덕윤리 친화적인 상태에 있는 듯하며, 그래서 덕윤리적 잔재나 유산이 우리의 도덕의식 곳곳에 남아 있는 게 아닌가 생각된다.

2. 현대사회가 왜 다시 덕윤리를 요청하는가

현대사회에서 다시 덕의 윤리가 문제되는 건 어떤 연유에서인가? 그것은 근대에서 현대로 이어지는 규범문화 자체에 대한 불만족에서 비롯되는 것은 아닌가. 그렇다면 이는 근세 이후 추구해온 윤리적 삶과 그런 삶의 형태를 요구하는 근세 시민사회, 나아가서는 이 모든 것을 포괄하는 근대성(modernity) 자체에 대한 일종의 문화비판과 연계된 것은 아닌가 하는 등등의 물음이 제기된다. 근세 이후 추구되어온 최소윤리로서 의무윤리에 대한 불만 내지 도덕적 환원주의에 대한 회의는 근세 이후 대두된 자유주의적이고 다원주의적 시민사회가 치러야 할 갖가지 사회적 비용에 대한 비판과도 관련된다 할 것이다. 삶의 근간을 이루는 도덕체계와 이를 요청하는 사회구조 간에는 긴밀한 상관관계가 있기 때문이다.

근세 이후 현대에 이르기까지 지배적인 윤리는 의무의 윤리(duty ethics)라 할 수 있다. 의무의 윤리에서는 어떤 행위가 의무의 행위로서 정당하며, 그 행위가 왜 정당한지 논거를 제시하는 정당화(justification)의 과제가 우선적으로 요구된다. 근세 이후 대두된 시민사회는 전통적 유대가 해체되고 가치관의 다원화가 급속히 진행되는바 복잡한 다원주의 사회로의 성향을 보이며, 이같이 다원화된 복잡사회를 규제·관리할 규범체계는 성원들에게 가지성(可知性)과 구속력을 담보하기 위해 고도의 도덕적 결정성(moral determinacy)을 요구하게 된다.[2] 그리고 결정성을 제고하기 위해서는 가능한 한 성원들의 가치관이 중첩하는 공통요소에 부합하는 최소화 전략과 성원들의 이해와 설득력을 높이는 가시화 전략이 요구된다 할 것이다.

필자가 생각하기에 이같이 도덕적 결정성을 제고하기 위한 최소화 전략과 명시화 전략을 추구한 귀결이 바로 의무의 윤리가 아닌가 한다. 도덕적 행위의 스펙트럼에서 의무사항은 그야말로 성원들의 다양한 가치관에도 불구하고 공유할 수밖에 없는 최소윤리라 할 수 있으며, 이를 이행하지 않을 경우 공동체에 상당한 해악을 유발할 것으로 예견되는 까닭에 그만큼 책임도 무거운 부분이라 할 수 있다. 또한 의무사항은 성원들 누구에게나 쉽게 이해되는 공지성을 지녀야 하는바 명시적으로 진술되어야 하고 따라서 규칙화를 요구하게 된다. 그래서 의무의 윤리는 또한 규칙의 윤리(rule ethics)와도 친화성을 갖는다 할 수 있다. 그러나 이같이 규칙에 기반을 둔 의무의 윤리는 준(準)법적 유형의 윤리로서 도덕적 결정성을 제고하기 위한 고가의 비용은 치르게 되는바, 도덕의 본령에서 멀어지게 되고 이에 따라 도덕적 행위자들에게 불만의 소지를 갖게 할수밖에 없는 점이다.[3]

우선 근세 이후 지배적인 의무의 윤리가 갖는 난점은 그것이 정당화에 지나치게 편향된 관심을 갖는 데 비해 동기화의 과제에 대해서는 소홀하다는 점에서 비롯한다. 그 결과로서 도덕적 행위자들은 어떤 행위가 도

<hr />

2) A. Gewirth, Rights and Virtues, *Review of Metaphysics*, Vol. 38.(June, 1985), 739~762쪽.
3) 황경식, 「도덕체계와 사회구조의 상관성」,《철학사상》제32호(서울대학교 철학사상연구소, 2009), 제3절, 제4절 참조.

덕적으로 가치 있고 정당한 의무적 행위임을 알고 있음에도 그것을 행하려는 동기부여가 되지 않아 갈등하고 고심하게 된다. 이 같은 의무감과 동기부여 간의 갈등은 일종의 자기분열(schizophrenia) 현상을 초래하게 되는데, 이는 결코 도덕적으로 바람직한 현상이라 할 수 없으며, 우리가 자주 당면하는 의지 나약, 자기기만, 양심의 가책 등도 이와 비슷한 범주에 속하는 도덕경험이라 할 수 있다.[4]

의무와 동기 간의 이러한 부조화와 갈등은 아는 것과 행하는 것 간의 문제 즉 지행(知行)의 문제와도 관련되어 있다. 소크라테스는 '제대로 알면 행하지 않을 수 없다' 하여 강한 지행합일론을 내세웠지만 우리의 도덕적 현실은 이에 부합하지 않음을 자주 경험하게 된다. 의무로서 정당한 게 무엇인지를 분명히 알고서도 우리는 자주 갖가지 유혹으로 인해 그러한 행위에 미치지 못하게 된다. 도덕적 무관심이나 의지의 나약으로 인해 그러한 의무수행에 실패하게되는 것이다. 물론 자제심의 결여(akrasia)가 생겨난 원인에는 지식의 불완전성도 있기는 하나 정서의 부조화나 의지의 취약도 있음이 인간의 도덕적 현실임을 간과하기 어렵다 할 것이다.

또한 의무의 윤리가 불만족스러운 이유 중 하나는, 도덕적 행위의 스펙트럼에는 의무사항만으로 환원하기 어려운 다양성이 존재하며 따라서 의무사항 일변도의 도덕적 환원주의는 인간의 도덕경험이 갖는 다원성을 무시한다는 점에서 찾을 수 있다. 가령 도덕적 행위를 도덕적 의무사항, 도덕적 금지사항, 나아가 도덕적으로 무관한 허용사항

••

4) M. Stocker, The Schizophrenia of Modern Ethical Theories, *Virtue Ethics*, R. Crisp and M. Slote eds.(New York: Oxford University Press, 1997) 참조.

(permissiveness) 등으로 나눌 경우, 도덕적으로 가치 있는 행위들의 일부가 배제될 수 있다. 이를테면 성인다운 행위(saintly action), 영웅적 행위(heroic action) 등은 도덕적으로 높이 평가되는 행위이기는 하나 앞서 나온 삼분법에는 포용되지 못한다. 이러한 행위는 의무사항이나 금지사항도 아님은 물론 더군다나 허용사항도 아니며 도덕적으로 높이 평가될 권장사항(recommendable)이라 함이 옳을 것이다.[5]

군이 이처럼 대단한 의무 이상의 행위가 아니라 할지라도, 우리의 일상에는 보통 사람들이 조금만 노력하면 수행 가능한 다양한 의무 이상의 행위들(supererogatory actions)이 있다. 친절한 행위, 용기 있는 행위, 배려하는 행위 등은 군이 의무로서 요구되는 건 아니나 도덕적으로 바람직한 행위로서 덕의 윤리에서는 도덕적 행위의 근간을 이룬다. 이상과 같이 살펴볼 때 의무의 윤리는 도덕적 행위에 대해 지나치게 좁은 입장을 취하고 있으며, 따라서 우리는 도덕적 의무사항이나 금지사항, 나아가서는 도덕적으로 무관한 허용사항을 넘어 의무 이상의 행위 즉 도덕적으로 권장할 사항이라는 항목을 포함하는 보다 넓은 스펙트럼을 수용해야 하며, 도덕적으로 가치 있는 것은 오히려 권장사항에 있다고도 할 수 있는 것이다.

또한 의무의 윤리가 갖는 난점은 그것이 지나치게 행위 중심적 윤리라는 점에 있다. 행위는 그 결과가 객관적이고 공적으로 평가할 수 있는 외적으로 표현된 대상이다. 그러나 윤리적으로 이에 못지않게 중요한 것은 외적으로 표현되기 이전의 내면적 가치로서 도덕적 동기와 의도이다. 윤

5) Kyung Sig, Hwang, Dialogue between Eastern and Western Morality-Complementarity of Duty Ethics and Virtue Ethics, *Philosophy and Culture*, Vol. 4, *Practical Philosophy* 2008, Korean Philosophical Association. 41~42쪽.

리나 도덕의 본령은 오히려 이 같은 내면적 가치에 있는 것으로 생각될 수 있으며, 외적인 표현으로서 나타난 행위를 문제 삼을 경우 법과 도덕을 구분하기도 어려워질 것으로 보인다. 또한 이같이 지나칠 정도로 외적 표현을 도덕의 중요한 잣대로 삼을 때 그것은 도덕에 대해 다소간 행태주의적(behavioristic) 편향을 보이는 이해라 할 수 있을 것이다.[6]

나아가서 의무의 윤리는 규칙 중심적 윤리와의 지나친 친화성으로 인해, 외적 표현으로서 행위 중심적 윤리와 마찬가지 관점에서 도덕에 대한 준(準)법적 이해를 보이는 듯이 생각된다. 또한 의무의 윤리는 도덕을 법규의 체계로 이해함으로써 빈틈없는 연역적 체계로 오도할 우려마저 있는 것으로 생각된다. 윤리나 도덕에는 R. M. 헤어(R. M. Hare)의 지적처럼 원칙의 측면과 결단의 측면이 있는 것으로서, 결단의 측면에 주목할 경우 도덕적 주체의 창의적이고 자율적인 선택의 문제를 고려하지 않을 수 없는 것이다. 더욱이 우리가 당면하는 도덕적 상황은 저마다 고유하고 애매한 성질을 갖는 까닭에 주체의 관여에 의한 도덕적 창조성(moral creativity)은 더욱 강하게 요청된다 할 수 있다. 결국 도덕에는 법률가적 모형(lawyer's model)을 생각할 수도 있으나 예술가적 모형(artist's model) 또한 고려되어야 할 것으로 사료된다.[7]

이상에서 제시한 제반 논점들을 참고할 경우, 우리는 근세 이후 지배적인 의무의 윤리가 여러 측면에서 만족스럽지 못하며 따라서 이를 대체할 대안적 모형을 구상하거나 아니면 적어도 상당 부분 보완할 수 있는 여지가 모색되어야 할 것으로 판단된다. 그러나 난국을 타개하기 위

∴

6) 같은 논문, 42~44쪽 참조.
7) 같은 논문, 44~45쪽.

한 대안이나 보완책을 제대로 구상하기 위해서는 신중하게 고려되어야 할 선행 요건들이 있음에 주의해야 한다. 우선 근세 이전의 전통사회를 지배했던 윤리체계인 덕의 윤리가 손쉬운 하나의 대안으로 떠오를지 모르나 시대상황과 사회구조의 변화에 따라 그 같은 윤리가 의무의 윤리로 대체된 만큼 덕의 윤리가 자립적 대안이 되기 위해서는 몇 가지 선결 문제에 대한 해법이 찾아져야 한다. 또한 덕의 윤리가 대안이 아니라 보완책의 하나라 생각될 경우 그러한 보완이 어떤 측면에서 어떤 방식으로 이루어질 것인지에 대해서도 세목에 걸친 점검이 요구된다 할 것이다.

3. 덕윤리의 자립적 재활을 위한 선결 요건

어떤 윤리의 자립성(autonomy of ethics)은 일정한 조건 아래서 그 윤리 체계가 다른 윤리체계에 의존하거나 다른 윤리체계의 도움이 없이도 일상인의 행위지침으로서 역할을 할 수 있는지에 달려 있다. 한때 전통사회에서 덕의 윤리가 자립적 규범체계로서 기능할 수 있었던 것은 몇 가지 선행 요건이 충족된 상황이 성립했기 때문이다. 덕의 윤리는 동서를 막론하고 전통과 관행을 공유하는 소규모 마을이나 촌락공동체 속에서 작동했던 규범체계였다. 이 같은 공동체에서는 성원들이 대체로 상호 인지하는 가치관과 이를 구현하는 전통과 관행을 공유하고 있었기에 덕의 윤리가 행위지침으로 가능할 수 있는 기반이 성립하고 있었다.

이같이 공유된 기반 위에서 성원들은 일정한 덕이 지정하는 도덕적 행위에 대한 공유된 인식을 지니고 상호 간에 예측 가능한 기대 속에서 살 수 있었다. 이러한 공유된 인지적 지도는 덕의 도덕적 결정성(moral determinacy)을 상당한 정도로 제고했으며, 그들의 예상이나 기대는 대체로 충족되었고 그로 인해 동기부여는 더욱 강화되었다 할 수 있다. 이렇게 생각할 때 일정한 도덕체계는 사회구조와 긴밀한 상관성을 지닌다고 할 수 있다.[8] 따라서 사회구조가 달라질 경우 새로운 사회구성체는 그 사회구조를 효율적으로 관리·운영할 수 있는바 그러한 구조에 걸맞은 도덕체계를 요구할 것으로 추정할 수 있다.

중세가 지나 근세로 진입하면서 전통적인 공동체는 서서히 해체되었으며 성원들이 자신의 이해관계에 따라 이합집산 하는바 이익 추구적 시민사회가 등장하게 된다. 이 같은 시민사회는 가치관의 분화와 다원화를 불러왔으며 이를 관리할 수 있는 정치이념으로서 자유주의의 출현을 추동했다. 자유주의적 다원사회에서는 연고적 유대가 공고했던 전통사회와는 달리 성원 상호 간에 고도의 익명성이 형성되었고 특히 공적 영역을 제외한 비(非)공적이고 사적인 영역에서는 익명성의 보장이 요청되었다. 가치관의 다원성은 성원 간의 규범체계를 최소화할 것을 요구했으며, 사생활에 대한 익명성의 요구는 규범의 공지성과 더불어 규범체계를 사회윤리적이고 공적인 윤리에로 추동해갔다.

덕의 윤리를 재활하고자 하는 프로젝트를 위해 요구되는 첫 번째 사항은, 덕의 윤리가 갖는 도덕적 결정성을 제고하는 방도의 구상이다. 당면한 상황에서 덕이 제시하는 행위지침이 사람에 따라 다르게 해석될 경우, 덕의 윤리는 도덕적 미결정성의 난점을 갖게 된다. 물론 동서의 덕윤리는 이 같은 미결정성을 최대한 배제하기 위해 갖가지 방도를 모색해왔다. 아리스토텔레스는 도덕적으로 요구되는 의무사항늘을 분명히 하기

8) 황경식, 앞의 논문(2009) 참조.

위해 에토스와 노모스를 병렬했다. 서구의 스토아적 덕윤리에서는 덕과 규칙의 관계를 주제적으로 다룸으로써 규칙화가 덕윤리에서도 본질적으로 요구된다고 보았다. 동양의 유교윤리에서도 규칙화를 통한 예(禮)의 체계를 제시함으로써 덕윤리의 다양한 주관적 해석가능성을 최대한 경감하고자 했다.[9]

근대 이후 익명적이고 다원적인 시민사회에서는 도덕적 결정성이 더욱 중요한 사항으로 제기됨에 따라 최소화 전략에 의거해, 사회규범을 최소윤리로서 의무의 윤리로 대체시키고 명시화 전략에 의거해 개별행위 중심적 윤리 내지 규칙 중심적 윤리로 전환시키기에 이른다. 그러나 이미 앞서 지적한 대로, 도덕적 결정성이라는 현실적 요구에 지나치게 집착할 경우 다양한 상황들에 내포된 애매성이나 주체의 자유로운 선택을 위한 창조성의 여지를 질식시키게 된다. 인간만사가 그러하듯 인간들이 당면한 도덕적 상황은 개념적 환원주의로 재단하기가 어려우며 지나친 환원은 결국 우리 도덕경험의 다양성을 무리하게 유린하는 결과를 가져오는 나머지 또 다른 극단적 대안을 추구하게 하는 빌미를 주게 된다.

만일 사정이 이러함에도 불구하고 덕의 윤리를 자립적 윤리체계로 재활하는 프로젝트에 집착한다면, 우리는 그러한 덕의 윤리가 번성하고 행위지침으로서 작동할 수 있는 사회형태를 구상하고 현실사회를 그와 같은 형태로 재편성하고 개혁할 수 있는 전략을 제안하는 과제를 고민해야 한다. 사실상 대부분의 덕윤리가 생겨난 기원이나 사회적 기반은 모두가 소규모 마을이나 촌락공동체였다. 또한 매킨타이어를 위시해서 덕윤리

9) 황경식, 「도덕행위의 動機化와 修養論의 문제: 의무와 덕이 상보하는 통합윤리의 모색」, 《철학》 제102집(한국철학회, 2010년 봄 호).

재활을 위한 사회구성체에 관심을 갖는 책임 있는 덕윤리학자들은 모두가 이 같은 소규모 지역공동체(local community)를 덕윤리 구현의 현실적 기반으로 제안하고 있다.[10] 그러나 과연 이러한 소규모 공동체를 기반으로 한 덕윤리가 현실적이고 설득력 있는 대안이 될 수 있는가? 만일 그렇지 못할 경우 덕윤리학자들은 잃어버린 과거에 대한 노스탤지어를 노래하는 무력한 낭만주의자들에 불과한 것이 아닌가?

물론 소규모 지역공동체가 전적으로 현실적 호소력이 없는 대안은 아니다. 오늘날에도 도회지의 주변에 마을공동체들이 산재하고 있으며 또한 도시문화에 지친 자들이 뜻을 모아 삼삼오오 마을공동체를 이루고자 하는 시도들이 있다. 또한 세계 곳곳에 민족, 종교, 혹은 삶의 방식을 공유하는 자들 간에 시도되고 있는 공동체(commune) 운동 또한 부분적으로 유망한 실험이기도 하다. 그러나 이 모든 것들은 거대한 자본주의적 산업사회에 기생하는, 따라서 그런 거대사회의 생산력과 공급에 의존할 수밖에 없는 것이 아닌가 생각된다. 진정으로 현실사회를 소규모 공동체로 재편하고자 할 경우 보다 설득력 있는 사회경제적 접근이 기필코 요청된다 할 것이다.[11]

결국 덕윤리의 자립적 재활 프로젝트는 전적으로 비현실적인 것은 아니나 적어도 현대사회에서 현실성이 희박한 발상이 아닌가 생각된다. 순수한 덕의 윤리가 인간의 행위지침을 제공하는 자립성을 갖는다고 보기는 어려우며 그 어딘가에 준(準)법적 의무윤리를 전제하거나 자신 속에

∴

10) A. MacIntyre, *After Virtue*, 2nd ed.(Indiana: University of Notre Dame Press, 1984), 263쪽.
11) 황경식, 앞의 논문(2009) 참조.

규칙화 절차를 도입함으로써 도덕적 미결정성을 배제하는 노력이 불가피하다고 생각된다. 사회가 다원화·복잡화될수록 이 같은 절차에 대한 요청이 더욱 강해진다 할 것이다. 또한 덕윤리의 자립적 재활을 위해 그게 걸맞은 공동체의 형태로 현대사회를 재편성하는 대안 또한 그다지 매력적이거나 현실성 있는 대안이라 할 수 없는 것으로 보인다. 결국 우리의 결론은 덕의 윤리가 도덕체계로서 자립성을 견지하는 일은 개념적으로나 현실적으로 쉽지 않은 과제라 생각된다는 것이다.

4. 의무윤리의 대안 아닌 보완으로서의 덕윤리

덕의 윤리가 개념적으로나 사회적으로 윤리체계로서 자립성을 확보하기 어렵다는 논변이 어느 정도 타당성을 갖는다면, 그럼에도 불구하고 근세 이후 지배적인 의무의 윤리에 대한 상당한 불만족이 있다는 점 또한 의미 있는 메시지로서 받아들일 수 있다면, 우리는 덕의 윤리가 의무윤리를 대체할 수 있는 대안은 아닐지라도 그 부족한 점을 채울 수 있는 보완책으로 수용할 수 있는 가능성을 타진할 수 있을 것이다. 자본주의에 기반을 둔 현대의 자유주의적 다원주의 사회를 해체하고 소규모 지역사회로 재편성할 혁명적 사회공학이 존재할 수 없다면, 이 같은 가능성은 우리에게 차선책일지는 모르나 현실적으로 가능한 유일한 출구일 것이기 때문이다.

매킨타이어를 위시한 일부 덕윤리학자들은 자본주의를 기반으로 한 자유주의 사회가 덕의 윤리가 구현되고 번성하기가 불가능한 사회라고 본다. 특히 이 점은 자본주의 사회에서 노동의 단순화 내지 인간 소외현상과 관련해서 논의되고 있으며, 이러한 노동현실에서는 노동이 단지 생존을 위한 수단화, 임금노동화됨으로써 외재적 가치를 지향하는 것일뿐 내재적 가치를 지향하는 의미 있는 관행(practice)으로 성립하기 어렵다는 것이다. 그러나 노동의 인간소외 현상은 과거 가내수공업 시대에도 없었다고 보기는 어려우며 또한 오늘날에서도 각종 전문직들에서 의미 있는 관행이 될 수 있는 다양한 직종이 있음을 염두에 두어야 할 것이다.[12]

노동의 인간소외가 없는 공동체로서 공산주의사회(communist society)를 열망하면서도 자본주의적 생산양식에서나 가능한 거대한 상상력에 열광한 자가 마르크스였다. 우리 역시 현대의 사회경제적 토대를 전적으로 부정하지 않는 한에서, 나아가 그 위에 기반을 둔 자유주의적 다원사회를 인정하는 한에서 의무의 윤리를 규범의 근간으로 하되 덕의 윤리가 어떤 점에서 이를 보완할 수 있을지 고민해보고자 한다. 우선 의무의 윤리는 근세 이후 우리의 도덕생활에서 주로 공적 영역에 적용하기 위해 구상된 윤리이다. 따라서 덕의 윤리는 일차적으로 비(非)공적이고 사적인 영역에 보다 적합한 윤리라 생각된다.[13] 지금 우리의 일상에서도 사회윤리나 공공도덕보다는 개인윤리에서 덕윤리의 전통이 많이 남아 있음도 이 점과 상관된다 할 것이다.

그러나 덕의 윤리가 일차적으로 영역 구분에서 보아 비(非)공적이고 사적인 영역에 보다 적합한 윤리임이 사실이기는 하나, 일단 이 점을 받아들이고 나면 사실상 덕의 윤리는 이 같은 영역 구분을 넘어 다양한 영역

----

12) A. Mason, MacIntyre on Modernity and How It has Marginalized the Virtues, ed. R. Crisp, *How Should One Live?*, *Essays on the Virtues*(Oxford: Clarendon Press, 1996), 199쪽.
13) 황경식, 앞의 논문(2009) 참조.

과 직종에 광범위하게 응용될 여지가 있음을 수긍하게 된다. 덕의 윤리는 사적 영역을 넘어 공적 영역 즉 시민윤리에서도 시민의 덕을 함양하고 교육하는 데 유용하다. 또한 공직자의 덕을 위시하여 교육자, 법조인, 의료인 등 역시 그 직종에 맞는 미덕을 개발하고 교육할 수 있는 여지가 생긴다. 그래서 근래에는 직업윤리에서도 성공(success) 못지않게 봉사(service)의 측면도 강조되며, 덕의 윤리는 직장인으로서의 성공만이 아니라 인간으로서의 보람과 행복을 위해서도 강조되고 있다.[14]

자유주의는 비록 덕을 정치의 목적으로 하는 완전주의(perfectionism)에 대해서는 비판적이지만 덕을 정치의 수단으로 수용하는 입장까지 배척할 이유가 없다고 할 수 있다.[15] 자유주의가 덕을 배제할 이유가 없음을 이해하기 위해 정치의 주요 목적이라 할 수 있는 정의의 수행 방식을 생각해보자. 이 같은 방식 중 하나는 정의의 원칙이 행위를 강제하는 부담으로서 사람들이 외면적·형식적으로만 그에 따르는 수행 방식이다. 이럴 경우 사람들은 공적 영역에서는 처벌의 공포가 두려워 정의의 원칙에 따르기는 할 것이나 그 원칙이 성품에 영향을 주지 않는 한 사적인 영역에서는 여전히 부정의를 쉽사리 자행할 가능성이 열려 있게 된다.

이는 자유주의 사회를 안정적으로 발전시키기 위해서는 불충분한 수행 방식이 아닐 수 없다. 나아가 그것은 오히려 자유주의를 자멸시키는 결과로 이끌 수도 있다는 비판을 면하기 어려울 것으로 생각된다. 자유주의는 정의의 원칙을 내면화하고 그에 기반을 해서 행동하는 수행 방식

14) T. Airaksinen, Professinoal Ethics, *Encyclopedia of Applied Ethics*, Vol. 3. (San Diego [etc.]: Academic Press, 1998), 677쪽.

15) A. Mason, 앞의 논문 참조.

을 선호할 것으로 보인다. 이런 수행 방식에서는 정의의 원칙이 단순히 행위만이 아니라 성격의 형성과 변화에도 영향을 미칠 수 있다.[16] 이같이 생각할 때 자유주의에서 배제되는 것은 정치의 외재적 목적으로서 덕일 뿐 정치에 내재하는 수단으로서의 덕, 다시 말해 타인의 권리를 존중하고 다른 의견을 가진 자에게 관용을 베풀며 정의에 자발적으로 따르고자 하는 성향 즉 정의감 등을 오히려 필수적으로 요청한다 할 것이다.

근세 이후 다원주의라는 사회적 현실에 대한 대응책을 추구하는 가운데 정치적으로는 자유주의가, 도덕적으로는 의무윤리 등 최소주의적 전략이 제시되었다. 비록 다소 다른 두 가지 측면에서 제안된 것이긴 하나 이들은 모두 다원주의를 관리하기 위한 근대적 프로젝트(modern project)의 일환이라 할 수 있다. 그런데 지금까지 일반적으로 자유주의나 의무윤리는 덕의 윤리에 대해 적대적이거나 아니면 적어도 비우호적이라는 견해가 지배적이었다. 그러나 우리가 보기에 이러한 견해는 지극히 흑백논리적 발상에서 유래한 것으로 보인다. 최대윤리이건 최소윤리이건 혹은 공동체주의이건 자유주의이건 간에 그에 걸맞은 덕윤리는 구상될 수 있을 뿐만 아니라 충분히 실현 가능할 것으로 생각된다.

물론 자유주의적 다원사회가 덕목들이 번성하게 될 환경으로서 최상의 조건은 아니며 소규모 지역공동체가 좀 더 유리한 조건일지도 모른다. 그러나 제대로 된 시민교육이나 덕성교육을 통해 유덕한 시민의 육성이 불가능하다고 생각하지는 않는다. 시민들이 그러한 덕목을 제대로 갖추지 못함으로써 의무나 정의를 위배했을 경우 당하게 될 처벌의 고통이 그 같은 덕복 습득을 재촉하는 동기화의 에너지가 될 수도 있으며, 나

16) 같은 논문 참조.

아가 그런 덕목의 체득으로 인해 자족하고 행복한 삶의 영위가 또 다른 하나의 유인이 될 수 있을 것이다. 여하튼 이 같은 주장들의 진위는 경험 과학적 검증에 의해 밝혀질 것인바 자유주의적 다원사회가 원리상 덕의 윤리에 비우호적이라는 입장은 자명한 것은 아니라고 판단된다.

5. 윤리교육의 새로운 모형과 수양론의 문제

근래에 우리는 윤리교육이라 하면 도덕적 사고(moral thinking)를 중심으로 한 교육을 떠올리게 되고 또한 이런 교육은 자주 도덕적 선택을 두고 고심하는 딜레마(dilemma) 모형을 기반으로 하고 있음을 알 수 있다. 이 모형에는 도덕적 행위자가 선택의 기로에서 둘 이상의 선택지를 두고 자신이 당면한 문제상황의 해답을 찾기 위해 숙고하는 것으로서 도덕적 사고력을 개발하는 데 크게 도움을 줄 수 있다. 그러나 우리의 도덕적 실천에서는 이러한 지적 각성이나 인지적 요인이 우선적으로 중요한 게 사실이나 그것이 충분조건일 수는 없는 것이다.

우리는 도덕적 선택상황에 당면해 자주 딜레마에 봉착하여 고심하는 것도 사실이지만 그에 못지않게 옳은 길이 무엇인지를 알면서도 갖가지 유혹이나 외적·내적 장애로 인해 행동으로 옮기지 못하는 경우도 많다. 이 가운데서도 특히 우리가 주목해야 할 것은 내적 장애와 관련된 것으로서 옳은 것을 알면서도 의지의 나약이나 감정의 부조화로 그것을 행하지 못하거나 혹은 행하더라도 주저하거나 마지못해 행하게 되며 행한 후에도 마음이 편하지 못한 경우이다. 이는 도덕적 실천과 관련하여 지적 각성에 더해 의지의 강화나 감정의 조율 문제가 중요하며 그와 상관된

교육의 필요성을 함축하고 있다 하겠다.[17]

물론 의지의 나약과 감정의 부조화는 자주 중첩되기도 한다. 좋은 것과 옳은 것이 무엇인지를 알기는 하나 그것을 기꺼이 행하거나 또는 행하고서 즐거움을 느끼고 행복해하는 감정적 조율이 없다면, 그러한 행위를 행하려는 의지 또한 나약하고 취약할 것은 당연하다 할 수 있다. 그래서 희랍철학에서와 같이, 오늘날 우리의 개념과 같은 의미의 의지라는 말이 없을 경우에도 지적 불완전이나 감정의 부조화만으로 도덕적 실패를 온전히 표현할 수 있기도 했다.[18] 그러나 의지의 나약과 감정의 부조가 언제나 일치하지는 않으며 개념적으로나 경험상으로 양자는 엄연히 구분할 수 있다. 물론 이 양자를 구분할 경우에서도 의지와 감정은 언제나 긴밀한 상관관계 속에서 다루어져야 할 것이다.

이러한 관점에서 볼 때 희랍철학에서 아크라시아(akrasia)는 의지의 나약으로 옮겨서는 오해의 소지가 있으며 자제심의 결여라 함이 옳다. 물론 이 같은 자제심의 결여가 생겨난 원인은 지식의 불완전에서 올 수도 있고, 감정의 부조화에서 유래할 수도 있으며, 오늘날 우리의 용례에서와 같이 의지의 나약에서 올 수도 있다. 소크라테스와 같이 주지주의적 성향의 철학자는 그러한 자제심의 결여를 지적 각성에서 해결하고자 할 것이며, 주정주의적 입장에 서는 철학자는 감정의 조율에서 해법을 찾고자 할 것이고, 기독교사상에서와 같이 주의주의적 입장에 설 경우에는 의지의 연마와 단련을 통한 의지력 강화로 극복하고자 할 것이다.

∴

17) 황경식, 앞의 논문(2010) 참조.
18) 전공자가 아닌 학자들 사이에는 상당한 오해가 있으나, 전공자들 사이에는 아크라시아를 '자제심의 결여'로 옮기는 것에 합의가 이루어지고 있는 듯하다.

이상과 같은 관점에서 고려할 때 도덕교육을 현행과 같이 도덕적 사고 교육에 국한할 경우 우리는 도덕교육의 목적을 제대로 달성하기가 어려워진다. 도덕적 실천을 담보하기 위해서는 인지적 개발이나 각성에 더해 의지를 연마하고 단련하는 프로그램과 감정을 정화하고 조율하는 프로그램이 요구된다 할 것이다. 우리의 교육이 지나치게 인지주의적이고 지식 위주의 교육으로 왜소화되기 이전 우리의 교육이념은 지육(知育), 덕육(德育), 체육(體育) 등 3위 1체를 기반으로 한 적이 있다. 또한 입시 위주의 교육으로 파행적으로 운영되기 이전 교육은 갖가지 예능교육의 보조를 받을 수 있었다. 미술과 음악 등과 더불어 덕육과 체육 등은 모두가 의지강화와 함께 감정조율에 기여한다고 볼 수 있다. 이 모든 교육이 정상화되고 복권되기 위해서는 빨리 입시 위주의 교육에서 벗어나고 그러한 교육과정이 좀 더 현대화된 프로그램으로 개발되어야 할 것이다.

덕의 개발과 함양의 과제는 위에서 지적했듯 지적인 각성, 의지의 강화, 감정의 조율 등 마음의 전반적 가능들이 동참하는 그야말로 전인격적 프로젝트라 할 수 있다.[19] 그러나 또한 인간이 합리적 존재인 한 이 세 기능 중에 주도적인 것은 어디까지나 인지적 기능이 되지 않을 수 없다. 인지적 기능의 안내에 따라 의지가 단련되어야 하고 감정이 조율되어야 할 것이다. 그리고 이 같은 기능들의 제휴 아래 성취되는 결과가 덕윤리에서는 유덕한 인격이나 성품(traits of character)이라 할 수 있다. 덕윤리의 일차적 목표는 개별행위가 아니라 그러한 행위의 기반이 되는 성품 즉 존재의 변화라 할 수 있다. 그러나 성품의 형성 또한 개별행위들이 집적된 산물이라면 행위와 성품 간의 관계에 대해서는 좀 더 깊은 논구가

19) 황경식, 앞의 논문(2010)에서 상론되고 있다.

요구된다 할 것이다.

근세 이후 지배적인 의무의 윤리는 성품 형성보다는 개별행위를 중심으로 논의가 이루어졌다. 개별행위에 대해서도 우리의 도덕판단이나 의도를 외적으로 표현하는 수행적(performative) 기능에 초점을 두고 있었다. 그래서 행위자로부터 개별행위는 원인과 결과의 단선적이고 일방적인 인과관계 속에 있게 된다. 그러나 덕의 윤리는 행위의 이러한 수행적 기능만이 아니라 그 개별행위의 결과가 다시 행위자에게 영향을 미쳐 그의 성품을 변화시키고 형성하는바 행위의 형성적(formative) 기능에도 주목한다. 따라서 행위자로부터 행위로 단선적 인과관계가 성립하는 게 아니고 다시 행위로부터 행위자에게 인과적 영향을 미치는바 복선적인 피드백 관계가 형성된다는 점이다.[20]

나아가서 행위자에서 행위로 그리고 행위에서 다시 행위자에게로 인과적 영향이 복합적으로 오가는 가운데 성향과 성품이 형성되고 그와 더불어 어떤 인식이 형성·발전하게 된다. 그런데 이 같은 인식이 단지 이론적 인식이 아니고 현실의 실천적 맥락에서 형성된 실천적 지식(practical knowledge)의 함축을 지니게 된다. 실천적 지식은 더욱 세련되고 발전됨으로써 좀 더 온전한 실천적 지식 즉 실천적 지혜(practical wisdom)의 단계에까지 나아가게 된다. 이러한 지식의 형태에서는 이원적으로 성립하는 지(知)와 행(行)이 새삼스럽게 어떤 관련을 맺는 것이 아니고 이미 태생적으로 실천적 맥락에서 생겨난 지혜인 까닭에 "알면 행한다"라는 명제가 의미 있는 입론으로 이해될 수 있는 것이다.[21]

••

20) Aristotle, *Nicomachean Ethics*, 1104b 3~8.
21) 황경식, 앞의 논문(2010) 참조.

이상과 같이 행위의 형성적 기능과 실천적 지혜에 주제적 관심을 가진 덕윤리학자들은 동서를 두루 해서 그 수가 적지 않을 것이다. 그러나 아리스토텔레스의 윤리학에서는 어린 시절에 반복적 습관화를 통해 덕의 습득을 암시했을 뿐 덕의 함양을 위한 자율적 수양론이나 공부법에 대한 자상한 천착은 없는 것으로 보인다. 덕성교육은 어린 시절 한때 거치는 것이 아니라 부단한 자기수양과 수행을 통해 진행되어야 할 평생교육의 과제가 아닐 수 없으며, 이 점에서 불교의 수행법이나 유학의 수양론은 덕윤리 교육을 위해 참조되어야 할 소중한 유산이 아닐 수 없다. 이 같은 점을 고려해볼 때 '도를 닦고 덕을 쌓자'라는 것은 덕윤리의 영원한 과제이자 명법이라 생각된다.

◆ **의무의 윤리와 덕의 윤리 대비표**

의무의 윤리(morality of duty)	덕의 윤리(morality of virtue)
의무주의(deontology) 　→ 비결과주의 윤리 결과주의(consequentialism) 　→ 공리주의	목적주의적(teleological) 　→ Aristotelian 비목적주의적(non-teleological) 　→ non-aristotelian
행위 중심적(action-centered) 　→ 개별행위 중시	행위자 중심적(agent-centered) 　→ 성품, 존재 중시(traits of character, being)
규칙 중심적(rule-oriented) 　→ 도덕은 규칙의 체계	덕목 중심적(virtue-oriented) 　→ 규칙화의 한계 인지
의무 중심적(Duty-centered) 　→ 최소윤리관(minimum morality)	의무+의무 이상의 행위(duty+α) 　→ 최대윤리관(maximum morality)
정당화 중시 〉 동기화 보조 (justification 〉 motivation) 　→ 도덕인식론, 규범윤리로 발달	동기화 중시 〉 정당화 보조 (motivation 〉 justification) 　→ 수양론, 도덕교육론 발달
도덕적 사고 교육(moral thinking) 　→ 도덕적 딜레마(moral dilemma) 　　모형 이용	덕성 함양 교육(cultivation, inculcation of virtues) 　→ 수양론 중시 　　(지적 각성, 의지 단련, 감정 조율)

제2장
군자와 시민의 만남은 가능한가?

1. 군자와 시민의 만남은 가능한가

미래학자 앨빈 토플러(Alvin Toffler)는 『제3의 물결(*The Third Wave*)』에서 인류의 문명은 농경사회(agrarian society), 산업사회(industrial society), 산업 이후의 사회(post-industrial society) 등 3단계를 거쳐 전개된다고 했다. 요즘 흔히 운위되듯 산업화 이후의 사회를 정보화사회 내지는 정보사회(information society)라 한다면, 역사는 크게 농경사회, 산업사회, 정보사회로 발전해간다 할 수 있으며 각 단계는 문명의 구조 즉 생산양식에 의해 특징된다고 할 수 있다. 그리고 각 문명의 양식은 그에 걸맞은 문화양태 및 의식구조를 갖는다고 할 경우, 위의 각 문명 단계는 그에 부합하는 나름의 문화 및 의식 구조와 상관된다고 할 수 있다.

그런데 비록 우리가 마르크스의 교설을 모두 받아들이기는 어렵다 할지라도 문화양태나 의식구조 즉 상부구조가 문명의 방식이나 생산양식, 다시 말해 하부구조에 의존한다는 입장을 전적으로 부인하기는 어려우리라고 본다. 물론 여기서 하부구조에 대한 상부구조의 의존 관계가 인과적 결정 관계라는 강한 의미로 받아들일 이유는 없으며, 상부구조의 부분적 자립성(partial autonomy)이나 상하부 구조 간의 상호작용을 배제할 필요도 없다고 생각된다. 상부구조는 하부구조에 의존해 있으면서도 하부구조로 환원되는 것은 아니다. 상부구조는 부분적 자율성을 갖는다는 의미에서 하부구조에 수반(隨伴, supervence)한다고 함이 적합할지도 모른다.

이처럼 상부구조인 문화가 하부구조인 문명에 수반한다고 해보자. 그런데 인간관과 가치관 혹은 윤리관 역시 문화의 한 양태 즉 상부구조의 일부라 할 경우, 그것들 역시 하부구조에 수반하는 현상이라 할 수 있다. 다시 말하면 농경사회적 문명에서는 농경사회적 인간관·가치관·윤리관이 가능하게 되고, 산업사회적 생산양식에서는 산업사회적 인간관·가치관·윤리관이 성립하게 되며, 정보사회에서도 동일한 이야기가 추정적으로 타당하다 할 수 있다. 이상과 같은 사변이 전제될 경우, 비록 우리가 하부구조가 상부구조를 인과적으로 결정한다는 마르크스적 해석가도 아니고 혹은 존재나 사실에서 당위나 가치를 논리적으로 연역하려는 윤리적 자연주의자(naturalist)는 아닐지라도 상하부 구조 간의 관계를 우연적이거나 자의적인 것으로 생각하기는 어려울 것으로 보인다.

다시 말하면, 산업사회적 기초 위에 농경사회적 윤리체계를 세우려는 시도는 논리적으로 불가능하다 할 수는 없으나, 지금까지의 사변에 의거해볼 때 현실적으로 불가능하거나 부자연스럽다고 판단된다. 도덕의식이 그 바탕이 되는 물적 토대와 단순한 우연적 관련 이상으로 적합하고 적실한 관계에 있다 할 경우, 바람직한 도덕생활을 위해 그에 맞게끔 문명의 틀을 바꾸고 하부구조를 개혁하는 일은 생각해볼 수 있을지 모르나 전혀 이질적인 상하부 구조를 접합하려는 시도는 불가능할 뿐만 아니라 바람직한지조차 의심스럽다. 이런 맥락에서 볼 때, 산업사회에 농경사회적 공동체 윤리를 부활시키려 하거나 정보사회에서 산업사회적 가치관에 고착하려는 생각은 시대착오적 발상이라 생각된다.

이상과 같은 관점에서 볼 때 군자와 시민을 비교 연구하고 이 양자를 발전적으로 지향할 가능성을 타진하는 일이 우리의 과제라면, 그것은 처음부터 가당치 않은 일이 아닐 수 없다. 상하부 구조 간의 수반 관계를 받아들일 경우 우리가 추구할 만한 합당한 과제는 다음과 같은 것이 될 수 있다. 유교적 윤리체계야말로 진정으로 인간적 삶을 보장하는 유일한 체계라면 우리는 산업사회적 하부구조를 대폭 수정하거나 폐기해야 할 것이며, 이 일이 불가피하다면 남은 대안으로서 우리는 어떤 유형의 시민윤리 체계를 불가피하게 추구하지 않을 수 없다.

문제를 이같이 극단적으로 설정하지 않을 경우는 어떤 종류의 조정 대안이 있을 수 있는가. 이를테면 공적 영역에는 시민윤리를 확립하고 사적 영역에서는 유교적 덕의 윤리를 수용하는 대안, 아니면 사회 전반적인 시민윤리의 기초 위에 이념을 함께하는 유교적 부분 공동체(commune)를 수용하는 대안, 더 나아가 시민윤리를 시민 각자가 체득하되 그것을 덕윤리적 양식으로 발전시킴으로써 군자적 시민상(citizenship as moral gentleman)을 개발하는 대안 등을 구상해볼 수 있을지 모를 일이다.

2. 군자 개념의 등장과 의미론적 전환[1]

군자는 유가철학에서 이상적으로 생각하는 인격 중 하나이다. 군자 이외에도 성인, 현인, 대인, 대장부 등이 항상 함께 떠올리게 되는 이상적 인격 유형들이다. 그런데 유가에서 이상적 인격이란 일종의 가치체계에 속하는 것으로서 여러 층차의 구조를 가지고 있다. 군자는 성인과 현인보다는 못하지만 그에 버금가는 이상적 인격이라 할 수 있다. 조선 시대의 유학 즉 주자학을 바로 성인의 학〔聖學〕이라 하여 당시 위정자나 선비들이 지향하는 내성외왕(內聖外王)의 이념을 실현하고자 할 때, 성인은 이상적 인격의 모델이 되었다. 이러한 이상적 인격을 지향하는 선비들에게 군자가 되는 공부는 그 과정에서 성인보다는 비교적 쉽게 달성되는 중간 단계 정도로 생각되었던 것으로 보인다.

조선 시대에서는 지식인〔士〕이라면 누구나 군자가 되는 이상을 가지고 있었다. 현상윤은 『조선유학사』에서 유교의 공과 과를 논의하는 가운데 세 가지 공덕 중에서 군자학에 힘썼던 것을 그 하나로 꼽고 있다. 그에 따르면 외국인들이 우리나라를 동방예의지국이라 부르게 된 것도 "소인이 되지 말고 군자가 되라"라는 군자학의 영향에 기인하며, 이러한 명법은 그 감화력에서 수천의 감옥이나 형벌보다도 컸으며 조선 왕조의 정치가 다스리지 않았는데도 다스려지고〔不治而治〕벌주지 않아도 감화〔不罰而化〕된 일도 이로 말미암은 것이라 적고 있다. 그런데 이러한 군자학에 대한 장려나 기풍은 일제식민지 과정과 해방 이후 서구화 과정을 거치면서 차츰 사라져버렸고 근대 시민정신도 아직 뿌리내리지 못한 상황에서 우

∴
1) 이 글의 제2장은 정인재 교수의 자료를 요약, 가필한 것이다.

리는 극심한 가치관의 혼란을 겪고 있다 할 것이다.

군자라는 개념은 그 유래가 상당히 오랜 역사를 갖는 것으로서 원래 신분적 등급을 가리키던 개념이 도덕적 인격을 뜻하는 개념으로 의미 전환(meaning shift)을 하게 되었다는 점에 주목할 필요가 있다. 원래 군자라는 용어는 왕후·공경·대부 등 통치계층을 가리켰으며, 이와 대비되는 소인은 서민·노예 등 피지배계층을 가리키는 말이었다. 권력이 봉건 귀족에 의해 장악되었던 공자의 시대에 이르기까지 군자(君子, gentleman, superior man)라는 말은 귀족 가문에 태어난 자만을 가리키는 용어였다.

군(君)은 지배 귀족의 성원을 가리키고 자(子)는 자손을 뜻하는 말이다. 따라서 귀족의 자제라면 그의 행실에 상관없이 군자라 불릴 수 있었다. 그러나 공자는 이러한 용법을 전적으로 바꾸어놓았다. 공자는 신분과 상관없이 누구든지 행실이 귀하고 의로우면 군자가 될 수 있다고 주장했다. 또한 누구도 출신 성분에 의해 군자로 대접받을 수는 없으며 이는 전적으로 행실과 품성의 문제라고 못 박았다. 공자는 지배계층이 어떤 방식으로 행동해야 하는지를 알았으며 또한 귀족들이 군자로 불림으로써 어떤 특전을 요구하는지도 알았던 까닭에, 자신이 권장하고자 하는 덕목을 소지한 자들에게 군자라는 용어가 적용되는 것이 명실상부하다고 생각했다. 따라서 공자는 군자라는 말의 적용 대상을 바꿈으로써 그 용어의 긍정적 의미를 보존하게 된 것이다. 이로써 군자는 혈통과 무관하게 도덕적으로 우월한 인격을 가리키는 말로 의미 전환을 하게 되었고, 이로써 공자는 도덕적 사회 혁명을 기도했다고 할 수 있다.

공자의 핵심 사상을 인학(仁學)이라 한다면 그것을 실천궁행하는 인격자가 바로 군자였다. 공자는 "군자가 인을 버리면 어찌 그 이름을 이루겠는가(君子去仁 惡乎成名)?"라고 반문한다. 공자에 따르면, 군자는 어디까지나 근본에 힘쓰는 자이며 그 근본은 바로 인을 실행하는 것, 좀 더 구체적으로 말하면 효제(孝悌)에 힘쓰는 것이다. 공자는 인의 실천을 먼 데서가 아니라 가장 가까운 가정에서 부모에 대한 공경과 형제에 대한 사랑을 실천함으로써 이루어진다고 보았다.

또한 공자는 자신의 도(道)는 하나로 꿸 수 있다고 술회했으며 그의 제자 증자(曾子)는 이를 충과 서[忠恕]로 요약했다. 풍우란(馮友蘭)의 주석에 따르면, 충이란 "자기가 서고 싶으면 남을 세워주고 자기가 도달하고 싶으면 남을 도달하게 하는"바 자신을 미루어 남을 헤아리는 마음이며, 서는 바로 "자기가 당하고 싶지 않은 일은 남에게도 가하지 않는" 일종의 황금률로 보고 있다.

이를 미루어보면, 결국 군자는 일상생활에서 인을 실천하면서 사는 인격자이므로 충과 서를 생활화하고 있는 사람이다. 또한 그러한 사람을 성인처럼 지극히 보기 드문 존재가 아니라 현실적으로 만날 가능성이 있는 존재라고 공자는 생각했다. 이런 의미에서 공자는 성인 대신 보다 현실적 대안을 제시했다고 할 수 있다. 공자는 이 세상 언제 어디에서나 두루 통할 수 있는 덕인 지혜[智], 인자[仁], 용기[勇]를 겸비하는 일을 군자의 나아갈 길이라 생각했다.

이같이 부단히 자기완성을 위해 수양하는 군자는 사회규범[禮]을 참되게 실천하는 인격을 말한다. 공자에 따르면, 의로움[義]을 바탕[質]으로 삼고 이를 예법을 통해 밖으로 표현[文]하는 그야말로 바탕과 외양을 고루 갖춘[文質彬彬] 자가 바로 군자이다. 특히 군자의 인격이 갖는 특성은 소인과의 대비를 통해 자주 묘사되곤 한다. 이를테면 "군자는 덕을 마음에 품고 소인은 땅마지기나 생각하며, 군자는 법도에 맞는 것을 생각하고 소인은 혜택 받기를 기다린다(君子懷德 小人懷土 君子懷刑 小人懷恩)." "군자는 의에 밝은 데 비해 소인은 이에 훤하다(君子喩於義 小人喩於利)." "군자는 서로 친밀하되 패거리를 만들지 않는데 소인은 패거리를 만들되 진실한 정이 두루 통하지 않는다(君子周而不比 小人比而不周)." "군자는 한 가지 기예에 능하기보다는 모든 일에 두루 쓰일 수 있다." 결국 군자란 도덕적 행위주체(moral agent)로서, 구체적인 데로부터 배워[下學] 높은 경지에 도달하는[上達] 공자의 모습은 바로 군자의 모범을 보여준 것이라 하겠다.

지금까지 군자의 인간상을 살펴보았는데 이를 요약하여 몇 가지로 정리해보면, 군자는

첫째, 통치자·지도자로서 갖추어야 할 덕 즉 인·의 등을 구비한 인격자이다.

둘째, 사랑[仁]의 덕을 말보다 구체적으로 실천하는 존재이다.

셋째, 군자는 성인과 같은 인격체에 이르기 위해 부단히 자기 노력 즉 수신을 하는 존재이다.

넷째, 지(智), 인(仁), 용(勇) 3덕을 갖추고 자신을 다스리는 데 힘쓰는 존재이다.

다섯째, 자기수양뿐만 아니라 사회규범을 잘 지키는 존재이다.

여섯째, 자기 이익을 앞세우기보다는 공적인 의무, 정의, 도리를 중요시하는 존재이다.

일곱째, 대인관계에서 서로 친밀하되 파당을 만들지 않으며 마음이 너그럽고 내면에 충실하면서 교만하지 않고, 남과 화합하면서 남의 장점을 키워주는 존재이다. 그리고 모든 잘못, 책임을 자기 안에서 찾는 인격체라고 할 수 있다.

3. 시민 개념의 대두와 전개 과정

시민(citizenship)이라는 개념은 고대 희랍의 정치문화가 형성된 이래 서구 정치사상의 관건 개념이 되어왔다. 고대사회에서 시민 개념이 어느 정도 중요했던가는 의심의 여지가 있긴 하나 공적 생활(public life)에서 상당한 정도의 대중적 참여가 있었던 것은 사실이다. 이러한 점에서 아테네는 그 시대의 문제들에 대해 연구하려는 학자들에게 규범적 모형을 제공한다고 할 수 있다. 중세와 근세 초기에서 정치사상가들은 교회와 사회의 성원 자격(membership)을 위한 제 원리를 이해하려 시도했으나 논자가 보기에 시민이라는 개념은 본질적으로 근대적(modern) 개념이라 생각된다. 나아가 시민과 민주주의에 대한 현대적 이해는 프랑스혁명과 그 영향의 산물이라 할 수 있을 것이다.

시민이라는 개념이 본질적으로 근대적이라는 주장에는 다소 이론의 여지가 있으나 많은 학자들은 시민이라는 개념이 시민사회(civil society)라는 개념과 역사적으로 상호 연관되어 전개된 개념이며 그런 뜻에서 근대적 소산이라는 데는 대체로 합의할 것으로 생각된다. 시민 개념의 근대성에 대한 주장은 시민 참여의 확대가 몇 가지 구조적·문화적 선행 요건에 기초한다는 가정에 바탕을 두고 있다. 그 요건들에는 도시문화, 세속화, 개인적 가치관의 다원화, 공적 영역의 대두, 지방주의의 쇠퇴와 국민국가적 행정체계 등이 지적될 수 있다. 이 같은 여건들은 시민사회뿐 아니라 그 성원으로서 시민 개념의 활성화를 위한 선결 요건이 아닐 수 없다.

나아가서 시민이라는 관념은 근세적일 뿐만 아니라 대체로 서구적인(western) 개념이라 할 수 있으며, 막스 베버의 지적대로 시민의식의 발전과 도시 시민사회의 전개는 분리해서 생각하기 어렵다. 시민들은 서구 유럽의 무역의 신장과 더불어 번성하게 된 도시국가의 특혜 받은 성원들이다. 시민이라는 개념이 서남아시아 여러 사회와 중동 모슬렘 문명에 적용될 수 있는지는 비교방법론에 의해 연구되어야 할 복잡한 문제이다. 여하튼 시민이라는 개념이 보편적이라 할 수 없는 이유는, 그것이 서구 사회에 특유한 문화적·구조적 제 조건들의 특정 결합에서 생겨난 산물이기 때문이다.

그러나 서구의 밖에 있는 많은 사회들은 제국주의적 지배의 결과로이건 근대화(modernization)의 결과로이건 혹은 양자로 인한 것이건 간에 서구의 정치적 체계와 헌법상의 제 원리를 채택하고 있다. 따라서 그 결과로서 시민이라는 용어는 다양한 정치적 전통을 갖는 사회에서도 점차 친숙한 말이 되고 있다. 과거 시민사회라는 관념은 정치이론의 여러 전통(마르크시즘을 포함)에서 중심적 개념이 되어온 데 비해 시민이라는 개념은 자유민주주의 이론에서 본질적 개념 도구로서 역할을 해왔다. 그러나 오늘날 이러한 서구적 전통이 아시아, 아프리카, 남미 등의 정치문화에 침투하게 됨으로써 시민이라는 개념을 시민사회라는 개념과 더불어 널리 보편적으로 사용되기에 이르렀다.

중세의 봉건사회가 혈연·지연으로 얽힌 자연공동체였다면 근대의 시민사회는 자율적 개인의 출현과 더불어 생겨난 인위적 이해집단이었다. 시민사회의 윤리는 바로 이러한 이익사회를 구성하는 시민계급의 윤리이다. 시민사회가 영리를 위한 활동이 이루어지는 사회라 할 때 가장 먼저 문제되는 점은 인간의 이기심(self-interest)이다. 특히 중세사회에서는 악덕으로 간주되던 이기심이 시민사회에서는 덕성으로 생각되기에 이르렀다는 사실에 주목할 필요가 있다.

그런데 각자가 이기심에 의해 자신이 이익을 추구할 경우 이를 위해 각자는 또한 상호 결합이 불가피해진다. 이기심은 원래 비사교적인 것이나 이러한 비사교성은 타인과 결합할 때 '비사교적 사교성'으로 나타나게 된다. 이기심을 실현하기 위해 타인과 결합한다는 일은 이기심의 자기 한정을 의미하며, 이기심을 보장하기 위해 이기심의 억제가 불가피하다는 점에서 시민으로서의 덕성이 강조된다. 이러한 시민적 덕성은 타인 간에 계약이 이루어질 경우 그 계약을 준수하는 페어플레이 정신을 뜻하기도 한다.

다시 말하면, 원색적 이기주의가 자멸적이고 자기 파괴적이라는 이기주의의 역설(paradox of egoism)을 자각한 나머지 합리적 이기주의자들로서 근대인들은 일정한 타협과 협상이 좀 더 합리적 타산에 부합한다고 생각했으며, 이들 간의 신사협정으로 나타난 것이 최소한의 도덕(minimum morality)으로서의 법체계이다. 그리고 법체계로서 공적 영역(public realm)의 제 규범을 준수하는 한에서 개인들이 자신의 다양한 가치관에 따라 사적 이해관계를 추구하는 일은 정당하게 용납되며, 여기에서 공적 제 규범의 준수자로서 시민 개념이 규정된다. 결국 시민이란 총체적 인격을 대변하는 것이기보다는 인격에서 공적 영역의 제 역할을 담지하는 공적 자아(public self)에 해당한다고 할 수 있다.

근대 이후 가치관의 분화는 사회의 다원화를 불가피하게 했으며 공적 영역의 확립은 이 같은 다원주의 사회의 통합성과 유대의 최소 기반이 된다. 다양한 가치관과 인생관을 용납하면서도 사회적 통합을 위한 최소한의 조건으로서 공적 영역의 확립, 상이한 개인 간의 이해 갈등을 조정하는 원리로서 공공규범의 시행은 정당한 공권력의 고유한 과제가 된다. 이해관계를 달리하는 낯선 이기주의자들이 이합집산 하는 사회의 인간관계는 총체적 인격 간의 관계일 수가 없다. 인격의 전부를 개방하는 데서 오는 취약성(vulnerability)을 보호하고 위험 부담을 극소화하기 위해 인간관계는 공적 자아로서 시민 간의 관계에 국한되고 여타의 사적 자아는 좀 더 친밀한 연고관계에서만 제한적으로 개방된다.

결국 근대화된 인간의 심적 구조는 두 단계의 층 구조를 이루고 있다고 할 수 있다. 마음의 외적 구조는 사회적인 공적 마음 내지 공적 자아(public mind, public self)로 이루어져 있으며 그 속에 내밀한 비(非)공적 혹은 사적 마음 내지 자아(private mind, private self)가 내재해 있다. 공적 자아는 공적 영역에서 비교적 개방되어 있는 사교적 자아인 데 비해 사적 자아는 여간해서 공개를 거부하는 보호받고자 하는 자아이다. 이런 근대적 마음의 층 구조 관점에서 볼 때, 한국인은 일반적으로 공적 자아가 미숙한 징표로서 낯선 사람을 지나치게 경계하는 비사교성을 드러내는 동시에 조금만 친해지기라도 하면 자신의 내밀한 사적 자아까지 쉽사리 노출시킴으로써 쉽게 상처받는 현상을 나타내는 것으로 보인다.

4. 시민의 덕과 시민사회

덕은 역할과 상관된 개념으로서 시민의 덕에 적절한 역할은 시민으로서의 역할이다. 정확히 이 같은 역할이 무엇인지에 대해서는 논의가 분분할 수 있다. 소비자로서의 시민관(citizen as consumer)에 따르면, 사람들은 자신들의 개인적 이득이 예상될 경우에만 자신의 시간과 노력을 정치에 투여하는 사적 시민들(private citizen)로 스스로를 생각하게 된다. 이 같이 시장적 시민관은 자가당착적 개념일 수 있는데 사적 시민일 경우 사람들은 시민적 삶에 필요한 신뢰와 협동을 창출하거나 지지하지 못하게 될 것이기 때문이다. 특히 공화적 자유주의(republican liberalism)의 입장에 따를 때 시민 됨은 시민들로 하여금 공공성을 염두에 두고 행위 할 것을 요구하는 공적 업무이다. 결국 유덕한 시민은 알렉시스 드 토크빌(Alexis de Tocqueville)적 의미에서 제대로 이해된 자기이득을 의식하면서 타인들과 더불어 시민적 부담을 공유하는 자라 할 수 있다. 이러한 사람은 공동체로부터 온전히 분리되지도 않고 그 속에 온전히 흡수되지도 않는 자이다. 공화적 자유주의의 관점에서 볼 때, 시민 됨은 자신에 대한 지속적 관심과 성찰적 시민의 공적 삶을 연계하는 존재라 하겠다.

이 같은 시민들이 지니게 될 특성은 무엇인가? 시민들이 지녀서는 안될 특성을 말하는 일이 좀 더 쉬울지 모른다. 이를테면 인종적, 혈연적, 종교적 유대 같은 것들이다. 이런 측면에서의 동질성이 일부 시민적 덕을 증진시키는 데 도움이 될지는 모르나 그것이 필수적이지는 않으며 때로는 지역주의적 역기능을 결과할 수도 있다. 또한 시민적 덕은 일부 학자들이 주장하는바 이기주의나 개인주의를 포함한다고 할 수도 없는데 이 같은 것들은 사람들로 하여금 가족이나 친지의 좁은 영역으로 위축되게 할 요인일 수도 있기 때문이다.

그렇다면 공화적 자유주의의 시민적 덕은 무엇인가? 물론 희랍적 4주덕이나 기독교의 3덕 그리고 근대 시민사회의 덕목들도 개인의 자율성이나 공동체 의식을 함양하는 데 도움이 된다는 점을 부인하기는 어렵다. 그러나 이 같은 전통적 덕들은 공화적 자유주의의 시민들이 지녀야 할 직접적 덕목이기보다는 그 배경적 요긴이리 할 수 있디. 물론 덕목들이 언제나 그러하듯 시민적 덕들도 그것들 간에 상호 중첩적 관계에 있긴 하나, 공화적 자유주의의 시민들은 서로 간에 개인의 권리를 존중하고, 각자의 자율성을 중시하며, 서로 상이한 소견과 신념을 관용하고, 공정한 게임을 하고자 하며, 시민적 전통과 의식을 소중히 하고, 공동체의 삶에 능동적으로 참여하는 등의 덕성을 지닌 자들이라 할 수 있다. 이를 좀 더 상론해보면 아래와 같다.

우선 시민들이 상호 간 권리(rights)를 존중한다는 점은 모든 인간이 동등하게 고려되어야 할 가치를 지닌 자임을 인정하고 따라서 타인을 단지 자신의 목적을 위한 수단으로 간주해서는 안 된다는 것을 의미한다. 또한 권리를 존중하는 사람은 자신이 그런 비인간적 방식으로 취급받는 일을 용납하지도 않는다. 그러나 그렇다고 해서 권리가 모든 사람을 배타적으로 보호하는, 침투할 수 없는 울타리를 의미한다는 말은 아니다. 권리는 사람들을 구분하고 분리함과 동시에 결합하고 관계 지우기도 하는 개념이다. 사실상 권리에 대한 존중이 시민적 덕이 되는 까닭은 그것이 권리 소지자가 타인들에 대해 요구권(claim)을 지닌다는 것을 인정하는 동시에 이 같은 요구권이 권리 소지자를 개별적으로 고립시킴으로서 언제나 충족될 수 있는 것이 아니기 때문이다.

그리고 모든 권리는 자율성(autonomy)이라는 기본권에서 나오며 그 한 가지 사례라 할 수 있다면 권리를 존중하는 사람은 또한 자율성의 가치를 높이 평가하지 않을 수 없다는 것이다. 유덕한 시민은 자신과 더불어 타인들이 그들의 자율적 삶을 영위할 능력을 보호·증진하기를 바라며, 이는 그것이 단지 권리의 문제로서만이 아니라 본질적 가치를 갖는 어떤 것으로서 그렇게 하고자 한다는 점이다. 비록 자율성이 유일한 선은 아닐지 모르나 자율성은 공화적 자유주의의 가치관에 본질적으로 중요한 것이다. 사람들이 어떻게 살지 선택하는 일도 중요하지만 그러한 선택을 할 수 있는 능력을 갖는 것이 보다 우선적인 관심사이다.

이런 관점에서 공화적 자유주의의 유덕한 시민들은 가치 있는 삶을 영위하기 위해 윌 킴리카(Will Kymlicka)가 제안한 두 가지 선결 요건(two preconditions)에 동조하게 될 터인데 그중 하나는 우리의 삶에 가치를 부여하는바 우리 자신의 신념에 따라 내면으로부터(from the inside) 우리의 삶을 영위해야 한다는 요건과 다른 하나는 우리가 자유로이 이 같은 신념을 우리의 문화가 제공할 수 있는 정보·사례·논변에 비추어 의문을 제기하고 검토할 수 있다는 요건이다.

또한 권리 존중과 관련해서 자율성에 가치를 부여하는 일은 사람들을 배타적이고 고립적으로 보는 것 이상을 요구한다는 점을 강조할 필요가 있다. 또한 나아가 그것은 우리 자신과 믿음이나 신념을 달리하는 자에 대한 상당한 정도의 관용(toleration)을 요구한다는 점에 주목할 필요가 있다. 관대한 사람은 개인들이 자유로이 생각하고 자율적으로 결정함으로써 자신의 삶을 내면으로부터 영위해야 할 뿐만 아니라 그로 인해 타인들의 자율성이라는 권리를 침해해서는 안 된다는 점을 인정한다는 것이다. 이런 관점에서 볼 때 관용은 자율성에 가치를 부여하기 위해 우리가 치러야 할 비용이라 할 수 있다. 그러나 관용적인 사람은 다양한 견해가 표현되어 이를 보고 들을 기회를 가짐으로써 항상 그렇지는 않을지언정 일반적으로 자신에게도 이득이 된다는 점을 믿는 사람인 것이다.

의견을 달리하는 사람을 관용하는 한 가지 이유는 우리 자신도 타인에 의해 관용될 수 있음을 기대하기 때문이다. 이같이 상호 혜택을 주고받는다는 것은 공정한 경기(playing fair)의 한 예화라 할 수 있으며, 따라서 공정한 경기는 또 하나의 시민적 덕이 된다고 할 수 있다. 유덕한 시민은 강한 호혜의식(sense of reciprocity)을 지닌 자라 할 수 있다. 다시 말하면 유덕한 시민은 협동사업의 부담을 공정하게 부담하는 자일 뿐 아니라 타인도 공정한 부담에 참여하기를 주장한다. 이 같은 덕목은 법을 준수하는 시민적 의무의 저변에 깔려 있으며 물론 그러한 법이 정치공동체가 협동적 관행으로 합당하게 간주될 경우에 그러하다. 또한 공정한 경기의식은 집단적 선을 창출하는 협동사업을 견지해줄 신뢰와 협력의 기반, 즉 조건부 이타주의(conditional altruism)의 근거가 된다. 그럴 때 공정한 경기가 시민적 덕이 되는 이유는 그로 인해 타인이 자신의 개인적 업무 성취에서 잠재적 장애자 혹은 협조자일 뿐 아니라 시민적 공동의 업무에서 파트너임을 인정하는 일이기 때문이다.

이러한 성향이 뿌리를 내리기 위해서는 시민들이 진정으로 자신을 공동사업의 일부로 생각하는 일이 필요하다. 그러나 현대적 삶, 특히 도시생활의 여건들은 그러한 통찰을 얻기 어렵게 한다. 사람들은 자신이 어떤 정치공동체에 대해 우연한 방문객처럼 생각하지만 사실상 이는 그릇된 생각이다. 우리는 정치공동체의 성원으로서 성장해가는(growing into) 것으로 생각하는 편이 보다 옳은 생각으로 보인다. 그렇게 생각되는 이유는 훌륭한 공화적 자유주의의 시민은 보다 강한 시민의식(civic memory)을 가질 필요가 있기 때문이다. 이 같은 의식 없이는 지역과 거주민에 대한 애착을 갖고 그러한 감각을 보존하기가 어려우며 애착이 없을 경우 우리 자신을 시민적 과업을 위한 공정한 부담을 지는 다른 참여자들에 대해 책임감을 갖는 시민으로 간주하기가 어려울 것이기 때문이다.

공정한 경기의 의무 중 하나는, 적어도 정치적 영역에서 시민적 삶에 적극적으로 동참(active part)하는 일이다. 공화적 자유주의의 시민들은 공공의 과업이 시민 편에서 어느 정도 관심과 노력을 요구한다는 점을 이해한다. 유덕한 시민들은, 따라서 정치적 참여를 공동체의 선을 위한 필수적 기여이고 더 나아가 즐거운 기여로 간주하는 자이다. 만일 이러한 참여가 가정과 가까운 곳에서, 이웃과의 사교에서, 주민 회합에서, 지역선거 등에서 일어난다면, 그것은 공동체의 유대를 효과적으로 강화하는 결과를 가져오게 될 터이다.

그렇다면 이상과 같은 시민적 덕은 어떻게 길러지는가? 시민교육과 정치참여 등에 의거해 그러한 덕성이 함양된다는 것은 당연한 일이지만 그 이외에도 시민적 덕의 함양과 관련해서는 다음과 같은 다양한 주제들이 논의될 수 있을 것이다. 국가가 지원하는 프로그램은 시민적 덕을 장려할 것인가 아니면 훼손할 것인가? 공화적 자유주의는 어떤 종류의 시민적 혹은 공공적 서비스 프로그램을 요구하는가? 가정과 개인적 삶은 어떤 관련을 갖는가? 예술과 매스미디어는 이와 어떤 관계가 있는가?

이 모든 주제와 관련된 논의에서 시민적 덕의 함양이 정부의 배타적 영역이라 생각한다면 과오이다. 이 같은 덕들의 본성상 그 함양의 많은 부분이 가족, 이웃, 교회, 직장, 다양한 자발적 모임 등 소위 시민사회(civil society)라 할 수 있는 것과 관련된다. 바로 그런 이유로 공화적 자유주의자들은 활발한 시민사회를 원하게 된다. 그들은 또한 시민사회가 정부의 억압적일 가능성에 대해 보호막을 제공할 수 있다고 본다. 그러나 공적 영역과 사적 영역, 정부와 시민사회 간에 담을 쌓을 필요는 없다고 생각한다. 이 같은 결론은 다음과 같은 세 가지 관찰에서 주어지는 것이다.

국가와 시민사회 간의 구분은 헤겔에서 유래한 것으로서 그에 따르면 시민사회는 가정생활과 정치활동 중간에 있는 영역이다. 시민사회는 그 속에서 계약과 법규에 의해 지배되는 다양한 상업활동이 일어나는 영역으로서 참여자의 개인적 이득과 관련된다는, 즉 그 활동이 사적이라는(private) 점에서 국가와 구분된다. 그러나 시민사회의 활동 또한 국가에 의존할 수밖에 없는 이유는 국가가 법의 지배(rule of law)를 보장하지 않을 경우 시민사회도 성립할 수 없기 때문이다. 또한 시민사회는 교환(exchange)의 개념과 중첩되는 만큼 당사자들 간에 지위상의 평등을 전제한다. 이 같은 평등은 시민사회에서 자신의 이익을 추구할 평등한 권리를 함축하며 개인 간 이해관계의 갈등이 해결되지 않을 때 법적 절차에 호소할 수 있음을 의미한다.

이상과 같이 생각할 때, 시민사회는 국가의 압력에 대해 개인을 보호하는 동시에 시민사회 자체가 존속하기 위해 국가에 의존할 수밖에 없는 복합적 관련을 갖는다. 나아가 이같이 시민사회와 국가 간의 복합적 관계에 더하여 시민사회 속에는 교회, 봉사단체, 지역모임 등 그 양자 간의 영역 구분이 불분명한 여러 형태의 결사들이 존재하게 되기도 한다. 시민들은 이같이 다양한 결사들에 참여함으로써 냉소와 냉담이 아닌 능동적 참여의 시민적 덕성을 함양할 기회를 갖게 된다고 할 수 있다.

5. 사회윤리적 인식과 최소도덕 시비

유교윤리에 따르면 외왕(外王)의 길은 내성(內聖)의 길의 자연스러운 연장이고 또한 그래야 한다. 즉 정치사회적 윤리는 개인적 윤리의 연장선에 존재한다는 말이다. 개인의 도덕적 완성을 바탕으로 한 미시도덕(micro morality)이 정치사회적 문제 해결을 위한 거시도덕(macro morality)의 선결 요건이요 보장책으로 생각된다. 일상의 인격 도야와 도덕적 행위를 통한 미시도덕적 수련이 개인생활의 최고 이상인 내성의 길을 실현하는 데로 나아가는 것이라면, 만백성의 모범인 유교적 성군의 덕치에 의해 인도되는 거시도덕의 수행은 정치사회 생활의 최고 목표인 외왕의 실현에 이르게 된다. 요약하면, 미시윤리가 전통윤리로서 유교의 본(本)이라면 거시도덕은 그 말(末)이라 할 수 있다.

그런데 유교의 거시윤리는 그 본질에서 법치가 아니라 덕치인 까닭에 유덕한 통치자가 요구되며 이를 위해 통치자는 유덕한 인격이어야 할 뿐 아니라 매일같이 도덕적 자기 연마를 게을리 해서는 안 되고 이로써 신민 모두에게 훌륭한 표양이 되어야 한다. 이같이 유덕한 치자(治者)의 모범으로 인해 신민은 강제가 아니라 자발적으로 교화되어 이들 스스로 유덕한 존재로 변해가게 된다. 지도자를 위시해 모든 신민의 도덕적 쇄신과 완성은 결국 유교의 이상 사회인 대동(大同)에 이르게 한다. 그러나 역사의 아이러니는 유교적 대동 사회의 실현은커녕 2,000년간 정치 지도자들이 유교적 이념을 자신의 이득을 위해 악용하는 것으로 드러났으며, 유교적 유토피아를 비난했던 공산주의 지도자 마오쩌둥(毛澤東)의 출현은 유교적 거시도덕의 실패를 증거 하는 사태라 할 수 있다.

여기에서 우리는 역사적 검증과 더불어 새로이 전개되는 근대적 사회 구조의 관점에서 볼 때 현대의 유교 개혁론자들은 자신들의 거시도덕의 괘도 수정이 불가피하다고 본다. 정치와 정부에 대한 오랜 이상주의적 접근 방식을 재고함으로써 거시도덕의 문제로서의 외양과 미시도덕의 문제로서의 내성 간에는 필연적 관련이 없을 뿐만 아니라 마땅히 있어야 하는 것도 아니라는 정치사회적 현실을 직시해야 할 것이다. 또한 행위 중심적인 상황윤리적 시각으로부터 규칙 중심적인 객관주의적 관점에서 현대의 거시적 정지 관행을 규율하는 방노를 구상해야 할 것이나. 물론 유교의 전통윤리가 우리의 도덕생활에서 규제적 원리로서 무의미해진다고 보기는 어렵지만, 구성적 원리로서는 의문의 여지를 갖게 되며 근대 이후의 거시도덕은 좀 더 제도적 맥락에서 논의되어야 한다고 생각된다.

앞서 지적한 대로, 시민이란 총체적 자아에서 공적 영역과 관련한 부분적 자아로서 공적 자아를 가리키며 이러한 자아의 규율 체계로서 법규범과 시민윤리는 최소한의 도덕이라 할 수 있다. 가치관의 분화에 따라 사회가 다원화해가는 추세에서 어쩌면 최소 도덕화는 불가피한 현상일지도 모른다. 정태적이고 면접적인 전통사회에서는 사람들 대부분이 동일한 가치관·인생관을 공유하고 있었던 까닭에 그들의 인간관계는 총체적 인격 간의 관계였으며, 이같이 타인에 대해 자신을 전폭적으로 개방할지라도 별다른 취약성이나 위험 부담을 동반하지 않았다. 이에 따라 그들 간의 규율 원칙 또한 최소한의 도덕이 아니라 좀 더 포괄적인 도덕 규범이 요구되었던 것이다.

이같이 전통사회 특히 유교사회를 지배했던 도덕체계는 최소한의 도덕이 아니라 최대한의 도덕이었으며 이를 지향하는 도덕적 이상주의(moral idealism)를 바탕으로 하고 있었다. 유교적 전통은 우리의 일상에서 부단한 인격 도야와 더불어 그에 따른 실천궁행(實踐躬行)을 위해 최대한의 노력을 경주하도록 격려하고 우리의 도덕적 본성을 실현·완성함으로써 종국에 가서는 인간의 최고선인 내성(內聖)의 경지를 성취하게끔 독려한다. 이와 대조적으로 대부분의 근대적 사회에서 지배적 윤리관을 대변하는 최소한의 도덕은 법체계나 시민윤리 등 법적 내지는 준(準)법적 규범의 엄정한 준수를 요구한다. 최소한의 도덕이 현대의 각종 도덕 문제들에 대해 보다 현실주의적(보다 법제적) 접근을 요구한다면, 유교가 제시하는 최대한의 도덕은 인간의 궁극적 관심사로서 도덕적 완성의 길을 이상주의적으로 매진하게 한다.

여기에서 우리에게 주어진 과제는 도덕적 현실주의로 대변되는 최소도덕과 도덕적 이상주의에 기초한 전통적인 최대도덕을 조정함으로써 유교의 윤리적 가치와 도덕적 의의를 포기하지 않을 수 있는 제3의 길을 구상할 수 있는가이다. 적어도 필자가 생각하기에 유교적 도덕 지침이 근대화나 탈근대화의 과정에서 유효한 규범으로 살아남기 위해서는 그것이 자신의 최대도덕과 근대의 최소도덕을 중재하는 제3의 길을 제안할 수 있어야 한다. 이러한 도덕적 과제는 도대체 가능한 주제이며 또한 가능하다면 어떻게 가능하게 되는가? 이 같은 과제의 해결에서 우선 필자는 유교가 기본적으로 최소도덕을 선결 요건으로 받아들이는 가운데 이것과 최대도덕의 구현자인 성인을 매개하는 군자 개념에 함축된 의의를 살피고자 하다.

우선 유교는 지나치게 이상주의적이고 낙관주의적인 전통적 발상에서 성인이 되고자 노력하지도 않고 그렇게 되기도 어려운 다수의 보통 사람들에 대한 좀 더 현실적인 이해로 나아가야 한다. 이러한 전환을 통해 유교는 최대한의 도덕을 증진하려 하기에 앞서 최소한의 도덕이 갖는 근대적 중요성을 깨달을 필요가 있다. 사회의 기층으로서 최소도덕이 확보되지 않을 경우, 최대도덕의 증진은 다수자들에게 공허한 헛소리에 불과한 게 되고 만다. 특히 이 점은 개인윤리를 넘어선 정치사회적 윤리의 경우, 다시 말하면 사적 영역을 넘어선 공적 영역의 윤리 문제에서 지극히 중대한 함축을 갖게 된다.

나아가서 성인을 중심으로 한 전통적 유교윤리는 다소 동기 중심적 윤리의 성격이 강한 데 비해 근세의 시민윤리는 다분히 결과 중심주의적 윤리의 특성을 나타낸다. 내면적 동기나 의도가 순수하고 선하다 해서 그것이 도덕적으로 올바른 의사결정이나 행위선택의 보장책은 될 수 없으며, 특히 이는 보다 다원화되고 복잡화된 현대사회에서는 사실이라 생각된다. 이런 사회에서는 어려운 도덕 문제를 해결하기 위해 때로는 집단적 의사결정(collective decision-making) 내지 집단적 행위의 논리나 윤리에 좀 더 주목해야 하며 전략적 사고에도 관심을 두어야 한다. 여기에서 유교윤리의 현대화 과제 중 하나는 군자라는 덜 완전하고 덜 이상적인 인간상이 성현을 대신해줄 가능성에 대한 모색이다. 성실한 도덕적 신사(moral gentleman)로서의 군자상이 민주사회를 살아가는 보통 사람들의 인간상으로서 어떤 함축을 가질 수 있는가?

6. 시민사회에서 군자의 역할

우리는 앞에서 군자를 중심으로 한 유교윤리가 전근대적 사회의 소산이라면 시민을 중심으로 한 사회윤리는 근대적 사회를 바탕으로 했음을 보아왔다. 그리고 시민사회를 바탕으로 하는 시민윤리는 이해관계를 중심으로 이합집산 하는 낯선 사람 간의 익명적 결합체의 규범으로서 시민사회적 구조가 갖는 성격상 개인윤리에서 사회윤리로의 단선적 연결이 불가능한 동시에 사회적 유대 기반이 공적 영역에서 최소한의 도덕에 한정될 수밖에 없음을 지적했다. 유교윤리(군자를 중심으로 한)의 현대적 의의를 탐색하는 우리의 과제는 적어도 이상과 같은 두 가지 걸림돌을 처리하는 숙제를 짊어지게 되며, 그러한 점에서 우리의 전망이 그다지 밝지만은 않은 것으로 사려된다.

그러나 우리는 유교윤리의 사회윤리적 함축이나 최소도덕으로서 공공도덕적 함축이 부정적이라 해서 유교윤리의 현대적 의의가 전무하다는 극단적 결론은 성급하다고 생각한다. 그 이유로서 우선 지적할 수 있는 한 가지는 인간의 삶에서 도덕적 의의를 갖는 일이 비단 공적 영역에만 국한되는 게 아니라 시민생활과 직결된, 공적 영역이 아니면서도(non-public) 순수하게 사적이지도 않은 다양한 삶의 영역이 있을 수 있기 때문이다. 가정생활을 비롯하여 근린 생활이 있으며, 친인척과의 광범위한 인륜 생활이 있고, 각종 연고에 따른 다양한 인간관계 및 친지·친구들과 공유하는 삶이 있으며, 취향이나 이념을 함께하는 각종 단체와 관련된 생활도 있다. 이같이 다양한 삶의 영역 모두가 직간접적으로 우리의 도덕적 능력이 표현될 수 있는 영역이라 생각된다.

나아가서 유교윤리의 현대적 의의가 모색될 수 있는 여지로서 개인윤리로부터 사회윤리가 구분되고 공공도덕이 최소도덕으로 제한되는 근대의 시민윤리는 다분히 권리 중심적이고 의무 중심적인(right-based and duty-based) 윤리라는 점을 지적할 수 있다. 이 같은 것을 총칭해서 도덕적 요구사항(moral requirements)이라 할 수 있다면, 인간의 도덕생활에서 도덕적 의무나 요구가 일차적으로 중요하고 기본적으로 확립되어야 할 것은 사실이지만 이러한 최소한의 요구가 충족될 때 광범위한 도덕적 권장사항(moral recommendations)의 지평이 떠오르게 된다. 근대 이후 기본적 과제가 법의 지배, 법치사회의 확립인 것이 사실이면서도 그것은 어디까지나 최소한의 기본 요건에 속하고, 오히려 인간의 진면목은 도덕사회에서 구현되는 갖가지 의무 이상의 행동양식에서 나타날 수 있는 것이라 생각된다.

훌륭한 아버지는 기본적으로 훌륭한 시민으로서의 덕을 갖출 뿐만 아니라 그에 더하여 아버지다운 덕목을, 어머니는 어머니다운 넉목을, 형제자매와 자녀는 각기 그 역할에 맞는 덕목을 갖출 수 있다. 그밖에 각종 연고로 만나게 되는 비공식적 인간관계에서 우리는 단지 시민으로서 요구되는 덕 이상의 행위를 기대하고 이러한 기대를 넘어설 경우 그 사람은 인간적 존경과 찬양의 대상이 된다. 이러한 도덕적 기대는 결국 공인에게까지 확대되어 각종 단체의 지도자나 통치자에서도 의무 이상의 (supererogatory) 행위에 대해 칭송과 존경을 자아내게 된다. 이런 의미에서 성인적 행위와 영웅적 행위는 비록 그것이 도덕적 의무로서는 아니나 도덕적 이상(moral ideal)으로서, 또한 도덕생활의 규제 이념(regulative idea)으로서 필요하다고 생각된다.

비록 우리가 시민사회와 같이 낯선 사람끼리 부딪치는 추상적 사회에서 자신의 전부 즉 총체적 자아(total self)를 내보일 경우, 상처 받기 쉬운 이유로 자신의 일부 즉 공적 자아(public self)만을 내보이게 되며 비록 시민사회에서 그러한 공적 자아들끼리 만날 수밖에 없다 할지라도 우리는 사적이거나 공적이지 않은 친밀한 인간관계 속에서 보다 폭넓은 인간관계를 통해 공적 영역에서 상처받은 자아를 치유함으로써 인간적 건강을 되찾을 수 있을지 모른다. 모든 인간관계를 공적인 것으로 환원하고 모든 인간관계를 배제함으로써 오직 개인주의로만 치닫는 것이 바람직한 인간적 삶의 양태가 아니라면 유교윤리는 아직도 유용한 우리의 도덕적 자산이 아닐 수 없다.

서양에서나 동양에서나 우리는 모두가 성현이나 성인에 의해 상징되는 성(聖)의 세계를 지향하며 살았다. 근대 이후 세속화(secularization)의 경향은 모든 삶에서 성의 추방으로 나아간다. 공자가 제시한 군자상이 이런 의미에서 세속화된 성이라 할 수 있을지도 모른다. 결국 우리가 지향하고자 하는 도덕적 삶을, 그 밑바닥에 도덕적 의무를 기점으로 하고 그 꼭대기에 도덕적 이상을 정점으로 하는 도덕적 자〔尺〕의 눈금들로 표현할 수 있다면, 도덕적 이상주의자들은 상향적 의지로 대변되며 도덕적 현실주의자는 기본부터 확보하려는 진영이다. 도덕적 의무를 완수하고 눈금의 어느 지점으로 상향하는가는 우리 사회 성원 모두의 도덕적 역량에 달려 있다. 이런 상향적 의지에서 군자는 다소 현실성 있는 대안으로 다가온다. 그러나 우리 사회는 아직 최소한의 도덕인 시민윤리도 확립되지 못하는 처지이고 보면 군자가 되는 목표는 아직 우리에게 아득한 이상이 아닌가 생각한다.

참고문헌

1. 『論語』.
2. 현상윤, 『朝鮮儒學史』.
3. Creel, Herrlee G., *Chinese Thought from Comfucius to Mao Tse-Tung*.
4. Bryan, S. Turner(ed), *Citizenship and Social Theory*, Calif. : SAGE Publications, 1993.
5. Charles W. H. "Fu, Philosophical Reflections on Modernization of Confucianism as Tradtional Morality", *Modern Society and Traditional Morality*.
6. 황경식, 「덕의 윤리에 대한 찬반 논변: 동서 윤리관 비교 연구 서설」.
7. 황경식 외 공저, 『한국사회와 시민의식』, 문음사, 1988.

제3장
덕윤리에서 습관화와 궁도(弓道)의 비유

1. 덕의 습득과 지정의 기능의 통섭

일반적으로 오늘날 우리가 마음이나 정신의 기능을 이야기할 때 지성(知性), 감정(感情), 의지(意志) 즉 지정의(知情意) 3분법으로 말하는 것이 거의 상식화되어 있다. 그런데 이 같은 3분법적 발상이 플라톤의 영혼 3분설에서 유래했다고는 하나 그의 3분설이 오늘날 우리의 3분법과 정확히 동일한 것은 아니며 나아가 동서에서나 고금에서 온전히 일치하는 3분법을 찾기가 쉽지가 않다. 희랍철학의 영혼 3분설에서 특히 비합리적 부분의 하나인 기개(thymos, 氣槪)는 오늘날 용어법에서 의지와는 상당한 거리가 있는 것으로 보이며, 적어도 중세의 기독교사상에서 강조되는 의지 논의에서 비로소 오늘날 우리의 용어법과 유사한 의지 개념을 만나게 된다. 하지만 이같이 상식화된 3분법적 화법은 서구의 용례에 국한된 것일 뿐 동양의 개념 지형에서는 이와 상관되는 마음이나 정신의 유사한 기능을 찾을 수 있기는 하나 대부분 그 기능들이 복합적이거나 미분화되어 있어 일목요연하게 정리하기가 여간 어려운 일이 아니다. 그러나 대체로 유사한 기능을 가리키는 용어들이 있어서 서구의 3분법적 논의를 적용하는 일이 결정적으로 불가능하지는 않은 것으로 보인다.

소크라테스의 주지주의(主知主義)에 대해 아리스토텔레스가 제기한 아크라시아(akrasia)를 우리말로 옮기는 데에서 그간에 생겨난 혼선도 바로 이러한 맥락에서 이해될 수 있다. 아크라시아는 통상적으로 '의지의 나약'으로 번역되어왔으나 희랍어에 대한 좀 더 정확한 해석자들에 의해 '자제심의 결여'라는 용어로 수정·번역되었다. 희랍어에서 의지라는 말이 지극히 드문 용례이고 보면 이 같은 수정 번역은 당연한 일이기도 하나 자제심의 결여가 생겨나게 된 원인을 추적할 경우 다시 인지적 요인, 감정적 요인 혹은 의지적 요인 간의 구분과 관련된 논의가 재개될 여지가 있다. 이런 의미에서 자제심의 결여를 의지의 나약으로 이해한다고 해서 내용상 크게 잘못될 여지는 없을 것으로 보인다. 또한 아리스토텔레스의 용어법에서 아크라시아는 자제심의 결여뿐만이 아니라 동시에 의지의 나약을 의미할 여지도 다소 있다는 지적도 제시되고 있어, 아크라시아를 자제심의 결여나 의지의 나약 어느 쪽으로 옮기건 크게 무리한 번역은 아니라는 생각도 든다. 여하튼 서구사상에서 의지의 문제는 중세 기독교에 와서 본격적으로 논의의 주제가 되었던 점만은 부인하기 어렵다 할 것이다.

희랍사상은 정도의 차이가 있기는 하나 대체로 삶에서 이성, 합리성, 지식, 지혜, 인지적 기능 등을 중요시하는 주지주의적 성향을 보인다. 제대로 알면 반드시 행한다는 소크라테스적 입론이 가장 강한 주지주의적 버전이라면, 이에 대해 다소간 이견을 제기하는 듯하나 역시 실천적 지혜를 통해 문제를 해결하고자 한 아리스토텔레스 역시 온건한 버전의 주의주의 유형이라 할 수 있다. 이와 대조적으로 중세 기독교에서는 인간을 기본적으로 원죄를 면할 수 없는 존재로 보며 원죄는 주어진 자유의지를 오용함으로써 짊어지게 될 인간의 근본 조건으로 간주하고 있다. 따라서 인간은 이성이나 합리성으로 환원되기 어려운 의지적 존재로 규정함으로써 주의주의(voluntarism)의 시대를 열게 된다. 이 같은 주의주의에서는 이성이나 합리성의 일정한 한계가 설정되고 그 이상에 대해서는 의지와 믿음의 문제가 중심을 이루게 된다. 의지는 합리성과는 다른 방식으로 연마와 단련을 통해 강화되어야 하며 강한 의지를 통해 각종 유혹으로부터 자신의 안녕을 지켜가야 하고 도덕적 실패도 줄여나가야 하는 것이다.

동양사상에서도 불교이건 유교이건 간에 인지적 발달이나 지적 각성을 중요시 여긴다는 점에서 유사하다. 그러나 이것이 서양 고대와 같은 극단적 주지주의로 나아가지는 않는다. 지적 각성을 통해 지향할 목표를 알게 된다 할지라도 그것이 곧바로 행위를 통해 성취되는 건 아니다. 그러한 목표에 다가서기 위해서는 감정이나 의지와 관련된 동기상의 갈등이나 부조를 해결하지 않는 한 인지적 각성이 실천적 지혜를 보장할 수 없다. 여기에서 인지적 각성 이후에도 점진적으로 의지를 강화하고 감정을 조율하는 과정 즉 수양이나 수행의 점진적 절차가 요구되는 것이다. 불교의 돈오점수(頓悟漸修) 공부가 가장 전형적이고 대표적이긴 하나 유교에서도 역시 유사한 수양의 방법론이 제시되고 있다. 물론 여기에서는 인간의 본성을 어떻게 규정하는가에 따라 발달모형, 발견모형, 개조모형 등 다양한 유형의 수양론이 있기는 하나 이 유형들이 인지적 각성과 감정의 조율, 의지의 강화 등 3분법적 기능을 종합적으로 원용하고 있다는 점에서 크게 다르지 않다고 생각된다.

동서를 막론하고 실천적 지혜의 성취를 위해서는 오랜 훈련과 습관화의 과정이 요구된다. 지적 각성이나 인지적 발달을 위해서는 일정한 기술을 습득하는 것과 마찬가지로 오랜 숙련 과정이 필요하다. 어린 시절 미숙했던 지적 능력은 다양한 경험과 지식의 축적을 바탕으로 예리한 통찰과 더불어 정치한 추리력을 갖추게 된다. 지적 능력의 발전과 더불어 우리의 감정도 올바른 시간과 장소에서 적합한 정감을 느끼기 위해서는 오랜 훈련과 조율의 과정을 거쳐야 한다. 나아가서 의지 또한 나약하거나 거친 상태에서 연마와 단련의 과정을 거쳐 순치되고 강건한 의지로 변화하게 되며 갖가지 유혹을 돌파할 수 있는 도덕적 용기와 강한 기개를 성취하게 된다.

그리고 지정의의 이 같은 훈련과 습관화를 통해 그 상호 간에도 조정과 조율이 이루어지게 되어 지성과 감정과 의지가 조화를 이루어 상호 융합된 통섭(統攝)적 질서를 이루게 된다. 우리는 이 글에서 지성과 감정의 훈련을 중점적으로 논의하고 의지의 훈련과 습관화에 대해서는 다른 글에서 보완하고자 한다. 아래의 논의에서는 특히 다음의 참고문헌에 크게 의지하고 있다는 점도 밝혀두고자 한다(Jiyuan Yu, *The Ethics of Confucius and Aristotle: Mirrors of Virtue*, New York: Routledge, 2007).

2. 덕에서 감정의 훈련과 습관화

아리스토텔레스에서 윤리적인 덕은 에토스(ethos, 습관, 사회적 관습)에 바탕을 둔 까닭에 유덕한 인격이 되기 위해서는 습관화(ethimos)의 과정이 요구된다. 공자에서도 인은 예(사회적 관행)의 준수로 복귀하는 것〔克己復禮〕인 까닭에 선한 인격은 관행의 습득 즉 관행화(ritualization)의 과정을 통해 형성된다. 아리스토텔레스에서 에토스의 역할은 공자에게서 사회적 관행 즉 예의 역할과 상관된다. 습관화나 관행화는 덕의 원천으로서 사회적 제 가치의 주입이나 내면화를 내포하며 또한 양자는 감정의 훈련과정(training of emotion)을 동시에 포함한다. 여기에서 우리는 유덕한 인격이 되기 위한 하나의 조건으로서 감정의 훈련과정에 대해 집중적으로 논의하고자 한다.[1] 물론 유덕한 인격이 되기 위해서는 감정의 조율이나 조정 이외에도 사회적 제 가치를 내면화하고 그것을 상황에 적절히 적용하기 위해 실천적 지혜나 도덕적 추론 등 지적 각성이나 인지적 발달의 측면도 중요하다. 따라서 우리는 우선 감정의 훈련과 습관화 과정을 살핀 후 인지적 능력의 발전과 습관화 문제를 다루면서 감정과 이성의 조정관계도 간략히 언급하고자 한다.

사회적 제 가치의 주입이나 내면화 과정과 더불어 습관화나 관행화는 감정의 훈련과정도 포함하며 이를 통해 도덕적 행위자는 일정한 방식으로 느끼게 되고 적절한 감정을 지니게 된다. 공자나 아리스토텔레스의 윤리에서 덕은 올바른 감정과 느낌을 가지고 제대로 행위 할 것을 요

..

1) Jiyuan Yu, *The Ethics of Confucius and Aristotle-Mirrors of Virtue*(New York: Routledge, 2007), 102~107쪽 참조.

구하는 까닭에 감정적 측면이나 의지적 측면을 필수적으로 지니게 된다. 유덕한 사람은 올바르게 행위 할 뿐만 아니라 올바르게 느끼는 성향을 지닌 자이다. 훌륭한 성품을 지녔는지의 여부는 단지 우리가 어떤 행위를 하는지가 아니라 우리가 그 행위를 좋아하는지의 여부에 달려 있다. 우리가 그 행위를 기꺼이 하는지 아니면 억지로 하는지가 크게 다르다는 말이다. 감정적 측면을 고려하지 않을 경우 습관화나 관행화는 형식성에 불과하게 된다. 공자나 아리스토텔레스 양자 모두에서 잘 사는 기술로서의 윤리는 잘 행위를 하는 것과 더불어 좋은 감정을 갖는 것을 내포한다고 할 수 있다.

아리스토텔레스가 사용하고 있는 그리스어에서 감정, 느낌, 정념 등은 모두가 파토스(pathos)라 한다. 주체가 무언가를 행하는 것을 의미하는 행위 혹은 실천(praxis)과는 달리 파토스는 원래 주체에게 일어나는 그 무엇 즉 주체가 당하는 그 무엇을 의미한다. 그래서 파토스는 원래는 불행을 당하고 경험하는 것을 의미했으나 좀 더 일반적 의미에서 무엇을 당하거나 경험하는 것을 의미하게 되었다. 따라서 다양한 각각의 감정은 주체가 느끼거나 당하게 되는 방식 혹은 양식(mode)이라 할 수 있다.[2] 결국, 좋은 사람이란 특정한 방식으로 행위 하고 그에 적합한 방식으로 느끼는 성향을 갖는 자라 할 수 있다. 또한 윤리적 감정에 대한 아리스토텔레스의 논의는 쾌락(hedona)과 고통(lupe)에 집중되어 있다. 그리스어에서 이 말들은 각각 좋아하고 싫어하는 것을 가리키는 일반적인 용어로도 쓰였다고 한다.

아리스토텔레스의 견해에 따르면, 우리가 유덕한 삶을 수용할 만한 자

∴

2) 같은 책, 103쪽.

연적 바탕을 지니고 있기도 하지만 쾌락의 추구로 인해 나쁜 짓을 하는 자연적 성향이 있기도 하며, 때로는 고귀한 행위가 고통을 유발하고 쾌락을 증진하지 않는 까닭에 그것을 기피하고자 하는 자연적 성향을 갖기도 한다는 것이다. 그래서 쾌락과 고통은 영혼의 상태를 개선할 수도 있지만 퇴락하게도 할 수 있다고 한다. "쾌락과 고통이라는 이유로 인간은 나쁘게 될 수도 있다." 아리스토텔레스에 따르면, 어린애들은 동물처럼 신체적 쾌락을 과도한 정도로 추구하게 된다. 또한 젊은이들은 감각적 욕구를 추구하는 경향이 있어 그 경향이 인도하는 바로 나아가는 성향이 있다는 것이다.

마찬가지로 공자 또한 신체적 쾌락에 이끌려 유덕하게 생활하지 못하는 자연적 경향성이 있다고 생각한다. 공자에 따르면, 인의 매력에 끌리는 사람을 본 적이 없다 하며 "나는 이제껏 여성의 미모처럼 덕을 좋아하는 자를 본 적이 없다"[3]라고 말한다. 그러나 아리스토텔레스나 공자 모두 쾌락과 고통을 멀리하고 무시해도 좋다고 생각지는 않았다. 유덕한 인격이 감정의 영향을 받지 않거나 감정이 없는 존재이어야 한다고 보지 않았던 것이다. 오히려 그 양자는 모두 유덕한 존재가 된다는 것은 올바른 대상에 대해 쾌락과 고통의 감정을 느끼는 자라고 생각한다. 유덕한 인격은 고상한 즐거움과 더불어 고귀한 혐오감을 갖는 자이며 유덕한 행위를 즐거이 행하는 자라는 말이다.

아리스토텔레스에게서 유덕한 성품을 가진 행위자는 "고귀한 것을 진정으로 사랑하는 자(a true lover of what is noble)이다."[4] 유덕한 자가 되고

3) 『論語』, 「子罕」 十七 "吾未見好德 如好色者也".
4) Aristotle, *Nicomachean Ethics*, 1179b 9.

자 배운다는 것은 고귀한 행위를 기꺼이 하고 즐겨 행하기를 배우는 것이다. 이 같은 종류의 즐거움은 우리의 도덕적 선호를 구성하게 된다. 올바른 행위를 함으로써 느끼는 즐거움은 유덕하게 되는 중요한 특성이고 덕의 징표라 할 수 있다. 아리스토텔레스의 『니코마코스 윤리학』에 의하면, "고귀한 행위에 즐거움을 느끼지 못하는 사람은 선한 존재가 될 수 없다. 정의롭게 행위 하는 것을 즐거하지 않는 사람은 정의로운 사람이라 부르지 않으며, 자유로운 행위를 즐거하지 않는 사람을 자유인이라 할 수 없고, 모든 다른 경우에서도 동일하기 때문이다. 만일 이것이 사실이라면 훌륭한 행위도 그 자체로서 즐거운 것이라 할 수 있다"[5]

정의로운 행위를 한다고 해서 반드시 정의로운 자인 것은 아니다. 유덕한 행위는 하는 수 없이 억지로 행하는 행위가 아니다. 우리가 진정 훌륭한 성품을 지녔는지 여부를 결정하는 것은 단지 우리가 어떤 행위를 하느냐보다 우리가 어떤 행위를 즐겨하느냐이다. 유덕한 인격(virtuous person)이 자제심이 있는 사람(enkrates)과 다른 점은, 자제심이 있는 사람이 올바른 일을 내적 갈등이나 고통감을 가지고 한다면 유덕한 자는 기꺼이 즐겁게 행하는 사람인 데 있다. 바로 이런 이유 때문에 즐거움과 고통을 바르게 느끼거나 그르게 느끼는 것은 우리의 행위에서 결코 적지 않는 결과를 지닌다고 하는 것이다.

마찬가지로 공자에게서도 훌륭한 인격은 훌륭함을 매력적인 것으로 아는 자이며, 의(義)로운 것을 좋아하는 사람이다. 훌륭한 인격은 자신의 행위를 자연스럽고도 즐겁게 수행하게 마련인데, 왜냐하면 그는 그 행위로 편안함을 느끼는 까닭에 훌륭함에 이끌리기 때문이다. 맹자의 경우에

∵

5) 같은 책, 1099a 16~21 참조.

서도 "올바른 일을 행함으로써 즐거움을 느끼면 그의 윤리적 뿌리가 성장해서 드디어는 그것을 억누를 수 없게 된다"라고 한다.[6] 공자는 도덕적 행위에서 오는 즐거움에 더하여 경(敬, reverence)이나 성(誠, sincerity) 등과 같은 개념을 도입함으로써 덕의 정서적 상태에 대한 서술을 더욱 풍요롭게 한다. 고대 중국에서 종교의식 중 희생제물을 봉헌할 경우 신이나 정령께 경의 태도로서 하는 것을 확대 적용하여 사회적 관행으로서 예를 수행하는 데서도 헌신적이고 경건한 태도로 엄수할 것을 강조한다.[7] 동일한 사유의 연장선에서 맹자도 사회적 관행, 즉 예의 준수에서 존중과 경건의 내면적 뿌리로부터 발달한 덕으로서 하라고 말한다. 유가에서는 성심성의를 다해 사물과 사람을 섬길 때 하늘도 무심할 수 없다 하여 지성이면 감천이라(至誠感天)는 생각을 가진 듯하다.

공자가 유덕한 인격의 정서적 상태를 묘사하는 데서 가장 중요한 특성은 좁은 의미의 인, 즉 "타인에 대한 사랑" 혹은 이타심(benevolence)이다. 공자는 인을 덕의 총칭으로서 넓은 의미로 사용하기도 했지만 예(사회적 관행)를 준수하는 데서 우리가 지녀야 할 내면적 태도로서 좁은 의미의 인을 이용하기도 했다. 그는 인의에 바탕을 두지 않는다면 사회적 관행으로서 예를 지킨다는 것은 공허하고 무의미하다고 보았다.[8] 외면적으로 예를 지키면서도 내면적으로 인의의 마음을 지니는 일, 즉 내외가 고루 갖추어져야[文質彬彬] 실로 도덕적 신사로서 군자답다고 했다.

∙∙

6) 『孟子』, 4a 27. Mencius, D. C. Lau's translation(The Chinese University of Hong Kong Press, 1984) 참조.

7) 『論語』, 3 : 26. Confucius: the Analects, D. C. Lau's translation(The Chinese University of Hong Kong Press, 1979) 참조.

8) 같은 책, A 3 : 4.

맹자에게서도 4주덕 중 하나인 인은 타인의 고통을 차마 볼 수 없는 감정에 뿌리를 두고 있는 것이다. 인간에게서 이같이 타고난 성향의 생생한 예화가, 우물에 빠지려고 하는 어린이와 관련된 이야기이다. 바로 이러한 이유로 인해 인은 이타심 혹은 자애심으로 번역될 수 있다. 이런 식으로 해서 유가에서 유덕한 인격이 되기 위해 우리는 사회적 관행인 예를 단지 일련의 외면적 제약이나 불가피한 강제로 간주해서는 안 된다. 오히려 우리는 예의 요구사항을 기꺼이 즐겁게 따라야 할 바의 것이다. 우리는 이 같은 목표에 다가가기 위해 타인을 사랑하고 배려하며 이타심을 지녀야 한다. 인간적으로 훌륭함을 성취하기 위해 올바른 정서와 감정은 필요 불가결하다고 할 수 있다.

아리스토텔레스의 윤리설이 갖는 주요한 기여 중 하나는 소크라테스적 주지주의에 대응하면서 감정을 주요 주제로 포함시키고 정서적으로 좋은 습관을 개발하는 일에 강조점을 둔 일이다. 공자도 덕을 해명하는 데서 감정에 중심적 지위를 부여하고 그에 대해 풍부한 심리적 묘사를 한 점에서 아리스토텔레스와 비슷한 오리엔테이션을 갖는다 하겠다. 그런데 행위자가 처음부터 덕에 매력을 느끼는 감정 상태에 있지 않다면 유덕한 행위를 하는 데서 좋은 감정 상태를 어떻게 성취할 수 있을 것인가. 아리스토텔레스에게서 그것은 습관화(habitualization)의 결과라 하고 공맹에서는 관행화(ritualization)의 결과라고 대답할 것이다.

아리스토텔레스에 따르면 "플라톤이 말했듯 우리는 아주 어린 시절부터 우리가 마땅히 행해야 할 바에 따라 쾌락과 고통을 느낄 수 있도록 특정한 방식으로 양육되어왔어야 한다. 왜냐하면 이야말로 올바른 교육이기 때문"[9]이라는 것이다. 올바른 교육은 쾌락과 고통의 대상을 바꾸어놓는다. 아리스토텔레스의 생각에 의하면 자신의 감각적 정감에 따라 사는 사람은 ① 자신의 쾌감과 그에 이르는 수단을 추구하며, ② 그 반대인 고통을 피하고자 하며, ③ 고귀하고 진정 즐거운 바에 대한 이해를 하지 못하는 이유는 그들이 그것을 맛본 적이 없기 때문이다. 이 같은 사람을 훈련시키는 일은 우선 그의 주의를 위의 ①과 ②로부터 격리시켜 고귀한 대상에 대한 고통과 쾌락으로 감정의 방향을 재조정함으로써 행위자가 올바른 일을 행하면서 즐거움을 느끼고 그릇된 일을 행하면서 괴로움을 느낄 수 있도록 하는 일이다.[10]

감정의 훈련은 많은 고통을 내포한다. 우리의 표준적 관행에 따르면 우리는 그릇된 행위를 한 자에게 고통을 가함으로써 처벌하고 착한 행위를 한 자에게 즐거움을 주어 격려하고자 한다. 배우는 자들은 처음에 유덕한 행위를 수행함으로써 고통을 느낄 수밖에 없다. 아리스토텔레스에게서 고통은 일종의 치료제이다. "일반적으로 정염은 논변이 아니라 힘에 굴복하는 것으로 보인다." 이는 제대로 성장하지 못한 어른들뿐만 아니라 젊은 사람들에게서도 사실이다. "왜냐하면 절제하면서 힘들게 산다는 것은 대부분의 사람들, 특히 젊은이들에게 즐거운 일이 아니다. 그러나 습관화는 그러한 것들이 적어도 덜 고통스럽게 만든다. 서서히 습관화가 진행될수록 우리는 고통을 점차 덜 느끼게 된다.[11]

감정의 훈련은 배우는 자들에게서 처음에는 수치감(a sense of shame)이 생기게 한다. 수치는 창피에 대한 일종의 두려움으로서 위험에 대한 두려움에 의해 생기는 것과 비슷한 결과를 가져온다. 이는 초심자가 어

••
9) Aristotle, 앞의 책, 1104b 11~13.
10) Jiyuan Yu, 앞의 책 105~106쪽.
11) 같은 책, 106쪽.

떤 일이 그릇되고 행해져서는 안 되는 것임을 알게 되었음을 의미한다. 습관화는 그릇된 행위가 행해졌을 때 수치심을 느끼게 하고 얼굴을 붉히 게끔 한다. 제대로 양육되지 못한 자는 수치심에 굴복하지 않는다. 이런 유의 사람은 두려움에 대해서만 굴복할 뿐 합리적 논변은 그다지 소용이 없다. 이런 말을 함으로써 아리스토텔레스는 수치가 순수하게 지성적 과 정일 수 없음을 함축하고자 한다. 오히려 수치는 합리적 가르침이 이루 어지기 위해 선행적으로 요구되는 사항이라 할 수 있다.[12] 나아가 습관화 는 고상한 즐거움과 고상한 혐오감을 가질 수 있는 능력을 만들어낸다. 아리스토텔레스는 이를 씨앗을 양육해내는 땅에다 비유한다. 습관화는 초심자가 가르침에 귀를 기울이게 하는 바탕을 마련해준다. 논변에 익숙 하게 되면 젊은이에게 관대한 정신을 장려·자극하게 되고 덕이 지니게 될 고귀한 가치에 대해 진정한 애호가가 되게끔 한다. 분명 이 점에서 우 리는 쾌락과 고통의 유형과 수준을 구분하게 된다. 유덕한 인격이 누리 게 될 쾌락은 신체적인 것이 아니며 고귀함을 위해 행위 하고 있다는 믿 음에서 생겨난다.

이제 유교적 관습화에서 감정의 훈련을 살펴보기로 하자. 공자에게서 우리의 감각적 욕구와 감정을 조정하기 위해서는 일정한 강제가 필요하 다. 달리 말하면 고통을 어느 정도 감수해야만 한다. 공자는 인이란 자신 을 극복하고 예로 돌아가는 일이라고 주장한다. 공자가 '인간은 자연적 으로는 인(仁)에 끌리지 않는다'라 생각했다고 가정하면 자신을 극복한다 는 일은 우리의 신체적·욕구적 바람을 통제하는 것을 의미하게 된다. 그 러나 공자는, 관습화는 저빌이 아니라 시도와 본보기의 문제여야 한다고

..

12) 같은 책, 106쪽.

470

생각했다. 법령과 처벌로서 다스리면 사람들이 나쁜 일을 삼가겠지만 수치심이 없어지고, 덕으로 인도하고 예로 다스리면 사람들이 수치심을 가질 뿐만 아니라 자신을 변화시키게 된다고 한다. 적극적 지도를 통해 배우는 사람들은 수치심을 갖게 되고 기꺼이 예에 따르게 된다.[13]

나아가 공자는 특히 부모에 대한 효를 타인에게로까지 확장할 것을 강조한다. 공자에게서 사랑은 자신의 부모에 대한 사랑 즉 효에서 시작하여 널리 다중에 대한 사랑으로 확대된다.[14] 맹자 역시 동일한 생각을 제시한다. 훌륭한 사람 즉 군자는 자기가 사랑하는 사람들로부터 사랑하지 않는 사람에게로 자신의 사랑을 확대한다. 자신의 부모를 사랑하는 것은 자애심이고 자신의 연장자를 존중하는 것은 의로움이다. 맹자는, 해야 할 일은 이를 전 국가로 확장하는 일이라고 했다.[15] 결국 인인(仁人)은 모두를 사랑하며 타인에게 해악을 끼치기를 원치 않는다. 그러나 유가에서의 사랑은 일종의 차별애(graded love)라 할 수 있다. 군자는 사람들에게 이타심을 표하지만 애착을 갖는 것은 아니다. 군자는 자신의 부모에게 애착을 갖지만 타인에게는 이타심을 갖는다. 그러나 효성은 타인에 대한 사랑의 원천이기에 자신의 부모형제를 사랑하지 않는 자는 그 이웃을 사랑하기도 어려워진다. 자신의 부모형제를 진정으로 사랑하는 유덕한 인간은 좀 더 큰 공동체의 성원들에 대한 일반적인 정서적 배려도 하게 된다. 또한 이 같은 정서적 배려로 인해 자신의 일거수일투족에 대한 지침을 얻게 된다.

감정의 유형을 형성하는 문제와 관련해 아리스토텔레스와 공자는 성

..

13) 『論語』, 「爲政」 三.
14) 같은 책, A 1 : 6.
15) 『孟子』, 7 b/ 1.

격 형성에서 음악(music, 樂)의 교육적 역할에 대해 견해를 공유한다. 아리스토텔레스에게서 음악은 일종의 모방의 양식이다. 리듬과 멜로디는 성품의 다양한 성질에 대한 모사를 제공한다. 따라서 가락을 청취함으로써 우리의 영혼은 변화가 이루어진다. 아리스토텔레스에 따르면, 음악은 우리의 성격에 영향을 미칠 수 있는 까닭에 교육의 중요한 일부가 되어야 한다는 것이다.[16] 공자 역시 음악을 단지 향유의 수단으로만 보지 않는다. 고대 중국에서 종교의식의 수행에는 음악과 춤이 따른다. 공자는 이러한 관계를 자신의 윤리에 도입하고 자주 사회적 관행 즉 예(禮)와 음악(樂)을 연관 지운다. 음악과 시는 예와 더불어 우리의 성품 수양에서 주요 원천으로 간주된다. 음악의 심오한 효과를 전제할 경우, 공자는 제자들이 어떤 유형의 음악을 들어야 할지에 대해 도덕적 입장을 취하는 듯하다.[17]

3. 덕에서 실천적 지혜와 습관화

아리스토텔레스에게서든 공자에게서든 덕의 습득은 에토스나 예와 같은 사회적 가치관이나 관행들이 내면화되는 습관화의 과정을 포함한다. 나아가 이러한 과정에서 감정의 조율이나 의지의 강화와 더불어 덕의 습득을 위해서는 이성의 발달 또한 요구된다. 덕은 감정이나 의지의 측면만이 아니라 인지적 측면도 갖기 때문이다. 아리스토텔레스에게서 인간

••

16) Aristotle, 앞의 책 참조.
17) 『論語』, 8 : 8.

의 특징적인 덕은 합리적 존재로서 그의 고유한 본성에 속한다.[18] 초심자는 실천적 지혜를 지닌 자에게 단지 순종하는 데 그치지 않고 그 자신도 실천적 지혜를 지닌 인격이 되어야 한다. 아리스토텔레스는 실천적 덕이 갖는 지성적 측면을 프로네시스(phronesis)라 불렀다. 이 용어는 생각한다는 것을 의미하는 phronein에서 유래했으며, 영어에서 사려(prudence), 실천적 지성(practical intelligence), 지혜(wisdom) 등은 이와 관련된 개념이다. 우리가 프로네시스를 실천적 지혜로 번역할 경우, 그것은 실천적 합리성의 덕을 의미하며 올바른 윤리적 판단을 내리는 성향을 가리키게 될 것이다.

마찬가지로 공자에게서도 유덕하게 되는 것은 지성적 측면을 내포하는데, 그것은 적절성 혹은 적합성(宜, fitting, appropriate)을 의미하는 의와 관련된다. 공자는, 적합성 즉 의는 훌륭한 인격이 되는 데에서 가장 중요한 요인이라 한다. 공자에 의하면 "훌륭한 인격에서 최고의 것은 적합성, 즉 의(義)이다." 맹자도 같은 생각을 물려받아 "대인은 말에서 반드시 신의를 지켜야 하는 것이 아니고 행위에서 반드시 결과를 보아야 하는 것은 아니다. 다만 의에 맞도록 행할 뿐이다"라고 했다.[19] 공자에게서 의라는 용어는 『논어』에 스물네 차례나 등장하지만 그 자세한 설명은 물론이고 정의도 찾기가 어렵다. 또한 의는 맹자에게서도 열쇠가 되는 개념이기는 하나 그 역시 명료한 논의를 하고 있지 않다. 또한 공맹에게서 인지적·지성적 특성을 갖는 용어는 의라는 말 외에도 몇 가지 더 있으며, 그중에서 가장 대표적 개념은 지(知, knowledge) 혹은 지(智, wisdom)

··
18) Jiyuan Yu, 앞의 책, 140쪽; Aristotle, *Nicomachean Ethics*, 1098a 3.
19) 『論語』17 : 23; 『孟子』, 「離婁章句下」十一.

이며, 이런 용어군 간의 차별적 성격도 이해할 필요가 있다.

우선 우리가 주목할 만한 한 가지 사항은 아리스토텔레스의 실천적 지혜나 유교의 의가 윤리적으로 중립적 함축을 지니는 것이 아니라는 점이다. 아리스토텔레스는 실천적 지혜와 영리함(cleverness, deinotes)을 구분한다. 영리함은 그 목표에 대해 별다른 윤리적 제약을 두지 않는 데 비해, 실천적 지혜는 지적 능력을 넘어 윤리적 함축을 지니게 되며 따라서 실천적으로 지혜로운 자는 윤리적으로 존경할 만한 행위자라 할 수 있다. 아리스토텔레스는 또한 실천적 지혜와 대비될 수 있는 인지적 능력에는 기술(craft)이 있는데, 이 양자는 두 가지 점에서 구분된다고 설명한다. 우선 그것들은 상이한 영역을 갖는다는 점에서 서로 다른데, 기술이 무언가를 만들거나 생산하는(poiesis) 합리적 능력이라고 한다면 실천적 지혜는 행위(praxis)와 관련된, 발전된 지성적 성향이다. 또한 만든다는 것은 그 자신과는 구분되는 다른 목적을 갖는 것이며, 행위 한다는 것은 그 자체가 목적이라는 점에서 구분된다. "좋은 행위는 그 자체가 자신의 목적"이라는 점에서 실천적 지혜의 목적은 기술의 목적과 차별화된다는 말이다.[20]

마찬가지로 유교에서 적합성으로서의 의는 윤리적으로 중립적인 실천이성으로 이해해서는 안 된다. 의는 훌륭한 인격만이 소유하는 본질적 성품이다. 이에 비해서 지(知)는 좀 더 기본적이고 일반적인 지적 능력이라 할 수 있다. 소인과 군자는 동일한 종류의 지성이나 인지능력을 갖지만 그들은 그 목표에서 서로 다르다. 물질적 이득에 당면하게 될 경우 군자는 의에 의거해 올바른 도덕판단을 내릴 수 있게 되며 따라서 언제나

••

20) Jiyuan Yu, 앞의 책 142쪽.

올바른 쪽에 서게 된다. 그러므로 "군자는 무엇이 의(義)로운 것인지를 이해하지만 소인은 무엇이 이(利)로운 것인지를 알고자"[21] 한다. 설사 이득이나 이익을 추구하는 경우에도 군자는 의에 부합하는 공리나 공익을 추구하지만 소인은 의에 부합하지 않더라도 사리와 사익을 추구하고자 한다는 것이다.

유학에서 의의 의미에 대해서는 한편에서는 객관적인 도덕적 기준이라는 해석과 다른 한편에서는 주관적인 지성적 능력이라는 해석 양자로 나누어진다. D. C. 라우(D. C. Lau)는 "의는 기본적으로 행위의 특성이며 그것이 행위자에게 적용되는 것은 부차적이다. 행위의 적합성〔義〕은 그것이 상황에 도덕적으로 적절함을 의미하며 행위자의 성향이나 동기와는 거의 관련이 없다"라고 해석한다. 하지만 다른 학자들은 의가 그 자체로서 윤리적 기준이라기보다는 윤리적 행위자의 성품으로 이해한다. 의는 판단하고 선택하는 지성의 능력이며 사회적 관행 즉 예를 자신의 상황에 적합하게 응용하는 능력이라는 것이다. 청중잉(成中英)이나 두웨이밍(杜維明) 같은 학자들은 후자와 같은 해석에 좀 더 무게중심을 두고자 한다. 그러나 이 두 가지 해석이 모두 나름의 문헌적 전거가 있음은 사실이라 할 수 있다.[22]

어린이들은 인지적 능력이 있기는 하나 미숙한 단계에 있기에 부모나 교사의 지도가 필요하다. 도덕적 훈련의 초기의 경우 어린이들 스스로 인지적 과정에 개입되기보다는 어른들이 올바르거나 그르다고 하는 말에 따라 그대로 행동하게 된다. 교육은 초심자가 윤리적 사실들을 제대

21) 『論語』, 「里仁」 十六.
22) Jiyuan Yu, 앞의 책, 143~144쪽 참조.

로 배우게 될 좋은 습관을 갖게끔 올바른 행위가 왜 옳은지를 설명해줄 정당한 근거를 제공해야 한다. 합리적 훈련을 통해 초심자는 자신이 행해야 한다고 말한 행위들이 옳으며 또한 그 결과가 좋은 이유를 이해하게 된다. 나아가서 배우는 초심자는 일정한 영역의 감정과 행위가 가치 있음을 알게 될 뿐만 아니라 가치 있는 좋은 삶이 어떤 것인지에 대한 일반적 입장 즉 가치관을 지니게 된다. 다양한 덕목과 일반적 가치관은 상호 밀접한 관련이 있다. 가치 있는 훌륭한 삶에 대한 일관된 관점이나 가치관을 갖는 것은 덕의 윤리에서 필수적이다. 실천적 지혜는 가치 있는 훌륭한 삶 일반에 대해 잘 숙고할 수 있는 능력이라 할 수 있다. 인생의 목표나 가치관 일반을 지니지 못할 경우, 우리는 마치 지향할 목적지에 대해 혼란에 빠진 항해사와도 같다.

유덕한 존재가 되기 위해 지식 자체는 필요하기는 하나 충분하지는 않다. 아리스토텔레스에 따르면, 실천적 덕은 숙고를 통해 선택하는(choose) 선호의 성향을 의미한다. 합리적 훈련을 통해 배우는 초심자는 무엇이 가치 있는지를 알게 될(know) 뿐만 아니라 상황을 파악하고 무엇이 요구되는지를 평가하는 능력을 개발하게 된다. 덕을 지니게 될 경우 행위자는 어떤 행위를 그 자체로서 선택할 뿐만 아니라 좀 더 전반적 목적이나 가치관의 관점에서 그것을 선택하게 된다. 나아가 선택은 덕이 갖는 감정적 구성요소와도 연관된다. 우리는 좋은 것 혹은 나쁜 것을 선택함으로써 일정한 성품을 지닌 사람임을 보여주는 셈이다. 아리스토텔레스에게서 실천적 지혜는 단지 아는 인지적 기능이 아니라 무언가를 실천적으로 할 줄 아는 능력 즉 욕구나 농기 상의 불화나 갈등이 해소된 실천적 인지능력을 의미한다. 그런 의미에서 실천적 지혜는 욕구, 감정, 의지 등 동기상의 요소와 지식, 지성, 이성 등 인지상의 요건이 통합된 복합적 능력이라 할 수 있다.

다음에는 유교적 덕의 지적 구조를 살펴보자. 공자는 의를 최고의 덕목으로 생각했지만 또 다른 중요한 지성적 덕으로서 지(智, wisdom, zhi)를 도입했으며 지와 의 간에 어떤 관계가 있는지에 대해서는 상론하지 않았다. 때로는 지가 도덕과 무관한 인지적 상태나 지성을 의미하기도 한다. 도덕과 무관한 인지적 상태로서 지는 유덕자이건 아니건 간에 모두가 공유하는 기능이다. 또한 지가 긍정적인지 부정적인지는 도(道)가 세상을 지배하는지 여부에 달려 있다. 공자에 따르면, 세상에 도가 부재할 때 군자는 오히려 어리석은 체해야 한다. 때때로 공자는 즐기는 것이 좋아하는 것보다 낫고, 좋아하는 것이 아는 것보다 낫다고도 했다. 그런데 자주 지(智)는 특정한 덕으로 간주되고 있기도 하다. 비록 그 관계가 명백하지는 않으나 지는 흔히 인과 관련해서 언급되기도 한다. 유교사상에서 인과 지는 서로를 지지하는 두 날개와도 같다. 그 하나가 실질적 덕이라면 다른 하나는 기능적 덕이라 할 수 있다. 그런데 인은 광의의 일반적 덕으로서의 인과 협의의 특수한 덕으로서의 인으로 구분되는데, 인과 지가 대조를 이룰 경우는 특수한 덕으로서의 인이며 일반적 덕으로서의 인에는 이미 지도 함축되어 있다고 할 수 있다.[23]

하나의 덕으로서 지는 자신의 인지적 상태와 수준을 살피는 정직한 마음이라 할 수 있다. 지인용(智仁勇)이라 할 때 지는 혼란을 제거하는, 특히 도덕적 혼란을 물리치는 기능이라 할 수 있다. 지는 사소한 일상사에 대한 지식보다는 군자들의 관심사인 좀 더 큰 사항 즉 사회적 관행으로서 예(禮) 등에 대한 지식과 관련된다. 나아가 또한 자신의 사명이나 소명을

∴
23) 같은 책, 150쪽.

깨닫거나 천명(天命)이나 운명을 아는 것도 군자의 지라 할 수 있다. 그런데 보다 중요한 점은 의와 지의 관계에 관한 것이다. 의는 실천적 과제와 관련되며 지는 이론적인 사항과 실천적인 사항 양자 모두와 관련된다. 따라서 문제는 실천적 사항에서 의와 지의 차이가 무엇인가이다. 공자가 양자의 차이에 대해 명확히 밝힌 바는 없지만 그 용례에 의거해 추정하건대, 대체로 지가 사회적 관행으로서의 예와 그 존재론적 근거인 명(命)을 아는 것이라면 의는 행위자의 선택이나 결정과 좀 더 긴밀한 관련을 갖는 것으로 보인다. 이 점에서 공자는 아리스토텔레스의 입장과 크게 다르지 않다는 생각이다. 두 사람 모두에게서 유덕한 행위자는 옳은 것이 무엇인지를 알고 그것을 선택하는 자라는 입장이다.

공자와 마찬가지로 맹자 역시 의와 더불어 지를 덕으로서 도입하기는 하나 양자 간의 관계에 대한 명시적 언급이 없음은 공자와 다르지 않다. 맹자는 지를 도덕과 무관한 인지적 기능으로 보는 듯하며, 인·의·예와 더불어 지를 4주덕의 하나로 간주한다. 의가 잘못된 것을 부끄러워하고 싫어하는 감정에서 발전된 것이라면, 지는 옳고 그름에 대한 감정에서 발전된 것이다.

그렇다면 의와 지 이 양자는 어떤 관계에 있는가? 맹자에 따르면, 지는 의로운 게 무엇인지를 이해하는 것이라 말할 뿐 그 이상의 언급은 없다. 맹자 해석가 중 하나인 도널드 J. 먼로(Donald J. Munro)는 지와 의가 그 범위에서만 다를 뿐이라 한다. 그에 따르면, 지가 의보다 범위가 더 넓은데 그 이유는 의로운 자는 자신이 평가하는 행위에 국한되어 있으며 지혜로운 자는 그렇게 국한되어 있지 않기 때문이다. 또한 슌(Shun)이라는 학자는, 두 개념의 차이는 서로 다른 강조점의 차이로서 의의 개념은 적절한 행위에 대한 확고한 입장에 강조점을 눈다면 지라는 개념은 적절한 것을 분간하는 능력에 강조를 둔다고 할 수 있다고 주장한다. 여하튼 이러한 구분은 아는 것과 선택하는 것을 구분하는 아리스토텔레스의 입장과도 유사하다고 보인다.[24]

동서의 덕윤리에서 감정과 지성의 조화에 관한 입장을 살펴보자. 아리스토텔레스의 덕의 습득과정에서 선택은 욕구와 숙고라는 두 요소를 포함한다. 그래서 그것은 욕구적 사고(desirative thought), 지성적 욕구(intellectual desire), 숙고적 욕구(deliberative desire) 등으로 불린다. 선택에서 사고는 욕구와 수렴하게 되고 이성이 감정이나 욕구와 상관없이 선을 결정하지 않는다는 점이 강조된다. 일반적으로 이성과 지성, 감정이나 욕구는 서로 상충하는 것으로 생각되어왔다. 소크라테스나 플라톤 같은 철학자들은 감정에 대한 이성의 지배를 강조했고, 데이비드 흄 같은 학자는 이성이 어떤 종류의 욕구도 내포하지 않으며 따라서 사고는 행위의 동기를 제공할 수 없다고 보았다. 그러나 아리스토텔레스의 실천적 지혜 이론은 이성과 감정의 이러한 대립을 용납하지 않는다. 아리스토텔레스에게서 적합한 감정적 응대는 적절한 숙고의 중요한 일부이다. 행위자의 동기적 상태와 그의 인지적 상태는 전적으로 서로 분리되어 있지 않다. 욕구와 숙고의 조화가능성은 습관의 개발과 합리적 과정이 떼어질 수 없음을 말해주고 있다.

유교윤리도 감정과 이성이 분리될 수 없다는 입장을 공유한다. 공자에게서 적합성으로서의 의가 유덕한 인격이 되는 데에서 본질적인 것이듯 사랑을 뜻하는 인 역시 본질적 구성요소이다. 맹자가 말하는 인간의 본성 또한 이성과 감성의 조화에서 보고 있다는 사실은 그의 사단론(四端論)

••
24) 같은 책, 151~152쪽 참조.

이 명시적으로 말해준다.

지금까지의 대비를 통해 알 수 있는 것은 공맹의 윤리나 아리스토텔레스의 윤리에서 덕의 지성적 측면은 그 감성적 측면과 조화를 이루고 있다는 점이다. 두 윤리 모두에서 행위와 감정은 유덕한 행위자에게서 조화를 이룬다. 행위자는 행위를 하고자 하는 성향을 지니며 또한 그 행위를 기꺼이 그리고 즐겁게 행하고 이성과 감정 간에 어떤 심각한 내적 갈등도 겪지 않는다. 윤리는 우리가 어떤 의무에 강제될 수 있는가 하는 문제가 아니고 사회적 규칙을 기꺼이 그리고 자연스럽게 준수할 수 있는가 하는 문제이다. 결국 두 윤리는 스토커(Stoker)가 근세 이후 의무의 윤리에서 지적한 정신분열의 문제(the problem of schizophrenia)에 당면하지 않는다. 정신분열이란 우리가 행할 가치와 우리 자신의 동기 간 부조화이다. 스토커에 따르면 근대윤리는 행위를 말하는 가운데 윤리적 동기를 무시하고 있으며 동기가 고려되는 경우에도 그릇되게 평가하고 있다는 것이다. 도덕적 행위를 의무감에서 한다면 그것은 기꺼이 하는 일이 아니며 따라서 유덕한 행위가 될 수 없는 것이다.[25]

4. 덕(중용)의 습관화와 궁술의 습득

아리스토텔레스나 공맹의 덕윤리에서 양자는 모두 덕을 중용(中庸, the mean)으로 규정하는 데서 서로 일치하고 있다. 또한 여기에서 중용은 산술적 중간(moderation, intermediate)이 아니라 가치론적으로 정점(頂點)을

∙∙
25) 같은 책 참조.

의미한다는 점에서도 의견을 공유한다. 그리고 성품이나 성향을 의미하는 내면적 중(中)이 감정이나 행위의 외면적 중(中)으로 적절하게 표현되는 것[的中]을 중용이라 하는 데서도 양자는 크게 입장을 달리하지 않는다. 결국 두 윤리에서 중용은 과도(過度)도 아니고 부족도 아닌 중앙값(the middle point between excess and deficiency)이라는 해석에서도 의견을 함께한다(NE, 1107a 2~3; A. 11:16). W. D. 로스(W. D. Ross)는 3원적 구조틀(trinitarian scheme)이라는 용어를 써서 모든 덕에는 서로 구분되는 두 가지 악덕이 있다는 아리스토텔레스의 입장을 지시하고자 했는데, 이는 덕과 대비되는 넘치고 모자라는[過不及] 두 가지 악덕을 언급한 공자의 덕론에도 그대로 적용될 수 있는 용어이다. 그러나 중용이 과불급의 중간이라 할 경우 양적 개념으로 오해될 우려가 있는 데 비해 중용은 가장 올바르고 가장 적절한 것이라 함이 오히려 좀 더 적합한 표현일지도 모른다.[26]

　이상과 같은 맥락에서 공자의 중용이 궁도(弓道, archery) 즉 활 쏘는 기법에 비유되는 점은 주목할 만하다. 중용과 궁도의 비유는 중용에서 제시된 중화(中和, inner mean-outer mean)사상에서 분명히 나타난다. 내면적 중용인 중(中)은 감정이 표현[發]되기 이전의 상태를 말한다. 감정이 발휘되어서 절도에 적중할 때[中節] 우리는 조화로운[和] 상태에 있다고 할 수 있다. 이 구절에서 중은 명사로도[中庸], 동사로도[的中] 사용된다. 또한 이 구절에서 동사 발(發)은 발사된 것을 의미하고 과녁을 맞힌 것[的中]과 관련된다.[27] 우리는 탁월한 궁사를 칭찬하는 데 백발백중(百發百中,

••

26) 같은 책, 83~84쪽.
27) 같은 책, 85쪽.

백번 활을 쏘아서 백번 모두 과녁을 맞힌다)이라는 표현을 쓰기도 한다. 중화 구조의 묘사는 유덕한 행위자의 내면적 중용과 궁사가 활을 쏘는 것 간의 관계를 말해준다. 그리고 여기에서 발(發)은 "이용하다" "행사하다"라는 의미에서 용(庸)에 해당하지만 단지 이용하는 게 아니고 이용해서 과녁에 적중함을 의미한다.

공자는 명시적으로 도를 궁도와의 비유를 통해 말한다. "궁도에는 군자의 도와 비슷한 무언가가 있다. 궁사는 과녁을 놓치게 될 경우 자신을 되돌아보고 실패의 원인을 살피게 된다."[28] 여기에서 군자의 도는 중용의 도이며 과녁을 놓치는 것은 중용을 행위 속에 실현하지 못했음을 뜻한다. 궁사가 과녁을 놓쳤을 때 자신을 살핀다는 것은 자신의 궁도 기술을 되돌아보고 계속해서 기술을 개선해감을 의미한다. 중용이 궁도의 기술과 유사한 까닭에 만일 우리가 행위에서 옳음에 적중하지 못할 경우, 우리는 자신을 살피고 내면적 중용을 계속 길러가야 할 것이다. 이는 공자가 중용의 이론을 구성할 때 궁도라는 기술 모형을 이용했음을 의미한다. 맹자도 비슷한 발상을 그대로 계승하여 인간적 탁월성(仁)을 궁도에 비유하고 군자를 궁사에 비유했다. 맹자는 "인은 궁도와 같다. 궁사는 활시위를 놓기 이전에 자신의 입지가 확고한지 확인하며 과녁을 적중시키지 못할 때 승자를 원망하기보다 단지 그 원인을 자기 자신 속에서 찾고자 한다"라고 했다.[29]

이상에서 우리는 공자의 중용이론 속에 궁도의 모형이 깔려 있음을 보아왔다. 그렇다면 아리스토텔레스의 중용 역시 공자의 그것처럼 궁도와

●●
28) 『中庸』, 제14장.
29) 『孟子』, 79/41.

관련되어 있다고 할 수 있는가. 이에 대해 우리는 긍정적 대답을 할 수 있는 것으로 보인다. 아리스토텔레스는 『니코마코스 윤리학』 서두에서 자신의 윤리학 과제는 인간의 최고선을 파악하는 일이라고 말하면서 인간적 선을 추구하는 프로젝트를 궁도(archery)에 비유하고 있다. "우리가 그 자체로서 욕구할 만한, 우리가 행하고자 하는 어떤 목적이 있다면, 이는 분명 선일 뿐 아니라 주도적 선이어야 할 것이다. 그에 대한 앎은 삶에 엄청난 영향을 미치지 않겠는가? 그렇다면 우리는 겨냥할 과녁을 갖는 궁사와도 같이 적중해야 할 목표를 갖는 게 아닌가?" 이같이 아리스토텔레스에게서도 유덕한 자는 궁사가 과녁에 적중하고자 하듯 최고선을 성취하고자 한다는 말이다.[30] 유덕한 행위라는 내면적 중용을 감정과 행위의 외면적 중용을 통해 실현하고자 힘쓰는 것처럼 묘사하면서 아리스토텔레스는 반복해서 "중용에 적중하고자 한다(hitting the mean)"라는 표현을 쓰고 있다. 적중한다는 말은 아리스토텔레스가 중용이론을 확립하는 데서 이용하고자 한 모형이 궁도임을 강하게 암시한다. 아리스토텔레스 또한 중용을 성취하는 데서 사람들이 여러 방식으로 과녁을 빗나간다(miss)는 표현을 쓴다.

물론 아리스토텔레스나 유교윤리에서 궁도의 모형이 제시된다는 것은 이미 알려진 사실이다. 그러나 두 윤리체계를 해석하는 데서 그것에 무게중심을 둔 적은 없었던 것으로 생각된다. 이 두 가지 중용론을 대비하고 그 유사성에 주목함으로써 우리는 궁도의 비유가 덕윤리를 이해하는 데서 열쇠가 될 만한 중요성을 갖는다는 생각에 이르게 된다. 궁도의 기술에서처럼 덕의 윤리에서도 지정의의 다양한 기능이 조화롭게 통합되

..

30) Aristotle, *Nicomachean Ethics*, 1094a 18~24.

어야 된다는 점, 그리고 과녁에 적중시키기 위해서는 무수한 훈련과 습관화를 통한 숙련이 필요하듯 반복적 훈련과 습관화를 통해 비로소 상황에 적합한 유덕한 행위와 감정을 성취할 수 있다는 점 등에서 유사성이 지적될 수 있다. 그리고 무엇보다 동서의 두 윤리에서 중용이 옳은 것을 의미하는 동시에 중간을 의미한다는 점을 궁도의 모형이 잘 설명해줄 수 있다. 궁도를 훈련하는 데서 화살을 쏠 경우 올바른 목표는 과녁의 정중앙이 된다. 바로 이 점에서 올바른 과녁을 맞히는 것은 중앙을 적중하는 것이듯 유덕한 행위자에서 중용을 맞추는 일 역시 궁사와도 같이 감정과 행위에서 올바른 과녁에 적중하는 일인 것이다.[31]

지금까지 논의한바, 궁도의 모형은 '적중하다(hit the mean)'는 말을 의미 있게 하고 따라서 외적 중용을 의미 있게 한다. 그런데 궁도의 모형을 내면적 중용에 대한 탐구로 확장할 수 있는지 생각해보자. 외적 중용과 내적 중용은 상호 분리 불가능하고 내적·외적 중용의 구조는 과녁에 적중하는 궁사의 이미지를 상기하게 한다. 궁사가 화살을 과녁에 정확히 적중하게끔 하는 것은 습득된 그의 궁도 기술이다. 마찬가지로 유덕한 행위자에게서 감정이나 행위에서 적중하는 것은 내면적 중용으로부터 나오는 까닭에, 내면적 중용은 궁도에서 궁사의 기술에 대응해 행위자에게서 일종의 기술과 같은 상태를 의미한다는 결론에 이른다. 다시 말하면, 내적 중용의 행사는 화살을 쏘는 것과 유사하다. 궁도의 기술을 소유하고 실행하는 것은 우리를 훌륭한 궁사로 만드는 일이다. 마찬가지로 내면적 중용의 소유와 행사는 우리를 인간으로서 훌륭한 존재이게끔 만드는 것이다.[32]

● ●

31) Jiyuan Yu, 앞의 책, 86쪽.

아리스토텔레스나 유교윤리에서 도덕철학의 중심 문제는 우리를 인간으로서 선한 존재로 만드는 상태를 설명하고 그런 상태를 성취할 수 있는 방법을 논의하는 일이다. 아리스토텔레스는 이런 상태를 아레테(arete, virtue)라 불렀고 공자는 인(excellence)이라 불렀다. 아리스토텔레스에 따르면, 인간의 덕은 인간을 선한 존재로 만드는 상태인 동시에 자신의 임무를 잘 수행하게 하는 상태이다. 마찬가지로 공자에게서 인 역시 인간을 인간답게 하는 것이며 어진 사람〔仁人〕 즉 훌륭한 사람은 중용을 예시하고 인간의 삶이 지향할 목적을 보여주는 전범이다.

위에서 우리는 아리스토텔레스와 공맹이 우리를 인간으로서 선한 존재로 만드는 내적 상태를 설명하는 데서 궁도의 모형을 이용하고 있음을 보았다. 궁사의 실패는 궁도에 대한 부적절한 이해나 잘못된 실행에서 결과한다. 마찬가지 방식으로 삶과 행위에서 행위자의 실패는 내면적 중용을 성취하거나 실행하는 데 실패했기 때문에 비롯한다. 중용에 따르면, 공자는 훌륭한 인격이란 "어느 편에도 치우치지 않고 중심에 서 있는 존재"로서 묘사한다. 이러한 3원적 설명 구조는 궁도와 관련된다. 그래서 맹자는 가장 명시적으로 "인은 궁도와 같다"라고 주장했던 것이다.

아리스토텔레스는 덕과 기술(craft) 간의 비유에 대해 가끔 언급하곤 했다.[33] 만일 모든 좋은 기술이 그 영역에서 중용을 겨냥하고 있다면 덕도 행위자가 외적 중용을 겨냥할 수 있게 하는 일종의 성품이라 할 수 있다. 기술과의 유비는 덕에 대한 아리스토텔레스의 논의에서 주요한 논변적 전략 중 하나로 간주된다. 위에서 논의한 바, 궁도는 덕의 핵심이 중용이

∴
32) 같은 책, 86~88쪽.
33) 같은 책, 89쪽.

라는 이론에서 그가 이용한 중요한 기술모형임을 보여주고 있다. 기술과 덕이 모두 중용을 겨냥하고 있다. 궁술의 소유가 궁사로 하여금 과녁을 적중할 수 있게 하듯, 덕의 소유는 행위자로 하여금 올바르게 느끼고 행위 하게 하는 것이다.

공맹과 아리스토텔레스의 덕윤리가 모형으로서 궁도를 인용한 이유는 무엇일까? 주지하다시피 덕의 희랍어인 아레테는 전쟁의 신 아레스(Ares)와 관련되어 있으며 남자다운 성품과 상관된다. 아레테를 라틴어인 비르투스(virtus)로 옮겼을 때 바로 이 용어가 남성적 성품을 함축하고 있음이 강조된 듯하다. 유교에서도 인은 『시경(詩經)』에서 품위 있는 사냥꾼을 묘사한 말이었으며 따라서 인 역시 원래 남자다움, 남성적임 등을 의미하는 것으로 생각되었다.[34] 이같이 아리스토텔레스에게서 아레테와 유교에서 인의 본래적 의미 간의 유사성이 양 윤리의 중용론에도 그대로 반영되고 있는 듯하다.

아리스토텔레스와 공자는 모두 고대 영웅사회 특히 전쟁과 사냥에서 영웅들을 존중할 때의 가치관에 의해 영향을 받는 시기에 살았다. 바로 이러한 이유로 아리스토텔레스와 공자가 윤리적 삶에서 덕의 역할을 생각하기 시작했을 때 그들은 각기 유덕한 행위자를 전쟁과 사냥에서 영웅의 카운터파트로 생각했을 것으로 추정된다. 그런데 궁도나 궁술은 전쟁이나 사냥에서의 중심적 역할을 감안할 때 고대 영웅사회에서 사람을 영웅으로 만드는 가장 중요한 기능 중 하나로 생각될 수 있다. 이로 인해 사람은 남자다운 기상을 보여줄 수 있기 때문이다. 바로 이 같은 이유로 동서의 덕윤리가 중용이론을 설명하는 데서 궁도나 궁술에 의존하게 되

34) 같은 책, 90쪽.

었을 가능성이 컸던 것으로 사료된다.

덕은 중용을 목표로 겨냥하고 그 목표에 적중시키기 위한 궁도의 기술과 유사한 성품이라고 했다. 그러나 덕은 단순히 기술 이상의 것이다. 아리스토텔레스나 공맹에게서 덕은 동시에 마음의 상태나 성향이기도 하다. 덕을 기술로부터 구분하는 몇 가지 방식이 있다. 아리스토텔레스에게서 유덕한 인격이 되기 위해 우리는 감정이나 행위에서 중용에 적중해야 할 뿐만 아니라 좀 더 중요한 것으로서 그러한 행위가 확고 불변한 성품에서 나온 것이어야 한다는 점이다. 어떤 행위자가 올바른 행위를 우연히 했거나 마지못해 하게 될 경우 훌륭한 행위라 할지라도 그것이 행위자 자신의 성품에서 반영된 것이라 할 수 없다. 따라서 덕은 행위의 훌륭함보다는 성품의 훌륭함에 의해 결정된다. 달리 말하면, 덕은 외적 중용에 적중함보다는 내면적 중용에 의해 결정된다고 할 수 있다. 유덕한 인격은 적절한 행위가 확고한 성향으로부터 생겨나는 그런 유의 인격인 것이다.

확고한 성향으로서 덕은 제2의 천성이라 할 수 있다. 제2의 천성(second nature)은 타고난 제1의 천성에 대비해서 나온 개념이다. 아리스토텔레스에게서 윤리적 덕은 제1의 천성에 바탕을 두기는 하나 또한 양육과 습관화(habituation)를 통해 얻어진다. 아리스토텔레스에 따르면, "우리는 본성에 의거해 덕을 수용하게 되고 습관에 의해 완성하게 된다." 우리는 반복해서 정의로운 행위를 함으로써 정의로운 사람이 되고 절제된 행위를 함으로써 절제 있는 사람이 된다. 그런데 "습관이란 본성과 같기 때문에 변하기가 어렵다." 덕은 습관화에 의해 습득된다. 일단 습관화가 되면 그것은 본성적인 것과 거의 흡사하게 된다. 우리가 지식을 배우고 계속 연습하게 되면 그 지식은 어느덧 우리의 일부를 이루게 된다. 그래서 덕은 유덕한 행위주체를 이루는 일부가 되는 것이다. 따라서 아리스 토텔레스는 "정의, 절제 등은 쉽사리 변화되지 않는 것으로 보인다"라고 했던 것이다.[35]

공자 역시 이와 유사한 개념적 분석을 제시한다. 그 또한 덕이 결국 우리의 확고한 성품으로 내면화되고 오랜 수양의 과정을 거쳐 제2의 천성이 된다고 본다. 공자는 자신의 일대기에 대한 요약에서 15세에 학문에 뜻을 두고 오랜 수양의 과정을 거쳐 "70에 이르러서는 마음에 내키는 대로 행해도 법도에 어긋남이 없다"라고 술회했다. 인이나 덕이 그때에 이르러 일정한 방식으로 느끼고 행위 하는 데서 애쓰지 않고서도 자연스레 이루어지는 성향이 되었다는 말이다. 그리고 공자는 인과 그것을 체득한 도덕적 주체 간의 관계를 묘사하는 데서 편안한 가정[安宅]과도 같다고 했다.[36] 따라서 인은 천성과도 같이 훌륭한 인격의 일부를 이루게 된다. 달리 말하면, 인이 군자의 자기 정체성의 일부가 된다고 할 수 있다. 비슷한 논점이 맹자에 의해서도 주장된다. 맹자는, 성인인 순임금은 인의를 단지 실행하는 것을 넘어 인의로부터 행한다고 했던 것이다. 이는 인의가 이미 성인의 성품을 이루고 있음을 뜻한다. 그래서 순임금은 어떤 인의적 행위를 단지 수행하고 있다기보다 그 스스로 인의의 인격 자체가 되었다는 것이다.[37]

이상에서 논의한 대로 덕이나 중용을 궁도에 비유한 것은 여러 함축적 의미를 갖는다. 우선 덕이나 중용은 궁도가 다양한 궁술 기능의 복합물이듯 지정의의 다양한 기능의 통합적 결과라 할 수 있다. 이 같은 다양한

35) 같은 책, 91쪽.
36) 『論語』, A 4 : 2.
37) 『孟子』, 4b/19; Jiyuan Yu, 앞의 책, 91쪽 참조.

기능이 조정되고 조율되어 하나의 유기적 통합을 이루는 것이 바로 궁술이고 중용의 덕이라 할 수 있다. 또한 이러한 유비는 그와 같은 유기적 통합이 오랜 시간 동안 반복적 습관과 훈련을 통해 습관화되고 내면화된 소산이라는 점이다. 그야말로 유덕한 인격은 오랜 자기수양을 통해 지적인 각성, 감정의 조율, 의지의 강화 등이 통섭되어 나타난 예술작품과도 같다. 이런 점에서 "도를 닦고, 덕을 쌓자"라는 명법은 그 같은 명품의 형성 과정을 요약적으로 표현하고 있다 할 것이다.

참고문헌

Jiyuan Yu, *The Ethics of Confucius and Aristotle: Mirrors of Virtue*, New York: Routledge, 2007.

제4장

도덕적 실패

: 인지(認知)의 부족 대 의지(意志)의 나약

1. 들어가는 말: 도덕적 실패란?

도덕적 실패(moral failure)란 일반적으로 도덕적으로 좋은 것, 옳은 것이 무엇인지 알면서도 행동으로 옮기지 못하는 경우를 말한다. 그러나 이 문제를 좀 더 깊이 성찰하게 되면 우리는 도덕적으로 좋은 것, 옳은 것을 안다는 것도 쉬운 과제가 아니라는 사실에 주목하게 된다. 도덕적 지식이 보장된다 할지라도 그것이 도덕적 실천을 보증하지 못하는 데는 일차적으로 그 같은 이성의 명령 즉 지식을 행동으로 옮기는 과정에서 갖가지 유혹을 이기지 못하는 의지의 나약이 있을 수 있다. 이러한 의지의 나약은 당장의 쾌락이나 타산에 길들어 도덕적 지식에 눈먼 감정의 갈등과 저항의 변수와도 상관있다. 이런 관점에서 볼 때 도덕적 실패에는 인지적 측면만이 아니라 의지적·감정적 요인 모두가 가담하고 있는

바, 도덕적 실패는 지정의(知情意)와 상관된 복합적 현상이라 할 수 있는 것이다.

따라서 도덕적 실패를 지양하고 도덕적 실천을 보증할 수 있는 유덕한 인격을 지향하는 도덕적 자기수양을 위해서는 동양철학의 자기수양론에 내장된 지혜에 주의를 기울일 필요가 있다. 유교의 수양(修養)이건 불교의 수행(修行)이건 간에 동양의 자기수양은 도를 닦는다는 말로 대변된다. 그런데 도를 닦는다는 것은 단지 지적인 각성만을 도모하는 게 아니며 지적 각성을 바탕으로 의지의 강화와 더불어 감정의 조율이 종합적, 상호작용적으로 이루어지는 프로젝트이다. 이를 통해 지정의가 융합된 실천적 지혜가 행위자의 성품 속에 통합되고 내면화·내재화될 때 유덕한 인격은 완숙한 경지에 이르고, 이럴 경우 도덕적 실패는 최소화된다 할 수 있다.

우리는 우선 공맹의 수양론에서 도덕적 실패와 관련된 부분을 살펴본 다음, 이를 극복하기 위한 수양론적 방도도 알아볼 셈이다. 도덕적 실패 문제에 대한 보다 자상하고 분석적인 이해는 고대 그리스의 아리스토텔레스에 의해 제기되었다. 이른바 자제심의 결여(akrasia)라는 주제로 제시된 그의 논의를 통해 우리는 도덕적 실패라는 주제를 좀 더 상론할 수 있다. 그런데 우리에게 보다 중요한 문제는 결국 도덕적 실패를 최대한 줄일 수 있는 방도를 찾는 일이며, 이는 다시 동양철학 특히 공맹의 유학에서 강조되는 수양론에서 귀중한 암시들을 발견하는 일로 이어질 것이다. 알아도 행하지 못하는 일이 도덕적 실패라면 이에는 의지의 나약과 감정의 갈등 등이 연루되어 있으며, 이들을 논의하는 가운데 단지 알아도 행하지 못하는 문제를 넘어 행하여도 행복하지 못하는 문제까지 극복하는 도덕적 성공 내지 성취 또한 언급하고자 한다.

1. 도덕적 실패와 공맹의 수양론

　도덕적 실패는 도덕적 선택의 기로에서 도덕적으로 옳은 것을 선택하고 행위 하는 데서 실패하는 일을 말한다. 일상적으로 경험하는 도덕적 현실을 되돌아볼 때 우리는 일반적으로 세 가지 이유에서 도덕적 실패를 저지르게 된다. 하나는 우리의 도덕적 선택 상황과 관련된, 그래서 우리가 실현해야 할 선이나 가치가 무엇인지 몰라서 혹은 현대사회가 요구하는 미묘한 딜레마적 사안의 해법을 찾지 못해서, 요약하면 인지(認知)의 부족으로 도덕적 실패를 하는 경우이다. 또 하나는 인지상의 문제는 없다 할지라도 갖가지 유혹을 이겨낼 도덕적 용기나 강한 의지가 없는 그야말로 의지의 나약을 들 수 있겠다. 끝으로 의지의 나약과 긴밀하게 상관될 것이나 구분되어야 할 또 한 가지는 욕망이나 감정 등 갖가지 동기상의 불화나 갈등 즉 감정의 갈등이라 부를 수 있는 경우이다. 이들 세 가지가 서로 어떤 영향을 주고받으며 상호작용하는지, 그러면서도 어떻게 서로 차별화되고 구분될 수 있는지는 앞으로의 논의를 통해 밝혀보고자 한다.

　칸트에 따르면, 모든 선 가운데 선의지(good will)만이 무조건적 선이라 할 수 있으며 이에 비해 다른 선들은 선의지에 의거했을 때만이 선이 되는 조건부 선이라 할 수 있다. 선의지란 글자 그대로 무엇을 의욕 하고 의지하건 간에 언제나 선에 적중하는바, 신적(神的) 의지라 할 수 있다. 그러나 인간은 부분적으로 선의지를 타고났기는 하나 다른 한편 자연적 성향 내지 경향성(natural tendency)의 간섭으로 인간의 의지 내지 의욕은 선으로부터 빗겨가 선과 편차를 보이게 된다. 따라서 윤리나 도덕교육의 역할은 이러한 편차를 극복하고 인간의 의지를 선에 부합하게 하는바,

강제적 계기로서 의무(obligation)를 준수하게끔 인간을 길들이는 일이다. 이같이 칸트에게서 인간은 언제나 선과 악, 이성과 욕망, 선의지와 경향성 간에 갈등하는 존재로 이해되고, 이러한 갈등으로부터 선의지와 이성이 경향성과 욕망을 이기고 도덕적 삶을 영위하는 것이 도덕적으로 가치 있는 인간적 삶이 된다 할 것이다.

아리스토텔레스와 같은 덕윤리학자는 이로부터 한걸음 더 나아가 도덕적 행위를 반복함으로써 습관화(habituation)하고 그것이 내면화·내재화되어 성품 속에 통합됨으로써 지속적이고 안정된 성향이 될 때 그것을 덕(德, virtue)이라 불렀다. 그리고 윤리나 도덕교육의 가장 중요한 목적은 도덕적 행위를 보장하기 위해 사람들을 유덕한(virtuous) 존재로 만드는 일이라 생각했다. 유덕한 인격이 되기 위한 자기 자신의 습관화 노력이나 타인의 도움에 의한 훈련(training) 문제를 보다 체계적이고 심도 있게 논의한 고전적 사례는 바로 동양의 유교사상에서 제시되는 수양론에서 발견된다.

공자가 자신의 일생을 연대기적으로 정리하는 대목은 유교 수양론에 함축된 유덕한 인격으로의 성숙 과정과 그에 관련된 도덕적 실패 가능성을 암시하는 듯하다. 공자는 15세 때 학문에 뜻을 두고 정진해서는 30이 되어 입(立)했다고 말한다. 이는 인간으로서 독립과 자립 그리고 인생 목표를 정립했음을 의미한다. 그러나 열정에 넘치는 젊은 시절에는 갖가지 유혹이 그치질 않으며 도덕적 실패 또한 적잖이 되풀이되어 40에 이르러서야 유혹이 어느 정도 진정되고 불혹(不惑)에 이른다. 그러고도 인생은 산전수전을 겪은 후 50이 되어서야 어느 정도 이해되고 알듯하여 지천명(知天命)에 이르렀다 할 수 있다. 여기에서 명(命)은 하늘이 부여한 각자의 소명과 더불어 수명 내지 운명과도 상관된다 할 것이다.

하지만 천명을 알았다 해서 인격수양이 완결된 것은 아니고 부단한 연마와 단련을 거쳐야 하며 60이 되어서야 타인의 말귀를 소화해서 알아듣는 이순(耳順)의 경지에 이르게 된다. 이는 남이 나를 시비하고 비방하는 말뿐만 아니라 칭찬하고 아첨하는 말의 속뜻과 진의를 이해하는바 굿 리스너(good listener)가 되었다는 말이며, 이쯤 되면 성인은 아닐지언정 인간사를 원만하고 순리적으로 경영할 수 있는 달인의 경지에 이르렀다 할수 있다. 그러나 원숙한 인격은 다시 체찰(体察)과 함양(涵養)의 과정을 거쳐 70이 되어서야 성취된다. 공자에 따르면 70은 '종심소욕 불유구(從心所欲 不踰矩)'라 했다. 나이 70에 이르면 마음이 하고자 하는 대로 따라도 법도에 어긋남이 없는 경지가 된다는 말이다. 이때는 마음대로 해도 선에 적중하는바 자연적 성향을 이기고 선의지에 이르렀음을 뜻하며, 온전히 유덕한 인격으로서 성인의 반열에 올랐음을 의미하는 것이다.

맹자 또한 아주 유사한 맥락에서 40에 이르러 어떤 유혹에도 믿음이 흔들리는 일이 없는 부동심(不動心)을 성취했다고 말한다. 부동심을 성취하고 보존하기 위한 맹자의 수양법에는 대체로 적극적 방법과 소극적 방법이 있다. 적극적 방법은 존심(存心) 즉 마음의 보존을 말하고 존심의 공부를 성신(誠身) 즉 몸을 정성스럽게 하는 데 두며, 소극적 방법은 구방심(求放心) 즉 흐트러진 마음을 바로잡음을 말하고 구방심의 공부를 과욕(寡慾) 즉 욕심을 적게 하는 일에 둔다고 했음은 잘 알려져 있다. 그런데 부동심을 갖기 위해서는 용기가 필요한데, 이때의 용기는 일상적 의미의 용기가 아닌 도덕적 진용(眞勇)으로서 이는 증자(曾子)가 공자에게 들었던 대용(大勇)과도 같다. 즉 내성(內省)하여 추호도 부끄러움이 없는 자기를 발견하면 아무것도 두려워할 일이 없다는 것으로서, 이 같은 도덕적 진용은 부동심을 양육하는 데 가장 중요한 방법이라 할 수 있다.

나아가 맹자는 부동심의 방법을 부연 설명하는 가운데 지언(知言)과 호연지기(浩然之氣)를 든다. 호연지기는 맹자의 설명에 따르면 비도덕적인 것을 단호히 물리치고 도의를 실현하는 진용이라 할 수 있다. 그는 호연지기를 지대(至大), 지강(至剛)한 것이고 정의(正義)와 인도(人道)에 배합됨으로써 양육될 수 있으며, 호연지기가 없으면 인간으로서 무기력한 자라고 했다. 맹자는 부동심이나 강인한 도덕적 용기와 의지를 갖는 데 기가 중요하다고 말하면서 지(志)와 기(氣)의 관계를 이렇게 설명한다. "지는 기를 통솔하는 자이고 기는 육체의 운동을 통솔하는 자이므로, 지가 지극한 것이요 기는 그 다음 가는 것이로되 지를 잘 보존하면서도 기를 함부로 해치지 말라." 이는, 지가 한결같으면 기를 움직이는 것과 마찬가지로, 기가 한결같으면 지를 움직여 도덕의지가 유혹에 넘어가지 않게 된다는 뜻이다.

호연지기 다음의 부동심 방법은 지언이다. 맹자에게서 지언은 남의 말을 이해하여 도덕적인 시시비비를 분별하는 도덕지(道德知)라 할 수 있다. 맹자는 공정하지 않는 말, 음탕한 말, 간사한 말, 회피하는 말 등의 발설자에게 그 결점을 안다고 하여 도덕지의 판단자로서 자처한다. 그리하여 인간에게서 이 같은 결점이 축적되면 결국 정사(政事)를 해치게 되니 앞으로 성인이 다시 나타나더라도 이 말은 진리로 남게 될 것이라 하여 지언의 중요성을 강조했다. 이는 앞서 논의한바, 공자가 60에 이르러 남이 어떤 말을 하든 그 진의를 알아 흔들림이 없는 이순의 경지와 유사한 것으로 보인다. 요약하면, 부동심을 위해서는 지언과 같은 인지적 요건이 충족되어야 할 뿐만 아니라 의지의 나약이 극복된 그야말로 강한 도덕적 의지를 갖춘 호연지기로 무장되어야 한다는 것으로 이해된다.

유교철학자 안토니오 S. 쿠아는 맹자의 도덕심리학에 대한 연구논문

「심(心)과 도덕적 실패(Xin and Moral Failure)」에서 도덕적 성취에 대한 맹자의 입장, 즉 사단이 4주덕으로 완전히 발전하는 것과 관련하여 덕성의 바탕인 심(心)이 제대로 발전하지 못하는 것은 도덕적 행위자가 자신의 결함을 극복하는 데 실패했기 때문이라 하면서 6가지 결함을 구분하고 있다. 첫째는 행위자가 이성적 평가에 따라 욕구를 다스릴 뜻이 없는 의지의 결여(lack of will)이다. 둘째는 사사로운 이득의 유혹으로 의에 위반하는바 항심(恒心, constant xin)의 결여이다. 셋째는 가치의 갈등이 있을 때 도덕적 우선성에 대한 감각(a sense of moral priority)의 결여이고, 넷째는 도덕적 과오를 시정하는 부단한 자기성찰(self-examination)의 결여이다. 다섯째는 항심을 지지해줄 적절한 재화와 같은 수단의 결여(lack of means)이며, 여섯째는 당면 상황의 성격에 대한 지각의 결여(lack of appreciation)이다.[1]

이상을 좀 더 부연하자면, 의지의 결여는 행할 수 있는 능력이 없음 다시 말해 불능(不能, inability to act)이 아니라 행하고자 하는 의지가 없음 즉 불위(不爲, refusal to act)를 의미한다. 맹자에게서 불위는 행위가 내키지 않음(不肯, unwillingness)을 말하는 것으로 보이며 이는 의도적으로 행할 뜻이 없음을 의미한다.[2] 그러나 의지의 결여가 갖는 또 다른 의미로서는 행할 의지가 약해서 유혹에 넘어가기 쉬움 즉 의지의 나약(weakness of will)을 뜻하기도 한다. 그러나 이같이 두 가지 의미의 의지 결여는 결국 모두가 다음에 논의될 항심의 결여에 포함될 것으로 보인다.

..

1) A. S. Cua. Xin and Moral Failure: Notes on an Aspect of Mencius' Moral Psychology, *Mencius: Contexts and Interpretations*, ed. Alan K. L. Chan(Honolulu: University of Hawai Press, 2002), 126~150쪽 참조.
2) 같은 논문, 131쪽.

맹자는 올바름(義, rightness)과 이로움(利, profit) 혹은 사사로운 이득을 분명히 구분한다. 전자가 유교적인 도덕적 관점이라면 후자는 사리적(self-interest) 관점이라 할 수 있다. 맹자에게서 항심의 결여 즉 한결같은 마음의 결여는 평가의 기반으로서 의에 주목하지 않고 사사로운 이득에 집착한 결과라 할 수 있다. 이 같은 도덕적 실패는 도덕적 온전성이나 순수성의 퇴락에서 오는 결과이다. 달리 말하면, 윤리적 순수성을 지키는 데 실패하는 것은 자신에게 충실한 성(誠)의 실패라 할 수 있으며, 이런 사람은 타인을 감동시킬 수 없다. 따라서 자신의 마음을 지키고[存其心] 본성을 기르는 일[養其性] 즉 자기수양에 최선을 다해야 한다.[3]

도덕적 우선성 감각의 결여는 그것이 항심의 보존을 저해하는 요인들에 의해 영향 받을 수 있다는 의미에서 항심의 결여와 연관된다. 맹자에 따르면, 인간의 윤리적 가치의 정도를 사람들의 선택에 의거해서 구분할 수 있는데 사람들의 선택은 인격의 상이한 측면 즉 대체(大體, 이성적인 것)와 소체(小體, 감각적인 것)에 대한 관심을 반영한다. 인간존재는 동일한 종류에 속하지만 그들이 행하는 선택에 따라 어떤 사람은 다른 사람보다 더 위대한 존재가 되거나 왜소한 존재가 된다. 이 같은 구분은 가치의 갈등을 함축하며, 그러한 갈등은 도덕적 가치와 비도덕적 가치 간의 갈등뿐만이 아니며 좀 더 판정하기 어려운 경우로서 도덕적 가치 간의 갈등과도 관련된다.[4]

도덕적 창조성의 실천은 부단한 자기성찰을 통한 자기수양(self-cultivation)에 의존하며, 이를 통해 행위자는 성격상의 결함과 그릇된 행위를

∴

3) 같은 논문, 132~133쪽.
4) 『孟子』, 「告子章句」上, 十五.

고쳐나갈 수 있다. 그래서 자기성찰의 결여는 아주 친숙한 유가적 관심 사이다.[5] 『논어』에서 증자(曾子)는 매일 자신을 세 가지 점에서 성찰한다고 했다. 타인들과 관련해서 최선을 다했는지, 친구들과 관련해서 신실하게 살았는지, 내가 시도해보지도 않고 남에게 권고하지나 않았는지 등의 자기성찰[6]은 성실한 의도(誠意) 혹은 사고의 진지성을 얻는 과정이라 할 수 있고, 이는 자기기만을 피하기 위해 절실히 요구된다. 이상적으로 말하면, 자기성찰의 결과는 자책이나 후회로부터 자유로울 수 있는 방도이다.

공자는 제자들에게 자기성찰을 통해 우리는 자책이나 후회로부터 자유롭게 될 터인데 무엇을 두려워하고 겁내겠느냐고 했고, 맹자는 "군자가 다른 사람과 차별되는 것은 그가 자신의 마음을 성찰한다는 점이다. 군자는 자신의 마음을 인과 예를 통해 성찰한다"[7]라고 했다. 자기성찰은 자기반성(自反)으로서 이는 자기인식(self knowledge, 自知)으로 나아가는 길이기도 하다. 행위자가 진지한 노력을 했음에도 항심을 지키지 못한 것은 항심을 지키는 데 필수적인 수단의 결여와도 관련된다. 군자와 같은 존재라면 삶의 수단이 없어도 항심을 유지할 수 있을지 모르나 보통 사람들에게서는 그 일이 불가능하다. 인간의 복리(福利)에 대한 맹자의 관심은 도덕이론에 대해 중요한 통찰을 담고 있다. 이런 도덕이론에 따르면, 삶의 필수적 조건에 대한 명확한 이해 없이 원칙이나 이념의 준수를 요구하는 것은 부당한 일이다.[8]

'곳간이 차야 인심이 난다'라는 말이 있듯 사람다운 도리를 지키게끔

∙∙

5) A. S. Cua, 앞의 논문, 134~139쪽 참조.
6) 『論語』, 「學而」四, "曾子曰 吾日三省吾身. 爲人謀而不忠乎? 與朋友交而不信乎? 傳不習乎."
7) 『孟子』, 「盡心章句」上, 一.
8) A. S. Cua, 앞의 논문, 140~142쪽.

하기 위해서는 사람다운 삶의 조건들이 구비되어야 한다. 군자는 인을 위해 목숨까지 바칠지 모르나〔殺身成仁〕보통 사람들에게서는 항심의 지지 수단이 일관되게 유지되지 못할 경우 도덕적 실패의 한 가지 중요한 원천이 된다. 물질적 궁핍과 도덕적 죄악 간의 밀접한 관련을 인정하지 않는 한 윤리는 구두선에 그칠 뿐이다.[9]

관련 상황의 특성에 대한 지각의 결여는 흔히 볼 수 있는 도덕적 실패의 원인 중 하나이다. 이러한 실패를 가져오는 이유 중 하나는 사람들이 고정관념에 집착하기 때문이다. 그 같은 경향으로 전통 유교학자들도 비정상적 비상 상황에서 의의 시행으로서 권(權)의 중요성을 인식하지 못했다.[10] 인을 실행하는 자도 반드시 동일한 길을 가라는 법이 없으며 군자도 다른 군자와 행동거지가 같을 수 없다. 인간이 당면하는 다양한 상황의 고유성으로 인해 동일한 이념을 추구할지라도 다른 방식으로 실행할 수밖에 없는 것이다. 결국 인은 추상적 이념인 까닭에 인간적 상황에서 세목화·상세화가 불가피하며 다원적 현실화가 요구된다. 그래서 논어에도 목적을 널리 면밀히 살피며 당면 상황을 성실하게 살피고 숙고하라〔近思〕라고 이르며 달리 인을 찾을 길이 없다고 했던 것이다.

이상에서 논의한 도덕적 실패의 원인에 대한 유가의 입장을 인지의 부족과 의지의 나약이라는 범주로 재정리해보면, ① 의지의 결여와 ② 항심의 결여가 대체로 의지의 나약으로 분류된다면 ③ 도덕적 우선성 감각의 결여와 ④ 당면 상황에 대한 지각의 결여는 인지의 부족으로 분류될 수 있으며, ⑤ 자기성찰의 결여는 인지와 의지 양자에 걸친 것으로 해석될 수

••
9) 같은 논문, 142~143쪽.
10) 『孟子』, 「離婁章句」上, 十七.

있고 ⑥ 항심 지지수단의 결여는 의지 나약의 범주와 간접적 관련이 있기는 하나 맹자의 다소 특이한 논점으로 보인다고 할 수 있다. 이 같은 분류에서 보면, 맹자의 입장도 결국 도덕적 실패의 원인이 의지 나약 아니면 인지적 부족 중 어느 하나로 귀속할 수 있다고 해석할 수 있다. 또한 이는 간접적, 잠재적으로는 감정이나 욕구의 갈등과도 관련되어 있다 할 것이다.

맹자에게서 도덕적 자기수양은 결국 도덕적 실패를 줄이기 위한 처방으로 이루어진다고 해석할 수 있다. 4단이라는 타고난 도덕적 잠재 성향을 제대로 발달시켜 네 가지 덕성을 갖춘 유덕한 인격을 형성하는 방도는 맹자에게서는 다음 몇 가지로 요약된다. 그중 하나는 생각하고 반성하는〔思〕능력의 지원을 받아 부단한 자기성찰을 통해 정진하는 일이다. 또 하나는 인의에 의거한 도덕적 행위를 반복해서 수행하고 그에 맛을 들이며 즐거움을 느끼는 일이다. 이는 우리의 감정이나 정서의 순화 혹은 정화를 통해 이루어진다. 또한 더없이 중요한 것은 갖가지 유혹을 돌파하면서 도덕적으로 옳은 일을 떳떳하고 당당하게 수행할 수 있는 도덕적 용기 즉 호연지기를 기르는 일이다. 나약한 의지를 연마와 단련을 통해 강화하는 일이다. 이 모든 작업을 통해 도덕을 향한 항심과 부동심을 기르는 일이 수양의 최종목적이라 할 수 있을 것이다.

2. 아리스토텔레스의 아크라시아와 실천적 지혜

도덕적 실패란 도덕적으로 올바른 행위를 행하지 못하는 일과 관련된 문제로서 동서 윤리학에서 흔히 지행(知行)의 문제로서 다루어졌는데, 크게 두 가지 입장으로 요약할 수 있다. 그중 하나는 서양의 소크라테스에 의해 대변되는바 "알면 반드시 행한다"라는 입장이다. 이는, 인지상의 문제가 없는 한 도덕적 실패는 있을 수 없으며 도덕적 실패가 있을 경우 반드시 인지상의 하자가 있다는 주지주의적 입장이다. 이에 비해 "알아도 행하지 못할 수 있다"라는 입장은 인지상의 요건이 충족된다 할지라도 의지나 감정과 관련된 동기상의 결격으로 도덕적 실패가 있을 수 있다는 것이다. 이는 설사 옳은 것이 무엇인지를 알고 있다 할지라도 의지의 나약이나 감정의 갈등 등으로 도덕적 실패가 생겨날 수 있다는 비(非)주지주의적 입장이라 할 수 있다.

그러나 이상과 같이 도덕적 실패에 대해 외견상 상반되는 두 가지 입장이 있는 듯하나 관련된 논의를 한층 깊이 천착하다 보면 인간의 도덕적 삶에서 인지적 측면과 의지적·감정적 측면이 상호 복잡하게 착종되어 있고, 인지와 관련된 "안다"라는 것의 의미가 넓이와 깊이에서 다의적 개념이라는 점이 논의를 더욱 어렵게 하는 일면이 있다. 이를테면 의지적·감정적 측면에서 지지를 받지 못할 경우 인지적 측면의 완결을 기대하기 어려우며, 실천적 지식(practical knowledge)을 전제하는 경우에는 인지적 요인이 동기화될 수 있을 정도로 충분히 성품 속에 내면화되고 통합되어 있어야 "할 줄 아는(know how)" 실천적 지식으로서 의미를 갖는다. 이런 관점에서 소크라테스와 아리스토텔레스 간에 전개된 도덕적 실패에 대한 논전은 이 문제에 대한 우리의 이해를 심화시키는 데 크게 기여할 것으로 판단된다.

도덕적 실패와 관련된 아리스토텔레스의 자제심의 결여 혹은 의지의 나약(akrasia, incontinence)에 대한 주요 논의는 『니코마코스 윤리학』 Bk. Ⅶ에서 전개되며 보다 자세한 논의는 제3장에 제시된 네 가지 이야기로 요약된다. 이 중 셋은 자제심의 결여가 생겨나는 방식을 쉽게 이해할 수 있도록 제시된 것이고, 네 번째 이야기는 앞서 나온 세 가지 이야기를 묶어 자제심의 결여를 요약·설명하고 있다. 우선 아리스토텔레스가 제기한 첫 번째 이야기에서는 "안다(know)"라는 말의 두 의미에 대한 구분이 나온다. 그중 하나는 자신이 소지한 지식을 행사하는(exercise) 앎이고, 다른 하나는 그러한 지식을 행사하지 못하는 앎이다. 전자는 아는 것과 다르게 행위 한다는 것은 이상하게 들리지만, 후자의 경우 아는 것과 다르게 행한다는 것(수면, 취중, 광란 등)은 충분히 가능한 일이며 이상하게 들리지 않는다.[11]

두 번째 이야기에서는 실천적 삼단논변(practical syllogism)에 나타나는 두 종류의 전제를 구분하는데, 그중 하나는 좋은 것(the good)이 무엇이고 어떤 행위를 해야 하는지를 제시하는 보편적(universal) 전제이며 다른 하나는 이 같은 보편적 전제를 당면한 상황과 관련짓는 좀 더 특수한(particular) 전제이다.[12] 여기에서 아리스토텔레스가 주목하려는 것은 특정 상황에서 행위 할 바를 아는 일과 관련된 두 종류의 지식이 있다는 점이다. 즉 특정한 상황과 관련된 일반 원칙에 대한 지식과 원칙을 특정 상황과 관련짓기 위해 필요한 특수한 지식이 그것이다. 아리스토텔레스에 따르면, 자제심이 결여된 사람은 특정 전제에 대한 지식을 갖지 못하거나 행사하지 못한다. 그런데 그에 따르면, 이런 전제에 대한 지식을 갖지 못하거나 행사하지 못하고서 지식에 따라 행동하는 데 실패했다고 하는 것은 자연스러우나, 그 두 종류의 전제들을 알고 행사하면서 행위 하는

· ·
11) Aristotle, *Nicomachean Ethics*, Trans. W. D. Ross(Oxford: The Clarendon Press, 1925), 1146b 30~34.
12) 같은 책, 1146b 35~1147a 10.

데 실패했다는 것은 납득하기가 어렵고 따라서 아주 이상하게 들린다는 것이다.

세 번째 이야기에서 아리스토텔레스는 지식을 지니고 있기는 하나 행사하지 못하는 경우의 세목을 제시한다. 이는 어떤 의미에서는 지식을 가지고 있다 할 수 있으나 다른 의미에서는 그렇지 않다고 할 수 있는 것으로서 수면이나 취중 혹은 광란의 상태에 있는 경우 등이다. 이러한 자는 감정(passion)의 영향 아래 있는 자인데 자제심이 결여된 자도 비슷한 조건에 있다고 할 수 있다는 것이다.[13] 네 번째 이야기에서 아리스토텔레스는 이상에서 한 세 이야기를 종합하여 자제심의 결여를 설명한다. 자제심이 결여된 사람은 자신이 당면한 상황에 적용되는 일반 지식을 알고 있다는 의미에서 그 상황에서 어떻게 행위 할지를 알고 있다. 그러나 그는 이런 원칙에 따라 행위 하는 데 실패하는데, 그 이유는 욕망(appetite)으로 인해 그가 일반 원칙이 적용되는 상황에 당면하고 있다는 지식을 갖거나 행사하지 못하게 되기 때문이다. 그 동일한 욕망이 그가 달리 행위 하게 하는 원인을 제공하는 셈이다.[14]

아리스토텔레스가 든 예화를 이용해 이를 다시 설명하자면, 어떤 사람이 일정한 음식을 먹어서는 안 된다는 걸 알고 있으나 또한 달콤한 것은 모두가 즐겁다는 생각을 하고 있으며 눈앞에 놓인 음식이 달콤한 것이고 먹고 싶은 욕구도 생겼다고 해보자. 그러한 욕구는 앞에 놓여 있는 달콤한 것이 먹어서는 안 될 음식 중 하나라는 점을 인지하지 못하게 할 수도 있다. 그 음식이 달콤한 것임을 알고서 그 사람은 그것을 먹어서는 안 된

．．

13) 같은 책, 1147a 10~24.
14) 같은 책, 1147a 24~1147b 19.

다는 일반적 지식과 반대로 그 욕구로 인해 그 음식을 먹게 되었다.

이상의 예화에서 알게 되듯, 자제심이 결여된 자는 당면 상황에서 자신이 어떻게 행위 할지에 대해 온전한 지식을 갖지 못하기 때문에 그렇게 된다는 점이다. 비록 그 상황에 적용될 일반 지식을 갖고 있기는 하나 부분적으로 자신의 행위와 관련된 지식을 결여하고 있기 때문인 것이다. 그래서 그는 자신이 처한 특정 상황에 대한 지식을 제대로 갖지 못하고 있거나 행사하지 못하는 셈이다. 그 결과로서 그는 자신이 수행하는 특정 행위가 수행해서는 안 될 행위임을 인지하지 못하게 된 것이다. 그래서 아리스토텔레스는 충분하고 온전한 지식에 반하는 행위는 불가능하다는 소크라테스의 입장을 공유한 것으로 보인다. 이 같은 입장을 받아들였다고 보이는 것은 특히 그가 "소크라테스가 입증하고자 한 입장이 실제로 결과할 것으로 보인다"라고 말했을 때이다.[15] 이같이 아리스토텔레스도 소크라테스와 더불어 주지주의적 입장을 공유한다고 해석하는 방식을 우리는 전통적 해석 또는 입장(traditional interpretation)이라 해도 좋을 것이다.

자제심의 결여에 대한 아리스토텔레스의 견해를 해석하는 또 하나의 입장을 대안적 입장(alternative interpretation)이라 해보자.[16] 대안적 입장은 형식상으로는 전통적 입장과 유사하다. 즉 아리스토텔레스에 따르면 우리는 행위 해야 할 바에 대한 온전한 지식에 반하는 행위를 할 수가 없다. 그런데 이러한 대안적 입장이 전통적 입장과 다른 점은 그것이 온전

15) 같은 책, 1147b 15~16.
16) N. O. Dahl, *Practical Reason, Aristotle, and Weakness of the Will*(Minneapolis: University of Minnesota Press, 1984), 188쪽.

한 지식을 갖지 못한다는 데 있다. 대안적 입장은 아리스토텔레스가 특별히 실천적(practical) 형식의 지식을 인정한다는 견해를 중시한다. 이런 견해에 따르면, 사람들이 온전한 실천적 지식을 갖지 못하게 되는 이유는 그들의 지식이 충분히 실천적이지 못하기 때문이다. 다시 말하면, 사람들이 온전한 실천적 지식에 의거해서 행위 한다는 것을 보증할 정도로 지식이 그들의 성품(character) 속에 충분히 통합되지(integrate) 못하고 있기 때문이라는 뜻이다.

전통적 입장과 달리 대안적 입장은, 온전한 실천적 지식을 갖지 못하는 것이 명제와 같은(proposition-like) 어떤 것을 생각하거나 이해하거나 믿지 못하는 것과 관련될 필요가 없다고 주장한다. 그럴 필요가 없는 까닭에 사람들은 행위 할 바에 대해 온전한 지식을 갖지 못하면서도 자신들이 당면한 상황에서 행해야 할 바가 무엇인지를 인지하고(recognize) 있을 수가 있다. 바로 아리스토텔레스가 자제심의 결여(akrasia)에 대한 설명 속에서 인정한 것은 이 같은 경우의 여지 내지 가능성이라는 게 대안적 입장의 주장 점이다. 결국 대안적 입장은 온전한 지식의 범위를 실천적 지식으로까지 확대함으로써 단지 인지상으로 아는 것뿐만 아니라 동기상으로 실천을 보증하려는 시도로 볼 수 있다.[17]

실천이성(practical reason)에 대한 아리스토텔레스의 입장에 따르면, 사람들은 본성상 목적으로 추구해온 바에 대한 귀납추론(inductive inference)을 통해 일반적 목적을 부분적으로 습득하게 된다. 그런데 여기서 중요한 것은 유덕한 인격이나 아주 악덕한 인간을 제외하고서 보통 사람들은 사신의 성품에 충분히 통합되시 않은 것을 목표로 추론하거나

∵

17) 같은 책, 188쪽.

추론할 수 있다는 점이다. 비록 사람들은 그들의 욕구나 성향이 이미 어느 정도 목적에 부합하지 않으면 그 목표에 대해 추론할 수 없을지 모르지만 설사 추론했다 할지라도 추론 내용이 그들의 성품에 충분히 통합되지 않을 수 있음도 사실이다. 그런 목적이 보다 충실히 습득되려면 습관화(habituation)나 훈련(training)이 한층 더 요구된다 할 것이다.[18]

이상이 의미하는 바는, 실천이성에 대한 자신의 입장으로 인해 아리스토텔레스는 선에 대한 올바른 관념을 가진 사람들을, 그런 목적이 그 성품에 어느 정도 잘 통합되어 있는지에 따라 다양한 수준이나 연속적 스펙트럼으로 나눌 수 있다는 점이다. 그 정점에는 인간의 본성에 부합하는 목적이 성품에 충실히 통합되어 있는 실천적 지혜인(the phronimos)이 자리한다. 이들은 충실히 통합되어 있어 이런 목적을 추구해야 할 상황에서 욕구의 갈등이나 동기상의 불화가 일어나지 않는 수준이다. 충실히 통합된 까닭에 실천적 지혜자 혹은 온전한 유덕자는 자신의 지식에 반하는 행위를 할 수 없다고 아리스토텔레스는 말하고 있다.[19]

실천적 지혜를 갖춘 사람은 선이 무엇인지에 대한 지식을 자신의 성품 속에 통합하고 있을 뿐 아니라 인생의 목적과 관련된 상황을 인지할 능력은 물론 그 목적을 성취할 수단에 대해서도 잘 숙고할 능력을 지니고 있다. 즉 목적과 관련된 인지적·동기적 요소를 두루 구비하고 있다 할 것이다. 따라서 그는 일반적 지식에 의거한 행위에서 동기의 결여에 의해서건 인지적 부족에 의해서건 실패할 수가 없다. 이같이 실천적 지식의 이상적 형태를 갖춘 자를 실천적 지혜자라 부른다면, 실천적 지혜를

..

18) A. S. Cua, 앞의 논문, 147쪽.
19) 앞의 논문, 147~148쪽.

갖춘 자가 자신의 지식에 부합되게 행위 한다고 말하는 것은 동어반복에 가깝다고 할 수 있다. 이런 식으로 실천적 지혜를 이해할 경우, 실천적 지혜를 갖추지 않으면 온전한 지식을 갖추었다고 할 수 없는 셈이 된다.

스펙트럼의 정점에 있지는 않지만 그다음으로 인간 본성에 부합하는 목적을 자신의 성품 속에 상당한 정도 통합하고 있으나 온전히 통합하지는 못한 자가 있을 수 있다. 이런 사람은 실천적 지혜자와는 달리 대립적 욕구가 일어나지 않을 만큼 충분하게 통합하고 있지는 않으며 대립적 욕구가 일어날 경우 그 대립적 욕구보다 본성에 따른 자연적 욕구에 의거해 행위 할 정도로는 통합되어 있다. 이런 사람은 자제심이 있는 자(continent)라고 부르는 것이 적절할 듯하며, 그런 의미에서 자제심(continence)은 동기들이 상충하는 상태와 관련된다 할 수 있다. 스펙트럼의 맨 아래에는 인간적 목적이나 선을 성품 속에 제대로 통합하지 못해 갈등하는 욕구가 일어날 뿐만 아니라 그런 경우에 인간적 목적보다 오히려 그것과 갈등하는 욕구에 의해 행위 할 정도로 인간적 욕구가 부분적으로만 통합되어 있을 뿐인 존재들이 있다. 행해야 할 바를 행하고자 하는 욕구는 어느 정도 있으나 그 행위를 보증할 정도로 강하지 못한 경우인데, 이런 사람을 자제심이 결여된 사람(incontinent)이라 할 수 있을 것이다.[20]

실천적 지식을 인정하는 이러한 대안적 입장에 따르면, 자제심을 결여한 자(akrates)는 행위 할 바에 대해 충분하고 온전한 지식을 갖고 있지는 못할지라도 당면한 상황이 자신이 소지한 일반적 지식이 적용되는 상황임을 인지한다. 그는 자신이 수행한 특정 행위가 그릇된 것임을 알고 있

∙∙
20) 앞의 논문, 148쪽.

으며 나아가 진정한 갈등 상황에서 행위 하는 셈이다. 만일 당면한 상황이 자신이 소지한 일반 지식이 적용되는 상황임을 인지했다면, 그는 그 지식에 의거해서 행위 하고자 하는 동기를 가질 수도 있다. 하지만 그러한 지식이 성품 속에 충실히 통합되고 있지 못한 까닭에 그는 자신의 행위를 유발하기에 충분히 강한, 다른 행위를 할 동기를 동시에 갖게 된다.[21] 요약하자면, 실천이성에 대한 아리스토텔레스의 입장은 전통적 입장이 용납할 수 없는 종류의 자제심 결여를 용납할 여지를 남기는 셈이다.

아리스토텔레스의 윤리학에서 행위의 기능은 행위자의 의도를 현실적으로 구현하는 수행적(performative) 역할만을 하는 게 아니다. 이 같은 과정을 통해 행위는 또한 그 결과의 피드백 효과로서 행위자의 성품을 형성하는 데도 기여하게 된다. 행위는 수행적 기능과 더불어 형성적(formative) 기능을 갖게 되며, 이 형성적 기능은 수행적 기능 이상으로 심대한 윤리 교육적 의의를 갖게 된다. 나아가 반복적 행위는 성품의 형성이나 통합에 영향을 줄 뿐만 아니라 그 결과로서 실천적 지식을 습득하게 한다. 실천적 지식이란 행위에 대해 단지 아는 데 그치지 않고 어떤 행위를 할 줄 아는(know how to do), 행위능력을 지닌 앎이라 할 수 있다. 이 또한 윤리교육적으로 중대한 의미를 갖는다고 할 수 있다. 아리스토텔레스에 따르면, 우리는 습관화나 훈련을 통해 일정한 목적을 추구하는 성향을 습득하게 된다. 나아가 이런 성향은 일정한 행위를 우리가 행해야 할 행위로 선별하게 하는 경향을 갖는다. 목적을 추구하는 경향을 경험하게 되면 추구하는 경향이 있는 목적에 대해 좀 더 명확한 파악을 하게 된다. 실제로 선별한 바에 대한 더 이상의 반성을 통해 목적에 대해 보다 명확

••
21) 앞의 논문, 149쪽.

한 견해를 갖게 되는 것이다.

이처럼 목표로 추구해야 할 명확한 견해를 갖게 되면 우리는 스스로 습관화하는(self-habituation) 과정이나 타인의 도움을 통한 훈련과정(training)에 보다 적극적으로 참여하게 되어 추론된 목적을 자신의 심리적 성품 속에 좀 더 깊이 통합하게 된다. 통합에 성공하게 되면 우리는 일반적 목적을 습득하게 되고 귀납적 사고가 그 속에서 중심 역할을 하게 된다. 이 같은 과정은 뚜렷하게 다른 욕구나 성향을 습득할 경우뿐만 아니라 현존하는 욕구나 성향을 강화하거나 약간의 수정이나 세련화하는 경우에도 진행된다.[22]

이상의 논의를 바탕으로 소크라테스와 아리스토텔레스의 입장의 차이에 주목해보자. 아리스토텔레스에 따르면, 소크라테스는 도덕적 덕이 영혼의 지성적(intellectual) 부분의 덕이라 주장한다. 물론 도덕적 덕은 지성적 요인을 주요 부분으로 내포한다. 그러나 아리스토텔레스에 따르면, 도덕적 덕은 지성적 요인 이상을 내포하게 되는데 그것은 영혼의 욕구적 부분(appetite)의 덕도 포함하기 때문이다. 일정한 성품상의 덕을 개발함이 없이는 우리는 무엇이 선인지에 대한 정확한 추론을 할 수도 없고, 설사 추론이 가능하다 할지라도 올바른 종류의 습관이 개발되지 않으면 그러한 선을 습득할 수가 없는 것이다.[23]

요약하면, 우리는 덕이 없이는 올바른 목적을 습득할 수가 없다. 그런데 소크라테스의 견해는 모든 사람의 욕구가 처음부터 모두 올바르다고 가정하는 듯이 보인다. 사실상 모든 사람들은 선을 욕구한다. 그리고 선을 얻기

∙∙

22) N. O. Dahl, 앞의 책, 49쪽.
23) 같은 책, 91쪽

위해 필요한 것은 그 성격에 대한 지식과 습득의 수단이다. 그러나 아리스토텔레스에 따르면 사람들의 욕구가 모두 처음부터 올바른 것은 아니다. 올바른 종류의 욕구 성향을 개발함이 없이 우리는 결코 올바른 목적을 알 수 없으며 그것을 확보할 지위에 없다는 말이다. 아리스토텔레스의 도덕교육에서 정서교육의 중요성에 대해서도 언급해보고자 한다.

도덕적 사고와 행위에 대한 아리스토텔레스의 전통에 따르면 도덕교육을 중요시하는 부모나 교사는 누구나 어린이들의 감정(feeling) 즉 그들의 정서, 성향, 욕구, 고통과 쾌락 등을 훈련시키는 문제를 소홀히 할 수가 없다. 도덕교육의 맥락에서 어린이의 욕구 측면을 개발하는 데 특별히 주목하는 것은 아리스토텔레스 자신뿐만이 아니고 그의 전통에 서 있는 아퀴나스, 매킨타이어 등에서 공통된 특성이기도 하다. 물론 도덕교육에 대한 아리스토텔레스의 전통에는 정서교육(sentimental education) 이외에도 다양한 사항이 내포된다. 하지만 정서교육이 보다 본질적인 데는 세 가지 이유가 있다. 첫째, 도덕교육 그 자체의 고유 목표는 정서교육 없이 성취될 수 없는 만큼 정서교육이 필수적(necessary)이기 때문이다. 둘째, 우리의 도덕교육적 노력의 상당한 부분이 어린이의 정서를 개발하는 데 주어져야 하기에 정서교육은 중대한(significant) 의의를 지니며, 셋째 적합한 정서적 성향은 다른 정신적 측면 즉 인지적·비판적 능력의 개발에서도 선결 요건이기에 정서교육은 기본적인(basic) 것이라 할 수 있기 때문이다.[24]

나아가서 아리스토텔레스에게서 정서교육을 도덕교육의 중요한 구성

24) Jan Steutel and Ben Spiecken, Cultivating Sentimental Dispositions Through Aristotelian Habituation, *Journal of Philosophy of Education*, Vol. 38, No. 4, (2004), 531~532쪽.

요소로 생각하는 이유는 정확히 무엇이라 할 수 있는가? 정서교육이 아리스토텔레스의 도덕교육에서 중대한 것은 크게 두 가지 이유에서다. 하나는 도덕교육의 일반적이고 포괄적인 목표가 유덕한 인격(virtuous person)이 되는 일이기 때문이다. 그런데 유덕하다 함은 여러 상이한 덕성을 지니고 있음을 함축하는 까닭에 이 같은 개인적 특성이 보다 특수한 도덕교육의 목표로 간주되어야 하는 것이다. 또 한 가지 이유는, 도덕적 덕은 단지 선택과 행위에의 성향일 뿐만 아니라 감정과 관련된 성향이기도 한 때문이다. 우리가 유덕하다고 말하는 것은 단지 선택하고 행위 하는 방식 때문이 아니라 감정으로 느끼는 방식과도 관련된다.[25] 좀 더 정확히 말하면 유덕한 사람은 올바른 경우에, 올바른 이유로, 올바른 사람에게 올바른 강도로, 올바른 방식을 통해 특정한 감정을 지니고 표현하는 자이다. 결국 유덕함은 우리가 마땅히 지녀야 할 적절하고 적합한 감정(proper feeling)을 함축한다. 이 두 가지 이유는 정서교육이 도덕교육에서 핵심 역할을 하는 이유를 설명해준다. 왜냐하면 만일 도덕교육의 고유 목적이 유덕한 인격이고 적합한 감정을 갖는 일이 유덕함의 중요 부분이라면 적절한 정서적 성향을 기르는 일은 도덕교육에서 중대한 과제가 될 것이기 때문이다.

그런데 이 같은 방식으로 도덕교육을 생각할 수 있는 전제는 어린이의 감정이 교육 가능한(educable) 것이라는 점이다. 만일 어린이가 특별한 방식으로 느끼는 감정적 성향이 모든 교육적 관여에 대해 저항적이라면 유덕한 정서적 경향을 기르는 정서교육은 무의미한 게 되고 말 것이다. 아리스토텔레스는 인간의 영혼을 합리적 부분과 비합리적 부분으로 나누고, 다시 비합리적 부분을 욕구석(appetitive) 부분과 영양석

⁚⁚

25) 같은 논문, 532쪽.

(nutritive) 부분으로 나누었다. 감정(pathe)은 욕구적 부분에 자리한다 할 것인데 보다 정확히 말하면 욕구적 부분은 상이한 유형의 감정들 즉 욕구(epithumia)와 정서(thumos)로 구성된다. 그런데 비록 감정이 영혼의 비합리적 부분에 자리하기는 하나 감정은 합리적 부분에 대해 순종하고 경청할 수 있다. 이는 단지 감정이 이성의 계명에 반대할 경우 통제된다는 (자제심의 경우) 의미에서만이 아니라 감정은 변형·변화·개조됨으로써 이성의 목소리와 조화·조율될 수(유덕함의 경우) 있다는 의미에서이며, 후자가 좀 더 중요하다 할 것이다.[26]

나아가서 정서교육 역시 아리스토텔레스에게서는 습관화를 통해 이루어진다. 습관화는 그 본질에서 행위에 의거한 학습의 형태이다. 좀 더 정확히 말하면, 유덕한 욕구 성향을 개발하기 위해 그에 상당한 유덕한 행위를 수행하는 방식에 의거하는 것이다. 흔히 인용되는 구절에 의하면, 아리스토텔레스는 도덕적 덕이, 우리가 기술을 습득할 때와 같이, 우선 실제로 유덕한 행위를 실행함으로써 습득된다고 주장한다. 어린이들은, 우리의 교육활동이 단지 말로 하는 교육이나 도덕교과를 가르치는 데 국한된다면, 유덕한 욕구성향을 습득할 수가 없다. 또한 도덕적 덕을 습득하는 데서 어떤 덕을 몇 번 혹은 가끔 시행하는 정도만으로는 충분하지가 않다. 습관화 혹은 적어도 효과적 습관화는 유덕한 행위를 빈번하고 일관되게 행함을 함축한다. 물론 아리스토텔레스가 얼마나 빈번하게 행위 하는 일이 필요한지를 말하지는 않았지만 그는 결국 반복해서 지속적으로 그리고 언제나 행위 하는 일이 유덕한 인간을 만든다는 점을 의미했던 것으로 보인다. 그리고 유덕한 튜터의 안내를 받으며 행하는 것이

∵
26) 같은 논문, 532~533쪽.

최상의 효율적 방식의 습관화를 결과한다고도 했다.[27]

이상에서 논의한 아리스토텔레스의 입장을 통해 우리에게는 도덕적 실패에 대한 이해에서 소크라테스의 길과는 다른 새로운 길이 열리게 된다. 그것은 도덕적 실패가 단지 인지의 부족과 같은 주지주의적 이유만이 아니라 의지의 나약이나 감정의 갈등과 같은 비이성적 부분이 이유가 되어서 생길 수도 있다는 점이다. 물론 아리스토텔레스의 영혼 3분법에는 의지가 자리할 여지가 없는 까닭에, 이는 의지의 기능이 주제적으로 논의되는 중세에 이르러서야 본격적으로 다루어진다. 아크라시아를 '의지의 나약'보다는 '자제심의 결여'로 이해할 수밖에 없는 점도 바로 이러한 희랍의 언어적 지형 때문이다. 또한 의지의 나약이나 감정의 갈등 등을 굳이 실천적 지식이나 지혜를 통해 이해하는 것도 아리스토텔레스가 속한 주지주의적 문화권의 영향 때문으로 판단된다.

오늘날 우리의 통상적 이해에 따라 인간의 심성을 지정의 3분법으로 파악할 경우 결국 도덕의 실패는 세 가지 이유로 유발된다고 할 수 있다. 그중 하나를 인지의 부족이라 한다면 다른 것들은 의지의 나약과 감정의 갈등으로 부를 수 있다. 물론 이 3자 간에는 상호작용적으로 영향을 주고받을 수 있어 인지의 부족이 다른 두 원인과 관련될 수도 있고, 의지의 나약이나 감정의 갈등 역시 인지의 불명 내지 부실에 의한 것일 수 있다. 따라서 동양에서 도를 닦고 수양을 한다는 것은 이 세 기능 모두를 총체적으로 연마·단련하는 일이고, 그 결과는 인지적 각성, 의지의 강화, 감정의 조율 등으로 나타난다 할 수 있으며, 이 모든 것의 통합으로서 덕의 고양이 결과한다 할 것이다.

∴

27) 같은 논문, 534쪽.

3. 도덕적 실패와 도덕적 자기수양

동양의 전통윤리에서 자기수양(self-cultivation)은 가장 큰 비중을 차지하는 영역 중 하나라 할 수 있다. 그런데 자기수양의 최종목적은 무엇인가. 필자는, 자기수양은 두 가지 목표를 겨냥하고 있는 것으로 보인다. 자기수양은 일차적으로 넓은 의미에서 도덕적 실패를 줄이거나 완화하는 데 목적을 두고 있다고 생각된다. 수양이나 수행을 통해 도를 닦는다는 일, 즉 인지적 각성이나 의지의 강화, 나아가서는 정서적 조율은 결국 도덕적 실패를 줄이고 올바른 도덕적 행위를 성공적으로 수행하는 데 도움이 되는 방도들이라 할 수 있다. 그러나 도덕적 자기수양은 여기서 한 걸음 더 나아가 도덕적 행위를 기꺼이 수행하고 그로부터 만족을 얻음으로써 행복한 인생을 성취하는 데 있다고 생각된다. 이를 통해 우리는 도덕적 자기수양이 결국 지(知)와 행(行)의 합일과 복(福)과 덕(德)의 일치를 지향하는 것임도 이해할 수 있는 것이다.

앞서 논의한 대로, 공맹을 중심으로 한 동양의 유교윤리는 도덕적 자기수양의 목표를 잘 보여주고 있는 것으로 판단된다. 공자는 30에 인생의 목표가 정립되긴 했지만 아직은 갖가지 유혹으로 인해 도덕적 실패에서 자유로울 수 없으며 그로부터 10년 이상의 정진을 통해서야 비로소 흔들리지 않는 불혹의 경지에 이르렀다 했다. 또한 비록 50에 지천명을 하긴 했으나 의지의 나약이나 감정의 부조 등으로 인한 내적 갈등은 이순의 나이를 거쳐 70에 이르러서야 비로소 하고 싶은 대로 해도 법도에 어긋나지 않는 경지에 이르렀다고 고백한다. 단지 도덕적 실패에 대한 조바심을 넘어 유유자적 즉 도덕적 행위를 자유로이 행하고 즐길 수 있는 마음의 여유와 즐거움을 누리게 되었다는 말이다. 『논어』에 이른 바와 같이 아는 것〔知〕은 좋아하는 것〔好〕만 못하고 좋아하는 것은 즐기는 것〔樂〕만 못하다는 사실을 실감하게 한다고 할 수 있다.

맹자 또한 사리사욕에 흔들리지 않고 인의를 굳건히 실천할 수 있는 부동심 내지 항심의 성취를 도덕적 수양의 최고 목표로 삼고 있다. 물론 이 같은 부동의 도덕심을 개발하기 위해서는 부단히 반성과 자기성찰을 게을리 하지 않는 지성적 사고활동〔思〕의 지원이 일차적으로 중요하며 타인의 말 속에 숨은 진의를 이해하는〔知言〕 사려분별을 제대로 행하는 일도 전제된다. 나아가서는 옳다고 판단되는 것을 굳건히 지켜나가는 도덕적 용기로서 호연지기를 길러야 하며, 이를 위해 의지를 연마·단련함으로써 도덕적 용기를 강화시키는 일이 요구된다. 하지만 맹자에게서도 그 못지않게 중요한 것은 옳은 일을 즐겨 행하고 그로부터 만족〔樂〕을 얻는 일이 자기수양에 정진하는 동기를 강화할 뿐만 아니라 도덕적 삶의 행복을 위해서도 더없이 중대한 요소가 아닐 수 없다는 점이다. 물론 맹자에게서는 이 같은 도덕심의 보존을 위해 이를 지원하는 재화·복리 등의 객관적·사회적 수단을 조성하는 일 또한 필수적 요인이라 할 수 있다.

서양 고전철학에서 아리스토텔레스는 도덕적 실패를 완화하는 처방으로서 특별히 주지주의적 방도를 제시했다. 도덕적 덕의 습득이 단순히 기술의 습득이 아닌 것은 그것이 철학적 반성과 비판적 사고에 의해 매개된 결과로서 얻어지기 때문이다. 그러나 소크라테스와는 달리 좀 더 경험론적 영역으로 나아간 아리스토텔레스는 극단적인 주지주의적 방도보다는 자기 습관화와 타인에 의한 오랜 훈련의 과정을 거쳐 도덕지가 내면화·내새화되어 성품 속에 동합됨으로써 실전적 시혜가 되어야 함을 강조한다. 이는 올바른 것이 무엇인지를 단지 형식적으로 알고 수행하는 게 아니고 사기화된 동기에 의해 기꺼이 *그리고 즐겨* 도녁적 행위를 한다는 점이 소중함을 함축하고 있다. 이는 아리스토텔레스가 도덕교육에서 정서교육을 강조하고 있다는 사실에서 보다 분명히 나타난다. 유덕한 인격은 단지 올바른 행위를 선택하고 수행하는 데 그치는 게 아니라 그런 행위에 대해 적절한 정서적 태도를 지니고 감정적 대응을 하는 것이 보다 중요하기 때문이다. 이는 유덕한 삶이 바로 행복한 인생이라는 아리스토텔레스 윤리학의 핵심이 된다 할 것이다.

여기서 우리가 주목할 만한 한 가지 중요한 윤리학적 주제는 도덕적 덕을 소지하거나 유덕한 인격이 되는 것이 도덕적 삶에서 매우 유용한 수단적·도구적 가치를 갖는다는 점이다. 우선 도덕적 덕을 지닌다는 것은 도덕적 실패를 줄이고 도덕적으로 올바른 행위를 보증하는 데 매우 유용한 도구요 수단이라는 점이다. 그러나 도덕적 덕은 우리의 도덕생활에서 단지 도구적이고 수단적인 가치를 갖는 데 그치지 않고 그 자체가 도덕생활의 일부를 이루는 구성적인 도구요 수단이 된다. 도덕적 덕을 갖는다는 것은 그것이 단지 도덕적 실패를 줄이는 데 도움이 될 뿐만 아니라 그 자체가 우리가 영위하는 도덕생활의 일부를 이루고 그것에 의미를 부여하고 보람 있게 하는, 그리고 도덕생활을 즐겁고 행복한 것이 되게 하는바 목적가치를 지니고 있다는 데 주목할 필요가 있다 할 것이다.

결론적으로 도덕적 실패를 완화하고 줄이기 위해서는 지적인 각성, 의지의 강화, 감정의 조율 등을 통한 행위주체의 내면적 역량, 이를테면 호연지기나 항심을 키우는 일도 중요하겠지만 맹자가 지적한 대로 이 같은 항심을 유지하고 지원하는바 재화와 복리 등 사회적 여건의 조성 또한 그에 못지않게 중요하다는 점에도 주목해야 할 것이다. '곳간에서 인심난다', '곳간이 차야 도의도 생긴다'라는 말이 있듯 사회적 여건이 열악해지면 수양이나 수행의 과정도 제대로 영위될 수 없음은 물론 약간의 도덕심이 생긴다 해도 그것을 유지·보존하기가 어려울 것이기 때문이다. 또한 정의론자 존 롤스가 지적한 대로 재화의 배분적 정의가 실현되어야 할 뿐만 아니라 사회의 모든 성원이 정의의 원칙에 따르고 또한 그러한 준수가 모두에게 공지되는바, 질서정연한 사회(well-ordered society)의 확립이 중요하다는 사회윤리적 통찰에도 주목해야 할 것이다.

제5장

현대사회와 중층적 도덕교육
: 그 정당화 과제와 동기화 과제

1. 들어가는 말

우리는 윤리체계나 도덕교육을 구상하는 데서 그것이 시대를 넘어선 초시대적인(timeless) 타당성을 갖기를 바라는 동시에 시대의 상황으로부터 동떨어지지 않는, 시의에 적절하기(timely)를 바라기도 한다. 이런 점에서 초시대적 도덕성(Moralität)을 구상한 칸트도, 공동체적 연고를 기반으로 한 인륜성(Sittlichkit)을 중시한 헤겔도 나름으로 일리 있는 측면을 말하고 있는 듯하다. 따라서 현대사회에서, 그것도 한국의 윤리체계와 도덕교육을 구상하는 데서 우리는 현대사회에서 도덕이 처한 상황과 한국사회에 얽힌 도덕적 현황을 고려하지 않는 한 유효하고 의미 있는 윤리체계나 도덕교육을 모색·구상하기가 어려워진다.

우선 현대 한국사회를 염두에 둔 윤리체계나 도덕교육을 구상하고자 할 경우 비도덕화·탈도덕화되는 대추세(megatrend)를 거슬러 과거 전통에 집착하는 모럴리스트들처럼 최대도덕(maximum morality)의 야심을 품는 일은 삼가는 편이 좋을 것으로 보인다. 나아가 현대 한국이 비록 피상적으로는 서구를 흉내 내고 있는 듯하나, 내심에는 우리의 전통을 완전히 떨치기 어려운 만큼 동서의 윤리가 대립하기보다는 상호 보완하는 윤리체계의 구상도 요청될 것으로 보인다. 나아가 윤리체계에서는 정당화(justification)의 문제가 일차적이라 생각되나 특히 도덕교육에서는 그에 못지않게 동기화(motivation)의 긴요성에도 주목해서 현실성 있는 윤리교육의 모형이 모색되어야 할 것이다.

윤리체계나 도덕교육의 구상에서 필수적으로 고려되어야 할 이상의 전제들을 배경으로 우리는 도덕교육의 중층적 구조 즉 그 3단계 구조를 고찰해나가고자 한다. 우선 자율적이고 비판적인 사고가 성숙하기 이전 가정생활을 중심으로 한 예절교육이 도덕교육의 인프라로서 논의될 것이다. 다음에는 학교교육에서 주종을 이루게 될 도덕사고 교육을, 특히 딜레마적 모형에 입각해서 논의할 터인데, 이 경우에도 연역적·기계적 모형보다는 창조적·유기적 모형을 선호하게 될 것이다. 끝으로 오늘날 우리의 도덕교육에서 잊힌 측면, 그러나 동서의 전통에서는 지극히 중요했던 덕성교육의 실천적 함축을 특히 강조하고자 한다.

이 세 단계의 도덕교육 중 특히 예절교육은 도덕적 실천의 인프라로서, 그리고 덕성교육은 나약한 의지를 강화함으로써 도덕적 실천의지를 구축하는 과제로서 도덕적 동기화와 실행화·행동화 면에서 중대한 함축을 갖는다. 이에 비해 도덕적 사고 교육은 도덕적 행위, 규칙, 원칙을 숙고하게 하고 올바른 선택을 도움으로써 도덕적 정당화의 핵심을 이루는 과제이다. 하지만 도덕적 사고가 도덕적 동기화에 관해 무관할 수 없듯 예절교육이나 덕성교육 역시 도덕적 정당화와 상관없을 수는 없다. 물론 정당화와 동기화가 서로 표리의 관계에 있기는 하나 도덕교육의 각 단계가 둘 중 어느 하나를 일차적 목표로 하고 있음도 부인하기 어렵다. 이 점은 우리말의 도(道)와 덕(德)이 각각 정당화와 동기화에 직결되면서도 함께 어울려 하나의 도덕(道德)을 이루는 이치와도 상통하는 듯하다.

2. 도덕교육 구상의 전제

1) 다원주의 사회와 최소도덕

사람들은 세계가 점차 도덕적 퇴락(moral decline)의 시기로 접어들고 있다고 생각하고 있고, 현대사회에서는 탐욕, 욕정, 허위, 허영이 비정상적이기보다는 정상적일 뿐 아니라 오히려 하나의 규범이 되어가는 듯하다. 갖가지 스캔들이 우리의 사회생활 각 영역에 걸쳐 부지기수로 일어나고 있다. 정치, 기업, 의료의 영역은 물론이고 학계, 교육계, 종교계마저도 예외가 아니다. 이 같은 상황인식은 단지 과거 다른 시기에 비해 현재 더 많은 악(惡)이 존재한다는 생각을 넘어 우리는 이미 더 이상 악이 대단한 관심사가 되지 않는 문명으로 치닫고 있다는 점에서 심각하다. 현대사회는 단지 비도덕적(immoral)이 아니라 탈도덕적(amoral) 내지 도덕불감증적 상태로 되어가는 듯하다.[1]

많은 이들이 우리의 직업생활이 더는 도덕적 차원을 갖지 않는다고 생

..
1) D. MacNiven, *Moral Expertise, Studies in Practical & Professional Ethics*(London and New York: Routeledge, 1990), Introduction xi-xii.

각하는 듯하다. 어디에선가 도덕이라는 게 존재한다면 그것은 가정에서
나 있을 수 있는 것일 뿐 우리의 공적인 삶(public lives) 속에서는 자리할
곳이 없는 듯 보인다. 정글의 법칙(law of the jungle)이 우리의 업무 곳곳
에 스며들어 의무가 아니라 생존이 사회생활의 근본적인 실천적 신조가
되었다. 사람들이 도덕에 등을 돌리게 된 한 가지 이유는 우리의 지성계
가 도덕적 회의주의(moral scepticism)에 싸여 있어 도덕적 진리나 지식이
실재함을 믿지 못한다는 점이다. 도덕적 회의주의는 곧바로 현실의 도덕
적 문제들을 제대로 인식하지 못하게 하고 도덕을 복잡하고 변화무쌍한
현대사회에서 우리가 감당하기 어려운 과외의 사치로 간주하게 한다.

그렇다면 도덕적 진리가 존재하며 도덕적 지식도 가능하다는 믿음은
근거 없는 환상에 불과한 것인가. 우리가 현재 가지고 있는 지적 자원을
이용해 현대사회가 당면한 도덕적 도전을 슬기롭게 처리해나갈 방도는
없는가. 물론 우리가 가진 도덕적 지식은 불완전하고 따라서 겸손이 지
혜로운 자의 가장 중요한 미덕임은 인정해야 할 것이다. 현대사회를 견
인해갈 윤리체계를 모색·구상하는 데서 우리는 지나치게 야심적인 과제
에 집착해서는 안 될 것이다. 적어도 우리가 과거에 꿈꾸어왔던 연역적
이고 기계적인 모형의 도덕적 추론, 즉 만일 우리가 도덕원칙과 부차적
도덕규칙들의 빈틈없는 계층적 체계 및 갖가지 논리적 규칙을 전제할 경
우 이들을 기계적으로 적용하면 모든 개별적 도덕문제에 대한 정확한 해
결책에 이를 수 있으리라는 허망한 가정을 버리는 게 좋을 것이다.[2]

더욱이 우리가 살고 있는 사회와 같이 인생관, 세계관, 종교관 등 넓은
의미의 가치관에서 서로 합의하기 어려운 나원주의 사회(pluralistic society)

∙∙

2) 같은 책, 8쪽. 필자의 이 책 제2장 제2절에서 상론.

에서는 전통사회와 같은 최대도덕에의 합의가 불가능할 뿐만 아니라 바람직한 일인지조차 의심스럽다. 존 롤스가 말한 대로, 근세 이후 피할 수 없는 한 가지 사회적 사실은 바로 다원주의라는 현실적 여건이다. 그에 따르면, 국가에 의한 강제가 없을 경우 다원주의는 불가피한 사실이며 모든 사회적 구상은 이를 전제하고서 출발해야 하고 자유주의는 그에 유효한 하나의 응답이다. 결국 이 점을 염두에 둘 때 윤리나 도덕을 구상하는 우리의 전략은 최소주의적(minimalistic)인 어떤 것이 될 수밖에 없는 것이다.

이상과 같은 맥락에서 다원주의 사회의 도덕적 합의를 도출하는 데서 롤스의 중첩적 합의(overlapping consensus) 개념은 지극히 시사적 의미를 갖는다고 하겠다.[3] 인간관, 세계관, 종교관 등 포괄적 가치관에서 일치를 이루기는 어려우나 다양한 가치관들에서 핵심을 이루는 공통가치(common values)에의 중첩적 합의 도출은 보다 현실성 있는 과제가 될 수 있기 때문이다. 이를테면 가치관은 서로 다를지언정 누구나 자유와 권리를 중심으로 한 인권을 중요 가치로 간주할 수밖에 없으며 인권의 실질적 기반으로서 합당한 사회경제적 가치의 균등 배분을 소홀히 할 수 없다. 이 같은 핵심가치는 어떤 인생관, 세계관, 종교관에서도 수용할 만한 것이지만, 이를 정당화하는 방식 즉 철학적 정당화만은 각 입장마다 다를 수 있다.

도덕의 현실적 적용가능성을 고려하는 최소화 전략에서 또 하나 지적할 점은 도덕(morality)과 타산(prudence) 간의 관계 설정이다. 물론 도덕판단이 타산판단으로 환원적 설명이 가능하다고 생각할 수는 없으나 도

••

3) J. Rawls, *Political Liberalism*(New York : Columbia University Press, 1993) 참조.

덕이 타산으로부터 멀어지는 그만큼 도덕의 현실적 실행가능성이나 현실적 동기화 능력은 반비례한다고 할 수 있다. 근세 이후 보통 사람들의 도덕이라 할 수 있는 시민윤리(civil morality)는 자신의 이해관계를 극대화하려는 합리적 이기주의자들(rational egoists) 간의 협상과 타협에 의거한 신사협정이라 할 것이다. 따라서 이는 최소윤리인 동시에 우리가 함께 지킬 경우 모두에게 이로운 타산적 윤리라 할 만하다. 이로운 것이라고 다 올바른 것은 아니지만 시민윤리에서 올바른 것은 모두에게 이로운 것이라 할 만한 것이다〔義, 利之和也〕.

2) 도덕교육의 두 가지 과제

윤리학 내지 윤리교육의 과제는 크게 정당화의 문제와 동기화의 문제, 둘로 나눌 수 있다. 정당화가 도덕적 행위·규칙·원칙이 옳은 것임을 알고 이를 입증하는 인지적·이론적 과제라면, 동기화는 그러한 행위를 수행하고 규칙·원칙을 준수하게 하는 행위적·실천적 과제라 할 수 있다. 윤리학은 정당화의 문제를 집중적으로 다루기는 하나 동기화의 문제를 외면할 수 없고, 윤리교육이나 도덕교육에서는 동기화의 과제가 좀 더 중요하나 결국 정당화를 기반으로 한 동기화를 중요시할 수밖에 없는 것이다.

또한 이 두 가지 과제는 내면적으로 긴밀히 상호 연결되어 있을 뿐만 아니라 서로 요청하는 관계에 있게 된다. 행위, 규칙, 원칙이 정당한 것임이 입증될 경우 그것은 합리적 설득력이 있는 만큼 동기화의 힘이 보다 강화된다 하겠다. 물론 동기화의 힘이 강하다 해서 그것이 곧바로 정당성을 보증한다고 볼 수 없으며 그런 점에서 정당화는 보다 기본적이고 우선적이라 할 수 없다. 그러나 설사 정당한 행위, 규칙, 원칙이라 할지라도 동기화의 힘을 갖지 못한다면 특히 윤리교육적 관점에서 볼 때 자짓 공리공

담에 불과할 가능성이 있게 된다. 유사한 정도의 정당화가 이루어질 수 있는 행위 대안들이 존재할 경우 동기화, 실천화, 현실화(practicability, workability)의 힘이 강한 것이 좀 더 수용·채택될 만하다 할 것이다.

우리는 앞으로 도덕교육의 중층적 구조를 살펴보고자 한다. 도덕교육은 가정의 예절교육, 학교의 도덕사고 교육, 일생 동안 요구되는 덕성교육의 3단구조로 이루어진다고 본다. 이들 각 방법은 그 나름으로 모두 정당화와 동기화의 과정이 모두 요구되긴 하나, 예절교육과 덕성교육은 동기화와 좀 더 긴밀히 관련되어 있다면, 도덕사고 교육은 정당화와 좀 더 밀접하다고 할 수 있다. 또한 동서를 막론하고 전통윤리를 대변하는 덕윤리가 동기화를 중심으로 논의되고 있다면 서구 근세 이후의 의무윤리나 원칙의 윤리(칸트주의이건 공리주의이건 간에)는 정당화가 논의의 핵심을 이루고 있다고 하겠다.

아리스토텔레스의 덕윤리나 중세 수도원의 도덕적 훈련, 공맹의 덕윤리, 불가의 마음공부 등이 물론 정당화의 문제에 바탕을 두고 있기는 하나 의지의 나약을 극복하기 위한 수양(修養)과 수행(修行) 등 동기화에 주력을 하고 있으며, 근세 이후 동서를 막론하고 이 같은 도덕교육의 전통은 쇠퇴 일로를 걷게 된다. 이에 비해 서구 근세 이후 지배적인 의무의 윤리에서는 낯선 사람들이 이합집산 하는 다원주의의 사회통합을 겨냥하는 준(準)법적 의무체계를 지향할 수밖에 없으며, 여기에서 중요한 것은 공지성(publicity)과 객관성(objectivity)을 담보해줄 최소윤리화의 길을 걷지 않을 수 없다는 점이다. 따라서 동기화보다는 정당화의 문제가 윤리학의 전경으로 부상하고 최소윤리는 준(準)법적 강제성을 갖게 됨으로써 동기화의 문제는 상대적으로 약화되기에 이른 것이다.

이 점과 관련하여 우리의 전통에서 도덕이 도(道)와 덕(德)의 합성어라는 점은 깊은 시사를 함축한다고 보인다. 우선 도란 "길"을 의미하며 바른 길과 그른 길이 있듯 정도(正道)와 사도(邪道)가 있을 수 있다. 길은 잘 나 있는 것도 있지만 또한 찾거나 발견되기도 하고 새로 만들거나 내기도 하는 것이다. 길을 닦는 사람을 도인(道人)이라 하고 그의 행위를 수도(修道)라 하기도 한다. 여하튼 도는 바른 길을 의미하며, 바른 길인지 여부는 정당화의 문제와 관련된 것으로 보인다. 물론 수도는 인지적 영역의 문제만은 아니나 기본적으로는 길을 찾고 밝힌다는 의미에서 인지적이고 이론적인 과제로 보인다.

이에 비해 덕(德)은 얻을 득(得)과도 통하며 천부적으로 타고난 것〔品得〕일 수도 있으나 후천적으로 수련에 의해 습득(習得)한 것일 수도 있다. 천부적으로 타고난 것일 경우 덕은 각 사물의 본질·본성과 가까운 것을 의미할 수도 있으나 후천적으로 수련된 기술을 의미할 수도 있다. 흔히 "도를 닦고 덕을 쌓는다"라는 말이 있듯 덕이란 오랜 세월을 거쳐 쌓이는 것으로서 습관화되고 그래서 지속적인 성향이나 경향을 의미하기도 한다. 여하튼 도가 좀 더 이론적·인지적 함축을 갖는 데 비해 덕은 좀 더 실천적·행위적 의미라 해서 크게 무리는 아니라 생각한다. 따라서 도덕(道德)은 정당화와 동기화가 결합된 가운데 성립하는 것임이 도덕이란 말 속에 그대로 함축되어 있다고 생각된다.

3. 도덕교육의 중층적 구조

1) 가정생활과 예절교육

도덕교육은 예절교육(etiquette education)을 모체로 하고 도덕적 사고

교육(moral thinking education)과 덕성교육(virtue education)을 양 날개로 하는 중층적 구조를 갖는 프로젝트라 할 수 있다. 이 중에서 아주 어린 시절 행해지는 예절교육은 본격적인 도덕교육의 무의식적, 잠재의식적 토대라 할 수 있다. "세 살 버릇 여든 간다"라는 말이 있듯, 어린 시절 주입된 타율적 예절교육의 기반은 그 이후에 이루어지는 모든 자율적 도덕교육의 바탕이요 전제라 할 수 있다.[4]

흔히 "요즘 애들은 버릇이 없다"거나 일부 비행 청소년들을 보고 "도덕이 땅에 떨어졌다"라고 개탄하며 학교 도덕교육의 무능함을 성토하는 일들이 있다. 그러나 실상 버릇없는 아이나 일부 비행 청소년은 사실상 학교교육의 부산물이기보다는 그 이전에 이루어진 가정교육의 실패 내지 예절교육의 부재로 파생한 것임에 주목해야 할 것이다.

아이들의 버릇없음은 거창한 도덕교육이나 윤리교육이 문제 되기 이전에 가정에서 예절교육이 제대로 이루어지지 못한 데 원인이 있으며, 일부 청소년들의 비행 역시 학교교육 이전에 가정에서 받은 상처로 인한 것이 대부분임을 인식할 필요가 있다. 이런 점에서 어린 시절 주입된 예절교육은 보다 고차적인 도덕, 윤리교육의 초석이라 할 수 있을 것이다.

물론 도덕적 행위자(moral agent)의 이념은 자율적이고 합리적인 존재라 할 수 있다. 그러나 우리는 자율적이고 합리적인 존재로서 성인이 되기 이전에 이미 각종 행위 패턴에 길들고 습관화된다고 할 수 있다. 따라서 인간의 도덕적 성장에서 자율(autonomy)의 시기에 앞선 오랜 타율(heteronomy)의 시기가 있게 되며 타율의 과정이 자율의 토대가 된다 하

∴

4) 황경식, 「가슴이 따뜻한 아이로 키우자」, 『철학, 구름에서 내려와서』(동아일보사, 2001), 345~354쪽 참조.

겠다. 바로 이 같은 시기에 부모나 부모의 대리자에 의해 올바른 오리엔테이션에 따른 행위체계의 훈육과 수련이 도덕적 성숙의 토대를 이룬다 할 것이다.

부모는 어린이의 도덕교육이나 인성교육에서 가장 먼저 만나는 그리고 가장 오래 함께하는 교사라 할 수 있다. 따라서 부모만이 어린이의 도덕교육을 가장 효과적으로, 가장 성공적으로 수행할 수 있는 한편으로 부모의 잘못된 인식과 태도로 최악의 도덕교육이 행해질 수도 있다는 점에서, 부모는 도덕교육에서 가장 책임 있는 사람임이 각성되어야 할 것이다. "부모는 최선의 교사(Parents are the best teachers)"라는 말은 결코 과장이라 할 수 없다.

가정생활에서의 도덕교육은 예절교육이 중심을 이루리라 생각된다. 이 점에서 우리는 동양의 전통적인 예절교육 방식을 비판적으로 수용하는 일도 유익할 것으로 보인다. 예절을 지나치게 강제하는 것은 무리이겠지만 다소간의 강제는 타율적 도덕교육에서 불가피하다는 생각도 든다. 단지 예절에 담긴 깊은 뜻이나 정신에 대한 이해를 동반하는 예절교육은 지나치지 않는 한 도덕교육의 필요조건이라 생각된다.

전통적으로 동양의 유교윤리에서는 도덕의 다섯 가지 기본(五常)을 사랑, 정의, 예절, 지혜, 신뢰(仁義禮智信)로 설명한다. 여기에서 도덕의 실질적 기반은 바로 예절이라 할 수 있고, 사랑과 정의는 예절의 기본 정신이며, 지혜는 예절을 상황 즉 시간과 장소(時所)에 적절하게 적용하기 위해 필요하고, 신뢰는 도덕적인 사회적 관계에서 바탕이 되는 정신이라 할 수 있을 것이다.

한 가지 지적할 만한 점은 예절이 —일반적으로 오해되고 있듯— 기계적으로 적용되는 행위체계이기보다는 언제나 사랑과 정의라는 기본 정신에 비추어, 또한 상황에 적합하게끔 성찰과 지혜가 요구되는 유기적이고 개방적인 행위체계라는 점이다. 근세 이후 서구의 지배적인 윤리인 원칙이나 규칙(principles, rules) 중심적 윤리와는 달리 인간관계(personal relations) 중심의 동양윤리는 도덕적 행위자와 그가 당면한 상황의존적 윤리라 할 수 있다. 통상적 상황에서는 의례가 그대로 적용되지만 예외적 상황에서는 도덕적 행위 또는 관행의 내용이나 기능을 성찰하고 재구성하게 되며, 이 점에서 성인(聖人)이나 군자(君子)와 같은 범형적 인간이 요청되기도 한다.[5]

한때 우리는 가풍도 중요시했고 가훈에 의거한 가정교육에도 주력했다. 그러나 요즘 와서 이 같은 전통은 까마득하게 잊히고 자유주의적 교육을 받은 젊은 부모들이 가정에서 자녀들을 방치·방임하고 있다. 자기 마음대로 자유방임하는 까닭에 기본예절조차 배우지 못함으로써 그야말로 버릇없는 아이들이 많아지고 있다. 남들이 불편하여 참견하려 하면 젊은 엄마들이 "우리 아이 기죽이지 마세요"라며 오히려 항변한다. 자유교육이 오도되어 심각한 지경에 이른 듯하다.

물론 기(氣)를 살리는 일도 중요하다. 그러나 그 기가 올바른 길로 인도되는 것이 보다 중요하고 그러기 위해서는 이(理) 또한 중요하다는 점을 어찌 모르는가? 그릇된 기가 방치되면 남에게 불편을 끼칠 뿐 아니라 드디어는 부모에게도 해악이 되고 자기 자신에게도 득이 될 게 없다는 사실을 알아야 한다. 더불어 살아가야 하며 정글의 야수가 되기를 원하지 않는 우리에게 중요한 것은 기 그 자체를 살리는 일보다는 이화(理化)

5) A. S. Cua, Reasonable Action and Confucian Argumentation, *Moral Vision and Tradition, Essays in Chinese Ethics*(Washington, D.C.: The Catholic University of America Press, 1998), 18쪽.

된 기, 합리적으로 세련된 기를 살리는 것이 더욱 중요한 일이라 하겠다.

한국의 교육현황을 연구하러 온 어느 외국인 교육학자의 보고에 따르면, 한국의 자녀교육은 유아기에 아이들을 자유방임하는 까닭에 아이들이 성장해갈수록 다루기가 어려워진다고 한다. 이에 비해 서구에서는 유아기로부터 규칙에 의거해 엄격한 통제 아래 두는 까닭에 아이들이 성장해갈수록 다루기가 쉬워지며 유치원 갈 무렵만 되어도 상당한 정도로 사회화가 이루어진다는 것이다. 그러나 한국의 아이들은 방임되고 있으며, 유치원이나 학교 갈 무렵 갑작스레 사회화를 하자니 무리가 따르고 거리에서 엄마 손을 잡고 떼쓰는 아이가 많은 것도 그 한 가지 증거라는 것이다. 이런 관점에서 "미운 일곱 살"이라는 말도 그런대로 이해가 되는 듯하다.

이와 더불어 어른들이 자녀들 앞에서 무심코 노출하는바, 판단에서의 이중 잣대(double standard)도 지양되고 청산되어야 한다. 나를 평가하는 기준과 남을 평가하는 기준이 다르고 우리 집단과 타인 집단을 재는 잣대가 달라서는 안 된다. 자신의 눈에 있는 들보는 보지 못하고 남의 눈에 있는 가시만 보인다면, 자신이 하면 로맨스고 남이 하면 스캔들이라고 한다면 그곳에서는 올바른 도덕적 판단과 도덕적 행위가 기대될 수 없다. 이중 잣대는 개인이기주의, 가족이기주의, 집단이기주의 등 온갖 이기주의의 핵심을 이루고 있다.

끝으로 우리는 자녀들을 지나치게 가족과 가정에 의존하게끔 길들여서는 안 된다. 우리는 전통적으로 지나치게 가족가치(family values)에 집착하는 성향이 있다. 자신의 피붙이에게만 지나치게 애착을 보이는 반면 "한 다리 건너 두 다리"라 하여 남의 자식에는 무감각·무신경한 경향이 있으며, 이와 더불어 자기 부모에 대한 효도의 의무만이 과도하게 강조되고 있다. 한국이 세계에서 입양의 전통이 정착되지 못한 소수의 나라 중의 하나임은 큰 수치가 아닐 수 없다. 우리는 흔히 소년소녀 가장을 높이 평가하고 있기는 하나, 사실상 이는 입양의 전통이 부재하는 우리의 부끄러운 이면으로 자랑이기보다는 수치의 일면이 아닐 수 없는 것이다.[6]

가능하면 우리는 자녀들이 지나치게 피붙이나 가정에 의존하고 집착하는 대신에 널리 인간을 사랑할 수 있는 보편적 사랑을 그들에게 심어주는 일이 시급하다. 그러기 위해서 우리는 아이들이 가족으로부터 격리되어 자기 또래들과 부대끼면서 함께 살아가는 것을 배우고 서로 간에 관용과 사랑을 배울 수 있는 수양·수련 프로그램을 다각적으로 개발할 필요가 있다. 좀 더 어린 시절부터 가정을 떠나 타인을 발견하고 그들과 어울리면서 서로 용납하고 관계를 맺는 능력과 기술을 아이들에게 개발해주는 일은 보편적 사랑의 체험인 동시에 세계화와 지구촌 시민사회를 건설할 수 있는 초석이 될 것이다.

우리가 자녀에게 예절을 가르치는 데서 가장 중요한 물음은 세 가지로 요약된다. 바로 왜(why) 예절을 가르쳐야 하나 즉 예절을 가르치는 이유, 무엇을(what) 가르쳐야 하나 즉 가르칠 예절의 내용, 어떻게(how) 가르쳐야 하나 즉 예절을 가르치는 방법의 문제이다. 어린이가 예절이나 덕목을 배워서 무슨 소용이 있는지를 모른다면 도덕교육은 맹목이 될 것이며, 또한 어린이가 예절과 덕목에 대한 올바른 개념 즉 콘셉트를 갖지 못한다면 혼란된 도덕교육이 될 것이며, 나아가 어린이가 제대로 된 방법에 의해 가르침을 받지 못할 때에는 비효율적인 도덕교육이 되고 말 것이다.

∴

6) 황경식, 앞의 글(2001), 350쪽.

2) 학교의 도덕적 사고 교육

예절교육에 비해 도덕적 사고 교육은 피교육자에게 의식적·반성적 능력이 생겨나고 자율적 판단력이 개발되는 시기에 이루어진다. 일정한 틀에 맞추는 예절만으로는 우리가 처하게 될 갖가지 상황을 도덕적으로 대면하는 데 충분하지 못하며, 더욱이 현대사회적 삶에서는 예상하기 어려운 새로운 문제상황이 생겨난다. 따라서 이같이 다양하고 새로운 문제상황을 성공적으로 해결하기 위해서는 보다 유연하고 신축성 있는 도덕적 사고 교육이 중요하게 된다.[7]

인생관, 세계관, 가치관에서 우리들 사이에 합의를 이룬다는 것은 지극히 어려운 일이다. 우리는 서로 다른 유전적·환경적 여건에서 태어나 다양한 변수를 경험하면서 살아가는 까닭에 설사 우리가 일정 시기에 서로 일치된 가치관을 갖는다 할지라도 강제에 의거하지 않는 한 그러한 합의는 쉽사리 깨어지게 마련이다. 그런 만큼 우리는 가치관이 분화되고 다양화된 다원주의(pluralism) 속에 살고 있으며, 이러한 사회 속에서 서로의 차이를 관용하면서 살아가는 지혜를 터득해야 한다. 따라서 다원주의 사회의 도덕교육은 도덕적 사고 교육에 비중이 주어지게 됨이 당연하고, 이 같은 사고교육은 '고기를 주는 것보다 고기 잡는 법을 가르치는 것'을 소중히 여기는 이치와 같다.

대체로 도덕적 사고 교육은 다원주의 사회에서 간단하게 해결되기 어려운, 복합적이고 딜레마적 상황에서 다양한 선택지를 놓고 반성하고 숙고하는 일을 거쳐 도덕적 의사결정을 하는 모형으로 이루어진다. 도덕적 딜레마(moral dilemma)란 선택의 기로에서 둘 이상의 선택지 중 어느 쪽

---

7) 같은 논문, 345~346쪽 참조.

도 절대적 만족을 주지는 못하지만 어느 하나를 선택할 수밖에 없는, 그야말로 진퇴유곡과 진퇴양난의 상황으로 모형화된다.

자주 들게 되는 대표적 사례가 1941년 미국 리버풀에서 필라델피아로 항해하던 도중 난파하게 된 윌리엄 브라운호(號)의 선장이 당면한 상황이다. 승객들은 모두 구명보트에 승선했으나 사람 수가 초과되어 또다시 침몰의 위기를 맞게 되어, 책임을 지고 있는 선장은 다양한 선택지를 놓고 고민하게 된다. 모든 생명의 가치에 지나치게 큰 비중을 둘 경우에는 그 어떤 사람도 내칠 수 없게 되며, '살아도 같이 살고 죽어도 같이 죽자'는 결론에 이르게 되어 속수무책으로 운명을 기다릴 경우에는 전멸의 가능성이 큰 선택지가 아닐 수 없다.

선장이 결과주의적 입장에 설 경우 전멸 상태는 모면할 수가 있는데, 이는 결과론적으로 보다 나은 선택지가 아닐 수 없다. 그러나 이를 위해서는 선택적 구제를 위해 일부를 자발적으로나 강제적으로 하선시키지 않으면 안 된다. 사람들이 자발적으로 하선하지 않을 때 강제적 하선의 도덕성을 유지하기 위해 선장이 택할 수 있는 길은 공정성을 보장하기 위한 임의적 추첨제, 즉 타이태닉의 예처럼 유약자(여성, 어린이)의 우선적 보호, 부양가족이 딸린 자에게 우선권 부여, 사회적 기여도에 의한 선별 구제 등이 있을 터이다. 여하튼 우리는 이 같은 크고 작은 딜레마적 상황에 봉착하여 반성적 숙고와 대화 및 토론을 하는 가운데 문제상황을 헤쳐 나갈 도덕적 판단력과 지혜를 갖추게 된다.

한때 윤리학자들이 도덕적 추론을, 만일 우리가 도덕원칙과 부차적 도덕규칙들의 빈틈없는 계층적 체계 및 갖가지 논리적 규칙들을 전제할 경우 이들을 기계적으로 적용하면 모든 개발적 도덕문제들에 대한 정확한 해결책이 있을 수 있으리라는 기계적인, 연역적(mechanical, deductive)

방식으로 가정한 적이 있었다. 그러나 실제 우리의 체험적인 도덕경험의 복잡성에 비추어볼 때, 이러한 기계적 해결방식은 사실과 거리가 멀다는 점을 실감하게 된다. 왜냐하면 그런 식의 이해는 발전하는 사회나 성장하는 개인의 특이한 고유성을 포착할 수 없기 때문이다. 이에 비해 도덕추론을 유기적·창조적 과정으로 보는 모형에서는 경험의 복잡성을 극복하기 어려운 문제로 간주하고 따라서 도덕추론을, 논리적 틀에 의거, 규칙을 경험에 기계적으로 적용하기보다는 경험을, 보다 고도로 통합된 유형으로 재구성해줄 새로운 방식을 모색하는 것으로 본다.[8]

우리의 실제적 도덕 상황은 기계적 모형의 도덕추론이 적용되기에는 너무나 복잡 미묘하다. 따라서 어떤 상황에서 합당한 것이 다른 상황에선 부적합해질 수 있다. 복잡성에 친화적인 유기적 모형에서 볼 때 우리의 도덕적 상황은 자주 의무들이 상충하는 도덕적 딜레마를 나타내게 되는데, 이는 우리의 생각과 행위를 통제하는 도덕체계가 어떤 비일관성과 부정합성을 현출하는 것으로 간주된다. 그리고 그런 딜레마가 해결되거나 해소될 때까지 우리는 지적으로나 도덕적으로 어떤 평형을 상실한 상태(disequilibrium)에 있게 된다. 이러한 난국을 기계적인 추론 방식으로 제거하고자 할 때 우리는 실패하게 마련이다. 도덕적 딜레마는 기계적 추론 방식에 종언을 알리는 조종이라고도 할 수 있을 것이다.

도덕적 딜레마를 해결하기 위해서는 우리가 개인적 수준이나 사회적 수준에서 성장할 필요가 있다. 도덕적 딜레마는 개인과 제도의 도덕적 발전에서 중대한 기회를 의미하며, 개인이나 사회에서 불화(discord)의 시기를 나타낸다. 우리는 삶의 의미를 회복하고 모는 것이 제자리를 찾

8) D. MacNiven, 앞의 논문, 8쪽 참조.

을 수 있도록 그러한 불화상태를 극복할 필요가 있다. 딜레마를 통해 우리는 개인적으로나 사회적으로 보다 풍부하고 고차적으로 통합된 상태에 이를 수 있는 자극을 받게 된다. 도덕적 딜레마가 성공적으로 해결될 때 개인과 제도는 도덕적으로 발전하고 성숙하게 된다. 도덕적 문제는 살아 있는 도덕체계의 죽음을 나타내는 게 아니고 도덕적 성장의 기회를 의미한다. 성장하기 위해서 우리는 상충하는 가치관들을 좀 더 통합적인 개인적·사회적 구조로 표현하는 방식을 배워야 하는 것이다.[9]

의료윤리의 사례를 하나 생각해보자. 의사는 환자에게 암이라는 사실 그대로 말해야 하는가? 환자의 행복을 배려할 경우 거짓말이 오히려 더 좋은 대책일지 모른다. 그러나 환자의 인격에 대한 존중은 사실대로 참말을 하는 것을 명할 수 있다. 환자는 알 권리가 있기 때문이다. 공리주의적 이론을 적용할 때 우리는 존중(respect)보다는 배려(care)의 가치를 선호하는 셈이다. 그런데 칸트의 이론을 적용할 때 우리는 배려보다는 존중에 우선순위를 두게 된다. 따라서 이 두 입장은 모두 중요한 가치들을 제대로 표현해주지 못한다는 의미에서 그른 것일 수 있다. 필요한 것은 모든 가치를 동시에 표현해줄 새로운 방식을 모색하는 일이다. 그러기 위해서는 우리는 이론을 특정 경우에 기계적으로 적용할 수가 없으며 보다 창조적인 도덕적 사고를 전개해가야 할 것이다.

3) 실천의지와 덕성교육

도덕적 사고 교육 못지않게 중요한 것이 도덕적 덕성 교육이다. 우리의 인생살이에서 당면하게 되는 대개의 상황에서 사실상 옳고 그른 것이

••
9) 같은 논문, 9쪽.

무엇인지는 삼척동자에게까지 자명한 경우가 대부분이다. 이처럼 시비선악이 분명한데도 우리가 도덕적으로 살지 못하는 많은 경우, 보다 문제가 되는 것은 갖가지 유혹이나 위험을 돌파해서 옳은 것을 관철하지 못하게 하는 의지의 나약함이다.

인간 의지의 나약함(weakness of human will)에 대해서는 이미 동서고금으로 논의되어왔으며, 그래서 전통적으로는 이 같은 의지를 평소에 단련하기 위한 수양법이나 도를 닦는 방법들이 연구·시행되었다. 동서양을 막론하고 수양과 수도의 오랜 전통이 있어온 것은 주지의 사실이다. 서양의 수도원이 그 같은 전통 위에 있으며, 동양에서 수양이나 수행 역시 바로 그런 전통을 대변하고 있다. 그러나 우리의 도덕교육에서 오늘날 수양이나 수도의 개념은 배경으로 밀려나고, 지나치게 사고교육 일변도로 편향되고 있음에 주목해야 할 것이다. 이는 도덕적 실천에서 사고교육 이상으로 덕성교육이 중대함을 망각하고 있다는 증거이며, 따라서 도덕적 실천 그 자체를 소홀히 하고 있다는 증거이기도 하다.

신이나 천사의 의지는 선의지(good will) 그 자체인 까닭에 의욕만 하면 그것이 모두 선(善)에 적중하게 된다. 그러므로 신의 사전에는 의무라는 말이 없다고 할 수 있다. 그러나 인간은 언제나 이성과 욕망, 선과 악의 갈등 속에 있는 까닭에 원하는 것이 언제나 선에 적중할 수가 없으며, 욕망과 악의 유혹에 넘어가 선으로부터 이탈하게 마련이다. 따라서 인간에게서는 의지의 나약으로 인해 선에서 이탈하는 것을 방지하기 위해 선에로의 강제로서 의무(obligation은 '강제하다'라는 obligate에서 파생)의 개념이 노력의 핵심을 이루게 된다.

윤리교육 내지 인성교육의 요체는 결국 유혹에 지기 쉬운 인간의 나약한 의지를 연마하고 단련함으로써 강화하는 문제인 동시에 오랜 반복적 실천을 통해 유덕한 행위를 생활화·습관화하는 것이 가장 중대한 과제가 된다. 유덕한 행위의 습관화를 통해 상황의 각종 유혹에도 견딜 수 있는 지속적 성향으로서 덕을 습득하는 일이 요청된다. 덕은 삶의 지혜요 인생의 기술로서, 이는 가르칠 수 있는 것이기보다 습득되고 몸으로 체득되는 것이라 할 수 있다.

덕(德, virtue)은 행복의 기술(skill of happiness)이라 할 수 있다. 유덕한 삶이라야 인간으로서 진정한 행복을 누릴 수 있다는 말이다. 도덕 원칙이나 규칙을 수동적으로 마지못해 준수한다면, 또한 도덕적 의무를 단지 의무이기 때문이거나 의무감에 못 이겨 이행하게 된다면 그 도덕적 삶은 그다지 행복한 삶이라 할 수 없을 것이다. 도덕규칙이나 도덕적 의무를 능동적이고 자발적으로 기꺼이 이행할 수 있다면 도덕적 삶이 곧바로 인간적으로 행복한 삶과 일치할 수 있을 것이다. 바로 이 점에 지행합일(知行合一), 복덕일치(福德一致)의 문제가 걸려 있게 된다.

행복의 기술도 하나의 기술이니만큼 하루아침에 습득될 수가 없으며 오랜 훈련과 습관화에 의해 숙련될 필요가 있다. 올바른 길인 줄 알면서도 나약한 의지로 유혹을 받을 수 있는 까닭에 의지를 연마하고 단련함으로써 지속적이고 안정된 성향(stable disposition)을 확립해야 할 것이다. 그리고 올바른 행위를 수행함으로써 그 자체에서 즐거움을 느낄 수 있게끔 감정(feeling)과 정서(emotion)를 조율할 필요가 있다. 나아가 덕성은 지성적 측면도 지니는 까닭에 올바른 것을 추론·파악하는 능력과도 관련되며, 따라서 유덕한 인격은 탁월한 실천적 추론과 지성을 개발한 존재라 할 수 있다.[10]

··

10) J. Annas, *The Moraity of Happiness*(New York: Oxford University Press, 1993), 48~55쪽 참조.

이같이 지·정·의의 능력을 개발하고 그들을 통합하기 위해서는 오랜 수련과 성숙의 과정이 필요하다. 우리 선조들은 이러한 과정을 일러 "도를 닦는다"라고 표현하고 그 결과로서 공덕이나 역량이 축적되는 것은 "덕을 쌓는다"라는 말로 나타낸 것으로 보인다. 도를 닦는 수양의 방법은 임의적으로 결정될 수 없으며 능력과 끈기에 따라 다양할 수가 있다. 도학과 같은 학문적 통로를 통해서도 도를 닦을 수 있을 것이며 무예와 같은 신체적 단련을 통해서도 도를 닦을 수 있을 것이다. 어떻든 도는 결국 심신의 수련을 지향하는 것으로 보인다. 유도, 검도, 태권도 등도 기(技)가 아니고 도인 한에서 심신의 수련을 동시에 함축한다 할 것이다. 참선, 기도, 독서, 극기훈련 등도 도를 닦는 좋은 프로그램이 될 수 있다고 본다.

지금까지 우리는 중층적 구조를 이루는 도덕교육의 각 단계를 살폈다. 가정생활을 중심한 예절교육은 도덕적 삶의 타율적·무의식적 인프라 구조로서 자율적·의식적 도덕생활의 전제이자 기반이다. 우리가 도덕이 땅에 떨어졌다고 개탄하는 까닭은 도덕교육 일반에 대한 문책이기보다는 주로 예절교육의 부실을 문제 삼는 것이라 생각된다. 학교를 중심한 도덕적 사고 교육은 도덕에 대한 자율적·반성적 성찰을 훈련하고 촉구하는 것으로서 예절 이행의 진정한 의미를 찾고 반성을 통해 이를 개선·강화하는 역할을 수행하게 된다. 나아가 의지 나약을 극복하고 실천의지를 강화하는 덕성교육은 일생동안 이루어지게 될 의지, 정서 함양 및 교육으로서, 현금의 도덕교육에서 소홀하거나 잊힌 부분이나 도덕교육의 본질적 일부로서 근래에 이르러 덕윤리학자들에 의해 그 중요성이 다시 환기되고 있다.

연속적인 도덕교육의 일부인 한에서 이상의 각 단계들은 모두가 정당화와 동기화 과정을 통합해서 수행하고 있기는 하나 예절교육과 덕성교육은 동기화에, 사고교육은 정당화에 주력하고 있음도 사실이다. 나아가 이들 각 단계는 개인적으로 수행되는 과정일 뿐만 아니라 공동체 전반에서도 실행되는 과정이기도 하다. 일반적으로 예절교육에서 교육·전승되는 예절의 체계는 개인이나 공동체에서 오랜 도덕적 사고와 덕성 훈련의 과정을 거치면서 선별되고 정련된 규칙과 덕목의 체계라 할 수 있다. 따라서 비록 예절교육이 무의식적·타율적으로 부과되는 과정이긴 하나, 이는 이미 오랜 성찰과 수련을 매개로 해서 사회적으로 선택된 결과인 것이다. 복잡하고 다원화된 사회의 도덕 문제들에 유연하고 신축적으로 대처하기 위해서는 특히 도덕적 사고 교육이 강조되는 것이 불가피하다고 하겠지만 도덕생활의 본령을 회복하고 당당하면서도 능동적이며 행복한 도덕생활을 영위하기 위해서는 현행 도덕교육에서 잊힌 덕성교육에 특별한 관심을 기울일 필요가 있을 뿐 아니라 이를 위한 특별교육 프로그램(극기훈련 등)의 개발이 시급하다고 생각된다.

제6장

아시아적 가치의 지양
: 전근대와 근대의 변증법

1. 아시아적 가치의 드라마와 딜레마

아시아적 가치(Asian Values)라는 개념은 아시아 문화권이 간직하고 있는 독특한 가치체계를 말한다. 1960~70년대에 비약적 경제성장을 이룩한 아시아 신흥공업국들의 기적을 설명하기 위해 서구 학자들은 아시아적 발전모델이라는 개념을 도입한다. 그러나 1990년대 말 갑자기 불어닥친 아시아의 경제위기와 더불어 아시아적 발전모델의 유효성에 대한 회의가 일기 시작함에 따라 아시아적 가치가 담론의 초점으로 부상하게 되었다.

이승환은 "아시아적 가치라는 개념은 미국을 비롯한 서구가 자기 이외의 지역에 대한 정치적·경제적·문화적 지배를 합리화하기 위해 동원하는 형이상학적 수사이며 다른 한편으로는 개발독재국의 정치가들이 기득권을 고수하기 위해 동원하는 이데올로기적 장치"로 규정한다.[1] 물론 다소 지나친 평가임을 감안한다 할지라도 이는 아시아적 가치의 실체적 진면목에 대한 우리의 의혹을 증폭시키기에 충분하다.

필자는 졸고 「도덕은 땅에 떨어졌는가?: 한국의 도덕현실에 대한 독해법」에서 흔히 거론되는 '한국병' 이라는 명칭에 대해 시비를 걸고 그 진단과 처방을 다룬 적이 있다. 필자는 "적어도 한국병이란 말이 성립하려면 그것이 한국이나 한국인에게만 특유한 병적 현상이어야 할 것이다. 그러나 한국병으로 거론되는 각종 증상들이 과연 우리에게만 고유한 것인가? 만일 그것이 인간이라면 누구나 보편적으로 공유하는 것이거나 우리와 같이 전통사회에서 현대사회로의 이행기에 있을 때 일반적으로 나타나는 현상일 경우 한국병이란 이름은 그 발상부터가 지극히 자조적인 뉘앙스를 갖는 것으로 생각된다"라고 지적한 적이 있다.[2]

필자는 '아시아적 가치'라는 명칭에 대해서도 한국병과 동일한 시각이 성립될 수 있다고 생각한다. 적어도 아시아적 가치라는 말이 의미 있는 용어이기 위해서는 그 속에 내포되는 가치체계가 아시아에만 특이하거나 고유한 가치일 필요가 있다. 그렇지 않고 그 같은 가치관이 인간사회가, 역사의 어느 시점 특히 전근대에 일반적으로 공유되는 가치관이거나 아니면 어떤 사회이건 전근대에서 근대로의 전환기에 보이는 일반적 가치라면 그것을 굳이 아시아적 가치라 이름 하는 것은 합당하지 않다는 생각이다. 이는 전근대적 가치 혹은 전환기적 가치관이라 부르는 편이 적합하리라고 본다.

••

1) 이승환, 「아시아적 가치의 담론학적 분석」(사회와철학연구회 발표논문, 1998. 7).
2) 황경식, 제1장 「도덕은 땅에 떨어졌는가」, 『시민공동체를 향하여: 근대성, 그 한국사회적 함축』(민음사, 1997).

이승환도 「아시아적 가치의 담론학적 분석」에서 오늘날 아시아의 경제위기를 설명하기 위해 동원되는 정실주의, 연고주의, 가족주의, 권위주의 등 아시아적 가치의 내용으로 제시되는 항목들은 사실 아시아에만 고유한 문화적 특성이 아니라 인류 역사 어디에서나 발견되는 인간의 조건에 수반되는 그림자라고 말한다. 이러한 부수(負數)가치(negative value)들은 정치경제의 변동과 무관하게 영속하는 문화적 특성이 아니라 사회변동의 후발성에 수반된 과도기적 현상일 따름이라는 것이다. 이러한 부수가치를 아시아만의 문화적 특성이라고 치부하는 일은 아시아 지역에 대한 경제적 지배를 정당화하고자 만들어낸 화용론적 장치일 따름이라고 한다.[3]

아시아적 가치 속에 내포되는 가치, 태도, 관점, 덕목 등은 다소 무리가 따를지 모르나 대체로 전통사회 즉 전근대적 사회에 귀속될 수 있는 항목이라 판단된다. 그것들은 소위 서구의 근세적 가치들과 좋은 대비를 이룬다. 긍정적 관점에서건 부정적 관점에서건 그러하다. 한편으로 아시아적 가치는 개인주의나 자유주의이기보다는 집단주의나 공동체주의 편이며, 보편주의 · 세계주의이기보다는 특수주의 · 연고주의 · 지방주의의 편이며, 이익사회적(gesellschaftlich)이기보다는 공동사회적(gemeinschaftlich)인데, 특히 이 점은 인간관계가 추상적이기보다는 구체적이라는 점에서 그렇게 추정할 수 있을 것이다.

아시아적 가치를 중심축으로 좌측에는 개인을 우측에는 세계를 두고 가치 스펙트럼을 구성해보자. 아시아적 가치를 국가주의, 권위주의, 가족주의, 집단주의, 공동체주의 등으로 설정한다면 그 좌측에 개인주의,

3) 이승환, 앞의 논문 참조.

자유주의, 민주주의 등과 대비관계를 이룰 것이다. 한편으로 아시아적 가치를 국가주의, 특수주의, 연고주의로 설정한다면 그 우측에는 세계주의, 보편주의와 또 하나의 대비를 이루게 된다. 이렇게 해서 우리는 아시아적 가치와 관련된 쟁점을 개인주의와 공동체주의(이 글 제3절), 특수주의와 보편주의(이 글 제4절) 간에 성립하는 두 대비로 정리할 수 있으며, 사실상 이는 어느 쪽이거나 모두 아시아적 가치가 근대적 가치와 대비를 이루고 있음을 알게 된다.

이미 앞서 지적한 대로, 1960년대 이후 비록 정도의 차이가 있기는 하나 아시아 여러 나라가 전반적으로 급속한 경제발전을 연출한 '아시아의 드라마'가 그 기적의 절정에 이르는 듯하더니 1990년대 후반 어느새 위기의 심연에 빠져들면서 '아시아의 딜레마'로 반전되고 있다. 그 결과 이른바 동아시아 모델과 관련하여 일각에서는 단호하게 그 사망이 선고되는가 하면 다른 일각에서는 조급하게 그 부활이 예고되기도 한다.

사회과학자들의 연구에 따르면, 사실상 동아시아 모델의 존재 자체가 여전히 논란의 대상이다. 실제로 아시아에서 발전을 이룬 국가만 하더라도 국가의 위상이 극대화된 일본 모델과 시장의 위상이 극대화된 홍콩 모델의 양극 사이에 다양한 변형이 존재한다. 동아시아 모델의 특징으로 자주 지적되는 유교문화도 사실상 동북아에 국한된 것이며, 흔히 거론되는 가족주의와 공동체주의 같은 아시아적 가치도 이미 언급되었듯이 경제적·사회적·정치적 변동과 무관한 항구적 특수성이라기보다는 그러한 변동의 후발성에 기인한 과도적 특수성에 불과한 것이다.[4]

: .

4) Theodore de Bary, *East Asian Civilizations*(Massachusetts: Harvard University Press, 1988) 참조.

동일한 가치관도 역사적 맥락이나 배경적 조건에 따라 순기능을 할 수도 있고 역기능을 할 수도 있으리라 판단된다. 필자의 생각에는 전통적인 아시아적 가치관 특히 국가주의, 권위주의, 공동체주의, 가족주의 등은 근대화 내지 산업화에서는 순기능적 받침돌이라 할 수 있으나 동일한 가치관이 현대화 내지 세계화에서 역기능적 걸림돌이 되는 것은 지극히 당연한 이치가 아닐 수 없다. 따라서 동일한 아시아적 가치일지라도 역사적 맥락이나 배경적 여건에 따라 드라마의 원인이 될 수도 있고 딜레마의 요인이 될 수도 있는 것이다.[5]

동아시아에서 modernization은 근대화 또는 현대화로 번역되고 있거니와 이러한 명칭 아래 전개된 지극히 장기적, 복합적, 다원적 서구의 역사적 경험을 고려하여 두 단계로 나눔으로써 근대화, 현대화로 구분하는 것은 그 자체로서도 의미가 있을 뿐만 아니라 아시아적 모델의 드라마와 딜레마를 설명할 때에도 지극히 편리한 개념 구분이라 생각된다.

동아시아의 근대화 프로젝트는 냉전시대의 전략적 고려에 따른 미국의 집중적 군사원조 및 경제원조라는 국제적 조건, 탈식민화에 따라 확산되는 민족주의와 국가 형성에 따라 강화되는 관료기구라는 정치적 조건, 전통적 농업사회의 종속적 식민경제를 근대적 산업사회의 자립적 국민경제로 재편하기 위한 경제개발의 초기단계라는 경제적 조건 등을 반영한다. 따라서 동아시아 각국은 일반적으로 권위주의적 강성국가의 우선적 자원 배분을 통한 외연적·양적 성장을 추구하며, 그 과정에서 국제적으로 외국자본의 자유이동이 일정하게 자제된 전략 지역, 경제적으로 강력한 국가와 허약한 시장, 정치적으로 강력한 국가와 허약한 사회 등

---

5) 「(특집) 유교와 21세기 한국」, 『(계간) 전통과 현대』 창간호(1997년 여름 호) 참조.

일정한 지역적 특수성을 드러낸다. 그러나 근대화의 눈부신 성과는 국제적, 정치적, 경제적 조건의 변화에 따라 다시 현대화의 새로운 역사적 과제를 제기하게 된다.

동아시아의 현대화 프로젝트는 냉전체제의 해체와 사회주의의 붕괴 이후 세계체제의 급속한 통합에 따른 외국자본의 자유이동이라는 국제적 조건, 경제발전에 따라 확산되는 국제주의와 사회변동에 따라 약화되는 관료기구라는 정치적 조건, 국민경제의 세계경제로의 통합이라는 경제적 조건 등에 대한 주체적 대응을 요구한다.

따라서 동아시아적 산업혁명을 주도한 권위주의적 강성국가는 국제적으로는 외국자본의 무한경쟁에 노출되고, 정치적으로는 강화되는 사회세력의 도전에 직면하며, 경제적으로는 시장경쟁을 통한 내포적·질적 성장으로의 전환이라는 과제에 당면한다. 그러나 개방적, 다원적, 참여적 정치기구를 요구하는 새로운 역사적 조건은 권위주의에 대한 심각한 도전이며 궁극적으로 민주주의로의 이행을 불가피하게 하는 것이다.[6]

이상에서 살핀 바와 같이 국제적, 정치적, 경제적 맥락에서 볼 때 아시아적 가치는 근대화 프로젝트에서 드라마의 요인이 될 수 있었음은 물론 그러한 가치가 수행한 역사적 소임이 끝났을 때에는 동일한 아시아적 가치도 현대화의 프로젝트에서는 딜레마의 원인이 될 수 있다는 설명은 나름의 설득력을 갖는다고 생각된다. 아시아적 가치는 근대화의 받침돌이었지만 현대화의 걸림돌이 되고 있는 것이다.

∵

6) 같은 논문 참조.

2. 자유주의와 아시아적 가치의 갈등

일부 아시아적 가치관을 내세우는 자들은 언론·결사의 자유, 남녀평등, 의견을 달리할 수 있는 평등권 등 자유주의 이념이 유교적 문화전통(confucian tradition)에 낯설고 적대적이라 주장한다.[7] 나아가 이들 나라의 최근 경제적 성공은 유교적 가치관의 결과이며, 따라서 더더욱 그러한 가치관을 보존할 명분과 이유가 있다고 한다. 이러한 입장의 한 옹호자에 따르면, 아시아적 가치관의 주장자들은 사회에 대한 개인의 책임, 가족의 역할, 법과 질서의 유지 등과 같은 문제를 중시한다. 그러나 자유주의자들은 개인주의적 가치관을 강조함으로써 그 같은 문제들을 배경으로 소외시킨 까닭에 이 같은 입장이 아시아적 맥락에서는 적용하거나 수용하기가 어려운 정치 도덕이라는 것이다.[8]

그러나 보편윤리로서 개인권의 보호를 기반으로 하는 자유주의의 이념과 아시아적 가치에 기반을 둔 유교주의적 이념 간의 이 같은 대립과 갈등은 그 각 이념의 주장자들이 상대방의 입장을 공정하게 이해하고 평가하지 못한 데서 기인한다고 생각한다. 신중한 유교주의 주장자라면 개인의 권익 보호에 냉담할 수는 없을 것이며, 동시에 신중한 자유주의 사상가또한 결코 유교주의가 내세우는 아시아적 가치의 잠재적 함축을 경시할수 없을 것으로 보인다. 그렇다면 보편윤리와 아시아적 가치 간의 양립가능성을 모색하는 관점에서 양자 간의 상호 조정점을 검색해보고자 한다.

∴

7) S. P. Huntington, *The Clash of Civilization and the Remaking of World Order*(New York: Simon and Schuster, 1996), 107~109쪽.
8) Kok-Chor Tan, Toleration, *Diversity and Global Justice*(University Park, Pa.: Pennsylvania State University Press, 2000), 139쪽.

우선 자유주의를 이상과 같이 문화적 근거에서 배제하는 것은 좀 더 자세한 검토가 요구된다. 아시아적 가치관이 자유주의와 양립불가능함을 주장하는 것은 자유주의 도덕에 대한 심각한 오해에 바탕을 두고 있는 것으로 판단되기 때문이다. 아시아적 가치관을 옹호하는 자들의 자유주의 비판은 개인의 책임, 가족, 법과 질서가 자유주의에서 역시 중대한 관심사라는 사실을 망각하고 있다. 예를 들어, 개인권을 중시하는 자유주의적 입장은 타인들이 그러한 권리에 대응하는 일정한 책임을 갖는다는 점을 전제할 경우에만 의미가 있다.[9]

나아가서 주지하다시피 자유주의자들이 개인적 자유를 옹호하는 것은 개인의 선택이 의미 있게 되고 가치를 갖게 되는 사회적 맥락을 인정한다는 점을 함축한다. 따라서 자유주의적 가치관과 개인적 권리만을 지나치게 강조하고 사회적 가치를 무시하는 입장이 심각한 문제에 봉착한다는 아시아적 가치의 주장자들은 기껏해야 유명무실한 자유주의를 염두에 두고 있는 셈이다. 이는 명목만 자유주의일 뿐 실질에서는 제대로 자유주의적 요구를 실행하지 못하는 사회에 대한 비판이지 자유주의 이론이나 이념 자체에 대한 비판으로 보기 어렵다고 생각된다.

아시아적 가치를 내세우는 자들의 비판에 일반적으로 깔려 있는 기본적 과오는 자유주의적 개인주의와 상식적으로 이기심이나 이기주의로 이해된 자기중심주의(egotism)의 혼동에 있는 것으로 판단된다.[10] 이 같이 오해될 경우, 자유주의는 타인들의 이해관계에는 냉담하고 협애한 자기 이익만 우선시하는 매력 없는 이념에 지나지 않는다. 이처럼 이기주의적

9) 같은 책, 140쪽.
10) 같은 책, 140쪽.

인간성, 혹은 그러한 것을 조장하는 인간관에 기초한 정치 도덕은 집단적 목표나 책임을 중시하는 사회는 말할 것도 없고 다른 어떤 사회에서도 바람직하다고 볼 수 없는 이념이라 할 수 있다.

그러나 자유주의의 이념으로서 개인주의는 개인적 포부에 대한 전혀 다른 이해에 바탕을 두고 있다. 자유주의적 개인주의는 우선 개인이 도덕적 관심의 궁극적 단위(집단이나 사회 등 어떤 추상적 실재와는 달리)라고 생각하며, 나아가 또한 개인이 삶에서 지향하는 목적을 사회적 관점에서 평가하고 개선할 수 있는 등 고차적 관심을 가진 존재임을 주장한다.[11] 이런 식으로 개인을 바라보는 것은 이기심과 자기중심성, 원자적 개인주의, 타자에 대한 무책임, 목표 없는 방임적 삶 등과는 무관하다고 생각된다.

물론 이와 같이 자유주의적 개인주의를 자기중심주의로 오해하는 것은 부분적으로는 일부 자유주의자들이 자유주의 프로젝트를 이해하는 방식에 의해 조장된 것일 수가 있다. 이들의 자유주의관은 상호이익 체제로서 사회에 대한 홉스적 이해에 기인하며, 자신의 장기적 이득을 극대화하려는 이기적이고 합리적인 경쟁적 개인들 사이에 성립하는 세력 균형적 잠정 협정(modus vivendi)을 이끌어내는 것으로 본다.[12] 비록 오늘날 이런 식의 자유주의관을 내세우는 자는 거의 없긴 하지만, 자유주의 프로젝트는 자주 홉스적 견해와 그릇된 연관이 이루어짐으로써 자유주의에 대한 오도된 비판을 추동해왔다.

자유주의는 개인을 도덕적 관심의 궁극적 단위로 간주함으로써 개인의 권익을 우선적으로 보호하고자 하며, 또한 근래에 이르러 개인의 자

$\bullet\bullet$

11) 같은 책, 140쪽.
12) 같은 책, 141쪽.

유에 대한 관심이 결국 개인 간의 평등도 중요시하게 한다는, 자유주의적 평등 이념에도 주목하게 된 일종의 도덕이론이다. 이에 비해 비자유주의적 사회는 개인을 다른 방식으로 이해하는 까닭에, 때로는 공동체를 위해 개인의 권리를 기꺼이 희생할 것을 강요하기도 한다. 이러한 입장은 사회나 공동체가 그 구성원인 개인들과 상관없이 어떤 도덕적 가치를 가질 권리를 지닌다는 점을 암시하는 것일 수 있으며, 그럴 경우 집단의 존재론적 지위에 대해 이 같은 형이상학적·사변적 주장을 입증할 상당한 부담을 지게 되는 것이다.

여기에서 아시아 사회들은 오랜 식민주의적 지배를 통해 개인주의적 도덕관이 강요당해왔을 뿐 유교적 세계관에는 낯설다는 입장을 검토해보기로 하자. 근래에 이르러 많은 학자들이 주장하기를, 흔히 유교와 연관되어온 본질적 반(反)개인주의는 그릇된 이해이며, 기껏해야 전통에 대한 일방적 오해에 불과함을 지적한다. 그들은 말하기를, 개인의 권리와 자유는 비록 소박한 형태이긴 하나 유교사상에 이미 잠재되어 있다고 한다. 줄리아 칭(Julia Ching, 秦家懿)에 따르면, 개인주의, 자유와 민주주의는 이미 고대 중국에 잉태되고 있었다. 인간의 완성가능성(perfectibility)에 대한 믿음은 유교철학의 초석으로서, 비록 그것이 권리로서의 자유 개념은 아닐지라도 넓은 의미에서 인간의 자유에 대한 신뢰를 함축한다고 보고 있다.[13]

여기에서 우리의 논점은 유교에 대한 이 같은 자유주의적 해석이 결정

••

13) J. Ching, Human Rights: A Valid Chinese Concept, *Confucianism and Human Rights*, eds. W. T. de Bary and Tu Weiming(New York: Columbia University Press, 1997), 73~74쪽.

적인 것이라기보다는 전통(특히 그 개인주의적 이념의 수용 가능성)은 상충하는 해석의 여지를 지니는 것으로서, 이는 어떤 하나의 해석을 무비판적으로 받아들이기 전에, 그래서 한 특정 해석이 다른 해석의 여지를 봉쇄하기 전에 신중하게 숙고할 필요를 암시하고 있다는 점이다. 사실상 특정한 하나의 해석을 선정하여 다른 해석에 우선적으로 강요하는 이유를 묻는 일은 응분의 가치를 갖는 일이라 생각된다. 이를 통해 비판적 평가자들은 아시아적 가치에 대한 억압적 해석이 전통문화 자체의 대중적 표현이기보다는 지극히 정치적인 구성물(political construction)이 아닌지 의구심을 갖게 된다.[14]

만일 아시아적 가치가 인간의 권리나 시민적·정치적 권리를 거부하는 데 이용되고 있다면, 이 같은 거부는 문화적 가치관의 반영이기보다는 특정한 정치철학의 선별적 관행을 반영하고 있다 할 것이다. 사회에서 세력화되어 있는 일련의 가치체제를 진정 문화적 가치로 인정하기 어려운 까닭은 일반인들이 그러한 가치관을 수용하거나 거부하는 목소리조차 낼 수 있는 통로가 없기 때문이다. 만일 정치적으로 강요된 문화적 입장이 공동체에 내재하는 반론들을 억압하고 있다면, 그 입장이 공동체의 문화를 대변하고 있다는 주장은 어불성설이 되고 말 것이다.

그래서 아네테 마포딩(Annette Marfording)은 경고하기를, 일반적 측면에서 문화적 상대주의(cultural relativism)를 주장하는 것은 문화적 가치를 규정하고, 그러한 가치를 국민들에게 강제하는 데서 정치적·사회적 권력구조가 수행하는 지배적 역할을 고려하지 못하게 한다는 것이다. 그녀에 따르면, 문화적 상대주의는 정치적·사회적 권력구조가 인위적으로

∙∙
14) Kok-Chor Tan, 앞의 책, 143쪽.

문화를 구성할 경우 타당한 명제가 될 수 없다. 문화적 가치가 국민들에 의해 자유롭게 규정되지 않고 권력구조에 의해 정해지는 것이라면, 문화적 상대주의는 문화 자체보다는 문화적 이데올로기(cultural ideology)를 신뢰하게 하며, 그럼으로써 국가의 억압에 길을 열어주게 된다는 것이다.[15] 따라서 문화에 민감한 자유주의자들은 모든 문화적 주장을 액면가 그대로 수용해서는 안 되며, 그러한 것이 진정 문화적 기초를 갖는 주장인지 아니면 이데올로기적으로나 정치적으로 구성된 것인지를 확인해야 한다는 것이다.

따라서 억압적 사회일 경우, 문화적 입장으로 제안된 것이 진정 그러한 것인지 아니면 지배계급에 의해 부과된 것인지는 의문의 여지가 있다. 국민 다수가 자신의 문화적 정체성을 형성하고 보존하는 일에 다양한 방식으로 참여하지 못하는 상황에 있을 때 우리는 어떻게 응수해야 하는가? 분명한 것은, 그러한 문화가 본질적으로 비자유주의적 성격을 갖는다고 고집하는 자들은 이 같은 주장이 선별된 소수자에 의해 주창되고 강요되는 주장이 아니고, 진정 문화적 기반을 갖는다는 점을 보여주어야 할 입증 책임(burden of proof)을 지게 된다는 점이다.

3. 권리: 개인권을 바탕으로 한 시민공동체

흔히 우리는 서구의 개인주의를 비판적 시각에서 평가한다. 그럴 경우 우리가 취하는 비판적 시각은 비개인주의적 좀 더 정확히 말하면 공동체

15) 같은 책에서 재인용.

주의적인 어떤 것으로 추정할 수 있다. 이러한 비판이 나름의 타당성을 갖는 것임은 이론의 여지가 없다. 그러나 보다 심층적으로 접근할 경우 비판되는 개인주의뿐 아니라 비판하는 공동체주의 역시 역비판으로부터 면제되기 어렵다는 점도 사실이다.

사실상 어떤 입장이나 주의, 주장도 그것이 대두된 역사적 맥락 속에서 평가될 때 그 실질적 장점이 부각될 수 있다. 개인주의나 공동체주의 모두 어느 하나만으로는 인간의 사회적 관계를 온전히 담아내기는 어려우며 단지 그것이 어떤 역사적 맥락이나 논의의 문맥에서만이 제 기능을 십분 수행하리라 생각된다. 이같이 역사적 맥락이나 담론의 문맥을 고려할 경우 우리는 공동체주의뿐만 아니라 개인주의에 대해서도 새로운 의미와 합의를 부여할 수 있을 것으로 생각된다.[16]

동양은 물론이고 서구도 사회사상의 발전사에서 볼 때 개인주의보다는 집단주의, 전체주의, 공동체주의가 앞선다. 중세에 이르기까지 유지되었던 전통적인 공동체주의는 나름의 순기능 못지않게 엄청난 역기능도 노정했던 까닭에 서구의 근세는 그야말로 개인으로서 인간의 자각과 더불어 개인의 이해관심 및 권리의 쟁취를 향한 역사라 해도 과언이 아니다. 집단, 전체, 공동체를 명분으로 한 소수자 또는 개인의 이해관계나 자유 및 권리의 유린에 대항해서 개인과 그의 자유 및 권리(individual rights)의 천명과 쟁취는 사회사상사에서 일대 혁명이 아닐 수 없는 것이다.

이런 의미에서 개인의 자유 및 권리의 기반으로서 개인주의는 어떤 다른 주의나 주장도 대신할 수 없는 고유하고 소중한 인류의 자산이며, 이에 이르기까지 그 이론적·실천적 추구와 쟁투를 위한 치열한 역사는 진

16) 황경식, 「자유주의와 공동체주의」, 『개방사회의 사회윤리』(철학과 현실사, 1996) 참조.

지하게 그것도 긍정적으로 재고되어야 할 것이다. 물론 개인주의는 나름의 역사적 소명을 넘어 지나치게 추구될 경우 역기능을 동반하게 됨은 불가피하며, 이런 관점에서 근세 이후 헤겔, 마르크스 등의 공동체주의적 우려는 그 나름의 심대한 함의를 갖는다 할 것이다.

여하튼 인류 역사에서 개인주의가 갖는 의의와 역할은 아무리 강조해도 지나치지 않을 것으로 보인다. 모든 인간은 적어도 그가 인간임으로해서 존엄한 가치를 지니며 자율과 권리의 주체로서 인정받아야 한다. 보다 강조되어야 할 점은 다른 동물에 비해 우리가 인간으로서 존엄한 존재일 뿐만 아니라 개인으로서 존엄한 존재임이 강조되어야 한다. 개인으로서가 아니라 인간으로서의 존엄성은 그것이 인간을 전체로서, 유적 존재로서의 존엄성을 가리킴으로써 집단주의적·전체주의적 함축을 가질 수 있는 까닭에 개인으로서 권리와 자유를 갖는 존엄한 존재임이 새삼 강조되어야 할 것이다.

개인으로서 개별 인간의 자유와 권리가 인정되고 존중되는 한에서 우리는 다시 인간의 공생, 공존, 공동체에 눈을 돌리지 않을 수 없다. 오늘날 우리의 공유된 도덕적 직관은 모든 인간이 개인으로서 자유와 권리가 인정되어야 한다는 점과 이것이 전제되는 한에서 공동체 또한 소중한 가치를 지니며 공동체에의 헌신이 의미를 갖는다는 점일 것이다. 이런 뜻에서 자유주의와 공동체주의 간의 쟁점에서 필자의 입장은 자유주의를 바탕으로 한 공동체주의의 수용이라 할 수 있을 것이다.

중세 봉건사회가 혈연이나 지연으로 얽힌 자연공동체였다면 근대 시민사회는 자율적 개인의 출현과 더불어 생겨난 인위적 이해집단이었다. 고중세사회의 전통적 공동체성, 연고성이 시민사회의 근대적 개인성, 타산성으로 전환되었다고 할 수 있다. 그러나 근대 시민사회를 통해 해소될 수 없는 인간의 공동체적 욕구는 다시 갖가지 문제를 노정하게 되었고, 이는 시민사회의 맹아기 내지 초기 단계에서 그 문제점과 난점을 간파한 헤겔이나 마르크스를 위시하여 근래에 이르러 시민사회의 연장선에서 성숙한 자유주의가 다시금 그 이론적·실제적 한계를 보이는 가운데 소위 공동체주의자(communitarians)들의 격렬한 비판에 당면하고 있다.

그러나 자유주의와 공동체주의 간의 논쟁에서 필자의 일관된 입장은 비록 자유주의가 나름의 한계가 있는 것은 사실이나 공동체주의가 그 대안으로서 자격을 갖는다고 생각지는 않으며 단지 공동체주의적 비판을 통해 보완된, 그런 의미에서 어떤 형태의 공동체주의적 자유주의를 구상하는 것이 우리의 과제라는 점이다. 이런 뜻에서 필자는 자유주의적 시민사회가 다시 전통사회적 공동체성을 보완함으로써 양자의 변증법적 지양으로서 시민공동체(civil community)라는 개념을 제안, 논의한 적이 있다.[17]

자유주의에 대한 공동체주의의 도전은 일반적으로 자유주의가 공동체의 가치를 제대로 이해하지 못하며 또한 자유주의에 의거해서는 그러한 공동체가 보호되기 어렵다는 비판으로 요약될 수 있다. 그런데 자유주의가 인간에 대한 특정한 형이상학과 무관한 것으로서 개인의 시민적·정치적 권리를 옹호하는 입장으로 규정될 경우, 우리가 주목하는 것은 그러한 자유주의자가 공동체주의자의 도전에 대해 나름대로 구성된 공동체주의적 논변으로 응수할 가능성이 있다는 것이다.

다시 말하면, 그러한 자유주의는 소위 공동체주의자들과 동일하지는 않지만 나름의 공동체관을 자신의 이론에 함축하고 있으며 공동체는 공

17) 황경식, 『시민공동체를 향하여: 근대성, 그 한국사회적 함축』(민음사, 1997) 참조.

동체주의적 방식보다 오히려 개인의 권리를 옹호하는 자신의 자유주의적 입론에 의해 보다 잘 옹호될 뿐만 아니라 공동체의 가치가 더욱 증진될 수 있다는 것이다. 그러나 극단적인 공동체주의자들은 공동체의 보호를 위한 자유주의적 제안이 그 개인주의적 편향에 의해 왜곡되리라는 반론을 제기할지 모른다. 그들이 제기할 듯한 의문은 공동체를 보호하기 위한 적절한 방식이 개인의 권리를 보장하는 방식이어야 할 이유가 도대체 무엇인가이다.

　물론 자유주의가 말하는 개인의 권리를 인정하는 사회에서는 개인들이 사실상 헌신(commitment)과 공동의 유대(solidarity)를 갖기 어렵다는 공동체주의자의 불만이 근거 없는 말은 아닐 것이다. 우리는 개인의 기본적인 시민적·정치적 자유가 보호되고 정치문화와 경제체제가 목적의 자율적 선택자로서의 인간관을 함양·반영하는 자유주의적 사회에서, 공동의 유대와 헌신의 관행은 보다 취약하며 일정한 형태의 소외와 무질서가 비자유주의적 사회보다 더 빈번하리라는 점을 부인하려는 건 아니다. 또한 도덕적으로 바람직한 어떤 형태의 공동체가 자유주의 사회에서 보다 쉽사리 해체·소멸되리라는 점을 부인하려는 것은 아니다.

　그러나 자유주의가 가장 중시하는 결사·표현·종교의 자유에 대한 제 권리는 역사적으로 볼 때 국민국가에서 공동체를 파괴하거나 지배하려는 다양한 시도에 대해 공동체를 지키는 강력한 보루의 역할을 해온 게 사실이 아닌가? 그러한 권리들은 현존하는 공동체를 외부로부터의 간섭에서 보호함으로써, 또한 개인들이 마음에 맞는 타인들과 새로운 공동체를 창출할 자유를 줌으로써 공동체라는 본질적인 인간적 가치를 향유히는 데 기여해왔다. 자유주의적 정치입론에 대한 이상과 같은 공동체주의적 옹호 논변은 사실상 더욱 강화될 수 있을 것으로 생각된다.

적어도 금세기에서 공동체에 대한 가장 강력한 위협은 아마도 극단적 공동체주의로서의 전체주의(totalitarianism)라 할 수 있다. 그 명칭이 지시하듯 전체주의 국가는 그 권위의 한계를 인정하지 않고 시민생활의 거의 모든 측면을 지배하고자 했다. 그것이 그 영역 안에서 다른 진정한 공동체들을 용납할 수 없는 까닭은 이러한 공동체들이 국가에 대한 예속과 충성을 제약하기 때문이다. 전체주의 체제는 모든 것을 포함하는 정치 공동체를 달성한다는 명분 아래 특히 가정과 교회 등 전통적 공동체들을 와해시키기 위해 가장 무자비한 방도를 이용해왔다.

이와 대조적으로 자유주의적 정치입론은 전체주의 국가를 결정적이고도 명시적으로 거부해왔다. 따라서 전체주의 국가가 공동체들에 위협이 되는 한에서 우리는 자유주의와 관련된 개인의 정치적·시민적 권리의 우위성을 공동체의 보호책으로 간주해야 할 것이다. 물론 자유주의적 정치입론 그 자체는 인간의 삶에서 공동체의 중요성에 대해 직접적 언급을 하지 않을지라도, 이는 자유주의에 대한 공동체주의적 옹호 논거가 충분히 될 수 있으리라 생각한다.

4. 신뢰: 연고주의를 넘어선 신뢰사회

사회구성에서 원심력 못지않게 구심력이 요구되며 건강한 사회는 원심력과 구심력이 균형을 이루는 가운데 성립한다고 생각된다. 개인주의, 자유주의의 기반이 되는 권리, 인권이 원심성의 핵심을 이룬다면, 국가주의·공동체주의의 기반이 되는 유대나 신뢰는 구심성의 핵심이 된다고 본다. 이 때문에 동양에서는 고래로 인의예지 4덕에 신뢰〔信〕를 더하여 오상(五常)이라 불렸고, 공자도 백성들 사이에 신뢰가 없으면 나라가 서지 못한다(民無信, 不立)고 했다. 맹자도 나라가 성립하려면 군사, 식량, 신뢰가 필요한데 이 중에서 특히 신뢰가 없을 경우 나라가 유지될 수 없다고 했다.

그런데 양의 동서를 막론하고 신뢰는 국가 성립에서 더없이 중요한 자산이요 덕목이긴 하나 신뢰가 성립하는 구조적 특성이 문화권에 따라 다르다는 점에 주목할 필요가 있다. 로워(Rohwer)는 "현대 아시아의 부상은 압도적으로 개인적 신뢰와 연고에 기반을 둔 판단에 의존하였다. 그러한 체제는 결정의 신속성과 유연성을 비롯한 여러 가지 점에서 유리하다. 그러나 그것은 미지의 타인과의 거래를 거의 불가능하게 한다. 개인적 연고를 기반으로 한 신뢰와 제도에 기반을 둔 신뢰 사이에 존재하는 갈등 때문에 더욱 현대적이고 객관적인 제도적 구조로 이행하는 것은 매우 어려운 과제일 것"이라고 한다.

여기에서 우리는 혈연·지연 등 친한 사람 간에 성립하는 연고적 신뢰와 낯선 사람 간에 일반적으로 성립하는 보편적 신뢰 간의 구분에 주목하게 된다. 연고적 신뢰는 무연고적 인간관계에서는 오히려 강한 불신을 함축하며, 따라서 일반적 불신풍조와 연고적 신뢰관계는 상승작용을 하게 된다. 또한 연고적 신뢰는 나름으로 효율성·신속성을 가짐으로써 한계효용 체증의 특성이 있는 듯하나 전 국가적 관점에서 장기적으로 보면 오히려 한계효용 체감의 결과를 가져온다는 점에 주의 할 것이다. 따라서 한국사회에서와 같은 신뢰구조는 전 국가적으로 엄청난 사회적 비용을 치르고 있다 할 수 있다. 이에 비해 합리성에 의해 매개된 보편적 신뢰는 비록 그것이 강도에서 좀 더 희석화된 것일지는 모르나 호혜적 기반 위에서 성립하는 좀 더 합리적이고 보편적인 신뢰라 할 수 있다.

하버드대학의 두웨이밍(杜維明) 교수는 근세 이후 서구의 문화가 지나치게 개인주의와 물질주의를 추구해온 결과 가치관의 상실, 도덕의 진공상태, 자아의 파편화, 가족과 공동체의 해체가 야기되었다고 본다. 따라서 그는 유교의 인문정신을 부활시켜 후기 산업사회의 문화적 위기를 극복하기 위한 도약대로 삼아야 한다고 주장한다. 사회학자 프랜시스 후쿠야마(Francis Fukuyama)도 거의 유사한 심정에서 진단과 처방을 제시하고 있으나 그의 입장은 두웨이밍의 것보다 훨씬 복잡하다.

우선 후쿠야마는 경제발전의 원동력은 근대적 합리성, 개인주의, 계약사상만에서는 나올 수 없으며 이를 넘어 전통으로부터 전래되는 도덕적 유산, 공동체감, 신뢰정신 등에 근원적 뿌리가 있다고 보며 이를 사회적 자본으로 간주하고자 한다. 근대성보다 전근대적 전통성에서 사회적 자본의 뿌리를 발견한다는 점에서 후쿠야마의 발상도 두웨이밍의 그것과 대동소이한 듯하나, 사실상 후쿠야마가 말하는 사회적 자산으로서 신뢰는 전근대적 공동체성이나 유대감에 뿌리를 내리고 있는 것은 사실이지만 이미 그것은 단순히 전통적인 신뢰이기보다는 근대적 합리성과 보편성에 의해 매개된 신뢰라는 점에 주목해야 한다. 그가 말하는 신뢰는 연고적이고 지방적이며 가족적, 족벌적인 짙은(thick) 신뢰이기보다 보편적, 전체적, 합리적, 호혜적인 옅은(thin) 신뢰이기 때문이다. 따라서 중국이나 한국 등 연고적·지방적 신뢰구조를 갖는 나라는 보편적·전반적 신뢰구조를 갖는 독일·일본 등에 비해 경제적으로 좀 더 취약하다. 이와 관련해서 후쿠야마의 입장을 보다 자세히 살펴보자.

후쿠야마는 『신뢰(Trust)』라는 자신의 저술이 경제적 삶을 검토함으로써 얻을 수 있는 가장 큰 교훈을 다루고 있다면서 그 교훈이란 "한 국가의 복지와 경쟁력은 하나의 지배적인 문화적 특성, 즉 한 사회가 고유하게 지니고 있는 신뢰의 수준에 의해 결정된다는 사실"이라 한다.[18] 그에 따르면, 성공적인 공동체는 외적인 규칙과 규제에 의해서가 아니라 공동체 구성원에게 내면화된 윤리적 관습과 호혜적인 도덕적 의무감을 바탕으로 해서 형성된 문화공동체이며, 바로 이 규칙이나 관습은 공동체의 구성원에게 신뢰의 터전을 마련해준다고 한다.

후쿠야마에 의하면, 장기적으로 볼 때 경제공동체의 내적 연대성이 보다 유익한 결과를 가져오며 공동체적 기질이 결여되어 있을 경우에는 경제적 기회가 주어지더라도 이를 활용할 역량이 없다. 문제는 제임스 콜먼(James Coleman)이 말하는 사회적 자본(social capital)—사람들이 공동의 목적을 위해 단체와 조직 내에서 함께 일할 수 있는 능력—이 부족하다는 점이라고 한다.[19]

경제학자 간에 널리 사용되고 이해되는 인적 자본이라는 개념은 오늘날 자본이 토지, 공장, 공구, 기계 따위로 표현되기보다는 인간의 지식과 기술로 표현되는 경우가 더 많다는 전제 아래 출발한다. 한 걸음 더 나아가 콜먼은 기술과 지식 이외에도 인적 자본의 독특한 측면은 사람들이 서로 결속할 수 있는 능력과 관계있다고 주장한다. 이것은 경제생활뿐만 아니라 그 밖에 사회적 삶의 모든 국면에 대해서도 결정적인 중요성을 지닌다는 것이다.

결속할 수 있는 능력은 역으로 공동체가 얼마나 규범과 가치를 공유하고 개인의 이익을 보다 큰 집단의 이익에 종속시킬 수 있는가에 달려 있

∙∙

18) F. Fukuyama, *Trust, The Social Virtues & The Creation of Prosperity*(New York : The Free Press, 1995) 참조.

19) J. S. Coleman, Social Capital in the Creation of Human Capital, *American Journal of Sociology*, Vol. 94.(1988).

다. 공유된 가치관으로부터 신뢰가 탄생하며 이 같은 신뢰는 또한 중대한 경제적 가치를 지닌다는 것이다. 그러나 후쿠야마는 사회적 자본의 축적은 복잡하면서도 갖가지 신비스러운 문화적 과정이라고 전제한 뒤 역사적 종언에 즈음하여 출현한 자유민주주의는 그러므로 전적으로 근대적인 것만은 아니라고 한다.

이어서 후쿠야마는 민주주의와 자본주의의 제도가 제대로 작동하려면 그 기능을 원활하게 해주는 특정한 전근대적인 문화적 관습이 병행되어야 한다고 주장한다. 법률, 계약, 경제적 합리성 따위는 후기 산업사회의 안정과 번영을 위한 필요조건이기는 하지만 충분조건은 아니며, 그 밖에도 합리적 계산을 넘어 관습에 바탕을 둔 호혜성, 도덕률, 공동체에 대한 의무, 신뢰 등이 가미되어야 한다는 것이다. 그리고 이러한 것들은 현대사회에서 시대착오적인 것이라기보다 그 성공을 위한 필수조건이라고 주장한다.

후쿠야마의 저술은 이상과 같은 입장에서 사회성의 두 가지 핵심체인 가족공동체와 비(非)친족공동체를 각각 살피고 있다. 그는 중국과 프랑스, 이탈리아, 한국 등 네 나라를 가족주의적 사회로 다루고 있다. 이들 나라는 가족의 테두리를 넘어선 대규모 조직을 건설하는 데 상당한 어려움을 겪게 되며 따라서 견실하고 경쟁력 있는 대기업을 진흥하기 위해서는 국가가 개입할 수밖에 없다는 것이다.[20]

그러나 이와는 달리 후쿠야마는 독일과 일본 등과 같은 나라를 고신뢰 사회의 모형으로서 검토한다. 이들 나라는 가족주의 사회와는 다르게 친족관계에 바탕을 두지 않고서도 대규모 기업의 건설이 훨씬 쉬웠

∴

20) F. Fukuyama, 앞의 책.

다고 말한다. 그 까닭은 이들 나라에서는 신뢰라는 사회적 자본이 넉넉하여 그러한 조직을 구성하는 데 정부의 도움이 불필요하기 때문이라 한다. 이 같은 사회는 현대의 전문 경영방식에 쉽게 적응했을 뿐만 아니라 작업현장에서도 보다 효과적이고 만족스러운 인관관계를 도출할 수 있었다는 것이다.

우리는 이상과 같은 후쿠야마의 혜안과 탁견에 감탄하면서도 그의 메시지가 갖는 갖가지 갈래를 조심스레 풀어내면서 해석할 필요를 느낀다. 우선 그는 현대사회의 몇 가지 성공사례를 설명하기 위해 근대성보다는 전근대성으로 회귀하는 듯한 인상을 보인다. 근대적 합리성, 타산성, 계약, 법률보다는 전근대적 공동체성, 도덕성, 신뢰, 유대감 등이 보다 중대한 사회적 자본의 기반이라는 것이다.

그러나 여기에서 우리가 좀 더 조심스레 주목해야 할 대목은 후쿠야마의 전근대성은 근대성과 동떨어진 것이 아니라 실상은 근대성에 의해 매개된 전근대성, 따라서 근대성과 전근대성의 지양태라는 사실이다. 근대성에 의해 매개되지 않는 전근대성은 사실 그 순기능에 못지않게 역기능도 가진 것이라 생각된다. 후쿠야마가 내세우는 신뢰는 연고적이거나 지방적 신뢰가 아니라 일반적이고 보편적으로 성립하는 신뢰인 것이다. 그가 내세우고자 하는 공동체적 유대는 개인권이 전제되는 한에서 개인 상호 간에 성립하는 호혜적 유대라 할 수 있다. 결국 후쿠야마는 아시아적 가치의 단순한 예찬자로 해석되어서는 안 될 것으로 보인다.

5. 전근대와 근대의 변증법적 지양

사회가 건전하게 발전하기 위해서는 여러 조건이 충족되어야 하겠지만 그중에서도 사회 성원 간의 연대의식은 필수적 조건이다. 또한 이러한 연대관계에는 모든 개인이 자기의 행위뿐 아니라 다른 성원의 행위에 대해서도 책임을 지는 수동적이고 소극적인 연대를 넘어 어떤 성원의 일정한 행위로 인해 생겨나는 이익을 함께 향유할 자격을 갖는다는 능동적이고 적극적인 연대도 포함된다.

그런데 가족이나 씨족과 같이 성원들이 같은 피로 맺어진 자연적 기초에 입각한 연대관계에서는 일반적으로 그 성원에 대해 절대적 소속을 요구하고 그 균형 상태를 분열·파괴시키는 모든 힘에 대해 봉쇄적 태도를 취하며, 만약 어느 한 성원이 외부로부터 공격을 받을 경우에는 그 전체가 책임을 부담한다. 이와 같이 동질적 성원의 유사성을 기반으로 하여 가치이념이 개인의 그것을 초월하여 구속을 행사하는 경우의 결합관계를 기계적 연대(mechanic solidarity)라고 부른다. 기계적 연대는 기능적으로는 미분화된 상태이며 더욱이 집단이 개인의 전체를 흡수하여 개인의 다양성을 동질적 단위로 환원함으로써 성립하는 단계 즉 마치 무기물의 분자결합에도 비유할 수 있는 결합관계이다.

봉건사회 체제가 와해되고 근대사회로 이행함으로써 과거의 지배원리와 같은 것에 의거한 연대관계는 퇴조하지 않을 수 없다. 이제 개인은 집단의 구속에서 해방됨으로서 강제된 연대에서 자유로운 연대로 옮겨가게 되며 성원 간의 획일적 동질성을 강요하는 기계적 연대에서 성원 간의 이질성을 인정하면서도 또한 분업의 상호성의 자각 위에 이루어진 유기적 연대(organic solidarity)로 옮겨가게 된다. 그러나 과거에는 국가라는 보다 우월한 집단에 의해 갖가지 갈등 요소가 통제되어왔으나 사회의 다원화가 보다 심화되는 상황에서 자유로운 결합체의 확립은 지극히 어려운 과제가 아닐 수 없다. 자신의 이익을 추구하기 위해 이합집산 하는 현대사회에서 더 이상 강제된 연대는 불가능하며 오직 더 큰 가치와 이득을 향한 자발적 참여를 유도하는 길이 있을 뿐이다.[21]

독일의 사회학자 페르디난트 퇴니에스는 『공동사회와 이익사회(Gemeinschaft und Gesellschaft)』에서 두 사회조직의 이념 유형을 대비한다. 공동사회의 전형인 시골의 농촌사회에서는 대인관계가 전통사회의 풍습에 따라 정해지고 규제된다. 사람들은 서로 단순하고 솔직하게 직접 상대하는 관계를 맺으며, 이러한 관계는 자생적 의지(Wesenwille) 즉 자연스럽고 자발적으로 일어나는 감정과 정서의 표현들에 의해 결정된다. 반면 이익사회는 합리적이고 선택적인 의지(Kürwille)의 산물이며 행정관료와 대규모 산업조직이 있는 20세기의 세계 어디서나 볼 수 있는 사회들이 그 전형이다. 이익사회에서는 합리적 이기주의와 타산적 행동이 공동사회 구조에 편재하는 가족, 친척, 종교의 전통적 유대를 약화시키는 작용을 한다. 이익사회에서는 인간관계가 능률이나 그 밖의 경제적·정치적 이익을 고려하여 합리적으로 구축되는 만큼 비인격적이고 간접적인 것이 되게 마련이다.

그런데 우리가 좀 더 흥미롭게 주목하고자 하는 것은, 퇴니에스는 이 두 사회조직의 이념 유형을 대비적으로 설명하고 있기는 하나 그 어느 유형도 바람직한 사회조직으로 제시되지는 않으며 단지 이 두 유형의 사회조직이 갖는 장단을 지양한 사회조직으로서 협성사회(Genossenschaft)

··

21) 황경식, 「현대사회의 시민윤리」, 앞의 책(1997), 93~97쪽.

를 이상적 사회조직으로서 시사하고 있을 뿐이라는 점이다. 이는 독일의 법학자 오토 프리드리히 폰 기르케(Otto Friedrich von Gierke)가 처음 제시한 것으로 인위적으로 형성된 조합협동체로서 일종의 공동사회의 형태이기는 하나 부자관계를 원형으로 하는 지배형 사회가 아니라 형제관계를 원형으로 하는 협동형 사회라 할 수 있다. 그야말로 공동사회의 공동성과 이익사회의 합리성을 종합한 호혜적 협동공동체라 할 수 있을 것이다.

결론을 대신하는 이 장에서 우리는 지금까지 논의해온 가치관이나 사회유형을 변증법적 발전의 틀을 원용해서 정리해보고자 한다. 적어도 아시아적 가치의 전근대성과 서구적 가치가 지닌 근대성은 그 자체만으로는 바람직한 인간적 삶을 담보할 수가 없다. 전근대성이 근대성의 매개를 통해 변증법적으로 지양·발전함으로써만이 비로소 바람직한 가치관이나 사회유형을 구명할 수 있을 것으로 보인다. 이는 개인권을 매개로 한 공동체, 보편성을 매개로한 신뢰사회, 공동사회와 이익사회의 발전적 종합으로서 협성사회의 이념을 통해 그 일단을 암시받을 수 있을 것으로 생각된다. 이런 뜻에서 우리는 감히 아시아적 가치가 근대성을 매개로 해서 발전적으로 지양될 것을 주창하고자 한다.

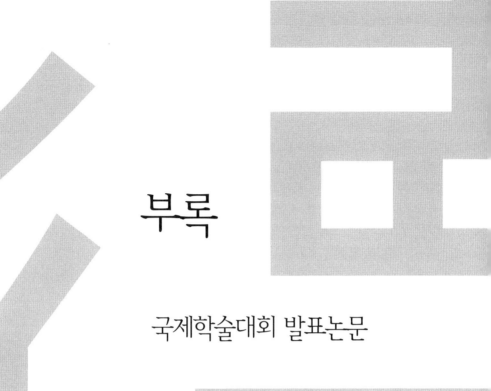

부록

국제학술대회 발표논문

부록 1

Virtue Ethics, For and Against
: Complimentarity of Duty Ethics and Virtue Ethics

Hwang Kyung Sig,
Seoul National University

1. Ethical Chaos in Korean Society

In Korea, the traditional morality of the East and the contemporary morality of the West are thrown together in a melting pot seething in utter chaos, yet to be forged into a syntactic pattern. This problematic situation has been a topic of discussion since the introduction of a new subject, 'National Ethics' in the 1970s because textbooks and lectures regarded these two moralities as if they were totally different and independent of each other. Thus, the questions as to whether the two systems of morality are independent or complementary are critical, and it is important to identify if the two systems can be integrated into a system.

Even without K. Marx's insight, it is quite certain that morality is the function of the social and economic circumstances in which it was born. Therefore, it seems that it is impossible in principle to integrate the two different systems, which have totally heterogeneous backgrounds. Although the modern

Western morality played an important role in history, it is undeniable that the voices of criticism have been lifting up against its negative effects on society. Nevertheless, one may not insist on the restoration of feudalistic morality since Korea is rapidly developing into an industrial society like the Western countries. In the final analysis, our task is to accept critically the merits of both the traditional morality of the East and the contemporary morality of the West and to seek for a third morality, which will sublimate both of them progressively. Once the third morality is sought, a new theory of social structure corresponding to the third morality will be developed.

Western societies, though they set themselves free from the fetters of feudalism, are still suffering from many contradictions that industrial societies tend to hold. Even though they freed themselves from the feudalistic morality of the Middle Ages and established modern civil morality, they realize the need to revise or reconstruct their civil morality when they observe the negative aspects of industrial societies. On the other hand, Korean society was exposed to these negative aspects before it could achieve mature civil morality from the preceding civil history experienced by the Western society. In the case of Korea, the process of industrialization generated difficulties resulting from the burden of meeting various stages of history all together, which the Western societies experienced over many years. However, Koreans do not have to regard this situation as an unfortunate fate. On the contrary, they can make good use of it as an opportunity to learn from the costly example of the Western predecessors and to avoid the trial and error the Westerners have made.

There will be several methodological approaches to construct a new moral system. As for me, I would like to start by discussing the opinions for and against 'virtue ethics' that has recently been a subject of hot debates in England and America. Then I will contrast virtue ethics with 'duty ethics', classifying civil morality since the Modern Age, and analyzing the relationship between them. Without respect to the East and West before the beginning of the Modern Ages, the central concept in morality had been 'virtue'. It is true of Aristotelian ethics and Confucian ethics. But virtue ethics, since civil society began to be established, had been replaced by a civil morality which regards 'duty' as a central concept in morality and gives moral rules which citizens should observe. Even though we admit this change of morality resulted from the necessity of history, we realize that we have lost as much as we have gained from the viewpoint of moral life as human beings. This point, as we know well, is strongly asserted by the proponents of the resurrection of virtue ethics.

Unlike some advocates of virtue ethics, our concern is not on rejecting duty ethics and accepting virtue ethics. I believe that there can be no leap or going back in history. Since no amendments can be made in history, our past has to be built into our present without being destroyed or completely forgotten. Thus, we are encouraged to recognize our civil society as fundamental and to complement or revise it rather than to do away with the experiences or tradition of civil society. Walking along the road, we need to listen to virtue ethicists. Our conclusion is that there is a kind of complementarity between duty ethics and virtue ethics, but the structure of the complementary relation is so complicated that it demands discussion in detail.

2. Criticisms on Modern Duty Ethics

1) Duty-centered Conception of Morality and its Nature

A common flaw in today's moral philosophy on duty is a tendency to divide it into three types of acts: (1) acts we ought to perform; (2) acts we ought not to perform; and (3) acts which are neither obligatory nor prohibited. We may call the three categories as 'moral requirements', 'moral prohibitions', and 'moral indifferences', respectively. Then, question arises on whether these three types of categories can completely comprise of all our moral reality and moral experiences so that they are sufficient to provide an appropriate elucidation of them.

First, the reason that the three categories are insufficient is shown in the examples of supererogatory acts: a soldier's self-sacrificing act to save his fellow soldiers, and an act of diving into a torrent to save a child, etc. The three categories seem to have no relation to the acts mentioned above. Such supererogatory acts as heroic and saintly acts, can be grouped into neither the category of moral requirements, nor the category of moral prohibitions. It seems absurd that these supererogatory acts are considered indifferent or morally neutral, but morally praiseworthy in a very positive sense. Accordingly, it is thought to be reasonable to introduce a new category of moral praiseworthiness.[1]

Second, the classification into three parts implies a tendency to simplify the variety of our moral life or moral experiences. By encouraging the practice of using the concept of moral obligation, they cover every action for which we have moral reasons to perform or forbear from performing. 'Duty', 'obligation', 'requirement', and 'ought to', are not synonymous and when we treat the various expressions as synonyms, we are led to conceal the fact that morality has various dimensions or many different areas.

Most moral philosophers since Kant have had the tendency to reduce all moral virtue to what is called moral duty, which is equal to moral requirements or moral prohibitions. Then, the main task of moral theorists is to give a list of moral duties or obligations. When they face the kind of virtues which cannot be regarded as duty or obligation, their strategy is either to despise the moral significance of the virtues, or to include them in the category of moral duty by

∴

1) J. O. Urmson, Saints and Heroes, *Essays in Moral Philosophy*, A. I. Melden ed. (Seattle: University of Washington Press, c. 1958), pp. 198~216.

calling the 'special kind of duty' or 'imperfect duty'. So they are unconsciously led to view moral matters in the light of Kantian model of rigid moral duty. When they had to deal with supererogatory acts, they used to gloss over their faults by manipulating and enlarging the concept of duty, and inventing 'perfect duty' and 'imperfect' duty.[2]

Based on the newly devised concepts, this legal concept of morality, treats such virtues like kindness, charity, and generosity as 'imperfect'. Although virtues contribute to better social life, they are not fundamental for the existence of a society. These virtues are not considered primary but secondary like ornaments inside a building. If we are not willing to enlarge the concept of duty, we are forced to be satisfied with minimum morality. However, minimum morality is incomplete because it lacks an essential part of morality. Therefore, in order to supplement minimum morality, we have to recognize and establish an independent category of morality which is neither required nor obligatory but praiseworthy and recommendable.

2) Behavioristic Conception of Morality and Internal Values

Another strong reason that virtue ethics as a moral theory has been despised since the Modern Age, is because modern moral theorists had a peculiar understanding of virtue. We often think that virtue is only psychological tendency or disposition. For example, courage is considered as a disposition that enables a person to control fear in the face of danger, hardship, etc. Then, virtue becomes a kind of psychological tendency, in other words, good or bad motives. Even W. Frankena, who acknowledges the importance of virtues in the domain of morality said, "principles without traits are impotent and traits

••

2) P. Eisenberg, From the Forbidden to the Supererogatory: The Basic Ethical Categories in Kant's Tugendlehre, *American Philosophical Quarterly*(c. 1966), pp. 255~269.

without principles are blind." He viewed virtues as dispositions or traits and excluded the possibility of the autonomy of virtue ethics.[3]

Good or bad motives, or dispositions have no cognitive function and cannot guide us to do moral acts. Whether these motives or dispositions may be evaluated to be positive or negative presupposes a prior understanding of the moral nature of the acts which are associated with them. Accordingly, such psychological qualities like virtues cannot provide principles of morality, and judgement on whether an act is virtuous or evil depends on moral principles. Therefore, we arrive at the conclusion that virtues are secondary in morality. Virtues, by complementing principles of moral duty, guarantee our willingness to perform what moral principles demand. According to this viewpoint, virtues are dispositions that give us the motivation to conform to moral principles.

At this point, two points need to be examined carefully: (1) the claim that virtue cannot be a guide in our moral life; (2) the metaphysical assumption supporting this claim. The assertion that virtues cannot be a guide in our moral life seems to be incorrect in the light of our ordinary moral experiences. When we have to choose one among various alternatives in a situation, we often make judgements and questions as follows: "This would be the generous thing to do, and it's what I ought to do." Or: "I should not do that; it would be cowardly." "Wouldn't doing this be greedy (dishonest)?" "What is the generous (decent) thing to do?"

These moral experiences show that virtue scan be a guide in our moral situations like principles of duty. Further, virtues may be a guide not only in the evaluation of our previous acts, but also in decision-making of the future.[4]

• •

3) W. Frankena, Ethics, 2nd ed.(Englewood Cliffs, N J.: Prentice-Hall, 1973), pp. 62~70.

4) S. D. Hudson, *Human Character and Morality*(Boston: Routeledge & Kegan Paul, 1986), pp. 37~38.

Just as we are able to discern moral duties and a good moral theory of duty tells us how to discern them, we should be able to identify the kind of acts that are examples of virtues and plausible moral theory of virtue would tell us how to identify virtuous acts. The tendency that modern moral philosophy, especially in the twentieth century, believes virtues cannot be a guide in our moral life and ignores them is closely connected with a metaphysical assumption.

According to moral philosophy since the Modern Age, the main concern of moral theories is acts differentiated from motives. Thus, whether an act is right is determined independently of an agent's motive of doing the act. This fact implies that the same act can be performed from various different motives and an act can be right regardless of motive from which the act was committed. In the final analysis, motive has nothing to do with rightness or wrongness of an act, and the evaluation of an act is logically independent of a motive.

The above argument is the core of behavioristic metaphysics. According to this view, only external behaviors really exist, but internal motivations do not. Motives or emotions are secondary things which should be elucidated through the reduction to behaviors that exist in a true sense. This assumption follows the needs of the modern times, in which anonymous human relationship is inescapable, and the nature of morality is expected to be objective and public. Thus, we can say that behavioristic metaphysics shows only a feature of the historical propensity based on a specific social structure. But we have to note that the objective and public nature of modern moral philosophy was gained at the expense of internal values of morality.[5]

5) Ibid., p. 39.

3) Rule-oriented Morality and Moral Creativity

The two modern moral theories, Kantianism and utilitarianism, have urged that what is morally right can be fully specified by rules. Indeed, this demand for a fully explicit decision-procedure was a reaction to what modern moralists perceived as the intolerable vagueness of Aristotle's appeals to pronesis (judgements). Their hope is redeemable, however, only at the cost that morality ceases to be like what it has been and still is. There are moral duties whose rules by themselves cannot sufficiently determine whether in particular circumstances these duties have a claim on what we should do and, if so, what actions would satisfy these duties. Because this is the case, judgment (and examples) must play far more substantial role in the application of moral rules to concrete cases than envisaged in modern moral theory.

Modern moral philosophy, with its desire for explicit and univocal decision procedures, has stubbornly assumed that moral conflicts must be only apparent. There must be a single higher order principle that captures our most basic intuitions. Indeed, when moral theories of this monistic sort have run up against recalcitrant moral intuitions that conflict with their favored higher order principle, they have too often resorted to the tactic of denying those intuitions their very statue as moral ones. Only when we suspend the monistic assumption underlying so much of moral theory, only when we acknowledge that not everything is good or right to the extent that is commensurable with respect to any single standard, will we be able to recognize that even our understanding of what the moral viewpoint enjoins upon us in particular situations can call for the exercise of judgement.[6]

The fact that certain duties require moral imagination and judgement

<hr>

6) C. E. Larmore, *Patterns of Moral Complexity*(Cambridge University Press, 1987), p. 10.

explains why we commonly associate these duties with virtue. By overlooking the importance of judgment, modern moral theories have presented a desiccated view of virtue. Kant and Mill understood virtue simply as conscientious adherence to rules and principles, and so they seem never to have discerned that some duties show more about one's virtue than others. Indeed their picture of the virtuous man seems to be modeled on the faithful promise-keeper. It fails to capture the way in which the exercise of virtue, through imagination and judgement, is an organ of moral discovery and moral creativity.

A broader conception of creative moral agency does not deny the legitimacy and insights of the analytic task. The rule model of morality, though restrictive in conception, does contribute to our understanding of the practical character of moral reasoning and the nature of moral concepts. Moreover, some recent philosophers, inspired by Continental existentialism, have insisted on the need to replace the rule model of moral creativity in order to focus upon the aspect of decision as involving the inner life of the moral agent. The radical suggestion is that we replace the rule model by the model of the artist to appreciate moral creativity properly. According to this view, morality is more of an art than a science.

For a reflective moral agent attempting to understand the nature of his moral life, both the rule model and the artist model provide perspectives to view the aspects of moral agency.[7] The two models, construed as exclusive pictures of creative agency tend to be restrictive. The rule model, if used in an exclusive way, tends to have a narrow view of the interpersonal setting of the moral situation, for significant creative forms of decision appear to be intelligible only against the background of moral practice. If moral decisions are not to

7) A. S. Cua, *Dimensions of Moral Creativity*(University Park: The Pennsylvania State University Press, 1978), p. 3.

be arbitrary inventions of principles, they must have some sort of continuity or relation to a pre-existing moral practice. We need a preliminary map of moral experiences in which the different models complement one another, a map not only for the logic of the moral reasoning, but also for the logic of application of moral principles in light of personal factors that interact with moral decisions.

3. Some Defects of Traditional Virtue Ethics

1) Moral Indeterminacy of Virtue Ethics

Let us turn now to a consideration of virtue ethics. Having rejected a morality of duties, it upholds instead a morality of the virtues. In this scheme the virtues have the central places. This centrality of the virtues is a reversal of a traditional conception of the relation between moral virtues and moral rules. In this conception, moral virtues derive their contents from the requirements set by moral rules: to have a moral virtue is to be disposed to act as moral rules direct. Thus moral virtues are deep-seated traits of character whereby persons not only do what is morally right in the sense of obligatory but do it habitually, with the knowledge that it is right and because it is right.

Virtue ethics opposes this whole conception. In keeping with its rejection of the concept of moral duties, virtue ethics also downgrades the moral rules which prescribe how each person is to act. But what, then, is the criterion for virtue? On this basic criteriological question, virtue ethics is confronted by a crucial difficulty-a difficulty that besets any conception which does not base the virtues on moral rule for action. This difficulty is moral indeterminacy. A quality, rule or judgment is morally indeterminate when its content allows or provides the outcomes which are mutually opposed to one another so far as concerns their moral status.[8] Thus the content in question may be morally wrong as well as right. Applied specifically to the virtues, the difficulty of moral indeterminacy is the following. When the criterion for a quality's being a virtue does not include the requirement that the virtue reflect or conform to moral rules, there is no assurance that the alleged virtue will be morally right or valid.

It has often been said that the central question in virtue ethics is not "what ought I to do?" but rather "what sort of person ought I to be?" However, people have always expected ethical theory to tell them something about what they ought to do, and it seems to me that virtue ethics is structurally unable to say much about anything on this issue. If I am right, one consequence of this is that a virtue-based ethics will be particularly weak in the areas of casuistry and applied ethics. What can a virtue and vices approach say about specific moral dilemmas? As virtue theorists from Aristotle onward have rightly emphasized, virtues are not simply dispositions to behave in specific ways, for which rules and principles can always be cited. In addition, they involve skills of perception and articulation, situation-specific 'know-how', all of which are developed only through recognizing and acting on what is relevant in concrete moral contexts as they arise.

These skills of moral perception and practical reason are not completely routinizable, and so cannot be transferred from agent to agent as any sort of decision procedure 'package deal'. Due to the very nature of the moral virtues, there is thus a very limited amount of advice on moral dilemmas one can reasonably expect from the virtue-oriented approach. We ought, of course, to do what the virtuous person would do, but it is not always easy to fathom what the hypothetical moral exemplar would do were he in our shoes and sometimes even he will act out of character. Furthermore, if one asks

⋮

8) A. Gewirth, Rights and Virtue, *Review of Metaphysics* 38(June 1985), pp. 739~762.

him why he did or how he knew what to do, the answer might not be very enlightening. One would not necessarily expect him to appeal to any rules or principles which might be of use to others.

2) Acceptability of Virtue Ethics in Modern Society

If it is true that the system of ethical norms has a close relationship to their social structure, the attempt to revive virtue ethics in this post-industrial era implicitly points to the formation of a new social structure. A leading virtue ethicist, A. MacIntyre, characterizes modern society and culture as individualism fragmented, morally anarchistic society, being contaminated with epicurians and bureaucratism (bureaucratic society, carelessly manipulating of values under the name of the value neutrality). Although he entirely denies the main culture of these days, MacIntyre is not advocating Marxist social revolution theory. He didn't clarify a social structure befitting his virtue ethics but said that it is in the peripheral culture that virtue can flourish and implied that the possibility of the peripheral culture will possibly become the central one in the future.

Mindful of moral indeterminacy within virtue ethics, a society befitting virtue ethics is something very similar to the traditional small-scale community-village or monastery where moral indeterminacy is mostly excluded. Experiments are being made on various types of communes around the world and we naturally expect these experiments to produce a new vision of industrialized society where virtue ethics instead of duty ethics becomes a dominant force. In spite of various political and economic difficulties, this longing for smaller community may bring the human morality into a higher level.

To advocate an ethics of virtue over other things, we should be able to clearly differentiate the virtuous from the vicious. Otherwise, the project will lack applicability. The notion of the good man or man of practical wisdom have been called the touchstone of Aristotelian ethics. However, Aristotle does not give the reader any hints on how to track down a good man. Indeed, he dose not even see it as a problem worth discussing. I suggest there are two reasons for this strange lacuna. First, Aristotle is dealing with a small face-to-face community where the pool of potential good men generally come from certain well-established families well known throughout the polis. Within a small face-to-face community, one would naturally expect to find wide agreement on judgments of character.[9]

Second, Aristotle's own methodology is designed to fit this sort of moral community. It means he is not advocating an ethics of universal categories. Within the context of a polis, and an ethical theory intended to accompany it, the strategy of pointing to a good man makes a certain sense. However, to divorce this strategy from its social and economic roots and to apply it to a very different sort of community, it might not work that well. And this, I fear, is what contemporary virtue ethicists have tried to do.[10]

It seems to me, that there is a bit of utopianism behind the virtue theorist's complaints about the ethics of rules. Surely, one reason there is more emphasis on rules and regulations in the modern society is that things have gotten more complex. Our moral community contains more ethnic, religious, and class groups than did the moral community about which Aristotle theorized. Unfortunately, each segment of society has not only its own interests but its own set of virtues. There is no generally agreed upon and significant expression of desirable moral character in such world. Indeed our pluralist culture prides and defines itself in terms of its alleged value neutrality and its lack of allegiance to any one moral tradition. This absence of agreement

∙∙

9) A. MacIntyre, *After Virtue*, 2nd ed.(Indiana: University of Notre Dame Press, 1984), p. 263.

10) R. B. Louden, On Some Vices of Virtue Ethics, *American Philosophical Quarterly*, Vol. 21, No.3(July 1984), pp. 227~235.

regarding human purposes and moral ideals seems to drive us to a more legalistic form of morality. To suppose that academic theorists can alter the situation simply by reemphasizing certain concepts is illusory. Our world lacks the sort of moral cohesiveness and value unity which traditional virtue theorists saw as prerequisites of a viable moral community.[11]

4. For A New Model of Morality

1) Complementarity of Duty Ethics and Virtue Ethics

In general, normative moral theories can be classified into two types: teleological(conseguentialist) theories and deontological theories. In spite of the great difference between the two, they have a common idea that a moral theory has to focus on acts rather than traits of character or dispositions. Also they have 'conceptual reductionism' in common, as we have seen earlier.[12] Both types of moral theories begin with irreducible, primary elements and to derive secondary elements from them. Teleological theories including utilitarianism derive the concept of moral duty from the concept of non-moral goodness, and further define the concept of virtue; deontological theories derive the concept of goodness from the concept of moral duty, and define the concept of virtue.

This conceptual reductionism, we find, works partly on virtue ethics the resurrection of which is actively debated these days. Just as proponents of duty ethics start out with primary concept, intrinsic goodness or intrinsic rightness, derive secondary concepts. Some theorists of virtue ethics try to define secondary concepts in terms of the basic concept, character or disposition. In

:•

11) Ibid., p. 234.
12) Ibid., p. 227.

this context, virtue ethics also follows the tradition of normative ethics which is characterized as monistic normative ethics, and the only thing in which virtue ethics differs from other approaches is its agent-orientedness.

Our main argument is whether or not duty ethics and virtue ethics are complementary to each other. Theorists of virtue ethics are right in asserting that any plausible moral theory should elucidate the matters of virtue. But a purely rule-based morality without any help of virtue ethics is not desirable. The new model of a morality we are trying to devise should comprise both virtue (or disposition) and duty (or rule) and integrate them into a coherent system. Of course this kind of coordination may not satisfy those who have been preoccupied with mononomic tradition. But I am sure that this effort will be more helpful for elucidating our real moral experiences.

The field of moral life is not simple and unitary, it is rather various and plural. The values we consider when making moral judgments sometimes have fundamentally different origins. Any sole reductionist method cannot provide a practical criterion by which is the most prior among the various values. There does not exist a single standard by which various moral considerations can be measured, calculated, and coordinated. The price of searching for conceptual economy and logical coherence is too high. Because the reductionist-conceptual frames which are resulted from it do not correspond with concrete facts of moral experiences.

2) Liberalistic Modification of Traditional Morality

When we think over all the spectrums of morality, we can picture a yardstick with moral requirements on one side and moral ideal on the other. Suppose there is a point on the yardstick where burden of duty ends and pursuit of excellence begins. It is no exaggeration to say that a great number of moral controversies in the history of moral philosophy were quarrels between moral idealists who wanted to heighten the borderline as far as possible and moral realists who wanted to lower it.[13]

In general, we admit that moral duty is easily associated with social morality, while moral ideal is associated with individual morality. If morality of duty covers a wide range beyond the appropriate borderline, the burden of duties suffocates human ideal and autonomy. On the other hand, if moral ideal intrudes the area of duty, each person would interpret duty subjectively from his own standard and it may result in a moral anarchy. Therefore, it is today's urgent task to overcome the ethical chaos in Korean society, which will determine the proper borderline where duty-centered minimum morality and ideal-centered maximum morality are balanced.

Confucian ethics, on which Korean traditional morality is based, teaches that everyone can be a virtuous man or saint through self-improvement and moral cultivation. Likewise, Confucian ethics seems to support maximum morality that is in contrast with minimum morality since Kant. Confucian ethics which emphasizes moral perfection is considered a typical example of moral idealism. However, maximum morality may be applied to only a few intellectual elites. For average individuals, maximum morality is hard to reach so it cannot be a practical guide in their moral life. Even the elites who think of themselves as virtuous often find it extremely difficult to pursue maximum morality satisfactorily. Thus, they tend to deceive themselves and pretend to be virtuous. If 'ought' cannot imply 'can', then 'the ought' is useless in practical sense.

Traditional Confucian ethics teaches how to reach moral perfection through daily self-cultivation. On the other hand, minimum morality, which reflects

∙∙

13) L. L. Fuller, *The Morality of Law*, Rev. ed.(New Haven: Yale University Press, 1964), pp. 5~13.

general conception of morality demands us only to observe the established moral norms and laws. Minimum morality does not require us to reach the stage of moral perfection beyond the given rules and laws. This legal conception of morality narrows the scope of morality by far. It obscures the difference between morality and law, and threatens to demolish a distinct and essential dimension of morality.

A new model of morality should reconcile both maximum and minimum morality. Even though it is true that moral perfection can only be accomplished by saints, it does not mean that we can be satisfied with just fulfilling duties. Now we can propose a new moral system between the two extremes which accepts minimum morality as the basis and gradually broadens its scope toward moral ideal. Unlike the traditional societies, , it is difficult for every citizen to share maximum morality in the modern pluralistic liberal societies. Our new model of morality will be located on a point between minimum morality and maximum morality, depending on the structural elements and the degree of intimacy of human relationship. I believe that our true moral nature as human beings will be accomplished through the efforts to enlarge the area of moral 'ought' ceaselessly beyond minimum morality.[14]

According to the extreme liberalistic model, the dimension of duty is identified and evaluated by public practices, while the dimension of ideal is private and open to individuals. Therefore, each individual is expected to choose a suitable level of his virtuous qualities and character.[15] In this society, only the judgments which are connected with external behaviors are acceptable

∴

14) C. W. H. Fu, Philosophical Reflections on the Modernization of the Confucianism as Traditional Morality, *Modern Society and Traditional Morality*, pp. 71~72.

15) G. W. Trianosky, Supererogation, Wrongdoing, and Vice: On the Autonomy of the Ethics of Virtue, *The Journal of Philosophy*, Vol. 83, No. 1.(Jan., 1986), 26~40쪽.

and those which deal with private and internal virtues or character are not. Of course, a more conservative liberalistic model can be developed in the society where the members of society feel friendly with one another and have mutual agreement on system of rules.

There will exist a model of morality between extremely liberalistic model and extremely conservative model in which not only external behaviors but also internal dispositions become the object of the public sanction. There will be many kinds of models which allow various levels of generosity and rigidity. We can coordinate the two kinds of morality on a quite conservative version of the liberal model. However, which version of morality to choose remains unanswered.

Modern Society and Moral Education
∶ On the Tasks of Justification and Motivation

Hwang Kyung Sig,
Seoul National University

Abstract

Generally speaking, the ethics of Korean society today are going through an unstable stage, in which the traditional ethics of the East are becoming blended with the Western values that were introduced during the modern age. The resulting chaos has become a critical issue for debate, especially after the birth of a new subject, 'national ethics' in school education. Yet even nowadays, questions remain regarding whether the two systems of ethics are independent, complementary, or combinable in some way.

I'm going to propose a multi-layered structure of moral education∶ 'the three steps of Ethics' for designing ethical system and moral education of South Korea. First, etiquette education, which is provided in the household prior to self-controlled critical thinking, will be discussed as an infrastructure of moral education. Then, one of the main purposes of schooling, moral thinking education will be described in terms of dilemma model of organic form. Lastly, a long forgotten side of today's moral education, the practical implications of 'virtue education', will be emphasized because of their cardinal importance to both Eastern and Western traditions

Introduction : Korean Moral Situation

When designing an ethical system or moral education, we want our end-result to be timelessly effective, yet also timely relevant to a particular period. In that sense, both Kant who conceptualized Moralität from the viewpoint of noumenal self, and Hegel who emphasized Sittlichkit based on communal encumberedness, seem to have their own rational way of explanation. As a matter of fact, it is difficult to seek and design a valid and meaningful system of ethics or moral education without considering both the ethical circumstances of modern society, and the particular issues related to the ethics of Korean society.

First of all, during the process of designing a system of ethics and moral education, it is better to stay away from the ambition of moralists, who insist on maximum morality by opposing immoral and amoral megatrends through an obsession with tradition. From an external point of view, Korean society seems to assimilate western culture, however, we realize that it is impossible to completely eliminate old traditions from a nation with thousands years of history. In this regard, a desirable ethical system for Korea should be complementary, not standing in opposition to a traditional one. In terms of ethical systems, 'justification' firstly comes to mind, but it should not diminish the importance of 'motivation' when applying it to today's society.

We will discuss a multi-layered structure of moral education; 'the three steps of structure' based on premises of essential ideas for designing ethical system and moral education. First, etiquette education, which is provided in the household prior to self-controlled critical thinking, will be discussed as an infrastructure for moral education. Then, one of the main purposes of schooling, moral thinking education will be described in terms of the dilemma model. Preference will be given to the use of creative and organic models rather than deductive and mechanic ones, in the moral thinking process. Lastly, a long forgotten side of today's moral education, the practical implications of 'virtue education', will be emphasized because of their cardinal importance to both eastern and western traditions.

Among the three steps of moral education, etiquette education, which is the infrastructure for moral practice, and virtue education, which is a task to strengthen the will of moral practice, both have important implications in terms of moral motivation, practice and behavior. Unlike the previous two types of education, moral thinking education specifically helps a person make a moral decision. It stimulates deliberation regarding moral conduct, rules and principles, and also functions as the core of moral justification. However, just as moral thinking is inseparable from moral motivation, so are etiquette and virtue education intertwined with moral justification. Justification and motivation have a double-sided relationship, however, each step of moral education must choose only one of them as its priority. It is the same logic that connects Tao(Way, 道) and Te(Virtue, 德) with justification and motivation respectively, but their correlation forms a sole morality(道德).

1. Premises of Designing Moral Education

1) Pluralistic Society and Minimum Morality

People believe that the world has reached its moral declining point where avarice, greed, falsity and vanity are now considered natural. Sometimes they even look like social norms. Various kinds of sensational scandals are happening in every part of our lives. They are commonly observed in government, the business world, and medical institutions. Nowadays, even academic, educational, and religious fields are not exceptions. Such social tendencies serve as a caution to members of our society that there is more evil existing around us. Yet more serious than that, is the idea that evil is no more a subject of human interests in modern society. Modern society is becoming not only immoral, but rather, amoral or even insensitive to morality.[1]

Many people think that the concept of morality is not directly related to their careers because they believe that it is required only at home, or in private places. Every task in the workplace seems to follow the law of the jungle, and survival has become the principle of career advancement. One of the reasons we are turning our back on morality, is that intellectuals are going through a period of moral skepticism. They are losing faith in their search for the truth of morality, and its actual existence. Moral skepticism makes one indifferent to moral issues happening in the world around us, and removes these from the list of priorities. They are too complex to be considered ideal discussion topics in this rapidly changing society.

However, perhaps it is vain to say that the truth of morality and the possibility of moral knowledge exist. Is there any way to overcome the challenges to morality by using our moral knowledge? We find it hard to deny the instability of our moral knowledge, making modesty a true virtue of intellectuals. Therefore, when designing an ethical system, we should not get obsessed with accomplishing overwhelming tasks. We should stop believing that we can achieve the perfect resolution of our moral problems by using our moral reasoning with deductive and mechanical models.[2]

•
• •

1) D. MacNiven, *Moral Expertise, Studies in Practical & Professional Ethics*, London and New York: Routeledge, 1990), Introduction xi–xii
2) *Ibid.*, p.8. I will explain this point in detail in this paper Ch. 2, Sec. 2.

Furthermore, since the society we are living in is pluralistic where each individual has his own view on life, world and religion, the point of agreement on maximum morality is difficult to reach and sometimes undesirable. As John Rawls commented, pluralism is a realistic condition that has become unavoidable since the beginning of the modern age. He said that pluralism is inevitable without the government's interference through compulsive regulations, and that all social conceptions should be based upon it. Also, he emphasized that liberalism can be one of the most effective answers to pluralism. As a result, we cannot help but choose a minimalistic strategy when designing a system of ethics or moral education.

Overlapping consensus, a concept introduced by Rawls, is a solution to finding matching points of morality in a pluralistic society, and it sounds quite meaningful at this point.[3] As long as there exist differing and comprehensive viewpoints on such issues as life, world and religion, achieving absolute agreement is almost impossible. An effective and realistic alternative would be to derive agreement on overlapping issues by searching for common values. For example, we could have different point of views about many things, but agree upon values like human rights and freedom. That is why we can never stop redistributing socio-economic values that are not fairly distributed to members of our society. A core value like social justice is acceptable to anyone no matter how different his views of life, world, and religion are. The only thing that can be different is the way how each person philosophically justifies their point of view.

When planning a minimalistic strategy concerning whether or not morality is realistically applicable, the relationship between morality and prudence is absolutely critical. In fact, it is difficult to say whether moral judgment could

··

3) J. Rawls, *Political Liberalism*(New York: Columbia University Press, 1993).

be replaced with self-interest. However, as morality falls apart from self-interest, its adaptability to reality reciprocally goes down. Since the beginning of modern times, the morality of the common man, called civil morality, has been considered as overlapping agreement among rational egoists who try to maximize their self-interest. Therefore, civil morality is not only the minimum morality, but also the morality of self-interest. Something of benefit (利) might not necessarily be the right thing(義) but in terms of civil morality, what is right is what is beneficial to all(義,利之和也).

2) Encounter of Eastern and Western Ethics and the Concept of Virtue

Generally speaking, the ethics of Korean society today are going through an unstable stage, in which the traditional ethics of the East are becoming blended with the Western values that were introduced during the modern age. The resulting chaos has become a critical issue for debate, especially after the birth of a new subject, 'national ethics' in school education. However, the contents of ethical textbooks illustrate Western ethics and traditional ethics of the East in separate sections, not implying any connection between the two. Yet, questions remain regarding whether the two systems of ethics are independent, complementary, or combinable in some way.

There is no need to look through the books on Marx's theories to confidently agree with the functional relationship between systems of ethics and their socio-economic origins. If traditional ethics of the East, and modern ethics of the West are considered heterogeneous products of different cultures, grafting the two sounds technically impossible. After the modern age, Western ethics have played an important role, and yet their side-effects have been highly criticized. But that does not mean that the rehabilitation of traditional feudal ethics can be a replacement in today's rapidly changing Westernized society. Nor would this be justifiable. After all, our task is to adopt the merits and demerits of both the traditional ethics of the East and the West, and then find the third ethical possibility by empowering the positive, and filtering the negative. We should also design and plan theories of social structures based on modified systems of ethics created after an empowering-filtering process.

Following the end of feudal society, civil society was created in the modern age However, the Western societies that had already established civil society were experiencing various contradictions. Although the West was set free from feudal ethics and established civil ethics, they also witnessed the abusive side of civil society, and problems with the veracity of those ethics in reality. In the case of Korea, transition from feuda society to a civil society meant double hardships and struggles from the negative effects simultaneously. However, reflecting on this experience positively, Korea is lucky to have avoided some of the historical mistakes made by the West in the past.

There are various basic operations for designing and accessing new ethical systems. Among them, the operation method allows us to compare and contrast virtue ethics and duty ethics, based on the pros and cons of virtue ethics. This is one of the "hottest" issues for debate in England and America nowadays. Virtue has been the center of ethical studies both in Eastern and Western traditions. Aristotle's ethics of the West, and the ethics of Confucius and Mencius of the East are considered representative examples. In civil society, the fact that public ethics based on duty replaced virtue ethics, has been recognized as an important subject. Such change in ethical viewpoints was inevitable because of the changing social structure, but its loss was great in terms of humanistic ethical life. Western philosophers supporting the rebirth of virtue ethics, continue to point out these negative effects.[4]

Of course, emphasizing the autonomy of virtue ethics by discarding duty ethics is not an effective solution for us. We cannot eliminate any part of our

• •

4) In my paper, Virtue ethics for and against, *Social Ethics in Open Society*. I discussed this point in detail, *Philosophy and Reality Press*, 1996, pp. 625~666.

history, but continue to reshape and redefine parts of it in relation to the present time. It would be beneficial to supplement and complement losses to civil society with precious old things. In the process of searching for the right way, it is necessary to listen to those who criticize duty ethics and praise virtue ethics. After all, we will aim at an ideal form of morality in the combination of the ethics of virtue and duty. Since such a form will necessarily have a complex structure, we need to prepare a detailed explanation.

We have to keep trying to design and access ethical systems by finding and pursuing ways to hand down and educate our next generation about them. Morality and ethics are not necessarily abstract and irrelevant to socio-cultural reality. They can originate from everyday moral experiences such as narratives, practice and tradition. Therefore, practical forms of education should be planned based on these three elements.[5] In that sense, ethics and moral education are based both on Kant's Moralität and Hegel's Sittlichkeit.

3) Two tasks of Moral Education

The problems of ethics or moral education can be categorized as problems of justification and motivation. Justification is a cognitional, theoretical task of understanding and proving moral actions, rules and principles. Motivation is a behavioral, practical task of taking actions following rules and principles. Ethics mostly deals with problems of justification, but does not neglect the importance of motivation. Education of ethics or morality emphasizes the concept of motivation, but also understands that motivation should be strictly based on justification.

These two tasks are inter-connected and inseparable from each other. If actions, rules, and principles are justified with rational, persuasive explanations,

• •

5) A. MacIntyre, *After Virtue: A Study in Moral Theory*(London: Duckworth, 1981).

the power of motivation becomes greater. However, a strong motivation does not fully guarantee its full justification. In that sense, justification is relatively more essential and it has priority over motivation. On the other hand, justified actions, rules and principles that do not have motivation, are called 'empty theory, empty words' from an ethical point of view. For instance, if there are two actions that have similar powers of justification, we should select the one with greater motivation, practicality, and workability.

Now, we will take a look at the multi-layered structure of moral education. Moral education has three layers in it: etiquette education in households, moral thinking education provided in schools, and virtue education continuously learned throughout one's lifetime. Each layer demands a process of justification and motivation, but education of etiquette and virtue, in particular, are more closely related to motivation, while moral thinking education deals with justification. Both in the East and the West, virtue ethics representing traditional ethics, are, mainly, debated based on motivation. Duty and principle ethics (Kantian or Utilitarian) introduced during the Westernization of the modern age, are, generally, discussed based upon justification.

Virtue ethics was introduced by Aristotle in the West and it was continued with the moral training of monasteries in medieval times. In the East, Confucian and Buddhist conception of morality was virtue-oriented ethics But with the advent of modern age, the traditional virtue ethics of both cultures experienced a downfall. On the other hand, the duty system which is based on laws, and is aimed at social harmony of a pluralistic society, is the most important factor in terms of duty ethics. The critical point about it is to choose a path of minimum ethics, which guarantees certainty, publicity and objectivity. Therefore, justification rather than motivation is emphasized in ethical studies. Since minimum ethics has a lawful force, problems of motivation become weakened.

The concept of Tao Te (道德, morality) which is composed of Tao(道, way) and Te(德, virtue) implies a critical point. First, morality literally means 'way'.

There are true and false moralities just like good and bad ways. Though what we select may be a good way, we should never stop finding and creating new ways. The one who tries to find a way is named a 'spiritual being'(道人), and such action is called 'cultivation of oneself'(修道). Morality means the right way and the process of deciding whether something is the right way or not, seems to be a matter of justification. Even though cultivation of oneself is not only a problem of cognition, it also becomes an intelligent and theoretical task, in terms of finding and enlightening a way.

Virtue(Te, 德)'s dictionary meaning is 'something given(得)'. Therefore, it seems like virtue is a genetic quality. However, virtue is usually obtained through experience and trainings. Even if virtue is an inborn and essential quality of a personality or object, what it actually implies is something learned and obtained. Korean People generally say 'Let's cultivate tao(way) and build up te(virtue)'. Likewise, virtue is an ability habitualized over a long period of time that has become an inclination or a tendency. In conclusion, Tao(cultivating the way) seems to have more intelligent and theoretical implications. On the other hand, Te(building up virtues) has practical and behavioral implications. Thus, the meaning of the word 'morality (Tao Te, 道德)' is the combination of justification and motivation.

2. Multi-layered Structure of Moral Education

1) Moral Infra-structure and Etiquette Education

The basis for moral education is etiquette education. Moral thinking education and virtue education are like left and right wings. All of the three components form the multi-layered structure of moral education. Etiquette education during childhood is an unconscious and sub-conscious foundation for moral education. Just like the old saying 'what's learned in the cradle is carried to the grave', an inculcated disciplinary education in one's childhood is the premise of all autonomous moral education attained throughout a lifetime.[6]

People commonly say 'children today are spoiled' or 'morality finally hit the ground' by looking at juvenile delinquents. Also, they often deplore the inefficiency of moral education provided in schools. However, we have to pay attention to the fact that those spoiled children and juvenile delinquents are not homogenous products of inefficient school education, but of education conducted at home before entering school. Statistically, many juvenile delinquents have experienced childhood trauma. An inculcated etiquette education in childhood creates higher morality, and works as a base for ethical education.

A moral agent is one whose way of thinking is autonomous and rational. However, we all become habitualized to our repeated behavior, before growing up to be autonomous and rational adults. In the process of moral growth, there comes a period of heteronomy prior to autonomy. Heteronomy can be the foundation for autonomy. During this period of time, education and training of a righteous orientation executed by parents or alternate parents, form the foundation for moral maturity.

Parents are the first and the most significant teachers who impart a sense of moral education and humanity to their children. Parents are the most responsible ones because the way they educate their children determines the success and failure of the child's life. If they have taught morally vacuous knowledge and behaviors, their education will fail totally. For this reason, the saying, 'parents are the best teachers' is definitely not an exaggerated expression.

Etiquette education is the center of moral education in households. In

⋮

6) I developed this ideas in my paper, Warm Heart, Cool Head, *Philosophy, From the Cloud, Down to the Earth*(Donga Daily Press, 2001), pp.345~354.

this regard, it is not a bad idea to partially adopt the traditional education of morality, which is executed in the Eastern tradition. Prohibiting etiquette by force is too strong, but is sometimes inevitable in the heteronomous education of morality. Etiquette education that concerns the deep meaning and philosophy of etiquette is a necessary condition for moral education. Traditionally, Confucian ethics explains love, justice, etiquette, wisdom and trust (仁, 義, 禮, 智, 信) as five basic elements of morality. The actual foundation of morality is etiquette, love and justice. Wisdom can be used to apply etiquette appropriately in particular circumstances, and trust is essential for moral and social relations.

One of the biggest misunderstandings about etiquette is that it is sometimes considered as a part of mechanical systems of conduct. In fact, etiquette is an organic and open system of conduct based on love and justice. Unlike the ethics of principles and rules, which have dominated modern times, Eastern ethics which concern personal relations is a contingent ethics for moral agents. Normally, such courtesy is successfully applied. However, in certain circumstances, the structure of moral conduct or its contents should be reconsidered and reorganized for the society which demands saints and sages.[7]

The tradition of family customs was once highly valued and focused on in household education, but it recently has been fading away. Parents of today, who are part of the generation which experienced autonomous education, give their children excessive freedom most of the time. There are a lot of spoiled children who do not even learn about basic etiquette. If other people comment about a child's attitude, the young parents often defend their child's action by saying 'Don't discourage my child! He's just a kid!'

•.
• •

7) A. S Cua, Reasonable Action and Confusion Argumentation, *Moral Vision and Tradition, Essays in Chinese Ethics*(Washington, D.C.: The Catholic University of America Press, 1998), p.18.

Teaching a child how to be active and energetic(氣) is very important. However, the need for that energy to be channeled in the right direction and so the principal(理) is also critical. They have to know that misled energy can damage other people and can even harm their parents' reputation as well. We are destined to live together in harmony. As long as we are not animals of the jungle, it is important that we think of our energy not simply as an active power, but also a power for principles and rationality. The most important consideration is not simply energy, but principled (理化) energy.

According to a scholar who studied the educational circumstances of Korea, it gets harder to control a Korean child, as he grows up without etiquette education in early stage of childhood. Unlike Korea, Western education emphasizes the importance of principles, so children have less problems socializing even from pre-school. In contrast, Korean children are indulged in many ways, to the extent that they burst out as soon as they let go of their parents' hands on the first day of school. There is even a famous Korean word 'a hateful 7 years old'.

Along with that, double standard judgments should also be eliminated to avoid parents' unintentional education of the wrong etiquette. The standard used to judge myself and my family should be consistent with the one used to judge others and other families. Righteous moral judgment and conduct can not be expected if one sees the negative points of others, but is not willing to realize their own, when calling their secret love affairs a romance and others' a scandal. Double standard judgments are the core of private, family and group selfishness.

Finally, we should control our children's dependency on family. Traditionally, Koreans are obsessed with family values. We only love children of our own and feel indifferent about others'. Along with that, filial piety to our own blood related parents is highly emphasized. It is a shame that Korea is one of the very few countries where adoption is not fully accepted.

Our society is two-faced in a way that millions of organizations and media hold fund raising campaigns to help orphans but in reality, the society feels awkward about adoption.[8]

It is urgent to grow universal love in our children's minds and stop them from depending too much on family. In order to do that, we have to develop many programs where children have the opportunity to mingle with other children of their age and to learn tolerance and love. Developing an ability to relate with, and to accept others outside of the home environment is essential for learning tolerant love and building up a global civil society.

When educating our children with etiquette, there are three important questions to consider: why, what and how to teach etiquette. If a child does not realize the reason for learning morality, then education is wasted. If a child does not know the concepts of morality, then education is chaotic. Lastly, if a child does not know how to conduct morality, that education is ineffective.

2) Moral Complexity and Thinking Education

Unlike etiquette education, moral thinking education is provided during the period when conscious, introspective ability, and the autonomous power of judgment are developed. Standardized etiquette is not enough to deal with various kinds of problems, especially in modern society where a lot of unexpected complex circumstances happen. In order to deal with current circumstances, a more flexible kind of moral thinking is demanded.[9]

Moreover, agreement regarding viewpoints of life, world and religion is definitely hard to attain. Since we were born in different biological and environmental backgrounds, it is difficult to come to an agreement. Our viewpoints become diverse and individualized in this pluralistic society, so it is

∷

8) op. cit, Warm Heart, Cool Head, p.350.
9) Ibid., pp. 345~346.

important that we learn how to obtain wisdom that will enable us to tolerate differences. Therefore, it is appropriate to say that moral thinking education should be the main subject of moral education in a pluralistic society. This is the same logic that supports why teaching someone how to fish is more important than merely giving them fish to eat.

Generally, moral education for pluralistic societies includes teaching introspection to deal with complex situations and dilemmas. Moral dilemmas always exhibit many choices but these choices are not all satisfactory. The most common example is the choice made by the captain of the ship, called William Brown, which was shipwrecked on a voyage from Liverpool to Philadelphia. Passengers began getting into the lifeboats, but the number of passengers exceeded the limit, putting the captain in a dilemma. Since the life of each passenger was precious, it was impossible to select ones who should die. However, if the captain chose 'live all die all', none of the passengers would survive.

If the captain believes in consequentialism, he can save some of the people at least, however it is not the optimal choice. Unless there are passengers who voluntarily get off the sinking boat, he has to choose particular people to leave the lifeboats in order to save the lives of many more. There are relatively fair solutions, such as the tool of random selection or giving priority to the weaker and younger passengers as it was the case of the Titanic. Hardships like the situation of William Brown helps us develop our ability to use our wisdom to introspect, communicate and debate the problems of a dilemma.

There was a time when moral philosophers introduced mechanical and deductive viewpoints regarding morality. Such tools could be mechanically applied to solve moral problems and were premised on full systems of classified moral principles and rational rules. However, we realized that our life is too complex to be resolved with mechanical tools. Such tools cannot consider the unique qualities of individuals in developing societies. On the other hand, a model, which views moral reasoning as an organic and creative process, would consider complexity of experiences a difficult question. That model recommends the reconstruction of moral reasoning into a unified form, but not a mechanical tool.[10]

Our actual moral circumstances are too complicated to be resolved with mechanical tools. Therefore, a perfect solution is not suitable for such a wide variety of circumstances. In terms of a complexity-friendly organic model, our moral circumstances can accentuate the moral dilemma because of the inconsistency and unsuitability of moral systems to restrain conduct. Until a time of complete resolution, we should remain in a state of moral disequilibrium. We will definitely fail if we try to resolve moral dilemmas by using mechanical reasoning only.

In order to overcome moral dilemmas, we need to mature both individually, and socially. A moral dilemma is a critical opportunity to develop moral maturation of individual and custom in this period of discord. We should overcome discord by repositioning and recovering the true meaning of life. Through dilemmas, we are stimulated to unite in common goals, in terms of both the individual and society overall. If moral dilemmas were successfully resolved, individuals and systems will become more sophisticated. Moral problems do not mean the death of moral systems, but they are the starting point of maturation. In order to grow up, we need to learn how to express our viewpoints in a more integrated way concerning individuals and the social structure.[11]

Let us think about a case related to medical ethics. Is it the duty of the doctor to reveal how long a cancer patient is expected to live? Sometimes, lying is better for the sake of the patient's happiness. However, if the doctor

∶•

10) D. MacNiven, op.cit., p.8.
11) *Ibid.*, p.9.

respects the patient's individual right, he cannot help but tell the patient because each patient has a right to know the truth. We prefer care over respect, according to utilitarian theory. However, applying Kant's theory, we can also consider respect before care. Neither of these two theories explains the true values in an absolute sense. That is why our job is to find a way to express both values at the same time. We should continue to develop creative moral thinking, rather than simply using mechanical tools to reach our goal.

3) Weakness of Will and Virtue Education

Learning virtue is just as important as learning how to think morally. Even a child can explain what is right or wrong in most cases, simply by looking at things happening in real life. Although what is right or wrong, good or evil seems quite obvious, it is the weakness of our will that makes us blind and fragile to temptations. Many scholars from the East and the West have had ceaseless discussions about the 'weakness of human will' since ancient times. Concurrently, they have studied and practiced tools of mind-control and the cultivation of tao (道, moral sense).

It is common knowledge that either mind-control or the cultivation of moral sense has a long history in both cultures. In monasteries of the West, there are well-known tools and methods of mind-control, which originated from the East and they are living proof of such traditions. However, the importance of mind-control and the cultivation of moral sense is overshadowed in today's moral education due to the emphasis on moral thinking education. As the meaning of virtue fades away, people tend to lose sight of what truly makes a person apply morality in action.

The will of gods and angels is almost always a good will, so every action they make hits the bull's eye of 'good'. Maybe that is why we cannot find the word 'duty' in gods' dictionary. However, human beings always get confused in a swirl of reason and desire or good and evil. They often fail to nail the shot being seduced by desire and evil temptations. As a way to prevent humans from breaking away from the good, the idea of 'obligation (to obligate means to enforce) has become prominent, and it also has become the core of moral education.

The cardinal point of ethics and humanity education is to encourage human beings to cultivate and train their fragile will, and to try to habitualize themselves through a series of repeated practice. They must acquire virtue through the habitualization of doing virtuous deeds, and then they will become strong enough to fight against all kinds of temptations. So we can say that a virtue is both a wisdom, and a skill of life. It can only be learned through experience, not from a textbook.

Virtue is also a skill of happiness. In other words, virtuous life brings true happiness to a human being. If a person follows moral principles involuntarily, or does a virtuous deed without self-motivation, the virtuous life he seems to live cannot be called a happy one. However, if all these actions were strictly based on one's will, the equation of a virtuous life and a happy life can be constructed. This is suggestive of the old saying that when 'knowledge and conduct unite, happiness and virtue become one' (知行一致福德合一).

The skill of happiness is not different from any other. It is something that cannot be obtained instantly, but only learned through practice. It is important that one cultivates and trains their will to make a stable disposition. Only that can prevent him from drowning in the gorge of temptation and doing wrong things, regardless of knowing what is right. Also necessary to maintaining happiness is the delicate balance of emotions and it comes after carrying out a good deed. Moreover, virtue has an intelligent side in the sense that it fosters the ability to reason and understand morally right deeds. So a virtuous individual can be considered as the one who has developed an excellent reasoning power and intelligence.[12]

Likewise, developing and combining intelligence, justice and righteousness demands a long period of training and time to mature. Our ancestors called this process 'cultivation of tao (道)' and named the outcome of this process 'possession of te (德)'. The methods used to cultivate tao(moral sense) can be optional. They are diverse, and they depend on one's abilities and character. A scholarly method like study of tao, and the training of the human body like martial arts, are two of the many ways to cultivate moral sense. After all, morality is learned after the long training of both mind and body. The fact that the philosophy of ju-do, Keurm-do, and taekwon-do, are based not on technique(技) but on tao (道) shows that these tao-cultivating tools deal with both mind and body. Meditation, prayer, reading, and self-restraint training, are all popular programs of mind control.

We have discussed every step of a multi-layered structure of moral education. Etiquette education in households, which has the form of an unconscious, involuntary infrastructure, can be the basis of voluntary study for a conscious and moral life. If one says morality is falling down in today's society, they should not blame it entirely on the moral education of school since it is largely due to the lack of etiquette education of family. Moral thinking education in schools trains and urges autonomous introspection of one's own morality. It also helps students to find the true meaning of conduct based on moral etiquette, and improves and strengthens their power to make right decisions through introspection.

Moreover, virtue education allows human's ability to overcome and strengthen their fragile will and it also teaches the will for a moral life and the importance of mind and body control. Moral philosophers focusing on virtue continue to remind people today why virtue education should not be neglected. In fact, they insist that it is the essence of moral education.

∵

12) J. Annas, *The Morality of Happiness*(New York: Oxford University Press, 1993), pp. 48~55.

As aspects of continuous moral education, these three steps include the combination of justification and motivation. However, education of etiquette and virtue tend to deal more with motivation, while moral thinking education deals with justification. Moreover, these steps can be conducted both individually and collectively. Commonly, etiquette taught in the household is based on a system of rules and regulations developed throughout a long period of moral thinking and education in our society. Therefore, even though learning etiquette seems like an unconscious and involuntary practice, the basic principles of virtue highlighted in this step are selected by society based on timeless and sophisticated experiences.

In order to deal flexibly with moral issues in this complex, pluralistic society, moral education is critical. However, we should never forget the missing part of today's moral education: virtue education. For us to live a dignified, autonomous and happy life, the true meaning of virtue should never be forgotten, and the continuous development of focused programs (self-restraint training 克己訓練) is highly recommended.

Why Ethics of Virtue Again?

The current state of civil society compared to traditional communities, is much more complex and it produces many kinds of moral problems. Due to the absence of social agreement on solutions to these problems, uncertainty becomes greater. Duty or principle ethics have clearer determination of problems compared to virtue ethics, therefore, duty ethics gets more attention in today's society. Moral thinking and autonomous judgment abilities are necessary in complex circumstances in order to analyze issues relating to dilemmas, or to determine right and wrong. Virtue ethics should not necessarily be excluded from our moral vision, however duty ethics and autonomous judgment are what modern society requires at present.

What we acquire thorough moral thinking or autonomous judgment, is the power to determine right and wrong, good and evil. However, it does not guarantee practical applicability. Determining what is right or wrong is connected to the justification of moral judgment, not directly to moral motivation. Even though we know what is right when faced with a problem, transforming our thoughts into action can be a difficult task.

If one wants to unite knowledge and conduct, we have to get rid of all obstacles. Such obstacles are sometimes external issues, but these obstacles also involve internal will at other times. Even though these two obstacles have a connection, they are definitely independent discussion topics. When addressing the subject's intentions and will, the weakness of will, (akrasia) is often mentioned. In moral education and cultivation of one's mind, strengthening one's will through training is a key concept.

In fact, it seems that moral philosophers in the past, tried to find a way to solve problems of both justification and motivation with virtue ethics. According to them, one who internalized virtue not only knows what to do in every circumstance, but also has motivation to do so. We are not certain whether or not it was always the case. However, the important point is that virtue ethics in the past considered both justification and motivation equally important, unlike duty ethics of today.

As a tool to overcome the weakness of human will, virtue played an important role and was even called a 'human skill,' which could guarantee the success of moral conduct. If a tool is an object used for a particular purpose, virtue is not a simple tool, but a humanistic one. It is a well-structured, helpful tool that allows all people to become more humanistic. A person's humanity includes a virtuous personality with various kinds of virtuous qualities. According to moral philosophers, a virtuous human being is different from those who only have self-control(continent) to abstain themselves from desire and temptations.

A virtuous person has not only a strong will to control himself, but also harmonized emotions to perform right actions willingly. Unlike those who restrain their feelings by force, a virtuous person possesses good will and well-tuned emotions. They also feel satisfied after conducting a good deed. Virtue is called a skill of happiness. We can say that virtue is not only an instrument for happiness, but also a constituent of happiness. Thus, virtue would be chosen both for its own sake and for the sake of happiness. It is an essential quality that creates the idealistic harmony of knowledge, virtue and happiness for humanity.

부록 3

Moral Luck, Self-Cultivation and Responsibility
: The Confucian Conception of Free Will and Determinism

Hwang Kyung Sig,

Department of Philosophy, Seoul National University

In this paper, I argue that the conception of free will and determinism implied by Confucianism (of Confucius and Mencius) takes the form of soft determinism or compatibilism. On one hand, I argue that it is difficult to accept a view of absolute, libertarian free will in Confucianism. The virtue ethics of Confucianism, with its emphasis on human character formation, cannot avoid the influence of internal factors and external circumstances that are beyond one's control in shaping one's character. On the other hand, Confucianism espouses voluntary character formation and self-cultivation through human freedom of choice. This attitude of self-cultivation and individual moral effort likewise renders a view of absolute hard determinism untenable.

With both hard determinism as well as absolute free will difficult to accept, it seems that the Confucian ethicists, beginning with Confucius and Mencius, have been ultimately unable to avoid riding on a pendulum swinging between the two extremes. However, as ethicists that encourage and exhort voluntary human moral effort, they have always placed freedom of choice and autonomous action in the forefront of their compatibilism over inborn luck or fated events. Although this compatibilism may be valid from the viewpoint of a practical philosophy that supports existing moral practice and responsibilities, I examine whether it is truly a tenable and sufficient argument from a theoretical perspective.

Which view one takes between libertarianism, hard determinism, or compatibilism is intimately related to the ways in which one carries out one's life, the ethical theories one adopts, and what are considered important ethical virtues. A libertarian view of free will would make more likely one's adoption of a deontological ethical system, characterized by a strong sense of duty and responsibility. In comparison, a view of absolute determinism would make it difficult to place ultimate responsibility on an agent, likely culminating in an emphasis on an ethics of mercy, forgiveness and compassion amidst human matters that are determined through the complex intertwined causal relationships and interdependence. Although Buddhism encourages ascetic practice and, considering the effect of religion on society, adopts a view of compatibilism in the context of the mundane world, from a more metaphysical perspective of interdependent arising it appears to emphasize an ultimate determinism and the ethics of compassion.

1. Voluntary Action, Moral Luck, and Responsibility

The mainstream of the western ethics since the modern history has been duty centered ethics. Although there are various types of duty-centered ethics, such as consequentialism and deontology, rule-based as well as action-based, they all share the fact that they ultimately focus on the morality of a particular action. However, these duty-centered ethics presuppose that this particular action is a voluntary one, based on the freedom of choice. Without this condition it would be difficult to place a moral value on an action and thus to assign moral responsibility based on that action.

However, an issue can be raised with the point that any particular action cannot be unrelated to the character of the agent performing the action. When it comes to analyzing the character of an agent, the character is not solely made up of the agent's free choices, but it is actually a compound of both internal and external factors that are beyond his control. Ethics that focuses on the character of the agent inevitably runs up against the problem of moral luck.[1] Furthermore, this possibility of moral luck then raises questions on the judgment of responsibility. This manifests itself as the tension between the area of morality, encompassing control, choice, praise and blame, with that of luck, representing the lack of control, impossibility of prediction, and inappropriateness of praise and blame. The problem of moral luck arises when the major aspects of an action are outside control but one wishes to place responsibility on the agent; similar problems occur in the concepts of equality or justice.

Moral luck is divided into three main types for the purposes of this discussion: constitutive luck, developmental luck, and finally, resultant luck. Constitutive luck affects one's identity and establishes one's predisposition, or the raw materials that one is born with. Temperaments, talents, abilities, and propensities of an individual form a part of his personal character, yet are largely uncontrollable. Therefore, some people are born with propensities towards friendliness, affection, and sensitivity, whereas others are predisposed to be impatient, calculating, and malicious.

∵

1) B. Willams(*Moral Luck*, Cambridge University Press. 1981) and Thomas Nagel(*Mortal Questions*, Cambridge University Press. 1979) introduced the term of 'moral luck' and the problems it creates for our understanding of moral responsibility to modern philosophy.

Although these inborn traits are part of moral luck, there are also many other factors that influence the formation of an individual during his development. Developmental luck is thus comprised of these various factors that affect one's moral character. Parents, siblings, teachers, role models, opportunities for realization, habits, and various situations and environmental factors are all important aspects of character formation, yet their availability or characteristics are also beyond one's control.

Finally, resultant luck refers to the primary factors and variables that are directly related to the result of an action. Moral luck also affects an action's consequences; therefore, the results of an action do not happen as intended due to the factors outside one's control.[2] These are the very weaknesses consequentialist ethical theories are criticised by deontological philosophers.

2. Problems of Free Will and Determinism

In order to analyze and evaluate the view of Confucianism on free will and determinism, I would like to state part of my personal views on this issue. To begin with, various problems on many levels can be raised against the subject of free will and determinism. First among these is the question of whether libertarian free will truly exists. To this, those subscribing to moral libertarianism will naturally argue that such free will in fact exists, whereas compatibilists or hard determinists would beg to differ. These are metaphysical or existential questions, or questions on a logical level. If we do indeed possess libertarian free will, the problem of free will and determinism is solved, and the various other problems associated with free will become

∙∙

2) Cf. Nafsika Athanassoulis, Common-Sense Virtue Ethics and Moral Luck, *Ethical Theory and Moral Practice* 8, pp. 265~276, Springer, 2005, p.266.

largely unimportant. However, many believe that libertarian free will is ultimately impossible; a convincing argument against such free will has already been presented by Galen Strawson, among others, and it would not be an easy task to refute this.[3]

The basis for this argument that free will is impossible is that the conditions demanded to ethically satisfy libertarian free will is self-contradictory, and thus is impossible to fulfill. In order to place moral value or responsibility on a moral agent's decision making or action demands that it is not the product of chance and that it is the result of the existence of that agent themselves. However, as explained earlier, humans are not able to fully control or influence their own existence. Such control may be possible if one were able to fully create himself; if this were the case, then the creator of the future self is the past self. However, infinite regress is a likely consequence of such a process, and ultimately the very first self remains as something that is given and beyond one's own control.[4]

If libertarian free will is impossible, then what about the other extreme position of hard determinism? The problem here is that hard determinism, in denying the existence of free will, produces the consequence that moral duty or responsibility is also relinquished. While it is true that we are often lured by the intuitiveness of hard determinism, serious consideration must be given as to whether everything should be attributed to hard determinism. Even if libertarian free will is hard to accept, would there not be a need to adhere to a moral form of life? Is moral judgment not important even in a deterministic

..

3) Strawson, Galen. 1994 a., The Impossibility of Moral Responsibility, *Philosophical Studies* 75: 5~24.
4) S. Smilansky, Free Will, Fundamental Dualism, and the Centrality of Illusion, *Free Will, Critical Concepts in Philosophy*, John Martin Fischer, Vol. IV.(Routledge 2005). p. 215.

universe, independent of the consequences of action? For example, a line must be drawn between kleptomaniacs and alcoholics from simple thieves and drunkards on the basis of the self-control over their actions, and such a judgment is ethically significant. In this respect, hard determinism seems to be an inadequate position given the human condition.[5]

Then what of soft determinism or compatibilism, the dominant common-sense view in between these two extremes? Of course, we might understand autonomy or self-determination to be meaningful from a compatibilist viewpoint. However, if libertarian free will does not exist, is it not the case that no-one has absolute control over themselves and therefore ultimately cannot be assigned moral responsibility? Aren't all matters that occur in a compatibilist world predetermined from a hard determinist standpoint, and ultimately due to causes that are beyond control? Despite being widespread and a useful hypothesis for practical philosophy, these problems suggest that compatibilism is ultimately insufficient from a philosophical standpoint.[6]

3. The Compatibilist Possibility of Confucius' Self-Cultivation Theory (修養論) and Heavenly Fate Theory (天命論)

Self-Cultivation Theory is a fundamental tenet of classical Confucianism that centers on Confucius' Analects. This theory can be seen as a moral project that fundamentally presupposes voluntary action, if not free will. Thus Confucius said that "I do not cultivate those who are unwilling to make an effort themselves" (不憤不啓) and "I do not know what is to be done to those

• •

5) *Ibid.*, p. 218.
6) *Ibid.*, p. 217.

who do not ruminate, 'What is to be done? What is to be done?'" (不曰 如之何如之何者吾末如之何也已矣).[7] In admonishing the lazy and self-abandoned, he lamented that "one cannot carve rotten wood nor shape a wall of dirty earth with a trowel."[8] Unless one voluntarily engages in scholarship with an attitude of thorough study, deep thinking, and raising questions, it is difficult to make that knowledge one's own. Thus Confucius said he would "use the foundation set by the pupil's own efforts at studying, questioning and ruminating to suggest the path to a solution, and enlighten them at the moment when they lack the words to express the thoughts that have accumulated inside them."[9] Ultimately Confucius viewed education not as an injection of knowledge, but the guidance of a voluntary desire to learn in nurturing the path of scholarship.

At the same time Confucius suggested the possibility of moral luck, such as inborn fortune or misfortune. Outlining four stages of talent, Confucius said that those who are "born with the possession of knowledge rank the highest, those that seek learning and receive knowledge through education rank second, those who learn only after hardship rank next, and the lowest are those that do not have knowledge yet do not learn" (生而知之者 上也, 學而知之者 次也, 困而知之者 又其次也, 困而不學民 其下矣).[10] Of course, it is difficult to expect a genius from birth, but if one comes into knowledge through learning one can approach the level of those that possess it from birth. On the other hand, he states that there is no helping those that do not seek to learn despite not possessing knowledge. There are two points that can be drawn from this phrase that pertain to my argument. The first is that Confucius repeatedly emphasizes that the initiative and effort of the student is the most important

••

7) Confucius, *Analects*, 7.8, 15.15.
8) *Ibid.*, 5.9.
9) *Ibid.*, 7.8.
10) *Ibid.*, 16.9.

component of learning. The second is an implication of moral luck, stating that the grade of one's character is in some part decided from birth.

Following the previous phrase, Confucius said that "the wisest and the most foolish do not change" (唯上知 與下愚 不移).[11] In his view, there are no differences (類) where it comes to learning, and the potential and capability of people are largely similar. Only the external environment, or the presence or lack of learning and cultivation generally divides the wise and the foolish; despite this, Confucius says that the wisest and most foolish are not changed even by such conditions. Although even in this phrase Confucius places importance on the initiative of the normal people who are malleable through learning, on the other hand he simultaneously focuses on the determinism of inborn fate that divides the high and the low from birth. Although it would be best to be fortunately born as an average person or better, to be born as the wisest or the most foolish is also the product of heavenly fate (天命) that lay beyond control. As has been demonstrated, there is an ever present tension and conflict between determinism and autonomy in classical Confucianism and Confucius' self-cultivation theory. Though Confucius encourages and demands voluntary individual initiative and effort, his theory of heavenly fate and a general understanding of fate that is beyond one's control still remains in the background. Thus he rides a pendulum that swings between the two extremes, lamenting the harshness of fate but also pursuing the space for human autonomy and freedom of decision.

The appearance of humans as a thinking (思) being is of enormous cosmological significance in Confucius' thought. Despite a causally determined universe, humans appear on the stage as a determining power, able to decide for themselves. In particular, the situations and circumstances facing humans flower into a multitude of possibilities for change through human

∙∙
11) *Ibid.*, 17.3

participation. Individual self-realization through self-cultivation and maturation is the consequence of human responses to the possibilities that stem from the interaction of human action and its various circumstances. Therefore, the most apt example that illustrates a deterministic analysis of Confucius is the image of him in grief over the death of Po-Niu (伯牛). Holding Po-Niu's hand, Confucius laments that "the power of fate has caused us to lose him, alas! That such a man would suffer such a terrible sickness! That such a man should have this terrible sickness!"[12] As this scene indicates, Confucius understood that humans cannot fully control their own condition. However, he nevertheless did not think humans could exert no power over the circumstances they face.

Indeed, Confucius tells the story of a student that overcame fate, defying his poor economic and social situation. "Although Yen Hui (顏回) exerted all kinds of effort, he could never overcome his poverty. However, Tzu Kung (子貢) did not accept his own fate and went into business. By devoting himself to his business, he steadily amassed money."[13] In truth, however, this phrase only tells that one should not carry on one's life with a passive and fatalist viewpoint; it is difficult to take this as an evidence that denies hard determinism. However, another case from the Analects introduces Ssu-ma Niu (司馬牛), bemoaning the fact that only he was without brothers. To this, Tzu-hsia (子夏) replies "life and death depends on fate(命), fame and wealth are at the mercy of the heavens (天), but a noble and refined gentleperson is different. Why do they have to worry about lacking brothers when everyone in this world is their brother?"[14] Although the fact that he lacks brothers remains unchanged, by expanding the concept of brotherhood it demonstrates that the

••

12) *Ibid.*, 6.8.

13) *Ibid.*, 11.18.

14) Lau, D.C, *Confucius: The Analects. Chinese Classics: Chinese – English Series*(Hong Kong: The Chinese University Press, 1983), p. xxv.

measure of value is subject to change without limit.

As I have shown, to Confucius the human as a thinking being is able to infinitely expand their moral horizon through thought and explore open-ended possibilities. In addition to the ability to think and reflect for themselves (思), humans are able to expand their possibilities in multiple dimensions by learning (學) the achievements of ancient sages, the accumulation of such thought and reflection. Furthermore, with this voluntary thought and study as a background, humans are able to mature in character through the self-cultivation of their own nature. Eventually, this progression even leads to the possibility of a being that finally achieves self-realization. Thus, Confucius' self-cultivation theory, nurturing and developing latent human possibilities, confirms the Confucian moral view that humans are precious and noble beings that grow infinitely at the center of the universe, rather than fate-bound entities trapped in a deterministic world.

D.C. Lau distinguishes between Confucius' use of fate or destiny (命) and heavenly fate (天命), explaining that fate (命) is those things that are ultimately decided through destiny, such as long life or early death, prosperity or poverty, order or disorder in the world, whereas heavenly fate (天命) is a moral imperative related to the things that a human ought to follow. Thus, according to Lau's argument, Confucius' viewpoint on free will and determinism rests fundamentally on soft determinism; distinguishing between fact, as that which has already been decided and value, as opposed to that which can be decided. Although there may be objections against Lau's semantic division of fate and heavenly fate, his argument that Confucius placed great importance on the difference between which is causally predetermined and which can be changed and decided otherwise by human effort is at least convincing. Confucius' thesis on the reality of human existence is twofold. The first is to explain and understand the unavoidability and thus futility of resistance against predetermined events. The second is that although humans are unable to control their own existence, they can however attune their lives so as to be in conformance to transcendental moral imperatives such as righteousness (義), laden within heavenly fate. The result is the encouragement that human effort be dedicated to the cultivation of character and the pursuit of morality.[15]

4. Mencius' Arguments on Nature (性) and Fate (命) and the Flood-like Ch'i (浩然之氣)

Mencius spoke of the ubiquitous existence of fate, stating that "there is nothing in human affairs that is not fated" (莫非命也),[16] and letting out an exclamation, mixed with despair, that "fate is not controllable through the power of man" (非人之所能爲也): that good fortune and disasters, prosperity and poverty, success and failure, are all unavoidable components of destiny.[17]

Although it is true that Mencius clearly recognizes the limits of human ability in the face of ubiquitous fate, following the footsteps of Confucius he also emphasizes on the formation of human subjectivity, arguing for the nurturing of the flood-like ch'i (浩然之氣), or the moral courage to uphold right and wrong. This is the moral capability of the human subject which no deterministic structure in the universe may interfere or invade: a realm of freedom and autonomy. Therefore the nurturance of the flood-like ch'i is the task of accumulating and cultivating the autonomic ability of the human subject. This view indicates that Mencius may justly be called a successor to Confucius, diligently searching for the possibility of compatibilism in between

∴

15) D. L. Hall and R. T. Ames, *Thinking Through Confucius*(State University of New York Press 1987), p. 212.
16) *Mencius*, 7.1.2.
17) *Ibid.*, 5.1.6.

the tension and conflict between free will and determinism.

Mencius provides a clear definition of human nature, the content of which is as follows. All humans possess strong desires of the senses. For example, "these are the desire to eat what is delicious to the mouth, to see what is beautiful to the eye, to hear what is pleasant to the ear, to smell what is fragrant to the nose, to seek comfort in what is comfortable to the body. Although these human sensual desires of life are a natural part of human nature, the desire is not easily fulfilled no matter how hard one tries because there is fate which is the root of what is beyond man's capability. Therefore the virtuous gentleperson does not include these sensual instincts that one cannot endlessly seek under the concept of human nature or character (性)."[18]

Then what does Mencius regard as human nature (人性)? The answer to this is none other than human morality. Morality is asked of all people; for example, "humaneness (仁) between parent and child, righteousness (義) in dealings between the ruler and its ministers, rituals (禮) between guest and host, the knowledge (智) that is manifested in the wise person, and the way of heaven (天道) realized by the sage. However, even these are desires that are not always fully realized to human demands, or in other words beyond human control (命). But because these virtues are based upon the natural human moral character, their realization is possible through sincere effort. Therefore a noble man does not leave the development of these moral elements to fate, but instead works endlessly to realize these moral elements that arise out of human nature (性)." Mencius thus lays out an a priori definition of human nature that excludes the sensual desires of life and isolates it to these moral desires.[19]

However, Mencius' pupil Kung Tu Tzu (公都子) once asked Mencius why there is a difference between great people (大人) and little people (小人) when

∵•

18) *Ibid.* 7.2.24.
19) *Ibid.*

everyone is born with a true good nature. And since such a division exists, how could one become an admirable great person?[20] This question may be analyzed as containing two separate questions. First, why in reality do some people become great and others little when ostensibly all humans are born with a true good nature? This is a theoretical question on the fatalist or determinist viewpoint of the four divisions of character previously mentioned by Confucius. The second question is a practical question on the methods of learning and cultivation, on what abilities one must focus on developing in order to become a great person and not a little one. It seems that Mencius has focused mostly on the practical question rather than the theoretical one.

According to Mencius' answer, people are born with two organs: the first of which is the organs of the eyes and ears (耳目之官), while the second is the organ of the heart or mind (心之官) Although the eyes and ears are not intrinsically evil, they inhibit the ability to focus in other directions when they come into contact with the external world, luring one only to the direction of physical desire. Thus when one leaves their actions solely to this organ they remain an immoral little person (小人). On the other hand, the organ of the heart or mind possesses the ability of judgment, having morality as its true nature; this ability discriminates between the moral and the immoral and selects the former while rejecting the latter. Thus if one focuses their energy on this organ, Mencius emphasizes, one can develop into a great person (大人).[21] The process of learning and cultivation is none other than the development of this ability of judgment and the focusing one's mind on the organ of the heart or mind.

Unlike Confucius, Mencius stayed away from the idea of four divisions of characcer or moral luck. The reason behind it seems to be that such theories

..

20) *Ibid.*, 6.1.15.
21) *Ibid.*

could neglect human's free will and then they could mislead to beliefs, which might justify the thoughts that human character is alleady predetermined. As this deterministic thinking would cause the wise (上智) to become impudent and arrogant, and the stupid (下愚) to give themselves up to despair, theorists of self-cultivation may have regarded this as something that would only result in harm in practice. Mencius chose the path of practical philosophy in the opposite direction of determinism, encouraging the expansion of human autonomy and initiative. To Mencius the objective of self-cultivation lay in the reversion to one's true mind (本心), with the attainment of an unshaking mind (不動心) as its method. Mencius himself stated that "at forty I possessed an unshaking mind (不動心), unperturbed by any temptation."[22] He then outlined understanding words (知言) and the flood-like ch'i (浩然之氣) as the concrete methods of attaining the unshaking mind. Understanding words may be called the moral knowledge involved in understanding another's words and discriminating between right and wrong. Vulgar and improper words reflect the wrongful attitude of the speaker; therefore the careful judgment of these words is at the center of moral thought, closely related to the task of justification.

In contrast, the flood-like ch'i is related to the task of motivation: it is the moral courage to reject and exclude the immoral and resolutely carry out moral actions. Mencius stated that the flood-like ch'i is immensely great yet powerful, something one could cultivate, akin to justice (正義) and the path of humaneness (仁道). If one lacks this flood-like ch'i then one would become powerless. The ch'i is the result of the accumulation, nurturing, and growth of one's inner sense of morality; Mencius also warns that one must not be impatient and expect it to develop quickly, nor be careless and inattentive to it.[23]

As shown, Mencius stated that ch'i, or passion or spirit, (氣) occupies an

• •

22) *Ibid.*, 2.1.2.
23) *Ibid.*

important part in attaining the unshaking mind. However, in explaining the close relationship between ch'i and the will (志), Mencius states that ch'i must be regulated by the will. The will is the director of the ch'i, while the ch'i permeates the body; the will is primary while the ch'i is secondary, and one should preserve the will and not scatter the ch'i. Just as the will moves the ch'i, the ch'i also moves the will, this prevents one's sense of morality from falling to temptation.[24] This means that one must fortify one's moral courage or sense of morality by honing and training their sense of morality against weakness. Furthermore, it appears that Mencius emphasizes the importance of the convergence of knowledge and action (知行合一) and the inseparability of the mind and body (心身一如) in moral practice.

As we have seen, Mencius regards human nature (性) as the premise of self-cultivation theory and the space for the autonomy and freedom of action of the human will, rejecting the net of deterministic fate. Further, he also argues that one should nurture and fortify this autonomic ability of the will through learning and self-cultivation, culminating in the concept of the flood-like ch'i. The result is the establishment of a moral subject that does not capitulate to any external obstacle or temptation but resolutely chooses the path of the good. Mencius argues that only through the establishment of such a moral subject, can one escape the state of moral apathy, duplicity, self-deceit, and despair. However, Mencius does not subscribe to simple voluntarism or emotionalism, noting that moral will and moral emotions should always be based upon the foundation of knowledge that informs moral discrimination and just judgment. It is for this reason that Mencius emphasized understanding words (知言) together with the flood-like ch'i (浩然之氣).

••
24) *Ibid.*

5. Criticisms of Confucian Compatibilism

Confucius and Mencius do not question systematically, the problems assocatid with the subject of free will and determinism. Thus, it is difficult to judge the consensus of Confucianism. However, as Lau points out and Hall and Ames agrees, it appears that Confucianism generally stands on the side of soft determinism or compatibilism, which is not far removed from the common-sense view on the matter.[25] Further, I believe that the common-sense view lies in compatibilism because of its priority given to pragmatic or practical applicability rather than theoretical consistency or systematicity. Thus, it is only natural that Confucianism, with its emphasis on self-cultivation and moral action in everyday life, follows the common-sense view that promotes the superiority of practical reason.

However, even if the common-sense view is sensible in its own way, I believe it is philosophically important to systematically explain and justify it from a theoretical perspective. A deeper analysis of the direct and indirect hypotheses that lead Confucianism to adopt this compatibilist position will result in a deeper understanding of Confucianism itself.

It is natural that Confucianism emphasizes human autonomy and freedom of choice, with its presupposition of the self-cultivation theory. However, it is difficult to say that Confucianism supports the kind of absolute free will in the same way as libertarian, due to its opposition or conflict to the theories of human nature (性品說) or heavenly fate (天命說). First, let us examine the threefold or fourfold division of human nature that is occasionally mentioned in Confucianism. This theory indicates the partial acceptance of moral luck, in that some humans are born with moral knowledge or potential from birth.

••

25) David L. Hall and Roger T. Ames, *op. cit.* p. 212.

The wise of the highest class (上智) are born with the exceptional faculty of moral wisdom, and the stupid of the lowest class (下愚) are of a disposition not easily suited to attaining wisdom, while the remainder falls in between these two extremes. The wise of the highest class and the stupid of the lowest class cannot be changed, but those in the middle may choose to become a sage through voluntary moral effort or remain ignorant. The critical project of Confucianism is thus to encourage moral effort for those in the middle so they may elevate themselves to the level of a noble man if not a sage.

However, to be born in one of these three levels is a product of fate that one cannot freely select or control. This shows that in Confucianism, the theory of heavenly fate, and its implication of fated determination, is at the background of the theory of self-cultivation with its foundation on autonomy and initiative. Of course, the possibility remains open that one could be born of an average disposition and rise to the level of sage through taking initiative in diligent study and voluntary self-cultivation. The problem here is that the choice to take the path of voluntary self-improvement or not is likewise not free from various elements of fate. This is similar to how one can overcome genetic determination through active and conscious health care, but the person's willingness to maintain health cannot avoid the elements of fate. Thus it appears that Confucianism treats libertarian free will as impossible or having only a miniscule realistic possibility of realization.

That said, Confucianism does not show any intention of readily accepting hard determinism either. Confucianism shows a strong propensity to limit excessive imagination or metaphysical speculation, avoiding the mention of death or supernatural beings and phenomena (怪力亂神).[26] Experientially, furthermore, all things in the world are largely beyond the possibility of human

∙∙

26) *Analects*, 7.21, 11.12.

prediction, while the truth of an event is at best partially confirmable only after the event has occurred. Thus it is no surprise that Confucianism distances itself from absolute determinism. All one can do then as a human is to do one's best under the circumstances, with the realization of one's predictions only determinable after the fact. Thus as Mencius said, one can only focus all effort on cultivation and follow the whims of fate, an idea which carries into the famous common phrase, "expend your best effort and await the heavenly fate" (盡人事待天命).

The previously examined anti-metaphysical experientialism is not the only reason Confucianism cannot accept absolute determinism. One of the most important reasons is from a perspective of practical philosophy, both with maintaining morality in the society at large and its adherence to nurturing moral capacity through self-cultivation theory. If there was no choice but to accept absolute determinism because all things are theoretically under the dominion of heavenly fate and determined by destiny; from a practical standpoint, moral actions or the task of self-cultivation would likely become unconvincing or useless.

If it is assumed that all human affairs are determined by destiny and human nature is decided before birth in such categories as wise or stupid, it is plain to see that it would result in a loss of initiative and voluntary motivation, greatly damaging the foundation of moral action or moral responsibility. In that case, it would be difficult to find even the hints of a way to root out moral apathy or the weakening of will, of restraining attitudes of doubt and moral hesitation.[27] Thus the acceptance of absolute determinism would realistically result in the production of fatalist attitudes, undermining the justification for the Confucian moral project as a whole. Because of this issue, Confucianism has no choice

∵

27) *Mencius*, 4.1.10.

but to give a wide berth to extreme viewpoints such as hard determinism but instead retreating to a more moderate view of compatibilism.

However, just because Confucianism abandons libertarianism and hard determinism and adopts compatibilism as a realistically useful hypothesis, it must not be misunderstood as pursuing a nonexistent illusion or mirage.[28] It is important to note that the adoption of compatibilism as a practically useful hypothesis would itself become a psychological truth or actuality, making a forming power that creates a very different effect on reality than that of determinism. This is akin to the influence of the psychological actuality created by having a vision or dream of the future, shaping a completely new reality that would not exist without that dream. I believe that this Confucian attitude also differs from the dualist attitude of Buddhism that adopts compatibilism in the mundane world but ultimately takes the side of determinism. In contrast to the Confucian emphasis on moral responsibility, the Buddhist idea of compassion sits atop a foundation of ultimate determinism, based on the theory of interdependent arising.

6. Concluding Remarks: Making sense of Confucianism

The problem of free will and determinism can be interpreted from two perspectives. First would be a theoretical and ontological view, and the other would be a practical and epistemological point of view. The aim of this paper is to understand and to deliver meaning of practical philosophy, especially focusing on Confucianism, and implicitly on Buddhism in turn. Confucianism and Buddhism take two-tiered positions, which are common-sense

∙∙

28) Although Saul Smilansky introduces the concept of 'illusion' in place of 'hypothesis,' I feel that it lies closer to 'dream' or 'vision.'

compatibilism and ultimate determinism. I want to clarify the reasons behind such standpoint as follows.

1) Theoretical and Ontologically-based point of view

There may be three different perspectives or hypotheses in theoretical and ontological based point of view, which are traditionally and conventionally accepted. The most ambitious conception of free will, commonly called libertarian free will, is a natural place to start when it comes to exploring the issue of free will. However, the case against libertarian free will has already been well stated, and thus there is not substantially original statement to continue further discussion. I believe that libertarian free will is impossble because the conditions required in ethically satisfying sense of libertarian free will is self-contradictory.

I will now say something about why I think that compatibilism, its partial validity not-withstanding, is grimly insufficient, We can make sense of the notion of autonomy or self-determination on the compatibilist level but, if there is no libertarian free will, no one can be ultimately in conrol, ultimately responsible, for this self and its determinations.

If there is no libertarian free will and compatibilism is insufficient, should we not then opt for hard determinism, which denies the reality of free will and moral responsibility in any case.

I have favored certain hard determinist intuitions but I do not think we can absolutely rely on hard determinism either. Important distinctions made in terms of compatibilist free will need to be retained as well if we are to do justice to morally required "forms of life". These distinctions world be important even in a determined world, and they have crucial ethical significance. I understand that usually deontological system of ethics (like Kantian ethics) may have positive relationship with the position of free will. Almost all of the consequentialist theories of ethics (like utilitarianism) may have natural relationship with compatibilism. But I believe that it is very difficult for us to understand 'ought' discourses in the context of determinism. We can construct, if possible, the ethics of mercy on the basis of determinism.

2) Practical and Epistemologically-based point of view

If we switch our point of view from theoretical to practical perspective, we can understand the problem of free will and determinism differently, especially in the context of hard determinism. In this perspective, even if we take the side of hard determinism we still cannot identify the mechanism of determination in detail, before the event actully occurs. If we do not know the exact causes of determinism in our character and circumstantial factors, and resulting effects in advance, then we can say that we are behind the veil of ignorance. Of course, this veil may not be thick and become thinner and at last, the veil is completely eradicated after the event has occured. So in this kind of epistemologically agnostic veil of ignorance, the "ought imperative" (it presupposes free will or compatibilism) is a very useful and practical guide. Determinism does not have practical action-guiding messages, but it may encorage a kind of fatalism.

As a result of epistemologically agnostic veil, almost all of the practical philosophy(which commits determinism in theoretical and ontologically-based point of view) is accepted in two-tiered theory; theoretically deterministic on one hand practically free will or compatibilistic on the other. For example, Buddhism accepts practical and secular compatibilism and theorectical and ultimate determinism. In Confucianism, moral imperative 'Do your best and then wait for the destiny' is also understood as two-tiered perspective in free will and determinism. Moreover, we may understand present-day illusionism or 'as if ' philpsophy about the proplem in the same way. In this case free will is a useful illusion. They also think that determinism is different from fatalism.

In my interpretation, Confucianism commits ultimate determinism implicitly but in our daily life, we are behind the veil of ignorance when it comes to detailed mechanism of determination for the future. Therefore, even though we take side of determinism, we can accept compatibilism as a useful practical guide and also become compatibilists. Even though we accept hard determinism from the ontological point of view, we do not need to surrender to fatalism. Behind the veil of ignorance, our voluntary effort can be another cause of determinism. Therefore, the moral imperative 'Try your best and then wait for your destiny' would make sense.

덕윤리의 현대적 의의

1판 1쇄 펴냄 2012년 7월 13일
1판 2쇄 펴냄 2013년 8월 29일

지은이 ┃ 황경식
펴낸이 ┃ 김정호
펴낸곳 ┃ 아카넷

출판등록 2000년 1월 24일(제2-3009호)
100-802 서울 중구 남대문로 5가 526 대우재단빌딩 16층
전화 6366-0511(편집) · 6366-0514(주문) ┃ 팩시밀리 6366-0515
책임편집 ┃ 좌세훈
www.acanet.co.kr

ⓒ 황경식, 2012

Printed in Seoul, Korea.

ISBN 978-89-5733-245-0 94100
ISBN 978-89-5733-244-3 (세트)